BRAHMS

Yutaro Tanaka

ESTANTE DE MÚSICA

Biografias:

WOLFGANG AMADEUS MOZART
Richard Baker

MOZART
Wolfgang Hildesheimer

JOHANN SEBASTIAN BACH
Karl Geiringer

BEETHOVEN
Maynard Solomon

MAHLER
Michael Kennedy

VERDI – Vida e Ópera
Charles Osborne

VILLA-LOBOS: Uma Introdução
Luiz Paulo Horta

BRAHMS
Malcolm MacDonald

LISZT (no prelo)
Derek Watson

Cadernos de Música da Universidade de Cambridge:

UMA BREVE HISTÓRIA DA MÚSICA
ELEMENTOS BÁSICOS DA MÚSICA
FORMA E ESTRUTURA NA MÚSICA
INSTRUMENTOS DA ORQUESTRA
INSTRUMENTOS DE TECLADO
COMO LER UMA PARTITURA
Roy Bennett

APRENDENDO A COMPOR
John Howard

Obras de Referência:

GUIA DO OUVINTE DE MÚSICA CLÁSSICA
Kenneth e Valerie McLeish

KOBBÉ: O LIVRO COMPLETO DA ÓPERA
Gustave Kobbé, editado pelo conde de Harewood

Ópera

A ÓPERA COMO DRAMA
Joseph Kerman

CONVITE À ÓPERA
John Louis DiGaetani

AS BODAS DE FÍGARO
Mozart, da Ponte, Beaumarchais

A FLAUTA MÁGICA (no prelo)
Jacques Chailley

Clássicos:

A MÚSICA MODERNA
Paul Griffiths

A MÚSICA CLÁSSICA
Julian Rushton

O DISCURSO DOS SONS
O DIÁLOGO MUSICAL (no prelo)
Nikolaus Harnoncourt

Jazz:

OBRAS-PRIMAS DO JAZZ
ELAS TAMBÉM TOCAM JAZZ
Luiz Orlando Carneiro

Malcolm MacDonald

BRAHMS

Tradução:
Mauro Gama
Claudia Martinelli Gama

Jorge Zahar Editor
Rio de Janeiro

Título original:
Brahms

Tradução autorizada da primeira edição inglesa publicada em 1990 por J.M Dent & Sons Ltd., de Londres, Inglaterra, na coleção The Master Musicians, dirigida por Stanley Sadie.

Jorge Zahar Editor Ltda.
rua México 31 sobreloja
20031 Rio de Janeiro, RJ

Editoração eletrônica: TopTextos Edições Gráficas Ltda.

Impressão: Tavares e Tristão Ltda.

ISBN: 0-460-03185-6 (ed. orig.)
ISBN: 85-7110-220-1 (JZE, RJ)

CIP-Brasil. Catalogação-na-fonte
Sindicato Nacional dos Editores de Livros, RJ.

MacDonald, Malcolm
M118b Brahms / Malcolm MacDonald; tradução, Mauro Gama e Cláudia Martinelli Gama. — Rio de Janeiro: Jorge Zahar Ed.; 1993.

(Estante de música)

Tradução de: Brahms
Anexos
Bibliografia.
ISBN 85-7110-220-1

1. Brahms, Johannes, 1833-1897 —Biografia. 2. Compositores — Alemanha — Biografia. I. Título. II. Série

CDD - 927.80933
780.092
CDU - 92(BRAHMS, J.)
92-0138 78.071.1

Seiner lieben Freundin
Regina Busch
in Wien zugeeignet

1 Brahms ao piano: pintura a têmpera de Willy von Beckerath (1911), segundo um esboço feito na década de 1890.

Sumário

Lista de ilustrações

Entre as p. 224 e 225

Ilustrações no texto

Prefácio

Brahms tinha uma forte consciência da importância de sua música, mas era menos seguro quanto a vir esta a ser entendida pela posteridade. Nos seus momentos de mais melancolia predisse que se tornaria um "mestre desprezado" e suas obras apenas um privilégio de especialistas, como as de Cherubini, que tanto admirava. Ficaria surpreso, e até um tanto constrangido, ao saber que desde sua morte nada chegou de fato a prejudicar seriamente o seu prestígio popular como um dos mestres supremos da música européia. Algumas obras podem ser menos ou mais queridas, mas de um modo geral suas composições se mantêm comodamente na principal vertente dos gêneros que ele mais enriqueceu — orquestral, de câmara, para piano, canções. (Com umas poucas exceções evidentes, sua produção coral é provavelmente subexecutada.)

No entanto essas obras têm representado coisas diferentes para diferentes gerações, fato que se tem refletido na própria coleção "Mestres da Música".* O presente estudo é o terceiro desde que a coleção foi criada, em 1899. O primeiro, de Lawrence Erb, publicado em 1905, foi um dos primeiros livros sobre Brahms a aparecer em inglês. Conseqüentemente, seu conteúdo era mais biográfico do que musical e Erb, de maneira polêmica, escreveu a respeito de um compositor cuja obra era ainda "moderna" e motivo de discussão. Uma edição revista foi lançada por Eric Blom em 1934, logo depois do centenário de nascimento de Brahms. Conscientemente, Blom abrandou algumas das afirmações de Erb, explicando que "como Brahms agora é um clássico" já não "requeria explicação e defesa". Essa mudança de opinião foi levada a uma etapa mais extensa quando em 1948 o livro de Peter Latham sobre Brahms substituiu o Erb/Blom. Para Latham, numa frase memorável, Brahms "não era fundador de uma nova dinastia, nem mesmo um nome intermediário em uma longa linha contínua, mas realmente o último dos Césares clássicos". Em outras palavras, um fim de linha — ponto de vista que ele não teve por que alterar na edição revista de 1966.

Duas décadas mais tarde a imagem de "Brahms, o último clássico" ainda pode ser aquela com a qual os amantes da música estão mais familiarizados. Mas o desenvolvimento teórico e a crescente compreensão da música do nosso próprio século vêm retocando muito esse retrato. Brahms é de fato um componente vital de uma linha que se estende até os nossos dias. Particularmente a música de Schoenberg e seus discípulos, a chamada "Segunda Escola Vienense", que antigamente parecia representar uma ruptura com toda música do passado, pode agora ser vista como tendo sido profundamente influenciada pela prática musical

* Desta mesma coleção inglesa, "The Master Musicians", organizada por sir Stanley Sadie, esta editora já publicou *Mahler*, de Michael Kennedy, e publicará *Liszt*, de Derek Watson. (N.da E.)

e pelas inflexões da composição de Brahms. Foi o próprio Schoenberg quem iniciou esse processo de rever Brahms em seu artigo intencionalmente controverso "Brahms, o progressista" (publicado, por coincidência, um ano antes do livro de Peter Latham). Embora o artigo seja, até certo ponto, uma justificação de seus próprios procedimentos, e altamente seletivo em sua argumentação, a compreensão de Schoenberg de muitos aspectos da técnica de Brahms era profunda e sua polêmica ainda hoje tem força e pertinência.

Enquanto isso, o compromisso de Brahms com a música do passado, com os compositores do barroco e do pré-barroco com os quais tanto aprendeu, e com a mestria de suas técnicas que foi um ingrediente vital nos aspectos "progressistas" de sua própria música, vem passando a ser muito melhor compreendido do que foi em seu próprio tempo, em parte graças ao vasto incremento do interesse pela música antiga, que se tem manifestado desde a metade do século. Também nisso Brahms começa a parecer mais um pioneiro do que um conservador. E, com a expansão simultânea da disciplina teórica da análise musical, uma nova geração de pesquisadores tem achado a *œuvre* de Brahms um campo de estudo particularmente rico, preocupado como ele estava com a exploração prática das questões de composição que agora os preocupam. E eles têm começado a descobrir sutilezas de composição anteriormente insuspeitadas.

Este estudo, o terceiro sobre Brahms na série "Mestres da Música", não é um tratado teórico (nem mesmo — espero — supercomplexo em problemas analíticos). Mas não poderia, de modo algum, ignorar os progressos na compreensão do que tem sido alcançado na recente bibliografia sobre Brahms e, dessa maneira, a imagem do compositor que emerge daqui é certamente mais complexa do que nos precedentes. Tudo isso é a seu favor: ele era um homem complexo. Mas, enquanto atento à dívida do século XX para com ele e à sua dívida, por sua vez, para com os séculos anteriores, fiz tudo para situá-lo nas tendências intelectuais e artísticas de seu tempo: não um "César clássico", mas um dos grandes sintetizadores dos elementos conflitantes dentro desse movimento poderoso, mas enganador, que chamamos romantismo.

O livro entrelaça biografia e música, mas atualmente a balança deve pender mais para a última. Embora novo material sobre Brahms ocasionalmente ainda se revele, o contorno essencial de sua biografia foi muito cedo fixado, e todos os autores que tentam apresentar algum relato sobre a sua vida e personalidade são obrigados a usar a mesma e ampla coleção de fontes originais. Brahms, sem dúvida, foi afortunado por terem as duas décadas depois da sua morte visto a publicação da biografia de Max Kalbeck (maciça e — para a época — exaustivamente pesquisada), uma vasta coleção da correspondência do compositor e uma grande quantidade de reminiscências e memórias em primeira mão. A conseqüência, no entanto, é que esses elementos da fonte primordial foram apresentados ao público (ao menos na Alemanha) da maneira pela qual seus amigos queriam vê-lo lembrado. O material é enormemente valioso e a opinião deles a respeito de Brahms era, sem dúvida, altamente criteriosa, ainda que talvez constrangida pelas convenções, reservas sociais e literárias da era pré-1914. Isso torna qualquer nova abordagem biográfica quase impossível, embora possa valer a pena a tentativa.

Na discussão da música, como no *Schoenberg* de "Mestres da Música", fiz o máximo para dar algumas explicações sobre virtualmente tudo o que o compositor produziu. Deliberadamente me ocupei da música mais no sentido cronológico do que por categoria, meio mais conveniente de acompanhar o desenvolvimento do pensamento de Brahms de obra em obra e de mostrar como em determinado período sua atividade em um gênero pode incidir sobre outros. Os Anexos (o livro de Latham assenhoreou-se da Cronologia inalterada e da Personalia quase assim, a partir da revisão do Erb feita por Blom) foram completamente repensados *ab ovo*, assim como o Catálogo das Obras, que foi preparado para ficar tão completo quanto possível e refletir a pesquisa mais recente.

Dois recentes trabalhos importantes dos estudos sobre Brahms foram de especial utilidade na preparação deste livro. *The Music of Brahms*, de Michael Musgrave (Londres, 1985), é uma análise exaustiva e quase sempre aguda da totalidade da *œuvre* de Brahms por uma das principais autoridades da atual geração de estudiosos de Brahms, às vezes de uma profundidade analítica que a recomenda mais para o estudioso especializado do que para o leitor em geral. É, contudo, leitura adicional indispensável. A segunda obra, de Virginia Hancock, é *Brahms's Choral Compositions and his Library of Early Music* (Ann Arbor, 1983), um estudo em profundidade de uma área aparentemente limitada dos trabalhos sobre Brahms, que tem enormes ramificações para a compreensão de sua música como um todo. Os dois livros têm sido companhia constante e reconheço aqui o meu débito geral para com eles além daquelas páginas em que são diretamente citados.

As numerosas citações da correspondência de Clara Schumann e Brahms são geralmente extraídas da edição inglesa em dois volumes anonimamente traduzida como *Letters of Clara Schumann and Johannes Brahms 1853-1896*, organizada por Berthold Litzmann (Londres, 1927), e não são separadamente creditadas no texto. Não tive acesso ininterrupto à mais completa edição alemã original, mas onde pude comparar a tradução com as versões alemãs preferi, algumas vezes, uma interpretação diferente.

Sou muito grato à Comissão do Fundo de Pesquisa da Academia Britânica, cuja concessão de um subsídio pessoal para pesquisa permitiu-me visitar Viena enquanto escrevia este livro. E agradeço a gentileza e colaboração que então recebi das equipes da Vienna Stadt- und Landesbibliothek, da Musiksammlung da Österreichisches Nationalbibliothek e especialmente do Arquivo da Gesellschaft der Musikfreunde em Viena. Às duas últimas instituições sou muito agradecido pelo uso de fotografias, como também à Robert-Schumann-Haus, em Zwickau, à Mary Evans Picture Library e a George Newman. Os poucos exemplos de música com copyright são reproduzidos por especial permissão de seus editores: Breitkopf & Härtel, Wiesbaden (Exs. 14 e 15), Ludwig Döblinger (Bernhard Herzmansky), K.G., Viena (Ex. 43c) e Editores de Música Boosey & Hawkes Ltda. (Ex. 67b). Entre os muitos amigos e conhecidos que me forneceram material, informações, idéias, recomendações e incentivo durante a gestação do livro estão Regina Bush, Paul Chipchase, Raymond Head, Peter Hill, J. Barrie Jones, Oliver Neighbour, George Newman, Mike Smith, Ronald Stevenson e Harold Truscott. David Brown leu o original datilografado e fez diversas sugestões proveitosas. Devo agradecimentos especiais a Ingrid Grimes pela meticulosidade de seu apoio na parte da editoração, que contribuiu materialmente para a evolução do texto e deve ter eliminado todos os seus defeitos evitáveis. Por aqueles que persistem, por todos os que eram inevitáveis enquanto provenientes das limitações do autor, assumo plena responsabilidade. E por fim (embora isso devesse ser o começo), agradeço a Lib.

Brahms tem sido o meu compositor preferido desde que amadureci o suficiente para poder pensar sobre a música. Mas conviver com ele tão intensamente quanto tenho feito ao escrever este livro é lembrar constantemente que a música é uma linguagem da verdade, que atua por seus próprios princípios e, por isso mesmo, não é "abstrata". Tentei escrever distanciando-me da minha experiência pessoal para com isso, mas afinal a música de Brahms sempre fala por si mesma e por ele, magnificamente acima de qualquer exegese.

Londres, 8 de julho de 1989.
M.M.

Prelúdio, em cânone

Einförming ist der Liebe Gram,
Ein Lied eintöniger Weise,
Und immer noch, wo ich's vernahm,
Mitsummen musst' ich's leise.

(Monótona é a dor do amor,
canção de nota insistente:
mal porém torna a se impor
já a cantarolo, contente.)

Friedrich Rückert

Cerca de sete anos antes de sua morte, Brahms publicou uma coleção de treze cânones para vozes femininas. O número do opus, 113, é enganosamente alto. Essas miniaturas de arte contrapontística, musicando textos aforísticos de poetas arqui-românticos como Eichendorff e Rückert, ou apresentando algumas das suas melodias populares favoritas, datam na maior parte da juventude e do começo da maioridade, das décadas de 1850 e 1860. A exceção é o n. 13, o último (e mais elaborado) de todos, que musica o pequeno poema de Rückert apresentado acima.

Brahms divide o coro feminino em seis partes, por um esquema particularmente intrincado, com a principal melodia, em cânone de quatro partes para os sopranos, acompanhada por um cânone separado de duas partes, para os contraltos. Esta é uma forma polifônica muito antiga: na verdade, se assemelha à estrutura canônica da famosa "rota de Reading" *Sumer is icumen in.** Mas aqui o tom é inteiramente distinto. O belo cânone de Brahms, com um toque de melancolia, tornou-se particularmente obsessivo com a melodia patética, reiterada (na verdade, *einformig***) dos sopranos. No entanto a melodia não é sua — é a melodia da última canção do ciclo de Schubert *Die Winterreise* (A viagem de inverno), *Der Leiermann* (O homem do realejo), a famosa e arrepiante canção sobre o esfarrapado tocador de realejo no gelo, talvez a figura da morte.

Este cânone me parece sintetizar muitas das coisas significativas a respeito de Brahms como compositor. Mostra-o como alguém que se coloca em uma relação intensamente pessoal com o passado musical. De um lado ele se tornou mestre absoluto das formas de exata escrita contrapontística, arte que por algum tempo estivera quase perdida, e de outro ele forja elos intencionais com seus

* Inglês do século XIII: "o verão chegou". (N. dos T.)
** Em alemão: uniforme. (N. dos T.)

antecessores e envolve a visão destes com uma interpretação nova e pessoal. Pode não ser habitual encontrá-lo baseando uma peça inteira de outro autor, mas ele de fato está tratando a melodia de Schubert como devia tratar — e muitas vezes o fez — a canção folclórica, como parte da herança comum do povo. E fazendo com isso um cânone, deu uma pequena mostra dos seus poderes de variação, assim como freqüentemente empregou temas de outros compositores, e dele mesmo.

Acima de tudo, esta pequena obra é *simbólica*. Nada se acha ali simplesmente por si mesmo. A forma antiga, a melodia de Schubert, a melancolia romântica (acentuada pela lembrança, que Brahms quer evocar, das palavras com as quais a melodia foi cantada na *Winterreise*) se juntam para proporcionar um poderoso símbolo de continuidade musical, da persistência das idéias e da significação musicais apesar da mudança na superfície. Brahms tinha um senso altamente desenvolvido da história musical e suas obras estão repletas de símbolos dessa espécie, embora habitualmente subordinados a um objetivo mais amplo e muito raramente realizados, como aqui, mediante citação direta.

Também é importante o texto de Rückert. Musicando-o, Brahms estava fazendo um comentário irônico sobre sua própria vida pessoal, como alguém que havia "cantarolado" junto do coro do amor mas permanecera afastado dele. O poema pressupõe a revivescência da lembrança, sempre um processo emocional de Brahms. E a melodia de Schubert, que simboliza coisas antigas, pode também ser vista como um símbolo da memória. O amor é uma canção, diz Rückert. A música e o amor, para Brahms, estavam muito intimamente ligados: as mulheres que ele amava eram musicistas; a criação musical competia com sua vida emocional; o amor, às vezes, era sublimado na composição. Nisso ele era completamente um romântico. No entanto, mantendo-se solteiro, e criando na sua obra uma polifonia revivificada — uma canção não sobre uma nota mas sobre muitas —, estava efetivamente escrevendo o epitáfio do romantismo.

1
O jovem Kreisler (1833-53)

Keinen hat es noch gereut, (...)
Um in frischer Jugendzeit
Durch die Welt zu fliegen. (...)
Lorbeer und Rosen
Führen ihn höher und höher hinan. (...)
Dann wählt er bescheiden
Das Fräulein, das ihm nur vor allen gefällt.

(Ainda ninguém se queixou disso. (...)
Bem no irromper da juventude
sair correndo pelo mundo. (...)
Louros e rosas levam-no alto e longe. (...)
Depois, modesto, eis que ele escolhe
a moça que, entre todas, mais o agrada.)

Ludwig Tieck, primeira romança
de *Magelone* (musicada por Brahms no op. 33)

Vinte anos depois da morte de Brahms, quando muitos críticos ainda sustentavam que, fosse qual fosse sua grandeza como músico "absoluto", ele não tivera nenhum senso de colorido orquestral, coube ao filósofo marxista Ernst Bloch situar dentro de seu *magnum opus* de envergadura cultural, *Geist der Utopie* (O espírito da utopia), uma elegante caracterização de Brahms como mestre da orquestra:

> Ele tem colorido: seu som orquestral tem sido comparado, não desfavoravelmente, à terra das urzes do norte da Alemanha, que de longe aparece como uma larga, monótona extensão, mas cujos cinzas, quando penetramos, subitamente se dissolvem numa miríade de pequeninas flores e partículas de cor.[1]

Atrás dessa comparação poética se esconde um não enunciado trocadilho sobre as origens do compositor e mesmo sobre seu nome. A giesta-das-vassouras, de tão agradável florescimento, *planta genista*, é conhecida em todo o norte da Alemanha pelo nome dialetal *Bram*: de Hanover a Schleswig as pessoas usam variações desse nome, em geral numa forma de possessivo terminado em "s" — Brams, Brahms, Bramst e assim por diante. Em uma cultura de língua francesa, portanto, o compositor podia ter recebido o nome ressoantemente aristocrático de "Plantagenêt", mas em alemão Brahms não tem conotações de nascimento nobre, antes até do oposto, pois indica "uma criança da terra das urzes".

A família cujos componentes — até e inclusive o pai do compositor — parecem ter-se chamado indiferentemente de Brahms ou Brahmst, na verdade era de origem camponesa. Os registros do passado não vão mais longe do que ao bisavô do compositor, Peter Brahms, que deixou a baixa Saxônia em meados do século XVIII à procura de trabalho e depois de longas peregrinações se instalou no pequeno porto de Brunsbüttel, no Holstein, onde exerceu o ofício de carpinteiro e consertava rodas. Seu filho Johann (1769-1839) se casou com uma moça do Holstein e se tornou estalajadeiro na aldeia de Heide, mais ao norte — na chamada terra de "Dittmarschen" —, perto da fronteira dinamarquesa, região conhecida pela independência de caráter. O casal teve dois filhos, Peter Hoeft Hinrich (nascido em 1793) e Johann Jakob (nascido em 1806). O avô Peter se juntou à família, em seu refúgio de Heide. O poeta Klaus Groth, nascido na mesma aldeia em 1819, conheceu assim quatro gerações dos Brahms e muitos de seus versos foram musicados como canções pelo filho de Johann Jakob.

Peter Hinrich pode ter sido o primeiro da família a manifestar algo parecido com um temperamento artístico: permaneceu em Heide como um penhorista profissional mas, no espírito, um colecionador um tanto excêntrico de antiguidades. Todavia, Johann Jakob, seu irmão treze anos mais moço, foi o primeiro Brahms a pretender ser um músico profissional. Realizou sua ambição contra severa oposição paterna, fugindo três vezes de casa em busca de instrução antes de o velho Johann lhe permitir que fosse admitido como aprendiz de músico municipal de Heide, com a idade de quatorze anos. Contratado por cinco anos (os dois últimos junto a um componente da banda municipal de Wesselbüren), Johann Jakob preparou-se como músico de orquestra, aprendendo a tocar flauta, clarim e todos os instrumentos de corda. Concluída a sua formação, o músico municipal de dezenove anos saiu de casa para tentar a sorte na cidade grande mais próxima: Hamburgo.

Nessa Alemanha pré-revolucionária de pequenos reinos e principados, Hamburgo, situada entre Schleswig-Holstein e o reino de Hanover, era uma rica cidade cuja independência datava do século XIII, quando havia sido um dos portos mais importantes da grande confederação mercantil da Liga Hanseática. Nas últimas décadas recebera um novo influxo de riqueza como o maior elo comercial entre a Europa e os Estados Unidos de recente independência. A cidade sustentava uma próspera classe comerciante, mas nas imediações dos ancoradouros os cidadãos mais pobres se amontoavam em espremidas áreas miseráveis, entre os bares e prostíbulos que atendiam aos apetites dos marinheiros do mundo todo.

Foi nessa parte mais sórdida da cidade que Johann Jakob se alojou e encontrou o primeiro emprego tocando em tavernas e salões de baile. Por sua obstinada persistência ele posteriormente chegou a se tornar trompista da guarda municipal e integrante, às vezes, de um sexteto popular que tocava música ligeira no pavilhão Alster do elegante passeio público de Jungfernstieg. Foi principalmente como contrabaixista que ganhou a vida. Mas nesses primeiros anos de Hamburgo, ainda que gostasse muito da carreira pela qual se decidira, continuou pobre. Em 1830, tendo conseguido o direito de cidadania local, alugou um quarto na casa de uma família chamada Detmering, na Ulricusstrasse, e dentro de uma semana tinha pedido em casamento Johanna Henrike Christiane Nissen, a irmã mais moça de Frau Detmering e hábil costureira que ajudava na loja da família. Depois de se refazer da surpresa (pois, aos quarenta e um, ela era dezessete anos mais velha do que seu pretendente, um pouquinho manca, de saúde delicada e — não obstante uma genealogia algo mais elogiada, rastreável até o século XIV — realmente tão pobre quanto ele), Christiane aceitou o jovem músico. A união se mostrou surpreendentemente bem-sucedida, pois ela era uma pessoa inteligente, bondosa, eminentemente prática, toda apta a organizar uma casa e uma família para seu despreocupado marido.

Eles se casaram no começo de junho e a primeira criança foi uma filha, Elizabeth (Elise), que nasceu logo, em fevereiro de 1831. Estavam vivendo então na Bäckerbreitergang. Pouco depois se mudaram para uma moradia de primeiro andar na Specksgang nº 24, Schluterhof, um prédio de apartamentos[2] com empenas, grande e gasto, do Gängeviertel (Bairro da alameda), um lugar completamente de má fama e ali conhecido como "Passeio do adúltero". Aí, a 7 de maio de 1833 Christiane deu à luz seu primeiro filho, que se chamou Johannes — "filho de Johann" — em conformidade com seu pai, sua mãe e avô, o estalajadeiro Johann Brahms, que se apresentou como padrinho no batismo.

O futuro compositor passou a fase da infância nos muito acanhados arredores. A natureza insalubre do Specksgang nº 24 é evidente a partir das fotos ainda existentes do edifício, que era recuado em um pátio sombrio de uma área miserável perto dos muros da cidade, onde a sujeira e a doença eram lugares-comuns. A observadora Florence May, que em 1902 visitou o lugar de nascimento, escreveu que

> a casa e seus arredores atestam apenas a realidade banal de uma pobreza ostensiva e repugnante (...) A quem entra [na moradia de primeiro andar] é difícil reprimir um calafrio de atordoamento e consternação. A porta da escada abre para um espaço mínimo, metade cozinha, metade vestíbulo, onde se pode cozinhar alguma coisa e colocar uma cama de criança (...) este se comunica com o cômodo de dormir, que tem sua própria janela mas é tão diminuto que mal se pode chamar de quarto. Não há nada mais, nem canto nem armário.[3]

Os pais de Brahms e suas duas crianças pequenas viveram nesses dois quartos até 1835, quando nasceu a terceira e última criança, Friedrich (Fritz).[4] Depois disso eles se mudaram para acomodações um pouco maiores na Ulricusstrasse, onde Christiane iniciou um modesto negócio de armarinho para aumentar os recursos da família. Essa era uma das muitas idéias de seu marido para ganhar dinheiro, mas era muito difícil ser bem-sucedida nisso quando ela já andava tão esgotada pelas responsabilidades domésticas. Durante toda a infância de Johannes eles sempre estiveram cronicamente desprovidos de dinheiro.

O menino "Hannes", de cabelos louros e olhos azuis, herdou da mãe a baixa estatura e os traços delicados, mas a robusta compleição do pai: cresceu excepcionalmente não atingido pelas doenças endêmicas da área infestada de ratos onde viveu. Sua casa escapou por sorte ao grande incêndio de 1842, que consumiu tantas das casas de madeira do velho bairro. E, embora no ano seguinte Johannes fosse atropelado por um cabriolé no caminho para a escola, ele se recuperou sem maiores conseqüências.

Aos seis anos foi mandado para uma escola particular, sendo logo transferido para outra série por J.F. Hoffmann, um professor criativo que incluía línguas estrangeiras em seu currículo. Foi ali que Brahms adquiriu um sólido conhecimento de leitura do francês e do inglês, embora nunca conseguisse falar essas línguas. Foi criado no estrito credo protestante do norte da Alemanha, recebendo orientação do pastor Johannes Geffcken na Michaeliskirche, onde fora batizado. Geffcken se tornou um bom amigo e despertou o interesse do menino pelos corais luteranos e pela música sacra: estes foram os seus primeiros contatos com a música antiga.

Cercado de música desde a infância, Johannes logo mostrou gosto e talento. Embora o pai tenha começado a ensinar-lhe violino e violoncelo quando ele andava por volta dos quatro anos, ficou fascinado pelo piano desde a primeira vez em que ouviu um. Depois de três anos de teimosa determinação por parte de Hannes, Jakob (talvez se lembrando de sua própria persistência juvenil) se curvou ao inevitável, ainda que o instrumento parecesse oferecer escassa perspectiva comercial, e providenciou para seu filho ter aulas com um professor de piano local. Felizmente escolheu um homem realmente bem-dotado e de caráter. Em Otto Friedrich Willibald Cossel, o garoto pela primeira vez encontrou um artista para quem a música não era meramente divertimento e meio de vida, mas uma vocação. Trabalhando com Brahms através dos estudos de Czerni e Cramer, e das sonatas de Clementi, Cossel verificou que ele era dedicado, inteligente, e abençoado por uma aptidão tão natural que dentro de três anos percebeu que restava pouco para poder ensinar-lhe. Observara, também, as primeiras atividades de Johannes no sentido da composição original. E quando se mostrou impossível satisfazer a sede do aluno para com esse desvio da carreira pura e simples de pianista, Cossel experimentou falar com o seu próprio professor, o ali renomado pedagogo e compositor Eduard Marxsen, para aceitar o menino em lições adicionais, mas a princípio não teve êxito. Mais tarde, quando o próprio Jakob o procurou, Marxsen concordou em dar uma aula por semana mas sob a condição de que Johannes continuasse a estudar com Cossel (que, então, ensinava também o irmão Fritz).

Enquanto isso Jakob, ávido de tirar proveito do talento do filho, providenciou um concerto beneficente particular para levantar fundos destinados à educação do menino, ainda com dez anos. Johannes apareceu como pianista do Quinteto op. 16 de Beethoven e de um quarteto com piano de Mozart, e tocou um Estudo de bravura de Henri Herz. Um empresário que assistia ao concerto brindou Jakob, de um momento para o outro, com uma faiscante visão de vantagem financeira: ofereceu-se a empreender com o garoto uma viagem à América, garantindo que isso traria ricas recompensas. O deslumbrado Jakob se dispôs a aceitar o projeto (conforme um relato, ele na verdade vendeu a loja de Christiane, confuso ante a preparação da viagem ao outro lado do Atlântico), mas Cossel estava horrorizado com a idéia de seu jovem aluno ser comercialmente explorado como um *Wunderking* (menino prodígio). Imediatamente persuadiu Marxsen a interferir e insistiu para que este assumisse toda a responsabilidade pela educação musical de Johannes. Talvez para abrandar a furiosa decepção de Jakob, Marxsen se recusou a aceitar qualquer pagamento pelo seu ensino.

Assim Johannes se tornou aluno de um dos músicos mais cultos da região. Marxsen era um compositor prolífico e versátil cujas obras iam de floridas variações para virtuose de piano, tão populares na época, a sinfonias e até uma versão orquestral da Sonata a Kreutzer de Beethoven. Ele havia estudado composição em Viena, com Ignaz Seyfried, aluno de Mozart e Albrechtsberger, que conheceu tanto Haydn como Beethoven. E estudara piano com Carl Maria von Bocklet, amigo íntimo e precoce defensor de Schubert. Sua relutância inicial em aceitar o jovem Brahms se diluiu quando começou a reconhecer a potencialidade do menino como compositor. Ensinou-lhe harmonia, contraponto e teoria, estimulou-o a desenvolver a habilidade de transpor à primeira vista, levou-o ao conhecimento de grande parte do repertório, então fora de moda, dos períodos clássico e antigo, e emprestou ao jovem e já sôfrego leitor uma porção de livros que, de outro modo, ele não teria conhecido. Brahms tinha suas aulas na vizinha cidade de Altona, exercitando-se nesse meio tempo na casa de Cossel ou em lojas de piano (naturalmente não havia nem sala nem dinheiro para um piano todo seu), enquanto continuava a freqüentar a escola. Era um programa quase punitivo e não é nada surpreendente que durante toda a juventude ele sofresse de enxaqueca. Suas relações com Cossel permaneceram cordiais e valiosas pois, embora o ensino clássico de Marxsen lhe fosse útil na vida subseqüente, o jovem Brahms partilhava o entusiasmo de seu primeiro professor pelas obras dos compositores românticos coetâneos. No entanto, as coleções de Marxsen de variações sobre danças camponesas e canções folclóricas finlandesas lhe ofereceram um exemplo diferente e importante da arte de incorporar material popular em composições originais.

Enquanto recebia essa excelente educação musical, Johannes não tinha como evitar a utilização prática de seus dons para suavizar a aguda pobreza de sua família. Especialmente a partir da idade de treze anos — como, antes dele, seu pai — teve de aceitar contratos para tocar piano nas numerosas espeluncas de bebida e meretrício do mal-afamado setor de St Pauli, perto do porto. Os relatos ingleses do começo de sua vida habitualmente dão conta desses estabelecimentos como bares, tabernas e salões de baile. Na verdade, a língua inglesa não proporciona equivalente exato para as agora antiquadas expressões alemãs *Animierlokale* ou *Animierkneipe*, literalmente "salões de estimulação", onde o estímulo oferecido era musical, alcoólico e sexual em proporções convenientes. Apresentando incessante música de dançar, tarde da noite, a salões apinhados de prostitutas e marinheiros mal saídos de seus navios, o sensível Johannes viu uma quantidade assustadora de vida sórdida e em estado cru exatamente quando ele próprio entrava na puberdade. Em cima desse fundo de cena alguns biógrafos têm levantado minuciosas especulações a respeito de suas dificuldades posteriores no relacionamento com as mulheres. Qualquer que possa ser a verdade, a experiência indubitavelmente deixou cicatrizes. Em uma idade muito precoce, ele pôde conservar escassas ilusões românticas sobre o sexo oposto e muito menos sobre o seu próprio.

No entanto, depois de adulto, ele se ressentia profundamente com qualquer insinuação de que tinha sido explorado pelos pais, a quem sempre se manteve fortemente ligado. De um modo geral, detestava falar de seus sentimentos mais íntimos, protegendo-os com uma reserva que ficou cada vez mais proibitiva. Contudo, mais de quarenta anos depois, passeando pelo Cemitério Central de Viena com seu amigo e posteriormente biógrafo Max Kalbeck, sentiu a necessidade de esclarecê-los. Como Kalbeck escreveu:

> Brahms recordou sua mocidade em palavras desconexas mas profundamente sentidas, que lhe vinham do fundo do coração, como se quisesse se defender da acusação de "educação descuidada" que lhe fora feita. Falou de quanto os pais o tinham amado, de quanto os amara, de como ele e eles achavam deprimente a constante luta para viver dentro do orçamento, da humilhação e das ofensas a que ele e eles tinham sido expostos em sua cidade natal, e de como ele calmamente havia aceitado tudo. Indiferente ao louvor e à censura, tinha seguido seu caminho e o freqüente reconhecimento de uns poucos amigos o tinha deixado imune à agressividade de um mundo hostil.

Pode-se querer saber, no entanto, se a feroz dedicação de Brahms ao lado criativo da música, e sua brilhante inteligência, originaram-se meramente nelas próprias ou antes numa autodefesa — não simplesmente contra a freguesia dos *Animierkneipe* mas contra um ambiente doméstico que, apesar de afetuoso, era absolutamente desprovido de privacidade. A mente é o último espaço privado e Johannes equipou a sua com um vasto e instintivo apetite pelo estudo e pela literatura. Começou colecionando velhos volumes das bancas de livros salpicadas pelos canais de Hamburgo, e até quando tocava no *Lokale* ele lia poesia, apoiada na estante de música. Tornou-se um devoto da ficção fantástica de E.T.A. Hoffmann, que como compositor e escritor havia sido um dos primeiros gênios do período romântico, e para quem a música era uma constante pedra de toque do valor espiritual. Brahms se impressionou sobretudo com a grotesca ironia de seu romance *Kater Mürr* (1821; Gato Mürr), em que o sardônico gato Mürr redige sua autobiografia nos reversos das apaixonadas meditações sobre a Arte escritas pelo seu dono, o neurótico e idealístico músico Johannes Kreisler. Brahms começou a se identificar intensamente com o herói de Hoffmann, criando para si mesmo um alter-ego como "Johannes Kreisler Junior". O Kreisler de Hoffmann, incapaz de lutar contra a sociedade filistéia, sempre encontrou consolo em sua Arte. E este "Jovem Kreisler" faria o mesmo.

No inverno de 1846-47 a tensão de sua vida dupla, de músico sério durante o dia e pianista de bar à noite, cobrava seu tributo: Johannes estava perto de um colapso, com anemia e esgotamento nervoso. Certa ocasião contou a Klaus Groth que às vezes, enquanto descia a rua, tinha de se agarrar às árvores para não cair. Por sorte, nessa época seu pai tinha prestado favores, no pavilhão Auster, a um próspero dono de fábrica de papel e fazendeiro, Adolf Giesemann. E sabendo que Johannes estava mal de saúde, Giesemann convidou o menino — que nunca na vida tinha ido além de Altona — a passar algumas semanas em sua casa de campo, em Winsen an der Lühe, onde ele podia prover as necessidades musicais da família. Os meses de verão em Winsen, dando longos passeios pelos bosques e nadando no rio, retornando ocasionalmente a Hamburgo, de barco a vapor, para as aulas da escola e de piano, logo restabeleceram a saúde do menino. Mas também ampliaram seus horizontes culturais e lhe alimentaram a imaginação criativa. Adquiriu ali o amor à natureza que teve em toda a sua vida e para o qual a leitura romântica o havia preparado. Deu aulas de piano à filha de Giesemann, Lieschen, um ano mais moça do que ele e que partilhava seu amor à leitura. Ficaram muito amigos e mais tarde ela foi se hospedar na casa da família dele em Hamburgo. Em Winsen, juntos, eles obsequiaram um garoto judeu, Aaron Lowenherz, que como pequena retribuição lhes levou uns volumes temporariamente furtados da biblioteca de empréstimo da sua mãe. Um deles era a novela *A bela Magelone e o Conde Pedro das chaves de prata*, que anos mais tarde foi dar a Brahms a base do seu ciclo de canções mais substancial. Ele tocou arranjos de Beethoven para piano a quatro mãos com Herr Blume, um meirinho do lugar. Mas, acima de tudo, conseguiu sua primeira oportunidade de regência, com a Sociedade Coral de Winsen, de umas doze pessoas, para a qual escreveu algumas pequenas composições vocais.

De volta a Hamburgo no outono, Johannes retornou a seus estudos mas, aparentemente, não aos *Lokale*. Em vez disso, tocou em restaurantes e participou de alguns concertos, sem chamar muita atenção. Na primavera seguinte, com quinze anos, saiu da escola e de novo passou algumas semanas em Winsen, onde fez os arranjos de duas canções folclóricas para a sociedade coral. Este ano, de 1848, era de fermentação revolucionária através da Europa, de que resultaram, na Alemanha, os primeiros passos para um estado unitário dominado pela Prússia. A princípio Hamburgo foi pouco afetada e a atenção de Brahms, presumivelmente, estava voltada para os assuntos musicais (tais como sua primeira audição do Concerto para Violino de Beethoven tocado pelo prodigioso Joseph Joachim, de dezessete anos, e sua primeira visita à ópera, para ver *Le Nozze di Figaro*, de Mozart, a expensas de Giesemann). Estava começando a admitir seus próprios alunos de piano e se preparando para o primeiro recital público. Apresentou-o em Hamburgo a 21 de setembro, com dois cantores e um violoncelista, e num programa fartamente "contemporâneo", de bagatelas para virtuose de Rosenhain, Döhler, Herz e Marxsen, ele foi suficientemente audacioso para tocar uma fuga de J.S. Bach, um prato musical muito severo e nada comum para a época. Em abril do ano seguinte, novamente com o acompanhamento de vários músicos, voltou à sala de concertos com um recital mais ambicioso (e de muito melhor platéia), que incluía a Sonata *Waldstein* de Beethoven, uma fantasia operística de Thalberg e — mais significativo que tudo — uma obra sua, uma "Fantasia sobre uma valsa preferida".

A peça não sobreviveu, mas o fato de Brahms ter ousado aparecer diante do público não exatamente como pianista mas como um *compositor* e pianista mostra como o seu trabalho criativo já se tinha tornado importante para ele. Marxsen, que inicialmente proibira a composição até que o aluno adquirisse técnica suficiente, agora estava encorajando Brahms a contribuir com fantasias desse tipo e arranjos remunerados para o editor Cranz, de Hamburgo.[5] Mas não há dúvida de que mesmo nessa fase inicial Brahms estava mais interessado nas formas sérias de composição. Já há alguns anos era amigo de uma jovem pianista e compositora de canções, Louise Japha (que anos mais tarde se lembrou de que já em 1844 Johannes, com onze anos, tinha tocado para ela uma sonata para piano dele próprio!). E então ele começou a lhe mostrar suas peças atuais. Louise era uma entusiasta apaixonada pela música de Robert Schumann e, quando esse extraordinário compositor contemporâneo visitou Hamburgo em 1850 com sua mulher Clara, uma das maiores virtuoses do piano na época, Louise persuadiu Brahms a mandar um maço de suas obras para o hotel deles — mas, para sua amarga decepção, foi devolvido intocado.

As agitações revolucionárias de 1848 impeliram para Hamburgo uma onda de refugiados políticos do Império Austro-Húngaro. Muitos deles apenas atravessaram o país a caminho da América. Um que permaneceu foi o violinista húngaro Eduard Reményi, nascido em 1830 e que estudara em Viena junto com Joseph

Joachim. Ao chegar a Hámburgo deu alguns recitais e para um deles contratou Johannes como acompanhador. Poucos biógrafos, por mais que façam, podem dar a Reményi um bom caráter e parece mesmo ter sido uma pessoa presunçosa, temperamental e oportunista. Mas foi ele o catalisador das dramáticas mudanças que haveriam de lançar o jovem e obscuro pianista de Hamburgo no cenário da música internacional. Reményi ficou impressionado com a execução de Johannes, enquanto Brahms, por sua vez, se viu fascinado pelas vigorosas interpretações do húngaro — tanto de sua música "nacional" como de canções folclóricas e danças de estilo cigano. Durante certo tempo, a química do relacionamento entre eles correu bem e os dois tocaram juntos muitas vezes, no período 1850-52, com uma pequena interrupção quando Reményi foi temporariamente expulso pela polícia como estrangeiro politicamente indesejável.

A princípio, porém, Reményi era apenas um entre os vários contatos profissionais potencialmente úteis que Brahms estava fazendo enquanto se dedicava à composição com entusiasmo acentuadamente maior do que à execução em público. Na ausência do húngaro, ele fez parceria com o célebre pianista de Hamburgo Otto Goldschmidt (compositor da famosa canção *Stille Nacht*) em um duo pianístico. Tocou o seu novo Scherzo em mi bemol menor (subseqüentemente a ser publicado como seu op. 4) para o compositor visitante Henri Litolff. E em julho de 1851 tomou parte em um concerto de câmara privado com o violoncelista d'Arien (que participara de alguns dos seus primeiros recitais) e o violinista e compositor dinamarquês Niels Gade. Entre as peças tocadas por eles estavam um Trio com piano e um Duo para violoncelo e piano atribuído a certo "Karl Würth". A própria cópia do programa anotada por Brahms indica que este era um pseudônimo dele mesmo. Mas estas, suas primeiras obras de câmara conhecidas, jamais foram ouvidas de novo.

No entanto foi com Reményi, que voltou para Hamburgo no final de 1852 depois de algum tempo nos Estados Unidos e em Paris, que ele foi formando a associação mais estreita. Há anos (pelo menos já em 1848) Brahms tinha se tornado um apaixonado colecionador tanto de antigas músicas vocais e instrumentais como também de canções folclóricas. O vasto repertório de melodias magiares e *Zigeuner* do húngaro inflamou-lhe o entusiasmo e mais tarde haveria de deixar uma marca indelével em sua linguagem musical. No início de 1853 os dois deram um recital em Winsen que incluía a Sonata para violino em dó menor de Beethoven, um concerto de Vieuxtemps e melodias húngaras em versões de Reményi. O entusiasmo dos amigos de Brahms em Winsen foi de tal ordem que ali mesmo eles tiveram a idéia de tornar esse mesmo programa a viga mestra de uma viagem de concertos por outras cidades do norte da Alemanha, especificamente Celle, Lüneburg e Hanover (onde Reményi esperava conquistar o interesse de Joachim, que recentemente aceitara uma nomeação, pela corte, de Konzertmeister de lá). Os dois jovens músicos partiram a 19 de abril. Para Brahms, a um mês do vigésimo aniversário, era uma grande aventura, o mais longo percurso que já fizera. Mas ele mal podia ter imaginado que ficaria longe de Hamburgo por oito meses capazes de operar uma completa mudança na sua vida.

Após bem-sucedidos concertos em Celle (onde Johannes, achando a afinação do piano um bemol abaixo, transpôs tranqüilamente, de memória, a parte correspondente — de Beethoven — para um semitom acima), Lüneburg e Hildesheim, eles foram para Hanover, onde Reményi rapidamente retomou suas relações com Joseph Joachim, aos vinte e um anos já famoso como violinista, regente e compositor. Joachim, porém, logo se sentiu mais atraído pelo discreto e reservado acompanhador do resplandecente Reményi. E, quando Johannes foi persuadido a tocar algumas das suas peças para piano e a canção *Liebestreu*, compreendeu que havia encontrado uma inteligência musical de uma categoria inteiramente extraordinária. Além disso, os dois jovens descobriram uma enorme afinidade de temperamento e Brahms, provavelmente pela primeira vez na vida, achou que tinha ganhado um amigo íntimo com quem podia discutir qualquer assunto, pessoal e artístico, que trouxesse no coração.

Prevendo que Brahms e Reményi eram um par de pessoas mal entrosadas, Joachim aconselhou Johannes a procurá-lo em Göttingen, no verão, se se visse em dificuldades. Também conseguiu uma contratação para o duo tocar na corte de seu protetor, o Rei Jorge de Hanover. Mas poucos dias depois a polícia hanoveriana interrogou Reményi sobre a suspeita de ser um agitador político e mandou os dois saírem de Hanover a toque de caixa. Eles resolveram seguir para Weimar, onde Reményi esperava estabelecer contato com Franz Liszt, o maior músico húngaro da época. E Joachim, que por alguns anos fora *persona grata* no círculo de Liszt, amavelmente lhes forneceu as necessárias apresentações.

Em Weimar pela primeira vez Johannes se sentiu seriamente desorientado. Liszt estava vivendo em grande estilo, no palácio de sua amante, a Princesa Carolyne von Sayn-Wittgenstein, em meio a uma multidão de alunos e acólitos da escola "Neo-alemã", cujos princípios estavam muito longe dos dogmas de Marxsen. Entre eles estavam compositores prolíficos e elegantes como Raff, Cornelius e Karl Klindworth. Como sempre foi para com os jovens músicos ambiciosos, Liszt se mostrou a personificação da amabilidade. Mas o menino dos arredores do cais de Hamburgo ficou intimidado com o estilo de vida suntuoso e quase por um instinto cego recuou ante a atmosfera de insistente bajulação que cercava o grande homem. Embora Liszt e Reményi o adulassem, estava demasiadamente abatido para tocar suas composições diante do grupo ali reunido. Vendo isso, o próprio Liszt se ofereceu para realizar a tarefa. Executou o Scherzo em mi bemol menor de Brahms e parte de sua Sonata em dó maior, com suprema facilidade, e mantendo um fogo cerrado de comentários e conselhos sobre composição, enquanto tocava. Pouco depois alguns dos presentes pediram ao mestre para executar a sua própria Sonata em si menor, então ainda em manuscrito. Liszt o fez, magnificamente, mas deslocando os olhos para o lado de Johannes durante uma passagem particularmente tocante, descobriu que o jovem hamburguês dormia a sono solto.

Essa, pelo menos, foi a estória segundo o que divulgou William Mason, aluno americano de Liszt. Mas, apesar de presente nesta ocasião, ele não tinha podido ver as reações de Brahms, que mais tarde lhe foram descritas por Reményi (fonte muito duvidosa). Todavia, dados os esforços da ida a Weimar, o desinteresse geral de Johannes pela música de Liszt e a tensão emocional de ter a sua música exposta em tal reunião, ele bem pode ter cochilado em autodefesa psicológica. Liszt não ficou ofendido e haveria de manter com Brahms, para o resto da vida, relações cordiais, ainda que distantes.

No entanto, Brahms então queria deixar Weimar o mais depressa possível. Reményi, porém, considerou o círculo de Liszt e suas circunstâncias absolutamente adequado. Estava ultrajado pela aparente ingratidão de Johannes e achou isso diretamente ameaçador para as perspectivas de sua própria carreira. Por algum tempo, também, ele tinha se ressentido da desproporcionada soma de atenção que os grandes da música haviam prodigalizado a seu socialmente inábil acompanhador. O duo tinha chegado à separação dos caminhos. Reményi foi embora sem ele (jamais se encontraram de novo) e Brahms foi entregue a seus próprios recursos. Lembrando-se das palavras de Joachim na partida, lhe escreveu em 29 de junho o próprio epítome da melancolia romântica:

> Se eu não me chamasse "Kreisler", devia ter agora muito boas razões para maldizer minha arte e meu entusiasmo (...) Realmente não precisava de outra experiência tão amarga. A esse respeito, já tinha mais que o suficiente para um poeta e compositor. Não posso voltar a Hamburgo sem alguma coisa para apresentar (...) Pelo menos tenho de ver impressas duas ou três composições, para que eu não tenha dificuldade em olhar para a cara dos meus pais (...) posso visitá-lo [em Göttingen]? Talvez esteja sendo presumido, mas minhas situação e minha melancolia me obrigam a isso.

Em Göttingen, Joachim aperfeiçoava a sua formação, freqüentando cursos de filosofia e história na universidade. Recebeu Brahms calorosamente e houve uma imediata renovação da amizade deles, que se aprofundou e prosperou ao longo dos dois meses em que Brahms se encontrou com o círculo de Joachim e desfrutou de todas as vantagens da vida de estudante sem precisar realmente de fazer qualquer trabalho acadêmico. Em vez disso, consagrou-se à leitura e à composição, não apenas sérias, a julgar pelo *Hymne zur Verherrlichung des grossen Joachim* (Hino para a veneração do grande Joachim), uma serenata burlesca para trio de cordas que Brahms e dois amigos comuns, Otto Brinkman e Arnold Weber, tocaram para Joachim no seu vigésimo segundo aniversário. Joachim também estava fazendo seu próprio nome como compositor, parecendo, ele e Brahms, ter cada um afiado o gume da criatividade do outro. Em agosto, Joachim e Brahms deram um concerto que levantou fundos suficientes para permitir a Johannes levar a cabo uma ambição há muito acalentada: uma excursão a pé pelo Reno.

Despedindo-se de Joachim, ele vagou por conta própria para o norte, a favor da correnteza do grande rio através de paisagens rochosas e românticas. Em setembro, empunhando um bordão e de mochila às costas, chegou a Bonn. Encontrou aí o violinista J.W. von Wasielewski, aluno de Mendelssohn, que o apresentou a cada um dos componentes da família Deichmann, conhecidos protetores das artes, em Mehlem sobre o Reno. Permaneceu com eles por algum tempo, passeando na zona rural e trabalhando numa nova e muito ambiciosa Sonata para piano em fá menor. Os Deichmanns eram ardentes proselitistas da música de Schumann, que vivia mais rio abaixo, em Düsseldorf. E foi na casa deles que Johannes finalmente começou a estudar cuidadosamente as obras de Schumann e a reconhecer que este era um mestre cujos ideais musicais se harmonizavam com os seus muito mais do que até então havia suspeitado. Reconheceu mesmo os seus próprios entusiasmos por E.T.A. Hoffmann na *Kreisleriana* de Schumann, impressões musicais do Kapellmeister Kreisler do romancista. Até então — apesar da instigação de Joachim — Brahms tinha se esquivado a se aproximar de Schumann, talvez antevendo uma recusa como em 1850 ou ter de entrar em outro círculo-corte, como o que rodeava Liszt. Mas finalmente resolveu ir a Düsseldorf e estabelecer relações com o homem cujo apoio podia significar muito para ele, em termos artísticos. Continuou seu passeio a pé com os irmãos Deichmann até Colônia, onde se encontrou com os compositores Carl Reinecke e Ferdinand Hiller. Em seguida tomou um trem para Düsseldorf.

Brahms se apresentou na casa dos Schumanns por volta do meio-dia de 30 de setembro de 1853. Eles não estavam, mas sua filha mais velha, Marie, que abriu a porta (a uma pessoa que ela muito mais tarde recordou como "um homem muito jovem, belo como uma pintura, de longos cabelos louros"), lhe disse para vir no dia seguinte, às 11 horas. Assim fez ele e foi cordialmente recebido pelo próprio Robert Schumann, que imediatamente pediu a Brahms que tocasse para ele. Muito mais à vontade na vida familiar da casa de Schumann do que tinha estado na residência de Liszt, Brahms não teve nenhuma perda de confiança e atacou os compassos de abertura da sua Sonata para piano em dó maior. Mas somente havia tocado por alguns segundos quando Schumann o interrompeu e saiu correndo da sala, dizendo: — Por favor, espere um momento, preciso chamar a minha mulher. Trouxe Clara com ele, fê-la sentar-se, acenou para Brahms continuar e disse a ela: — Agora você vai ouvir música como jamais ouviu. Brahms tocou para eles todo o final da manhã e prometeu se hospedar perto para poder visitar os novos amigos todos os dias. Depois, no almoço, os filhos de Schumann acharam que os pais transbordavam de excitação a propósito do jovem de cabelos louros. Naquela noite Schumann escreveu no seu diário: "Visita de Brahms, um gênio." A anotação do diário de Clara mostra que ela ficou igualmente impressionada:

> Eis aqui de novo um daqueles que aparece como se mandado diretamente por Deus. Ele nos tocou sonatas, scherzos seus etc., todos mostrando imaginação exuberante, profundidade de sentimento e mestria da forma. Robert diz que não havia nada que ele pudesse dizer-lhe para tirar ou acrescentar. É realmente comovedor vê-lo sentado ao piano, com o seu rosto jovem e interessante que fica transfigurado quando ele toca, suas belas mãos que superam as maiores dificuldades com perfeito desembaraço (suas coisas são muito difíceis), e ainda por cima essas extraordinárias composições.

O próprio Schumann, com quarenta e três anos, tinha chegado ao ápice de uma fama baseada principalmente em suas primeiras composições para piano (nas quais ele assentara novos modelos para a utilização intencional da fantasia romântica) e que agora estava acrescida de uma fértil produção de obras vocais, corais, sinfônicas e concertantes. No mundo artístico de seu tempo, dividido em facções, sua música ainda não alcançava apreço universal e era uma "causa" a ser fervorosamente difundida por amigos e partidários. No entanto, ele era reconhecido como uma das maiores personalidades musicais da Alemanha. Sua corte à jovem Clara Wieck, a melhor pianista mulher da Europa, culminando no casamento contra a vontade de seu pai tirânico, tinha acrescentado uma aura de romance a ambos os Schumanns e treze anos de vida conjugal tinham resultado em modesta prosperidade material e uma grande família. Clara, apesar dos compromissos domésticos, era exemplo excepcional, para aquela época, de mulher profissionalmente dedicada, que continuava a seguir um exigente programa de concertos enquanto atuava como representante artística do marido. Robert estava empregado como diretor de música da Orquestra e Coro Municipal de

Düsseldorf, com a responsabilidade de dez concertos e quatro serviços religiosos com música por ano.

A princípio Brahms não deve ter percebido como era realmente precária a situação de Schumann, tanto profissional quanto mentalmente. Desde a adolescência, e muito mais freqüentemente na década anterior, o compositor adoecera com uma série de problemas nervosos periódicos, que o haviam tornado cada vez mais dependente de Clara, minando-lhe a constituição e a aptidão de trabalhar em público. Seus sintomas em diversas fases incluíam fraqueza geral, dores de cabeça, vertigem, insônia, tilintação nos ouvidos (sempre alarmante para um músico), nervosismo extremo, agitação emocional, irritabilidade e oscilações maníaco-depressivas do humor. Habitualmente desajeitado e tímido em sociedade, nos últimos meses parecia experimentar dificuldade para falar ou formular os pensamentos e era atormentado por alucinações auditivas. Os amigos estavam assustados com o seu recente entusiasmo pela comunicação com o mundo dos espíritos em sessões de pancadas na mesa. E não surpreendentemente suas obrigações de regente pareciam estar muito acima de suas forças. Schumann nunca tinha sido um bom regente, incapaz de manter a disciplina ou transmitir claramente aos executantes as suas intenções. Agora, sua apatia e desligamento, combinados com uma sensação obsessiva de que a música estava sempre sendo tocada depressa demais, estavam convencendo as autoridades de que ele ficara inabilitado para o cargo.

No círculo de Schumann há muito se vinha acreditando que ele sofria de um mal definido "estado nervoso" agravado pela contínua sobrecarga de trabalho. Embora Clara tivesse adotado uma rotina que protegia o marido tanto quanto possível de tensões sociais e profissionais, ela parece não ter encarado a possibilidade de sobrevir um colapso mental, mas é claro que Schumann estava padecendo de uma grave doença da personalidade. Presumivelmente, ele podia ter contraído sífilis na adolescência, o que então viria causando uma degenerescência adicional do sistema nervoso — mas a opinião médica estava na época (e está hoje) ainda dividida sobre a natureza precisa da enfermidade de Schumann.[6]

A chegada de Brahms coincidiu com (e pode ter ajudado a alimentar) uma das cada vez mais raras temporadas de energia, interesse e aparente boa saúde de Schumann. No próprio dia em que ele chegou, Clara havia descoberto que estava grávida de seu sétimo filho. Durante a estada de Brahms em Düsseldorf Schumann regeu diversos concertos insatisfatórios, teve muitas confrontações com os componentes cada vez mais preocupados da orquestra (que desejavam substituí-lo por seu suplente Julius Tausch) e recebeu vários visitantes, inclusive Bettina von Arnim, Joachim e o artista francês J.-B. Laurens. Mas ele deu generosamente a maior parte de seu tempo a Brahms e se consagrou sinceramente a ajudar a carreira dessa "jovem águia" de Hamburgo em tudo o que pudesse imaginar. Melhor ainda, escreveu a seus editores Breitkopf & Härtel, de Leipzig, recomendando veementemente que considerassem tudo o que Brahms pudesse oferecer-lhes.

Assim começou um mês maravilhoso para Brahms. Via os Schumanns praticamente todos os dias, tocando música com eles e para seus ilustres visitantes, conversando, lendo ou acompanhando-os em passeios. Reanimou sua relação com Louise Japha e fez uma nova amizade, para toda a vida, com Albert Dietrich, aluno de composição de Schumann e apenas uns poucos anos mais velho do que ele. Os dois diariamente tomavam juntos o café da manhã e Dietrich despertou a atenção de Brahms para muitos pintores, acendendo um intenso e continuado interesse pelas artes visuais. Essa atmosfera congenial e de admiração condizia claramente com Brahms: diversos observadores comentaram sua natural impetuosidade e senso de diversão. Ele claramente levava os Schumanns para fora deles mesmos, lhes dando um novo entusiasmo recíproco e ajudando a confirmar Robert na trilha de sua própria composição. Como em reconhecimento disso, o compositor mais velho dedicou a Brahms sua última obra em grande escala, Introdução e Allegro para piano e orquestra op. 134.

Joachim foi tocar em Düsseldorf no final de outubro e Schumann teve a idéia de escrever uma obra para ele em colaboração com Brahms e Dietrich. Assim nasceu a chamada Sonata "Fá-lá-mi" para violino e piano, baseada nas iniciais do mote *Frei aber einsam* (Livre mas solitário), do próprio Joachim. O resultado foi servido a Joachim em sua chegada e a 26 de outubro ele o tocou do começo ao fim com Clara Schumann acompanhando: a brincadeira era que ele devia adivinhar quem havia escrito qual movimento, mas ele pode ter tido pouca dificuldade. Schumann tinha dado o melhor de si no intermezzo e finale,[7] como tinha o talentoso Dietrich no efusivo primeiro movimento, mas de longe a mais notável parte da obra era o scherzo esplendidamente tenso que era a contribuição de Brahms. Muito mais bem-sucedida do que tantas obras de colaboração dessa espécie, a Sonata permanece como um símbolo vivo da atmosfera esperançosa e otimista que prevaleceu em Düsseldorf durante outubro de 1853.

Brahms finalmente deixou a cidade a 2 de novembro, regressando à morada de Joachim em Hanover. Encontrou lá um novo número da *Neue Zeitschrift für Musik*, o periódico que Schumann havia fundado em 1834. Ele há dez anos havia abandonado a editoria e desde então não escrevera ali. Mas nesse número, datado de 28 de outubro de 1853, vinha um artigo de Schumann — a respeito de Brahms. Joachim fora consultado sobre isso, mas ele e Schumann o tinham escondido cuidadosamente do motivo do ensaio. Assim, Brahms ficou assombrado com a vibrante manifestação de Schumann. O artigo "Neue Bahnen" (Novas trilhas) não era nada menos que o anúncio ao mundo musical de um novo gênio em seu meio.

"Muitos talentos novos e importantes têm aparecido, pois uma nova força na música parece ter anunciado sua existência", escreve Schumann, passando a citar compositores tais como Joachim, Dietrich, Niels Gade, Woldemar Bargiel, Theodor Kirchner, Stephen Heller e Robert Franz:

> Pensei, enquanto observava com a mais profunda simpatia as tendências desse grupo selecionado, que mais cedo ou mais tarde depois dessa preparação alguém apareceria — e deve aparecer — destinado a nos dar a expressão ideal dos tempos, alguém que não alcançaria sua mestria gradualmente, mas saltaria completamente armado como Minerva da cabeça de Kronion.[8] E ele chegou, um sangue novo em cujo berço as Graças e os heróis montavam guarda. Seu nome é Johannes Brahms, de Hamburgo, onde ele tem estado criando em obscuro silêncio (...) a mim recentemente recomendado por um mestre reverenciado e bem conhecido. Traz todas as marcas de alguém que recebeu um chamado. Sentado ao piano, começou a descortinar maravilhosas regiões (...) Havia sonatas, ou um tanto veladas sinfonias; canções cuja poesia seria clara até para quem lhes ignorasse as palavras, embora uma intensa melodia

> vocal transpasse todas elas; peças isoladas para piano, de caráter demoníaco e encantadoras na forma; em seguida sonatas para violino e piano, quartetos de cordas — e tudo com tal diferença de uma obra para outra que cada uma parecia jorrar de uma fonte fresca (...)
>
> Quando ele acenar com sua vara de condão no lugar em que o poder das grandes massas orquestrais e corais o ajudarão, aí nos serão revelados vislumbres ainda mais maravilhosos nos segredos do mundo dos espíritos. Queira o mais alto Gênio fortalecê-lo para isso (...). Seus contemporâneos o saúdam em sua primeira viagem pelo mundo, onde mágoas lhe podem estar reservadas, mas também palmas e louros. Damos-lhe as boas-vindas como a um poderoso lutador (...)

Brahms ficou claramente estupefato — não tanto pela extravagância da linguagem de Schumann, que era característica tanto dele como da época — mas porque era suficientemente sensato para saber que esse sincero louvor o havia lançado irrevogavelmente sob os refletores antes de se sentir preparado para isso. Ele havia se tornado um imediato objeto de atenção e — deve ter compreendido — de ceticismo, pois Schumann se tinha manifestado em termos semelhantes (embora jamais com tanto fervor) sobre outros compositores que tinham fracassado em cumprir sua promessa. Imediatamente começou a revisar as obras que pretendia apresentar para publicação, uma quinzena antes de poder escrever a Schumann em agradecimento:

> O louvor público que você se dignou de me conceder terá aumentado tão grandemente as expectativas do mundo musical para com a minha obra que não sei como vou conseguir, sequer parcialmente, fazer justiça a isso. Antes de mais nada isso me obriga a agir com o máximo de cautela na escolha das peças para publicação. Acho que não publicarei nenhum dos meus trios, mas selecionarei as sonatas em dó maior e em fá sustenido menor para serem meus opp. 1e 2, as canções para o op. 3 e como op. 4 o Scherzo (...)

Além dos nebulosos "trios", um Quarteto de cordas em si bemol que anteriormente havia sido comentado como publicável desaparecia agora na obscuridade. Fosse para o que fosse mais útil a Brahms o artigo de Schumann, certamente fortaleceu os já formidáveis poderes de sua autocrítica. Tão logo fez suas revisões, e uma bela cópia da nova Sonata para piano em fá menor (concluída no rascunho pouco antes de ele sair de Düsseldorf), decidiu ir a Leipzig e apresentar pessoalmente suas obras a Breitkopf & Härtel.

A 17 de novembro chegou ao grande centro musical, onde estava ainda fresca a memória de Mendelssohn, e foi acolhido quase imediatamente por um amigo de Dietrich, Heinrich von Sahr, que foi seu anfitrião na primeira parte da estada e foi logo apresentando-o a importantes músicos locais. O advento do "jovem Messias de Schumann" incitou interesse considerável (mesclado com descrença) nos círculos de Leipzig. Brahms se encontrou com o violinista Ferdinand David (com quem ofereceu a última execução conhecida de sua Sonata para violino em lá menor), com o compositor e pianista Ignaz Moscheles, que estudara com Beethoven, com os editores Härtel e Senff, o formidável pai de Clara Schumann Friedrich Wieck e a sua irmã Marie, e com o jovem regente de coro Julius Otto Grimm, que logo se tornou amigo influente. Ele apresentou Brahms à Condessa Ida von

Hohenthal, que o convidou a passar alguns dias em sua propriedade. Ali, convenceu-a de oferecer ao irmão Fritz o lugar de professor de música dos filhos dela, a que Grimm tinha acabado de renunciar, e retribuiu essa gentileza com a dedicatória da nova Sonata para piano. Suas esperanças de publicação foram ricamente recompensadas: Senff ficou com a nova Sonata[9] e um conjunto de canções. Härtel pagou um adiantamento razoável e imediatamente começou a imprimir as primeiras duas sonatas, o Scherzo e algumas outras canções.

Em vez de permanecer continuamente em Leipzig, ele aproveitou alguns outros dias em Hanover, nas acomodações de Joachim, de modo que pudesse continuar a compor em paz. "Como é invejável uma natureza como a de Brahms, sobre quem o trabalho tem o efeito mais calmante", escreveu Joachim em 27 de novembro a sua amiga íntima Gisela von Arnim:

> Agora, depois do seu dia de trabalho, ele está dormindo tranqüilamente no meu sofá do quarto ao lado, onde já se alojou por duas noites. Tenho prazer em pensar que fica tão à vontade comigo que quase nunca deixa os meus aposentos (...) Brahms estava aqui desde sexta-feira, quando eu, voltando de um passeio tardio, encontrei o jovem, verde e dourado tigre à minha espreita, mais verde do que nunca por causa de seus louros e dourado de novo pelos editores que estão imprimindo todas as suas coisas (...) Você realmente tem compreendido a fundo a natureza dele: é egocêntrico e sempre na expectativa de alguma coisa em seu benefício, mas, de qualquer modo, é sincero na expressão dessas emoções, com nada da sentimentalidade com que outros da sua espécie gostam de se iludir (...)

Brahms logo regressou a Leipzig, onde tocou suas obras em diversos locais semiprivados e em um concerto público com o quarteto de David. Mas de modo algum era a única atração musical nova na cidade. No início de dezembro Hector Berlioz veio de Paris para reger um concerto de suas obras e Liszt chegou de Weimar para ver o compositor francês. Brahms se encontrou com ambos. Liszt estava cordial como sempre e, quando Brahms se apresentou em um salão mantido por Franz Brendel, o editor do *Neue Zeitschrift für Musik*, Berlioz ficou profundamente comovido e abraçou o jovem hamburguês, que ele comparou a Schiller (a comparação deve ter agradado Brahms). "Sou-lhe agradecido", escreveu Berlioz a Joachim a 9 de dezembro, "por ter-me deixado travar relações com esse tímido e audacioso jovem que meteu na cabeça a idéia de fazer uma nova música. Ele sofrerá muito (...)"[10]

A produção da primeira música impressa de Brahms prosseguiu nesse ritmo de relâmpago do século XIX, que tão freqüentemente surpreende até os editores dos nossos dias. Quando Brahms partiu de Leipzig com Grimm a 20 de dezembro, tinha exemplares impressos para levar com ele. Alguns enviou a Schumann, referindo-se a estes como "os seus filhos adotivos" — o compositor mais velho, não muito mais moço do que o próprio pai de Brahms, estava chegando a desempenhar um papel paterno em sua imaginação.

Grimm tinha trabalho em Hanover, mas Brahms continuou até Hamburgo, chegando a tempo de passar o Natal com os pais. Johann Jakob havia recentemente conseguido um lugar na Orquestra do Teatro de Hamburgo, possibilitando à família se mudar para um apartamento ligeiramente maior, mas esse recente êxito empalideceu ante a façanha do brilhante filho. Johannes tinha estado ausente de casa durante oito meses completos e o intervalo o transformara, de um obscuro pianista provinciano, em um novo talento extravagantemente aclamado, defendido por algumas das principais figuras da época e sobre quem se fixavam agora os olhos do mundo musical, para ver como ele cumpriria a promessa de Schumann. Não obstante o calor das boas-vindas da família, Brahms estava agudamente inteirado dessas expectativas e após uns poucos dias passados em casa, no Natal, como o herói vitorioso, uma vez mais partiu para Hanover a fim de permanecer perto de Joachim, em ambiente onde podia trabalhar com mais facilidade.

Em Hanover ele se atirou à composição de um novo e muito extenso Trio para piano em si maior. Joachim e Grimm estavam presentes na maior parte do tempo e logo Brahms foi também apresentado ao pianista Hans von Bülow. Embora Bülow fosse um importante defensor da escola "Neo-alemã", estava profundamente impressionado com as obras de Brahms e logo se tornou o primeiro pianista, que não o próprio Brahms, a executar algumas delas em público. Enquanto isso prosseguiam os preparativos de um pequeno Festival Schumann em Hanover, centralizado em torno da execução da cantata do mestre *Das Paradies und die Peri* (O paraíso e a fada). Antecipando-se a isso, Schumann escreveu a Joachim pedindo notícias de Brahms e novamente insistindo em que ele tentasse a composição orquestral o mais cedo possível:

> Está voando alto, ou apenas entre as flores? Já está colocando tambores e trompetes para trabalhar? Deve se lembrar dos começos das sinfonias de Beethoven, deve experimentar fazer algo da mesma espécie. A questão é fazer um começo (...)

No fim de janeiro Robert e Clara Schumann chegaram. Schumann, nesse meio tempo, fora forçado a abandonar o posto de regente em Düsseldorf, mas eles haviam acabado de fazer uma bem-sucedida viagem de concertos na Holanda e ele se achava em bom estado de ânimo. Os concertos correram bem: incluíram execuções não apenas da cantata mas também da Quarta Sinfonia de Schumann e do Concerto para piano *Imperador* de Beethoven (com Clara como solista). Joachim regeu, e se encarregou da parte do solo na estréia da nova Fantasia para violino e orquestra de Schumann, sob a batuta do compositor. No entanto Clara observou que Brahms e Joachim pareciam mais contidos na presença de seu marido do que quando se tinham encontrado anteriormente. É possível que estivessem perturbados por alguma coisa no comportamento de Schumann, pois sua doença estava se aproximando do clímax.

Os Schumanns partiram para Düsseldorf a 29 de janeiro. Por algum tempo, Brahms e seus amigos pouco souberam deles, a não ser por uma curiosa carta de Schumann a Joachim em 6 de fevereiro, que sugeria uma crescente perturbação mental. De fato, seu colapso final começou uns quatro dias depois. Dores de cabeça, alucinações auditivas e sensações de angústia mental começaram a afligir o compositor com mais intensidade e freqüência do que nunca, apesar dos cuidados de dois médicos. Ele imaginou que os espíritos de Mendelssohn e Schubert estavam ditando música para ele na noite e, ao mesmo tempo, sentiu que já não tinha controle sobre a mente. Em 21 de fevereiro Clara (àquela altura grávida de cinco meses) compreendeu que a sanidade do marido estava no fim e ela, as filhas ou os amigos se revezavam ficando com o enfermo o tempo todo. A catástrofe veio a 27 de fevereiro: Schumann escapou da família, deixou a casa e se atirou de uma ponte no meio do Reno. A tripulação de um vapor que passava conseguiu tirá-lo e levá-lo para casa. Mas seu estado de espírito estava tão alquebrado, que pareceu então impreterível removê-lo para um sanatório. A seu próprio pedido, Schumann foi para um em Endenich, subúrbio de Bonn. Nunca haveria de deixá-lo.

2

O primeiro plano romântico

Alles verwandelt sich; nichts stirbt. In schöner Verwandlung wird das Verlorene Gewinn.

(Tudo se modifica, nada morre. Em bela transformação, o perdido é ganho de novo.)

Johann Gottfried Herder

Klarer Verstand mit warmer Phantasie verschwistert, ist die echte, Gesundheit bringende Seelenkost.

(Compreensão mais clara misturada com mais cálida fantasia é o verdadeiro e saudável alimento da alma.)

Novalis (Friedrich von Hardenberg)

(Citações inscritas por Brahms em *Des jungen Kreislers Schatzkästlein*)

A história da música corrente chama o século em que Brahms nasceu de "a era romântica". O rótulo identifica um período que defendeu as tendências instintivas do sentimento e da imaginação, da identidade individual e coletiva, por muito tempo confinadas pelo racionalismo cosmopolita do iluminismo do século XVIII. Acompanhamo-lo do último Beethoven e Schubert ao último Mahler e situamo-lo entre a época do classicismo vienense e o período "moderno" iniciado por Schoenberg, Stravinski, Bartók e outros. As manifestações musicais do romantismo incluem as óperas "mágicas" de Weber e Marschner, a escrita instrumental para virtuose de Paganini, Liszt e Alkan, as formas dramáticas híbridas dos poemas sinfônicos de Berlioz, Liszt, os dramas musicais de Wagner, o cultivo por parte de Chopin e Schumann da peça lírica intensa, a grande ópera meyerbeeriana, a ópera italiana (Verdi sobretudo), as experiências de Mendelssohn no pitoresco, o épico sinfonismo tonalmente dilatado de Bruckner e as aspirações nacionalistas dos russos, tchecos, escandinavos e mesmo bretões.

Esse, então, era um período de muitas tendências opostas e contradições. Além disso, poucos desses compositores se teriam chamado "românticos". Eles olhavam a época "romântica" como o passado recente, a época da Revolução Francesa e de escritores tais como Schelling, os Schlegels, Novalis, Arnim, Brentano e Tieck. Seus compositores eram, acima de tudo, Haydn, Mozart e Beethoven — aqueles que chamamos os mestres "clássicos", mas que tinham sido definidos como românticos pelo seu contemporâneo E.T.A. Hoffmann, ele próprio um romântico literário (e musical) de primeira ordem. Os compositores que *nós* chamamos "românticos" pensavam em si mesmos como contemporâneos, "do futuro", parte da "vanguarda progressista", como disse Schumann de Robert Franz, Niels Gade e outros. Brahms não teve nenhuma pretensão de escrever música do futuro mas certamente se considerava contemporâneo dos seus contemporâneos. Embora por convenção o vejamos como uma figura central da era romântica, ele freqüentemente é representado como um compositor nadando contra essa correnteza, um "conservador", até um "neoclassicista" que encenasse uma volta aos ideais clássicos do equilíbrio estrutural e da música "absoluta", em contraste com a música voluntariosamente emotiva e literária demais da sua época.

Essa visão estereotipada tem uma semente de verdade mas pouca serventia se não é vista em perspectiva histórica. Não há espaço para examinar adequadamente o fenômeno imaginativo conhecido como romantismo alemão, que como movimento histórico já havia feito seu percurso antes de Brahms nascer. Mas suas idéias e ideais influenciaram profundamente a criatividade européia do século XIX e continuaram a se desenvolver — especialmente na música, considerada sempre a arte romântica por excelência e sempre (até o nosso próprio século) a última a absorver os efeitos de qualquer nova saída radical no pensamento estético. À sua influência sobre Brahms, o suposto "classicista", raramente se tem dado o merecido destaque. Mas não é nenhum exagero dizer que o romantismo alemão era a influência intelectual determinante na sua fase mais impressionável. Aos vinte anos era já profundamente, na verdade vorazmente lido na literatura desse romantismo. Seus autores preferidos eram Schiller e Hoffmann, especialmente os romances musicais do segundo, e uma antologia pessoal das citações preferidas, conservadas desde os quinze anos em um caderno de notas com o título hoffmanniano de "Arca do tesouro do jovem Kreisler", contém cerca de seiscentos e cinqüenta epigramas e apotegmas amplamente extraídos dos poetas e estetas do movimento romântico.

Conseqüentemente, este capítulo resume alguns aspectos do pensamento romântico, especialmente quando concernem à música, que encontram um eco ressoante na vida e obra de Brahms. É essencial entender que, não obstante sua olímpica orientação subseqüente para a tradição musical, ele era basicamente um filho de seu tempo.

Quaisquer que sejam as aparências que assumiu, o romantismo na arte implicava a primazia dos modos de expressão subjetivos, imaginativos e individualizados. Sua força motiva inicial era política, originando-se no apelo de Rousseau (especialmente no *Discours sur l'origine de l'inégalité,* 1755) por um "retorno à natureza" para corrigir os desequilíbrios na sociedade humana: não para reentrar no Éden, que estava para sempre perdido, mas para construir uma ordem social radicalmente nova e mais eqüitativa. Este era um veio importante do pensamento que levou à Revolução Francesa, mas o eco que encontrou na Alemanha do século XVIII, fragmentada em uma miríade de principados quase medievais, era do maior significado para as artes. Negava-se efetiva expressão política a um senso emergente da nacionalidade alemã que, todavia, se tornou um foco de progresso cultural. Herder, teórico do movimento proto-romântico *Sturm und Drang* ("Tempestade e impulso"), pregava a identidade cultural separada e indissolúvel dos povos diferentes. Uma identidade concebida como herança mais lingüística do que racial e cujo valor transcendia o mero nacionalismo político.[1]

As peças de Shakespeare e, talvez até mais significativamente, as "traduções" do poeta escocês James Macpherson de antigos fragmentos gaélicos em suas epopéias "ossiânicas", atingiram Herder com a força de uma revelação. Seu *Briefwechsel über Ossian und die Lieder alter Völker* (1773) foi um rompimento decisivo com os dogmas literários do iluminismo. Sustentando que todas as formas da auto-expressão humana são de um modo ou de outro artísticas, e que essa auto-expressão é parte da natureza essencial do homem, Herder afirmou que a poesia mais verdadeira é a poesia folclórica, uma vez que, a seu ver, brota espontaneamente do gênio criativo de um povo inteiro: não como resultado de racionalização intelectual mas como inspiração direta nascida de emoções fortes e primitivas. Essa crença incitou-o a colecionar e preservar a poesia folclórica "germânica" (termo pelo qual ele incluía a britânica) na antologia de enorme influência *Stimmen der Völker* (1778-79, rev. 1807). Foi um exemplo brilhante para os românticos Arnim, Brentano, os irmãos Grimm, Ludwig Uhland e seus sucessores, que o seguiram criando uma literatura de canção folclórica e música folclórica preservadas — uma literatura de que foi Brahms o primeiro compositor a fazer uso sistemático. (Como um exemplo do início, suas Baladas para piano de 1854 foram diretamente inspiradas pelas baladas da Fronteira Escocesa que ele achou em *Stimmen der Völker.* Também musicou passagens de *Ossian.* As epopéias de Macpherson retiveram uma atração perene e acentuada autoridade para os compositores, depois de Schubert musicar quase uma dúzia de passagens delas. As canções de *Ossian* de Schubert, hoje raramente ouvidas, foram altamente apreciadas no século XIX e foram os primeiros dos seus *lieder* a serem postumamente publicados em 1830. Brahms certamente os conheceu.)

Em Weimar, Herder exerceu forte influência sobre Goethe e Schiller, cuja posição com referência ao romantismo literário é comparável àquela de Beethoven e Schubert para o romantismo musical — figuras gigantescas cujos verdadeiros modos de discurso permaneceram classicamente "equilibrados" mas imbuídos de dinamismo e compromisso com a emoção forte e espontânea que preparava o caminho para a ampliada subjetividade dos românticos. As teorias estéticas de Goethe, especialmente aquelas que provêm de seu estudo direto da natureza, proclamam a necessidade de unidade "orgânica" na obra de arte — para que, de fato, as obras de arte sejam "produzidas como obras da natureza da humanidade, segundo leis verdadeiras e naturais". Essas idéias tiveram profundas ressonâncias sobre a geração seguinte, dos românticos propriamente ditos. Mas Goethe acreditava que o homem devia reconhecer e submeter-se às limitações da sua natureza. Os românticos esperavam superá-las, inaugurar assim novos recursos e intercorrelações.

Os românticos alemães, desse modo, e acima de tudo nos escritos estéticos de Friedrich Schlegel, nos romances fragmentários de Novalis e na poesia panteística da natureza de Hölderlin, elevaram a arte ao *status* de religião. O artista, tocado pela inspiração, comunica uma experiência da natureza que é ao mesmo tempo sensual e espiritual. O misticismo de Novalis unifica o terreno e o sobrenatural: ele viu o amor humano como o equivalente ao amor de Deus pelo cosmo (uma idéia que talvez esteja na raiz do *Deutsches Requiem* de Brahms). Desenvolvendo idéias do filósofo hermético do Renascimento Jakob Böhme, considerou o mundo natural como um vasto reservatório de significação espiritual. Isso proporcionou ao artista romântico um repertório inexaurível de objetos — pedras, estrelas, água, chama — que podiam ser usados como símbolos ou espelhos da mais alta verdade espiritual. Toda essa concepção da natureza — acreditava-se — fora melhor compreendida em tempos antigos e medievais, antes do classicismo iluminista, "destrutor da alma". Assim os românticos eram fascinados pelas culturas "primitivas" (isto é, puras, intocadas), como a da Índia, da arte folclórica, do mundo antigo, e da cavalaria medieval. Em alguns, o resultado foi meramente a conversão ao catolicismo. Mas o romance de Novalis *Os discípulos de Saís* (1798) descreve uma busca de sabedoria interior em um templo egípcio. Seu inacabado *Heinrich von Ofterdingen* (publicado postumamente em 1802) tenta o mesmo em escala maior e num cenário medieval. Ludwig Tieck e outros exploram a magia da Itália do medievalismo e do pré-Renascimento em seus romances e na poesia. Entre os pintores contemporâneos, Caspar David Friedrich adapta em Dresden o vocabulário da luz e da paisagem a uma linguagem simbólica irradiada por intensa espiritualidade. Enquanto isso, o grupo conhecido como dos Nazarenos viajava para a Itália e trabalhava em estilo pré-rafaelita, vivendo em um mosteiro romano como artífices monacais e atraindo para a cidade muitos outros artistas alemães.

Os românticos viam a música como a forma de arte definitiva. Por sua própria natureza ela podia encarnar o conflito das forças, retratar estados interiores, sugerir o infinito e invisível, abranger a mudança emocional, o fluxo mental, o processo do vir-a-ser, com uma inteireza e proximidade inacessíveis à pintura ou à poesia. Evitava tanto a literalidade quanto a imagística pictórica, comunicava "significação" sem se comprometer com um conteúdo específico. Só a música — afirmavam — era capaz de tradução direta da linguagem da natureza: encarnava diretamente os mesmos princípios de correspondência, harmonia e unidade orgânica que sustêm o tecido da própria natureza.

Esse valor místico investido na música, celebrada como uma desimpedida expressão da linguagem do espírito, era um ideal muito além do alcance de resultados atingível pela maior parte dos compositores clássicos coetâneos (embora os últimos quartetos de Beethoven bem possam ser vistos como seu perfeito cumprimento). Os autores românticos — com a importante exceção de Hoffmann — estavam menos familiarizados com Beethoven do que com figuras outras, menores. Sobretudo o agora esquecido Johann Friedrich Reichardt (1752-1814) desempenhou importante papel: sua casa no castelo de Giebichstein era um ponto de reunião para os maiores luminares literários do movimento romântico e sua produção considerável (que Mendelssohn grandemente admirava e também Brahms apreciava) marca um estágio importante na evolução da *Singspiel* e dos *Lieder* alemães (ele pôs em música volumoso material de Goethe, que conhecia pessoalmente, assim como de Schiller e Shakespeare). E.T.A. Hoffmann estudou composição com ele.

A música no desejado padrão romântico, rompendo com os equilibrados princípios tonais da era clássica, se pôs em marcha em boa parte por meio do novo culto do artista virtuose, o herói romântico personificado, cujo pendor para a rapsódia e a improvisação parecia preencher o ideal de completa espontaneidade emocional. As mefistofélicas figuras de Paganini (cuja feroz execução é celebrada nas *Noites florentinas* de Heine como uma espécie de "escrita automática") e

Liszt foram catalisadoras de uma concepção alterada da função da música. As composições de Paganini são estruturas esqueléticas sobre as quais ele suspende sua tocha pessoal de virtuosismo. Liszt, porém, sob influência da teoria romântica das correspondências, foi atraído pela orientação de combinar outros impulsos artísticos com os musicais, inspirado em seus "poemas sinfônicos" pela literatura e pintura, e concebendo suas sinfonias como retratos de caráter do *Fausto* de Goethe e da *Divina Commedia* de Dante. Na França, Berlioz explorou trilhas semelhantes com suas aberturas literárias, suas obras baseadas em Shakespeare, sua *Symphonie Fantastique* cuja estrutura é "programada" por um sonho narcotizado, simbolicamente autobiográfico. O clímax do romantismo musical, porém, é geralmente considerado a realização de Wagner, com seu conceito da *Gesamtkunstwerk* — o drama épico que abrange mito, música, poesia e efeito cênico em uma única e unificada concepção, para se executar em teatro especialmente planejado, no espírito de um rito público esmagador, um sucedâneo da religião produzido pelo homem. As óperas de Wagner ultrapassaram amplamente as anteriores óperas "mágicas" de Hoffmann, Weber e Marschner, ou as "exóticas" de Spohr. Centralizando seus dramas musicais nos mitos da criação germânicos (em *Der Ring*), no sobrenatural (*Der fliegende Holländer*) e em aspectos do medievalismo idealizado (em, por exemplo, *Lohengrin*, *Tristan* e *Meistersinger*), Wagner deu a algumas das principais preocupações românticas sua mais poderosa expressão, e o fez de uma forma arqui-romântica, desenvolvendo um simbolismo musical que podia indicar emoção, idéias, relações, caráter e até objetos inanimados em uma vasta rede de "motivos dominantes" (*Leit-motiven*). A transformação destes é elevada a um princípio estrutural que pode ser disposto numa escala imensa, mais elaboradamente na tetralogia do *Ring*. Wagner, Liszt e os numerosos seguidores que se reuniram em torno deles se sentiam justificados ao declararem serem seus métodos a "Música do Futuro".

Esta era a situação quando Brahms chegou à cena. Mas tinha havido sempre um sentido em que o romantismo era profundamente preocupado com a música do passado e era essa tendência — não "conservadora" mas na verdade tão fundamentalmente "romântica" quanto a trilha tomada por Liszt e Wagner — que deveria moldar suas futuras realizações. O interesse romântico pelos mundos antigo e medieval, pela poesia e canção folclóricas, pela pintura pré-rafaelita, por Shakespeare e "Ossian", em suma, pelas *coisas antigas*, porque sua maior proximidade das fontes originais de inspiração lhes dava autoridade única, naturalmente se estendia à música antiga, ainda que raros escritores pudessem ter qualquer idéia clara do que era isso. A revivificação das obras do quase esquecido Cantor de Leipzig Johann Sebastian Bach[2] — iniciada por Mendelssohn[3] e seu professor Zelter nas décadas de 1820 e 1830 — não era um ato de "neoclassicismo" (como os interesses bachianos de Stravinski um século depois), mas um sintoma dessa fascinação romântica pela música "mais pura" dos tempos antigos. E teve um impacto direto sobre a formação do estilo musical da época. Como Charles Rosen observara:

> Schumann registrou apenas a verdade literal quando escreveu que sua música (como a de Chopin, Mendelssohn e Hiller) estava mais perto da música de Bach do que da música de Mozart. A energia impulsiva da obra romântica não é mais uma dissonância polarizada e um ritmo articulado, mas a familiar seqüência barroca (...) Particu-

> larmente a música de Schumann (Chopin guarda algo da claridade clássica) surge em uma série de ondas e o clímax é geralmente reservado para o momento antes da exaustão (...) Com a mudança no estilo veio uma mudança na própria linguagem tonal. O cromatismo de Chopin, Liszt e Spohr é apenas uma manifestação de superfície dessa mudança (...) As fontes do novo estilo (...) são, acima de tudo, Bach e Rossini (...) Clementi, figura de uma geração mais antiga, mantém-se uma força no desenvolvimento de estruturas livres, basicamente melódicas. E, pela sua importância para a pedagogia do teclado, transmitiu uma parte da herança de Scarlatti (...)[4]

A reverência de Brahms por Clementi (e Scarlatti) é bem manifesta e suas explorações do barroco e mesmo de música mais antiga deveriam ser muito mais sistemáticas e enriquecedoras do que as de Mendelssohn ou Schumann, ainda que decisivo fosse o exemplo deles. Pode-se dizer, de fato, que embora ele sempre evitasse as formas mais óbvias do romantismo musical — o drama musical, o poema sinfônico — seu destino especial foi reconciliar, dentro do desenvolvimento de sua própria linguagem, as conflitantes necessidades do romantismo de intensa expressão do sentimento e de proximidade do espírito da música mais antiga, "mais pura". E sintetizar estas com uma renovada mestria da dinâmica em grande escala da estrutura clássica. Uma vez mais ele construiria movimentos em "uma dissonância polarizada e um ritmo articulado", mas com recursos harmônicos e rítmicos enormemente ampliados.

Desse ponto de vista, a antiga e ávida devoção de Brahms à escrita daquele arqui-romântico E.T.A. Hoffmann é especialmente significativa, pois Hoffmann encarna, pessoalmente, as conflitantes concepções românticas da música.[5] Conhecido pela posteridade principalmente como um brilhante escritor de fantasia grotesca, em novelas entre as quais muitas se voltam para o problema e as agonias do artista criador (freqüentemente com ironia devastadora), ele talvez tenha sido também o mais penetrante crítico musical de seu tempo — e um compositor prolífico, pesquisador, cuja própria música é generosamente, embora desigualmente, iluminada pelo gênio.

Todos os autores apontam o entusiasmo de Brahms por Hoffmann. Como anteriormente relatamos, Brahms se identifica tão fortemente com o herói-compositor de vários dos romances e contos de Hoffmann, o Kapellmeister Johannes Kreisler (musicalmente personificado na *Kreisleriana* de Schumann) que usou o apelido de "Kreisler Junior" intermitentemente até pelo menos 1860. Assim foi familiarmente tratado por seus amigos Joachim e Grimm, assinava seus manuscritos como Kreisler e em 1855 enviou a Joachim dois volumes das obras para piano de "Kreisler" (na maior parte hoje perdidas, mas incluíam as Variações sobre um Tema de Schumann, assinadas alternadamente "Brahms" ou "Kreisler" no manuscrito remanescente). Tudo isso é bem conhecido (e intrigante demais). Mas é habitualmente representado como o refúgio adolescente em um mundo de fantasia, como se a fantasia não fosse, de qualquer modo, o necessário tecido da arte. O que não tem sido reconhecido — parcialmente porque até há pouco tempo Hoffmann fora tão subestimado em seus méritos como compositor — é que esse espírito musical profundamente estimulante deve ter afetado Brahms poderosamente desde os primeiros anos em que começou a compor. Devemos pois dar a Hoffmann uma atenção mais rigorosa.

O Kapellmeister Kreisler de Hoffmann — que na meninice descobriu que uma canção folclórica que o pai cantava se tornou inextricavelmente associada, na sua cabeça, a uma pedra coberta de musgo que escondia o túmulo de uma jovem assassinada (considere-se o fundo de emoção atrás das primeiras músicas de Brahms para canção folclórica ou o tratamento dramático dado a estas em suas sonatas para piano) — é introvertido, instável, auto-supliciante, ansioso da perfeição no amor, incapaz de se acomodar aos costumes da sociedade polida. Experimenta a vida como uma série de fracassos profissionais e rejeições. Ele é sustentado pelo êxtase da criação e pela intensidade de sua vida interior. E Brahms deve tê-lo achado muito animador, apoiado sobre a estante de música na *Animierkneipe*. A concepção extática que Kreisler tem da música descende diretamente da visão de Novalis, com suas "correspondências" místicas entre as artes e a natureza. "Não é mera imagem ou alegoria", diz Kreisler,

> quando o músico diz que cores, cheiros e raios de luz lhe aparecem como sons musicais, e que sua mistura é para ele um concerto magnífico. Um engenhoso cientista tem afirmado que a audição é uma forma de visão interna e do mesmo modo a visão é para o músico uma forma de audição interna, um recurso para a mais profunda consciência da música que flui de cada objeto que se apresenta a seus olhos e vibra com os mesmos ritmos que aqueles de seu espírito (...) as súbitas instigações da mente de um músico, o início das melodias, são o inconsciente (ou, antes, o verbalmente inexprimível) reconhecimento e captação da música secreta da natureza como o princípio de toda vida e atividade.[6]

O forte criativo de Kreisler é a improvisação, uma vacilante, frustrante mas desesperadamente sincera tentativa de realizar na música suas visões interiores. Mas o "clube poético-musical" que Hoffmann descreve na *Kreisleriana* zomba de suas patéticas tentativas e volta a atenção para música muito mais antiga — como a música para violino italiana do século XVII também louvada no conto de Hoffmann "Councillor Krespel" (1816), ou as obras de Gluck, tão estranhamente invocado nas páginas de música em branco pelo excêntrico protagonista da primeira estória de Hoffmann, "Le Chevalier Gluck" (1809). A música antiga tem nos escritos de Hoffmann um poder quase mágico e perturbador.

Sua própria música manifesta algo da mesma dicotomia, mas em uma perspectiva diferente. Por muito tempo se acreditou (enquanto suas obras permaneciam não executadas) que como compositor Hoffmann era simplesmente um imitador inepto dos modelos clássicos, incapaz de dotar suas notas do poder transcendental que atribuiu à música na sua ficção. Mas afinal os mestres "clássicos" eram seus contemporâneos musicais e reapresentações de algumas das suas obras principais nos últimos anos têm começado a substituir essa visão negativa (que de qualquer modo depreciava a extensa experiência prática de Hoffmann como regente, compositor e diretor operístico) por algo muito mais interessante. Certamente sua vigorosa Sinfonia em mi bemol (1806) podia ser considerada uma amálgama habilidosa do último Mozart, Gluck e Beethoven do início, não sem alguns toques pessoais. No entanto na ópera, o gênero que cultivou mais aplicadamente, ele realizou muita coisa que era original e teve resultados duradouros. Sua oitava e última, *Undine* (1816), com sua heroína ninfa das águas e mágica união do mundo humano com o dos espíritos, é um exemplo pioneiro da ópera romântica alemã, uma inspiração para Weber (que a louvou) e Wagner. Trabalho por muito tempo relegado a nota de rodapé no desenvolvimento da ópera, sua recente reapresentação tem mostrado que ela fez história, não por causa de uma fortuita boa idéia mas pela pureza de sua força e integridade da inspiração de Hoffmann. A despeito de ocasionais passagens enfadonhas, *Undine* é uma obra-prima em diversos aspectos, notável por um dinamismo rítmico inflamado que muito deve a Beethoven, um eficiente senso da cor instrumental, uma mestria fluente do contraponto e uma capacidade genuína de pensar em grande escala, integrar solos, coros e até mudanças de cena em um único movimento dramático, uma etapa no caminho para o enfoque *durchkomponiert* de Wagner. Mas há outra área da música de Hoffmann que tem mais imediata aplicabilidade a Brahms: seu consciente estudo da música do passado. Suas numerosas sonatas para piano de 1807-08, com elaborada utilização da fuga e contraponto estrito, foram conscientemente experiências "no estilo antigo" e indubitavelmente ajudaram Hoffmann a adquirir a mestria contrapontística há pouco mencionada. Ainda mais significativo é seu esforço por estabelecer um novo estilo para a música sacra polifônica em sua Missa em ré menor (1803) e no tocante *Miserere* em si bemol menor de 1809. Nessas obras o Hoffmann protestante recorreu à música sacra católica do Renascimento, acima de tudo Palestrina, cujo estilo afirmou como uma inspiração direta e defendeu como o ideal para um estilo coral renovado e purificado, no ensaio de 1814 "Alte und neue Kirchenmusik" (que indubitavelmente Brahms leu):

> Na música de Palestrina cada acorde atinge o ouvinte com toda força. Modulações elaboradas nunca terão esse mesmo poder sobre o espírito como têm arrojados acordes fortes como os seus, estourando sobre nós como estonteantes raios de juz.

Sentimentos como esses se acham por trás da ávida compilação feita por Brahms de música pré-barroca e incitaram-no a um cuidadoso estudo dela que começou a dar fruto em suas próprias obras corais do final da década de 1850. Mas ele também estava familiarizado com os escritos de Hoffmann sobre Beethoven, importantes não somente pela profunda compreensão desse compositor (que o próprio Beethoven havia reconhecido) como por seu estimulante desenvolvimento dos fundamentais conceitos românticos de correspondência e de unidade orgânica com relação às verdadeiras formas musicais.

Como já foi mencionado, Hoffmann viu os mestres vienenses como gênios "românticos", "revelando o maravilhoso reino do infinito" de diferentes maneiras: seu "romantismo" era de fato a marca individual com que impunham seu tema musical — Haydn em termos das maiores qualidades humanas, Mozart (especialmente no *Don Giovanni*, obra que influenciou profundamente o próprio Hoffmann) estendendo seu domínio ao milagroso e sobre-humano, enquanto Beethoven, usando a música como uma força moral, evocava a admiração infinita e o anseio cósmico que eram partes tão fundamentais da inclinação romântica para com a vida. Em sua decantada crítica da Quinta Sinfonia de Beethoven (1810), Hoffmann chamou a atenção para:

> a organização interior dos movimentos, sua evolução, a instrumentação, a maneira pela qual foram ordenados, todos esses trabalhos em direção a um só ponto: mas

acima de tudo é a íntima relação entre os temas que cria essa unidade capaz, por si só, de manter o ouvinte dominado por *um* sentimento...

E em outra parte, em famosa advertência àqueles ouvintes que declaram achar a música de Beethoven demasiadamente difícil e obscura, ele escreve:

e se fosse apenas a *vossa* fraca visão que não alcança a unidade profunda da relação interior em cada composição? Se fosse apenas por *vossa* culpa que a linguagem do mestre, compreendida pelo consagrado, é incompreensível; se a porta do santuário permanece fechada para vós? Na realidade, o mestre (...) cinzela o seu ser essencial a partir do domínio interior dos tons e reina sobre este como soberano absoluto.

Criar uma "íntima relação entre os temas", uma "unidade profunda da relação interior"; ser "soberano absoluto" de um "domínio interior dos tons" que expressasse "seu ser essencial" (*sein Ich*) — estas eram metas pelas quais o impressionável Brahms trabalharia em sua própria música durante toda a vida. Sua preocupação com a unidade estrutural, com a arquitetura apurada e as formas instrumentais clássicas é habitualmente representada como um compromisso com a música "absoluta" — mas é um "absolutismo" de espécie caracteristicamente romântica.

O primeiro contato de Brahms com a *Kreisleriana* e *Fantasiestücke* de Schumann em Mehlen, em setembro de 1853, deve portanto ter sido uma epifania de força extraordinária. Um mestre reconhecido, de cuja música até então ele não fizera qualquer estudo minucioso, subitamente se revelava como alguém que se tinha iniciado antes dele no mundo do imaginário de Hoffmann. Mas o exemplo de Schumann haveria de permanecer principalmente esse: um exemplo que legitimava para Brahms o desenvolvimento imaginativo e criativo que ele já havia experimentado por sua conta. Schumann haveria de encorajá-lo a estudar a canção folclórica e a música sacra antiga. Brahms já se entregara a isso. A biblioteca de Schumann haveria de ser uma imensa fonte de conhecimento. Mas aos vinte anos Brahms tinha uma extraordinária experiência de leitura. Já tinha recheado *Des jungen Kreislers Schatzkästlein* com passagens de escritores como Pope, Young, Jean-Paul Richter, Lessing e os poetas gregos — mas os apontamentos são firmemente voltados para os românticos e seus antepassados imediatos, particularmente Goethe, Herder, Schiller e Novalis. Outra antologia-caderno de notas, chamada *Zweites Schatzkästlein*, se mostra muito atraída pela filosofia da arte de Goethe. Com base nessa leitura, ele teria descoberto o princípio da obra de arte como um organismo de coerência interna, se a crítica de Hoffmann sobre Beethoven já não lhe houvesse mostrado esse princípio atuando na música.

O que ele haveria de ganhar do encontro com Schumann era algo diferente, embora também fundamental para o pensamento romântico: um sistema simbólico. Presumia-se que os símbolos do mundo natural deviam formar o vocabulário da obra de arte romântica, e Wagner os tinha utilizado nos métodos leitmotivistas de seus dramas musicais. Mas os mistérios da notação musical, por si só uma representação simbólica do som, se prestam à evolução de uma língua secreta, código, criptografia. Os compositores têm se divertido há séculos com essa semelhança, por exemplo, na prática comum de compor uma peça sobre as letras do nome de alguém: o nome mais famoso da música é BACH, que segundo a nomenclatura das notas alemã designa um motivo musical: si bemol, lá, dó, si natural. O próprio Bach o empregou e é fundamental em seu "testamento" contrapontístico, *Die Kunst der Fuge*.

O entusiasmo romântico pelo simbolismo estimulou novamente as possibilidades das cifras musicais e nenhum compositor foi mais apaixonadamente dedicado a elas do que Schumann, cujo amor aos códigos e criptogramas descobriu seu caminho na própria estrutura de sua música. Seu op. 1, as Variações *Abegg* (1830), é baseado nas notas ABEGG, nome de uma moça que ele conhecera em Heidelberg, Meta Abegg. Quando ele esteve noivo, por pouco tempo, de uma moça da cidade de Asch, baseou o *Carnaval*, sua obra-prima para piano, nas notas ASCH (lá, mi bemol, dó, si), que também são as únicas quatro letras musicais no nome "Schumann": a ligação delas é explicitada no movimento chamado "A.S.C.H.-S.C.H.A. (Letras dançantes)". Mas logo que ficou noivo de Clara Wieck, ele desenvolveu muitas cifras musicais do nome Clara, que produziu um modelo melódico característico, em sua forma primordial expresso pelas notas dó-si-lá-sol-lá sustenido, um "tema de Clara" que, quer nesse diapasão quer transposto, ressoa na Fantasia para piano op. 17, no Concerto para piano, na Quarta Sinfonia e em muitas outras obras.

Esse simbolismo, hoje amplamente reconhecido na música de Schumann,[7] era assunto particular só conhecido pelo círculo de Schumann. Mas Brahms, ao integrar esse círculo, foi iniciado nele e pôde assim reconhecê-lo e utilizá-lo (mais significativamente o primeiro símbolo "Clara", e praticamente pelas mesmas razões que Schumann) em suas próprias obras. O resultado haveria de ser um uso de tais símbolos musicais por toda a vida, menos obsessivo porém mais diversificado que o de Schumann, para exprimir secretamente as coisas "específicas" que a música lhe permitia evitar dizer abertamente. "Eu falo com a minha música", escreveu uma vez a Clara Schumann. Estava declarando a verdade romântica, e literal.

A influência de Schumann, pessoal e póstuma, naturalmente não se limitou a isso. Um estudo recente e de estimulante, vasta abrangência aventou que o itinerário criativo de Schumann levou-o da subjetividade romântica para uma (igualmente romântica) "objetificação" da música; e que, na época em que Brahms o conheceu, Schumann havia subordinado a representação musical de idéias extramusicais ou poéticas a uma "poetização" da própria forma musical, sendo a forma ideal a ressoante e espaçosa epopéia da sinfonia, que soa nas salas de concerto da mente para evocar os largos espaços da natureza, tão próximos na imaginação romântica daquele outro espaço interior misticamente sonoro, a catedral gótica.[8] Uma obra culminante a esse respeito é a Sinfonia *Renana*, sua Terceira mas última, publicada em 1851 mas concebida há tantos anos antes, em 1837) e obra a que Brahms prestou diversas homenagens, não menores em sua própria Terceira Sinfonia. A experiência anterior de Schumann com a técnica da variação em tantas obras para piano, tratando temas a partir de tão diferentes ângulos — em *Études symphoniques*, Improvisos sobre um Tema de Clara Wieck, Fantasia em dó maior, por exemplo — e com diferentes conseqüências estruturais para a obra como um todo, pode ser compreendida como "experimentos controlados" de aspectos dominantes da forma sinfônica. Sendo assim, isso certamente forneceu incentivo ao interesse de Brahms pelos métodos de transformação dos motivos. O uso que Schumann faz do simbolismo de letra combinatório, como no já mencionado movimento das "Letras dançantes", parece às vezes testar até a destruição aquilo que constitui a idéia musical ou motivo. O exemplo deve ter ajudado Brahms em sua busca de métodos para obter unidade temática em amplas proporções, ainda que sua prática final tenha sido muito diferente. A livre exploração de motivos, por parte de Schumann, do que Brahms denominou "variação-fantasia": ele estudou-a cuidadosamente e competiu com ela em suas próprias Variações *Schumann* op. 9. Seus procedimentos posteriores haveriam de caminhar de uma exatidão neobarroca até uma espantosa liberdade.

A partir do nosso ponto de observação, a paisagem musical romântica parece dominada por umas poucas e altas figuras, a maior parte das quais já citada neste capítulo. Esse é o panorama convenientemente talhado de uma história da música que subscreve as teorias da evolução, uma história interessada em identificar as tendências estilísticas que se tornaram dominantes e seus principais artífices. Na época, quando os "compositores contemporâneos" estavam tão espessamente de pés na terra como em qualquer outra fase, a situação se mostrava muito diferente. Brahms, escrevendo a amigos em 1876 acerca da forma da variação, citou não apenas Schumann como também Gustav Nottebohm como um mestre moderno da "variação-fantasia". Nottebohm é hoje lembrado apenas como um estudioso de Beethoven, mas era também compositor de alguma música para piano e de câmara finamente arquitetada, inclusive uma notável coleção de Variações para piano a quatro mãos sobre uma Sarabanda de Bach, que às vezes Brahms executava com ele. Tais "figuras menores" (no panorama da história) não pareciam tão menores então — menos ainda em 1853, quando o nome da descoberta de Schumann, Brahms, fazia par com o mais recente protegido de Liszt, o agradavelmente talentoso Bronsart von Schellendorf. Brahms prestou atenção em seus contemporâneos: conheceu muitos pessoalmente, deplorou alguns, admirou vários e até que ponto a música deles contribuiu para a sua é assunto que cabe aos musicólogos explorar.

Embora críticos hostis (e favoráveis) vissem Brahms como o último componente da "escola de Schumann", sua personalidade musical já estava se formando antes de qualquer encontro com Schumann e seus gostos ou interesses sempre se estenderam muito além do círculo de Schumann. Quando no início da década de 1880 Wagner reencontrou e executou a sua juvenil Sinfonia em dó (1832), Brahms foi capaz de compará-la com as obras coetâneas do há muito esquecido Kapellmeister de Dresden Karl Gottlieb Reissiger (1798-1859), com inequívoca vantagem para Reissiger.

Brahms certamente apoiou diversos compositores que de fato haviam estudado com Schumann, especialmente Theodor Kirchner e Albert Dietrich. A produção de ambos é digna de estudo por suas próprias qualidades e pela luz que eles lançam sobre seu mais famoso contemporâneo. Kirchner estendeu a tradição da miniatura para piano schumanniana em volumosa produção para o teclado; Dietrich trabalhou mais com música orquestral e de câmara. Brahms parece ter sido quase esmagado pela Sinfonia de Dietrich em 1868, enquanto estava trabalhando em uma das suas. Mas o tão atraente Concerto para violino em ré menor (1874) de seu amigo, em geral nos moldes de Schumann, mas com um caráter nitidamente seu, deve ter sido um forte incentivo para que Brahms compusesse o seu em 1878.

O compositor Robert Volkmann, ligeiramente mais velho, merece consideração nesse contexto. Brahms o conheceu, correspondeu-se com ele e algumas vezes executou sua música. Suas cartas da década de 1850 contêm observações de admirador sobre as obras de câmara de Volkmann. O autor inglês Harold Truscott sustenta que os primeiros trios para piano de Volkmann, particularmente o em si bemol menor op. 5, contribuíram para a formação da linguagem pessoal de Brahms. A afirmação deve levar à pesquisa, particularmente por Volkmann também ter escrito Variações sobre um Tema de Haendel para piano alguns anos antes de Brahms, e por sua Sinfonia n.1 (em ré menor, op. 44) mostrar utilização sinfônica segura de um estilo "húngaro" (Volkmann passou na Hungria grande parte de sua carreira profissional) que lembra espantosamente algumas das próprias realizações de Brahms nessa direção, em música de câmara e orquestral.

Mas para a influência húngara Brahms, naturalmente, teve um exemplo mais íntimo e estimado. Joseph Joachim — para consternação de Brahms — relegou sua composição a um papel secundário depois de 1860 mais ou menos (em parte por causa dos compromissos de execução, em parte porque sentiu que Brahms o ultrapassava de longe); nem tiveram suas obras muita reputação desde essa época. No entanto ele era muito talentoso e sua música foi exemplo importante para Brahms em um período especial de formação. A amizade de Joachim com Bettina von Arnim e sua filha Gisela deu-lhe uma ligação direta com alguns dos principais escritores românticos. Embora não muito depois de conhecer Brahms ele tivesse um penoso rompimento com os weimaritas, tinha começado como amigo de Liszt e, como compositor, estava tão comprometido quanto qualquer seguidor de Liszt com os princípios da música de programa psicológica. Suas aberturas dramáticas baseadas em Shakespeare (*Hamlet, Henry IV*), Herman Grimm (*Demetrius*, assunto também tratado por Schiller) e em memória de Kleist eram todas admiradas por Brahms e foram concebidas como estudos românticos de caráter, não obstante a arquitetura clássica. Sua quase-obra-prima historicamente importante, o Concerto à maneira húngara, aplicou amplos princípios clássicos ao "exótico" estilo lisztiano e de um modo que teve repercussões significativas sobre muitos movimentos lentos e finais brahmsianos.

Por último, mas não na importância, havia a própria Clara Schumann, uma das poucas mulheres compositoras da época. Desde a meninice ela havia escrito principalmente peças para piano e, embora a composição tenha ficado em relutante plano secundário para com a sua interpretação pianística, as tarefas domésticas e a necessidade de dar a Schumann o uso prioritário do piano como recurso para compor, ela continuara a produzir, com certa hesitação, peças atrativas e de caráter um tanto individual, entre as quais uma coleção de prelúdios e fugas em estilo neobachiano e um fluente Trio para piano que, apesar de algo mendelssohniano, se mostra superior às próprias tentativas do marido nesse gênero. No verão de 1853, pouco antes de Brahms aparecer na sua vida, ela produzira aquelas que talvez sejam suas obras mais bonitas — as Variações op. 20 e as três *Romanzen* op. 21, para solo de piano; uma coleção posterior de *Romanzen* para violino e piano, op. 22; e os seis *Lieder aus Jucunde* op. 23. Com a morte de Schumann ela virtualmente parou de compor, embora Brahms — cujas Variações op. 9 tomam essencialmente o op. 20 dela como ponto de partida — apreciasse sua música e fizesse, em anos posteriores, diversas tentativas malsucedidas para persuadi-la ou cativá-la a recomeçar a obra criativa.

Uma investigação das figuras agora ainda mais obscuras pode incluir Woldemar Bargiel (meio irmão de Clara Schumann, que Brahms conheceu bem e cujas obras elogiou nas primeiras cartas); o um pouco mais velho Jacob Rosenhain (cuja música ele tocou em uma de suas primeiras apresentações públicas, e que mais tarde chegou a conhecer); o compositor de música coral e de câmara Friedrich Kiel (afamado em seu tempo como um mestre do contraponto); o amigo de Brahms de Hamburgo Karl Grädener; o sinfonista e compositor de concerto Friedrich Gernsheim; ou o ligeiramente mais jovem Adolf Jensen, que compôs alguma música bonita para piano e muitas canções que abrangem uma coletânea de poesia popular comparável à de que Brahms se ocupou, das baladas escocesas de Herder das *Stimmen der Völker* ao *Spanisches Liederbuch* de Giebel/Heyse. Tal exploração bem pode resultar em paralelos e similaridades igualmente frutíferos. Talvez nenhum deles decisivo mas somando juntos um espectro do esforço contemporâneo em que Brahms pode ser visto muito menos como um "classicista" isolado e reagindo honestamente contra seu tempo do que como alguém que respondeu inteligentemente a uma cadeia completa de estímulos imaginativos e musicais geralmente aproveitáveis, e criou a partir deles uma poderosa síntese pessoal.[9]

2 Uma página do manuscrito de Brahms das Variações *Schumann* op. 9: o fim da Variação VIII e toda a Variação IX, mostrando as assinaturas "B" e "Kr" de "Brahms" e "Kreisler".

3

Tempestade e impulso (1853-60)

(...) *Und doch ist's Wahnsinn, zu hoffen sie!*
Und um sie schweben,
Gibt Mut und Leben,
Zu weichen nie.

([...] mas é loucura ainda esperar por ela!
E pairar perto dela
me dá coragem e vida
jamais para a partida.)

Soneto francês do século XIII, atribuído a Thibault IV da Provença e traduzido por Herder, musicado por Brahms no op. 14, n. 4

Brahms e Joachim souberam da tentativa de suicídio de Schumann por uma notícia de jornal. Estarrecidos, eles escreveram a Dietrich para obter informações. Mas, sem esperar por uma resposta, a 3 de março Brahms se precipitou para Düsseldorf e anunciou a Clara Schumann que estava ali para ajudar como pudesse a ela e a seus seis filhos. "Ela chorou bastante", ele relatou a Joachim, "mas ficou muito contente por me ver." A ação dele foi tanto prática quanto característica: enquanto Joachim, Grimm ou Dietrich tinham compromissos profissionais, ele era a bem dizer uma pessoa independente. Era também romântico, quixotesco e tinha um senso particularmente profundo do envolvimento pessoal. Nos três anos seguintes, ele raramente se afastou de Clara Schumann.

Em primeiro lugar, Clara se achava em estado de choque. Os médicos desaconselharam que ela visse o marido. Além disso, para sua aflição e perplexidade, Schumann não manifestou desejo de vê-la — embora perguntasse constantemente por Brahms e pela música de Brahms. Com a ajuda de Dietrich e outros do círculo de Schumann em Düsseldorf, Brahms fez tudo o que pôde para atenuar os fardos de Clara. Ele praticamente não tinha dinheiro, mas arranjou alguns alunos de piano e no mais viveu os anos seguintes com o que conseguia emprestado com amigos. Quando as suas obrigações em Hanover permitiam, Joachim fazia breves visitas. Grimm voltou para Düsseldorf. Brahms assumiu algumas das aulas de Clara, ajudava os criados a cuidar das crianças, se incumbiu da administração dos assuntos financeiros da família (aluguel, salários dos criados, pagamento de escolas, investimentos) e visitava com regularidade o compositor confinado em Endenich. Schumann era mantido num ambiente razoavelmente agradável, com acesso a um piano e oportunidades para caminhadas: tornou-se muito mais calmo, mais racional, e começou a haver esperanças de uma recuperação.

Embora pudesse parecer uma vida árdua, Brahms se sentia evidentemente satisfeito e revigorado pelos seus deveres duplos como artista criador e anjo guardião da abalada família Schumann. Sua energia juvenil e seu bom humor vivaz se renovaram. "Ele está tão entusiasmado", Grimm relatou em abril a Joachim,

> — como o gênio artístico de Düsseldorf ele decorou o seu quarto com belos afrescos no estilo de Callot, isto é, cabeças de Madonas e pirralhos — de modo a ter algo digno de contemplação enquanto está trabalhando (...)[1]

Num esforço para justificar as expectativas de Schumann para com ele, o novo "gênio" de Düsseldorf se lançou à composição. Poucos dias após a sua chegada, começou a transformar uma projetada sonata para dois pianos em uma sinfonia grandiosamente trágica, ao passo que, para o piano, escreveu as Variações sobre um Tema de Robert Schumann como um ato especial de conforto para Clara, e começou uma série de Baladas, em parte inspiradas pelas baladas da Fronteira Escocesa que descobrira em *Stimmen der Völker*, de Herder. O volume lhe foi apresentado por Julius Allgeyer, um novo amigo que estava estudando gravação em lâmina de cobre em Düsseldorf.

A satisfação de Brahms consigo mesmo e com a sua boa sorte era nitidamente um tanto de autodefesa contra ter de viver numa situação sustentada pela tragédia e repleta de incerteza, mas mesmo os seus amigos de vez em quando a consideravam uma provação. Joachim (propenso a ser suscetível e depressivo, apesar de seu emprego público e reputação muito mais seguros), ao escrever a Gisela von Arnim após Brahms, em outubro de 1854, lhe ter feito uma apressada visita quando seguia para Hamburgo, foi impelido a redigir uma análise do que via como falhas e virtudes do caráter do seu jovem amigo:

> Quanto a Brahms, que se acomodou aqui no sofá preto durante alguns dias, realmente não me senti à vontade com ele, embora mais uma vez percebesse as suas qualidades boas e incomuns (...) enquanto eu costumava viver, deliberadamente, numa espécie de conhecimento imperfeito, no que dizia respeito às minhas amizades, para não ser desiludido naquilo que me importava — agora a minha razão insiste em ver aquilo que o meu afeto temia descobrir. Brahms é egoísmo encarnado, *sem que ele próprio se dê conta disso*. Ele transborda na sua maneira animada com exuberante leviandade — mas às vezes com uma falta de consideração (não uma falta de reserva, pois isso me agradaria!) que aborrece porque revela uma deficiência de cultura. Nunca se deu o trabalho uma só vez de considerar o que os outros, de acordo com as suas índoles e a trajetória dos seus desenvolvimentos, irão estimar. As coisas que não despertam o entusiasmo *dele*, ou que não se adaptem à experiência *dele*, ou mesmo ao estado de espírito *dele*, são empedernidamente repelidas, ou, se ele estiver disposto, são atacadas com um sarcasmo maldoso (...) Ele conhece as fraquezas das pessoas à sua volta e as utiliza, não hesita em mostrar (na presença delas, eu reconheço) que está tripudiando sobre elas. O ambiente imediato está inteiramente separado da sua vida musical e da sua ligação com um mundo mais elevado e mais fantástico. E a maneira como evita todas as emoções mórbidas e aflições imaginárias dos outros é realmente encantadora. Nisso ele está plenamente correto, assim como a sua completa indiferença aos recursos materiais é bela, de fato esplêndida. Ele não fará o menor sacrifício das suas tendências — não tocará em público por causa do seu desprezo pelo público e porque isso o desagrada — embora toque divinamente. Nunca ouvi execução pianística (exceto talvez a de Liszt) que me proporcionasse tanta satisfação — tão

> leve e clara, tão fria e indiferente à paixão. Também as suas composições são um tratamento fácil das formas mais difíceis — tão férteis, rejeitando todos os sofrimentos terrenos com tanta indiferença. Eu jamais deparei com um talento como o seu. Ele está quilômetros à minha frente.[2]

A "exuberante leviandade" de Brahms, se se tratava disso, já estava sendo submetida a uma severa prova no complexo de emoções que se estavam reunindo em torno da mulher a quem hipotecara o seu auxílio.

Clara Schumann era uma pessoa de grande capacidade de recuperação e muito decidida. Assim que nasceu o seu novo filho — um menino, Felix, de que Brahms se tornou padrinho —, ela começou a fazer planos para um retorno à sala de concertos a fim de ganhar o suficiente para se sustentar e à sua família e custear o hospital para o marido. Durante 1854-56 ela se lançou a um programa punitivo de viagens e concertos que a levou a Berlim, Viena, Praga, Budapeste, Bélgica, Holanda e Inglaterra bem como a muitos lugares mais próximos de casa. Várias dessas viagens foram feitas com Joachim e algumas também com Brahms, mas na maior parte do tempo Brahms permaneceu em Düsseldorf, administrando as suas finanças para que ela pudesse ficar desembaraçada para esse grande esforço. À medida que as excursões e a aceitação de todo compromisso público por parte de Clara se tornaram quase obsessivas, Brahms e outros amigos ficaram preocupados com o fato de que ela se estivesse consumindo, mas na realidade era provavelmente o seu método instintivo de se refazer da desventura que se abatera sobre o seu casamento.

Além da plausível necessidade econômica de obter um rendimento, desde a infância Clara se dedicara à vida de músico: estudar e tocar eram absolutamente necessários para ela, as únicas atividades que podiam tirá-la por completo da sua dor. E essas eram ocupações que, como mulher de Robert Schumann e mãe dos filhos dele, fora obrigada a reduzir. Desde menina fora incluída entre os melhores pianistas da Europa e, durante o casamento, sentira que o seu renome estava declinando em comparação com o de rivais como Liszt e Thalberg. Sempre muito solene, era uma artista atenta e meditativa, constantemente descrita como uma "sacerdotisa". Tinha pouco do egotismo do virtuose que arrasta multidões e era conhecida por sua programação "séria" — no entanto, florescia com o estímulo da apresentação ao vivo, com os tributos do aplauso do público. Esses pelo menos podia obter novamente em plena extensão e havia então uma premência adicional para a sua especialização como a principal intérprete das obras de Robert.

Acima de tudo, porém, ela era apoiada pela irrestrita lealdade de Brahms. Dificilmente teria deixado de considerá-lo um companheiro atraente e apropriado — jovem, bonito, apaixonado e, como ela própria, um artista dedicado, com o indubitável gênio criativo que ela encontrara em Schumann. Para Brahms, Clara, por sua vez, logo passou a representar o seu ideal entre as mulheres. Ela nunca se considerou bonita, mas os desenhos e fotografias mostram um rosto impressionante, um tanto melancólico, muito expressivo. Muitos alunos e conhecidos atestaram o poder magnético dos seus olhos de um azul escuro e a vivacidade da sua personalidade. Comparada a Brahms, era madura e tinha experiência de vida. Era também extremamente inteligente, uma grande pianista e musicista com o interesse mais amplo possível na sua arte — e o fato de ser uma compositora de talentos definidos lhe dava uma compreensão suplementar das dificuldades criativas dele. A sua amizade se iniciara com entusiasmo e admiração mútua; dentro de meses, estava incomensuravelmente aprofundada pela devoção e pelo companheirismo de Brahms na crise. Em breve, se transformara em amor.

Já em junho de 1854, enquanto escrevia as Variações *Schumann*, op. 9, Brahms, em uma carta a Joachim, confessara que

> Creio que não tenho mais interesse e admiração por ela do que eu a amo e encontro amor nela. Muitas vezes tenho de me reprimir energicamente para não passar silenciosamente os braços em torno dela e mesmo —: Não sei, me parece tão natural que ela não pudesse interpretar mal.
>
> Acho que não posso mais amar uma moça solteira — pelo menos, eu as esqueci inteiramente. Elas apenas prometem o paraíso, enquanto Clara nos mostra o paraíso revelado.[3]

As cartas que Brahms escreveu a Clara quando ela se envolvera nas excursões de concertos, ou durante as raras ausências dele de Düsseldorf, dão alguma indicação da situação emocional que se desenvolvia. Em novembro Clara decidiu que, na correspondência, deviam usar *Du*, a forma íntima do pronome pessoal. Em 15 de dezembro, Brahms escreveu de Hamburgo "estou morrendo de amor por você", embora tenha camuflado isso numa citação de *As mil e uma noites*. Mas em 25 de janeiro de 1855, quando ele estava de volta a Düsseldorf mas Clara estava excursionando pela Holanda, ele escreveu abertamente: "(...) não consigo fazer nada a não ser pensar em você (...) O que fez comigo? Não pode retirar o feitiço que lançou sobre mim?" Mesmo assim as suas cartas ainda começavam formalmente "Ilustríssima Senhora" ou "Caríssima Amiga". Só em março ela se tornou "Minha Ternamente Amada Clara". Em junho, ele estava escrevendo "(...) não posso mais existir sem você (...) Por favor continue a me amar como eu continuarei a amá-la sempre e eternamente." Como muitos anos depois Clara destruiu quase todas as suas primeiras cartas a Brahms, não dispomos das suas respostas detalhadas às apaixonadas explosões dele, mas sem dúvida ela era tudo menos indiferente. "Entre nós existe o mais completo acordo", ela confiou ao seu diário:

> Não é a juventude dele que me atrai, nem, talvez, a minha vaidade lisonjeada. Não, é a mente fresca, a índole magnificamente talentosa, o coração nobre, que eu amo nele.

Por mais longe que esse amor a possa ter levado, parte do tempo ela deve também ter se divertido. Muitas vezes as cartas de Brahms para ela nos fazem recordar forçosamente do quanto ele era jovem, e, ao se apaixonar impetuosamente por essa mulher notável, ele não se livrou de imediato de um certo traço brincalhão. Supunha que Clara compartilhasse o seu entusiasmo por soldadinhos de chumbo, o seu prazer em correr e pular, sua rapidez ao caminhar, e as narrativas das brincadeiras com os filhos dela. Os primeiros biógrafos de Brahms tenderam a transcrever esses pormenores com uma extensão um tanto tediosa, certamente ávidos por traçar um contraste saudável com o que viam como decadência neurastênica ou morbidez dos jovens compositores da sua própria época. Mas eles são em parte indícios do quanto ele se esforçou com afinco para alegrar Clara e do quanto ele era transbordante de energia nervosa, libertado das constrições físicas e mentais de Hamburgo para o mundo mais vasto e mais estimulante.

Para ambos, a situação era extremamente complexa. De muitas formas as circunstâncias haviam obrigado Brahms a substituir Robert Schumann, como protetor da sua família e da sua casa e confidente mais próximo de sua mulher. Além disso, a essa altura era a música recém-emergente *dele* que constituía o foco para a ânsia de Clara em compartilhar o ato da criação artística, como fizera com Schumann na maior parte das duas décadas anteriores. No entanto Robert, a quem Clara permanecia totalmente devotada e para com quem Brahms tinha um poderoso sentimento de dever, ainda estava vivo: de fato, durante pelo menos um ano, o seu retorno à saúde e à casa era periodicamente aguardado. Os médicos de Schumann em Endenich, temendo que a agitação destruísse a estabilidade mental que lhe restava, durante toda a sua enfermidade proibiram qualquer visita de Clara. Assim era principalmente Brahms que o visitava e levava recomendações e mensagens de um lado ao outro, e era Brahms também que se entrevistava com outros médicos e examinava outros hospícios na esperança de achar uma qualidade superior de atendimento. A experiência o deixou para sempre com horror à doença mental. Em geral Schumann estava lúcido mas muitas vezes bastante agitado, obcecado com a necessidade de consultar atlas. Aos poucos se tornou evidente que não haveria rápido restabelecimento. Mesmo enquanto a perspectiva diminuía, aumentava em Clara o senso de dedicação à reputação dele e promoção da sua obra. Assim, o crescente ardor de sentimento pessoal entre ela e Brahms estava ocorrendo em circunstâncias em que era provável que qualquer ligação romântica envolvesse uma certa dose de culpa subconsciente e estaria propensa à inevitável má interpretação do mundo externo. Com muita rapidez eles passaram a se amar profundamente, mas numa situação em que os embaraços emocionais sobre o seu relacionamento (para não falar daqueles da moralidade convencional) eram intensamente fortes.

Se o seu amor chegou a se consumar fisicamente é uma pergunta que tem provocado interminável especulação. Como não há prova incontestável em nenhuma das direções (ambos tomaram cuidado para que não houvesse nenhuma prova), talvez isso devesse ser deixado de lado. A enorme disparidade de idade, que inevitavelmente inseria um elemento substituto mãe/filho nas suas relações, e os seus sensos de honra altamente desenvolvidos talvez tenham sido restrições adicionais. De outro lado, eles tiveram oportunidade (embora provavelmente menos do que imaginemos na ampla casa em Düsseldorf) e as provas recentes de que anos depois Clara conduziu um discreto romance com Theodor Kirchner (um discípulo de Schumann significativamente mais próximo da idade dela)[4] mostram que ela não considerou a sua vida sexual encerrada com o afastamento do marido.

Seja qual for a resposta, em termos do que *significavam* um para o outro, Brahms e Clara eram sem dúvida amantes. Durante quase vinte anos Robert Schumann fora o homem mais importante na vida dela; nos quarenta anos seguintes, foi Johannes Brahms. Da parte de Brahms, fantasia cavalheiresca e atração genuína se amalgamaram em uma devoção total à pessoa de Clara Schumann de que ele nunca realmente conseguiu ou quis se livrar. Ele sabia que era atraente para as mulheres, a sua cabeça e o seu coração certamente estavam disponíveis para serem transtornados. Durante toda a vida, ainda mais do que das suas muitas grandes amizades masculinas, ele gostaria da companhia de mulheres talentosas, inteligentes e apreciadoras de música — Agathe von Siebold, Bertha Porubsky, Elisabet von Herzogenberg, Hermine Spies e outras. Destas, Clara era o primeiro e supremo arquétipo. A sua idade, talentos e as circunstâncias especiais do relacionamento lhe deram uma autoridade que ultrapassava qualquer outra, se ela estava disposta (como muitas vezes estava) a ser possessiva. Isso também dava a Brahms uma desculpa se ele queria recuar de um envolvimento total (como habitualmente fazia). Se ele teria ou não recuado se nunca a tivesse conhecido parece discutível, mas em 1854-55 ele estava constantemente ao lado da sua senhora eleita, a sua "bela e altiva dama", como uma das suas cartas se dirige a ela — com nenhuma indicação de que permaneceria solteiro e teria de se decidir por uma das mais longas e maiores amizades platônicas da história da música.

No outono de 1854, Clara iniciou a sua carreira de concertos com uma excursão à Alemanha do Norte, acompanhada por Joachim e incluindo no repertório várias das obras de Brahms para piano: dentre elas, a recente Sonata para piano em fá menor, cuja primeira execução completa ela apresentou em Magdeburgo. Em novembro as viagens a levaram a Hamburgo, então Brahms se reuniu a ela para apresentá-la à sua família. Depois, ela e Joachim seguiram para Berlim, Frankfurt e Leipzig, enquanto Brahms viajou de volta a Düsseldorf a fim de passar o Natal com ela e os seus filhos. Em janeiro de 1855 Clara retomou as excursões na Holanda e Brahms consumiu a maior parte do seu dinheiro para acompanhá-la até Roterdam. Quanto ao mais, ele passou a maior parte do ano em Düsseldorf, livre para explorar a biblioteca de Schumann, que estava rearrumando. Em agosto, quando Clara por fim se mudou para Poststrasse, nº 135, Brahms a auxiliou e se instalou num cômodo do primeiro pavimento.

Não é surpreendente que em 1854 ele tenha publicado pouco e em 1855-56 parecesse a muitos que o "alguém (...) destinado a nos dar a expressão ideal dos tempos", de Schumann, silenciara, pois nada importante surgiu impresso. Na realidade, ele estava empenhado em obras maiores destinadas a nunca surgir na forma pretendida (como três movimentos da Sinfonia em ré menor e um Quarteto com piano em dó sustenido menor) e sentindo agudamente a necessidade de mais fundamentos de técnica. Sugeriu a Joachim que, a cada quinzena, trocassem exercícios em contraponto, submetendo-os à crítica mútua. Quem não apresentasse um exercício deveria pagar uma multa, que o outro poderia gastar em livros ou música. Durante alguns anos os dois amigos conservaram o sistema, mas ele logo se tornou inteiramente unilateral: o ocupado Joachim preferia pagar numerosas multas (contribuindo incidentalmente para a biblioteca de Brahms que desabrochava), enquanto Brahms dedicadamente se aplicava a estudos de cânone fechado que aos poucos renderam frutos nas maravilhosas tessituras polifônicas da sua música madura.

Durante 1855 a sua reputação, porém, estava continuando a crescer. O seu Trio com piano op. 8 recebeu a primeira execução muito longe, em Nova York, e entre os executantes se incluía o pianista William Mason, discípulo de Liszt que em 1853 estivera presente quando Brahms visitara o mestre. A fim de aumentar as suas escassas finanças, Brahms chegou à conclusão de que devia se apresentar como pianista de concerto e por isso se associou a outra excursão que Clara estava empreendendo com Joachim. Pelos relatos da época, os acontecimentos dos dezoito meses anteriores parecem ter exaurido a sua exuberância e tê-lo deixado tímido e nervoso. Tocou em Dantzig e Bremen — nesta cidade, como solista do Concerto em sol maior, de Beethoven (a primeira ocasião em que tocara com uma orquestra) e poucos meses depois repetiu a obra em Leipzig. Em Dantzig o pianista Anton Door ficou um tanto perplexo com a aparência e falta de maneiras sociais desse "rapaz franzino de longo cabelo louro que marchava de um lado para o outro (...) fumando charutos incessantemente" e que mal se dignou notar a sua presença. No final do ano Brahms visitou Hamburgo, onde tocou o Concerto *Imperador*, de Beethoven (de uma forma que a imprensa local criticou como "reticente ao extremo"), antes de voltar a Düsseldorf para estar com Clara no Natal. A essa altura, ela organizara a sua vida de modo que a atenção de Brahms já não era necessária. Assim, no início de 1856, ele voltou a Hamburgo e ficou alguns meses com os pais, se apresentando como solista no Concerto para piano em ré menor, de Mozart, nas comemorações do centenário de nascimento de Mozart ali realizadas, e fazendo viagens para tocar em Leipzig, Kiel e Altona. A caminho de Hamburgo, fez uma interrupção para visitar Joachim e ali se encontrou casualmente com o pianista e compositor russo Anton Rubinstein — que relatou ao seu mestre Liszt:

> Em Hamburgo fiquei conhecendo Brahms e Grimm, e também Joachim (...) quanto a Brahms, não sei exatamente que impressão ele me causou. Não é suficientemente educado para a sala de visitas, não é suficientemente impetuoso para a sala de concertos; para o campo não é suficientemente primitivo e não é suficientemente cosmopolita para a cidade. Não tenho fé nessa espécie de índole.

No início de abril ele se mudou para Bonn, a fim de ficar próximo de Schumann, enquanto Clara começara uma longa excursão de concertos na Grã-Bretanha (onde apresentou a música de Brahms a esse país ao tocar, em Londres, dois dos seus recentes estudos neobarrocos, uma sarabanda e uma gavota). Ali ele fez duas amizades importantes ao conhecer, no festival de música anual, o poeta Klaus Groth (do seu Dittmarschen ancestral) e o grande barítono Julius Stockhausen. Houve um entendimento imediato com Stockhausen, que se tornaria o primeiro defensor real das canções de Brahms, e os dois rapazes logo estavam se apresentando juntos em Boon e Colônia. O período, porém, era dominado pela preocupação com Schumann. Já em setembro de 1855 os médicos em Endenich haviam prevenido Clara de que a sanidade do marido nunca retornaria inteiramente e aos poucos ele vinha ficando mais fraco (na verdade, parece que estava definhando por inanição, recusando todo alimento exceto vinho e geléia de mocotó). Em 8 de junho, aniversário de Schumann, quando Brahms o visitou ficou chocado com a deterioração do seu estado. Telegrafou imediatamente a Clara que, na sua opinião, o fim estava próximo. Clara estava justamente chegando ao fim da sua excursão inglesa de concertos e se precipitou para casa. No entanto, Robert sobreviveu durante quase um mês. Brahms o visitou várias vezes, mas foi só em 27 de julho que Clara viu o marido, pela primeira vez desde que fora levado de Düsseldorf. A essa altura, Schumann parecia ter perdido a capacidade de falar e se mostrava extremamente doente, mas a reconheceu e Clara ficou com ele naquele dia e no dia seguinte. Em 29 de julho ela e Brahms foram até a estação ferroviária para esperar Joachim, mas, quando os três voltaram ao sanatório, Schumann estava morto.

Em vista do seu estado patético, provavelmente a morte chegou como uma libertação abençoada para ele e um alívio para a família e os amigos. No funeral em Bonn, a 31 de julho, Brahms, Joachim e Dietrich foram os principais acompanhantes e coube a Brahms colocar a grinalda de Clara no caixão. Joachim e ele ampararam Clara durante o funeral e a levaram de volta a Düsseldorf, ficando para ajudá-la no período de dor mais intensa e também auxiliando a colocar em ordem os papéis de Schumann.

"Toda felicidade desapareceu com o seu falecimento", Clara escreveu no seu diário. "Uma nova vida começa para mim." Estava muito necessitada de repouso e restabelecimento e no final do verão Brahms a acompanhou numas férias na Suíça, em Gersau, no lago Lucerna. No entanto, não viajaram sozinhos, mas com dois dos meninos Schumanns e com a irmã de Brahms, Elise, que estava com a saúde precária (ela se manteve uma simples hamburguesa até o fim dos seus dias e nunca se arriscou novamente a ir tão longe de casa; a viagem foi a aventura da sua vida).

De certa forma essas férias foram decisivas para o futuro do relacionamento de Brahms com Clara, mas não temos nenhuma noção sólida sobre o que foi dito ou feito. Era o momento em que o casamento podia ser sensatamente discutido. Alguns autores opinaram que só então, com Schumann morto, Clara retribuiu aos sentimentos de Brahms com paixão indisfarçada e que ele, por sua vez, recuou. Talvez Brahms receasse que ela estivesse debilitada por uma excessiva dependência para com ele, ou que as confusões do papel de filho/amante tornassem por demais complicada a situação para que ele o pudesse desempenhar até uma conclusão satisfatória. Mas tudo o que sabemos é que no final das férias eles haviam concordado em se separar, de modo que em outubro Brahms voltou à sua cidade natal.

Isso foi doloroso para os dois e, embora nos anos seguintes em geral fosse Brahms quem exortasse Clara a manter a decisão de ambos, ele ainda sentia um interesse de proprietário por ela e uma preocupação de amante pelo seu bem-estar. Isso muitas vezes surgiu em tensões a respeito de dinheiro, com que estava sempre tentando ajudá-la, quando tinha algo além do que era suficiente para as suas espartanas necessidades imediatas. Em 1861, numa dessas divergências, quando ela recusou o oferecimento de alguns dias de repouso em Hamburgo com a filha Julie a expensas de Brahms, ele se queixou, apenas em parte jocosamente:

> Em todas as coisas que dizem respeito a mim, você sempre me tratou, e sempre tratará, como se eu lhe pertencesse, e no entanto em todas as coisas que lhe dizem respeito, não se permite que eu faça nada. Se eu não tivesse um centavo, deveria morar com você. Se eu tivesse uma casa, você certamente moraria comigo. Mas agora tenho uma bolsa repleta (...) [que] não me permitem gastar (...) Posso lhe garantir que ficarei furioso de verdade se recusar ser minha convidada (...) Em um mês atirarei todo o meu dinheiro pela janela. Pois, caso contrário, qual é a utilidade do lixo?

A verdade parece ser que ambos eram pessoas orgulhosas e independentes que haviam sido lançadas na mútua dependência pela prolongada tensão da enfermidade de Schumann. Com esse fator de controle removido, eles tinham destinos pessoais que sabiam serem mais bem realizados isolados um do outro. Mas o amor não diminuiu e tornou a separação difícil de suportar — às vezes mais dura para Clara, às vezes mais dura para Brahms.

Terminadas as férias na Suíça com Clara, Brahms retomou a correspondência contrapontística com Joachim e se apresentou nos Concertos Filarmônicos de Hamburgo como solista em concertos de Beethoven e Schumann. No mais, ocupava-se com tranqüilo estudo musical e em cultivar a companhia dos amigos dentre os músicos de Hamburgo, principalmente o professor de música Theodor Avé-Lallemant e o compositor Karl Grädener, enquanto refletia sobre como desenvolver a sua carreira.

No intervalo entre o funeral de Schumann e as férias na Suíça, Brahms substituíra Clara para alguns alunos de piano e assumira uma série de lições que ela deveria dar a Laura von Meysenbug, irmã de um alto funcionário na corte de Lippe-Detmold. Ela e a família ficaram tão impressionadas com ele que o convidaram a visitá-las no minúsculo mas culto principado, onde Clara já tocara e onde o Príncipe Leopoldo II era um ávido apreciador da música, que mantinha uma associação coral e uma pequena orquestra da corte. Em maio de 1857 Brahms aceitou o convite e passou alguns dias em Detmold, onde, apesar da sua inabilidade social, foi estimado de um modo geral, sendo sua execução do Concerto em sol maior, de Beethoven, e do Quinteto *A truta*, de Schubert, muito apreciada. O resultado foi a sua contratação para passar os meses de outubro a dezembro em Detmold e as suas tarefas incluíam dar lições de piano à Princesa Frederike, reger a associação coral e tocar na corte. Como o compromisso era renovável, oferecia certa perspectiva de segurança financeira ao mesmo tempo que o deixava livre na maior parte de cada ano. Igualmente importante, isso ampliaria a sua experiência em lidar com coro e orquestra.

Pouco antes de Brahms aceitar o compromisso em Detmold, em setembro de 1957, Clara Schumann vendeu a casa de Düsseldorf e se mudou para Berlim, onde achava que os filhos seriam mais bem cuidados perto dos outros membros da família (sua mãe, sua meia irmã Marie e o seu meio irmão Bargiel moravam todos ali). Mas abandonar a região do Reno foi uma separação dolorosa e bem pode ser que isso parecesse escrever um *finis* ainda mais doloroso à parte inicial e mais apaixonada do seu relacionamento vitalício com Johannes Brahms, ainda que a mudança para Berlim acompanhasse a lógica da decisão de ambos no ano anterior. Brahms e Joachim ajudaram nos arremates em Düsseldorf, mas Clara parece ter-se achado num estado de extrema exaltação. Em 6 de outubro, logo após sua chegada a Berlim, ela escreveu a Joachim: "Quando Johannes me deixou de manhã, meu coração sangrou (...)". O que ela escreveu a Brahms não subsistiu, mas a resposta dele sim. O tom moderadamente admoestador da sua primeira carta de Detmold, em 11 de outubro, quase sugere que a diferença de idade se inverteu, que ela é a moça inexperiente e ele a figura paterna:

> Minha querida Clara, realmente deve tentar moderar a sua melancolia e cuidar para que ela não demore muito. A vida é preciosa e estados de ânimo como esse em que você está nos consomem o corpo e a alma. Não imagine que a vida tenha pouco mais reservado para você (...) Deve tentar seriamente se modificar, minha queridíssima Clara (...) As paixões não são inatas à natureza humana, são sempre exceções ou excrescências. O homem em que elas ultrapassam os limites deve se considerar

> enfermo e buscar um remédio para a sua vida e a sua saúde. O homem ideal e verdadeiro é calmo tanto na alegria quanto na dor.

"*As paixões não são inatas à natureza humana*" — isso do compositor de algumas das mais apaixonadas peças musicais da década de 1850 para a viúva de Robert Schumann! Não é de admirar que ela tenha achado as suas palavras duras, até frias. Ele não era frio. Estava se esforçando para fazer a coisa certa, ainda que isso levasse ao ensimesmamento, e estava fazendo uma melhor demonstração externa disso do que Clara. Ele a amava e sempre amaria. Apesar disso, dedicou, de corpo e alma, quatro anos cruciais e formativos ao círculo de Schumann e, a essa altura, necessitava desesperadamente de alguma independência também dela.

O plano da sua vida estava estabelecido para os três anos seguintes: três meses em aposentos confortáveis em Detmold, o restante dividido entre Hamburgo, Hanover, Göttingen e Düsseldorf, compondo e se apresentando. Na corte de Detmold, onde durante três temporadas tocou uma quantidade imensa de obras corais ou instrumentais, ele em geral era benquisto e parece ter apreciado as oportunidades para tranqüila introspecção e passeios na vasta floresta de Teutoburg, onde séculos antes Armínio aniquilara as legiões de Varo e repelira a invasão romana da Alemanha. Mas, embora gostasse de reger uma associação coral "fartamente adornada de Altezas Serenas", estava solitário e agastado com as restrições sociais e a etiqueta dominada pelo protocolo na comunidade da Residenz, e por ter de realizar tarefas como acompanhar o Príncipe em canções que ele compusera. Acima de tudo, parece ter sentido a falta de um círculo adequado e compreensivo de músicos, embora a orquestra do Príncipe fosse dirigida por um pupilo de Joachim, Karl Louis Bargheer, que se tornou um bom amigo. Poucos anos depois ele lembrou ironicamente a Clara

> (...) como é atraente um cargo numa dessas pequenas Cortes. Dispõe-se de bastante tempo para tocar para si mesmo, mas lamentavelmente não se pode ser sempre feliz no íntimo, pois, afinal, se ficaria nauseado com os rostos que se vêem ali, eles são suficientes para tornarem qualquer pessoa um misantropo. Pode-se apreciar sozinho as belezas da natureza mas, ao tocar música na sala de visitas diante das pessoas, não se deseja ficar sozinho.

Apesar disso, ele passou três temporadas em Detmold e (a essa altura não mais à sombra de Robert Schumann) por fim se viu de volta ao caminho para a autodescoberta como compositor. Em Detmold trabalhou em suas duas Serenatas orquestrais, várias peças corais, uma versão preliminar do Quarteto com piano em sol menor e nos começos de um sexteto de cordas, bem como lutava com o Concerto para piano muito grande que estava surgindo gradualmente das cinzas da inacabada Sinfonia em ré menor. Esta obra em particular estava provocando problemas infindáveis, em parte resolvidos pela contínua correspondência com Joachim, que o estava aconselhando sobre os detalhes da orquestração. Em 30 de março de 1858 Joachim pôde reger um ensaio reservado dessa peça com a orquestra de Hanover. Naturalmente Brahms foi o solista, mas continuava descontente com o Concerto na forma em que se achava e quase outro ano se passou antes que pudesse entregar a obra a uma apresentação pública.

Esses esforços criativos também prosseguiam em Hamburgo e outros lugares. Brahms estava vivendo de novo com os pais: tinha agora certo espaço para trabalhar, pois eles moravam em aposentos consideravelmente mais amplos do que os da sua infância, embora ainda no antigo bairro. Deixava-se ficar na cidade não só por dever filial mas também por causa de um forte sentimento de que as suas raízes se achavam ali (talvez isso o ajudasse a manter a sua identidade, junto com os modos "rudes, setentrionais" no círculo ultra-refinado de Schumann e Joachim) e, em parte, também porque começara a nutrir a esperança de que poderia obter um cargo permanente que provaria aos seus concidadãos a reputação que já ganhara no mundo musical maior — talvez mesmo como regente da Philharmonie de Hamburgo, foco da vida musical da cidade.

Também ia muito a Göttingen. Grimm já possuía um cargo de regente ali e se casara há pouco. No verão de 1858 Brahms se hospedou com ele e sua mulher Philippine. Clara se reuniu a eles (com cinco dos filhos). Também foram Woldemar Bargiel e o Konzertmeister Bargheer, de Detmold. Foi neste grupo que pela primeira vez foi executada a Serenata em ré maior, na sua forma original de Noneto para sopro e cordas. Ele estava se distraindo com o estudo de música folclórica e extraindo daí novo vigor para a composição. Já naquele verão enviara a Clara uma coleção de trinta e duas músicas folclóricas arranjadas para voz e piano. No tempo que passaram juntos em Göttingen, além disso ele encantou os amigos com uma série de canções de crianças, *Deutsche Volks-Kinderlieder*, para os filhos de Clara, e muitas peças para piano impetuosas e em estilo cigano — os primeiros exemplos das suas Danças húngaras.

Göttingen possuía uma outra atração: Agathe von Siebold, filha de um dos professores da universidade e maior amiga de Philippine Grimm. Desde o início Brahms sentiu uma afinidade natural com essa alegre e inteligente moça de olhos escuros, longos cabelos pretos e uma voz de canto inesquecivelmente bela ("como um violino Amati", disse Joachim), que ele acompanhou em muitas das suas canções, e logo se viu apaixonado. Isso tinha os seus riscos no grupo em que ele estava no verão de 1858: quando Clara descobriu o "seu" Brahms com o braço em torno da cintura de Agathe, ficou tão perturbada que no mesmo dia foi embora de Göttingen. Embora freqüentemente incitasse Brahms a encontrar "uma jovem esposa agradável", era possessiva demais para com ele para enfrentar a possibilidade concreta.

Durante a temporada de 1858 em Detmold ele se correspondeu assiduamente com Agathe por intermédio dos Grimms, enviando-lhe novas canções e duos (alguns dos quais se tornaram os seus opp. 14, 19 e 20) e uma adaptação coral de *Brautgesang* (Canção nupcial), de Ludwig Uhland, que mais tarde destruiria. No início de 1859 ele voltou a Göttingen a fim de passar uma quinzena, acima de tudo para ver Agathe, e deu o passo aparentemente inequívoco de trocar secretamente anéis de noivado com ela. Na pequena cidade as atenções dele não poderiam passar despercebidas. Os Grimms (que teriam ficado encantados se a ligação pudesse ser formalizada) tentaram livrar Agathe do centro do mexerico geral, escrevendo a Brahms e lhe dizendo para fazer uma declaração pública das suas intenções. Coagido assim ao ponto da decisão definitiva, ele instintivamente se esquivou. A expectante Agathe recebeu apenas uma carta desajeitada que admitia (como décadas depois ela citou de memória) que "eu a amo! Tenho de vê-la novamente!

Mas não posso usar grilhões. Escreva-me se devo voltar ou não..." Profundamente ferida, ela consentiu em liberá-lo do compromisso, mas se recusou a permitir que retornasse. Nunca se viram novamente e durante muito tempo ambos sentiram os efeitos do cataclismo emocional. Dez anos depois Agathe se casou com outra pessoa, mas só na velhice colocou o namoro em perspectiva num pequeno romance autobiográfico onde indica que conhecer Brahms fora a experiência romântica decisiva de sua vida. Enquanto isso, as recordações de Agathe (mesmo o seu nome, registrado no Sexteto em sol maior) se tornaram um dos principais impulsos por trás das obras de Brahms do início da década de 1860, não menos que naquelas muitas canções e obras corais em que a personagem principal é a de uma moça abandonada pelo amante.

Foi do início ao fim um romance infeliz e dificilmente mostra Brahms num ângulo favorável. O leitor contemporâneo tem dificuldade até em aceitar o verniz romanesco final dado por Agathe à situação, o de que a protagonista nunca conseguiria ter preenchido adequadamente a vida do rapaz, que, "como todo gênio, pertencia à humanidade". Seguramente o gênio de Brahms tinha pouco a ver com o assunto, exceto na medida em que a percepção que ele tinha disso era um fator agravante. É mais provável que a verdade mundana seja a de ele ter uma vida emocional mais complicada do que a maioria das pessoas, mas, em comum com muitas, tendendo a fazer dela uma confusão. Só na sua arte ele conseguia colocá-la em ordem, ou pelo menos colocar os seus impulsos numa forma justificável. Aparentemente, Agathe teria constituído uma companheira ideal para um compositor que, segundo o seu próprio reconhecimento, freqüentemente ansiava por uma esposa: além da inteligência e do talento, ela, ao contrário de Clara, estava próxima da idade dele e não possuía o fardo dos filhos. Mas Brahms era um homem ardente, orgulhoso e impulsivo (nas amizades e nas asperezas) que freqüentemente, na reflexão amadurecida, vinha a lamentar os seus impulsos. Talvez fosse perenemente mais atraído pela *idéia* da domesticidade do que pela sua realidade e, por mais sensível que fosse a Agathe, havia perdido o coração primeiro e mais decisivamente para Clara Schumann — tendo toda consciência da continuidade dos sentimentos dela. Casar-se com Agathe seria arriscar uma desavença permanente com Clara, embora ele racionalizasse isso como mais uma traição de si mesmo — uma perda de independência, um desvio da sua obrigação como um artista criador. Por fim o artista assumiu o controle, traduzindo esses conflitos de lealdade em configurações míticas reencenadas em *Magelone-Lieder* (com as referências à troca de anéis e o enredo de triângulo amoroso) e *Rinaldo* (com o extasiado cavaleiro rudemente desvencilhado das armadilhas do amor). Não foi a última vez em que o seu coração palpitaria por uma bela moça, porém nunca mais feriu outra moça despertando as suas esperanças e depois se afastando. Numa época em que um solteirão solitário era um certo escândalo social, ele se manteve obstinadamente um solteirão.

Providencialmente ou não, o rompimento com Agathe coincidiu com os maiores desafios da sua carreira profissional. Ele enfim se apresentou diante do público como solista na obra mais ambiciosa que já compusera — o imponente Concerto para piano em ré menor, iniciado como a Sinfonia que corroboraria todos os prognósticos de grandeza feitos por Schumann e que desde então lhe haviam custado quatro anos de grande esforço de composição. Em 22 de janeiro de 1859 a *première* ocorreu em Hanover sob a batuta de Joachim, que no ano anterior já apresentara a obra em duas formas provisórias, em ensaios semipúblicos. A platéia se mostrou mais complacente do que entusiasmada, pois a enorme duração e a seriedade do Concerto dificultavam a sua compreensão, mas Brahms ficou bastante satisfeito com o resultado. Partiu imediatamente para uma segunda apresentação, de prestígio muito maior, em Leipzig, na época ainda a virtual capital da música na Alemanha, onde pretendia permanecer se a obra fosse um sucesso. Em 27 de janeiro ele apresentou a obra num dos concertos do Gewandhaus, sob a batuta do regente e compositor Julius Rietz. Rietz parece ter antipatizado com a música, embora Brahms achasse que a apresentação se saíra bem. Mas, seja como for, ela falhou redondamente e ele experimentou a recepção mais hostil da sua carreira. No final foi vaiado por uma platéia que, esperando a exibição de um virtuose, se viu tendo de suportar uma obra severa e inflexível, intelectualmente muito mais exigente do que a sinfonia comum. Desde Beethoven não se ouvira um concerto de tamanhas ambições e a crítica musical não encontrou satisfação nesse fato. Edward Bernsdorf, o influente crítico de *Signale*, rejeitou o concerto como

> uma composição arrastada para o seu túmulo. Essa obra não pode proporcionar prazer (...) nada tem a oferecer além de desolação desesperançada e aridez (...) durante mais de três quartos de hora tem-se de suportar esse revolvimento e esquadrinhamento, esse estiramento e esforço, esse dilaceramento e remendar de frases e floreios! Não apenas se tem de assimilar essa massa em fermentação, tem-se também de engolir uma sobremesa das dissonâncias mais estridentes e dos sons mais desagradáveis. Deliberadamente Herr Brahms tornou a parte do piano mais desinteressante possível (...) por fim, a técnica de piano de Herr Brahms não satisfaz às exigências que atualmente temos o direito de fazer a um solista de concerto.

Bernsdorf era um conservador ao estilo antigo, que julgava que a música verdadeira se extinguira com Mendelssohn, mas provavelmente falava pela maioria do público. Os poucos defensores da escola "Neo-alemã" baseada em Weimar eram mais perspicazes, contudo também não conseguiram apreciar a natureza realmente prodigiosa da obra: num artigo em grande parte favorável, Ferdinand Gleich, partidário de Liszt, ainda assim afirmou que

> A obra sugere um estado de indefinição e efervescência, uma luta corporal por um modo de expressão coincidente com os ideais do compositor, que de fato transpôs a forma da tradição, mas ainda não construiu outra suficientemente definida e harmoniosa para satisfazer as exigências estéticas da arte (...) O primeiro movimento, sobretudo, nos dá a impressão de monstruosidade (...)

"Efervescência" era claramente a metáfora decisiva do momento. "Ainda estou inteiramente aturdido com os encantos sublimes que me assaltaram os olhos e os ouvidos ao ver e ouvir os homens sábios da nossa cidade musical", Brahms escreveu pesarosamente a Joachim na manhã após o concerto:

> O meu Concerto teve aqui um brilhante e decisivo — fracasso (...) No fim três pares de mãos se juntaram muito devagar e em seguida uma vaia completamente inconfundível, de todos os lados, impossibilitou qualquer manifestação desse tipo. Não há mais nada a dizer sobre esse episódio, pois nem uma pessoa me disse uma palavra sobre a obra!

Ele acrescentou, com uma ótima prova de aceitar as coisas filosoficamente:

> Apesar de tudo, o Concerto obterá aprovação quando eu melhorar a sua forma, e o próximo será completamente diferente. Creio que esta é a melhor coisa que pode acontecer a uma pessoa. Obriga-a a concentrar os seus pensamentos e aumenta a sua coragem. Afinal, até agora estou apenas experimentando e tateando o meu caminho. Mas a vaia foi uma coisa boa demais, não foi?[5]

Não havia nada a fazer a não ser voltar a Hamburgo. Contudo, Joachim e os amigos de Brahms em Berlim estavam ansiosos por neutralizar esse revés e, por meio de várias manobras, conseguiram programar o concerto em 24 de março na Sociedade Filarmônica de Hamburgo, com Joachim como regente, Brahms como pianista e Julius Stockhausen como solista em algumas peças secundárias. Essa união de dois artistas tão famosos com o polêmico compositor local (que tocava uma das suas obras em Hamburgo pela primeira vez desde os seus concertos beneficentes infantis) foi suficiente para atrair um grande público e a obra foi recebida educadamente, se não entusiasticamente. Além disso, deram um novo concerto no dia 28 em que Joachim regeu a recente Serenata em ré maior de Brahms, em sua forma completamente nova (e ainda intermediária) para pequena orquestra. A acolhida a essa obra foi igualmente moderada — o *Hamburger Nachrichten* aconselhou Brahms a "aprender a dizer o que está claramente no seu coração e deixar de se esforçar para executar momices excêntricas", de modo que "o homem comum seja capaz de compreender o que os músicos profissionais admiram tanto em [suas] obras". Brahms ficou descontente com a apresentação, o que provavelmente levou a que mais uma vez rearranjasse a obra. Contudo, como ele relatou a Clara:

> Ontem a Serenata foi executada para aproximadamente mil e duzentas pessoas e você não estava entre elas (...) Realmente pareceu atingir a platéia. O aplauso prosseguiu até eu me apresentar no pódio. Você mal teria reconhecido os hamburgueses.

O próprio Brahms logo iria conhecer muito bem algumas hamburguesas. Entre os seus alunos de piano havia uma moça chamada Friedchen Wagner que também era uma entusiasmada coralista. Ela reunira um grupo de amigas, que incluía uma vienense visitante, Bertha Porubsky, para cantar em sua casa algumas das pequenas obras corais e arranjos de canções folclóricas, de Brahms, sob a orientação dele. Bertha possuía um amplo repertório de canções folclóricas austríacas, e uma grande mas platônica amizade se desenvolveu entre ela e Brahms. O seu irmão Emil foi se hospedar com os pais de Brahms depois que este se mudou para aposentos mais espaçosos no subúrbio de Hamm. Foram os Porubskys que primeiro lhe despertaram o desejo de visitar a importante cidade de Viena.

Em maio de 1859 Brahms tocou, em um casamento na Michaeliskirche, o acompanhamento de órgão de um moteto para vozes femininas do seu amigo Grädener e ficou tão impressionado com o efeito acústico que começou a desejar uma execução no mesmo grande edifício da *Ave Maria* que compusera no outono anterior. Friedchen Wagner reuniu um grupo suficientemente grande de jovens cantoras (na maioria alunas da escola de canto de Grädener) e os ensaios na sua casa levaram a uma apresentação na Michaeliskirche — após o qual esse grupo *ad hoc* adquiriu uma posição permanente como o "Frauenchor de Hamburgo", com encontros semanais regulares e um repertório escolhido e composto pelo seu regente: Johannes Brahms. A função não era acompanhada por nenhum salário, mas esse coro de mulheres (que logo contava cerca de quarenta vozes e se manteve ativo até a primavera de 1861) lhe proporcionou experiência contínua de regência e um valioso estímulo para a composição de obras corais em pequena escala, permitindo-lhe experimentar num gênero afim as técnicas polifônicas que estava aprendendo com o estudo atento dos compositores pré-bachianos, como Gabrieli, Schütz e Eccard. Pôde examinar a música antiga em apresentações reais, à medida que a curiosidade o dominava: o Frauenchor apresentava obras de Bach, Byrd, Caldara, Eccard, Gallus (Handl), Hassler, Isaac, Lotti, Palestrina e outros, algumas especialmente arranjadas por Brahms para vozes femininas ou transcritas por ele de antigos livros de canções polifônicas.

Isso também lhe proporcionou um foco de atividade em Hamburgo como em Detmold e (o que não era compensação menor) um círculo de entusiastas admiradoras. Não era um fenômeno incomum que coralistas tivessem uma "paixonite" pelo mestre do coro e muito provavelmente várias integrantes do Frauenchor — entre elas Marie e Betty Völkers, Laura Garbe e Marie Reuter, que compunham um quarteto de vozes femininas sob orientação especial de Brahms — perderam o coração para o belo Johannes. Ele tomava cuidado para não perder o seu, mas como sempre apreciara a companhia feminina — melhor ainda se fosse jovem, inteligente e conhecedora de música —, deve ter-se sentido razoavelmente bem compensado pela perda de Agathe. As suas cartas para Clara estão repletas de referências provocantes a "minhas queridas moças", que "(...) caminham muito tranqüilamente por um jardim e com o seu canto acordam as pessoas à meia-noite" (o coro, de fato, o acompanharia em caminhadas e pelo menos uma vez ele o regeu sentado numa árvore). Mas em breve Clara foi eleita sócia honorária e a sua assinatura — na época ela estava passando por Hamburgo — aparece no grandiloqüente "Avertimento" das normas do coro, redigido em abril de 1860 por Brahms (ali ainda se assinando "Johannes Kreisler Jun."): um documento em grande parte dedicado a especificar, em linguagem deliberadamente estranha e arcaica (parodiando o estilo macarrônico dos tratados de teóricos musicais alemães do século XVIII, como Mattheson), que todas deviam se apresentar na hora para os ensaios.

Foi para o Frauenchor que, em 1859-60, ele escreveu a música do Salmo 13, *Marienlieder*, *Geistliche Chöre*, os fascinantes madrigais op. 17, para vozes femininas com trompas e harpa, acompanhamentos de canções folclóricas e muitos cânones (que incluíam vários publicados no final da sua vida no op. 113). Paralelamente a essas realizações, estava escrevendo obras para o coro misto, algumas das quais pôde experimentar em Detmold: incluíam mais acompanhamentos para canções folclóricas, *Begräbnisgesang*, dois motetos que no fim surgiriam como op. 29 e muitos madrigais que incluíam os publicados cerca de uma década depois como op. 42. A regência dos coros de Detmold e Hamburgo deu origem a várias das obras menores, para coro feminino e para vozes mistas, embora Brahms se inclinasse a publicar apenas uma versão de cada uma.

A sua permanência em Detmold nos últimos três meses de 1859 foi, porém, a última, pois no final do ano ele se demitiu do cargo, descontente demais com o padrão e as possibilidades da atividade musical ali. Daí em diante ficou instalado principalmente em Hamburgo, trabalhando com o Frauenchor. Um motivo por que permaneceu tão estreitamente ligado à sua cidade natal, sem nenhum emprego remunerado, era uma crescente esperança de que em breve pudesse ser escolhido para suceder a Wilhelm Grund, o envelhecido regente da Orquestra Filarmônica de Hamburgo. Em fevereiro, de fato, ele regeu a orquestra na *première* da sua recente Serenata em lá maior, op. 16 (que primeiro ensaiou reservadamente em Hanover) e a obra teve uma recepção bastante favorável. Dois meses depois, porém, ao executar a parte de solo numa apresentação do seu Concerto para piano, Brahms sentiu tão vivamente a hostilidade do público que no final do primeiro movimento quase abandonou o palco e teve de ser persuadido pelo regente a terminar o espetáculo.

De fato, na época como atualmente, a "música moderna" era capaz de despertar a face mais feia do filistinismo. Joachim sempre guardou entre os seus documentos uma carta de um desconhecido, assinada "M.H.", que recebeu após apresentar em março desse ano a Serenata em lá maior em Hanover, e que mostra o tipo de hostilidade que ele e Brahms tinham de enfrentar:

> A Serenata de Brahms é uma monstruosidade, uma caricatura, uma aberração, que nunca devia ter sido publicada, muito menos apresentada *aqui* (...) enquanto o concerto para piano que nos foi servido no inverno passado ainda está cravado nas nossas gargantas! É injustificável que tal porcaria tivesse sido oferecida a um público ávido por boa música. Foi uma hora — •ma tortura perversa que jamais pode ser esquecida. Pobre Mozart, pobre Beethoven! (...) Que no futuro possamos ser poupados de esgares dessa espécie! Todos nós nos unimos para dizer adeus a Herr Brahms e Her Konzert Meister [isto é, Joachim]: não ponham tão duramente à prova a paciência do seu público e não lhe impinjam um gosto por aquilo que só pode ser a maior tortura para pesssoas de ouvidos *saudáveis*.[6]

Foi nessa época que Brahms fez a sua única (e, como se verificou, ineficaz) entrada no campo da polêmica musical. A proselitização da escola "Neo-alemã" de compositores — sobretudo o círculo de Weimar encabeçado por Liszt e que incluía figuras como Raff e Büllow — o vinha irritando desde que se integrara ao círculo de Schumann. Liszt e Schumann tinham sido bons amigos apesar das vastas diferenças de concepção estética, mas os "Neo-alemães" pareciam supor que todos os compositores contemporâneos concordavam com os objetivos da música de programa e forma poeticamente determinada, e o jornal *Neue Zeitschrift für Musik*, que Schumann fundara, era então em grande parte um periódico de propaganda "Neo-alemã". Brahms, Joachim e Clara Schumann consideravam Liszt um pianista estupendo e uma personalidade agradável (a simpatia de Brahms talvez tenha sido moderada por lembranças constrangedoras do seu primeiro encontro), mas nenhum deles conseguia achar muito o que admirar na sua música, menos ainda nos "poemas sinfônicos" orquestrais que estavam sendo tão intensamente divulgados na época. Brahms, profundamente empenhado no estudo dos antigos mestres e tentando aprender com eles o que pudesse, via essas obras como uma renúncia frívola aos elementos essenciais da arte. Ele não queria saber de uma "Música do Futuro" que não possuísse passado. Joachim, de início um membro preferido do círculo de Liszt, já tivera um doloroso rompimento com o grupo, a respeito de princípios semelhantes. Os weimaritas secundários consideraram isso uma traição (embora Liszt, caracteristicamente, mais tarde declarasse que, uma vez que Joachim não gostava da sua música, era obrigação sua gostar mais ainda da de Joachim) e, embora sentissem certo interesse por Brahms, estavam suficientemente cientes de que ele já representava uma tendência contrária — como ficou demonstrado por uma referência desdenhosa, em uma carta de Bülow a Liszt, a "Joachim e a estátua de que ele está se fazendo o pedestal".

Atualmente essas disputas parecem muito pequenas e distantes. É importante, porém, não apresentá-las como uma controvérsia entre compositores de concepções "românticas" e "clássicas" opostas. Eram todos românticos: as obras para piano de Schumann, as composições iniciais de Brahms, inclusive o Concerto para piano, e as aberturas dramáticas de Joachim são tão "românticas" quanto tais coisas se revelam. Mas a Brahms parecia que os "Neo-alemães" estavam na realidade rebaixando a música à posição de serva das outras artes, permitindo que a literatura ou os quadros ditassem a forma essencial, com resultados mais ou menos catastróficos, em vez de desenvolver a arte deles por meio da sua própria lógica interna, a partir da base proporcionada pelas riquezas da tradição passada que se achava à mão para ser outra vez redescoberta e estudada.

Talvez se sentindo ainda mais isolado desde a morte de Schumann e pelo fato de que Joachim passava tanto do seu tempo tocando e regendo e tão pouco tempo compondo, Brahms então persuadiu Joachim a co-redigir para publicação um manifesto que criticava as teses dos "Neo-alemães" e as orientações editoriais do *Neue Zeitschrift*. Ele acabara de ficar enfurecido por um editorial que afirmava que "todos os músicos mais destacados do momento" apoiavam a causa da "Música do Futuro" e que enfim "até os alemães do norte" tinham sido completamente conquistados. Foi difícil encontrar uma combinação de palavras com que se pudesse esperar que todos concordassem e o próprio Brahms provocou problemas ao querer estabelecer uma distinção entre as obras de Liszt e as de Berlioz e Wagner, pelas quais tinha um respeito cauteloso. No fim, nenhum compositor foi diretamente mencionado: o manifesto declarava, em parte, que

> Há muito tempo os abaixo-assinado têm acompanhado com pesar as atividades de um certo grupo cujo porta-voz é o *Zeitschrift für Musik* de Brendel. O referido jornal difunde freqüentemente a opinião de que músicos seriamente esforçados concordam com as tendências que ele representa, que reconhecem nas composições dos dirigentes do grupo obras de valor artístico e que o debate pró e contra a chamada Música do Futuro, sobretudo na Alemanha do Norte, fora resolvido pela luta e decidido a seu favor. Os abaixo-assinados (...) declaram que, na sua opinião (...) as criações dos dirigentes e seguidores da escola "Neo-alemã", que em parte colocam os seus princípios em prática e em parte reforçam sempre teorias novas e inauditas contrárias à própria índole da música, devem ser deploradas e condenadas.

Em março Joachim enviou cópias a um grande número de conhecidos ilustres e apreciadores da música, solicitando as suas assinaturas como uma prova do seu apoio, e explicando a sua atitude a um deles como "*Amicus Liszt, magis amica Musica*". Max Bruch, Theodor Kirchner, Dietrich, Bargiel e Grädener concordaram em assinar. Hiller e Gade também concordaram com a condição de que Julius Rietz, que estava em dúvida quanto ao bom senso do plano, também assinasse. Volkmann não respondeu e uns poucos se recusaram abertamente.

Mas de algum modo um rascunho do documento vazou para o jornal *Echo*, de Berlim, que incontinente o publicou com as quatro assinaturas que eram tudo o que já lhe tinha sido oposto — as de Brahms, Joachim, Grimm e um regente de Hanover, Bernhard Scholz. Os polêmicos esforços de Brahms tinham dado à luz um camundongo. Com essa ajuda inadequada, o "Manifesto" deparou com escárnio geral. Poucos dias depois, o *Neue Zeitschrift* respondeu com uma paródia vigorosa atribuída aos signatários "J. Geiger" ("Violinista", isto é, Joachim), "Hans Neubahn" (uma referência a "Neue Bahnen", o artigo em que Schumann apadrinhara Brahms) e o equivalente alemão de "Fulano, Beltrano e Sicrano". Brahms aprendeu a lição de uma vez para sempre. Embora continuasse a manter opiniões firmes sobre a música dos seus contemporâneos e a avaliá-la segundo critérios exigentes, nunca se arriscou de novo a criticar publicamente e suportou em silêncio muitos ataques críticos.

4

Completamente armado como Minerva: a música até 1860

Eu jamais deparei com um talento como o seu. Ele está quilômetros à minha frente.

Joachim, a Gisela von Arnim, 1854

Sinto-me tão imbecil (...) Não consigo compreender como você pode ter qualquer interesse pelas minhas coisas, por pequenas Variações e Sonatas como as minhas!

Brahms, a Joachim, 1854

A famosa capacidade de Brahms para a autocrítica parece ter sido uma característica inata, atuante desde os primeiros anos. Há numerosos indícios de que ele foi um compositor prolífico por todo o começo e no meio da adolescência: soubemos de uma sonata para piano escrita aos onze anos; peças para a associação coral de Winsen; canções, até ciclos de canções; tentativas iniciais de música de câmara; e, entre as peças mais bem documentadas, uma Fantasia para piano "sobre uma valsa preferida" que ele executou no seu segundo recital público em Hamburgo, em 1849. Tudo isso parece ter sido destruído, e a primeira obra que ele consentiu ser publicada com o seu nome é o Scherzo em mi bemol menor, do final de 1851.

A qualificação "com o seu nome" é importante. Há agora a concordância geral de que no final da década de 1840 Brahms era um dos numerosos compositores que contribuíam — sob o pseudônimo compartilhado de "G.W. Marks" — para uma longa sucessão de arranjos e *pot-pourris* de música ligeira que eram publicados pelo editor Cranz, de Hamburgo. Provavelmente Marxsen, também um contribuinte para a *œuvre* de "Marks", apresentou-o a Cranz e sugeriu essa atividade a Johannes como uma fonte proveitosa de renda (e possivelmente como boa prática de técnica). A desfavorável opinião de Brahms, anos mais tarde, sobre seus trabalhos, certamente pode ser avaliada a partir do fato de que estava disposto a deixá-los encobertos por um pseudônimo. Mas eles mostram um gosto pela música popular da época e um interesse pela arte da transcrição que permaneceram com ele por toda a vida. (Seu florescimento seguinte foi de dois estudos técnicos: um Estudo de Chopin adaptado só para a mão direita e um Rondó de Weber adaptado similarmente para a esquerda. Este último é datado de março de 1852 e foi composto, embora não publicado, sob o pseudônimo de "Johs. Kreisler, jun.".)

A *Phantasie über einen geliebten Walzer*, perdida, bem pode ter sido destinada ao catálogo de Cranz ou a ser uma experiência naquele estilo geral. Mas apenas uma das encarnações de Brahms como "G.W. Marks" parece ter sido identificada com certeza: é a mais antiga das suas obras conhecidas que sobreviveram, de cerca de 1850, e torna-se o múltiplo "op. 151" do compositor, uma Suíte para piano a quatro mãos intitulada *Souvenir de la Russie*. É esta uma seqüência de seis "transcrições em forma de Fantasias" sobre canções russas (o Hino Nacional e três números atribuídos a Titov, Varlamov e Alabiev) e duas árias boêmias de autoria não mencionada, decididamente o mais antigo exemplo da música "cigana" que exerceu tão duradouro fascínio sobre Brahms.

Para uma obra de circunstância, o *Souvenir* é surpreendentemente substancial e sua falta de inútil virtuosismo é um dos principais indicadores de sua verdadeira autoria. Exceto pela versão de abertura do "Salve o Imperador" (melodia com que estamos bem familiarizados desde a Abertura *1812* de Tchaikovski, combinada nessa variante com algo que soa duvidosamente como a Marcha *Rákóczy* já tornada famosa por Berlioz),[1] Brahms tende a evitar passagens brilhantes para se concentrar no musicalmente essencial e num seguro domínio da utilização do duo que contribui para a audição inteiramente agradável. O segundo movimento, "Chansonette de Titoff", é de fato o mais antigo dos seus conjuntos de variações que subsistem, apesar de modesto e decorativo. Na versão de "O rouxinol" de Alabiev, que constitui o quarto número, a forma essencial das futuras Danças Húngaras já está fixada. A complicação rítmica do quinto movimento em "Chant bohemien" e a competente escrita canônica do finale proporcionam outros fortes sinais do compositor que se desenvolveria a partir desses despretensiosos começos.

Do pouco que podemos reunir dos primeiros esforços de Brahms para a composição, a imagem que emerge, não obstante incompletamente, é a de alguém que, apesar das intuições e do preparo extraordinariamente "clássico" para o seu tempo, permaneceu em profunda ligação com a canção popular e a dança. Dada a profissão de seu pai e a sua própria adaptação parcial a ela, isso não surpreende, e seu próprio gosto pelas canções folclóricas (fez os arranjos de duas para o coro de Winsen em 1848) é outra confirmação.

Era natural, portanto, que ele primeiro começasse a imprimir sua marca individual sobre a música de seu tempo em uma área em que a dança, a canção e o estilo clássico se encontram: em movimentos do tipo *scherzo*. O clássico *scherzo* e trio é, afinal, uma dança que tem sido sublimada em um movimento miniaturizado de sonata tendo no meio um contraste melódico semelhante ao da canção. Brahms fixou sua mestria da forma no início e mesmo os primeiros exemplos apresentam a evidência de seu potencial para a concepção sinfônica, não só em sua manipulação da estrutura como no puro dinamismo que descobriu seu princípio numa poderosa direção rítmica aliada à concentração dos motivos.

PRIMEIRAS OBRAS PARA PIANO

A mais antiga obra de Brahms totalmente original que sobrevive é realmente o Scherzo em mi bemol menor para solo de piano, composto em 1851 e publicado três anos depois em seu op. 4. Embora sua forma seja relativamente simples, é exposta em uma escala impressionantemente grande, com dois trios que estendem o costumeiro esquema de lá-si-lá em lá-si-lá-dó-lá com uma coda em desenvolvimento. O desenvolvimento orgânico dos temas já é notável por sua sutileza e continuidade, tanto do Scherzo para o primeiro trio como de um trio para o outro. E as divisões do Scherzo são impulsionadas por uma força rítmica ininterrupta que honestamente se pode chamar de demoníaca. Elas marcam imediatamente o compositor de dezoito anos como um filho da era romântica, com o seu sopro de diabrura hoffmaniana e seu tema secundário que é uma reminiscência da "ópera-rondó" *Hans Heiling*, de Heinrich Marschner. É pouco surpreendente que Liszt achasse a peça tão congenial em Weimar. É menos certo que Brahms tivesse em mente um modelo específico (afirmou seu desconhecimento dos scherzos de Chopin nessa época e, seja como for, as semelhanças com eles eram muito vagas). O caráter obsessivo do trabalho rítmico lembra mais Beethoven do que qualquer outra fonte contemporânea de inspiração — entre os contemporâneos de Brahms só Alkan estava desenvolvendo esse aspecto do classicismo de Beethoven.[2]

A primeira forma importante a que ele se dedicou com atenção sistemática e sucesso foi a da sonata para piano. Escreveu pelo menos cinco delas, das quais as de que dispomos são (provavelmente) as últimas três. A mais antiga, em fá sustenido menor, foi realmente publicada como n. 2, mas data de 1852, enquanto a em dó maior, lançada como n. 1, foi escrita no ano seguinte. Ambas as obras, porém, estão entre as que Brahms tocou para Schumann no primeiro encontro deles.

A Sonata em fá sustenido menor revela seu jovem compositor como um romântico completo. É uma espécie de "sonata-fantasia", influenciada mais pela maneira do que pela substância do Beethoven da fase intermediária e muito atormentada por ataques de *Sturm und Drang*. Os melhores movimentos são os do meio. O Andante, que foi a primeira parte a ser composta, é na verdade o mais antigo conjunto de variações de Brahms que subsiste — sobre *Mir ist leide*, velha canção alemã imputada ao Minnesinger Kraft von Toggenburg ("Isso me entristece, esse inverno despiu a floresta e as urzes"). Brahms se mantém ligado à melodia do começo ao fim, apurando cada vez mais sua tessitura circundante. E embora as primeiras variações sejam belas, a última, *con molt'agitazione*, é sobrecarregada com justaposições "dramáticas" de forte e suave, mudanças de registro e complexidade dos acordes. Mas o terso e epigramático Scherzo, que se segue sem interrupção, é uma jóia, e mostra que o Scherzo em mi bemol menor do ano anterior não era um golpe de sorte. Além disso, o próprio tema do scherzo é adaptado das notas de abertura de *Mir ist leide*, indicando que mesmo aos dezenove anos Brahms estava muito preocupado com a unidade estrutural sutil e em grande escala (talvez inspirado nas formas "cíclicas" de Liszt). Este é um pequeno movimento todo bem-acabado e de alta eficiência: a própria parte do scherzo toma menos espaço do que um ritmado e melodioso trio em ré maior. E as sussurrantes, e dissonantes, repetições de nota que reconduzem aos elementos do scherzo devem ter parecido insólitas aos primeiros auditórios. O trio, envolvido de trinados, concisamente obtém um breve retorno na coda.

Os movimentos externos são menos satisfatórios, porque menos pessoais. Ambos são carregados de uma grande quantidade de escrita e exibição virtuosística em oitavas marteladas e de ranger os dentes, estimulantes para o pianista mas não particularmente gratificantes de se ouvirem. O turbulento e entrecortado primeiro motivo do primeiro movimento, uma idéia em si mesma cativante, se harmoniza de maneira inquieta com um segundo grupo que lembra Schumann, no que tem de mais sentencioso. O finale, estrutura mais complexa da Sonata, é mais interessante, e também é revelador que Brahms já estivesse lançando o peso arquitetônico para o fim de uma obra em forma sonata, como haveria de fazer em composições posteriores tais como a Primeira Sinfonia. Há uma ''introduzione'' que contrasta um lúgubre tema em oitavas com passagens floridas e improvisadoras de trinados e volatas. Uma vez que o principal movimento está em marcha, o tema lúgubre retorna numa melodia de pausada elegância digna de Schubert, sendo sua *bonhomie*, com o acompanhamento, sutil e delicadamente minada por ácidos estrépitos de segundas menores. Mas Brahms não pode contentar-se com isso: há um longo segundo grupo em estilo infladamente ''dramático'' do qual algumas idéias são incontestavelmente inconseqüentes. Daí em diante, os procedimentos são dominados por seu caráter febril de *agitato*, que contamina a melodia schubertiana até que em uma página final em *sostenuto* Brahms reinvoca o espírito da ''introduzione'' e a Sonata, com as suas tensões não resolvidas, termina em vertiginosos floreios de teclado em forma de cadência. Tomada como um todo, é uma das obras para piano de Brahms menos atraentes, mas não pode ser simplesmente descartada: sua energia e originalidade já anunciam um compositor de qualidades incomuns.

No entanto a Sonata em dó maior do ano seguinte é um avanço substancial — um op. 1 tão poderoso e confiante como nenhum compositor publicou. Não é meramente um melhoramento da fá sustenido menor, embora elas tenham muitos traços comuns, mas uma obra que percorre um caminho diferente. Os aspectos rapsódicos e de improvisação da sonata anterior haviam desaparecido quase completamente e em seu lugar está uma audaciosa concentração na essência das idéias musicais. A natureza apaixonada dessas idéias recebe maior sentido e alcance para a ação por meio de uma elevada compreensão dos modelos clássicos. Desde Beethoven não tinha havido um primeiro movimento como este.

Ex. 1

(a)

(b)

O cortante primeiro motivo (Ex. 1a) revela a influência tanto da *Hammerklavier* como da Fantasia *Wanderer* de Schubert. Mas a utilização da ampla forma sonata que ele principia já é original, atravessando uma seqüência tonal mais rica e mais complexa do que o modelo beethoveniano, com desenvolvimento de temas disciplinado e efetivamente orgânico.

O movimento lento, como na fá sustenido menor, é uma pequena coleção de variações sobre "um antigo *Minnelied* alemão" — embora hoje se saiba que a melodia de tipo folclórico, *Verstohlen geht der Mond auf* ("a furtiva lua está subindo", Ex. 2), é obra de Zuccalmaglio, em cuja coletânea Brahms a descobriu. A música é toda tratada com ternura e contenção. Correspondendo à sua evocação noturna, o movimento é quase totalmente lírico, já antegozando o ânimo das Baladas, apesar de um tênue sopro de Mendelssohn em um pouco da escrita mais decorativa. Ao contrário do scherzo da sonata anterior, o *allegro molto e con fuoco* 6/8 tem uma repetição regular, mas é exposto de maneira muito mais ampla, se aproximando das dimensões e do caráter do Scherzo em mi bemol menor. Somos mais uma vez presenteados com uma exibição decisiva de vitalidade rítmica no galopante tempo de scherzo preferido de Brahms, com uma melodia de trio cálida e mais romanticamente cromática que se ergue e cai em arcos serenos e impetuosos, sem qualquer perda de movimento para adiante.

Também o divertido rondó finale traz a indicação *allegro con fuoco* e guarda alguma coisa do caráter de scherzo em seu tempo de 9/8: enquanto — em outra tentativa de unidade "cíclica" — seu principal tema em staccato (ver Ex. 1b) é uma hábil conseqüência daquele do primeiro movimento. Os arpejos sobre acentos fracos em *sforzando*, geralmente de nona, dão à música um irresistível *élan* rítmico. Uma idéia de acorde mais grave e mais equilibrado, em sol maior, forma o primeiro episódio mas, apesar de sua calma dignidade (nas últimas etapas começa a soar como Fauré), não irá reaparecer. O segundo episódio, em lá menor, também é em tessitura de acordes, com uma fina e soberba melodia que parece combinar Chopin e Schumann em suas inclinações mais heróicas. Como o tema

Ex. 2

do rondó retorna uma vez mais, em fá, esta melodia se harmoniza com ele até que uma coda em *presto* brilhante ou mesmo esbaforido leva a Sonata a um áspero final. Essas páginas de conclusão parecem mais leves em comparação com aquelas que vieram antes, mas sua vitalidade otimista e buliçosa é altamente contagiante.

A terceira Sonata, em fá menor, parece ter sido composta descontinuamente ao longo de 1853 e não estava completa quando Brahms teve o primeiro encontro com os Schumanns. Em cinco movimentos em vez de quatro, é sua maior obra isolada para piano e um avanço tão decisivo em relação à em dó maior quanto essa tinha sido em relação à em fá sustenido menor. Mas de novo a natureza do avanço não é meramente técnica. Esta Sonata é uma grande síntese e capitalização em cima de tudo o que ele aprendera nas anteriores e no Scherzo op. 4. Reemprega a paixão romântica e a construção em forma de fantasia da em fá sustenido menor, temperadas pelo domínio formal e pelo poder da evolução temática alcançados nas outras obras. O resultado permanece, com a Sonata em si menor de Liszt e a Grande Sonata de Alkan, como uma das três maiores sonatas para piano da metade do século XIX.

A própria abertura (Ex. 3) tem uma força de aspiração prometéica. Mas prova ser protéica em suas potencialidades. O primeiro movimento é grande e copioso, exibindo todo o caráter e os contrastes de um esquema de sonata particularmente rico. Mas a estrutura é concisa: a riqueza e a amplitude vêm da natureza das próprias idéias — e todas elas são derivadas, por metamorfose temática, dessa afirmação inicial, particularmente a figura (x), que se expande e se contrai para formar novas melodias e motivos mediante aumentação e diminuição. Profundamente sério, apaixonadamente afirmativo, o movimento parece de fato beethoveniano em seu aparente desejo de romper os limites do instrumento com sua técnica pianística de tanto virtuosismo e ferozmente impositiva.

Ex. 3

Nas primeiras duas sonatas Brahms tinha recorrido às "canções antigas" como base de seus movimentos lentos, proporcionando extraordinário contraste lírico com os enérgicos primeiros movimentos, por meio de formas simples e contidas. Aqui ele próprio faz uma canção (sem palavras), pois a melodia de abertura (Ex. 4a) do andante em lá bemol maior parece se ajustar à citação do poeta Sternau que ele pôs no alto da página: "O crepúsculo cai, o luar cintila, dois corações no amor se unem, abraçados em êxtase." A atmosfera noturna, primorosamente invocada pela música, lembra o movimento lento da Sonata em dó maior. No entanto, esta não é uma seqüência de variações decorativas mas uma forma vasta e finamente bem-acabada, de implicações quase sinfônicas. O Ex. 4a se entremeia com uma idéia em *ben cantando* igualmente delicada, antes de um episódio central expansivo que dá origem a uma melodia nova, romanticamente calorosa (Ex. 4b), apresentada sobre uma figura de mão esquerda sensualmente ondulante. Voltam os dois primeiros temas, satisfazendo um esquema ternário. Mas a atmosfera adquire sombras, levando a um longo epílogo extático em ré bemol, incorporado ao Ex. 4c, que é uma variante em forma de hino, e maravilhosa, do Ex. 4b. Esta se ergue melodiosamente sobre um sinistro e palpitante lá bemol nos graves e sobe para o mais esplêndido e audacioso clímax que Brahms já havia composto, somente para mergulhar na quietude com lembranças da descendente cadeia de terças do Ex. 4a.

O Scherzo, *allegro energico* em fá menor, é tão ardente quanto tudo com que deparamos até aqui, com a escrita em oitava trovejante e uma arrogância mefistofélica que lhe dá algo do caráter de uma valsa diabólica. O trio, em ré bemol, é conduzido no mesmo passo, mas a tessitura cheia e incessante de seus acordes alarga enormemente o ímpeto alcançado, com uma quase marítima ascensão e queda da melodia. As idéias tanto do scherzo como do trio são sucintamente desenvolvidas em uma transição magistral de volta à repetição da parte em scherzo.

Até aqui esta Sonata tem seguido o modelo geral das outras duas. Mas agora Brahms insere um movimento pequeno e misterioso que ele chama de intermezzo com o subtítulo "Rückblick" (uma olhadela para trás). O que ele rememora é o andante, cujo tema de abertura (Ex. 4a) passa por uma transformação espectral em si bemol menor (relativo menor do cálido ré bemol em que o andante terminou), rodeado por uma triste panóplia de efeitos de trompete e de tambor. Em diversos pontos dessas obras do começo Brahms pareceu estar precisando de um tanto mais do que um único piano para projetar suas idéias com a força necessária. Aqui ele descobriu como fazer uma orquestra falar através do veículo do teclado, e o resultado é o mais próximo de Alkan (cujo dom específico era esse) a que ele já chega em tessitura e sonoridade: ver Ex. 5. Em sua representação da mágoa e sua

Ex. 4

(a)

(b)

(c)

Andante molto
espressivo
ppp
sempre les
deux Pédales
sosten.

Ex. 5

(Andante molto)
3
ff
3
cf. Ex. 4 (a)
p
etc.

sugestão do destino inexorável, a concepção é tão romântica quanto qualquer coisa de Berlioz ou Schumann.

O finale é uma forma de rondó modificada. Sua abertura, como aquela do dó maior, é de caráter semelhante ao scherzo. Aí acaba a similaridade. O movimento de "Rückblick" requer algo menos simplesmente férvido na conclusão. E o inquieto tema em rondó, com seu ritmo sardônico e ondulado, corresponde admiravelmente à atmosfera. Como no finale do op. 1 o primeiro episódio (em fá maior) é um autocontrolado interlúdio lírico, que não volta mais; em vez disso, o tema em rondó é desenvolvido de modo que suas passadas de semicolcheias em staccato, sobre um repreensivo pedal em ré bemol, passem a soar obsessivas. Mas a escuridão é banida por uma vasta e oscilante melodia de índole coral, de novo em ré bemol, que é logo canonicamente desenvolvida, evocando os tranqüilos dobres de grandes sinos. Daqui em diante este motivo *echt*-brahmsiano compete com o tema em rondó, enquanto o andamento e a excitação aumentam em toda uma longa coda em fá maior — e é o coral que triunfa, com o alegre consentimento final do tema em rondó.

Embora, nos últimos anos, Brahms de vez em quando pensasse em rever esta Sonata, é difícil imaginar o que podia ter de fazer com ela, a não ser pela arrumação e quem sabe simplificação de alguns detalhes ou um maior retesamento da tumultuada coda. Com ela, o compositor de vinte anos pusera indelevelmente a sua marca na música para piano de seu tempo. Mas ele não escreveu mais nessa forma. Daí em diante, em suas obras em grande escala, parece ter sentido necessidade de maiores forças. Mas a princípio ele talvez não tivesse ficado convencido a abandonar o gênero. Sem dúvida se viu como se compusesse uma sucessora natural quando, no começo de 1854, iniciou uma nova Sonata para dois pianos. Mas essa obra rapidamente haveria de se converter no esboço de uma Sinfonia que veria a luz finalmente — cinco anos mais tarde, e só em parte, então — como o seu Primeiro Concerto para Piano.

PRIMEIRAS CANÇÕES

O impulso de Brahms para escrever canções foi nele tão natural como suas ambições na música para piano. Os primeiros esforços (que se acredita haverem incluído ciclos sobre poemas do místico romântico da natureza, Eichendorff) se perderam. Mas as dezoito canções que ele publicou em 1853-54, em três coleções de seis *Gesänge* — op. 3, 6 e 7 —, todas têm datas anteriores a seu encontro com os Schumanns. São contemporâneas às duas sonatas para piano e a mais antiga de todas, *Heimkehr* (1851),que musica um texto de Uhland, se coloca circunspectamente no fim do grupo op. 7. Em contraposição, na primeira peça do op. 3 ele se anuncia ao mundo como um compositor de canções com um de seus mais recentes exemplos — o que tanto impressionou Joachim no primeiro encontro dos dois. É este a *Liebestreu* (ver Ex. 6). A memorável linha melódica, sombreada e submetida por uma imitação profundamente canônica na mão esquerda, contra uma agitada e íntima pulsação de acordes que se ergue até o ápice da tessitura como a insubjugável mágoa do orador, proclama a dádiva de uma poderosa escrita da canção, tão natural e tão direta como desde Schubert quase não se ouvira.

No entanto, é interessante comparar esta canção com a mais antiga *Heimkehr* pois, como freqüentemente tem sido observado, *Liebestreu* é na verdade uma recomposição daquela e Brahms tinha ido imensamente longe em apenas dois anos. Também a *Heimkehr* tem os pulsantes acordes em tercina, as imitações entre a voz e os graves do piano. Mas sua expressão é muito mais melodramática, com algo da bravata da grande ópera. E o efeito é muito mais fraco e malproporcionado, os rasgos (começando pelo solo de piano introdutório) aparatosos demais para os vinte e tantos compassos da canção: é apenas mais ou menos sofrível em seu papel de coda curta e mambembe em que Brahms efetivamente a converteu, consentindo-lhe arrematar sua coleção do op. 7.

Ex. 6

(Afoga, ó afoga a tua dor, minha criança, no mar, no profundo mar!)

Este tom "quase-operístico" (de modo algum insensível ao Wagner do começo) se sente em algumas das outras primeiras canções, particularmente em *Lied aus "Ivan"* (op. 3 n. 4). Mas em qualquer outra parte, em vigoroso contraste, há uma aguda simplicidade da expressão vocal, especialmente nas músicas das canções folclóricas, uma fonte de inspiração que haveria de reanimar as dádivas líricas de Brahms em toda a sua carreira. Os espécimes excelentes são os op. 7 n. 4 e 5, *Volkslied* e *Die Traurende*. Especialmente a última: na esmorecida e lenta melancolia melódica, na austera pureza da harmonia em sua sugestão da modalidade arcaica, condiz perfeitamente com o estado de ânimo da jovem desesperada, e o faz com espantosa economia.

Entre esses extremos Brahms descobre muito campo para os seus já pródigos poderes de cancionista, embora pagando graciosas dívidas e seus antecessores: Schubert na triste *Parole* (op. 7 n. 2), Mendelssohn no arrebatamento juvenil de *Juchhe* (op. 6 n. 4), Schumann nas duas canções op. 6 chamadas *Liebe und Frühling*. A primeira delas, com sua velada citação da ária de Zerlina "Batti, batti", do *Don Giovanni*, recorda (conforme ele confessou mais tarde) a paixão juvenil por uma moça que cantara essa parte na ópera de Mozart. Os textos dessas canções — de poetas de qualidade muito variável, de Eichendorff até o indiscutivelmente inferior Robert Reinick (que, no entanto, fornece os versos da *Liebestreu*) — já se concentram em certos temas que em qualquer época despertariam uma imediata reação emocional de Brahms: a constância no amor, muitas vezes uma constância desesperançada e uma concomitante sensação de isolamento (de vez em quando expressa mediante a metáfora do desamparo) pela ausência de uma verdadeira ou mesmo apenas virtual amada.

Desse modo, o bom humor exultante de *Juchhe* e a satisfação preguiçosa do sensual ritmo de fandango em *Spanisches Lied* (op. 6 n. 1) são exceções: muito mais brahmsiano em sua melancolia são *Treue Liebe* (op. 7 n.1), onde a moça procura no mar o amante afogado; ou *Anklänge* (op. 7 n. 3), onde ela está sentada fiando o vestido de casamento que provavelmente nunca vestirá; ou a extremamente bela *Nachtigallen schwingen* (op. 6 n. 6, para um texto de Hoffmann von Fallersleben), cuja parte do piano é forte na sugerida canção do pássaro, enquanto a melodia longa e elegiacamente arqueada deixa o poeta com a sensação de ser a única flor do mundo que se recusa a abrir. Nessas canções a atmosfera não é menos autêntica e é intensamente memorizável, por ser sempre tão levemente tolerante.

MÚSICA DE CÂMARA

Como sabemos a partir de "Neue Bahnem" de Schumann, Brahms já estava bastante experiente na composição de música de câmara antes de chegar a Düsseldorf. Mas só uma peça pré-Düsseldorf sobreviveu: o pequeno e curioso *Hymne zur Verherrlichung des grossen Joachim*, que é uma espécie de pilhéria musical. Serenata-valsa para dois violinos e contrabaixo, foi escrita para o vigésimo segundo aniversário de Joachim, em julho de 1853, e a julgar pela floreada dedicatória, realmente tocada para ele "por seus admiradores itinerantes: Gioseppo, Ottone e Arnoldino" (pelos quais se leiam Brahms, Otto Brinkmann e Arnold Weber), "artistas da Arcádia". Mas quanto ao Duo para violoncelo e piano e o Trio com piano executados em Hamburgo em 1851 (este último pode ser o mesmo que o Trio *Phantasie* em ré menor mencionado em cartas entre Schumann e Joachim), o Quarteto de cordas em si bemol composto no verão de 1853 e mostrado a Breitkopf & Härtel, ou a Sonata para violino em lá menor, nada disso perdura.

O *Hymne* à parte, portanto, a mais antiga realização subsistente da música de câmara de Brahms é, como na música para piano, um scherzo: o esplendidamente decisivo Scherzo em dó menor, que ele escreveu em 1853 para a Sonata denominada "Fá-lá-mi", cujas origens são descritas na p. 27. Joachim teria tido pouca dificuldade para adivinhar o autor desse movimento: ninguém que não fosse Brahms estava escrevendo scherzos com essa espécie de impulso rítmico e ninguém que conhecesse as precoces sonatas para piano se enganaria a respeito. Aí se mostra toda a sua prematura mestria do gênero na podada concisão, no poder rítmico cumulativo, na sua súbita e generosa florescência da melodia em *cantabile* no segundo motivo e trio, mesmo enquanto ele conserva o golpeante ritmo de  — cujo embrião a estrutura inteira anunciou — ralhando incessantemente nos graves. A escrita para o violino é confiante, alcançando toda a extensão do instrumento. E os grandiloqüentes trinados da coda são uma homenagem espirituosa ao virtuosismo de Joachim.

A Sonata "Fá-lá-mi" permanece hoje como uma pungente lembrança do período curto e feliz em que Brahms foi recebido no círculo de Schumann e em que ele e o compositor mais velho podiam colaborar como que de igual para igual. A tentativa de suicídio de Schumann, alguns meses mais tarde, e sua subseqüente internação no sanatório, foram desastres emocionais de primeira grandeza, partindo o modelo da vida de Brahms e a direção de sua florescente carreira artística, para deixar marcas indeléveis na música que ele haveria de compor nos anos imediatamente seguintes. Muitas peças, iniciadas no esforço de justificar a confiança de Schumann nele, durante anos não encontraram a sua forma apropriada. Outras emergiram com as suas dores emocionais estampadas sobre elas mais explicitamente do que Brahms jamais teria consentido nos anos posteriores.

Ao ter notícias da catástrofe de Schumann, Brahms estava trabalhando duramente em uma importante obra de câmara hoje virtualmente desconhecida, o Trio com piano em si maior. Iniciado no princípio de 1854 e praticamente concluído em junho (o mês das Variações *Schumann*), foi publicado como op. 8 quase no fim desse ano. Trinta e cinco anos mais tarde (como se relata no Capítulo 11), Brahms — nada habitualmente — resolveu compor uma versão completamente revista desse Trio. Embora fosse sua intenção manifesta que circulassem as duas versões em pé de igualdade, a infeliz paixão da posteridade pela supersimplificação levou a que praticamente se suprimisse a partitura de 1854. É quase invariavelmente com a versão de 1889 que deparamos em execução, convencionalmente classificada como o "Primeiro Trio com piano de Brahms", enquanto com maior acerto devia ser considerado o último. A refundição, de qualquer modo magistral, redundou em uma peça radicalmente distinta — e o Trio original de 1854 precisa ser descrito a esta altura como uma obra em si mesma.

Não era a sua primeira tentativa no gênero e pode, em parte, ter-se originado de seu trabalho nos Trios (no plural) mencionados em uma carta a Schumann de 1853 e que, no mais, estão perdidos.[3] É de fato uma concepção muito ambiciosa, disposta numa escala que sugere familiaridade com o Trio *Arquiduque* de Beethoven (e talvez com os de Schubert). Atulhada por uma pletora de idéias memoráveis e altamente discrepantes, é uma das poucas partituras dos começos de Brahms em que a intenção expressiva lhe ultrapassa o alcance estrutural. Mas as suas muitas imperfeições fazem parte do seu encanto e nenhuma das obras dessa fase entrelaça de maneira mais pungente as habilidades fervilhantes da composição com os apaixonados componentes autobiográficos. Não há nada — nem mesmo a Sonata para piano em fá menor — que mais claramente proclame o espantoso potencial do compositor de vinte e um anos, mestre em formação.

A obra começa magnificamente, com uma grande onda murmurejante de trilo no piano para acentuar o fluxo e refluxo das marés na talvez mais sublime melodia que ele já havia composto (Ex. 7a). Esse tema longo e descansado acumula poder enquanto progride sua exposição, pontuada por acordes de piano largamente espaçados em movimento contrário, que delineiam e martelam até o fim a figura descendente (x). Mas o ouvinte é logo rudemente sacudido por uma drástica mudança de velocidade: uma passagem de transição baseada em versão quase comicamente diminuída da mesma figura. Então o segundo motivo propriamente dito nasce de outro tratamento de (x) em uma obstinada melodia em tom de recitativo, ouvida primeiro em cruas oitavas no piano e depois em cânone nas cordas.[4] Enquanto a primeira metade deste tema (parcialmente apresentado no Ex. 7b) é diatônica, sua segunda metade é sinuosamente cromática, evocando, de um modo geral, as últimas obras contrapontísticas de J.S. Bach. A exposição termina com uma versão nova, *poco scherzando*, do Ex. 7a à maneira de uma dança campestre, concluída com os rústicos bordões de quinta no baixo. Após uma completa repetição, serenas aumentações da figura (x) conduzem à seção de desenvolvimento.

Ex. 7

(a)

(b)

Fica evidente nos contrastes não-preparados e abruptos da exposição a ânsia de Brahms por verter no movimento toda a sua experiência musical até então: mas isso deixa uma impressão de colcha de retalhos e um problema de acomodação estrutural que o desenvolvimento seguinte quase não soluciona. Este reúne a maior parte do material até ali ouvido, muitas vezes em formas variadas ou combinações contrapontísticas (mas omitindo o ingrediente "bachiano"). O Ex. 7b e, além disso, a adaptação da "dança campestre" do Ex. 7a se apresentam com uma versão do primeiro tema agora pontuado, mais uma amostra de repetições de tercina em *sforzato* no violoncelo que dá origem a algumas tessituras ritmicamente complexas e extraordinárias. Esse elementos, entremesclados (x), são trabalhados no espírito de uma inquieta pastoral e preparam caminho para uma recapitulação estrita e ortodoxa da principal melodia do Ex. 7a em seus aspecto original. Desta vez Brahms evita a passagem de transição embaraçosamente frágil, somente para produzir algo ainda mais perturbador: uma fuga completa sobre o motivo cromático "bachiano", talvez com excessiva dívida para com o estudo de *Die Kunst der Fuge*. Este fenômeno neobarroco se situa mais estranha e escolasticamente dentro de um movimento sob outros aspectos ultra-romântico. Mas ele inicia o que é, na verdade, um segundo desenvolvimento. Fragmentos dos dois motivos principais, alternando com a figura (x) em ritmo de tercina, são seguidos de uma lenta despedida da primeira frase do Ex. 7b — ela própria uma forma de (x) — que momentaneamente espera trinta anos pela Quarta Sinfonia! (Ex. 7c.) Finalmente

Ex. 7

(c)

uma coda colérica (com indicação de *Schneller*) se precipita para uma conclusão decisiva ainda com desenvolvimento adicional de seus elementos principais em uma rica tessitura de acordes. O resultado é um movimento poderoso, altamente inventivo — não obstante inegavelmente desajeitado — e cujas falhas fazem parte tão profundamente de sua expressão essencial que, como Brahms reconheceu trinta e cinco anos mais tarde, qualquer revisão simples importaria em falsificação. (No caso, sua recomposição jogaria fora tudo, menos a melodia de abertura.)

Não há tais problemas com o segundo movimento, um scherzo em *allegro molto* em si menor. A abertura, quase mendelssohniana em sua delicadeza (com referência específica, talvez, ao scherzo do *Sonho de uma noite de verão*) logo explode numa continuação no heróico estilo "de caça" de Brahms, parecendo exigir a sonoridade orquestral de trompas aglomeradas. Perto da conclusão uma nota de patos se introduz com uma melodia de extensão maior, e se revela o motivo do trio *espressivo*, em tom maior, em que o ritmo exasperante do scherzo ainda assedia os graves. Essa parte alcança um clímax bem tramado, coroado por um trêmulo alto e algo retórico do violino, antes do *da capo* do scherzo. Brahms inesperadamente congela sua progressão febril em uma coda de acordes do piano longamente sustentados e suaves trocas de pizzicato entre as cordas.

Acordes serenos, como de coral no piano e frases de resposta em *espressivo* nas cordas iniciam o adagio non troppo em si maior. Depois ele muda para mi, em um segundo tema calorosamente lírico que apresenta inequívoca semelhança com a canção *Am Meer* do *Schwanengesang* de Schubert. Aqui, a melodia — com a qual Schubert musica um poema de amor desesperançado de um conterrâneo hamburguês de Brahms, Heinrich Heine — é envolvida em vibrante floreado de pizzicato, que lhe ressalta o patos e as qualidades de serenata. Recomeça o primeiro motivo, e se aperfeiçoa, mas um segundo episódio, em parte derivado do tema de *Am Meer*, despedaça abruptamente a inclinação reflexiva com um allegro agitado, schumanniano. Seu clímax talvez seja a música menos eficiente da obra, mas o sereno tema da abertura retorna para a última palavra.

Esse episódio agitado, todavia, é um inequívoco presságio do final *allegro molto agitato*. De maneira não-habitual e reveladora, Brahms resolve concluir sua obra ostensivamente em tom maior com um movimento trágico e inquietante em tom menor. O insistente mas impetuoso tema de abertura, entregue primeiro ao violoncelo, caracteriza uma figura exasperante de notas repetidas no ritmo 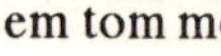 pontuado, raramente ausente em todo o movimento, e uma irada frase de resposta em sua mais apaixonada veia "húngara". Um clímax martelante na figura do ritmo pontuado se abre para a calma do tom maior dominante e o glorioso abrandamento de um tema *espressivo* resplandecente (Ex. 8c).

Esse tema possui uma hereditariedade específica e significativa. É, essencialmente, uma versão da frase "Nimm sie hin, denn, diese Lieder" — "Aceite, então, essas canções" (e o poema continua: "(...) que escrevi para você, bem-amada") da última canção do ciclo *An die ferne Geliebte*, de Beethoven. Mas é mais do que somente isso. Também Schumann havia adaptado a mesma melodia em sua Fantasia op. 17, como um lamento de sua separação de Clara no período anterior ao casamento. O Ex. 8 apresenta a árvore genealógica. A elevada melodia em fá sustenido menor de Brahms, desabrochando logo em um dueto de amor para violino e violoncelo, é evidência incontestável de que o trio contém mensagens

Ex. 8

(a)

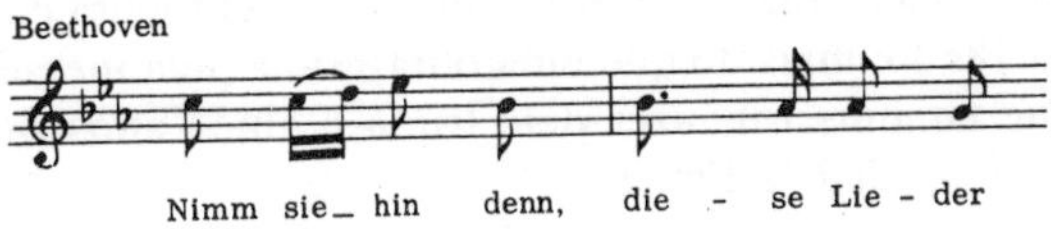

(b)

(c)

familiares só legíveis (àquela época) dentro do imediato círculo de Schumann. No entanto, até aqui as sinistras interações da figura ♩ 𝄽 ♬ ♩ se infiltram no acompanhamento e a música logo volta a mergulhar no si menor para um desenvolvimento emocionalmente tumultuoso dessa figura inelutável, ora arrogante, ora espectral em despojadas oitavas das cordas entremeadas de acordes do piano em dobres. Um tema novo, orgulhoso, de talhe inconfundivelmente schumanniano, surge então nas cordas, mas seu caráter heroicamente afirmativo chegou tarde demais a esse comportamento para afetar o resultado, sendo cortado por baixo, e imobilizado, por um ostinato de batidas rápidas no fatal ritmo pontuado. A tonalidade escurece com o ré menor e o primeiro tema ressurge — uma "falsa" recapitulação que, por um breve lampejo, se aparta da melodia da "Bem-amada distante". Mas o ritmo de rápidas batidas é agora tão insistente quanto os golpes do açoite de Mefistófeles, a música galopa si menor adentro e para uma verdadeira, intensificada recapitulação do primeiro motivo, em stretto. Uma lembrança final, mas agora *sempre agitato*, da bem-amada distante, no piano, apenas anuncia uma furiosa coda em que a figura do ritmo pontuado arrasta tudo o que encontra pela frente, e as enormes energias do trio se aplicam finalmente em um severo si menor.

Brahms suprimiu brutalmente a maior parte desse finale em sua revisão de 1889, mas é, não obstante, um movimento notável. Ao contrário do primeiro movimento (ou, na verdade, do finale do op. 5), não há nada de errado com essa estrutura maior. Se o tema de abertura cansa o ouvido com sua presença ubíqua, sua índole realmente obsessiva é precisamente o que a música procura comunicar. Tal como está, o Trio de 1854 é mais do que uma obra-prima pela metade. Mas a obra-prima completa que Brahms foi fazer dele trinta e cinco anos mais tarde certamente não é a mesma entidade artística.

VARIAÇÕES PARA PIANO E OUTRAS PEÇAS

Brahms não escreveu mais sonatas para piano depois das três que concluiu em 1852-53. Mas sobrepondo-se a elas está outro grupo de três obras para piano em forma de variação que — em diferentes contextos e meios instrumentais — ele deveria perseguir pelo resto da vida. A ordem da publicação, no entanto, obscurece a da composição. As Variações sobre uma Canção Húngara, lançadas finalmente em 1861 como op. 21 n. 2, são uma obra de 1853; as Variações sobre um Tema de Schumann op. 9 se situam firmemente, e comovedoramente, no verão de 1854; enquanto as Variações sobre um Tema Original op. 21 n. 1 só podem ser classificadas com segurança como de "depois de 1854" — mas não muito tempo depois.

O op. 21 n. 2, como condiz com sua data mais recuada, é a menor e mais simples das séries de variações independentes compostas por Brahms. Em abril de 1853 ele enviara a Joachim arranjos para piano de três melodias húngaras conseguidas com Reményi, e com amistosa dedicatória de Reményi e dele próprio. Este manuscrito ainda existe em Leipzig — e a segunda melodia se revela o tema dessas Variações: uma áspera melodia de oito compassos, ritmicamente animada por seus compassos alternados de 3/4 e 4/4. Provavelmente o obstáculo à variação apresentado por essa característica foi o que primeiro chamou a atenção de Brahms. Todas as suas primeiras oito variações conservam essa irregularidade métrica e o tema permanece o tempo todo como uma espécie de *cantus firmus*, embora muitas vezes sutilmente transformado — como no colorido "cigano" da variação 5 (Ex. 9), cujas notas repetidas e incertezas rítmicas evocam a sonoridade dos pratos e (talvez apenas por similaridade da inspiração) passagens das Rapsódias Húngaras de Liszt. Da nona variação em diante, Brahms padroniza a medida em dois tempos por compasso, embora conservando a estrutura de oito compassos: mas a décima terceira e última variação se extravasa além desses limites, desenvolvendo-se em um final prolongado e cada vez mais brilhante, com andamento dobrado que impõe outras tantas variações e culmina em triunfante reafirmação do tema.

O significativo contraste apresentado pelas Variações sobre um Tema de Schumann é extraordinário: sua imensa sensibilidade e seu patos quase esmagador espelham fielmente as circunstâncias de sua composição dentro da atmosfera da sofrida família de Schumann. Brahms as compôs no final de maio e começo de junho de 1854, levando cada variação para Clara ("para me consolar", anotou ela no diário) quando convalescia do parto do sétimo e último filho. A própria Clara estava, nitidamente, tão na sua cabeça quanto seu infortunado marido. O tema que ele escolhera, da quarta das *Bunte Blätter* op. 99 de Schumann, era o mesmo que Clara tomara como base, um ano antes, para a sua própria coleção de belas e penetrantes variações, composta para o aniversário de Schumann em 1853. Essa obra ainda estava em manuscrito quando ela a tocou para Brahms a 24 de maio de

Ex. 9

1854. E a dele é inequivocamente, portanto, uma resposta à de Clara. Além disso, Brahms providenciou para as duas coleções serem publicadas por Breitkopf & Härtel quase simultaneamente, em novembro. A de Clara, seu op. 20, foi lançada com o título "Variações sobre um Tema de Robert Schumann. Dedicadas a Ele". O manuscrito do op. 9 de Brahms trazia, de início, o título imitativo de "Pequenas Variações sobre um Tema d'Ele. Dedicadas a Ela".

Originalmente eram quatorze variações, mas em agosto Brahms compôs mais duas, que foram inseridas como variações 10 e 11, para ficarem dezesseis ao todo.[5] Talvez a essa altura ele tenha parado de pensar na coleção como "pequena" (de qualquer maneira, era mais elaborada do que a de Clara) e foi impressa com o título que hoje conhecemos. Mais ou menos nessa época, porém, Clara o presenteou com um exemplar de sua própria coleção, dedicado "Ao criador das mais gloriosas variações, estas pequenas". E mais tarde ele ainda lhe suplicou o manuscrito dela.

Mas o próprio Schumann reina nas Variações de Brahms muito mais do que na escolha do tema. Há reminiscências de estilo e tessitura de várias de suas outras obras,[6] e as variações técnicas como tais, baseadas especialmente na livre transformação melódica do tema ou em seu baixo em estilo de "fantasia", mostram que Brahms assimilara algumas das inovações mais pessoais de Schumann. Além disso, algumas das variações características estão assinadas — as mais líricas com "B" (de Brahms), as mais fortes e mais ardentes com "Kr" (de "Kreisler"). Isso era uma evidente emulação da atribuição, por Schumann, de diferentes variações das suas *Davidsbündlertänze* a Eusebius e Florestan — e só para os olhos de Clara, pois essas assinaturas não foram transportadas para a edição publicada.

As primeiras quatro variações se prendem ao esquema de vinte e quatro compassos do lamentoso tema, e as primeiras oito à sua tonalidade (fá sustenido menor). Mas, conforme a obra prossegue, Brahms altera a tonalidade e a proporção muito mais livremente do que na coleção de "Canções Húngaras". E, do começo ao fim, ele está muito mais desembaraçado para apresentar uma seqüência variada de feitio e disposição do humor musical — embora todas as disposições estejam tingidas de diferentes graus de melancolia. A essa atmosfera nunca é permitido o prejuízo do controle estrutural, reforçado por uma mestria contrapontística que em alguns aspectos já ultrapassa Schumann — não menos consideravelmente nos cânones estritos que articulam diversas variações.

As variações 1 a 7 parecem constituir uma unidade estrutural. Contra a tristeza inerente ao próprio tema, estas realizam tentativas progressivamente mais vigorosas em direção à atividade positiva, que atinge o máximo no apaixonado allegro da variação 6 (marcada com "Kr") — só para ser subitamente suspensa pela entorpecida quietude da n. 7 (marcada com "B"): com a essência do tema apresentada em uma forma drasticamente condensada. Em seguida a n. 8 (também "B") reitera o tema numa evocação — triste, e como em serenata — de sua forma original, com um cânone sussurrante na figuração do acompanhamento. A tonalidade muda agora pela última vez, para si menor, na tempestuosa n. 9 "de Kreisler", uma alusão à *Bunte Blätter* n. 5 de Schumann, peça-parceira daquela de que o tema procede.

Originalmente a música voltava então ao fá sustenido menor, mas as duas variações inseridas mais tarde estendem artificiosa e satisfatoriamente a exploração de outras tonalidades. Agora a variação 10 resulta em uma ulterior mudança para ré maior. Esta é uma primorosa inspiração à maneira de um canto que soa quase como uma contida romança. Brahms, ultra-romanticamente, intitulou a folha do manuscrito "(Fragrância de Rosa e Heliotrópio)" e ambas as variações são atribuídas a "B": se há um significado simbólico, para os nomes das flores, não o conhecemos, mas certamente existe aí um simbolismo musical. A brilhante e mais calorosa música da coleção, a n. 10, abre com um exemplo impressionante de inversão melódica entre alto e baixo, enquanto o envolvente floreio no meio do teclado logo se desenvolve em uma expressiva parte de tenor que, no final da cadência, cita o "Tema de Clara Wieck" em que Schumann havia baseado os seus Improvisos op. 5.[7] A delicada variação 11 tem um caráter de transição, evitando sua tônica nominal em sol maior, principiando pela dominante e modulando para dó sustenido maior — resultado, talvez, de seu mais recente estudo do *Carnaval* de Schumann, e uma passagem muito mais original para o fá sustenido menor das três variações seguintes. A n. 12 é sossegada, mas staccato e *scherzando*, rápido movimento de colcheias pontuado por súbitos silêncios, algo como um virtuosístico estudo de piano em terças. Esse aspecto de "estudo" se mantém na n. 13, à maneira de tocata, com suas correntes de legato em floreio de colcheias. A n. 14 é uma espécie de noturno, com a indicação de *andante*, e as colcheias da mão esquerda subindo e descendo em límpido acompanhamento para uma variante do tema à feição de barcarola, tratada em cânone preciso e vibrante na segunda.

O ar noturno se escurece e se intensifica na penúltima variação: um adágio na tônica maior (mas composto como sol bemol). Uma extensa ampliação do tema, uma vez mais em cânone, dobra entre agudo e baixo, enquanto sonoros arapejos transpõem o espaço intermédio como uma harpa eólia. Então a armadura da clave muda para sustenidos e a variação final (de "B") chega como uma coda quase esquelética, completa, vagarosa. O baixo do tema é aumentado para formar o que soa como um fundo do tipo chacona e aquietado, acima do qual a melodia se fragmenta em suspiros de acordes isolados e tocantes. Não obstante o uso do tom maior, essa conclusão transmite uma sensação de infinito pesar. A peça é uma obra-prima, talvez a mais bela coisa que Brahms já havia composto: mas sua índole elegíaca, e a intensidade do sentimento particular que ela expressa mediante símbolos musicais, a tornam uma realização de espécie muito idiossincrática, não facilmente repetida.

O fato de Brahms originalmente ter imaginado o op. 9, pelo menos parcialmente, como a obra do seu *alter ego* hoffmanniano, é um indicador de quão completamente o seu jovem romantismo embebeu a concepção como um todo. "Kreisler" estava mais ativo nesse período. Joachim já recebera de Brahms um volume de pequenas peças para piano, possivelmente jocosas, e intituladas *Folhas do Diário de um Músico*, atribuídas a "Johannes Kreisler". Elas compreendiam um Minueto, um Scherzino e uma "Reminiscência de M.[endelssohn] B.[artholdy]", mas não foram preservadas. Em meados de 1854 "Kreisler" enviou a Joachim um segundo volume: também se perdeu, mas sabemos que continha uma cópia das Variações *Schumann* e provavelmente a primeira das suas experiências com as formas neobarrocas de dança, discutidas mais adiante. No entanto, quase simultaneamente Brahms estava trabalhando em uma espécie diferente de composição para piano, do maior significado para seu desenvolvimento definitivo. As quatro Baladas, op. 10, compostas no verão de 1854 mas até 1856 não publicadas, marcam uma nova partida: o primeiro exemplo (a não ser que as pequenas obras de "Kreisler" fossem uma verdadeira antecipação) dos grupos de peças pequenas e essencialmente líricas que haveriam de ser marca especial de sua produção para piano no final da vida.

Em um estudo recente sobre Chopin, Jim Samson observou que "o título do gênero *Balada* não implica quaisquer *expectativas* formais (...) o ouvido inocente não terá ponto de referência *a priori*". Ele passa a mencionar a qualidade "narrativa" das quatro Baladas de Chopin e o que elas "intensamente acarretam ao princípio da sonata, e particularmente para o dualismo temático da sonata".[8] Até certo ponto, Brahms deve ter tido em mente as obras de Chopin, mas exceto em sua primeira Balada (a que as últimas observações de Samson certamente podem ser aplicadas), há notáveis diferenças de abordagem. No conjunto, sua organização formal é mais simples que a de Chopin, ganhando cada Balada uma forma aproximadamente ternária, com claras divisões. Mas ele consegue uma extraordinária variedade dentro desse contorno básico. Além disso, enquanto cada Balada de Chopin foi publicada separadamente, como uma obra autônoma, as de Brahms formam um grupo coerente e são mais bem apreendidas como tal. Ele parece ter compreendido o termo "Balada" como sugestão de uma forma e uma atmosfera evocativas da balada poética: e a primeira da coleção, em ré menor, é, declaradamente, "de acordo com a balada escocesa *Edward*", como Brahms lera na tradução alemã de Herder. De fato, as duas metades intimamente relacionadas do primeiro tema — uma lamentosa, a outra sombria — alternam de um modo que estabelece a forma da balada em pergunta e resposta. Mais ainda: elas se ajustam a suas palavras, estejam estas no alemão de Herder ou no original escocês (Ex. 10).

Há também um avanço na linguagem musical. O espacejamento austero mas ressoante dos acordes, com lamentosas terças no alto e quintas "arcaicas" no

Ex. 10

Andante
p
Dein Schwert, wie _ ist's von Blut so rot? Ed - ward, Ed - ward! Dein
Why dois your brand sae drap wi bluid? Ed - ward, Ed - ward! Why
pp
p
Schwert, wie ist's von Blut so _ rot, und gehst so
dois your brand sae drap wi bluid, and why sae
dimin.
Poco più mosso
trau - rig da? 'O ich hab' ge - schla - gen mei - nen Gei - er
gang ye o? 'O I hae _ killed my hawk _ sae
p
tot, O ich hab' ge - schla - gen mei - nen Gei - er tot.'
guid, O I hae _ killed my hawk _ sae guid.'
sostenuto

fundo da tessitura, cria um som obsessivo que é característico exclusivamente de Brahms e iria persistir em toda a sua produção. O segmento intermediário da peça proporciona forte contraste de caráter, com heróicas figuras de fanfarra marteladas em ritmo de tercinas, mas não há um novo tema como tal: a passagem constitui antes um desenvolvimento em estilo de sonata em miniatura, que envolve e esmaga fragmentos do Ex. 10, cujo segundo canto retorna no clímax. A desolada música de abertura recomeça, e se torna mais desolada enquanto se fragmenta seu despojado acompanhamento, declinando para a sombra. Como uma recriação da balada em termos puramente musicais, é de brilhante eficiência. Talvez violássemos os limites do decoro ao especular por que Brahms teria escolhido, dentro do rasto da tragédia de Schumann, evocar esse conto do filho que matou o pai a mando da mãe: mas se presume que o simbolismo deve ter contido um forte significado para ele.

A segunda Balada, em ré maior, talvez seja ainda mais arquetipicamente brahmsiana. Sua primeira parte apresenta uma melodia em *andante* caloroso e sereno, quase como um acalanto, sobre um suave acompanhamento sincopado. Repentina mudança para si menor introduz a extensa seção intermediária, com o dobro da velocidade e de início caracterizado por severos conjuntos de colcheias marteladas, que transmitem uma sensação de ira sob controle. Tercinas invadem o padrão rítmico e então Brahms se apodera da principal figura em tercina para criar um novo segmento 6/4 — espécie de inquieto galope em si maior, as mãos se deslocando em movimento contrário de inexorável pulsação de semínimas, as notas dedilhadas *molto staccato e leggiero*, enquanto um pedal interior ressoa insistentemente. Essa música desce de novo para o si menor, onde a idéia da colcheia martelada reaparece e se ergue a um clímax, depois se reduz a um ribombar nos graves. E volta agora o tema inicial do *andante* — mas em si maior, cujas cores são ainda mais ricas e mais calorosas do que as do original ré maior. (O caráter inteiramente distinto criado pelo uso do si maior aqui e no segmento em 6/4 não é a menor das sutis realizações de Brahms neste movimento.) O ré maior, todavia, é finalmente retomado, e a peça se encerra com uma coda prolongada, que se dissolve.

Brahms deu o título de "Intermezzo" à terceira Balada, que é na forma ternária mais simples de todas. Mas seu allegro em 6/8 e si menor é na verdade um scherzo intensamente rítmico da espécie para a qual ele manifestara tão forte, e inato, talento. Schumann, escrevendo a Brahms do hospício em um período de lucidez, a respeito das Baladas, sugeriu que o epíteto para elas devia ser "demoníacas", mas isso só podia realmente se referir à abertura, em que a atmosfera turbulenta se estabelece mediante abruptas e marcantes quintas não acentuadas da mão esquerda e um motivo principal colérico, apressado. A tessitura é logo aperfeiçoada e o plano dinâmico cai para *piano*, deixando a música se resolver em uma atmosfera de excitação subjugada.

O trio, em fá sustenido menor, é uma melodia simples tornada radiante e etérea pelos largos espacejamentos e pela repicante harmonização em tríades como que de sino no alto do teclado. A transição de volta para a música em scherzo é realizada em poucos e notáveis compassos que congelam o movimento harmônico em diferentes níveis, enquanto o golpear decisivo do ataque original da mão esquerda se impõe uma vez mais (Ex. 11). Quando o segmento em scherzo retorna, é *sempre pp* e *molto leggiero* condensados, um esvaecente fantasma dele próprio.

Ex. 11

A quarta e última Balada, em si maior, tem sido menos amplamente admirada do que as outras três, mas não é a menos original e a expansibilidade de sua abordagem a torna, em alguns aspectos, a mais surpreendente. A longa, suspirosa melodia que forma seu primeiro segmento, sobre um delicado acompanhamento de colcheias em cascata, soa mais como Schumann do que como Brahms. Mas dá lugar a um misterioso segmento do meio em fá sustenido, *con intimissimo sentimento*, que esconde uma melodia de tenor mais grave e mais característica no meio de uma tessitura sombria e sussurrante de tercinas na mão direita contra colcheias da mão esquerda. Brahms explora minuciosamente essa atmosfera crepuscular antes de voltar ao tema e à tonalidade da abertura — só para logo abandoná-la por uma idéia inteiramente nova, em tessitura predominantemente de acordes, com algo da ressonância de um coral. Antigamente os críticos se acostumaram a chamar esse interlúdio de "uma tediosa bagatela". Mas hoje em dia sua gravidade e sua atitude intrínseca parecem destacá-la como a página mais brahmsiana da obra. A Balada termina, não com a melodia schumanniana, mas com a sussurrante música bucólica, agora em si menor, animando-se no tom maior apenas nos últimos, e oníricos, compassos finais.

A forma da última Balada é, desse modo, não um lá-si-lá estritamente ternário, mas um lá-si-lá-dó-si como uma corrente. E algo do mesmo tipo se pode observar na sucessão de tonalidades através de todas as quatro Baladas, que são arranjadas em torno dos modos maior e menor das três tonalidades ré, si e fá sustenido. Isso certamente lhes confere uma impressão de unidade interna e pode ser que nessa coleção de peças aparentemente desiguais Brahms estivesse experimentando uma nova forma, uma espécie de parente mais lírica e mais livre de uma sonata em quatro movimentos. A Balada n. 1, em si mesma, é uma miniatura de primeiro movimento de sonata, enquanto a n. 2 — pelo menos em seus segmentos externos — é o movimento lento dos quatro, a n. 3 o Scherzo; e a amplitude melódica, o coral da n. 4 podem-se achar adequados a um final. Se era ou não este o propósito de Brahms, o op. 10 permanece uma série fascinante, maior do que a soma de suas partes.

Durante esse mesmo período Brahms estava fazendo experiência com um grupo de pequenos movimentos de dança nas então desconhecidas formas barrocas. Uma Sarabanda em lá maior e uma Gavota em lá menor foram compostas em junho de 1854, seguidas no começo de 1855 de outra Sarabanda (em si menor), outra Gavota (lá maior)[9] e duas Gigas, em lá menor e em si menor. Parece provável que Brahms pretendia produzir muitas suítes para piano conforme o modelo das suites *Inglesas* de Bach e inteiramente certo que em setembro de 1855 os quatro movimentos em lá foram combinados com um Prelúdio e Ária (ambos hoje perdidos) para fazer uma Suíte completa em lá menor. No entanto, surgiu o costume de executar as danças aos pares (em junho de 1856, em Londres, Clara Schumann tocou uma Sarabanda e uma Gavota anunciadas como "no estilo de Bach" — a primeira música de Brahms ouvida neste país) e as fontes manuscritas as dispõem de acordo com o tipo.

Brahms não se preocupou em publicá-las (as Gavotas só foram impressas muito recentemente, em 1979). Sem dúvida ele as viu principalmente como exercícios de composição e elas são incontestavelmente ligeiras, mas, não obstante, peças eficientes (como ela deve ter percebido, já que surripiou suas idéias mais tarde para o Sexteto em sol maior e o Quinteto em fá maior). Elas podem ter surpreendido os seus contemporâneos como uma peça arqueológica, mas são alguma coisa melhor do que um pastiche — a personalidade de Brahms como compositor está apenas refratada através da fraseologia e da habilidade contrapontística de Bach. A palma deve ser dada à primorosa Sarabanda em lá maior — nada mais que dezesseis compassos de música (com repetições) cuja rica corrente de terças e floreada figuração da mão direita trazem às fórmulas barrocas uma intensidade decididamente romântica (o Ex. 12 mostra sua segunda metade).

ESTUDOS VOCAIS E INSTRUMENTAIS

A história nos esconde as dificuldades dos compositores. Lembramo-nos dos grandes mestres por suas realizações, não por seus projetos abortados. E Brahms é acima de tudo um compositor que correspondia firmemente a sua pretensão de uma mestria que fora precocemente profetizada. Mas ele não sentia necessariamente isso. No verão de 1855 deve ter sido atormentado por dúvidas sobre sua

Ex. 12

orientação criadora e suas aptidões. Com as exceções parciais das sonatas para piano, especialmente a última, seus resultados mais característicos até então tinham sido as Variações *Schumann* e as Baladas — formas pequenas, concisas, que disciplinavam as ardentes paixões de seu jovem romantismo.

Nas estruturas maiores ele teve problemas sérios. O Trio com piano op. 8 é tão ambicioso que ameaça romper-se nas costuras. Desde então ele havia devotado muito de seu tempo e energia a uma maciça Sinfonia em ré menor que se estava recusando a ficar em ordem e já enfrentava dificuldades semelhantes com um Quarteto com piano em dó sustenido menor explosivamente emotivo. Nessas obras ele estava vertendo o coração e a alma — a Sinfonia como uma resposta ao vaticínio de Schumann, e também como uma tentativa de justificar a fé que Schumann tivera nele. E o Quarteto como uma encarnação de sua situação emocional para com Clara. Dentro de uns poucos anos a Sinfonia ressurgiria como o Primeiro Concerto para piano, mas o Quarteto com piano precisaria de *duas décadas* antes de encontrar sua forma apropriada numa tonalidade propícia. De seu ponto de observação presente, Brahms não podia antever um resultado bem-sucedido para qualquer deles.

Assim o "Sangue novo" que "não alcançaria sua mestria gradualmente" mas "saltaria completamente armado como Minerva da cabeça de Kronion" parece ter-se envolvido em um programa rigoroso de auto-educação musical. Foi nessa época que Brahms começou a trocar exercícios de contraponto, cânones estritos e crítica recíproca com Joachim — e, sentindo uma necessidade maior, foi muito mais assíduo nessa atividade do que ele. E de fato a maioria das obras que Brahms compôs nos anos seguintes, à sombra do maior esforço criativo requerido para converter sua Sinfonia em um concerto para piano, são em grau maior ou menor estudos da arte da composição, da técnica do contraponto e da mestria da forma. Isso é tão verdadeiro para as Variações sobre um Tema Original, complexas e altamente desenvolvidas, e talvez mesmo para as Serenatas orquestrais, como para os pequenos movimentos de dança em estilo barroco, ou para os cânones corais. Mesmo essas últimas obras ele esteve disposto a publicar ou a incorporar a outras composições muitos anos mais tarde. E na realidade nenhuma das "peças de estudo" que sobreviveram são destituídas de uma sólida qualidade artística.

É neste contexto que devemos abordar as primeiras experiências de Brahms com um meio em que ele afinal deveria ser muito prolífico — o da música coral. Os cânones com palavras talvez tivessem mais intrínseco interesse, e uma razão para serem mais expressivos, do que os puramente instrumentais, por isso suas primeiras obras para vozes combinadas se originaram diretamente em seus estudos canônicos. Está entre estas o *Geistliches Lied* para coro misto e órgão, um belo arranjo lírico de um texto de Paul Flemming. Composto em Hamburgo em abril de 1856 (mas só publicado oito anos mais tarde como op. 30), este é especificamente assinalado em um subtítulo no manuscrito como um "Cânone Duplo na Nona". O tenor e o baixo imitam o soprano e o contralto, com tranqüilos interlúdios de órgão e um brilhante amém canônico para concluir.

Pelo menos dois dos três *Geistliche Chöre*, pequenos arranjos não-acompanhados de textos do latim sacro para vozes femininas, op. 37 (todos canônicos), são provavelmente contemporâneos do *Geistliches Lied*. São tradicionalmente datados de 1859, quando as "queridas meninas" de Brahms os cantaram pela primeira vez em Hamburgo, mas eles parecem estudos (melíficos, mas não inteiramente seguros) no estilo de Palestrina, cuja *Missa Papae Marcelli* ele esteve estudando em 1856. No primeiro, "O bone Jesu", o arcaísmo consciente de Brahms se estende à especificação em latim da técnica escolhida: *Canone per arsin et thesin, et per motum contrarium* — um cânone duplo em movimento contrário, com os tempos fortes da voz dominante imitados em tempos fracos pela resposta. O segundo coro, "Adoramus te", é um cânone na quarta, na quinta e oitava, com uns poucos compassos finais não-canônicos, que soam nitidamente como uma reflexão tardia. (O último dos *Geistliche Chöre*, "Regina coeli laetare", é porém algo mais elaborado, com dois solistas em cânone por inversão e o apoio coral livremente composto. Provavelmente é do final da década de 1850, embora não fosse executado até Brahms se estabelecer em Viena.)

O volume dos onze pequenos cânones para vozes femininas que ele publicou muitos anos mais tarde como op. 113 — arranjos simples, diretos de textos de canções folclóricas e versos proverbiais de poetas como Goethe e Rückert — também data provavelmente desse período. Consideravelmente mais substancial mas bastante aparentada na técnica foi uma Missa não-acompanhada para coro em cinco partes em forma de cânone, a chamada *Missa Canonica*,[10] parcialmente composta durante 1856. A obra pode não ter sido nunca completada a contento de Brahms: não sabemos se ele algum dia lhe deu um Kyrie e um Gloria, enquanto o Credo lhe causou tanto problema que só foi terminado em 1861 (e atualmente está perdido). Em 1857 ele enviou os outros três movimentos — um Sanctus e "Hosanna", um Benedictus e um Agnus Dei com "Dona nobis pacem" — a Julius Otto Grimm, na esperança de uma execução. E são esses trechos da Missa que sobreviveram em uma cópia feita por Grimm, com um Kyrie em fuga para vozes e órgão não relacionado com a obra maior.

Brahms recomporia muito mais tarde (1877) a música do Benedictus, do Agnus Dei e do "Dona nobis" para trechos de seu moteto em língua alemã *Warum ist das Licht gegeben?*. E pode ser que tentando uma Missa ele estivesse mais atraído pelas associações arcaicas da forma, e pela oportunidade de trabalho com o coral canônico em um quadro amplo, do que pelo texto da liturgia católica tradicional. No entanto, uma vez que o movimento lento do Primeiro Concerto para piano também tem seus elos com as palavras do Benedictus, celebrando o homem a que Brahms se refere como "Domine", parece possível haver também aqui uma conexão com Schumann. A música tem uma pureza apaixonante que a eleva bem acima do nível de um mero exercício e isso se aplica ainda mais intensamente ao sombrio — e primoroso — Kyrie em sol menor — por mais tempo e mais elaboradamente trabalhado do que os movimentos da Missa, e numa linguagem mais neobarroca.

As quatro composições para órgão que Brahms fez em 1856-57 — suas únicas obras em solo para esse instrumento com exceção dos Prelúdios Corais reunidos no fim de sua vida — também podiam ter sido concebidas como estudos, embora ele tivesse dois deles em conta suficientemente alta para permitir serem publicados, apesar de muito depois da conclusão. Foram estes uma Fuga em lá bemol menor e um Prelúdio, Coral e Fuga em lá sobre o coral *O Traurigkeit, o Herzeleid*. As outras peças, um par de Prelúdios e Fugas, apareceram postumamente. Todas as quatro composições, portanto, contêm (ou são) fugas, enquanto os três prelúdios exploram diferentes aspectos da forma barroca. E todas são de melhor substância do que os movimentos de dança em estilo barroco para piano.

Os dois Prelúdios e Fugas têm um brilho sólido, viril, e devem bastante a muitos modelos bachianos, tais como a Fantasia Cromática e Fuga, que estava no repertório para piano de Brahms — na verdade, a escrita é mais freqüentemente pianística do que baseada no órgão. O em lá menor, dedicado a Clara (que também havia trabalhado nessa forma), tem um pequeno prelúdio que por si mesmo começa à maneira de fuga, continua principalmente em tessitura de duas partes e culmina em dramática escrita de acordes. O motivo da fuga desenvolve configurações em tercinas na sua segunda metade e, quando a fuga prossegue, estas dão origem a complicações rítmicas dois sobre três muito caracteristicamente brahmsianas (antecipadas no Prelúdio em quatro sobre seis). Uma poderosa passagem de escrita em acordes sobre um baixo cromaticamente em descida aparece duas vezes, como um refrão, e a Fuga se encerra com uma cadência de bravura que combina o motivo com a figura de abertura do Prelúdio, em esplendor de harmonia napolitana.

O Prelúdio e Fuga em sol menor é programado em uma escala maior. Seu inflamado Prelúdio é uma fantasia livre que tece rápidas figurações manuais e desenhos cromáticos descendentes em torno de seqüências de acordes enfáticos e fortemente rítmicos. A Fuga é séria na inflexão e primorosa na polifonia. De novo as seqüências cromáticas descendentes dirigem grande parte da harmonia, realçando a impressão bachiana. Brahms, o próprio, é facilmente reconhecível nos ritmos de tercinas do episódio central, e o impressionante contraponto severamente trabalhado da longa coda parece misturar os dois compositores dentro de uma única personalidade musical.

A mais íntima dessas peças iniciais para órgão é o Prelúdio coral e fuga sobre *O Traurigkeit*. A opção de Brahms por esse obscuro e anônimo coral para a Paixão ("Ó profundo pesar, quem não pranchearia com a mais sincera dor e lastimando-se, o único Filho de Deus Pai dentro do túmulo jaz"), publicado num *Gesangbuch* de Mogúncia em 1628, reflete suas explorações da música antiga, mas também pode ser interpretado como uma alusão ao recente sepultamento de Schumann. O Prelúdio ajusta a melodia como um *cantus firmus* na mão direita, com delicado floreio de tercinas em terças e sextas na esquerda. Mas a atmosfera escurece quando a primeira frase do coral retorna só para se decompor em desalentado melismata. Seguem-se aí as mais belas fugas para órgão de Brahms. Seu motivo, apenas tenuemente relacionado com o coral, faz eco, não obstante, à sua dolorosa descida, mas depois se eleva de novo (talvez o sacro trocadilho seja intencional) em frases saltantes, se iluminando no tom maior. Seu contraponto pacífico e intricado, em três vozes, se limita aos teclados, ao passo que o coral soa nos pedais, linha por linha.

Nenhuma dessas obras é desprezível. Mas a Fuga em lá bemol menor é uma pérola de colorido particularmente raro. Lenta no tempo, e suavizada na dinâmica, sua atmosfera é penetrante, profundamente introvertida, espiritualmente reservada — buscando a luz invisível com angustiada persistência, mediante a manipulação dos elementos da música em suas mais abstratas essências. Do ponto de vista contrapontístico, é a mais estrita das quatro obras. O motivo da fuga é respondido (como na fuga do *O Traurigkeit*) por sua própria inversão, expediente mais adiante estendido (junto com os da aumentação, diminuição e stretto) à maior parte do material dos episódios e a outras figuras que se entrelaçam dentro de seu sombrio discurso. A tonalidade incomum e o alto grau de cromatismo implicam numerosos acidentes e dobrados bemóis que dão à música uma aparência arcana, quase secreta. Nesse momento Brahms chega mais perto (e mais apropriadamente do que no Trio op. 8) das últimas obras contrapontísticas de Bach, especialmente *Die Kunst der Fuge* — uma música "pura" cuja verdadeira concentração nos problemas técnicos é banhada por uma intensidade da visão mística. Pouco antes do fim, os valores das notas se alargam e a obra alcança finalmente uma calma, pesarosa serenidade que contém tanto de mistério e de sobrenatural como nada do que Brahms compôs.

Em uma escala maior do que qualquer das peças para órgão se acha uma considerável obra para piano do mesmo período, as Variações sobre um Tema Original. Não se trata de um estudo de composição, mas de uma criação pessoal e penetrante, de muita substância e poesia. Mas também pesquisa e procura a mestria em novos aspectos da variação técnica. Tem algo, ainda, do alheamento da Fuga em lá bemol menor. Em vez do áspero vigor das Variações sobre uma Canção Húngara, ou da intensidade elegíaca e do pesar da coleção "Schumann", essas variações sobre um tema da própria concepção de Brahms são de atmosfera melancólica e meditativa, talvez mesmo de autoquestionamento — "Aonde cheguei eu, e aonde vou em seguida?" — mesmo enquanto assinalam um avanço técnico.

O tema é uma nobre melodia em ré maior, apresentada num arranjo precioso (com graciosos torneios de cadência e ágeis partes internas) que a deixa quase superdotada em possibilidades de variação. Mas Brahms não presta muita atenção a esses aspectos. Em todos os seus conjuntos de variações precedentes (inclusive os das duas primeiras sonatas para piano) ele estivera muito interessado em manter o próprio tema constantemente diante da nossa audição. Aqui ele se concentra de uma nova maneira na estrutura harmônica básica do tema a fim de preparar um vigamento para a invenção mais livre. Paradoxalmente, contudo, a própria estrutura harmônica é dominada e um tanto restringida em cada conclusão por um baixo de pedal cujas implicações Brahms às vezes aceita e às vezes ignora.

Todas as onze variações, exceto a última, se prendem estritamente às dimensões do tema, se encaixando em duas metades de oito compassos, cada uma delas repetida. As primeiras sete variações são todas em ré maior, calmas e introspectivas (outro contraste com as peças individuais fortemente caracterizadas das Variações *Schumann*). A n. 5 é um cânone romântico em progressão contrária, com a mão esquerda espelhando a direita à distância de dois compassos durante a primeira metade e depois, através de uma elisão da cadência central, à distância de um compasso na segunda metade. O despojamento e a angulosidade da variação 7, em que grupos de quatro notas em largos saltos em cada mão se perseguem uns aos outros incessantemente e a uma distância de colcheia, ganham uma aparência quase weberniana sobre a página e apresentam uma tessitura para piano que é totalmente original em Brahms (Ex. 13).

Ex. 13

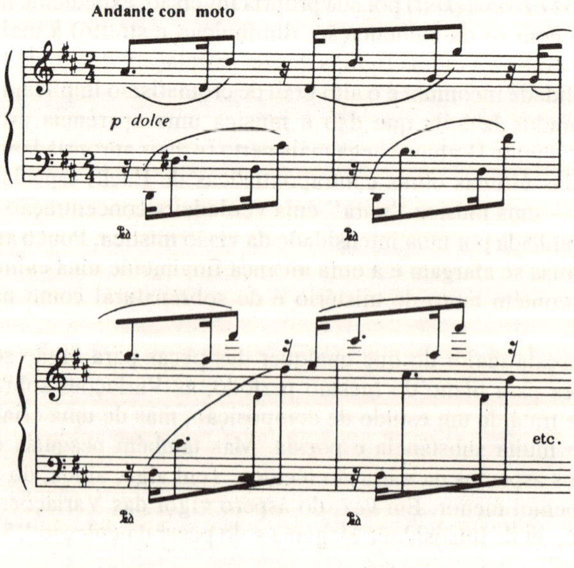

Apenas com a variação 8, vigoroso estudo em ritmo marcial e pontuado, o passo aumenta, o volume se eleva para *forte* e a tonalidade muda para o menor. A variação 9 forma o clímax dinâmico da obra, convertendo o baixo do pedal em retumbantes efeitos de tambor para suportar a poderosa e enfática escrita em acordes. A partir daí a música diminui apreensivamente mediante uma nova variação em *espressivo agitato* até a variação 11, que volta para o ré maior e para o tempo do tema, recordando-o em forma modificada. Essa variação final, ao contrário das demais, é manifestamente concluída, evoluindo com liberdade em uma coda de amplas proporções. Brahms transforma o pedal baixo em um trilo sonoro e contínuo que sustenta um súbito desabrochar de invenção melódica, e faz alusão a aspectos de algumas das primeiras variações. A música finalmente alcança uma resolução contida mas muito bonita, com reminiscências últimas do tema em ritmo ao modo de berceuse.

Algo da mesma atmosfera é perceptível no que eu considero sua maior composição seguinte, um Trio com piano em lá maior que também pode datar desse período de 1856-57.[11] Essa obra (que Brahms não achou por bem publicar e que só parece ter sobrevivido por acaso) raramente tem recebido a atenção que merece. Suas similaridades muito fortes (e seus igualmente fortes contrastes) com o trio precedente sugerem que Brahms pode tê-lo concebido tendo muito em mente o op. 8, como uma tentativa mais classicamente disciplinada de uma obra de câmara em estilo sonata de amplas proporções. Talvez então ele o tenha posto de lado por sentir que se saíra bem demais. Certamente esse trio carece do feroz ardor romântico do op. 8, mas permanece uma composição impressionante sob qualquer ponto de vista, mais sutil em suas inclinações, enquanto em organização formal assinala um avanço positivo.

De um modo geral menos dramático na concepção do que seu antecessor, o primeiro movimento em moderato do Trio em lá maior é construído com grande economia, mas se desenvolve em um passo aparentemente descansado. Há uma sensação de poder latente mantido à parte. O movimento se impõe através da mestria fluente e não declarada do estilo sonata. O tom meditativo do lírico primeiro tema (confiado ao piano junto ao grave violoncelo, invertendo assim o estado de coisas na abertura do op. 8) é ampliado, mais do que contestado, pelas melodias mais expansivas do segundo grupo. Isso pode ter algo a ver com o caráter da tonalidade: certamente o clima predominante parece pressagiar duas obras em lá maior mais maduras — a Serenata op. 16 e o Quarteto com piano op. 26. O principal elemento de contraste dentro da exposição é limitado por uma breve idéia de transição, uma figura como que de fanfarra e em dó não de todo menor, em abrupto ritmo pontuado, apresentado calmamente e recendendo a contida excitação.

O desenvolvimento é direto, revendo cada um dos temas em seqüência ordenada, elevando-se a um clímax central em dó sustenido e então caindo de novo, com nada dos parênteses, das mudanças de direção e das associações possivelmente extramusicais do op. 8. Brahms aqui se concentra na continuidade emocional e dos motivos — e em nenhum lugar mais notavelmente do que no ponto em que começa a recapitulação. Em todos os seus movimentos em estilo sonata anteriores este fora definido muito obviamente. Em alguns casos, um instante altamente dramático. Aqui (Ex. 14), está velado, não-manifesto, a ca-

Ex. 14

dência belamente decidida mas não enfática, o primeiro motivo deslizando para o piano, concatenado com o acabamento final, pelas cordas, da última idéia a se desenvolver, que realça o efeito global — de um fluxo orgânico, inconsútil — do movimento.

A recapitulação é totalmente regular mas em seguida dá lugar a uma coda que fornece nova evidência da crescente sutileza estrutural de Brahms. Amplamente baseada em um tratamento de longo alcance do primeiro tema, é subitamente encurtada pelos ritmos recortados e pontuados da figura de fanfarra. Originalmente uma simples transição, é esta idéia, alargando seus ritmos para produzir o efeito de um *ritardando*, que leva o movimento a um término inesperadamente severo, tão mais eficiente por sua concisão e capacidade sugestiva.

Como no op. 8 o scherzo (em fá sustenido menor) vem em segundo lugar e é um exemplo totalmente característico da abordagem do gênero por Brahms, com tumultuosas figuras galopantes dominadas por inflexível controle rítmico e pela escrita para violino aguda, timidamente sinistra. O trio, em si maior, é ternário na forma, uma melodia em *dolce* esquiva e delicada no piano, que encerra um desenvolvimento dela em *cantabile*, mais espiritual e ouvido primeiro no violoncelo em solo. A volta do scherzo irrompe bruscamente nesses líricos procedimentos. Como mais uma prova de seu crescente domínio do gênero, Brahms evita o estratagema comparativamente ineficaz com que retardara e terminara o scherzo do op. 8. Desta vez não há coda. Em vez disso um desenvolvimento transfigurado do pedaço de encerramento do segmento do trio é habilmente inserido no meio de um *da capo* do scherzo, bela e eficientemente atrasando o que de outro modo podia ter sido a conclusão rápida demais do movimento.

O lento é em ré maior (o esquema de tonalidade do Trio, embora ortodoxo, mostra maior variedade do que o do op. 8 obsessivamente concentrado no si maior). Sua forma básica é muito simples, alternando duas idéias principais. A primeira é uma calma melodia em forma de hino, exposta primeiramente como um coral no piano, com elaborações de resposta nas cordas; a segunda, tematicamente mais variada, extrai sua energia motora de um ritmo resmoneante e pontuado, com o caráter de uma marcha lenta, quase fúnebre. Três vezes esses temas são ouvidos, tornando-se mais vários na tessitura e arriscando mais desgarre na tonalidade, e o clímax central do movimento coincide com a segunda apresentação da marcha. Os variados temperamentos do hino e da marcha não indicam tanta oscilação emocional entre a esperança e o desespero como podemos interpretar no movimento lento do op. 8: as duas idéias caminham exatamente no mesmo passo, calmamente inexorável, criando um movimento cuja beleza exterior parece reprimir uma sensação mais profunda de melancolia subjacente. Este último traço se faz patente na coda, onde as duas idéias principais se fundem e são liquidadas com uma "diminuição agonizante" tipicamente brahmsiana, em ré menor, sendo recobrada a tonalidade maior apenas com o acorde final do piano.

O finale é em alguns aspectos o movimento mais original. Um enérgico presto em forma sonata mostra muito da mestria contrapontística pela qual Brahms estava lutando em todo esse tumultuado período, mas manifesta-o com meios não-ortodoxos. O vigoroso tema de abertura (Ex. 15), com suas seqüências cromáticas descendentes, reverte a Bach (como fez um componente no primeiro movimento do op. 8) e pareceria um inevitável motivo para uma fuga. Mas embora Brahms faça muito uso dela em aumentação, em stretto e em imitação, ele evita cuidadosamente (talvez com o op. 8 em mente) os procedimentos formais da fuga. Em vez disso, o movimento exibe uma notável quantidade de escrita em deslocamento contrário e contra insistentes pedais (cuja tensão sobre as tonalidades básicas contrabalança as inflexões cromáticas), enquanto o ritmo característico do Ex. 15 pode ser ouvido em muitos dos acompanhamentos aos outros temas. Há diversos destes, inclusive, no segundo grupo de motivos, uma melodia espiritual em estilo húngaro, mas o Ex. 15 finalmente varre tudo o que tem diante dele, e tem a coda só para si. Esse inventivo movimento é a culminação apropriada para uma obra que, mesmo se sua autenticidade viesse a ser universalmente reconhecida, não ocuparia nunca o primeiro plano da música de câmara de Brahms, mas que registra um importante estágio de seu desenvolvimento e não é, por si mesmo, uma realização inferior.

Ex. 15

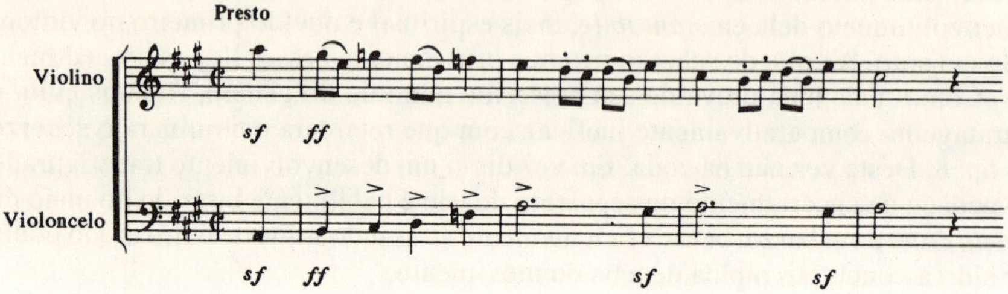

PRIMEIRAS OBRAS ORQUESTRAIS

Por todo o período de 1854-58, como fundo de cena de todos os seus outros esforços, Brahms estava dedicado a uma tarefa de composição particularmente hercúlea — uma concepção trágica em grande escala, de dimensões sinfônicas. Ela passara a ter existência em março de 1854 como uma sonata para dois pianos, concebida imediatamente depois da tentativa de suicídio de Schumann. Dentro em breve ela passou a se transformar em uma sinfonia em quatro movimentos, pretendida sem dúvida para corresponder às esperanças de Schumann de que Brahms lhe tomaria o manto de principal sinfonista alemão. A Sinfonia em ré menor (muito grande, a julgar pelo pouco que dela conhecemos) foi esboçada em partitura para dois pianos durante o ano seguinte, mas o seu finale nunca foi terminado. A escrita para virtuose de piano manteve-se entremeada na construção da música. E embora Brahms preparasse uma versão orquestral do primeiro movimento com a ajuda de Grimm e Joachim, sentiu-se inexperiente demais, e ficou insatisfeito com o resultado.

Mesmo nesse estágio, a apenas iniciada sinfonia era provavelmente a realização orquestral mais pessoal, mais original e mais poderosa da música alemã desde a Nona de Beethoven. O que claramente fazia parte do problema de Brahms: o cunho demasiadamente explosivo desse material exigia tratamento não apenas na mais ampla escala mas na mais dramática maneira pessoal, e com um instrumental técnico à altura. Só em 1856, pouco antes da morte de Schumann, Brahms chegou à solução de combinar os recursos do piano e da orquestra para criar um concerto para piano de estatura sinfônica, semelhante ao qual não fora visto nada desde o tempo de Beethoven, e de uma intensidade emocional absolutamente sem precedentes. Ele forma o clímax criativo da safra artística imensamente rica da década de 1850.

Da sinfonia inacabada Brahms só guardou o primeiro movimento, descartando-se do incompleto finale, do movimento lento, e do lento scherzo em tempo de sarabanda (cujo tema principal, anos depois, encontrou o destino de seu papel na base da marcha fúnebre do *Deutsches Requiem*). O primeiro movimento foi retrabalhado e reorquestrado (com muitas recomendações de Joachim), e unido a um novo movimento lento e finale. O Concerto estava essencialmente completo em março de 1858, quando Brahms o tocou pela primeira vez em um ensaio privado, sob a regência de Joachim. Mas ele continuou remendando-o até o dia da primeira execução pública, em janeiro de 1859, e mesmo então não estava muito satisfeito. No entanto, apesar de seus apuros nos primeiros passos, a obra tinha emergido com uma grandeza e repercussão que nenhum concerto para piano havia alcançado desde o *Imperador* de Beethoven. E, embora a resposta inicial do público fosse de perplexidade e cautela, durante a vida de Brahms o concerto tinha se tornado reconhecido por seu verdadeiro valor.

O gigantesco primeiro movimento é, de longe, a mais extensa estrutura musical separada que ele tentara até meados de 1854 e uma das maiores que ele haveria de compor. É aproximadamente o mais longo e provavelmente o mais dramático movimento sinfônico desde Beethoven.[12] É também o sucessor direto e culminante das atmosferas *Sturm und Drang* das primeiras sonatas para piano, o que é imediatamente manifesto a partir de sua extraordinária abertura (Ex. 16). Segundo Joachim, este tema refletiu o estado de espírito de Brahms ao ouvir que Schumann se tinha jogado no Reno: e isso certamente inicia o concerto com uma sensação palpável de catástrofe.

Ex. 16

Há no ar um frio de instabilidade tonal. A armadura diz ré menor, mas o tema principia pelo si bemol maior em esboço. O ré é assegurado pelo retumbante e plúmbeo pedal baixo, enquanto o tema imediatamente desenvolve um revoltoso cromatismo, um proeminente, trepidante trilo em lá bemol que repetidamente desgasta o ré para formar uma dissonância em trítono. O próprio tema tem algo do caráter cromático bachiano que Brahms tinha preferido no Trio op. 8 e, embora aqui utilizado para a mais alta expressão romântica, revela imediatamente suas possibilidades contrapontísticas, entrando em contido cânone, enquanto o pedal muda para dó sustenido. Esses longos pedais, que mantêm lento o movimento do baixo, já sugerem a imensa extensão do movimento que começou.

A exposição orquestral é de estrutura bastante incomum, com duas afirmações separadas do Ex. 16, que encerram uma música em *cantabile* serena e triste, que antecipa o segundo motivo mas permanece com um caráter essencialmente de prelúdio. Termina com um tema apaixonado e caracterizado por colcheias repetidas, combinadas com uma figura presumivelmente heróica de quintas e quartas saltantes que dão lugar, com infinito patos, à primeira entrada do solista, o qual se descobre tranqüila e meditativamente desenvolvendo a idéia das colcheias repetidas de um modo que Tovey achou "digno dos ariosos de Bach na *Paixão segundo São Mateus*".

Em um movimento cuja pródiga riqueza de temas é outra indicação de suas enormes proporções, vale a pena observar que, em contraste com a intensidade febril da orquestra, o piano a princípio só apresenta os mais emocionantemente confortadores: como em sua primeira entrada, e depois — após uma completa revisão do outro material em companhia da orquestra —, em sua apresentação não-acompanhada do segundo motivo propriamente dito (Ex. 17a). O calor e a serenidade de sua melodia fluente e majestosa fazem dela o contrapeso principal do caráter trágico e patético dos outros temas. Só com a investida do desenvolvimento tem o solista a oportunidade de se exibir, mergulhando-nos de novo no ré menor com uma fuzilaria de oitavas duplas. Ainda assim, nesse movimento o piano nunca é tratado como um veículo para demonstrações de bravura — e embora tenha significativas passagens de solo, não há nenhuma cadência formal.

Ex. 17

(a)

O desenvolvimento é tempestuoso e comparativamente breve, embora revele importantes novos aspectos dos temas. Com agudo senso de ironia, Brahms orienta-o dentro do ré maior para um episódio inesperadamente ensolarado, em um ágil tempo de valsa — só para arrebatá-lo desse lampejo de ilusória felicidade em um preparo irremissivelmente trágico da recapitulação, que é aprontada por um longo, sinistro pedal dominante e uma colérica explosão de acordes, que acaba tendo a orquestra e o piano estrondeando juntos em um uníssono ré. Tambores e bombos sustentam agora o pedal em ré, como no Ex. 16, mas em um golpe dramático o piano alardeia o tema a partir de um acorde de mi maior (o dominante de lá) acima dele. Como pressagiam esses rasgos, a recapitulação de todo o grupo de temas do primeiro motivo é praticamente um outro desenvolvimento, pois novas relações harmônicas estão sendo constantemente exploradas, até que o solista, uma vez mais não-acompanhado, apresenta uma reexposição quase literal e extremamente ortodoxa do segundo motivo (Ex. 17a), na tônica maior.

Essa verdadeira ortodoxia excitou a exasperação do falecido Glenn Gould, para quem isso representava a última capitulação da "incrível imaginação" de Brahms ante uma "situação acadêmica (...) as exigências do comportamento sinfônico formal". É certamente possível (apesar de conhecido o que aconteceu no ponto análogo do Trio op. 8, de modo algum certo) que essa reexposição literal fosse um aspecto inflexível do movimento tal como o concebeu o jovem Brahms em 1854. Mas ele podia ter tido boas razões para reter isso — como a principal fonte de estabilidade (tanto emocional como dos motivos) em um movimento em tudo o mais de extrema turbulência. E talvez as suas razões se estendam a mais do que isso — até o novo finale que ele chegou a compor em 1856-58, de que o Ex. 17a parece ter algumas repercussões significativas. De qualquer forma se pode aqui impor sua calma sobre o restante da recapitulação, até que o piano insira uma recordação do desenvolvimento para iniciar a coda, que por si mesma tem a ver tempestuosamente com o Ex. 16 e seus subsidiários, e termina o movimento em atmosfera tão severa quanto a do começo.

O adágio em ré maior, que se segue, é certamente um contraste pacífico, mas há algo de quase entorpecido em torno de seu lirismo, como se a experiência do primeiro movimento o tivesse deixado em choque. Quando esboçava o sereno primeiro tema, Brahms escreveu em cima dele o texto "Benedictus qui venit in nomine Domini", que se ajusta exatamente à melodia. Na verdade, a música tem muito em comum com as obras corais sacras que ele estava compondo em meados da década de 1850, como a *Missa Canonica*. Há pouca dúvida de que a referência aqui é a Schumann — a quem Brahms freqüentemente se dirigia como "Mynheer Domini" — talvez com a idéia de um réquiem instrumental para seu espírito atormentado, embora Brahms também falasse disso como um retrato de Clara. Seja qual for a verdade, essa música fica como uma de suas mais profundas evocações de um espírito retraído e quase místico. Apesar das duas idéias mais afirmativas de seu segmento central, efetivamente nada perturba a quietude do movimento, sua expressão de intimidade em larga escala. Ele se desenvolve em um grave diálogo entre o piano e a orquestra, com toques de uma fantasia de filigranas na escrita para piano do segmento central, que resulta por fim numa cadência breve e ternamente não-demonstrativa.

O tema principal do rondó, muscular, severamente enérgico (Ex. 17b) nos traz de volta ao ré menor e às realidades do mundo físico. Um final despreocupado seria emocionalmente falso: não há nenhuma tentativa de escapar às profundezas dos movimentos precedentes — há, antes, uma sensação de que só se lhes pode dar significado com um ininterrupto compromisso com a atividade vigorosa e criativa. Essa música fortemente rítmica e elasticamente contrapontística é séria em sua implicação mas engendra sua própria hilaridade, e as melodias mais líricas, mais amplas de seus episódios são de caráter mais otimista.

Tem sido pouco observado que todos os motivos principais desse notável rondó partilham uma forma básica: na verdade, que os temas de seus principais episódios — o apaixonado Ex. 17c, em fá maior, e o mais suavemente lírico Ex. 17d, em si bemol — têm o cunho de variações livres sobre o tema em rondó do Ex. 17b. Isso torna concisamente mais claro como Brahms recorre à energia da música para utilização precisa e construtiva em uma fuga nervosa mas tocada de leve (Ex. 17e), que salienta as semelhanças entre o Ex. 17b e o d. Agora essa

Ex. 17

(b)

(c)

(d)

(e)

mesma forma básica é também o cerne do segundo motivo do primeiro movimento (Ex. 17a), onde parecia representar estabilidade e afirmação. Talvez a razão para a recapitulação ''academicamente'' *ipsis verbis* desse tema fosse fixar sua forma mais intensamente na cabeça do ouvinte, de modo que o finale pudesse enfim ser sentido como o verdadeiro cumprimento de uma promessa feita no Ex. 17a.

De qualquer maneira o movimento logo se expande em uma coda vasta e tranqüilamente acidentada, como um pôr-do-sol depois de uma tempestade. Ela não contém uma, porém duas pequenas cadências — dando as duas uma impressão de alívio dentro de uma liberdade improvisada — e um momento de paisagem bucólica, com oboés como gaitas de foles e bordões de quinta nos violoncelos, antes de Brahms levar esse espantoso concerto à conclusão em uma chama última de triunfo feroz.

De sinfonia para concerto, a instrumentação da obra fora tão cuidadosamente trabalhada, tantas vezes revista em conferência com amigos mais experimentados, que equivalera a uma auto-educação na arte de orquestrar. E é, como tal, um sucesso triunfante, e revelador. Muitos mestres antes de Brahms tinham usado orquestras mais pesadas para obras de muito menos peso. Mas instintivamente (com Joachim mostrando o caminho) ele procurou obter economia de meios. Tinha um sentido intensamente particular do timbre orquestral, que favorecia sonoridades baixas, ricas, escuras, mas nunca deviam ser ''adaptadas de fora''. Procurava, sim, descobrir a cor essencial das próprias idéias musicais. A forma final do Concerto é uma demonstração espantosa da íntima relação da cor com a estrutura.

Essa música abrasadora, apaixonada e tentacular é arranjada para uma orquestra severamente clássica de madeiras aos pares, quatro trompas, dois trompetes, tímpanos e cordas, mas não há nada pequeno (ou "clássico") no som que Brahms obtém dela. Quantos ouvintes, pela primeira vez diante do tremendo primeiro movimento, sequer notaram que não há trombones ou tuba? Anos mais tarde Brahms usaria aqueles instrumentos (e adicionais como o contrafagote) sempre que sentisse necessidade deles: mas só então, e sempre com o máximo de economia. Um estudo apropriado dessa técnica orquestral ainda está para ser escrito e deve examinar as muitas situações (o fim do primeiro movimento da Quarta Sinfonia é outro exemplo célebre) em que Brahms *não* usa metais pesados mas alcança o efeito de um *tutti* orquestral esmagador.

Muitos exemplos diferentes da união de cor e forma são propiciados por suas outras obras orquestrais desse período, as duas Serenatas, a primeira delas tendo sido de quase tão difícil gestação como o Concerto para piano. Embora viessem a ser ofuscadas por posteriores obras-primas orquestrais de Brahms, são partituras importantes e profundamente características, explorando esse paraíso de harmonia natural brevemente vislumbrado no fim do Concerto, com uma riqueza de música espontaneamente deliciosa. Elas também exibem um aspecto completamente distinto do envolvimento de Brahms com a tradição clássica: os antecessores dessas obras compreendem os Divertimenti de Mozart, o Septeto de Beethoven, o Octeto de Schubert, bem como as sinfonias de Haydn e as primeiras sinfonias de Beethoven.

A Primeira, em ré maior, foi de fato concebida como um noneto para instrumentos de sopro e cordas em 1857-58 (e presumivelmente como um octeto em três movimentos antes disso), só para ser refundida para uma pequena orquestra (aparentemente um sopro simples e cerca de quinze cordas) e depois de novo reorquestrada (com trompetes e tambores, mas não trombones). Enquanto isso (desde 1858) Brahms estava compondo a Segunda Serenata, que emergiu com uma obra para pequena orquestra de madeiras aos pares, duas trompas e uma seção de cordas sem violinos.

Charles Rosen caracterizou as sinfonias de Haydn como "heróico-pastorais", designação que podemos apropriadamente atribuir às Serenatas de Brahms. No mais, as duas têm identidades muito distintas. A Primeira (em ré maior, op. 11) é quase arrojadamente expansiva, em seis movimentos que duram perto de uma hora, e contrasta a rústica simplicidade com a extensão praticamente sinfônica, em especial nos seus primeiros três movimentos: na verdade, era habitualmente mencionada por Joachim e Grimm como a "serenata-sinfonia". A Segunda (em lá maior, op. 16) é menor em dimensões, tem apenas cinco movimentos e é marcada por maior intimidade de expressão — em parte alcançada por um tanto de sua orquestração mais sutil e mais poética. Como Tovey salientou, a ausência de violinos a torna uma obra essencialmente para instrumentos de sopro com acompanhamento de cordas, e isso se reflete em todo o caráter da escrita. Mas de fato os instrumentos de sopro têm a parte do leão na glória das duas Serenatas: a Primeira começa, sobre bordões de quintas à maneira de gaita de fole nos graves, com o tema de trompa bucólica digno de Haydn (Ex. 18).

A Serenata em ré maior recebeu algumas críticas, mesmo até hoje, pela extensão e complexidade de sua elaboração, aparentemente conflituosa para com

Ex. 18

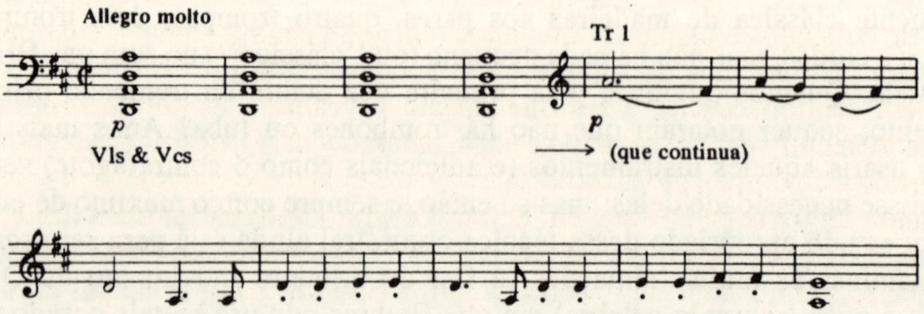

a total simplicidade de um material como o Ex. 18: é algumas vezes considerada uma experiência malsucedida. Ela certamente não teve sucessores claros, na produção de Brahms ou na de outros. Mas em seus próprios limites a obra se sai admiravelmente. Brahms sabia que estava tentando algo novo, não meramente uma imitação do estilo clássico, e mais do que o panorama temático e a elaboração contrapontística como um conceito acadêmico ele se deleitava com ela por si mesma. O que seus contemporâneos acharam tedioso e exagerado as platéias modernas finalmente estão descobrindo que é rico e repousante, orientado para um alcance tão "celestial" como aquele por que Schubert é costumeiramente louvado.

A amplitude do pensamento de Brahms se ilustra bem com a natureza fluida e sinuosa do segundo motivo, que se ergue de uma pequenina figura de duas notas em uma longa linha arqueada que tece típicos ritmos de tercinas dentro de seus contornos; pelo exultante tema em cadência "de caça" (que desenvolve o ritmo de tercinas); e pela indicação de que a exposição inteira devia ser repetida. O desenvolvimento é alegremente acidentado, modulando mais largamente do que qualquer compositor clássico experimentaria em obra dessa natureza: e a coda, na qual o Ex. 18 finalmente balbucia até uma pausa no diálogo entre a flauta em solo e as cordas em pizzicato, é talvez o primeiro exemplo da extravagante habilidade tão perigosamente manifesta em toda essa bela partitura.

Segue-se aí um scherzo em ré menor incomumente moderado: seu primeiro tema um tanto espectral, freqüentemente apresentado em cânone, traz uma atmosfera inabitualmente vaga aos procedimentos (e em sua idéia geral antecipa em vinte anos, curiosamente, o severo scherzo do Concerto para piano n. 2). Seus retornos conformam um sólido trio em si bemol, cuja oscilante melodia e homogênea instrumentação são as únicas insinuações de Schumann na obra (especificamente, talvez, uma reminiscência da Sinfonia *Renana*). Os aspectos crepusculares do scherzo e a tonalidade do trio preparam, até certo ponto, para o movimento lento subseqüente: um longo, repousante — e, em algumas execuções, sonolento — adagio non troppo em mi bemol. Disposto em uma completa forma sonata com recapitulação elaboradamente variada, suas semelhanças com a "Cena à beira do regato", movimento da Sinfonia *Pastoral* de Beethoven (especialmente no segundo dos três principais temas de Brahms) têm sido apontadas freqüentemente. O solo de trompa do terceiro tema é evocativo das profundezas da floresta. A atmosfera é pacífica, extasiada. Talvez em nenhuma outra passagem de sua música tenha Brahms tão francamente se apresentado como um submisso devoto da paisagem.

Depois desse movimento lento e sonhador, dois outros mais firmes e extremamente concisos proporcionam oportuno contraste. O quarto movimento alterna um par de delicados e pequenos minuetos (em sol e em sol menor), cuja orquestração para instrumentos de sopro e umas poucas cordas provavelmente corresponde, em sentido estrito, à instrumentação de câmara da forma original da Serenata. A seguir vem um segundo e curto scherzo (em ré), desta vez alegremente extrovertido e dinâmico, glorificando a trompa, e modelado claramente no scherzo da Segunda Sinfonia de Beethoven. Seu trio é equilibradamente mais firme, com acelerada progressão de colcheias nas cordas. O movimento cria uma esplêndida apresentação para o final: um rondó bucólico com um tema principal vigorosamente apressado e em estilo de marcha, que altera seu rumo em diversos desvios líricos por causa dos episódios contrastantes e da astuciosa minúcia. Quando o final prossegue, Brahms apresenta sutis lembraças do primeiro movimento — em nenhum ponto mais notavelmente do que quando, com uma volata de semicolcheias como um pássaro na flauta em solo, a trompa anuncia em solo um dos temas do espisódio, contra um bordão de baixo nas cordas graves. (O efeito é o mais agradável, pelo fato de que o tema em questão, primeiro no movimento a ser apresentado antes de tudo pelos violinos, soou sempre como uma natural "melodia de trompa" e encontrou agora seu veículo apropriado.) A paisagem pastoral nunca foi esquecida e o lírico pôr-do-sol na dominante que precede a ardorosa coda é uma marca registrada e exclusiva de Brahms. Esta Primeira Serenata, cujas estruturas de espírito haydniano e de clareza formal são impelidas por um senso de progressão beethoveniano, ainda se impregnou da própria amplitude muito pessoal de Brahms e da flexibilidade de seu pensamento melódico, sendo a seu modo tão extraordinária como estréia orquestral quanto foi o Primeiro Concerto para piano.

As frases calmas, expansivas e ascendentes que iniciam a Serenata n. 2 indicam logo uma abordagem mais íntima e menos sinfônica. Esse rico som de instrumentos de sopro, já explorado na Serenata n. 1, é aqui ainda mais sutilmente dirigido. Brahms orquestrou essa obra exatamente para madeiras aos pares (mais um flautim que toca apenas no final), duas trompas, violas, violoncelos e contrabaixos: um conjunto cuja constituição tem profundo efeito na apresentação da música. Sem violinos para anunciar ou dobrar as primeiras exposições temáticas, quase todas as melodias principais estão designadas para os instrumentos de sopro e as violas são utilizadas com liberdade incomum.[13] Acima de tudo, a partitura é, em si mesma, uma educação para a mistura e combinação — sutis e expressivas — do colorido de tons. Brahms muito deve ter apreciado resolver os problemas de tessitura e sonoridade impostos pelo conjunto escolhido. E suas soluções são o desmentido perfeito da antiga balela de que ele não era um bom orquestrador. Ao contrário, se aplicava tão tenazmente à mestria da orquestração quanto a todos os outros aspectos de sua arte, e as Serenatas, mais até do que o Concerto para piano, foram seu campo de provas na disciplina.

O interesse da Serenata em lá maior não é de modo algum, todavia, simplesmente colorístico. Seu primeiro movimento, que evita os contornos largos e simples de seu correspondente em ré maior, é uma estrutura de trama muito mais apertada, crescendo organicamente a partir da exposição inicial do primeiro motivo (em que a expansão delicada do ritmo de tercinas parece metaforicamente produzir raízes e ramos), com pouco dos agudos contrastes das primeiras obras. Neste movimento a exposição não se repete: Brahms, em vez disso, simula-o pela abertura do desenvolvimento com uma reafirmação do primeiro motivo na tônica — e, quando chega à recapitulação, o reaparecimento desse motivo é insinuado na tessitura de maneira tão hábil e subentendida quanto no Trio com piano em lá maior. Depois desse denso e refinado movimento de abertura, vem um Scherzo breve, desinibido e à feição de uma rápida dança campestre (com a instrumentação dos sopros, aqui, realçando o efeito de uma banda de cidadezinha). O outro movimento de dança na obra é o quarto, com a indicação de "Quasi Menuetto" — uma invenção elegante e algo pensativa em ritmo hesitante que soa mais como uma antecipação de alguma das pequenas peças de gênero, em ritmo de dança, de Elgar. Esses dois movimientos encerram a principal glória da Serenata: seu adágio non tropo central se acha entre as coisas mais poéticas que Brahms haveria de compor. Encontramos aqui, mais do que tudo, habilidade infinita em mistura tonal, como as cordas em oitavas que sobem e descem com um baixo obstinado em obsessivo ritmo12/8, e o devaneio das madeiras em um tema lamentoso e perseguidor (Ex. 19).

Ex. 19

O movimento é numa forma ternária elaboradamente realizada, repleta de inventividade contrapontística, com um episódio central sombriamente dramático reconduzido por meio de uma invenção em fuga no baixo do Ex. 19. Mas o que permanece na memória é o seu lirismo introspectivo e sombreado, tingido de uma sugestão de tragédia. Não há nenhum outro movimento realmente como ele. Essa tendência talvez esclareça suficientemente a atmosfera submissa do quasi menuetto que se segue, e é apenas com o finale que Brahms abandona completamente sua profunda meditação. É este outro bem humorado rondó com um tema principal em feição de marcha, mais conciso em seus gracejos rítmicos do que o da Serenata n. 1, mas não menos expansivo. E o brilhante, claro timbre do flautim embeleza prodigamente os prolongamentos até a conclusão.

CANÇÕES E DUETOS

Como haviam demonstrado as primeiras três coleções dos *Gesänge*, a canção era um gênero em que Brahms precocemente se sentiu mais do que autoconfiante. Mas as canções que ele compôs no final da década de 1850 ultrapassam quase coerentemente aquela primeira façanha, fazendo-o com uma crescente amplitude de expressão, com um espectro mais largo de formas de canção e acentuada profundidade psicológica. Embora, paradoxalmente, ele alcance essa maior riqueza e variedade mediante uma autodisciplina mais firme, alinhando mais estreitamente sua inspiração com os modelos de canção folclórica que haviam contribuído com um componente de tão impressionante simplicidade para o grupo do op. 7. A expressão "folclórica" do corpo de canções seguinte é algumas vezes muito mais complexa e permeia a música de muitos modos diferentes — em texto, melodia, atitude expressiva ou uma combinação das três coisas. Em grande parte, é claro, a canção folclórica *era* para Brahms o modelo clássico a ser seguido na escrita do gênero. Suas canções desse período se concentram — mas não confinadamente — em duas coleções que abrangem "Canções, Baladas e Poemas": os oito *Lieder und Romanzen* op. 14 e os cinco *Gedichte* op. 19, ambas compostas em 1858-59 (e tradicionalmente associadas a seu amor por Agathe von Siebold, cuja fatal transitoriedade podemos, se quisermos, entrever na escolha dos textos). É importante lembrar que essas "canções artísticas" estavam circundadas pela preparação de duas coleções muito maiores de arranjos de canções folclóricas para voz e piano: os quatorze *Volks-Kinderlieder* compostos para os filhos de Schumann e os vinte e oito *Deutsche Volkslieder*, as duas concluídas em 1858.

Embora as melodias do op. 14 sejam todas do próprio Brahms, seus textos são todos "folclóricos": seis poemas folclóricos alemães, uma balada da fronteira escocesa e um "soneto" do século XIII, do trovador Thibault IV, conde de Champagne, cuja própria antiguidade o elevaria ao *status* de folclórico aos olhos de Brahms. No entanto, é agora muito ampla a variedade do tratamento. O mais simples pode ser ouvido na n. 6, a primorosa canção de amor estrófica *Gang zur Liebsten*, e no pesaroso epílogo do grupo, *Sehnsucht*, que lembra *Die Traurende* do op. 7 com harmonia mais completa, e agridoce. Uma abordagem progressivamente mais requintada anima o op. 2, *Vom verwundeten Knaben*, uma balada cujo sentido de inteira desolação é acentuado pelo patos de sua cadência quase modal e repetitiva. A n. 7, *Ständchen* — serenata estrófica com uma melodia longa, finamente equilibrada, e harmonias errantes cuja extensão é dissimulada pela despreocupação como que de guitarra dos acordes repetidos do piano. E a forma em diálogo quase dramático da n. 1, *Vor dem Fenster*, com sua terna conclusão quando os amantes se despedem.

O tema da despedida, que se encontra ligeira mas inevitavelmente no op. 14, recebe ênfase diferente na n. 5, *Trennung* ("Separação"). Despertando um casal de amantes adormecidos com suas quartas em canto de galo, seu ritmo galopante e sua melodia travessa, esta à primeira vista parece inteiramente, se bem que esplendidamente, convencional: podemos precisar de várias audições para reparar como a música não despreza por completo os tons mais escuros dos dois últimos versos. Será que Brahms pretende realmente que levemos a sério sua desperdiçada inserção de uma pequena e lacrimosa escala cromática no quarto verso, em que "a despedida é dura como a morte", ou a referência (absolutamente não esclarecida) à "grande tristeza" da moça? Com maior probabilidade, a música diz: *ela* sente essas coisas, o rapaz não.

Uma espécie diferente de estímulo folclórico se evidencia no op. 14 n. 3, *Murrays Ermordung*, arranjo da versão de Herder da balada da fronteira conhecida por todos os escoceses como *The Bonny Earl o'Moray* e assim uma espécie de contrapartida das Baladas para piano op. 10: mas é uma canção não particularmente insinuante e em sua construção episódica se percebe que Brahms ainda está exorcizando as maneiras retóricas e "operísticas" de algumas das primeiras *Gesänge*. O contraste com seu arranjo um pouco anterior da balada alemã *Das Lied vom Herrn von Falkenstein* (1857, mas só publicada em 1868, como op. 43 n. 4) é todo em favor da última, cuja melodia forte traz uma forma nominalmente estrófica mas que é dramática e eficientemente variada pelas exigências do diálogo e da situação emocional. Outra canção que teve de esperar dez anos para ser publicada é um tratamento de um poema em alemão antigo, *Ich schell'mein Horn* (por fim o op. 43 n. 3), tão decididamente arcaica que se assemelha, na página, a algo de três séculos antes. A construção coral, as notas de valores longos e o acompanhamento homofônico que se apega a uma única pauta como se em tablatura de alaúde dão-lhe a aparência de uma peça arqueológica — desfeita imediatamente na execução, por expressar, com espontaneidade, uma nobre melancolia.

Um tipo distinto de arcaísmo afeta o belo *Ein Sonett* (o arranjo de trovador no op. 14), com a sugestão de uma dança imponente e palaciana que sustenta e concretiza a tristeza apaixonada de seu franco romantismo. O texto não é um soneto, no sentido estrito. Mas por essa época Brahms voltou-se para um verdadeiro soneto de Goethe já musicado tanto por Schubert como por Mendelssohn. Seu *Die Liebende schreibt* (que também só foi publicado em 1868, como op. 47 n. 5) vai além da equivalência ao efeito dos deles em sua sensível fixação da forma e sua delicada declamação suplicativa.

Os *Gedichte* op. 19 estendem sua afeição pelos modelos folclóricos a outras direções: à onomatopéia pitoresca no arranjo de *Der Schmeid* de Uhland, com sua melodia oscilante, suas quintas que golpeiam nos graves e as vibrantes pancadas de martelo do poslúdio pelo piano; e a um alcance estrutural maior, com os dois outros arranjos da coleção baseados em Uhland, *Sheiden und Meiden* e *In der Ferne*, que na realidade são metades complementares do mesmo poema. Brahms trata-os assim: a primeira canção parece, no início, uma pequena estrutura de duas estrofes, fechada e de uma auto-suficiência perfeita — e em seguida *In der Ferne* começa realmente como uma terceira estrofe, *L'istesso tempo*, com tonalidade e melodia idênticas, apenas para florescer literariamente "distante", transformando, embora não esquecendo, a simplicidade lírica de *Scheiden und Meiden* ("Despedida e separação").

Há apenas uma canção desse período que escapa totalmente à influência da canção folclórica, da balada popular ou da estilização arcaica — mas que é talvez a suprema obra-prima entre todos os seus Lieder da década de 1850. *An eine Äolsharfe*, a última canção do op. 19, musica um famoso poema de Eduard Mörike (suscitado pela morte do irmão do poeta, mas uma celebração do enlace místico de música e natureza). Brahms usa uma combinação maravilhosamente flexível e evocativa de recitativo e arioso apaixonado e auto-indagador, toda envolvida por suaves arpejos, tênues acordes dedilhados e misteriosas harmonias que são metáforas essenciais da música romântica para as cordas agitadas pelo vento na harpa eólia — jamais utilizadas com maior propriedade ou lógica poética do que aqui. É também sua mais ambiciosa canção até aí, acompanhando livremente a mobilidade do pensamento do poeta em associação espontânea de motivo, tonalidade e tessitura, de modo que antecipa as canções brahmsianas mais exploratórias da década de 1860.

Na totalidade da produção de Brahms, a área que é comumente menos familiar é a dos duetos e quartetos para vozes solistas e piano. Em sua própria época esta era uma forma musical estabelecida, de "corrente predominante", e ele lhe deu contribuições tão de bom grado e tão naturalmente quanto fizeram Schubert, Mendelssohn e Schumann, ou a multidão de compositores ingleses madrigalistas. Mas com o declínio, na primeira metade do século XX, das apresentações musicais em casa (aliado à ascensão do interesse, entre os grupos profissionais, pelo madrigal não-acompanhado), todo o gênero caiu decisivamente de moda e ainda precisa experimentar uma revivificação eficaz. O resultado é que, com a exceção, parcial, das séries de Valsas *Liebeslieder*, algumas das mais características inspirações de Brahms se estiolam não-executadas.

A idéia dos duetos e quartetos como uma espécie de música separada, "datada", é, em todo o caso, uma classificação absurda. Brahms tratou essas peças como extensões e complementos do seu estilo de Lied, apenas fazendo uso das possibilidades especiais que elas oferecem para o diálogo e/ou os efeitos corais. A interdependência do Lied e da canção multivocal em sua produção haveria de ser demonstrada no final da sua vida pelos *Zigeunerlieder* op. 103: uma coleção de quartetos vocais (discutidos na p. 315) cuja maior parte ele refundiu em forma alternativa de canções em solo. Seus modelos, pelo menos nos primeiros duetos, se voltam mais para Mendelssohn do que para a canção folclórica — mas os textos folclóricos permaneceram um estímulo primordial e em seus arranjos Brahms se inclinou a tratá-los tão estroficamente quanto se fossem preparados para melodias folclóricas.

É este o caso, certamente, dos três Duetos para soprano e contralto op. 20, dois dos quais foram compostos em Göttingen em 1858, seguindo-se o terceiro em 1860. Todos três musicam textos coligidos por Herder em *Stimmen der Völker* e os dois primeiros (*Weg der Liebe* I e II) utilizam diferentes partes (separadamente selecionadas nas duas coleções do século XVIII) de um poema folclórico do norte da Inglaterra, *Love will find out the Way*. Eles são altamente contrastantes, o primeiro uma canção frívola e ligeiramente jactanciosa, o segundo de um tratamento lento muito mais sereno e harmonicamente ressoante. Um poema italiano fornece o texto da peça conclusiva, *Die Meere*, que Brahms musicou como uma barcarola encantadoramente sinuosa. Em toda esta coleção do op. 20 as vozes funcionam acompanhadas, tipicamente emparelhadas em terças ou sextas. Um dueto mais antigo se vale muito da mesma técnica mas com mais habilidade. É o *Klosterfräulein*, uma canção de freiras impacientemente enclausuradas para um poema de Justinus Kerner, que sabemos ter Brahms composto em Hamburgo, ainda em 1852, embora esperasse mais de vinte anos para publicá-la como uma parte de seu op. 61. Aqui as vozes são deixadas em sua própria, e grave, figura de cadência, adiantando-se para uma ressoante décima isolada.

Em contrapartida os próximos duetos de Brahms, os quatro para contralto e barítono (1860-62), publicados em 1864 como op. 28 e dedicados a Amalie Joachim, são dispostos quase completamente em forma de diálogo dramático. São também consideravelmente mais pessoais na linguagem. Brahms volta a poetas que ele já havia musicado em canção-solo — Eichendorff, Hoffmann von Fallersleben, Goethe, assim como anônimos textos do alemão antigo — e a imagens e situações neomedievais relacionadas aos cuidados com os *Magelone-Lieder*, iniciados nesse período.

Três das peças inevitavelmente apresentam pares de amantes, perseguidos pela desgraça ou em outras circunstâncias: mais convencionalmente nos cantos de dança e caça de *Der Jäger und sein Liebchen*, menos convencionalmente nas graves, noturnas estrofes em sol menor de *Die Nonne und der Ritter*, ampliadas pelos expressivos interlúdios do piano e pelo penetrante entrelaçamento das vozes quando os amantes separados, por um instante, se aproximam sem saber um da presença do outro. É uma meditação tão obsedante sobre o tema da separação forçada pelo destino quanto conseguiu Brahms em qualquer de suas canções em solo. *Vor den Tür*, a chistosa peça em que as impertinências do amante são compreensivelmente repelidas pelo objeto de seu desejo, é uma adaptação deliciosamente irreverente de seu próprio estilo em scherzo (compare-se com o scherzo do Trio op. 8). A peça desgarrada é *Es rauschet das Wasser*, de Goethe, tratada de um modo mais schubertiano, como um poema lírico de atração imediata.

OUTRAS OBRAS CORAIS

O estreito envolvimento de Brahms, durante os últimos anos da década de 1850, com dois coros, em Hamburgo e Detmold, garantiu que um fluxo constante de pequenas composições corais saísse de sua pena, em uma variedade relativamente ampla de estilos, apresentando logo indubitáveis avanços em relação às peças canônicas da metade da década. Por exemplo, a delicada *Ave Maria* em fá maior op. 12, para vozes femininas e órgão, escrita em Göttingen em setembro de 1858 (há também uma versão orquestral que Brahms no ano seguinte regeu em Hamburgo pela primeira vez), tem pouco em comum com os seus movimentos da Missa, exceto a língua latina e uma característica concentração de motivos. É esta a composição coral de Brahms em seu tipo mais simples, com os sopranos e contraltos enlaçados docemente em terças ao redor de uma melodia melífica em aconchegante ritmo de berceuse. O acompanhamento de órgão é totalmente limitado a um papel de sustentação (e em sua orquestração Brahms não foi além de acrescentar algum discreto detalhe das madeiras). A harmonia, igualmente sem nada de extraordinário, esconde alguns cromatismos quase wagnerianos sob sua plácida superfície. Mas o efeito global é encantador, e comovedoramente sem complicações.

Dificilmente se poderia dizer o mesmo da *Begräbnisgesang* (literalmente "Canção de sepultamento") op. 13, para coro misto, doze instrumentos de sopro e tímpanos, que se seguiu um mês mais tarde, em outubro de 1858. Um pouco maior em tamanho do que a *Ave Maria*, esta é uma obra-prima concisa e trágica, com poucos paralelos no repertório coral. Em determinado plano, a obra é outro ensaio de arcaísmo: musica um texto em alemão antigo com uma melodia que — embora do próprio Brahms — tem o caráter de um antigo canto coral, mesmo na obstinada "má acentuação" das palavras. E exatamente como o segmento do meio parece em dívida para com a então recentemente publicada Cantata n. 4 de Bach, *Christ lag in Todesbanden*, assim o desenvolvimento ressoante e espaçoso da banda de sopros[14] reflete quase certamente seu estudo de Giovanni Gabrieli.

Mas o resultado é uma criação monumental, completamente brahmsiana que, disposta à maneira de uma marcha lenta em dó menor, antecipa poderosamente o segundo movimento do *Deutsches Requiem.* (Ou melhor, se equipara a ele — esse movimento já existia, até certo ponto, na malograda Sinfonia em ré menor.)

O texto quase bíblico comoveu Brahms, é claro, profundamente. A visão do julgamento do homem morto, que "se levantará da terra quando soar a trombeta de Deus", tem um esplendor terrível (Ex. 20 — desde o próprio primeiro compasso da obra, a música esteve caminhando para sua cadência culminante, cuja intensidade é digna do Primeiro Concerto para piano). O mitigante fulgor do segmento central, em tonalidade maior, com suas modulações calmamente se expandindo em "Deus o transfigurará e lhe dará a alegria"; e a fatalística simplicidade da tranqüila coda (em que os pranteadores seguem seus diferentes caminhos sabendo que "a morte também vem para nós") define uma concepção profundamente elegíaca de proporções perfeitas e alcance quase sinfônico. Talvez, como várias

Ex. 20

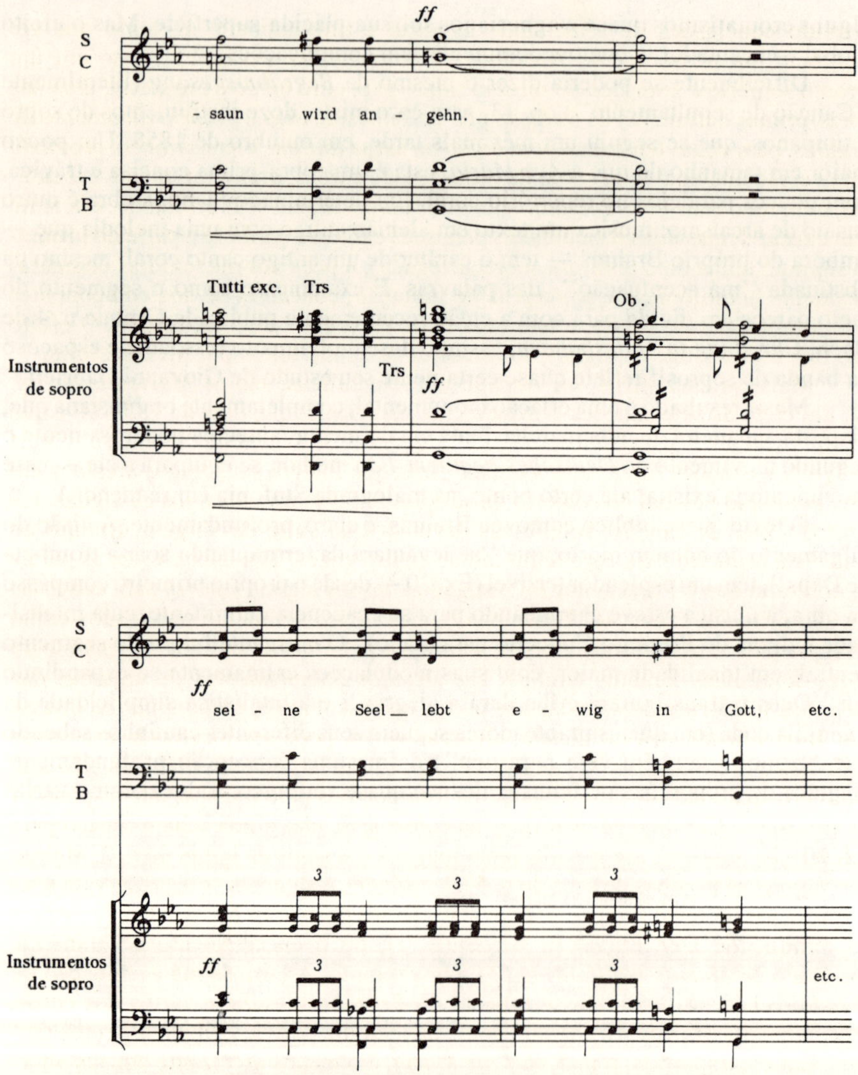

(... E da Terra nos levantaremos de novo, quando as trombetas de Deus soarem.
Sua alma vive para sempre em Deus...)

partituras da mesma época, a *Begräbnisgesang* represente um ritual simbólico de expiação, e o corpo que ela enterra (de alguém que "sofreu a angústia aqui") seja o de Robert Schumann. Mas sua significação artística é universal. A obra merece ser muito melhor conhecida.

Podia-se ter esperado que o arranjo de Brahms — dessa mesma fase — do Salmo 13 ("Até quando, Senhor? Esquecer-te-ás de mim para sempre?") tivesse extraído conclusões de semelhante agudeza e profundidade do texto que ele escolheu: em nosso século Alexander Zemlinsky fez exatamente isso em um arranjo sombrio e granítico do mesmo salmo para coro misto e orquestra, uma das obras-primas definitivas da tradição pós-brahmsiana. Mas o próprio tratamento de Brahms, para vozes femininas com órgão ou harpa (ele em Viena também produziu uma versão opcional com apoio de orquestra de cordas, muito raramente executada), é em tudo mais leve. Presumivelmente composta para soar brilhante e eficiente sem causar demasiadas dificuldades para seus cantores (embora a parte do primeiro soprano tenha uma tessitura sobrecarregada), a peça alterna texturas comparativamente homofônicas e passagens de imitação, concentra-se nos componentes mais otimísticos do salmo, e tem uma parte de órgão buliçosa, festiva. O efeito não fica muito longe de alguns dos arranjos de salmo feitos por Mendelssohn.

Mais característicos, na verdade idiossincráticos, são os *Marienlieder* op. 22, um ciclo de sete canções (virtualmente madrigais) que data de 1859-60 e que Brahms descreveu para Simrock como "alguma coisa à maneira dos antigos corais de igreja e canções folclóricas alemãs", mas que integra seus traços arcaicos em uma evocação pessoal dos objetos da simples fé religiosa. Arranjos de alguns dos muitos textos de canções folclóricas devotados ao culto da Virgem, Brahms os concebeu primeiro para coro feminino de quatro vozes. Tão baixas eram as partes de contralto que o Frauenchor foi obrigado a inserir alguns tenores para cantá-las em sua primeira execução. Desse modo, eles foram realmente publicados como arranjos para vozes mistas, embora sobreviva pelo menos um dos originais para vozes femininas. Brahms também fez arranjos independentes de algumas das melodias folclóricas associadas aos textos que escolheu e, embora não as citasse nos *Marienlieder*, sua influência, algumas vezes, pode ser localizada nas novas melodias que ele compôs. Os arranjos do op. 22 são largamente silábicos, não sem uma certa qualidade de hino largamente transcendida pelo transparente resplendor da atmosfera. Geralmente estróficos na construção, eles ainda acham espaço para a descrição pitoresca apropriadamente ingênua (os sinos da igreja do n. 2, *Marias Kirchgang*, as trompas de caça do n. 4, *Der Jäger*), e algumas vezes reservam uma surpresa para o verso final — o silencioso cânone quando os anjos caem de joelhos no término de *Der Englische Gruss* (n. 1), ou o encerramento severamente aforístico de *Marias Wallfahrt* (n. 3), por exemplo. A curiosa má acentuação de *Magdalena* (n. 6) lembra esse aspecto do *Begräbnisgesang* e vários dos coros, especialmente *Marias Kirchgang*, com sua melodia dórica, exibem aspectos modais. Em contrapartida, o n. 5, *Ruf zur Maria*, é o menos arcaizante em sua abordagem e sua sensual harmonia cromática, toda da metade do século XIX.

Uma mistura de estilos semelhante afeta em vários graus muitas das outras obras vocais que brotaram de Brahms com tanta prodigalidade em 1859-60. Os doze *Lieder und Romanzen* para coro feminino e piano (publicados apenas em 1866 como op. 44) são uma boa ilustração. São peças em pequena escala, quase miniaturas corais, em geral em forma estrófica e distinguindo-se dos Lieder em solo contemporâneos pela completa subserviência da parte do piano, que não tem mais do que um discreto papel de acompanhamento. Há alguma semelhança com as obras de Mendelssohn nesse gênero, mas a escolha dos textos é caracteristicamente brahmsiana: de muitos autores diferentes, estes tendem a imitar os temas e o vocabulário da canção folclórica, e a maior parte dos arranjos de Brahms conseqüentemente imita as características de suas matrizes na canção folclórica, embora os temas sejam todos dele próprio. Várias dessas encantadoras canções, contudo, lançam mão de discretos expedientes de imitação estrita de acordo com a maneira de antigos compositores vocais — algumas vezes a serviço da descrição pitoresca, como nas séries de grandes saltos vocais que comunicam a movimentação das velas do moinho de vento na n. 5, canção sobre uma filha de moleiro. Em outra parte a ilustração é obtida com exuberante harmonia romântica (o bosque enluarado na n. 2, *Die Brautigam*). E o conjunto termina com a curiosíssima n. 12, um poema de Uhland acerca da caprichosa melancolia de uma noite de março — musicado em feição rigorosamente arcaica, como um cânone duplo na sexta, mas cujas linhas exalam um caráter *echt*-romântico de seqüências cromáticas lastimosas, batidas pelo vento.

Da maior importância e elaboração estrutural são as três canções a diversas vozes (para coro de seis) que Brahms devia publicar em 1869 como op. 42: a primeira, *Abendständchen*, foi realmente concluída em outubro de 1859 em Detmold, e as outras, *Vineta* e *Darthulas Grabgesang*, são do ano seguinte. *Vineta*, que musica um poema de Wilhelm Müller com a lenda de uma cidade submersa pelo mar como símbolo do amor que se extinguiu e jaz profundamente dentro do coração, é um magnífico exemplo de um *Chorlied* romântico, em sua harmonia calorosa e sua forma em versos estróficos que franqueiam o espaço musical à produção de poderosas metáforas para os sinos submarinos e caindo no fundo do oceano. Todas as três canções a várias vozes exploram tais imagens poéticas da literatura romântica. Mas a primeira e a última trazem uma marca mais clara dos interesses de Brahms pela música antiga e têm atraído mais as atenções e simpatias dos estudiosos do século XX.

Na verdade o próprio emprego do coro para seis vozes — que Brahms freqüentemente divide em um virtual coro duplo de três vozes masculinas e três femininas — provavelmente o havia remetido ao estudo dos modelos do Renascimento. A austeridade harmônica e as trocas corais antifônicas de *Abendständchen* lembram algo das peças de Gabrieli que ele estudou, embora sua evocação das maneiras antigas e longínquas da disposição das palavras combine perfeitamente com o misticismo da natureza, romântico, do texto. Prova, uma vez mais, de que compreensão do passado era um componente essencial às atmosferas do presente romântico. *Darthulas Grabgesang* musica uma passagem traduzida por Herder do *Ossian* (1762) de James Macpherson, esse livro-fonte vital do romantismo que continuara a inspirar respeito (e por isso o poder de inspirar outros artistas) muito mais tempo na Europa continental do que na Grã-Bretanha. Nessa nênia para um príncipe céltico morto, Brahms novamente cria uma antifonia vocal feminina/masculina e sua utilização de despojadas frases em uníssono na abertura realça o efeito arcaico. A peça é de fato extraordinariamente variada na tessitura: sua austera abertura e sua música de encerramento em diálogo emolduram um segmento interno mais convencional, algo mendelssohniano, com harmonia cromática "moderna", em que os agrupamentos corais se fundem finalmente numa tessitura unificada.

Estreitamente perto, no tempo, de *Darthulas Grabgesang*, Brahms fez um arranjo ainda mais bonito do "épico antigo" de Macpherson para fechar outra coleção de canções a várias vozes cujo estilo é muito mais uniforme e muito mais "de seu tempo". As *Vier Gesänge* op. 17, para coro feminino, duas trompas e harpa, refutam definitivamente a visão de Brahms como um "classicista" em reação contra o clima estético predominante. Compostas no começo de 1860 para o Frauenchor de Hamburgo, tudo a respeito dessas canções corais extasiantes, e raramente executadas, indica sua orientação romântica. Brahms escolheu dois instrumentos queridos de todos os compositores românticos — a trompa, com suas associações ao mistério da floresta, e a harpa, mais perto, em tom, da ondulante música do vento (já evocada em sua grande canção de Mörike *An eine Äolsharfe*) e da água. Ele compõe para ambos com perfeita compreensão de seus efeitos mais evocativos — sua atenção suprema, desta vez, parece ser para com a pura cor instrumental. E os textos são símbolos da sensibilidade romântica na literatura: outra elegia ossiânica, do *Fingal* (traduzido por um autor alemão desconhecido);[15] Shakespeare (uma canção de *A noite de reis*, traduzida por Schlegel); um poema lírico de Eichendorff, extraordinário poeta alemão da resposta mística à natureza na época romântica; e, para começar, alguns versos de um contemporâneo menor, Ruperti, que no entanto apostrofam o poder do som em termos inconfundivelmente românticos, que igualam as notas da harpa a lágrimas que caem.

O prelúdio deste, *Es tönt ein voller Harfenklang* (um *Naturthema* em solo de trompa mergulhado em suaves arpejos de harpa), é tão evocativo do mistério romântico como qualquer peça de Schumann,[16] e a triste, suspensa disposição silábica das palavras acima da harpa ainda ressoando conserva intacta a atmosfera de arrebatamento. Segue-se aí um simples ou, preferivelmente, austero arranjo do *Come away, Death*, de Shakespeare, com a harpa pontuando a tessitura com acordes em staccato, e depois um tratamento a modo de scherzo do *Der Gärtner* de Eichendorff, com um acompanhamento de harpa continuamente borbulhante que, em caráter, o leva para perto de Mendelssohn (que musicou o mesmo texto como um dueto). Essas três canções são estróficas, com prelúdios e poslúdios instrumentais apropriadamente atmosféricos. A conclusiva *Gesang aus Fingal*, todavia, é uma crespusculada marcha fúnebre que desenvolve sua própria forma — extensa e ternária — ao longo de cento e sessenta compassos. Ritmo, harmonia, melodia e colorido se combinam aqui para produzir uma poderosa atmosfera de patos sustentado. O desconsolado tema de abertura e seu acompanhamento partilham um ritmo dactílico insistente e fatal, que Brahms parece ter associado à preparação do indiferente destino: exemplos semelhantes colorem o posterior Trio com trompa (ver Ex. 28, p. 163) e o muito posterior *Gesang der Parzen*. Seu modelo fundamental bem podia ser o allegretto da Sétima Sinfonia de Beethoven. O "arcaísmo" da parte coral se limita a seu caráter como que de canto. Na verdade a escrita vocal do op. 17 é quase totalmente homofônica, com muito pouco da típica elaboração contrapontística de Brahms. Mas quando o lamento se faz apaixonado, ele introduz expressivos ritmos cruzados entre as vozes e seu acompanhamento. Um segmento do meio contrastante, começando *a cappella* (e, pela primeira vez no op. 17, em quatro partes em vez de três), usa sinistras oscilações de semitom nos registros mais baixos das trompas para uma representação pitorescamente atmosférica dos cães de caça rosnando e do intranqüilo fantasma do chefe assassinado pelo herói gaélico Cuthullin; e a esboçada recapitulação ressoa com as sonoridades da trompa e da harpa plangentes e batidas pelo vento, em resposta às imagens do poema, em torno do mar e da montanha. Se Brahms não tivesse composto nada além desses quatro coros, ele mereceria ser lembrado como um dos mestres líricos do período romântico.

Se as canções a várias vozes do op. 17 representam a mais completa expressão coral do inato romantismo de Brahms, sua habilidade esmeradamente adquirida nas técnicas "arcaicas" da polifonia renascentista foi coroada pela realização de três notáveis Motetos sobre textos religiosos luteranos para coro misto *a cappella*. Dois deles (*Es ist das Heil* e *Schaffe in mir, Gott*) foram terminados em 1860 e publicados juntos quatro anos mais tarde como op. 29; enquanto o terceiro, *O Heiland, reiss die Himmel auf*, embora provavelmente composto não muito depois, foi retido por muitos anos e só apareceu em 1878, como op. 74 n. 2.[17] Nessas obras impressionantes e comovedoras Brahms mostra que assimilara a linguagem polifônica na corrente sanguínea de sua composição e a um grau não igualado por qualquer outro compositor do século XIX (com a exceção parcial de Bruckner, cuja educação em Sankt Florian lhe deu uma ligação direta com a tradição polifônica).

Todos os três motetos musicam versos que, se não se aproximam do texto cuidadosamente construído do muito posterior *Warum ist das Licht gegeben?* por sutileza teológica e indecisão confessional (ver p. 232), pelo menos se concentram nos dogmas do credo cristão, que atingiram uma corda sensível de Brahms: a salvação pela fé (*Es ist das Heil*), a purificação espiritual (*Schaffe in mir, Gott*), a restauração do mundo natural e a remoção das barreiras entre o céu e a terra (*O Heiland*). A música de todas as três é baseada em antigas melodias corais alemãs, na tradição de J.S. Bach, algumas de cujas cantatas e corais Brahms estudou muito aplicadamente e executou em Detmold.[18] Mas suas abordagens desse material são muito diferentes — embora unificadas por um pensamento contrapontístico solidamente elaborado (que não quer dizer virtuosístico). *Es ist das Heil*, para coro de cinco vozes (soprano, contralto, tenor, baixo 1, baixo 2) e versos do poeta religioso do século XVI Paul Speratus, abre com uma completa harmonização de seu coral, mas isso é meramente o prelúdio ao moteto propriamente dito, uma fuga extensa e vigorosa em cinco vozes que abrange as várias frases componentes da melodia coral, para delas extrair uma sucessão de motivos, enquanto se reafirma longamente a melodia, frase a frase, no baixo 1: um desenvolvimento dos métodos empregados na fuga para órgão em *O Traurigkeit*. A obra toda é em mi maior, mas em toda parte Brahms abaixa insistentemente a nota dominante, para obter uma impressão modal.

Schaffe in mir, Gott, também oficialmente para cinco vozes (embora o número total flutue), exibe um tratamento muito mais variado. Brahms divide-o em três pequenos movimentos contrastantes, que correspondem aos três versículos do Salmo 51 que lhe formam o texto. O primeiro destes data ainda de 1857 e, apesar de suas harmonias sonoras, é polifonicamente firmado como um cânone por aumentação: a melodia está por trás da tessitura, em notas de valores longos no baixo 2 — e duas vezes mais rápidos na linha do soprano, enquanto o meio de tessitura é preenchido com partes livremente derivadas. Embora a harmonia aqui seja um sol maior calorosamente diatônico, o segundo movimento é uma ansiosa fuga em sol menor, em quatro vozes, sobre um motivo fluido mas intranqüilamente cromático. O terceiro movimento começa liricamente, dividindo o coro em dois conjuntos de três vozes masculinas e femininas para um fluente diálogo entre eles

Ex. 21

f
O Erd schlag aus, o Erd schlag aus,
f
O Erd schlag aus, O Erd schlag aus,
f
O Erd schlag aus, schlag
f
O Erd schlag aus, o Erd schlag aus,
schlag aus, schlag aus o
schlag aus, schlag aus, schlag aus o
aus, schlag aus o Erd,
schlag aus, schlag aus o Erd,
Erd, das Berg und Tal grun al - les,
Erd, das Berg und Tal grün
das Berg und
das Berg und Tal grün al - les,
etc.

na música que é suavemente (e discretamente) canônica dentro de cada coro. Brahms então conclui com uma exposição em fuga a cinco vozes sobre um motivo derivado do tema de abertura do moteto.

O Heiland, reiss die Himmel auf é para coro de quatro vozes (soprano, contralto, tenor e baixo) de ponta a ponta, para uma anônima tradução alemã rimada de um hino em latim ("Rasga, Senhor, o céu todo em pedaços / E sobre nós, do céu, escorre. / Rasga, do céu, portões e portas, / Tudo o que é tranca e fecho: rasga"). Há um total de cinco estâncias e Brahms as musica como uma série de variações corais: nas quadras 1 a 4 a melodia coral está sempre presente em uma voz como um *cantus firmus*, enquanto as outras a circundam com cânones derivados ou imitação mais livre, enquanto a quadra 5 varia a melodia em todas as quatro vozes, com um cânone-espelho entre soprano e baixo, e se encerra com um canônico amém. Do ponto de vista tonal este moteto é mais exploratório e acidentado do que as duas peças op. 29, abrindo-se em um fá menor dório, que muda através de lá bemol e dó menor para uma conclusão em fá menor, da qual a sugestão de tonalidade foi finalmente expurgada. Nenhum desses motetos podia ser tomado realmente pela obra de "algum antigo eclesiástico do tempo de Palestrina" (ver p. 134), mas sua utilização das técnicas e da harmonia do Renascimento é notavelmente pura e natural. Em nenhum sentido podem eles ser considerados "estudos": são belamente realizados e, dentro de seus preceituados limites, eloqüentes obras de arte. A voz pessoal de Brahms pode ser neles ouvida em muitos pontos e especialmente em *O Heiland*, cujas estrofes são vívida e sensivelmente caracterizadas uma a uma. A quarta, *Hie lieden wir die grösste Not* ("Aqui sofremos na mais terrível carência"), apresenta escrita cromática impressionantemente escura em tateante cânone por inversão, enquanto a invocação da natureza na terceira (*O Erd', schlag aus schlag aus, o Erd', / Dass Berg und Tal grün alles werd', / O Erd', herfür die Blümlein bring*, — "Irrompe, ó terra, / Dessa colina e desse vale todo verde em flor, / Gera, ó terra, essa flor") faz com que a própria escrita em tercinas altamente característica de Brahms se manifeste, lançando renovos de motivos no que hoje em dia parece uma paixão admiravelmente ecológica.

5

Não totalmente um vienense (1860-72)

Como homem, creio que sou um pouquinho antiquado; em todo caso, sem dúvida o sou a esse respeito, que não sou um cosmopolita, mas sou tão apegado à minha cidade natal quanto poderia ser à minha mãe.

Brahms a Clara Schumann, 1862

Pouco após o episódio do "Manifesto", Brahms compareceu ao Festival de Música do Reno, em Düsseldorf, levando três das moças do Frauenchor para cantar quartetos vocais com Clara Schumann. Em seguida, ao ir a Bonn com Joachim para o batismo do primeiro filho de Dietrich, conheceu casualmente o jovem Fritz Simrock, sócio minoritário da empresa editora de música Bonn-Berlim de N. Simrock. Como resultado imediato desse encontro Simrock publicou a Serenata em lá maior de Brahms, os madrigais do op. 17 e o recentemente terminado Sexteto em si bemol maior. A essa altura Brahms se achava na situação favorável de poder repartir as suas obras entre vários editores, com Breitkopf & Härtel e a empresa suíça de Rieter-Biedermann como distribuidores habituais, mas aos poucos Simrock iria suplantá-los como editor principal. Além disso, ao longo dos anos, Simrock se tornou um dos maiores amigos de Brahms, conselheiro nos assuntos financeiros e administrador da grande fortuna que o compositor iria acumular.

Durante o resto de 1860 e até 1862 Brahms continuou instalado em Hamburgo — principalmente se dedicando à composição mas também regendo o Frauenchor até a sua dissolução na primavera de 1861. Ele cumpriu um grande número de compromissos de concertos na cidade e em outras partes da Alemanha, em geral na companhia de Joachim ou Stockhausen, e ocasionalmente passava algum tempo com Joachim em Hanover. Em novembro de 1860 os dois amigos se apresentaram juntos num concerto no Gewandhaus de Leipzig (o cenário do seu fracasso com o Concerto para piano), como compositores e executantes — Brahms regeu a sua Serenata em lá maior e Joachim, sob a batuta de Brahms, foi o solista do seu recente Concerto à Maneira Húngara, que Brahms admirava imensamente. As duas composições foram recebidas com indiferença, porém os críticos foram mais favoráveis a Joachim do que a Brahms. Clara Schumann, que estava na platéia, providenciou para que Brahms e ela tocassem a Serenata no Conservatório de Leipzig, num arranjo para piano a quatro mãos, e escreveu depois a Joachim:

> Meu coração está tão transbordante por causa do nosso querido Johannes (...) Eu me solidarizei tão profundamente com você na sua alegria quanto com Johannes na sua tristeza — talvez mais do que vocês próprios. O meu desgosto com a má recepção

de Johannes foi um pouco diminuído pela noite no Conservatório, quando quase todos os musicistas tiveram de admitir, após ouvirem a Serenata, que ela era bela.

Durante aquele inverno e o seguinte, Brahms passou certo tempo com Theodor Kirchner em Winterthur, na Suíça, onde a sua música obteve calorosa apreciação. Em Hamburgo, devido a tensões na casa dos seus pais, no verão de 1861 ele se mudou para o subúrbio de Hamm, onde Frau Dr. Rosing, tia das moças Völkers do Frauenchor, lhe oferecera aposentos em sua casa (vizinha à dos Völkers), bem como uma sacada e a utilização do jardim. A atividade criadora dos últimos anos já fora impressionante na extensão e dedicação. Nesse ambiente novo e extremamente apropriado, ele se aplicou de forma ainda mais vigorosa à composição. Ali começou a trabalhar no grande ciclo dos *Magelone-Lieder* que iria ocupá-lo durante vários anos e compôs uma ambiciosa série de obras instrumentais — os Quartetos com piano em sol menor e lá maior, as Variações sobre um Tema de Schumann para piano a quatro mãos, e as Variações e Fuga sobre um Tema de Haendel para solo de piano. O amigo Dietrich, durante uma visita, foi imediatamente presenteado com o manuscrito da última obra. Em novembro, quando Clara foi a Hamburgo para três concertos, viu toda essa música e prontamente começou a aprendê-la e discuti-la. "Conversa interessante com Johannes a respeito de forma", ela anotou no diário em 11 de novembro:

> Como é que os mestres antigos são perfeitos no uso da forma, enquanto as composições modernas são limitadas dentro das mais rígidas formas pequenas. Ele emula com os mestres antigos e especialmente admira o uso amplo e livre que Clementi faz da forma.

Durante a sua permanência, ela participou de várias apresentações de Brahms, inclusive da *première* do Quarteto em sol menor. Fez também a segunda apresentação das Variações *Haendel* em dezembro (Brahms fez a primeira no mês anterior) e compareceu como solista no Concerto de Brahms com a Filarmônica de Hamburgo, com Brahms como regente. Nem mesmo a sua reputação e habilidade musical, porém, conseguiram acrescentar muito entusiasmo à recepção da obra pelos hamburgueses.

Na primavera seguinte Brahms se apresentou em Oldenburg, onde Dietrich era então o kapellmeister do Grão-Duque; a Serenata em lá maior foi executada até em Nova York; em Paris, Clara fez proselitismo para ele; e o Sexteto de cordas teve várias apresentações bem recebidas em diversas partes da Alemanha. Apesar do desastre do Manifesto, a reputação de Brahms estava crescendo firmemente. De fato, o muito criticado *Neue Zeitschrift für Musik* começava então a publicar uma série elogiosa de artigos sobre ele. Em junho Brahms compareceu novamente ao Festival do Reno em Düsseldorf, após o qual Dietrich e ele passaram férias na aldeia montanhesa de Münster-am-Stein, perto de Kreuznach, com Clara e algumas das crianças Schumanns. Brahms continuava compondo os *Magelone-Lieder*. Mostrou também a Dietrich o movimento em esboço de uma sinfonia — destinada a aparecer quatorze anos depois como a sua Primeira Sinfonia, somente após muitas revisões e hesitações.

Alguns meses depois Dietrich recebeu uma carta apressada do amigo:

> Na segunda-feira vou partir para *Viena*! Estou aguardando isso ansiosamente como uma criança. Naturalmente não sei quanto tempo vou ficar. Deixaremos isso em aberto e espero que possamos nos encontrar alguma vez durante o inverno. A Sinfonia em dó maior não está pronta. Por outro lado, um quinteto de cordas (dois violoncelos) em fá menor está terminado. Devia querer enviá-lo a você e saber o que tem a dizer sobre ele, no entanto prefiro levá-lo comigo (...) Por favor, não me deixe completamente sem cartas.

Brahms estava realizando um antigo desejo de ver por si mesmo a cidade de Haydn, Mozart, Beethoven e Schubert. Em 1861 ele quase fora lá. No verão de 1862, como a questão de um cargo em Hamburgo ainda permanecia sem solução, resolvera, sob o estímulo de Bertha Porubsky e da cantora vienense Luise Dustmann (que havia conhecido no Festival do Reno daquele ano), fazer uma visita prolongada à cidade de ambas. Ele deixou Hamburgo em 8 de setembro, mal sabendo que estava abrindo o segundo grande capítulo da sua vida.

Brahms pretendera permanecer em Viena apenas algumas semanas, mas tão logo chegou ficou cativado pela bela cidade, com os seus parques, cafés e música cigana, e considerou a cordialidade natural do vienense mais compatível do que a reserva habitual dos alemães do norte. Aguardava-o uma calorosa acolhida de velhos amigos como Bertha Porubsky, Luise Dustmann e Grädener (que pouco antes deixara Hamburgo para lecionar no Conservatório) e ele rapidamente fez novos e importantes amigos: o influente crítico musical Eduard Hanslick (que encontrara pela primeira vez em Düsseldorf na década de 1850); o compositor e pianista Carl Tausig — um jovem discípulo de Listz, cuja técnica de piano e cujo caráter fascinaram Brahms; e o musicólogo Gustav Nottebohm, já ocupado com o estudo dos cadernos de esboços de Beethoven, que seria o motivo principal de sua fama. Entretanto, Nottebohm era também um ávido colecionador de música pré-bachiana e um compositor não desprovido de talento. Dos vários musicólogos com que Brahms viria a conviver, ele seria o maior e talvez o mais influente amigo. Julius Epstein, professor de piano no Conservatório de Viena, e o violinista Josef Hellmesberger, diretor do Conservatório e chefe do seu próprio quarteto de cordas, logo providenciaram para que Brahms se apresentasse em público como compositor e pianista e, por volta de novembro, ele participara de execuções dos seus quartetos com piano (até então inéditos) e tocou em um recital as Variações *Haendel*, enquanto a Serenata em lá maior fora apresentada na Gesellschaft der Musikfreunde, com o regente principal Johannn Herbeck.

Com uma tal recepção (ainda que a princípio as críticas de Hanslick a suas obras fossem decididamente destituídas de entusiasmo), não era surpreendente que Brahms prolongasse a permanência em Viena por todo o inverno até a primavera seguinte. As primeiras impressões favoráveis de Viena iriam influenciar a direção posterior da sua vida, em que ele se tornou cada vez mais estreitamente ligado à capital austríaca, e durante a visita lhe foi proporcionado um impulso adicional nessa direção — dado por Hamburgo. Em meados de novembro ele recebeu uma carta constrangida do amigo Theodor Avé-Lallement, que estava na comissão da Orquestra Filarmônica de Hamburgo, contando que, na ausência de Brahms, o posto há tanto tempo esperado de regente estava prestes a vagar, mas que a comissão já escolhera outro homem como substituto, e prevenindo-o de que se planejava entregar o cargo de regente a — Julius Stockhausen!

É claro que se poderia prever que um célebre artista visitante pareceria uma proposta mais atraente do que um compositor local ''difícil'', foco de um ''culto'' secundário, cujo gosto tanto pela música moderna quanto pela exoticamente arcaica era presumivelmente bem conhecido. Brahms não permitiu que o caso influísse sobre a sua amizade com Stockhausen, embora tivesse sido em parte responsável por levá-lo a se apresentar em Hamburgo em primeiro lugar. Mas como, durante vários anos, as suas esperanças estiveram, talvez irracionalmente, concentradas no cargo de regente, ele ficou amargamente decepcionado, como deixou que Clara soubesse numa carta de 18 de novembro:

> (...) Não creio que lhe tenha ocorrido como esse golpe foi violento para mim (...) Se eu não conseguisse fixar as minhas esperanças na minha cidade natal, que pretensões teria em outro lugar? Para onde me interessaria ir ainda que tivesse a oportunidade? À parte o que experimentou com o seu marido, você sabe que, como regra geral, o que os nossos concidadãos mais gostam é de se livrarem de nós e nos deixarem flutuar no limbo. Contudo, o que se deseja é estar ligado, obter as coisas que tornam a vida digna de ser vivida, e se receia ficar sozinho (...)

Na época Clara se achava em Hamburgo e, após conversar com Avé-Lallement, estava propensa a não dar importância à mortificação de Brahms:

> Que artista já foi tão afortunado a ponto de conseguir se estabelecer na sua cidade natal? É exatamente isso que é sempre tão triste. No entanto, caro Johannes, você é tão jovem. Ainda vai encontrar um lugar conveniente, estável e, ''se um homem tem consigo uma pessoa amorosa, ele encontra o paraíso em toda cidade''. Meu marido dizia isso (...) Posso compreender perfeitamente que ainda se sinta estranho em Viena. Mas sem dúvida vai perder essa sensação após uma permanência mais longa e, com o tempo, haverá muitas coisas para prendê-lo ao lugar.

Em todo o caso, Brahms encontrou razões de sobra para se demorar em Viena e se apresentou ali em diversas outras ocasiões como pianista e acompanhador, e uma vez como ilustrador de uma conferência de Hanslick sobre Beethoven. Naquele inverno Richard Wagner, o arquiapóstolo da escola ''Neo-alemã'', também estava em Viena para reger três ''concertos colossais'' de trechos das suas óperas. Tausig, que era um dos jovens músicos que cercavam o polêmico mestre, sugeriu Brahms como alguém que poderia ajudar na transcrição das partes orquestrais. Como resultado, ele recebeu parte de *Die Meistersinger* para transcrever e compareceu a todos os três concertos. De sua parte, Wagner compareceu em 8 de janeiro de 1863 a um dos recitais de Brahms, embora os dois compositores não fossem se encontrar frente a frente até o outro ano. Ao escrever a Joachim a respeito do trabalho que estava fazendo para Wagner, Brahms comentou:

> Provavelmente serei chamado de wagneriano, mas é claro que isso será sobretudo devido ao espírito de contradição que não pode deixar de ser despertado em qualquer homem sensível pela maneira frívola com que os músicos aqui falam sobre ele.

Fosse o que fosse que sentisse a mais a respeito da música de Wagner (e para com parte dela tinha um grande respeito), Brahms sempre reconheceu a capacidade de dedicação que o compositor mais velho trouxe à sua arte e isso estava destinado a conquistar o seu apoio — ainda mais que Wagner, que se empenhava para terminar *Tristan und Isolde*, estava com muitas dificuldades nesse período.

Outro elemento importante dessa primeira visita vienense foi a oportunidade de ficar conhecendo uma grande quantidade da música de Schubert, já que muitas das suas maiores obras estavam apenas começando a ser impressas, trinta e cinco anos após a morte do compositor. O editor Carl Anton Spina, que reunira uma grande coleção de manuscritos de Schubert, convidou Brahms a examiná-los e fazer cópias das obras que lhe interessassem. Brahms escreveu ao crítico musical Adolf Schübring que tinha a impressão de que Schubert

> ainda estava vivo. Freqüentemente se encontram pessoas que falam dele como um bom amigo; freqüentemente se depara com novas obras, cuja existência era desconhecida e que se acham tão intocadas que se pode raspar a própria areia de secar[1] delas (...)

Entre os tesouros que ele descobriu estava a Cantata Pascal *Lazarus* de Schubert, que lhe despertou tanta admiração que copiou trechos consideráveis dela. Essa obra apresenta uma relação perceptível com a sua cantata *Rinaldo*, composta no mesmo ano, enquanto de modo geral a assimilação em grande escala de Schubert teve conseqüências importantes nas principais composições de câmara em que Brahms iria continuar trabalhando em meados da década de 1860. Quando ele enfim partiu de Viena em 1º de maio de 1863, uma das aquisições mais estimadas que levava consigo era o presente dado por Spina de todos os volumes de Schubert até então publicados por sua empresa.

Sem ter outro lugar para ir, Brahms voltou a Hamburgo, via Hanover, a fim de visitar Joachim. Pouco antes o grande amigo ficara noivo de Amalie Weiss, uma jovem cantora de ópera que estava então, por insistência de Joachim, se afastando do palco em favor das salas de concerto. Desde o começo Brahms (não sem um toque de inveja pela boa sorte de Joachim) se deu bem com ela, e Amalie, com a sua profunda e resplandecente voz de contralto, viria a se tornar uma importante intérprete das suas obras vocais. Ele chegou em Hamburgo a tempo para o seu trigésimo aniversário, porém não encontrou mais em casa o ambiente tranqüilo da infância. Já há alguns anos o desentendimento entre os pais vinha crescendo e por fim chegara a um ponto crítico. A mãe, que nunca fora muito saudável, estava então com setenta e quatro anos e inválida, enquanto o pai, ainda na plenitude da vida, alcançara o apogeu da sua profissão (por intermédio da influência de Brahms junto ao recém-nomeado Stockhausen, ele se tornara contrabaixista na Filarmônica de Hamburgo) e tendia a se ressentir da necessidade de cuidar dela. A maior parte dessa responsabilidade havia passado para Elise, a irmã de Brahms, que freqüentemente estava com a saúde precária. Fritz Brahms se tornara um inútil, desenraizado e ajanotado, sempre pronto a viver às custas do irmão mais velho e bem-sucedido. Johannes fez o possível para persuadir os pais a viverem juntos em harmonia na mesma casa, mas só temporariamente foi bem-sucedido.

Como Hamburgo, em todo caso, já não oferecesse perspectivas de carreira para ele, era inevitável que a permanência de Brahms ali não durasse muito. Ele pensou em reviver o Frauenchor, embora isso na melhor das hipóteses tivesse sido marcar passo, mas antes que maio findasse chegou um convite de Viena para que voltasse como regente da Singakademie, uma associação coral há muito constituída mas então em dificuldades, cujo fundador, Ferdinand Stegmayer, acabara de morrer. Era um cargo importante, mas Brahms hesitou e escreveu a Dietrich que "não conseguia se resolver a reduzir o pouco tempo que tinha com os pais". Foi só após uma carta peremptória de Hanslick, praticamente exigindo aceitação imediata, que ele concordou, voltando já em agosto a Viena para os ensaios e preparativos da temporada vindoura. No caminho, ficou alguns dias com Clara Schumann na sua nova casa em Lichtenthal, perto de Baden-Baden, uma bela parte da Floresta Negra em que viria a passar muitos verões subseqüentes.

Para dizer o mínimo, a temporada de Brahms com a Singakademie foi polêmica. Ele era um excelente instrutor de coros pequenos, mas, ao tentar levar uma programação nova e exploratória a uma grande associação coral de repertório moribundo, se deparou com uma obstinada resistência tanto do público vienense quanto da própria Singakademie. A seleção de músicas por Brahms seguia os seus próprios interesses e apresentava aos cantores muitas obras importantes mas desconhecidas, criando para eles uma quantidade desusada de trabalho cansativo, e por fim ele teve de abandonar os planos de apresentar *Acis and Galatea*, de Haendel, então praticamente ignorada. O primeiro concerto, em 15 de novembro de 1863, destacava a primeira execução em Viena da Cantata n. 21, de Bach (com uma parte de órgão como contínuo composta especialmente por Brahms), uma obra de Isaac, arranjos para canções folclóricas, uma peça de Beethoven e o *Requiem für Mignon*, de Schumann (também uma *première* vienense). Esse programa foi recebido entusiasticamente: um crítico o saudou como "a mais notável realização na história da Singakademie" e comentou a clareza e precisão da técnica da regência de Brahms, tão inesperada em um artista "que se tem mostrado, nas suas criações e apresentações, tão essencialmente romântico e sonhador".

Apesar desse começo promissor, a "antiguidade" do concerto seguinte, em 6 de maio, dedicado principalmente a austeras peças sem acompanhamento de Eccard, Schütz, Gabrieli e Rovetta, foi inteiramente estranho e sério demais para o gosto popular. A falta de preparo dos cantores e o fraco nível dos instrumentistas participantes acentuaram um contraste com a muito mais brilhante Gesellschaft der Musikfreunde, que se tornou ainda mais evidente quando no terceiro concerto Brahms apresentou três partes do *Oratório de Natal*, de Bach. Embora fosse a primeira vez que a obra era ouvida em Viena, foi totalmente ofuscada pela apresentação da *Paixão de São João* por Herbeck, dois dias depois. Contudo, Brahms recuperou a posição com o quarto concerto, um programa a pedido dedicado completamente a suas obras, que incluía a *Ave Maria*, alguns dos *Marienlieder*, um dos Motetos op. 29, e *premières* do quarteto vocal *Wechsellied zum Tanze* e de uma nova Sonata para dois pianos (selecionada do abortado Quinteto para cordas), tocada por Brahms e Tausig. Foi um êxito considerável e, após um quinto e último concerto (que incluiu alguns madrigais elisabetanos, bem como Haydn e Schumann), ele foi reeleito regente para os três anos seguintes. No entanto, Brahms achara as obrigações administrativas muito desagradáveis e estava consternado com a recepção do público à música que venerava. Assim, naquele verão, ele se demitiu da regência para se permitir ser de novo independente.

Durante a temporada de 1862-63 Brahms também deu aulas de piano em Viena. Uma de suas alunas destacadas era uma bela e aristocrática moça loura chamada Elisabet von Stockhausen (sem qualquer relação com o seu amigo, o famoso cantor). Afetuosa, bem-humorada, talentosa e perceptiva, ela era uma óbvia cilada para o compositor solitário e suscetível (que, com certo esforço, acabara de repelir uma ligação com outra moça vienense, a cantora Ottilie Hauer). Ao se ver em risco de se apaixonar completamente por Elisabet, ele mais uma vez se retraiu e cancelou as aulas de piano. Não muito depois, ela se casou com o compositor Heinrich von Herzogenberg e Brahms se sentiu capaz de reatar a amizade. Elisabet von Herzogenberg viria a se tornar uma das suas maiores confidentes e uma crítica perspicaz da sua música. A intensa correspondência triangular entre ela, Brahms e o marido, que ocupou as décadas seguintes, é um testemunho encantadoramente eloqüente da absoluta afeição e admiração que ele conseguia despertar nos amigos.

Foi durante esse inverno (e não, como se afirma muitas vezes, no inverno anterior) que Brahms e Wagner afinal se encontraram frente a frente, em 6 de fevereiro de 1864. Wagner permanecera em Viena e regera ali outros concertos operísticos. A apresentação foi feita por Tausig e por outro dos novos amigos de Brahms, o compositor Peter Cornelius. Então com mais de cinqüenta anos e prestes a ser perseguido da Áustria à Baviera por seus numerosos credores, Wagner recebeu o jovem hamburguês na sua vila em Penzing com uma demonstração do seu grande encanto e cortesia e eles tiveram uma noite cordial. Brahms tocou as Variações *Haendel* e o pioneiro do drama musical épico compreendeu com rapidez a significação dessa obra aparentemente "antiquada", admitindo que "ela mostra o que ainda pode ser feito com as formas antigas por alguém que sabe como manejá-las". Os dois compositores nunca se encontraram de novo e posteriormente Wagner foi muitas vezes mordaz a respeito de Brahms na imprensa e em conversas, mas Brahms, apesar de sérias restrições a muitas das suas obras, continuou a admirar a visão sincera e a enorme energia criativa de Wagner.

Nessa conjuntura Brahms ainda não tinha intenção definida de estabelecer sua casa em Viena e em junho deixou a cidade ainda mais apressadamente devido às contínuas más notícias vindas de Hamburgo. O relacionamento entre os seus pais continuara a se deteriorar e por fim chegara ao ponto em que Brahms foi obrigado a admitir que era melhor para eles se separarem. O irmão Fritz estava se tornando um professor de piano bem-sucedido e morava sozinho em condições muito melhores do que as dos pais, mas não oferecia qualquer ajuda. Embora os seus recursos ainda fossem bem modestos, Johannes forneceu todo o montante necessário para que Johann Jakob se mudasse para aposentos longe da esposa inválida e da filha, que ficaram com a posse da antiga casa, mas logo se mudaram para uma residência mais agradável, com jardim. Brahms se encarregou de sustentá-las, mas ainda achava que o pai devia ser responsável pela ajuda à sua mãe nessa mudança e na sua manutenção financeira. Enviava, por isso, dinheiro suplementar por meio dele, bem como outros fundos para uso pessoal do pai. Se o próprio Brahms não se tivesse acostumado à mais estrita economia pessoal, o excessivo peso sobre os seus recursos, nessa época, provavelmente o teria levado à falência.

Após cuidar desses problemas de família, ele fez uma visita de surpresa a Clara em Lichtenthal e encontrou naquele verão um conjunto particularmente cintilante de celebridades na estação de águas. Ali Brahms reatou a familiaridade com Anton Rubinstein, que admirava como pessoa se não como compositor, e que generosamente colocou a sua vila à disposição de Brahms. O gravador Julius Allgeyer, amigo de Brahms dos tempos de Düsseldorf, morava então ali perto, após ter passado alguns anos em Roma com o pintor Anselm Feuerbach, cuja biografia Allgeyer viria a escrever e que na época estava também hospedado em Baden. Ali também Brahms conheceu o "Rei da Valsa" Johann Strauss; o regente da vizinha Ópera de Karlsruhe, Hermann Levi, destinado a ser um grande amigo e importante defensor das suas obras; a Landgrafina de Hesse, que o presenteou com um notável acréscimo à sua coleção de autógrafos de compositores — o manuscrito de Mozart da grande Sinfonia em sol menor; o compositor e pianista Jakob Rosenhain; e o romancista russo Ivan Turgueniev, que estava ali para ficar perto do grande amor da sua vida, a talentosa e extravagante cantora, compositora e pianista franco-espanhola Pauline Viardot-Garcia. Ela estudara com Lizst, possuía o autógrafo do *Don Giovanni* de Mozart, estava construindo uma vila magnífica na mesma rua de Clara Schumann e abrira em Baden um "Palácio da Arte" em miniatura onde ela e o seu grupo apresentavam música e teatro. Apesar dos temperamentos radicalmente diferentes, por mais de um quarto de século Clara e Pauline tinham sido amigas constantes: às vezes estarrecida, de vez em quando invejosa, Clara a considerava "a mulher mais talentosa que já conheci", e Pauline também se tornou amiga de Brahms. Ele também se afeiçoou muito a Turgueniev, virtualmente exilado da sua Rússia natal pela imprensa radical, embora tivesse sido preso por tendências políticas anticzaristas. O romancista já estava fornecendo libretos para as operetas de Pauline (que ela própria compunha, orquestrava e produzia) e ele e Brahms debateram seriamente a possibilidade de colaborarem numa ópera — embora o projeto não tenha dado em nada. Em Baden, contudo, Brahms enfim terminou o Quinteto com piano em fá menor e escreveu a maior parte de um novo Sexteto de cordas em sol maior. E em honra do nascimento do filho de Joachim em setembro — o bebê foi quase inevitavelmente batizado com o nome de Joahnnes — ele compôs uma das suas melhores canções: *Geistliches Wiegenlied* (só publicada muitos anos depois como o segundo dos dois *Gesänge* para contralto, viola e piano, op. 91) que cita o famoso hino *Resonet in laudibus*, conhecido na Alemanha pelo texto da canção folclórica *Joseph, lieber Joseph mein.*

Em outubro ele voltou a Viena e passou ali a primeira parte do inverno. Mas no fim de janeiro de 1865 a sua mãe sofreu um derrame. Um telegrama de Fritz o trouxe precipitadamente de volta a Hamburgo para ficar à sua cabeceira, mas a idosa e fraca senhora morreu com a idade de setenta e quatro anos, pouco antes de ele chegar Brahms levou o pai até o leito de morte e, após supervisionar o funeral e se certificar de que os outros membros da família estavam bem assistidos, voltou a Viena. Mas a morte da mãe fora um duro golpe psicológico. Ao visitá-lo de surpresa, o violoncelista Josef Gansbacher o encontrou praticando música de Bach para o teclado. Brahms lhe contou a perda com lágrimas correndo pela face, mas não parou de tocar. Evidentemente o trabalho criativo era o único consolo possível, mas ele estava desassossegado, indeciso sobre o que fazer em seguida. Sem dúvida no momento Viena não parecia um lugar adequado para ele, como escreveu a Clara em 20 de fevereiro:

> (...) o tipo de vida que levo aqui faz com que a cada dia Viena me pareça mais agradável, mas as pessoas e sobretudo os artistas cada vez mais repugnantes. A maneira como estes últimos se comportam para com o público e os críticos e tocam diante deles e dependem deles tira todo o desejo de se associar a eles no embuste (...)

Quase imediatamente, ao que parece, ele iniciou uma nova obra sob o impacto da perda que sofrera. Por volta de abril enviara a Clara dois movimentos lentos e abençoadores para coro e orquestra, para passagens da Bíblia luterana: "Quão agradáveis são as tuas moradas, Ó Senhor dos Exércitos" e "Bem-aventurados os que choram: pois eles serão consolados". Disse a ela que o segundo era

> provavelmente a parte mais fraca de um *Réquiem Alemão* (...) o [outro] coro (...) é o número quatro. O segundo é em dó menor[2] e em andamento de marcha. Espero que uma passagem alemã desse tipo a agrade tanto quanto a passagem latina habitual. Estou pretendendo compor uma espécie de totalidade com base nessa coisa e espero manter a coragem e a animação suficientes para levá-la adiante (...)

Ao longo dos anos seguintes esse *Réquiem* — a maior obra que ele viria a compor — foi aumentado e cuidadosamente aperfeiçoado, e a sua composição sustentou Brahms durante a depressão, levando-o e a sua arte à maturidade filosófica.

Mais uma vez Brahms passou parte do verão em Lichtenthal, onde compôs o Trio com trompa, com o movimento lento profundamente elegíaco. Como Clara após a internação de Schumann, ele aceitou uma quantidade excepcional de compromissos como pianista, redobrando a energia que dedicava à música e às amizades, e a fim de ganhar dinheiro para ajudar o sustento do pai e da irmã. Esses concertos incluíram uma apresentação triunfante do Concerto para piano sob a regência de Hermann Levi em Mannheim, onde essa obra difícil foi enfim recebida com entusiasmo público, e um Festival Brahms organizado em Oldenburg por Albert Dietrich. Foi só no início de 1866 que ele afinal encontrou a estabilidade e paz de espírito para colocar o *Réquiem* em ordem, à custa de trabalho constante na casa de Allgeyer em Karlsruhe e depois na Suíça, onde passou o verão junto a Theodor Kirchner, em uma casa que dominava as galerias de Zürichberg. Ali travou novas e duradouras relações: o violinista e regente Friedrich Hegar, os poetas Joseph Viktor Widmann e Gottfried Keller. Mais significativamente, tocou duetos e música de câmara com um ilustre cirurgião alemão e entusiasmado músico amador, Theodor Billroth, que estava destinado a se tornar um dos seus amigos mais estimados. Também nessa época, desenvolveu-se uma amizade entre Brahms e Mathilde Wesendonck, cujo romance com Wagner inspirara a composição de *Tristan und Isolde*. Há muito Wagner a abandonara pela filha de Lizst, Cosima von Bülow, mas em Brahms a poetisa encontrou um companheiro congenial em arte (que ela considerava "um dos melhores e menos preconceituosos homens da nossa época") e durante muitos anos eles mantiveram uma correspondência intensa.

No inverno de 1866 Johann Jakob Brahms resolveu casar novamente. Sua escolha recaíra sobre a proprietária de um restaurantezinho onde vinha fazendo as suas refeições solitárias. Ao participar isso ao filho, que voltara a Viena após uma ausência de dezoito meses e estava passando o Natal com Bertha Faber (a antiga

Bertha Porubsky) e o seu marido, perguntou-lhe se aprovaria a sua escolha. Com certa apreensão Johannes ficou sabendo que Caroline Schnack era quase vinte anos mais jovem do que o seu pai e já enviuvara duas vezes, mas, quando afinal conheceu a senhora em Hamburgo, simpatizou muito com ela (e com o seu filho de dezesseis anos Fritz Schnack) e deu a sua bênção ao casamento, que se realizou em março de 1867. Era um grande alívio que então houvesse alguém capaz e sensato que cuidasse do seu pai, mas ele ficou sinceramente afeiçoado à nova madrasta.

Nos primeiros meses de 1867 Brahms acompanhou Joachim numa série de concertos na Suíça e Alsácia, seguida de uma excursão à Áustria e Hungria que rendeu um lucro satisfatoriamente grande. Isso lhe permitiu levar o pai a Viena para férias e a um passeio pelos Alpes austríacos: uma fatigante mas inesquecível experiência para o velho, que nunca vira montanhas na vida e que então se tornou um entusiasmado viajante sob a influência rejuvenescedora do recente casamento.

Os meses seguintes foram dominados pela criação do *Deutsches Requiem*, que nessa fase se estabilizara como uma obra em seis movimentos. Três partes foram apresentadas em Viena pela Gesellschaft der Musikfreunde de Herbeck, mas com efeito quase desastroso: a execução foi mal ensaiada e, após uma interpretação caótica do terceiro movimento, Brahms foi vaiado — Hanslick o denominou "Um Réquiem para o decoro e as boas maneiras das salas de concerto vienenses". Billroth, que se mudara da Suíça para Viena a fim de assumir um cargo de professor na Universidade, também estava presente ao concerto e numa carta confidenciou a um amigo: "A cada vez que o encontro gosto mais de Brahms (...) O seu Réquiem é tão magnificamente espiritual e tão bachiano-protestante que foi difícil fazer com que fosse engolido aqui."

Enquanto isso, Albert Dietrich enviara uma cópia da partitura ao organista e diretor musical da catedral de Bremen, Karl Martin Reinthaler. Ele ficou tão impressionado que logo se fizeram planos para uma apresentação completa na Catedral de Bremen, que se realizaria na Sexta-Feira Santa de (10 de abril de) 1868, a ser preparada por Reinthaler e regida por Brahms. Por isso o compositor se instalou em Hamburgo nos aposentos novos e confortáveis em que o pai e a madrasta então moravam, a fim de ficar bastante próximo para trocar idéias com Reinthaler, com quem estava mantendo uma correspondência constante a respeito da obra. O kapellmeister estava preocupado com a falta de qualquer afirmação estritamente doutrinária do *Requiem*. Ao sugerir que Brahms devia compor um outro movimento de conteúdo indiscutivelmente cristão, ele escreveu:

> Está ausente o ponto central em torno do qual tudo gira na consciência do cristão. "Se Cristo não ressuscitou, é vã a nossa fé", diz São Paulo. Ainda assim, você diz [no movimento final]: "Bem-aventurados os mortos que *doravante* morrem no Senhor", o que só pode significar desde a consumação da obra de redenção de Cristo (...)

A resposta de Brahms é profundamente interessante do ponto de vista das suas próprias crenças espirituais:

> No que se refere ao título, confessarei que de bom grado devia ter excluído "alemão" e posto "humano". Também que consciente e intencionalmente dispensei passagens

como a do Evangelho segundo São João, capítulo 3, versículo 16.[3] De outro lado, sem dúvida incluí muito porque sou um músico, porque precisava disso, porque não posso afastar com argumentos nem riscar um "doravante" das minhas veneráveis citações.

Nesse ínterim, ele iniciou uma série de concertos com Julius Stockhausen em Berlim, Dresden, Kiel e Copenhague. Stockhausen então já não era o regente da Filarmônica de Hamburgo: ele se demitira no início do ano e novamente a comissão não concedeu o cargo a Brahms. Esse segundo revés, embora menos contundente do que o primeiro, finalmente o persuadiu de que, se devia se estabelecer em algum lugar, era melhor que fosse em Viena. Os concertos com Stockhausen foram um sucesso, sobretudo em Copenhague, onde o velho conhecido de ambos Niels Gade ajudara a preparar o caminho. Mas a excursão foi interrompida abruptamente quando um comentário casual de Brahms foi interpretado erroneamente por seus anfitriões — ainda muito suscetíveis a respeito da guerra de 1864 com a Prússia por causa de Schleswig-Holstein — como um insulto antidinamarquês.

A *première* do *Requiem* em Bremen despertou imenso interesse e muitos músicos ilustres vieram de toda a Alemanha e do exterior para assistir. Brahms estava particularmente ansioso para que Clara comparecesse, apesar de não parecer esperar grandes resultados quando escreveu a ela em 2 de fevereiro:

> Se ao menos você pudesse ser uma ouvinte na Sexta-Feira Santa, eu ficaria mais feliz do que consigo dizer. Para mim seria tão bom quanto metade da apresentação. Se tudo ocorrer como desejo, sem dúvida você teria bom motivo para se maravilhar e se alegrar. Mas infelizmente não sou o homem que consegue obter mais do que as pessoas se dignam me dar por sua livre vontade e isso é sempre muito pouco. Portanto, estou me resignando ao pensamento de que dessa vez, como em Viena, será rápido demais e incompleto demais. Mas venha por favor! (...)

Em conclusão, a apresentação foi um acontecimento triunfante e memorável. Clara terminara a excursão de concertos na Inglaterra e chegou com a filha Marie exatamente a tempo para a apresentação. Brahms a recebeu na porta da catedral e a conduziu pelo braço ao longo da nave. Para seu orgulho e prazer, seu pai estava na platéia, como estavam os Joachims (que se apresentaram em peças preliminares), os Grimms, os Dietrichs, Minna Völkers, Rieter-Biedermann, Max Bruch e outros velhos amigos. Apenas Marxsen foi impedido por uma enfermidade de fazer a viagem a Bremen. Stockhausen cantou o solo de barítono;[4] o coro incluía até algumas antigas integrantes do Frauenchor hamburguês. A apresentação em si foi excelente. "O efeito (...) foi simplesmente irresistível," escreveu Dietrich, "e imediatamente se tornou claro para o público que o *Deutsches Requiem* se colocava entre a música mais sublime já concedida ao mundo". Mais tarde, quando saíam da catedral, o compositor inglês John Farmer se aproximou de Johann Jakob para perguntar a sua opinião: "Foi muito bem-feito", disse o Brahms mais velho e tomou uma pitada de rapé. Mais tarde seu filho foi festejado com um banquete em sua honra e, apesar de todos os seus protestos, foi induzido a fazer um discurso — que limitou ao pedido de três vivas calorosos ao Kapellmeister Reinthaler. A aclamação crítica foi quase universal e se reconheceu em geral que o *Requiem*, a sua primeira obra realmente extensa para coro e orquestra, cumprira afinal as profecias de Schumann sobre a grandeza de Brahms. Menos de três semanas depois, por exigência do público, a obra foi repetida sob a batuta de Reinthaler.

Enquanto isso, Brahms voltara a Hamburgo a fim de prepará-lo para a publicação e, ao fazer isso, aumentou-o ainda mais acrescentando, por sugestão de Marxsen, um sétimo movimento (colocado como quinto na disposição global) para solo de soprano. A forma final do *Requiem* foi ouvida em Leipzig sob a regência de Reinecke em fevereiro de 1869 e, no final daquele ano, tinha sido apresentada em mais de vinte cidades alemãs e suíças. Seguiram-se *premières* em 1871 em Londres (uma apresentação particular sem orquestra),[5] em 1872 em Viena, Utrecht e São Petersburgo, em 1873 em Londres (com orquestra) e em 1875 em Paris. Nenhuma obra fez mais para obter o reconhecimento internacional de Brahms num tempo reduzido e, a partir de então, ele era considerado por todos, exceto os defensores mais sectários da escola "Neo-alemã", um dos principais compositores da época.

Em junho ele viajou de Hamburgo até Colônia para o Festival do Reno. Ali, nesse ano, se tornou amigo do compositor Friedrich Gernsheim, de Hermann Dieters, crítico do *Allgemeine Musikalische Zeitung*, que mais tarde viria a escrever o primeiro estudo de Brahms com a extensão de um livro, e do compositor Max Bruch, cinco anos mais jovem que ele, a quem já conhecia por meio de correspondência. Bruch, como já vimos, comparecera à *première* do *Deutsches Requiem* e ficara muito impressionado — embora não tão irrestritamente quanto alguns: como os seus dons se achavam numa direção mais puramente lírica e melódica, ele se ressentia (como muitos outros contemporâneos) do esforço intelectual exigido pelas tessituras polifônicas de Brahms. "A obra é muito grandiosamente concebida e profundamente sentida," ele escrevera[6] a Ferdinand Hiller:

> Ela provoca uma impressão significativa não só nos artistas, mas também nas pessoas. Parece que ali Brahms alcançou algo que até então lhe faltara. No entanto, creio que se sentirá mais respeito e temor por essa obra sua, mais do que amor. Sou suficientemente franco para dizer que uma poderosa melodia arrebatadora é preferível às mais belas imitações e à caminhada contrapontística pelo arame de circo. Na Alemanha existe atualmente um Partido Filisteu que coloca a obra acima de tudo mais e, na melhor das hipóteses, encolhe desdenhosamente os ombros a cada nova, imparcial e inculta expressão de Vida na Arte (...)

Apesar dessas apreensões, os dois compositores se tornaram amigos constantes quando se conheceram em Colônia e, antes do final do ano, Bruch dedicara a sua Primeira Sinfonia a Brahms.

Brahms se instalou então em Bonn para um verão de trabalho, em que acrescentou um grande coro final à cantata *Rinaldo*, composta há cinco anos, e reuniu vários conjuntos de canções. Depois levou o pai à Suíça para um segundo passeio nas montanhas e, em seguida, passou algum tempo em Oldenburg com os Dietrichs, dividindo o tempo entre eles e a família Reinthaler. Nessa conjuntura, foi concebida outra obra importante, nas circunstâncias pouco promissoras de uma visita com os Dietrichs ao grande estaleiro naval em Wilhelmshaven, que

Brahms (cuja infância hamburguesa o deixara com um interesse perpétuo por navios, apesar de raramente se aventurar a bordo de um) pedira particularmente para ver. "A caminho de lá", recordou Dietrich nas memórias sobre Brahms que publicou,

> o nosso amigo, em geral tão animado, estava sério e calado. Contou-nos que no início da manhã (ele sempre se levanta ao amanhecer) encontrara na estante os poemas de Hölderlin e ficara muito profundamente comovido com "Hyperions Schicksalslied". No final do dia, após termos perambulado por ali e visto tudo que era interessante, quando nos sentamos perto do mar para descansar, descobrimos Brahms a uma grande distância, sentado sozinho na praia e escrevendo. Eram os primeiros esboços para *Schicksalslied* (Canção do Destino). (...)

No final desse ano, em outra visita a Oldenburg, Brahms fez parceria com Clara Schumann no que parece ter sido a primeira execução completa das suas Danças Húngaras (dez, até então) para piano a quatro mãos, embora há mais de uma década algumas já existissem (e tivessem sido tocadas) na forma de solo de piano.

Apesar da contínua amizade profissional, na verdade 1868 fora um dos anos mais difíceis no relacionamento de Brahms com Clara. Então com quase cinqüenta anos, ela estava sobrecarregada com crescentes dificuldades familiares: a filha Julie e o filho mais novo Felix estavam com a saúde muito delicada, enquanto Ludwig Schumann já manifestara sinais da instabilidade mental que em breve o enviaria, como o pai, a um hospício. Ela sentia com premência a necessidade de ganhar dinheiro para sustentá-los por meio de extensas apresentações de concertos. Aliada a isso, havia a preocupação de não ser ofuscada e suplantada por outros pianistas mais jovens. As suas atitudes alarmavam e exasperavam Brahms, que ficou apreensivo tanto por ela estar se desgastando (na verdade, ela possuía uma grande capacidade de recuperação) quanto, em decorrência da sua vida peripatética, por ela muitas vezes deixar de dar aos filhos aquilo de que mais necessitavam: a sua companhia e inteira atenção. Numa carta do início de 1868 ele tentou exprimir isso a Clara diplomaticamente, mas a diplomacia nunca foi o seu forte e ela ficou profundamente ofendida. Da parte dele, havia ressentimentos que se emaranhavam. Nos últimos anos sentira que já não ocupava o lugar primordial na vida de Clara como ela ocupava na sua vida e que já não era, como antes, bem-vindo a qualquer hora na sua casa ou no recesso da sua família.

Clara, por sua parte, parece ter-se cansado do mau humor de Brahms, das maneiras muitas vezes abruptas e da agudeza mordaz que ele estava cultivando como autodefesa e que ela achava que eram especialmente inconvenientes quando em companhia dos seus filhos. É evidente que de vez em quando, mesmo que ele estivesse com uma ótima disposição de espírito, ela o considerava uma companhia irritante. Propensa à seriedade e à melancolia, tinha pouca paciência com o prazer dele nas brincadeiras pesadas ou nos caprichos turbulentos e galhofeiros, e a sua indisfarçada impaciência para com as convenções sociais e as minúcias do comportamento requintado. Entre eles se abrira um abismo, um espaço ocupado talvez pela mútua consciência do que poderia ter havido na década de 1850. Talvez Clara, de maneira subconsciente, tenha percebido as atenções que no momento Brahms vinha dispensando à sua filha Julie e se enciumasse com isso. (Possivelmente, também, Brahms tenha percebido algumas indicações do romance de Clara com

Kirchner, embora esse pareça ter sido um dos segredos mais bem guardados da música do século XIX.) De qualquer forma, a atmosfera entre eles estava altamente carregada e, embora Brahms tenha ficado radiante quando Clara apareceu para a *première* do *Deutsches Requiem*, a ocasião rapidamente se azedou quando, no dia seguinte, o comportamento dele provocou novo desagrado (não sabemos de que maneira). Como se terá observado, em 1868 ele não visitou Lichtenthal e, naquele outono, foi necessária uma troca de cartas árdua e afetuosa, mas recriminatória, para fazer a amizade voltar a algo semelhante ao nível anterior.

Brahms passou parte de novembro dando recitais com Stockhausen na Alemanha do Norte e antes do Natal seguiu para Viena, tendo primeiro tirado de Hamburgo uma considerável parcela da sua biblioteca. Desde 1862 ele passara uma grande parte de cada ano na capital austríaca, mas de fato não mantivera uma casa própria, vivendo mais em hotéis ou com amigos. Em fevereiro e março de 1869, Stockhausen e ele fizeram uma série de concertos em Viena e Budapeste, sendo que essas vieram a ser as últimas aparições de Brahms como pianista de concerto, exceto das suas próprias obras. A partir daí ele se dedicaria à composição e de vez em quando à regência (nesse mesmo fevereiro ele dirigiu a *première* de *Rinaldo* em Viena). Em 30 de abril comunicou ao pai que não seria mais necessário reservar aposentos para ele em Hamburgo. Finalmente decidira fixar residência em Viena.

Mal tomara essa decisão e se mudara para uma casa perto do Parque Prater, quando duas oportunidades profissionais na Alemanha pareciam ser suas. Ferdinand Hiller lhe pediu para aceitar o cargo de professor de piano na Universidade de Colônia; Joachim, pouco antes nomeado diretor da recém-fundada Hochschule für Musik em Berlim, insistiu com Brahms para que se juntasse à sua equipe. Após certa hesitação, ele recusou as duas propostas. Não que tivesse desistido inteiramente da idéia de um cargo, porém um mais ao seu gosto seria a direção da Gesellschaft der Musikfreunde em Viena: Herbeck estava próximo da aposentadoria e Brahms tinha motivo para acreditar que as suas possibilidades de ser considerado o sucessor eram melhores do que haviam sido para a Filarmônica de Hamburgo.

No verão de 1869 ele estava de novo em Lichtenthal, a pouca distância da família Schumann. Ali trabalhou em quartetos de cordas (quase certamente versões preliminares do op. 51) e terminou as Valsas *Liebeslieder* para quarteto vocal e piano a quatro mãos, acompanhamentos em autêntico estilo de valsa vienense para simples canções de amor de Georg Daumer. Essas valsas-canções espontaneamente líricas, uma apoteose requintada da criação musical nacional, bem poderiam ter sido a expressão exterior dos seus atuais devaneios a respeito da bela Julie Schumann, a quem estava vendo diariamente na casa de sua mãe. Mas no início de julho Julie anunciou o seu noivado com um jovem nobre italiano, Conde Victor Radicati di Marmorito, que conhecera durante uma permanência na Itália devido à sua saúde. "É claro que contei a Johannes antes de tudo", Clara registrou no seu diário no dia 11. "Ele pareceu não ter esperado nada dessa espécie e ter ficado bastante perturbado." Ela sem dúvida parece não ter alimentado qualquer suspeita consciente dos sentimentos dele para com Julie, mas pouco depois Herman Levi lhe contou que Brahms tinha sido "dedicamente afeiçoado" à sua filha Julie. Em 16 de julho, ela comentou:

> Johannes está bastante modificado, raramente vem à casa e quando de fato vem, só fala por monossílabos. E até Julie ele trata da mesma forma, embora costumasse ser sempre tão especialmente gentil para com ela. Ele a amava realmente? Mas nunca pensou em se casar [com ela] e Julie nunca teve nenhuma afeição por ele.

Na realidade Brahms considerou o noivado um desastre pessoal. Indubitavelmente ele gostava muito de Julie e, embora o seu "amor" por ela talvez não tenha sido mais do que uma fantasia íntima, a admissão da sua falta de fundamento envolveu dor verdadeira. Há muito Clara tinha ficado inatingível, contudo ele ainda ansiava por se tornar de algum modo um verdadeiro integrante da família Schumann, em vez do filho/irmão substituto ambiguamente localizado que freqüentemente sentia ser. No auge do desentendimento do ano anterior, ele escrevera a Clara: "Eu falo por meio da minha música. A única coisa é que um músico inferior como eu gostaria de acreditar que ele era melhor do que a sua música." A sua resposta foi musical. Julie e Marmorito se casaram em Lichtenthal em 22 de setembro. No final do dia Brahms fez uma visita a Clara, que confidenciou ao diário:

> Johannes me trouxe uma peça maravilhosa (...) o texto de *Harzreise* de Goethe, para contralto, coro masculino e orquestra. Chamou-a *sua* canção nupcial. Há muito não me lembro de ter ficado tão comovida pela intensidade da dor em letra e música. A peça me parece nem mais nem menos do que a expressão da angústia do seu coração. Se ao menos uma vez ele falasse tão ternamente!

A peça em questão era a chamada Rapsódia para contralto, destinada a se tornar uma das mais famosas obras de Brahms — um retrato do isolamento concluído com uma prece para que esse estado não degenerasse em misantropia. Em outubro Hermann Levi a ensaiou em Karlsruhe e as Valsas *Liebeslieder* tiveram ali a sua *première*, com Clara e Levi dividindo a parte para piano: a essa altura, essas despreocupadas evocações da valsa vienense talvez tenham soado irônicas aos ouvidos do compositor, mas foram um sucesso imediato e logo se tornaram uma das suas mais populares composições de estilo mais leve.

No início de 1870 a Rapsódia recebeu a primeira execução pública em Jena, cantada por Pauline Viardot-Garcia. (Mais tarde, porém, foi Amalie Joachim que se tornou quase inseparavelmente associada a ela como intérprete incomparável.) Durante esse ano Brahms estava sendo efetivamente considerado o sucessor de Herbeck como regente dos concertos da Gesellschaft em Viena. Contudo, ele insistia em ser responsável pelo coro assim como pela orquestra e, como a Associação relutava em concentrar tanta responsabilidade em um indivíduo, o cargo foi afinal concedido a Anton Rubinstein em base temporária. No final do verão, irrompeu a Guerra franco-prussiana. Apesar da sua resolução de viver em Viena, Brahms era até a medula um patriota alemão e tinha uma admiração extraordinária por Bismarck, o chanceler prussiano. Tivera escasso interesse pela campanha austro-prussiana de 1866, mas paradoxalmente os acontecimentos da guerra com a França pareceram tê-lo afetado mais de perto. Ferdinand Schumann, o único filho saudável e bem-sucedido de Clara, foi convocado para o exército — apenas para contrair um reumatismo tão debilitante que o tratamento o deixou viciado em morfina pelo resto da vida.[7] Brahms estava aflito com o pensamento de que Clara se achava numa possível zona de guerra e, após os reveses alemães iniciais, pensou seriamente em se alistar como voluntário. Contudo, o bom senso prevaleceu e, em vez disso, ele canalizou as energias para a composição de uma espécie de Te Deum da vitória — mas, como o *Requiem*, para texto alemão de sua escolha. Era a *Triumphlied*, cuja primeira parte ele regeu em abril de 1871 na Catedral de Bremen, num concerto em memória dos mortos da guerra. O restante da obra não foi terminado antes de outro ano.

Ele passou a parte inicial de 1871 em incessantes viagens e apresentações em concertos, repousando no verão em Lichtenthal. Foi durante esse verão que Clara Schumann lhe passou a sua nova aluna inglesa, Florence May, para aprender a aperfeiçoar sua técnica de piano. Embora a técnica interessasse profundamente a ele, uma vez que já não tinha necessidade, Brahms quase nunca aceitava alunos de piano e nesse caso só por pedido especial de Clara. Muitos anos depois, Florence May viria a ser a primeira biógrafa inglesa de Brahms e deixou um relato encantador e perceptivo dos métodos de ensino de Brahms, do seu minucioso conhecimento musical, do seu amor pela natureza e capacidade para a amizade. Na opinião dela (que é ampliada e confirmada por outras descrições mais curtas do seu ensinamento, por exemplo na autobiografia de Eugenie Schumann):

> Brahms reunia em si todas as virtudes que se poderia supor que existissem num professor de piano completamente ideal, sem ter um único inconveniente atenuador. Não desejo escrever com um entusiasmo exagerado. Ele teria sido o primeiro a desaprovar isso. (...)
>
> Ele era preciso e perfeito; era delicado, paciente e encorajador; não era apenas claro, era a própria luz; conhecia exaustivamente e podia ensinar, e de fato ensinava, com os métodos mais concisos possíveis, cada minúcia do estudo técnico; era infatigável nos seus esforços para fazer com que o aluno compreendesse o pleno significado musical de qualquer obra que pudesse estar à disposição; era até pontual.[8]

No outono Brahms voltou a Viena. Nos últimos anos ele morara em vários quartos alugados na cidade, entremeados com hospedagens em hotéis ou com amigos, mas em dezembro alugou alguns aposentos de uma família chamada Vogl em Karlgasse, nº 4, uma indefinida quadra de prédios muito próxima à grande Karlskirche barroca e apenas a uma pequena caminhada de distância da nova construção que alojava a biblioteca e as salas de concerto da Gesellschaft der Musikfreunde. Tanto quanto ele já tivera uma casa, essa viria a sê-lo pelo resto da sua vida. A essa altura era um "vienense" no espírito, se não por nascimento — e alguém que finalmente, se não felizmente, se conformara em permanecer solteiro.

Em um mês, porém, graves notícias familiares o levaram às pressas até Hamburgo: o seu meio irmão Fritz Schnack, que vinha trabalhando na Rússia como relojoeiro, fora trazido de São Petersburgo com um ferimento na espinha e o médico que o atendia diagnosticara uma enfermidade fatal no pai de Brahms, que se queixara de uma vaga indisposição — na realidade, Johann Jakob estava morrendo de câncer no fígado. Enquanto Caroline Brahms cuidava do filho, Brahms pôde ficar com o marido dela durante os últimos dias, sem jamais deixar o seu lado até o velho dar o último suspiro, em 11 de fevereiro de 1872. Em seguida, ele permaneceu em Hamburgo a fim de se certificar de que a irmã, a madrasta e o meio irmão estavam adequadamente amparados. A sua renda, que aumentava com constância, lhe permitiu proporcionar a eles uma ajuda financeira regular e, nos anos seguintes, freqüentemente ele arcou com a despesa de férias em benefício da saúde deles. Para sua preocupação, Elise se casara há pouco com um viúvo de idade madura e seis filhos, mas a união se revelou bem-sucedida e Johannes forneceu a ela uma renda anual, assim como custeou a educação do filho mais novo. Caroline voltou ao seu negócio de fornecedora de refeições. Brahms e ela continuaram a se corresponder nos termos mais afetuosos e ele instalou Fritz Schnack numa relojoaria em Pinneberg, a cidade do Holstein onde convalescia do ferimento. Com o irmão Fritz, que retornou após alguns anos ensinando na Venezuela, houve uma reconciliação formal, mas sem qualquer intimidade entre ambos. A morte do pai rompera o último laço verdadeiro com Hamburgo e a partir de então a vida de Brahms estava concentrada mais ao sul.

6

A compreensão do passado

Em um dos ensaios, quando Grimm estava distribuindo as partes da *Ave Maria* e da *Begräbnisgesang*, o meu vizinho, um estudante universitário loquaz e com a experiência de vários períodos letivos por trás dele, disse em tom surpreso: — Brahms! Quem é? — Oh, algum antigo eclesiástico da época de Palestrina — eu respondi, uma informação que ele aceitou e passou adiante.

Carl von Meysenbug,[1] amigo de Brahms

O fascínio contínuo de Brahms pelo que atualmente denominamos música antiga, que remonta ao período renascentista na Alemanha e na Itália, e a compositores como Isaac e Palestrina, é bem conhecido. Mas à maioria dos seus contemporâneos isso parecia um entusiasmo excêntrico e os primeiros biógrafos estavam despreparados para compreender o seu significado. Durante a vida de Brahms, embora as obras de Bach e Haendel estivessem aos poucos obtendo reconhecimento, a importância da música anterior ao período clássico de um modo geral quase não era aceita. A maioria dos críticos e apreciadores da música a consideraria antiquada, "primitiva", rústica e, acima de tudo, enfadonha, e teria posto em dúvida se afinal valia a pena executá-la. Só nos últimos anos — com a enorme explosão de interesse por todo o campo da música antiga que vem ocorrendo desde meados do século XX em execuções, publicações, discussão musicológica e gravações — as atitudes de Brahms começaram a parecer importantes, até mesmo proféticas e pioneiras. Naturalmente ele não foi de forma alguma o primeiro compositor a admirar e a aprender com a música pré-clássica: Mozart estudou Bach e fez a sua versão do *Messias*, a música posterior de Beethoven se beneficiou muito com o estudo de Bach e Haendel, Mendelssohn foi um promotor do ressurgimento de Bach, Schumann era um entusiasta de Palestrina e co-fundador da Bach-Gesellschaft. Mas o envolvimento de Brahms com a música antiga (seja a "música artística" ou a canção folclórica) era muito diferente do envolvimento deles. Ele estava na vanguarda da exploração, no momento em que o campo estava começando a ser aberto por estudiosos contemporâneos. A sua pesquisa era de amplo alcance, era sistemática, e foi de longa duração, anterior ao contato com Schumann e se prolongando até a concepção da sua última obra, os onze Prelúdios Corais para órgão. Era um interesse erudito, na medida em que estudava a música pela música; era também um interesse de intérprete, pois levou muito dessa música à presença do público; e, acima de tudo, era um interesse de compositor — uma assimilação das técnicas da música antiga que teve toda uma série de repercussões contínuas na sua linguagem musical.

Em suas explorações, Brahms (que, seja como for, possuía os instintos naturais de um bibliófilo) reuniu ao longo dos anos uma biblioteca pessoal de música e partituras que provavelmente ultrapassava a de qualquer outro compositor da época. (A maior parte, que totaliza mais de dois mil volumes, permanece na coleção da Gesellschaft der Musikfreunde em Viena.) Desde a adolescência era um ávido colecionador, gastando todo o dinheiro que tinha em bancas de revendedores de livros usados. Dispôs-se também a adquirir obras importantes que permaneciam inéditas (como ainda estava a maioria das de Bach ou de Schütz quando ele começou a pesquisá-las). O único modo viável de conseguir isso era fazer as suas próprias cópias (*Abschriften*) de fontes manuscritas ou edições raras fora das suas posses. Amigos como Clara e Joachim, que conheciam os gostos dele, lhe compravam livros ou partituras como presente e faziam ou encomendavam *Abschriften* de peças especialmente selecionadas. Em alguns casos conseguiram presenteá-lo com manuscritos originais raros, que ele também comprava e colecionava. Numa época ou noutra, Brahms possuiu tesouros como o autógrafo de Mozart da Sinfonia em sol menor K550, os Quartetos para cordas op. 20 de Haydn, canções e peças para piano de Schubert, um caderno de esboços de Beethoven que incluía os esboços da Sonata *Hammerklavier, Davidsbündlertänze* de Schumann, a versão original da sua Sinfonia em ré menor e até, durante certo tempo, a partitura completa do *Tannhäuser* de Wagner, escrita de próprio punho (que ele relutou extremamente em devolver ao compositor quando ficou evidente que a pessoa de quem a recebeu estivera agindo sem o consentimento de Wagner!).

Como ficou sugerido no Capítulo 2, uma das realizações do movimento romântico foi uma revalorização das obras de arte mais antigas e das suas técnicas. Anteriormente postas de lado e desprezadas como antiquadas, tornaram-se notáveis exemplos dignos de estudo, até mesmo de veneração. Aliado a isso havia um traço de gosto pelo que fosse antigo que Brahms certamente compartilhava: o encanto hoffmanniano com a música antiga em parte porque era *antiga*, o repositório de uma forma de expressão mais pura e mais magicamente poderosa. Mas Brahms logo passou a admirar a música por si mesma, percebendo que, longe de "espontaneidade primitiva", grande parte dela representava uma arte altamente desenvolvida de que desde então a música se afastara. Isso se tornou ainda mais evidente para ele assim que teve a oportunidade de ensaiar e executar a música coral com coros verdadeiros. Como ele escreveu a Clara em 1857 durante a primeira temporada em Detmold: "Pretendemos interpretar [o madrigal de Schumann] *Zigeunerleben* e tenho certeza de que sairá magnificamente. Como essas coisas são puerilmente fáceis comparadas à antiga música sacra (...)" À medida que ele estudava e aprendia com as edições que colecionava, o seu fascínio se desenvolveu em meticulosa erudição. Numa época em que os intérpretes habitualmente ainda tomavam liberdades com a música tal como fora composta, Brahms se preocupava extraordinariamente em estabelecer as intenções originais do compositor e compilar um texto preciso de tudo o que adquiria. Os manuscritos e as edições da sua biblioteca são amplamente assinalados e comentados como resultado das suas pesquisas — para as quais ele visitou a maioria das principais bibliotecas na Áustria e Alemanha — entre edições concorrentes ou fontes manuscritas. Com relação a um espectro muito vasto de música, da Renascença à obra dos seus contemporâneos, ele corrigiria erros de impressão ou de cópia, acrescentaria acentos ou acidentes que faltassem, solucionaria ambigüidades tipográficas, anexaria citações e referências a outras edições ou livros que lançassem luz sobre problemas interpretativos, assinalaria passagens que lhe parecessem especialmente eficazes (ou o inverso) e assim por diante. Isso já não era gosto pelo que fosse antigo, mas erudição de uma espécie muito impressionante: Brahms evidentemente possuía as qualidades essenciais a um musicólogo de primeira ordem. A musicologia ainda era uma ciência nova — mas é extremamente significativo que Brahms incluísse algumas das suas principais figuras entre os seus maiores amigos.

A própria erudição musical experimentara um progresso semelhante desde os impulsos iniciais que o romantismo lhe concedeu. Nas primeiras décadas do século XIX haviam surgido as primeiras grandes compilações de canções folclóricas e estudos da música renascentista. Entre os mais importantes destes últimos, estava *Johannes Gabrieli und sein Zeitalter* de Carl von Winterfeld, em três volumes (publicado em 1834, o último volume se dedicava inteiramente a exemplos musicais), que Brahms cedo adquiriu e assimilou, continuando a estudar durante toda a vida. Ao apresentar esse panorama da "Época de Gabrieli", Winterfeld proporcionava o que na realidade era uma útil antologia da música renascentista final, na maioria indisponível em outro lugar. Embora ele publicasse peças de Lassus, Monteverdi e Marenzio, a maior parte dos exemplos foi sem dúvida cedida a Giovanni Gabrieli e, ainda mais digno de nota, a Heinrich Schütz. Às vezes diz-se que Winterfeld realizou, praticamente sozinho, a redescoberta pelo século XIX do mestre alemão do século XVII. Contudo, a inclinação de Winterfeld é completamente romântica no entusiasmo prolixo e extático pelo seu tema e no fascínio luterano com os seus aspectos religiosos.

Entretanto, autores como Winterfeld (e Friedrich Rochlitz, cuja compilação de peças renascentistas Brahms também possuía) lançaram a base para a geração seguinte de estudiosos, dentre os quais Brahms tinha muitos amigos: Friedrich Chrysander, Otto Jahn (biógrafo de Mozart e co-fundador com Schumann da Bach-Gesellschaft), Gustav Nottebohm, C. F. Pohl (biógrafo de Haydn) e homens mais jovens, como Eusebius Mandyczewski (discípulo de Nottebohm, que organizou a edição das obras de Haydn e Schubert e, posteriormente, do próprio Brahms) e Philipp Spitta. Brahms estava profundamente interessado no trabalho deles: a correspondência e as conversas com eles ampliaram o seu conhecimento e a sua compreensão da música de épocas passadas. Por sua vez, eles respeitavam muito o seu saber, as opiniões e o instinto crítico, ficando evidentemente estimulados pelo fato de as suas atividades serem tão calorosamente apoiadas por um dos principais compositores da época. Esses estudiosos estavam preocupados em tornar disponíveis textos e documentação precisos (como catálogos de obras e biografias dos compositores), e em compreender melhor a dinâmica da criação musical. Dentre os seus marcos estão memoráveis edições críticas completas dos principais compositores pré-clássicos e, embora pelos padrões modernos os seus métodos editoriais deixem muito a desejar, gerações sucessivas de musicólogos permanecem em enorme dívida para com eles. Durante toda a vida adulta de Brahms, a Bach-Gesellschaft esteve publicando a até então primeira Edição Completa da música de Bach, à razão de um volume por ano. O primeiro volume surgiu em 1851 e a partir de 1856 ele foi subscritor da Edição, embora tivesse acesso a edições mais antigas ou cópias manuscritas de obras a que a Edição Gesellschaft ainda não chegara. Às vezes — como no caso da Cantata n. 150 de Bach, que deu a Brahms a idéia para o finale da sua Quarta Sinfonia — esse material lhe era fornecido por Spitta, que estava trabalhando em sua monumental biografia de Bach. Spitta também organizou a primeira Edição Completa de Schütz, publicada por Breitkopf entre 1885 e 1894, e as obras para órgão de Buxtehude. Durante anos Brahms e ele mantiveram uma intensa correspondência, embora fosse interrompida por divergências originadas pelos escrúpulos religiosos de Spitta a respeito de se musicarem passagens da Bíblia.

O nome de Chrysander está inextricavelmente associado ao de Haendel, cuja biografia ele escreveu na década de 1858-67 e cujas obras editorou na monumental Edição Completa em noventa e seis volumes. Brahms também subscreveu para isso e realizou as partes de contínuo para os Duos e Trios vocais publicados no volume 32. Chrysander foi também o organizador geral de uma importante série de *Denkmäler der Tonkunst* (1871) que incluía motetos de Palestrina, trio-sonatas de Corelli (organizados por Joachim), obras de Carissimi e *Pièces de Clavecin* de Couperin. Brahms possuía todos os volumes e, a pedido de Chrysander, organizou o volume de Couperin. Além disso, com Chrysander e Spitta, foi co-fundador de um *Denkmäler deutscher Tonkunst* que começou com uma edição de *Tablatura Nova* de Samuel Scheidt e em 1892, com Bülow, constituiu um fundo para possibilitar a Chrysander publicar uma edição fac-símile do *Messias* de Haendel.

O um pouco mais velho Gustav Nottebohm talvez fosse uma figura ainda mais significativa para Brahms, em parte porque a amizade deles parece ter sido mais estreita e devido à simples amplitude do trabalho de Nottebohm. Hoje em dia ele é quase exclusivamente lembrado pelo seu trabalho pioneiro sobre os cadernos de esboços de Beethoven, pois foi o primeiro estudioso a perceber que esses documentos proporcionavam revelações esclarecedoras sobre o desenvolvimento e a transformação das concepções musicais de Beethoven. Esse era um tema que Brahms e ele deviam ter discutido atentamente, não sendo a menor razão o próprio Brahms possuir vários esboços de Beethoven. Na verdade, às vezes se considera que ele foi tão meticuloso na destruição do seu material de esboço porque desejava evitar que algum futuro Nottebohm pusesse a nu os seus processos de composição após a sua morte! Mas Nottebohm também realizou estudos de Mozart e Schubert, organizou edições de Bach, Haendel, Beethoven e Mendelssohn e era, como Brahms, um apaixonado colecionador de música antiga. Pouco depois de se encontrarem pela primeira vez, durante as primeiras visitas de Brahms a Viena, Nottebohm permitiu que Brahms transcrevesse peças das suas cópias manuscritas de acompanhamentos polifônicos para canções folclóricas de compositores como Zirler, Walther, Förster e Senfl. E após a morte de Nottebohm em 1882 (Brahms estava à sua cabeceira e no funeral proferiu a oração) ele herdou não apenas essa coleção mas também os extraordinários seis volumes, principalmente manuscritos, de "Alte Instrumentalcompositionen" — um gigantesco compêndio que dava destaque a muitas transcrições de tablatura de alaúde do início do século XVI e literalmente centenas de peças de compositores (e esta é apenas uma seleção aleatória) como Arbeau, Buxtehude, Banchieri, Bononcini, Byrd, Caldara, Carissimi, Campra, Cavalli, Cesti, Corelli, Dandrieu, Dowland, Erbach, Frescobaldi, Froberger, Hasse, Johnson, Keiser, Kerll, Lully, Marchand, Pachelbel, Pasquini,

Playford, Quagliati, Rameau, Scheidt, Titelouze, Vivaldi, Willaert e Zarlino — não só primorosamente copiadas como meticulosamente organizadas, comentadas e providas de variantes textuais pelo próprio Nottebohm. (Parece que nunca houve um estudo minucioso da compilação, que permanece como parte da biblioteca de Brahms, e assim esse aspecto da erudição de Nottebohm, como um pioneiro da música antiga, permanece até hoje desconhecido e desconsiderado.)

Brahms ocupou o seu lugar com esses musicólogos como editor crítico, levando à publicação e à execução obras pouco conhecidas. A sua Edição de Couperin e das realizações de contínuo de Haendel, ambas levadas a efeito a pedido de Chrysander, já foram mencionadas. Mas ele também preparou edições de concertos de C.P.E. Bach, sonatas para oboé do mesmo compositor (com realizações de contínuo), uma Sonata para dois cravos de W. F. Bach (curiosamente, ele estava trabalhando nisso na época da sua Sonata para dois pianos, op. 34), e levou a efeito a tarefa fundamentalmente importante de revisar o Réquiem de Mozart para a Edição Crítica Completa, tentando estabelecer o que Mozart de fato compusera e separando-o dos acréscimos e alterações posteriores de Süssmayr. Enquanto tudo isso era publicado durante sua vida, Brahms também organizou várias pequenas obras corais de Bach, Eccard, Mozart e Ahle para as suas próprias apresentações e pelo mesmo motivo providenciou novas partes de contínuo para as Cantatas n. 4 e 21 de Bach (a última infelizmente se perdeu num incêndio que em 1979 destruiu em grande parte os arquivos da Singakademie em Viena). Ele estava igualmente ocupado com a organização de música mais recente, sobretudo para as Edições Completas que estavam sendo publicadas por Breitkopf & Härtel — como a de Schubert (cujas Sinfonias ele organizou para a Edição Completa, assim como muita música para piano para outros editores), de Chopin (quatro volumes para Breitkopf, incluindo as Sonatas e Mazurcas) e naturalmente de Schumann. Entre 1879 e 1893 Breitkopf lançou as Obras Completas de Schumann, oficialmente sob a editoração exclusiva da viúva do compositor. Na realidade Clara buscou e recebeu conselhos de muitos discípulos de Schumann, não havendo dúvida de que Brahms era seu principal conselheiro e auxiliar nesse vigoroso empreendimento — embora tenha sido a causa de muitas tensões entre eles, sobretudo a áspera desavença a respeito da publicação da primeira versão da Quarta Sinfonia, que quase ameaçou arruinar a longa amizade. Ele próprio organizou o volume suplementar, incluindo os *Etudes Symphoniques* com as cinco variações que Schumann descartara.

Fica-se tão freqüentemente assombrado com a energia do homem. É um mistério como encontrava tempo para realizar todos os seus estudos e o trabalho editorial. Contudo, sente-se a tentação de dizer que, se ele nunca tivesse composto nada de seu, ainda teria sido considerado um dos principais estudiosos da música em sua época. Não que ele tivesse concordado. "(...) Lamento dizer que sei por experiência que não sou um bom editor crítico", escreveu a Clara em 1891:

> Muitas vezes tentei fazer isso e empreguei amor e entusiasmo, mas me é impossível dar a mim mesmo um certificado por tal trabalho e tenho de confessar que outros são muito mais bem habilitados para a tarefa (...)

Além dos esforços editoriais, talvez seja significativo que ele não tenha feito qualquer contribuição à literatura erudita: nenhum livro, nenhum artigo para periódicos dedicados à cultura (nem mesmo para o *Vierteljahrsschrift für Musikwissenschaft*, dirigido conjuntamente por Chrysander, Spitta e Guido Adler, que de vez em quando Brahms assinava mas nem sempre se dava o trabalho de ler). Talvez em alguma época ele tenha de fato projetado um tratado sobre um tema que o interessava particularmente: de qualquer modo, deixou um manuscrito (publicado afinal por Heinrich Schenker para assinalar o centenário do nascimento de Brahms) que parece uma compilação de exemplos musicais para um texto maior não escrito, iniciado em algum momento na década de 1860 e acrescentado a intervalos. Brahms o intitulou *Octaven u. Quinten u. A.* ("Oitavas e quintas, et cetera") e é um documento de interesse muito grande, apesar de o seu objetivo exato permanecer enigmático.

Essencialmente, o manuscrito fornece exemplos de escrita de vozes em polifonia que resultam em situações que tradicionalmente são "proibidas" ou consideradas "inadmissíveis" pela teoria contrapontística estrita — em particular, oitavas e quintas consecutivas. As amostras escolhidas — mais de uma centena — atestam a espantosa amplitude dos estudos de Brahms, que se estendiam de Caldara, Clemens non Papa, Gabrieli, Hassler, Lassus, Marenzio, Palestrina, Praetorius e Schütz, passando por Cherubini, Gluck, Haydn, Méhul e Mozart, até Hiller, Schumann e mesmo a *Carmen* de Bizet. Ele registra comparativamente poucos casos de movimento paralelo evidente, mas muitos em que o paralelismo está disfarçado de diversos modos ou resulta de decoração das principais linhas polifônicas — e quase todos são cuidadosamente identificados, com remissivas entre si e observações curtas (e às vezes obscuras). O fato importante que emerge do material é que Brahms não considerava necessariamente as oitavas e quintas consecutivas uma prova de composição imperfeita. Ao contrário, fazia distinção entre usos bons e ruins, hábeis e inábeis, dessas fórmulas polifônicas e nitidamente apreciava o que considerava casos especialmente eficazes. O que ele parece ter tentado estabelecer em *Octave u. Quinten* eram as circunstâncias em que tais violações da doutrina contrapontística se justificavam pela expressividade do seu efeito.

Isso ajuda a esclarecer a natureza do compromisso de Brahms — para com toda a música, mas sobretudo para com a música antiga como o repositório da mestria contrapontística que desejava reaver. Os seus impulsos e aptidões eram eruditos, mas não acadêmicos: ele queria precisão e disponibilidade para que o repertório pudesse ser ampliado e a música executada, não apenas discutida. Sua abordagem era rigorosa, mas não doutrinária: seu critério fundamental era a exatidão expressiva, a fidelidade à natureza da obra como um todo. É desnecessário dizer que os compositores mais capazes dessa fidelidade seriam aqueles de maior habilidade técnica. Mas a habilidade não devia ser enfadonha. Ele detestava exibições áridas de mera técnica, assim como detestava desânimo na execução. Pelas anotações de execução que subsistem dos concertos que regeu, podemos ver que — depois que tivesse chegado a um texto musical "correto" — acrescentava minuciosas indicações de expressão, dinâmica, crescendos e decrescendos a fim de realçar o efeito da obra, e estava inteiramente preparado para alterar detalhes de orquestração (acrescentando violas aos violoncelos e contrabaixos na abertura de um concerto para órgão de Haendel, por exemplo), se achasse que isso produziria um som mais satisfatório. Embora desse uma atenção muito maior do que seus contemporâneos ao que o compositor de fato escrevera, não compartilharia da paixão moderna pela "autenticidade" na execução. Não era um purista. Estava comprometido com a apresentação mais clara e mais vívida das idéias musicais.

Justamente por isso não se incomodava de arranjar obras de outros compositores para novos meios: preparou acompanhamentos orquestrais para algumas canções de Schubert e fez muitas transcrições para piano (que denominava "Estudos") em parte por interesse próprio e em parte a fim de aumentar o repertório para teclado. Apesar de muito menos assíduo nesse campo do que, digamos, Liszt ou Busoni, ele evidentemente teria concordado com a opinião de Busoni de que o ato de composição é em si mesmo um ato de transcrição e seus poucos exemplos têm um lugar entre os clássicos da arte do arranjador — nenhum mais do que a magistral versão da Chacona em ré menor de Bach para violino sem acompanhamento, transcrita como uma obra para piano somente para a mão esquerda. A maioria dos seus arranjos para piano têm de fato um objetivo técnico, em geral a fim de fortalecer a mão esquerda ou assegurar igualdade absoluta entre as mãos (como nas duas versões do presto da Sonata para violino em sol maior de Bach: a segunda transfere o material da mão direita da primeira versão para a esquerda, e vice-versa). Mas o impulso era também de puro prazer, como fez ver a Clara ao lhe enviar em 1877 o manuscrito da transcrição da Chacona:

> Na minha opinião a *Chacona* é uma das mais maravilhosas e mais incompreensíveis peças de música. Com o uso da técnica adaptada a um pequeno instrumento, o homem compõe um mundo inteiro dos mais profundos pensamentos e dos mais poderosos sentimentos. Se eu pudesse me imaginar compondo, ou mesmo concebendo, uma tal peça, tenho certeza de que a extrema agitação e tensão emocional me enlouqueceriam. Se não se tem à mão um violinista de suprema excelência, a mais requintada das alegrias é provavelmente deixar apenas que a *Chacona* ressoe em sua mente. Mas sem dúvida a peça inspira uma pessoa a se ocupar com ela de algum modo (...) e, em todo caso, Joachim não está sempre aqui, assim se tenta de outra forma (...) Só há um meio pelo qual consigo assegurar uma alegria não atenuada da peça, embora numa escala pequena e apenas aproximada, e isso é quando a toco somente com a mão esquerda. (...) A mesma dificuldade, a natureza da técnica, a execução dos arpejos, tudo conspira para fazer com que eu — me sinta um violinista!

As relações de Brahms com a música do passado são ilustradas mais nitidamente nas suas atitudes para com a canção folclórica alemã, com a qual ele se ocupou durante praticamente cinqüenta anos, produzindo inumeráveis arranjos de melodias preexistentes e assimilando os seus contornos e cadências até se tornarem um ingrediente essencial de seu estilo melódico. Em 1880, Hermann Dieters, seu primeiro biógrafo, já estava salientando o débito extraordinariamente acentuado de Brahms para com a canção folclórica secular e espiritual, afirmando que ele assim permanecera em contato mais próximo com os elementos da música do que Schumann permanecera. Sem dúvida Brahms não prezava menos a canção folclórica do que a música sacra polifônica: ambos os gêneros deviam ser considerados "música antiga", com as virtudes peculiares que se associavam à idade — acima de tudo, a proximidade com as fontes da criação primordial. Enquanto o estudo do segundo gênero o treinou nas habilidades do contraponto, o primeiro o capacitou a respeitar as exigências da melodia direta e expressiva, e a preservar um impulso lírico fundamental.

A revalorização da canção folclórica, como a da música artística mais antiga, foi uma das realizações fundamentais do romantismo. As *Stimmen der Völker* de Herder estimularam a famosa compilação de poesia folclórica de Achim e Brentano, *Des Knaben Wunderhorn* (1805-08), e esta por sua vez inspirara o trabalho dos compiladores pioneiros de melodias folclóricas — mais notavelmente August Kretzschmer e Anton Wilhelm von Zuccalmaglio, co-organizadores da *Deutsche Volkslieder mit ihren Original-Weisen* (1838-40), e Friedrich Wilhelm Arnold. Na década de 1850 Brahms se encontrou e se correspondeu com Arnold, que morava perto de Düsseldorf e havia conhecido Schumann, e Brahms teve permissão para copiar material da sua coleção. Primeiro estudou a antologia de Kretzschmer-Zuccalmaglio na biblioteca de Schumann; sua cópia foi um presente do amigo Karl Grädener em 1856. Apesar das falhas (os organizadores pilharam o trabalho de compiladores precedentes sem indicação, "romantizaram" algumas das melodias, alteraram outras para regularizar os ritmos e incluíram melodias e textos recém-escritos, às vezes até de sua própria composição, que ocasionalmente identificavam como "*Altdeutsch*"!), ela permaneceu a sua fonte favorita para as melodias com que lidou durante toda a vida. Ele não fez "pesquisa de campo" em busca de canções folclóricas,[2] mas utilizou essas fontes impressas e manuscritas de forma mais minuciosa do que qualquer compositor antes dele, para levar as melodias e os poemas ao campo do concerto e da apresentação em residências.

Entre o final da década de 1840 e meados da década de 1890, Brahms fez bem mais de duzentos arranjos de canções folclóricas, em geral para vozes sem acompanhamento ou para voz(es) e piano. Algumas melodias foram arranjadas várias vezes para diversos instrumentos. Os arranjos mais numerosos datam do final da década de 1850 e início da década de 1860, podendo ser associados à necessidade de proporcionar um repertório ao Frauenchor, ao coro de Detmold e à Singakademie. Existem também muitos arranjos simples para voz e piano do mesmo período. A maioria destes o próprio Brahms não considerava dignos de publicação (uma das suas exceções foi *Volks-Kinderlieder*). Em geral os arranjos corais eram simples harmonizações das suas melodias preferidas com pouco ou nenhum movimento polifônico, que aderiam rigorosamente a um modelo estrófico comum, com a mesma música para cada verso. Os arranjos com piano permitiam uma variedade muito maior nos acompanhamentos, mas eram igualmente singelos na forma. (Os *Volks-Kinderlieder* têm alguns despretensiosos interlúdios e codas para solo de piano.) Alguns chegaram até a sua produção oficial de "canção artística". Um exemplo é *Sehnsucht*, composto em 1858 como o último dos Lieder do op. 14: uma amostra típica do arranjo de Brahms para texto folclórico (ou melodia folclórica) em sua forma mais modesta, a melodia no alto de uma tessitura simples de acordes, principalmente triádica e em geral em quatro vozes. Alguns anos depois ele fez uma versão ainda mais simples para o Frauenchor hamburguês, um arranjo para coro feminino de três vozes que meramente omite uma nota de cada acorde (com freqüência, mas não sempre, da voz mais baixa, de modo que o movimento da harmonia às vezes é diferente).

O seu principal feito em acompanhamento para canções folclóricas, porém, é o soberbo arranjo de quarenta e nove *Deutsche Volkslieder* para voz e piano (os últimos sete também com refrões corais) que publicou em 1894. Brahms se orgulhou imensamente desse empreendimento — tanto quanto ou provavelmente ainda mais do que das suas composições "originais". Ali empregou uma experiência de toda a vida no trato do material das canções folclóricas, para criar obras de arte extremamente pessoais. Em parte, seu objetivo era polêmico. Havia surgido uma nova geração de compiladores de canções folclóricas (por exemplo, Ludwig Erk e Franz Böhme) e, embora Brahms estudasse os seus trabalhos, ele os considerava deficientes no sentido estético. Em particular, julgava que em razão da totalidade "científica" os compiladores subseqüentes incluíram demasiadas canções que tinham interesse musical insignificante e se ressentia abertamente do fato de que eles lançavam dúvidas sobre a autenticidade de muitas melodias que ele havia apreciado desde a juventude. Os *Volkslieder* de 1894 — extraídos quase inteiramente das compilações de Arnold e de sua querida antologia de Kretzschmer-Zuccalmaglio, e que incluíam muitas melodias com que trabalhara antes — foram portanto projetados como uma soma do que ele considerava as canções folclóricas mais primorosas: não necessariamente as mais autênticas, porém as mais belas, as mais comoventes, as mais estimulantes para o esforço criador.

O resultado é uma série de obras-primas em miniatura dignas de figurarem com qualquer das suas canções artísticas do mesmo período. De fato, em todos os pontos essenciais *são* canções artísticas. Textos que se complementam com perfeição, sérios, alegres, despretensiosos, pios, caçoadores, macabros ou discretamente eróticos, eles estão repletos de sutilezas harmônicas comedidas, minúcia poética e inventiva formal. As melodias estão incorporadas numa concepção global tão inteira e coerentemente brahmsiana que ele bem podia tê-las composto também. Seu modelo estrutural básico se mantém a simplicidade da canção estrófica, mas isso é ampliado, avivado de muitas maneiras engenhosas — por exemplo, com música ligeiramente diferente para versos posteriores do texto, repetições de uma meia estrofe mas não da outra, ou (sobretudo em canções narrativas) variação progressiva e expressiva do acompanhamento à medida que a história avança.

O enorme progresso nos estilos dos arranjos de Brahms (e sua arte de compositor de canções como um todo) é mais vividamente ilustrado nesses *Volkslieder* que encaram de outra forma melodias que ele musicara muitos anos antes. Considere-se, por exemplo, o n. 28, *Es reit ein Herr und auch sein Knecht*, uma balada sobre a inveja de um escudeiro do seu amo nobre, o assassinato do cavaleiro e a dor de sua senhora. Em 1858 Brahms fizera um arranjo do texto e da melodia: o Ex. 22a mostra o resultado. Veja-se agora o Ex. 22b, o início do arranjo de 1894. Toda a concepção foi repensada. Em 1858 uma única harmonização bastava para todas as oito estrofes. O arranjo de 1894 tem cinco seções diferentes que se desenvolvem atmosfericamente, envolvendo apenas três repetições exatas. Há um prelúdio de acordes minúsculo mas eficaz (destinado a se desenvolver no meio da canção). O tom baixou de dó menor para o mi bemol menor mais grave e mais sombrio, necessitando de uma transformação muito leve da própria melodia. A descida de escala da linha dos graves é aumentada tanto em ritmos quanto em intervalos, numa cadeia trevosa de terças decrescentes que é marca registrada brahmsiana compartilhada com a Quarta Sinfonia e *Vier ernste Gesänge* (a maneira como a mão direita ecoa a esquerda evoca especialmente a abertura da

Ex. 22
(a)

(Um senhor e o seu escudeiro cavalgavam pelo sombrio urzal
e toda a sua conversa era sobre uma bela senhora.)

(b)

Sinfonia). O acompanhamento, em suma, não mais macaqueia a melodia e lhe fornece enchimento harmônico, porém se desenvolve a partir dela em motivos — e o ganho em substância e expressão é incalculável.

Numa atmosfera mais leve, podemos examinar o caso do violinista corcunda de Frankfurt. Brahms descobriu essa canção (em que quatro bruxas contratam o violinista a fim de tocar para a sua dança na noite de Walpurgis e o recompensam removendo magicamente a corcunda) na compilação de Kretzschmer-Zuccalmaglio, identificada como uma "canção folclórica renana". Evidentemente Brahms gostava muito dela, pois musicou a melodia três vezes e utilizou o texto para uma quarta composição independente. No início da década de 1860 fez duas versões corais da melodia, estritamente estróficas e modestamente homofônicas, ambas sob o título *Der Fiedler* — uma para o Frauenchor e a outra um arranjo para soprano, contralto, tenor e baixo para a Singakademie de Viena. Cerca de vinte anos depois, ele musicou a letra da canção para uma melodia sua como *Der bucklichte Fiedler*, o primeiro dos madrigais do op. 93a. Este faz progressivamente variações sobre a melodia de Brahms e tem tessituras de acordes muito mais complexas, que incluem uma imitação vocal absolutamente ousada das sonoridades do violino em corda livre. Após outra década se passar, ele retornou à canção folclórica original e criou uma versão final como um dos *Volkslieder* de 1894, dessa vez intitulado segundo o primeiro verso do texto, "Es wohnet ein Fiedler". Esse arranjo para voz e piano começa estroficamente mas tem uma segunda metade muito elaborada — separada das primeiras duas estrofes por uma imitação no piano das cordas livres do violino, completamente diferente da imitação no op. 93a mas claramente sugerida por ela. Mais uma vez, os limites entre o que constitui arte "folclórica" e "alta" arte são não só tornados indistintos como deliberadamente ignorados. Em todo caso, a questão é além disso toldada pelo fato de que essa "canção folclórica renana" é quase seguramente uma composição do próprio Zuccalmaglio — o que evidentemente de forma alguma diminuiu a afeição de Brahms por ela. Trinta anos antes Brahms a considerara uma boa melodia e ela permanecia uma boa melodia.

O fato de que ele estava disposto a defender essas "canções folclóricas" gravemente suspeitas, e na realidade glorificá-las com as suas atenções, indica uma forte ligação emocional que prevaleceu sobre os escrúpulos do estudioso. Talvez devêssemos esperar isso de um pesquisador que raspava religiosamente a areia de secar dos manuscritos de Schubert e a guardava numa caixinha. Brahms talvez tenha possuído uma compreensão do passado muito mais clara e bem informada do que a maioria dos seus contemporâneos, mas ela ainda era iluminada por uma imaginação romântica. Os *Volkslieder* de 1894 apresentam um mundo de cavaleiros galantes, donzelas abandonadas, violinistas encantados, freiras arrependidas, amantes tristes e felizes, e Morte, a Ceifadora — um mundo medieval idealizado, apropriado aos sonhos do Jovem Kreisler. No entanto Kreisler não poderia tê-lo prefigurado com tão serena sinceridade. Podemos, se quisermos, estigmatizar a paixão de Brahms pela canção folclórica como uma evasão sentimental da sociedade urbana do século XIX. Restou ao jovem Gustav Mahler dotar tais fontes folclóricas do esmagador sentido de dissociação e perda que a ironia e a paródia podem produzir, e é espantoso pensar que as suas canções de *Des Knaben Wunderhorn* estavam sendo compostas durante os mesmos anos em que Brahms estava coligindo os seus *Volkslieder*. Para Brahms, não menos cético nas cogitações cotidianas do que Mahler, porém menos atormentado no seu romantismo, a visão folclórica merecia ser apresentada corretamente, com toda a força que a "alta" arte pudesse levar em seu apoio. O passado podia ser outro país, mas necessitava de amorosa conservação se as pessoas deviam visitá-lo nas suas mentes.

7

A música dos anos intermediários, 1860-75

Todo o inverno tenho estudado contraponto com a maior aplicação. Para quê? A fim de melhor perseguir as minhas belas coisas? — Não preciso de contraponto para isso. A fim de me tornar Professor na Academia? — não, isso também não. A fim de melhor compor música em manuscrito? — Sequer aspiro a isso! Mas certamente existe um quê de tragédia em no final a pessoa se tornar habilidosa demais para as suas necessidades.

Brahms a Clara Schumann, Páscoa de 1872

A música de Brahms não se agrupa facilmente em períodos. Os contornos de seu estilo se prenunciaram nos primeiros anos da atividade de composição e não estavam sujeitos a alteração abrupta. Mesmo a sua música inicial possui tal intensidade de caráter e domínio técnico que é difícil falar em imaturidade dando lugar à maturidade. Existe, sem dúvida, um desenvolvimento gradativo pelo qual um domínio sempre mais completo dos pontos essenciais de sua arte levou a uma união sempre mais estreita de meio e forma com expressão, a uma intensidade que se aprofunda e à capacidade de dizer cada vez mais com cada vez menos notas. Mas isso não era de modo algum tão fácil para Brahms quanto atualmente nos parece e só foi alcançado com um incessante trabalho persistente. A década de 1860 o encontrou tirando partido das vantagens que obtivera com os estudos contrapontísticos da década anterior e fazendo experiências com formas amplas mas complexas, sobretudo no campo da música de câmara. Foi só com o *Deutsches Requiem*, composto na maior parte entre 1865 e 1867, que ele criou uma síntese magnífica de tudo o que aprendera e estendeu um domínio abrangente sobre o espectro mais amplo. O *Requiem* foi um divisor de águas: só após seu extraordinário êxito Brahms conseguiu terminar muitos projetos que durante anos permaneceram incompletos e avançar com inteira confiança para as grandes formas abstratas — especialmente sinfonia e quarteto de cordas — que por tanto tempo o haviam tantalizado.

OBRAS DE CÂMARA DA DÉCADA DE 1860

O Sexteto de cordas em si bemol, a primeira obra de câmara sem piano de Brahms a ser publicada, constitui uma ponte-conveniente para esse grupo bastante grande de peças, pois foi iniciada em 1859 e podia ser considerado o fruto final do período em Detmold. É também um sucessor direto das Serenatas orquestrais, exibindo uma boa proporção da sua jovial expansividade de atmosfera e forma. Nessa fase

Brahms parece ter-se sentido mais à vontade com o conjunto de cordas comparativamente grande — dois violinos, duas violas, dois violoncelos — do que com o quarteto de cordas. Deve ter sugerido algo menos energicamente polifônico, mais repousado em termos de melodia e de motivo: não havia intimidadores precedentes clássicos a que ele tinha de se igualar. Não que a obra careça de sutilezas em todas essas áreas, mas ela apresenta o aprendizado (que inclui, no movimento lento, o estudo rigoroso das formas de variação do barroco estrito) muito levemente, oculto sob uma regularidade de temas quase rústica e as sonoridades vivas que o conjunto propicia. A presença de dois violoncelos freqüentemente permite a Brahms incumbir o violoncelo 2 da linha dos graves, enquanto libera o violoncelo 1 para as principais frases melódicas: de fato, é esse instrumento, mais do que os violinos, que na maior parte do tempo parece comandar o conjunto, realçando o harmonioso colorido da obra como um todo. O início do primeiro movimento é um exemplo ilustrativo. Joachim considerou a abertura original mais forte, no que atualmente é o compasso décimo primeiro, demasiadamente abrupta e, seguindo o seu conselho, Brahms a precedeu de um anúncio do tema inicial no violoncelo 1. A amplitude schubertiana do movimento tem sido muitas vezes comentada: ele tem dois temas subsidiários — um gravemente angular, que se desenvolve a partir da figura de cadência do primeiro movimento, com respostas em pizzicato da viola e do violoncelo; o outro um lírico tema de violoncelo com um acompanhamento ondulante — e por trás de todos os três ronda o espírito do Ländler, a valsa lenta do interior austríaco, de que Schubert deixou tantos exemplos. O desenvolvimento se baseia nos primeiros dois temas, enquanto o terceiro recebe aquilo a que tem direito na coda, assumindo as características de pizzicato do segundo para criar uma conclusão particularmente atmosférica e delicada.

O movimento lento seguinte é uma série de variações em ré menor sobre um tema severo mas grandioso, de talhe arcaico, cuja rígida aderência às dimensões do tema sugere um débito para com a grande Chacona em ré menor de Bach. Exemplo importante do desenvolvimento da técnica de variação de Brahms, plenamente comparável às diversas variações para piano,[1] ele sem dúvida lhe proporcionou valiosa experiência para as Variações e Fuga sobre um Tema de Haendel, que logo seriam compostas. Essas variações para Sexteto transformam tanto o tema, e são tão ricas em sonoridades contrastadas, que superam completamente o rigor da forma. A terceira variação, com o turbulento fluxo e refluxo de escalas rápidas nos dois violoncelos; a grandiloqüente quarta variação, que dá ao tema a sua expressão mais arrebatada no tom maior; e a sexta variação — uma coda espectral, com o tema retornando como uma sombra de si mesmo em solo de violoncelo — talvez sejam os aspectos mais memoráveis em um movimento que, embora não esteja entre os mais sutis de Brahms, ainda assim merece se colocar entre os seus maiores.

O scherzo é muito curto mas animado, com um trio impetuoso que retorna na coda — a característica de dança campestre de ambas as partes é outro vínculo com as Serenatas. O finale, em contraste, é o movimento mais longo de todos — um rondó vagaroso e pausado, cuja progressão em furta-passo e generosidade melódica mais uma vez evocam Schubert. Com a afirmação inicial em solo de violoncelo do tema do rondó e a surpreendente utilização de pizzicato perto do término, cria vários paralelos deliberados com o primeiro movimento. Encampa também uma figura rítmica subsidiária daquele movimento e a transforma em importante motivo de três notas que é engenhosamente desenvolvido: sob a forma de duas semínimas mais uma mínima, se torna o acompanhamento para o tema do primeiro episódio e em seguida o foco do segundo episódio, que assume o caráter de um desenvolvimento enérgico. (O Ex. 23 mostra os principais aspectos do processo, um bom exemplo da capacidade de Brahms de criar uma unidade orgânica em larga escala a partir dos mais simples materiais temáticos.) O próprio tema do rondó é tratado espirituosamente em aparições posteriores, apesar de seu caráter sereno. Primeiro Brahms o divide em duas metades, os violinos e a viola 1 respondidos pela viola 2 e pelo violoncelo; posteriormente, logo antes da coda, esses grupos instrumentais o reduzem ao mero esqueleto, arremessando-o para frente e para trás como uma série de simples grupos de duas notas.

Se esse Sexteto parece um parente próximo das Serenatas, os Quartetos e o Quinteto para piano que o sucederam são inteiramente mais "sinfônicos" nas ambições formais e na extensão do contraste. O Quarteto com piano em sol menor op. 25 é o "n. 1" oficial de Brahms nessa forma, mas ele já empregara esforços consideráveis num em dó sustenido menor, que surgiria muitos anos depois como o seu op. 60, num compasso diferente e em forma grandemente repensada. Embora atualmente seja impossível reconstituir a configuração desse quarteto inicial, ele parece ter possuído várias características ousadamente inortodoxas (talvez combinando as funções de scherzo e finale, por exemplo). O seu sucessor em sol menor (possivelmente concebido por volta de 1857, esboçado em Detmold em 1859 e aperfeiçoado em Hamburgo até 1861) tem um modelo em quatro movimentos exteriormente mais convencional, contudo cada movimento exibe o seu quinhão de surpresas estruturais e estilísticas. Clara e Joachim parecem ter considerado a obra um pouco indisciplinada e os dois primeiros movimentos guardam algumas das marcas de *Sturm und Drang* — mas seu vigor e excentricidade estão entre os atributos que desde então o tornaram mais estimado pelas platéias.

De fato, a obra parece esforçar-se continuamente para além do meio escolhido, em direção a um senso de colorido, alcance de expressão e amplitude de desenvolvimento orquestrais. (Para um repertório que já esquecera os últimos quartetos de Beethoven e mal conhecia o Quinteto em dó maior de Schubert, tais impulsos pareciam mais estranhos do que parecem atualmente.) O sombrio e

Ex. 23

O segundo motivo do primeiro movimento estabelece o padrão rítmico

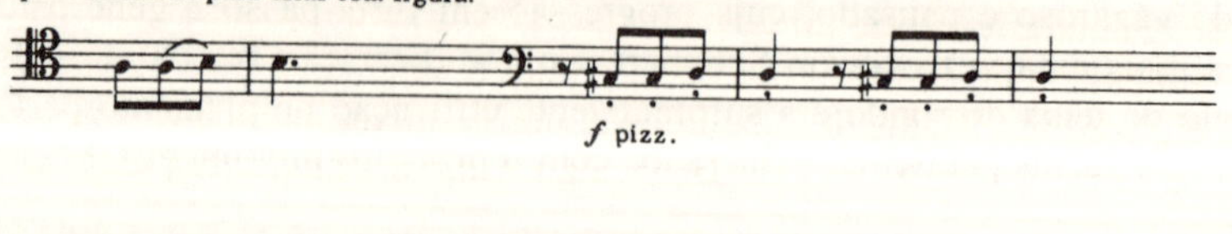

que é utilizado para criar esta figura:

No finale isso se torna:

em seguida:

em seguida na coda:

extenso primeiro movimento apresenta uma quantidade invulgarmente grande de idéias distintas, ligadas por uma complexa rede de elementos temáticos e rítmicos compartilhados, em perspectivas tonais estranhamente fluidas (Clara reclamou que era "mais ré maior do que sol menor"). Era o movimento de sonata mais indagador que Brahms já compusera, contrabalançando uma concentração implacável (no comparativamente breve segmento de desenvolvimento) sobre o motivo de um compasso que constitui o próprio primeiro tema, com uma expansividade despreocupada nos segmentos externos e um reembaralhamento sem par dos elementos da exposição na recapitulação, até mesmo inserindo uma idéia completamente nova. Há energia e lirismo em profusão, mas o movimento nunca é tranqüilo, questionando continuamente suas próprias premissas. E não se encontra nenhuma resposta consoladora, pois a coda, que começa esperançosamente com uma doce escrita em *tranquillo* apenas para cordas, se inflama exaltada só para escorrer placidamente como uma vela, na implícita frustração. Mas não há sinal dos problemas que atormentaram o movimento correspondente do Trio op. 8 — este impõe a sua lógica expressiva com força magistral.

Originalmente Brahms denominou o segundo movimento em dó menor de scherzo, mas ele pouco tem em comum com os dinâmicos scherzos de suas obras iniciais e o título posterior de intermezzo lhe convém mais. É um dos primeiros exemplos de uma espécie de movimento que Brahms iria tornar peculiarmente seu (mais manifestamente nas três primeiras sinfonias): um delicado interlúdio de passo moderado e um tanto reprimido, repleto de meias-luzes expressivas, cuja pungente meia-verdade põe em relevo os movimentos maiores. Certamente é esse o efeito do tema principal, uma versão obsessiva do "motivo de Clara" desdobrado por viola e por violino em surdina contra um pedal palpitante no violoncelo. O trio, em lá bemol, é mais alegre e mais vigoroso, com ondulante floreio do piano, porém conserva o ritmo característico do tema do scherzo.

O andante con moto, em mi bemol, se apresenta a princípio como uma canção confiante, em que as longas linhas arqueadas da melodia fluem sobre os instrumentos de cordas, com o piano num papel principalmente de acompanhamento. À medida que ele se desenvolve, no entanto, se faz sentir um ritmo pontuado mais jovial e este leva a um segmento central em dó maior em forma de uma marcha empertigada, quase militar, cuja turbulenta animação sugere energicamente tessituras orquestrais, e que avança aos poucos para um clímax que clama por trompetes e tambores. Esse desfile colorido de certo modo resolve as tensões expressivas que haviam toldado a obra até esse ponto, possibilitando a pura vitalidade animal do finale, um "rondó alla zingarese" que pertence a uma tradição ocasional de finales "ciganos" que remonta a Haydn.

Contudo, ele prolonga irregularmente essa tradição e é o episódio mais bombástico e exuberante no longo romance de Brahms com as peculiaridades exóticas e populares dos estilos húngaros que assimilara de Reményi e Joachim. Se o tema principal, com o ímpeto rítmico precipitado e o singular fraseado em três compassos, poderia ser uma Dança Húngara insolitamente colérica, a estrutura que Brahms passa a construir sobre ela é muito mais rebuscada: contudo, a estouvada desenvoltura da música nos leva para muito longe da concentração intelectual do primeiro movimento. Os excessos de vibração, virtuosismo e aflição emocional do movimento sugerem que ele estava sendo pelo menos meio irônico, ao passo que a extravagante cadência para piano que antecipa a coda em furacão parece parodiar o próprio Liszt.

(Enquanto durante gerações entendidos em música de câmara têm-se regalado com essa obra, mais recentemente ela se tornou conhecida por um público muito mais amplo na admirável transcrição para orquestra completa feita em 1937 por Arnold Schoenberg, que muitas vezes a executara como violista e violoncelista. Na época, esse *tour de force* da arte do arranjador foi considerada meramente excêntrica, mas nos últimos vinte anos alcançou a ampla aceitação que Schoenberg esperara por meio de muitas apresentações e gravações. Os famosos adornos de

Schoenberg no finale, que incluem glissandos de trombone e uma grande bateria de percussão que inclui xilofone e sistro, servem apenas para enfatizar a natureza tumultuosa da invenção de Brahms.)

O Quarteto com piano n. 2 em lá maior, que rapidamente se seguiu e foi apresentado ao público na mesma época, constitui um contraste fascinante. Clara Schumann o preferia e, durante a vida de Brahms, ele foi o mais freqüentemente executado dos dois. Mas posteriormente parece ter adquirido fama por sua duração e méritos excessivos, talvez porque três dos seus quatro movimentos sejam dispostos em forma sonata expansiva, e é ouvido menos vezes na sala de concertos do que os outros quartetos. Isso é injusto: trata-se de uma obra-prima — mais obviamente "clássica" na concepção, talvez a réplica "apolínea" à sua prima "dionisíaca" em sol menor, mas com muito da mesma energia cigana orientada então para objetivos menos pitorescos mas igualmente satisfatórios. Manifesta uma tendência comparável, embora menos enfática para uma escala de argumento "sinfônica" e uma extensão "celestial" que atesta o (a essa altura) estudo minucioso de Schubert por Brahms. O primeiro movimento, um dos mais amplos e mais primorosamente equilibrados esquemas de sonata que ele compôs, é tão rigorosamente trabalhado quanto o do op. 25 e, apesar disso, essencialmente lírico em efeito. A idéia de abertura (Ex. 24), cujas duas metades ritmicamente distintas estão aptas para trajetórias de desenvolvimento separadas e, no entanto, atingem um equilíbrio de força escultural, domina com facilidade o movimento, apesar de um farto elenco de apoio de temas subsidiários, e tem a última palavra como tem a primeira. O poco adagio, pelo menos, tem sido sempre admirado, com a sua forma ternária grande mas sutil e que articula o que Joachim denominou sua "paixão ambígua". O amortecimento das cordas até a repetição dá ao piano, com os seus misteriosos e desolados floreios de harpa eólia e ardente segundo tema, um realce incomum, que parece vinte anos adiante em direção ao estilo do Segundo Concerto para piano de Brahms. O "obscurecimento" pelas cordas do tema de abertura do piano, tranqüilo e semelhante a uma canção, e a alteração de cadência

Ex. 24

no estilo cigano, são extensamente desenvolvidos em exposições temáticas cada vez mais floreadamente decoradas, que colocam este entre os mais belos movimentos lentos de Brahms. As sonoridades amortecidas retornam na coda, aquietando e atenuando o lirismo confiante.

O scherzo em forma sonata é ainda outra nova aventura nesse gênero que Brahms utilizou tão habilidosamente. A desenvolta e fluente progressão em colcheias do primeiro tema parece a princípio branda demais para um scherzo, comum demais para um intermezzo característico como o movimento comparável do op. 25 — no entanto, se revela apropriada a uma implacável estruturação de enormes extensões melódicas, enfatizando a escala sinfônica da música. Um interesse rítmico mais vivo é entregue ao floreio de colcheias da passagem de transição, que conduz ao segundo tema. Contudo, o trio passa a se basear numa variação desse tema de transição, agora tornado impetuoso e húngaro mas tratado com impiedosa disciplina, como um cânone no uníssono entre piano e cordas. Conseqüentemente gerações de críticos classificaram o movimento como "seco" e "acadêmico", um engano com pouca probabilidade de voltar a ocorrer desde que os mestres do contraponto do início do século XX, Schoenberg e Busoni, nos ensinaram a reconhecer a energia revigorante e a precisão de pensamento que se originam dos princípios canônicos estritos, se empregados de maneira imaginativa.

O último movimento não é um rondó, mas outro esquema de sonata plenamente trabalhado, porém o primeiro tema tem muito do caprichoso colorido húngaro do finale "zingaresca" do op. 25. Seu sabor exótico e seus ritmos idiossincráticos são, contudo, subordinados a uma forma global ampla e vagarosa, cuja extensão se origina, à maneira de Schubert, do mero tamanho dos próprios parágrafos melódicos, criando uma atmosfera olímpica de força descontraída que equilibra de modo satisfatório a estabilidade do igualmente extenso primeiro movimento. Esse é um finale que não se apressa e aprecia isso, completando adequadamente uma obra cuja mestria, atingida com perfeição, é ainda mais notável por ser tão coerentemente atenuada.

A obra para piano e cordas de Brahms que se segue, o Quinteto com piano em fá menor, op. 34, é um dos testemunhos mais eloqüentes da atmosfera de *Sturm und Drang* que ainda o dominava no início da década de 1860 e uma das várias obras decisivas que sofreram uma gênese complicada — nesse caso, uma que se equipara à do Primeiro Concerto para piano. O que Brahms compôs primeiramente, em 1862, foi um Quinteto de cordas, para o conjunto schubertiano (entendido como oposto a mozartiano) de um quarteto de cordas com um segundo violoncelo: as suas correspondências com o Quinteto em dó maior de Schubert provavelmente eram ainda mais nítidas nessa forma do que são atualmente. No entanto, ele ficou hesitante a respeito da peça e Joachim o convenceu de que ela seria demasiado difícil, sem eficácia suficiente se só para cordas. Por isso Brahms eliminou essa versão e remodelou o material como uma Sonata para dois pianos — que apresentou em público pela primeira vez em 1864, com Carl Tausig. Mas por insistência de Clara, que considerava essa Sonata "apenas um arranjo", ele voltou à música uma terceira vez e a reelaborou como Quinteto para piano e cordas, aclamado em geral como sua versão mais bem-sucedida — embora a Sonata para dois pianos tenha os seus defensores (Brahms ficou suficientemente satisfeito com ela para publicá-la) e tenha mantido uma posição segura no repertório.

Quaisquer que sejam as pretensões dos seus diferentes meios (sem dúvida há passagens em que as simples aptidões percussivas dos dois pianos parecem ter vantagem, sobretudo no scherzo), o op. 34 é até então, decididamente, uma das mais significativas afirmações da composição de Brahms, talvez a obra-prima arquetípica do início da década de 1860. Em muitos aspectos ele sintetiza e tira partido de diferentes progressos que Brahms já fizera nos gêneros da música de câmara, particularmente os trios e quartetos com piano, levando a sua procurada unificação do impulso beethoveniano "dinâmico" e do impulso schubertiano "lírico" à sua mais intensa expressão até aí. As soluções formais com que ele atinge seu objetivo são magistrais, mas o resultado é uma obra repleta de tensão e sombreada pelo conflito da tonalidade menor, magnífica na forma de expressão mas freqüentemente sombria ou tonitruante em suas indignações.

Uma das forças principais por trás dessa tensão — e ótimo exemplo da crescente capacidade de Brahms para compor uma unidade de grandes proporções para fora dos mínimos elementos temáticos de seu esquema — é a medida em que os materiais muito diversos do Quinteto são dominados pelo intervalo de segunda menor: a queda ou elevação de meio-tom que tem estado sempre entre as mais vívidas metáforas da música para a agitação emocional. Isso, por sua vez, reflete um aspecto do vasto planejamento tonal de Brahms, que coloca um acento incomum em escalas que têm uma relação semitonal (ou napolitana) para com a tônica e dominante de sua principal tonalidade (por exemplo, fá sustenido menor e dó sustenido menor/ré bemol maior em relação à sua escala principal de fá menor). O Ex. 25 ilustra como as principais idéias de toda a obra são amplamente ligadas pela característica de um meio-tom significativo — colocado entre parênteses: (x). Ele mostra também algumas correspondências temáticas maiores e surpreendentes de configuração e ritmo — colocadas entre parênteses: (y) — estabelecidas através dos movimentos, sobretudo entre o primeiro movimento e o scherzo.

A idéia sinuosa anunciada no princípio (Ex. 25a) não só contém esse germe semitonal como estabelece uma configuração melódica que é variada ao longo de toda a obra. Na realidade, o processo de variação se inicia de imediato com o aparecimento da segunda metade do tema (Ex. 25b), uma interrupção dramática que dá a (a) e (b) caráter meramente introdutório, até que uma magnífica exposição em uníssono de (a) encaminha o movimento (isso tem conseqüências importantes para o finale, com a sua madura introdução formal). A transição para o segundo tema produz novos acentos semitonais dramáticos (Ex. 25c) e os diversos elementos do segundo tema (Ex. 25d, e, f) tratam quase exclusivamente de diferentes aspectos deles, mais atmosfericamente no sinistro trêmulo de graves do Ex. 25e. Como o Ex. 25e mostra, esse segundo grupo se concentra em grande parte em torno de dó sustenido menor, um meio-tom acima da dominante ortodoxa. Durante a recapitulação, quando se poderia esperar que ele surgisse no fá menor tônico, Brahms apresenta o material um meio-tom acima, em fá *sustenido* menor, reforçando uma relação napolitana paralela e deliberadamente contendo o efeito cerrado e corroborante da estrutura de sonata convencional. Observe-se também como o melancólico Ex. 25d varia a configuração de (a). Apesar de sua atmosfera predominante de inflexível determinação contra as exigências da dor, a coda desse movimento compreende uma escrita só para cordas maravilhosamente tranqüila e que dá certa idéia do som do Quinteto de cordas original de Brahms.

Um pouco dessa tranqüilidade adere ao movimento lento em lá bemol maior, serena estrutura ternária cujo tema principal, construído a partir do refrão de um compasso infinitamente prolongável com acompanhamento encantadoramente hesitante, recorda o caráter de uma canção de Schubert. O segundo tema, em mi maior, com os arpejos de acompanhamento dedilhados no piano, é mais dramático e instrumental na concepção, mas a atmosfera se mantém comparativamente imperturbada. Essa polaridade de lá bemol/mi imita, no tom maior relativo, o contraste fá menor/dó sustenido menor do primeiro movimento e proporciona uma trégua emocional, ao mesmo tempo que reforça o argumento tonal. O movimento parece a princípio se encontrar fora das preocupações temáticas do restante da

Ex. 25

(a)

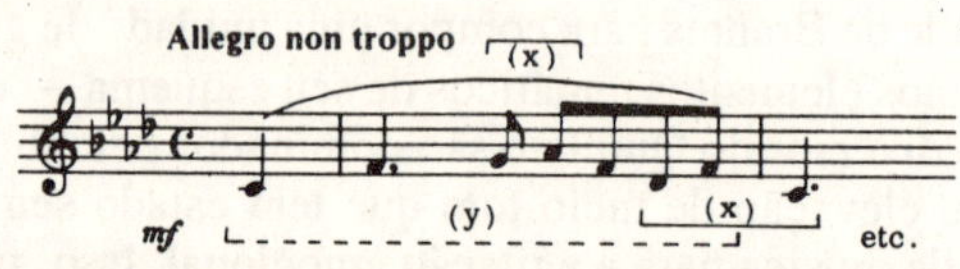

(b)

(c)

(d)

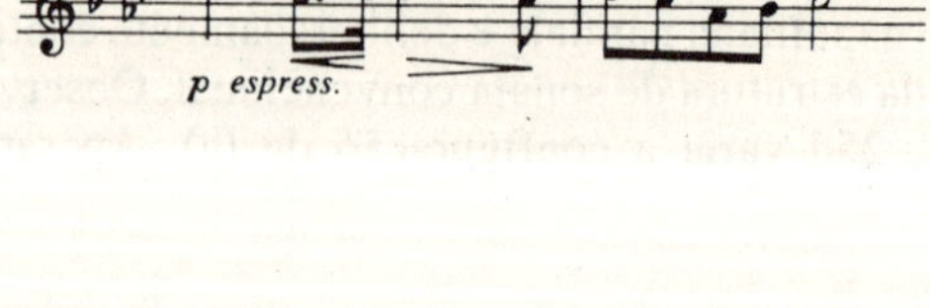

(e)

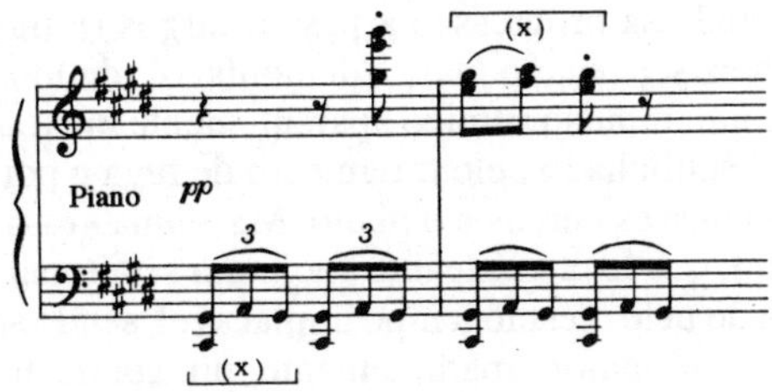

(f)

obra, mas na transição da volta ao primeiro tema a fragmentação de motivos enfatiza de novo o meio-tom (Ex. 25g), lançando as contínuas e meditativas alternâncias de tom maior e menor desse tema numa nova luz, sendo isso mais acentuado (Ex. 25h) na entrada para a coda. Daí a plácida beleza de seus últimos compassos conter uma minúscula nuvem na oscilação de mi bemol — fá bemol da viola.

Ex. 25
(g)

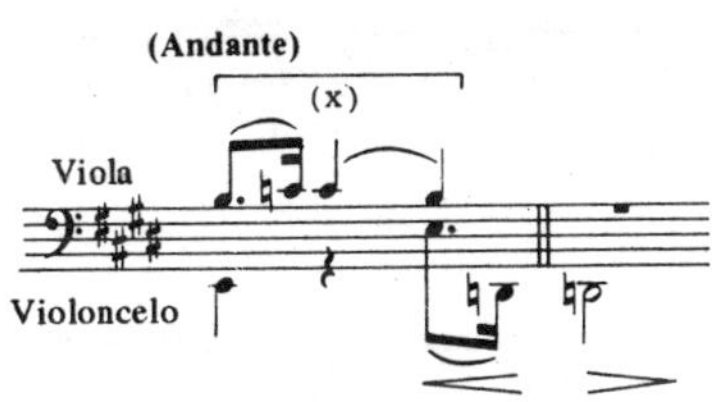

(h)

O scherzo, que se aproxima da escala de dó menor por meio de lá bemol (Ex. 25i) que se desenrola em síncope serpeante sobre um pedal de violoncelo em pizzicato, logo se proclama como o até então supremo exemplo daqueles scherzos retesados, viris e dinâmicos a que Brahms se vinha aplicando desde as obras para piano iniciais. O insistente e convulsivo ritmo pontuado de seu segundo tema (Ex. 25j) revela uma semelhança com o igualmente obsessivo scherzo da Sinfonia em dó menor de Beethoven (e, surpreendentemente, com o Ex. 25d do primeiro movimento de Brahms). O terceiro tema (Ex. 25k) faz referência mais específica à famosa figura de tercina de Beethoven, enquanto permanece completamente brahmsiano na sua grandiosa progressão a passos largos (e transforma de outro modo o Ex. 25d). Talvez seja este o mais "demoníaco" de todos os scherzos de Brahms, impelido por um impulso rítmico aparentemente inextinguível. O caráter obsessivo do Ex. 25j é sublinhado pelo tratamento de fuga e por uma fuzilaria de sincopação martelada entre as cordas e o piano. Mais uma vez há uma concentração na área do ré bemol, que leva a enleante apojatura semitonal no encerramento (Ex. 25l). O trio é tomado pelo mesmo tempo implacável, sendo sua ampla melodia cantante e seu decidido dó maior, aparentemente, um contraste forte e positivo: no entanto, a melodia se desenvolve diretamente do terceiro movimento do scherzo e o resmungar do ritmo de tercinas nunca se afasta de fato do acompanhamento.

Ex. 25

(i)

(j)

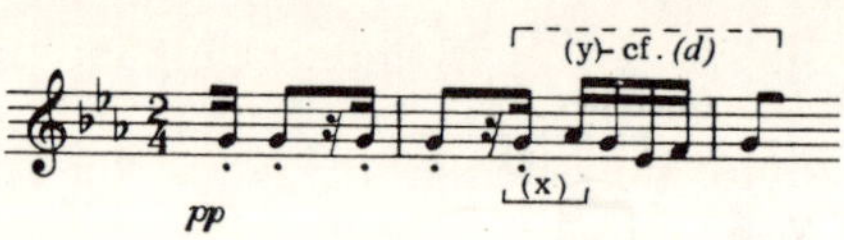

(k)

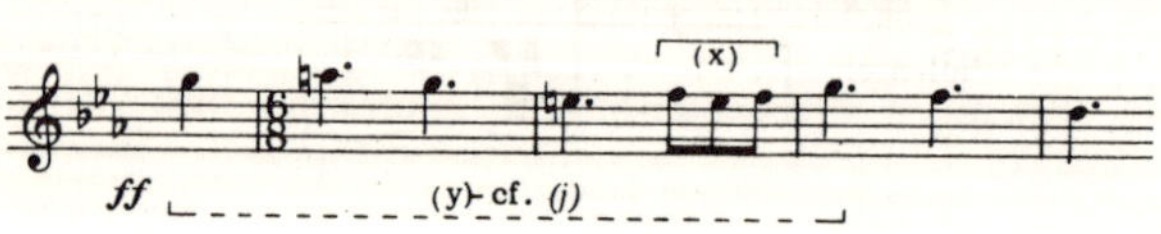

(l)

Mais surpreendente do que tudo é o finale, que virtualmente cria sua própria forma. Na medida em que os rótulos comunicam algo, é uma forma sonata concisa e de andamento moderado cuja recapitulação se duplica como desenvolvimento, cercada por lenta introdução e enorme coda de grande rapidez. Brahms iria retornar a esse tipo de esquema no finale da Primeira Sinfonia — não menos do que o efeito dramático da introdução em *poco sostenuto*: figuras de cordas entorpecidas e espectrais (Ex. 25m), que tenteiam o caminho em imitação glacial para a música talvez mais emocionalmente atormentada que a obra até então conteve, com o meio-tom ascendente mais uma vez enfatizando a relação napolitana. O aparecimento do finale propriamente dito, com uma resoluta melodia do violoncelo de aprumo quase haydniano e talhe clássico (Ex. 25n), surge como um abrandamento espirituoso que Haydn talvez tivesse apreciado. Mas o segundo tema traz de volta o romantismo febril da introdução, iniciando com um tema de pronunciado patos lírico nas cordas (Ex. 25o) e passando a uma vigorosa idéia subsidiária (Ex. 25p), cujos rápidos ritmos de tercina são mais agitados do que exuberantes. A transição de volta ao primeiro tema, quase em estilo de salão, surge como outro abrandamento humorístico, porém as atmosferas mais sombrias prevalecem e são maciçamente confirmadas na coda em presto, non tropo. Iniciada em dó sustenido menor, esta transforma o primeiro tema do Ex. 25n numa nevasca em staccato de colcheias em tercina (Ex. 25q) — um golpe que simultaneamente restabelece o espírito daquele scherzo memoravelmente obsessivo, enquanto enfatiza a relação de dominante aumentada que se acha nos outros movimentos. A melodia lírica do segundo tema retorna com retórica emocional drasticamente intensificada e a obra termina com uma irada explosão de síncope característica, tendo os ritmos em tercina e a configuração (y) finalmente transformados num ríspido epigrama em cadência.

"E o que é esse Sexteto em dó menor?", perguntou Clara por carta em 21 de fevereiro de 1861. Ela teria ouvido rumores acerca do Quinteto em fá menor, ou da outra obra de câmara ambiciosa desse período, o Sexteto de Cordas n. 2 em sol maior? As diversas versões do op. 34 complicam as suas já obscuras relações cronológicas *vis-à-vis* do Sexteto, que só foi publicado (como op. 36) em 1866. Mas o tema do adágio já existia em fevereiro de 1855. O scherzo reelabora engenhosamente uma idéia de uma das suas danças para piano neobarrocas composta em 1854, e o primeiro movimento, se não foi escrito em 1858-59, certamente se originou de lembranças dessa época — e de uma lembrança, em particular, que pronuncia abertamente seu nome como clímax lírico do segundo tema: A-G-A-D (=T) H-E (Ex. 26). Essas características apresentariam argumentos em favor de uma peça substancialmente contemporânea do Sexteto em si

Ex. 25

(m)

(n)

Ex. 25

(o)

Obs.: (*n*) é forma de (*k*) de compasso 6/8.

(p)

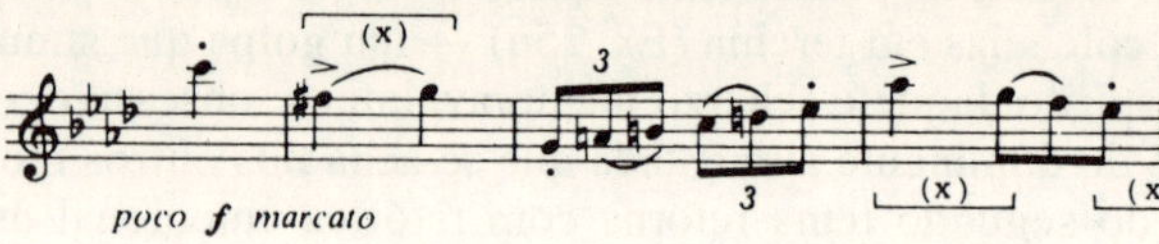

(q)

bemol, mas na realidade quase todos os traços da composição, dos menores aos maiores elementos de estrutura e tessitura, sugerem um modo de expressão posterior, mais maduro e mais integrado. A maior parte do trabalho da obra parece tê-lo ocupado em 1864-65.

Ex. 26

Um contemporâneo exato da versão final do Quinteto, então, mas convencionalmente se contrastando com ele em ser tão mais desanuviado e sereno, o Sexteto ostenta uma abundância de sonoridades que tem raros paralelos na produção de câmara de Brahms. No entanto, há um matiz escuro na "encantadora suavidade" do Sexteto e de muitas maneiras insidiosas ele faz com que o percebamos. No próprio início do nominalmente allegro non troppo em sol maior, inflexões semitonais persistentes torcem a escala em direção ao tom menor harmonicamente mais instável e estabelecem algo semelhante a uma "tonalidade axial"[2] em mi bemol, aumentando enormemente o potencial de exploração tonal e dando ao tema de abertura (Ex. 27a) uma graça quase febril. As inflexões semitonais — e a sensibilidade enormemente aumentada da música ao colorido das cordas — são sombreadas em microcosmo pela surda e monótona oscilação de meio-tom nas duas cordas da primeira viola, que é o primeiro som que ouvimos. Essa figura persiste durante a primeira metade do primeiro tema, se desenvolve num tema de transição, em geral está presente (literalmente ou por implicação) em todo o restante da exposição, é um eixo principal para modulação inesperada e, como o volante inestancável de alguma máquina em moto-contínuo, se torna a força motriz obsessiva do desenvolvimento (que se aventura até a remota escala do dó sustenido menor). A música nunca é menos do que bela e o segundo tema contém uma das mais graciosas e esplêndidas melodias de Brahms, mas tem um corte maníaco. O progenitor espiritual, como Michael Musgrave assinalou com propriedade, é seguramente o Quinteto em dó maior de Schubert. E também aí uma estabilidade "clássica" está efetivamente disciplinando o sentimento de angústia "romântico" de Brahms — a que é permitida a sua expressão mais aberta no momento decisivo de voltar à recapitulação: um desfalecimento longo e desesperadamente cromático do primeiro violino sobre uma lufada de efeitos em trêmulos carregados de catástrofe nos outros instrumentos.

Ex. 27

(a)

O scherzo algo lento e apropriadamente refreado, que se segue é inequivocamente em sol menor, sendo um caso consideravelmente mais rebuscado do que o movimento comparável do Sexteto em si bemol, embora, como aquele movimento, tire partido de um caráter de dança estilizado. A dança de que se origina, como se mencionou anteriormente, é a Gavota em lá menor de Brahms, de junho de 1854, cujos primeiros compassos são reelaborados num esquema de crescimento sutil e de final aberto, que ainda retém um ar de formalidade cortesã, junto de uma nova graça, irregularidade rítmica, encanto tristonho e sombreado. Em pronunciado contraste com a pungente interação de luz e sombra dessa música, o trio explode com um presto giocoso apaixonado e turbulento — que de novo lembra a dança, mas agora de feição surpreendentemente boêmia e menos valsa do que *furiant*, tão precisa é a antecipação de uma das Danças Eslavas de Dvorák. O retorno do scherzo (por meio de uma transição imaginativa que anula o caráter contrastante do trio) restabelece uma tranqüilidade agridoce, mas uma breve coda em *animato* leva o movimento a um término abrupto, até mesmo irado.

Como no Sexteto op. 18, o movimento lento é uma série de variações no relativo menor; no op. 36 isso significa mi menor e aparece como terça em vez de segunda. O tema (Ex. 27b), citado com o seu acompanhamento mas sem qualquer atribuição numa carta que em 7 de fevereiro de 1855 Brahms enviou de Düsseldorf a Clara, tem o seu próprio toque barroco (dado o contexto, há a tentação de se especular se ele se originou de um movimento extraviado das suas suítes neobachianas para teclado). Mas o par inicial de quartas ascendentes volta à quinta ascendente do primeiro motivo do movimento de abertura (Ex. 27a), arquitetando um amplo elo estrutural de tipo caracteristicamente velado, e a primeira variação é inteiramente romântica na coloração, com o seu vago e prolongado suspirar cromático que também faz voltar uma imagem espectral do fim do desenvolvimento do primeiro movimento. A segunda variação meditativa e rigorosamente trabalhada leva a uma terceira em fuga vigorosa, mais uma vez com alusões ao barroco (é a primeira a ter uma repetição formal) e já com relação ao finale da Sonata para violoncelo que Brahms estava compondo durante o mesmo período desse Sexteto. A quarta variação desenvolve a seguir os motivos da terceira num stretto ainda mais complexo, e uma transição suave, por meio de uma lembrança da figura da quarta ascendente, leva ao mi maior. Aí, virtualmente pela primeira vez, a obra alcança uma tranqüilidade serena na quinta variação em *adagio*, cujo rendilhado compactamente entretecido de semicolcheias ondulantes evoca o contentamento de um anoitecer de final do verão. Enquanto no op. 18 as variações em tom maior conduziam de volta ao tom menor, nesse Brahms permanece em mi maior para uma coda que mantém e confirma essa atmosfera transfigurada, encerrando com longa e suntuosa descida melódica em terças, sobre as quartas ascendentes nos graves do Ex. 27b.

Ex. 27

(b)

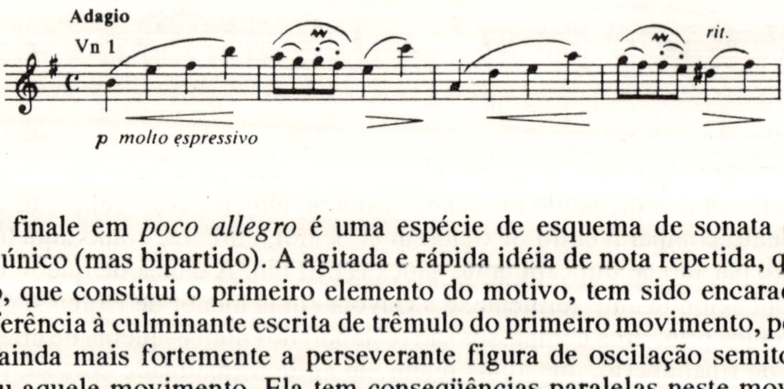

O finale em *poco allegro* é uma espécie de esquema de sonata com um motivo único (mas bipartido). A agitada e rápida idéia de nota repetida, quase um trêmulo, que constitui o primeiro elemento do motivo, tem sido encarada como uma referência à culminante escrita de trêmulo do primeiro movimento, porém ela reflete ainda mais fortemente a perseverante figura de oscilação semitonal que assediou aquele movimento. Ela tem conseqüências paralelas neste movimento: ''arrumada'' em insistentes repetições de notas, partida pelos acentos de uma linha melódica, confere um ímpeto sempre presente e proporciona estabilidade onde a oscilação assegurava o oposto. A progressão subjacente, no entanto, é mais lenta e ainda mais segura do que suas semicolcheias sugerem: o segundo elemento do motivo é uma calorosa melodia imponentemente lírica que simboliza a confiança e a paz de espírito que a música progressivamente conquistou através dos movimentos anteriores. O espírito da dança nunca está distante mas, apesar de sua vibração e contentamento, essa é uma dança grandiosa, igualmente apropriada para atores autoconscientes da tragicomédia da vida e para as estrelas nas suas trajetórias.

Ao lado dessas duas obras de câmara esplendidamente modeladas se desenvolveu uma terceira, uma Sonata para violoncelo em mi menor, op. 38, que tem um curioso equilíbrio formal que parece alcançado quase arbitrariamente. Em 1862 Brahms compôs três movimentos para violoncelo e piano, só completando a obra, com um finale em fuga, em junho de 1865, para o violoncelista amador Josef Gansbacher, que contribuíra para assegurar sua indicação para a Singakademie. Mas, antes da publicação, ele eliminou um dos movimentos de 1862, um adágio (embora um manuscrito deste, aparentemente, tenha subsistido pelo menos até a década de 1930), e editou a Sonata na forma excentricamente adaptada dos três movimentos que conhecemos atualmente: um primeiro movimento muito extenso e de andamento moderado, seguido por um scherzo de dança à maneira de um minueto e uma fuga vigorosa mas intensamente trabalhada, sem nenhum movimento lento de per si. Uma vez que o tema principal do finale em fuga é estritamente (e sem dúvida conscientemente) moldado naquele do Contrapunctus XIII de *Die Kunst der Fuge* de Bach, e a idéia da abertura do primeiro movimento apresenta viva semelhança com o Contrapunctus III da mesma obra, pode-se dizer que a Sonata tem forte tendência arcaizante, estendendo-se para trás além dos modelos convenientemente disponíveis em Beethoven (apesar da fuga no segundo movimento do op. 102 de Beethoven) até exemplos mais puramente barrocos, possivelmente mesmo as próprias sonatas de Bach para viola da gamba e cravo, que a Edição Bach-Gesellschaft publicara em 1860. Tem sido também aventado que a Sonata para violoncelo de Brahms reflete o estudo atento de uma sonata (também em mi menor e também op. 38) do respeitado compositor hamburguês Bernhard Romberg (1767-1841).

Contudo, o resultado é caracteristicamente brahmsiano, acima de tudo no primeiro movimento, cujo caráter cismático e meditativo é reforçado pela concentração de Brahms sobre o registro mais baixo do violoncelo e o tom vivo e sombrio das cordas inferiores. O piano, porém, nunca é limitado a um papel só de acompanhamento. Brahms de fato seguiu a praxe clássica de denominar a obra uma "Sonata para piano com violoncelo", enfatizando a paridade dos dois instrumentos, e na co-projeção do material temático as tessituras são minuciosamente entretecidas, às vezes à beira da obscuridade. Pode ser que Brahms tenha acentuado o registro em que o violoncelo é mais forte a fim de compará-lo à parte do piano muito ampla, mas perduram alguns problemas não-solucionados de equilíbrio e escrita das vozes. Tudo isso pode ser ouvido no primeiro movimento, uma ampla estrutura de sonata caracterizada acima de tudo pela simplicidade dos temas e melancólica homogeneidade de atmosfera. O primeiro motivo, com seriedade narrativa e passo perambulante, é tão auto-suficiente que os elementos subsidiários mais exaltados do movimento pouco conseguem avançar contra a sua meditação profunda, que envolve tudo.

A atmosfera é um pouco suavizada pelo allegretto quasi minuetto que se segue, cuja formalidade cortesã, parcialmente assegurada por um colorido modal frígio que desenvolve tendências harmônicas do movimento anterior, se esquiva a qualquer sinal de pastiche por meio de um espírito predominante de ironia oblíqua — na realidade, embora pareça olhar para trás, o movimento surpreendentemente antecipa o sabor ambíguo de alguns dos scherzos de Mahler em passos de dança semelhantes. O tema principal é apresentado por uma figura de cadência pseudo-sentenciosa e esta, em repetição hesitante, se torna a célula germinal do trio central, em que o mais franco romantismo a cinge de arpejos e de um delicado rendilhado de floreio em colcheias. O finale, menos apreciado do que os outros movimentos à primeira apresentação da obra, é na verdade a parte mais original da Sonata. A fuga instrumental mais complexa que Brahms já compusera, ela de fato representa uma engenhosa combinação de fuga com elementos de forma sonata, mais notavelmente um "segundo grupo de motivos" não em fuga (na realidade derivados do contramotivo da fuga) que se introduz nas junções adequadas entre os principais grupos das entradas para a fuga, tanto para criar a impressão de exposição binária e recapitulação quanto para proporcionar um contraste de tessitura muito necessário. Entretanto, a principal idéia da fuga é realizada com domínio completo da técnica do contraponto, em strettos, inversão, episódios imitativos e assim por diante. Se Brahms pretendia uma homenagem ao talento de Bach, esta é prodigiosamente impressionante.

A obra de câmara que resta desse importante grupo do início da década de 1860, o Trio para piano, violino e trompa em mi bemol, op. 40, compartilha alguns traços arcaizantes da Sonata para violoncelo. Como primeira obra instrumental e importante de Brahms a dispensar um primeiro movimento de forma sonata, e a criar um esquema global que alterna dois movimentos um tanto lentos com dois rápidos, semelhantes a dança, ele estabelece algumas similaridades com o esquema lento-rápido-lento-rápido da sonata barroca, tal como foi exemplificado pelo trio-sonata da *Musikalisches Opfer* de Bach. Mas em outros aspectos essa é uma das partituras mais francamente românticas de Brahms, não sendo a menor razão a sonoridade, em que a dignidade natural e o domínio da trompa estabelecem uma dimensão "atmosférica" inalcançável pela combinação mais direta de cordas e piano.[3] Possivelmente isso reflete sua concepção em 1864, no ambiente extremamente poético da Floresta Negra em torno de Baden. Uma fonte de inspiração igualmente intensa e ainda mais pessoal foi a morte da mãe de Brahms, que coloriu profundamente o elegíaco movimento lento. Na juventude Brahms tocou trompa (era um dos principais instrumentos de seu pai) e a necessidade de elaborar temas adequados à sua participação em termos de igualdade com os outros instrumentos provavelmente o influenciou no sentido de formas mais simples. A sua escolha de uma trompa natural (*Waldhorn*), em vez da trompa de pistão que estava então passando a ser de uso geral, fez com que limitasse as notas às da série harmônica alcançável naquele instrumento, cuja forte sonoridade natural ele evidentemente preferia.

O andante da abertura, portanto, se abstém deliberadamente de muitos dos desafiadores aspectos intelectuais dos esquemas de primeiro movimento característicos de Brahms. Ele o dispõe numa forma de canção ampliada, lá-si-lá-si-lá, sendo a idéia do lá uma melodia 2/4 longa e obsessivamente vocal inserida com o mais simples dos acompanhamentos (embora a sua segunda metade seja tratada com uma imitação simples, mas primorosamente concatenada). Michael Musgrave chamou corretamente a atenção — mas eu considero insuficientemente enfatizada — para os paralelos entre essa idéia de abertua e o meditativo arranjo ossiânico dos madrigais do op. 17 com trompas e harpa (Ex. 28). O material de "si" é mais rápido (*poco più animato*), proporcionando um necessário contraste de escala (dó menor), tempo e ritmo (um cadenciado 9/8), enquanto a atmosfera se retesa e se intensifica no retorno das duas idéias. Isso dá lugar a um entusiástico movimento dançante similarmente singelo na expressão, mas naquela concisa forma de scherzo de sonata que há muito Brahms já dominara. Nesse ponto, ele abertamente tira o máximo partido das associações da trompa à caça, ao mesmo tempo que submete o básico e galopante ímpeto 3/4 do movimento à bateria completa dos seus estratagemas de incitação rítmica: acentos em tempos fracos, grandiloqüentes ritmos cruzados, bem como síncopes mais sutilmente dispostas. O trio, em lá menor, é muito mais lento, revelando uma extensa melodia à maneira de canção que reverte ao espírito do primeiro movimento.

Ex. 28

(a)

(b)

(Chora sobre os rochedos onde os ventos da tempestade estão se dissipando,
Chora, ó Donzela de Inistore!)

O cerne da obra, porém, é o movimento lento em mi bemol menor, abertamente classificado como "pesaroso" (adagio mesto): aí, os tons melancólicos da trompa recebem aquilo a que têm direito ao criar uma inequívoca atmosfera de lamento fúnebre. O sereno e oprimido primeiro tema, em ritmo de tranqüilizadora berceuse, leva a uma apresentação contrapontística do segundo, iniciado por solo de trompa, que se desenvolve sobre um etéreo e lento acompanhamento em trêmulo no piano e retorna, marcado *ppp quasi niente*, em solo do violino: o mais profundo ponto de desolação emocional do movimento. O surgimento de um novo tema fluente (mas estreitamente correlato), em fá maior, lança uma nota de ambígua esperança e libera as emoções reprimidas do movimento numa coda progressiva, mas a berceuse, com um inquieto e opressivo meio-tom no fundo do teclado, tem a última palavra.[4]

A escuridão é enfim banida pelo finale, uma animada giga "de caça" cujo tema principal se descobre ter sido anuviado pelo novo tema que entrou nas últimas etapas do movimento lento. Esta é uma das maneiras como Brahms une os dois últimos movimentos, apesar de seus caracteres muito diferentes, a outra é o obstinado meio-tom dos graves também desempenhar papel importante no finale. As atmosferas sombrias e elegíacas podem ser aí exorcizadas, mas não há qualquer tentativa de negá-las ou esquecê-las.

VARIAÇÕES PARA PIANO

Foi em novembro de 1861, em Hamburgo, que pela segunda vez em sua carreira Brahms compôs uma série de Variações sobre um Tema de Schumann — op. 23, para piano a quatro mãos: era sua primeira obra desse gênero publicada, desde o muito precoce *Souvenir de la Russie*, embora nessa época algumas das Danças Húngaras provavelmente existissem em forma de duo. As Variações op. 23 talvez devessem ser associadas à visita de Dietrich a Hamburgo na mesma época, já que os dois compositores gostavam de tocar como parceiros e, anos depois, executaram a obra em público. Ela tem pouco da pianística exploratória e da intimidade de expressão quase dolorosa que caracterizavam as Variações para solo de piano op. 9, mas ainda assim está repleta de conotações pessoais. Após o *Sturm und Drang* das obras concebidas nos rastos da catástrofe de 1854, o op. 23 se afigura como se pudesse ser o adeus formal de Brahms a Schumann, antes de ele enfim se voltar para seus próprios assuntos, já não olhando para o passado mas para o futuro. A dedicatória, não a Clara mas à sua filha Julie (com dezoito anos quando a obra foi publicada em 1863), talvez seja simbólica disso.

Mais simbólico ainda é o tema que Brahms escolheu para o op. 23, uma melodia simples, em mi bemol, de patos um tanto descorado, que constituiu a "última idéia musical" do compositor morto. Nos últimos dias antes de sua tentativa de suicídio Schumann anotou um tema que acreditava lhe ter sido ditado pelos espíritos de Mendelssohn e Schubert, começando uma série de variações sobre ele — e não conseguindo reconhecer uma versão de uma melodia do seu Concerto para violino, composto no ano anterior. Uma vez que tanto o Concerto quanto as Variações iriam ficar inéditos até o final da década de 1930,[5] a procedência e o significado do tema ficaram ocultos a todos, exceto à família Schumann, a Joachim e alguns outros.

Apesar dessas associações melancólicas, Brahms não faz qualquer tentativa de tirar partido do tema para um efeito patético. Embora as suas Variações observem estritamente as proporções correspondentes (e a segunda metade repetida), elas modulam mais livremente do que ele costuma fazer nesse tipo de obra e cada uma é decididamente caracterizada — há vivos elementos de colorido do teclado que, evocam às vezes, sonoridades orquestrais. A atmosfera predominante é séria mas em geral extrovertida, como se Brahms estivesse decidido a festejar Schumann em sua disposição de ânimo mais positiva, e talvez só a variação 4 (com o seu fatídico rufo de tambor na segunda metade) possa ser realmente descrita como elegíaca. Com maior freqüência as variações são fortemente rítmicas, com toques de valsa na n. 5 e colorido húngaro nas n. 6 e 8. A penúltima variação, n. 9, leva esse aspecto rítmico à culminância de maneira rude, até mesmo colérica. Depois disso a obra se aquieta numa marcha fúnebre *molto moderato*. Mas não sombria: a música se expande num caloroso e magnífico mi bemol, e o tema original de Schumann retorna com grande delicadeza na segunda metade, para encerrar os processos numa atmosfera de calma profunda e meditativa. Existe aí uma forte sensação de que Brahms enfim atingiu seu próprio equilíbrio e assim está em condições de deixar que as melhores virtudes do amigo falem por si mesmas.

Essas variações em duo haviam sido precedidas de perto por uma série notável para solo de piano. Salvo diversos períodos de trabalho nas Danças Húngaras, difíceis de datar, Brahms não compôs nada para duas mãos entre as Variações sobre um Tema Original e as Variações e Fuga sobre um Tema de Haendel, op. 24 — um intervalo de cinco anos. A segunda composição, terminada em setembro de 1861, foi publicada sem dedicatória, mas era um presente de aniversário para Clara Schumann e o manuscrito tem como cabeçalho "Variações para uma amiga querida". Principal resultado de seu primeiro verão em Hamm, com suas proporções maciças e seu domínio exaustivo da técnica do piano, a obra eclipsa todas as suas séries de variações anteriores. Sem dúvida não é coincidência que tenha sido esta a primeira grande afirmação compositiva a surgir após a derrocada do "Manifesto" de 1860. Brahms aprendera a sabedoria de proclamar seus princípios somente na música. Essa obra é também um manifesto, consoante a "própria índole da música" e infinitamente mais eficaz do que qualquer polêmica jornalística. Ela impressionou até Wagner: e seu famoso comentário sobre a peça mostra que a entendeu claramente como uma *demonstração* de princípios. É uma soma sistemática da mestria que Brahms adquirira por meio de seus estudos intensivos nos últimos cinco anos: a escolha de um tema barroco, o rigor das variações, a riqueza e extensão da técnica pianística e a pródiga exibição de aprendizado contrapontístico na fuga final, tudo isso se combina para apresentar Brahms no papel de preservador e continuador do que Schoenberg teria denominado "a boa tradição antiga corretamente compreendida".

Alguns dos modelos de Brahms nessa obra monumental são de identificação bastante fácil. Na escala e nas ambições da sua concepção, tanto as Variações *Goldberg* de Bach quanto as Variações *Diabelli* de Beethoven devem ter exercido influência poderosa, se bem que em termos gerais. Em aspectos específicos da forma, as Variações *Eroica* de Beethoven são um paralelo mais próximo. Mas a estrutura global é original de Brahms. Tem-se dito, corretamente, que a escolha de um tema de Haendel reflete a intensidade de sua identificação com o passado, porém havia um modelo muito contemporâneo bem à mão e que pode tê-lo impelido naquela direção — as Variações sobre um Tema de Haendel, op. 26, de Robert Volkmann. Brahms bem poderia ter conhecido essa grande (e muitas vezes admirável) obra publicada em 1856, que Volkmann baseou no chamado tema do "Ferreiro Harmonioso" da Ária com Variações da Suíte para cravo em mi maior de Haendel. Há semelhanças interessantes entre os arranjos de Brahms e de Volkmann, como a inclusão em cada um de uma variação em "caixa de música", que retorna ao estilo do cravo (var. 8 de Volkmann e var. 22 de Brahms), e Brahms escolheu seu tema numa fonte muito semelhante: a Ária com Variações da primeira Suíte em si bemol de Haendel, de que possuía uma Primeira Edição de 1733.

Essa melodiazinha viva, em dois períodos de quatro compassos, ambos repetidos, tem a fraseologia equilibrada, a simplicidade estrutural e harmônica de um tema de variação ideal. As vinte e cinco variações de Brahms aderem rigorosamente à base formal estabelecida pelo tema (que em geral inclui a repetição exata de ambas as metades) e se limitam à escala de si bemol de Haendel, com incursões ocasionais à tônica menor. Mas essa aparente coerção — que impõe uma forte unidade estrutural — proporciona a Brahms uma armação sobre a qual ele pode assentar e explorar uma série de atmosferas e caracteres bastante contrastados. Ao mesmo tempo, há um sutil mas irresistível desenvolvimento orgânico de motivos originados do tema e constantemente metamorfoseados ao longo das Variações, que com freqüência transforma o fundo de cena harmônico de Haendel, mesmo quando contrabalança qualquer tendência à prolixidade na variedade dos segmentos de cada variação.

Estes, na realidade, são quase caleidoscópicos na abordagem, variando dos cromáticos "contemporâneos" das n. 2 e 9, e das progressões de galeria organística da n. 20, passando pelo cânone livre em oitavas da n. 6, o cânone mais fechado e mais espirituoso da n. 16, até a siciliana da n. 19, a já mencionada "caixa de música" da n. 22 (aparentemente uma homenagem aos *clavecinistes* franceses) e a prodigiosamente ambígua n. 13, que pode ser interpretada como uma peça associada às lentas danças neobarrocas de 1855, ou como uma fantasia húngara que transforma as anacruses do tema de Haendel numa liberdade de ornamentação "cigana". Brahms tem também o cuidado de colocar quase centralmente dentro de seu projeto, e onde o floreamento da n. 13 a tornou mais necessária, a direta variação 14, em *sciolto*, que claramente regrava os contornos do tema na memória do ouvinte. Diversas das variações formam pares, em que a segunda intensifica e desenvolve as características da primeira, e a irrequieta estruturação das três[6] últimas cria uma introdução inteiramente culminante para a fuga separada e concludente.

A fuga — cujo prosseguimento do processo de variação numa forma totalmente mais "aberta" faz um apelo direto à Sonata *Hammerklavier* de Beethoven por meio das Variações *Diabelli* — é espantosamente livre na concepção (e nisso completamente distinta das fugas para órgão de Brahms do final da década de 1850). Embora, em sua grande complexidade contrapontística, ela insista obsessivamente nas repetições do principal motivo de seu tema (derivado do tema de Haendel), o objetivo primordial de Brahms parece ter sido conciliar as exigências *lineares* da forma da fuga com as possibilidades harmônicas do piano contemporâneo. Assim, suas habilidades polifônicas, adquiridas com afinco e manifestas em inúmeras sutilezas de inversão, aumentação e stretto, se acomodam com perfeição a uma tessitura irresistivelmente pianística: as vozes da fuga tendem indiferentemente a proliferar ou a se dissipar em partes internas dos acordes, duplicações em terças, sextas e oitavas, acordes partidos e floreios em arpejo. O magnífico ímpeto da estrutura, no entanto, nunca é perdido de vista: a imensa força cumulativa dessa fuga, concentrada num pedal dominante que repica e ressoa, resulta numa coda de esplendor granítico, sendo as exigências verticais e horizontais do tema e da harmonia igualmente satisfeitas numa convergência majestosa dos acordes descendentes e do motivo ascendente da fuga (Ex. 29).

Passar dessa obra pujante para o grupo seguinte (e, por coincidência, o último) de variações para piano de Brahms — que ele executou pela primeira vez em 1865 mas compôs em 1862-63, logo após conhecer Carl Tausig, a quem o dedicou — é descobrir por experiência própria um lembrete salutar para não pôr de lado nem circunscrever as perspectivas criadoras de Brahms. Se a série *Haendel*

Ex. 29

era um manifesto pelo desenvolvimento cuidadoso da tradição, esse grupo do op. 35, sobre o mais famoso de todos os temas de Paganini, é uma exibição brilhante de virtuosismo pirotécnico tal como era praticado pelas celebridades do teclado da escola "Neo-alemã", sobretudo Liszt. No entanto, seria uma série de critérios discutíveis que imediatamente colocaria o op. 35 abaixo do op. 24, devido a seu brilho superficial. Ele é igualmente impressionante como uma absoluta proeza de composição e como um corajoso desafio à escola de Weimar em seu próprio terreno.

Conhecemos a obra como Variações sobre um Tema de Paganini, mas esse é apenas o subtítulo. Brahms a denominou *Studien* (Estudos), a fim de enfatizar a exploração dos aspectos técnicos do virtuosismo do teclado, e a publicou num formato adequado ao estudo particular em dois Livros complementares, cada um contendo o tema, quatorze variações e uma coda.[7] Cada livro é executável como uma entidade, ou ambos os livros em sucessão. Durante o final do século XIX e início do século XX, era comum os executantes fazerem uma seleção de ambos os livros e embaralhá-los segundo seu gosto pessoal — um comportamento iniciado por Clara Schumann mas inimaginável para com qualquer das outras obras de variações de Brahms (e extremamente inapropriado para o Livro II, pelo menos).

Para os amigos de Brahms, porém, eram as *Hexenvariationen* (Variações de Bruxaria), um apelido apropriadamente romântico para as suas assombrosas proezas de prestidigitação. Mais uma vez foi Clara que assim batizou a obra (numa carta a Brahms de outubro de 1863, em que acusava o seu recebimento em manuscrito): apropriadamente, pois ela mesma há muito tempo (1834) incluíra uma *Hexentanz* em seu op. 5 — uma série juvenil de *Pièces caractéristiques* no estilo romântico moderno que mais tarde ela tanto menosprezou, mas que haviam impressionado profundamente Chopin.

A ousada tentativa de Brahms de superar os weimaritas provavelmente surgiu, em primeiro lugar, como um gesto de amizade para com Tausig, discípulo e defensor ardoroso de Liszt, compositor de uma série de *Tägliche Studien* que abordam alguns dos mesmos desafios da técnica do virtuose, e intérprete cuja execução era para Brahms objeto de fascínio espontaneamente admitido. A escolha do tema (dos vinte e quatro Caprichos em lá menor para violino sem acompanhamento) é também um gesto — Paganini, o prototípico virtuose romântico, e seus audaciosos Caprichos eram a propriedade imaginativa comum dos grupos opostos do romantismo musical. Várias vezes Liszt reelaborou diversas dessas peças em formas que são em si mesmas documentos históricos no desenvolvimento da literatura do piano: os *Etudes d'exécution transcendante d'après Paganini* (1834, publicados em 1837), reeditados em 1851 como *Bravour-Studien nach Paganini* — e dedicados a Clara Shumann. Mas ainda antes de Liszt, em 1832-33 Robert Schumann compusera doze Estudos segundo os Caprichos de Paganini (que Clara Wieck, como ela então se chamava, tocara pela primeira vez na casa de seu pai). Os dois compositores haviam lidado com o Capricho n. 24 — de modo que o tema de Brahms, e mesmo sua utilização do título *Studien*, já tinha uma ligação satisfatoriamente próxima com Clara e uma história longa e ressonante por trás.

Em mãos ainda posteriores, notavelmente as de Rakhmaninov, Lutoslawski e Blacher, o tema desde então tem-se revelado uma fonte sempre renovável de inspiração. A própria simplicidade e clareza de sua estrutura harmônica proporcionam a cada novo compositor liberdade quase ilimitada para a imposição de sua personalidade. As Variações de Brahms abrem todo um universo de desafios interpretativos. Elas incluem estudos em sextas dobradas (Livro I, n. 1 e 2, a segunda aparentemente uma homenagem à Tocata em dó maior de Schumann), terças dobradas (Livro II, n. 1), amplos saltos entre as mãos (I/3) ou com uma das mãos (I/12), trinados no alto de acordes espalhados (I/4), polirritmia entre as mãos (I/5; II/2, 7), estudos de oitavas (I/6-8, II/9, 11) e trêmulos em oitavas (I/9), staccato em oposição a fraseado legato (I/10), glissandos (I/13), rápido movimento contrário (II/8, 11), arpejos arrebatadores em oposição a notas prolongadas (II/10). Em muitas das variações o floreio é sistematicamente transferido da mão direita para a esquerda, e vice-versa. Deve-se observar que algumas daquelas arroladas aqui (o resumo não é exaustivo) associam mais de uma dificuldade técnica, e as variações finais de cada livro, cada uma unida a uma coda tripartite ampliada, associam uma quantidade de características ainda maior, encerrando ambos os livros em estilo deslumbrante. De modo geral, no Livro I as exigências técnicas ocupam o primeiro plano da música, deixando pouco espaço para os desenvolvimentos melódicos habituais de Brahms (embora os delicados arabescos da variação 12 em escala maior e os acentos húngaros da n. 13, com os seus glissandos "ciganos", sejam invenções encantadoras). O Livro II é mais brando, com virtudes de composição mais predominantes: a sonhadora valsa da variação 4, os arpejos brincalhões da n. 6 com suas "diabólicas" acicaturas em meios-tons comprimidos, a "violinística" n. 8 com seus efeitos em pizzicato, a calma canção noturna da n. 12 (a única variação em ambos os livros a se desviar além de lá menor/maior, até fá) e as terças suavemente cascateantes de sua sucessora n. 13, todas se associam para tornar esse livro ainda mais satisfatório de um ponto de vista puramente musical. Mas, encarados como um todo, os dois livros são uma assombrosa demonstração de habilidade na composição.

As Variações *Haendel* e *Paganini*, portanto, são abordagens surpreendentemente contrastadas do estilo pianístico da época, voltadas, como Jano, para direções opostas. Mas, como os rostos de Jano, elas são aspectos de uma única inteligência, símbolos de um portão, de fins e de começos. Juntas, essas Variações constituem um manifesto duplo, "antigo e moderno", em que Brahms se anuncia como um grande e novo mestre da composição pianística. A sua ambição e autoconfiança não devem ser subestimadas: ele enfrenta aí o universo musical da sua época no terreno em que se sentia mais forte — o seu próprio instrumento e a forma da variação que manejava melhor do que qualquer compositor vivo. Mas, caracteristicamente, após demonstrar seu ponto de vista, Brahms não teve interesse em se alongar sobre ele. Continuou a perseguir as complexidades da forma da variação em outros meios, porém nunca mais compôs uma obra em grande escala para solo de piano, preferindo em vez disso enriquecer o repertório com grupos ocasionais de peças curtas cujas dificuldades e profundidades não são do tipo que provoca aplausos fáceis.

COROS MASCULINOS, CICLOS DE CANÇÕES E *RINALDO*

As últimas composições corais pré-vienenses de Brahms se encontram no op. 41, uma coletânea de cinco madrigais para vozes masculinas: as suas únicas contribuições a um gênero então popular, em que Schubert e Mendelssohn haviam realizado algumas coisas admiráveis, mas cujo repertório estava abarrotado de música de qualidade inferior, para textos de jovialidade insensata ou militarismo. A série de Brahms se inicia com o belo *Ich schwing mein Horn ins Jammerthal*, uma serena versão *a capella* da sua canção *Ich schell' mein Horn*, discutida na p. 106 (salvo a diferença de uma palavra nos primeiros versos, o texto é idêntico). Este data de 1860, mas se seguem os quatro coros da vida do soldado para poemas de Carl Lemcke, composto em 1862. Provavelmente nenhuma das outras peças de Brahms se conservou tão mal. Evidentemente eles são soberbamente compostos (embora o ouvinte descuidado possa ficar em apuros para descobrir por quem), repletos de interesse rítmico e declamação vigorosa, provavelmente muito agradáveis de se ouvir. Mas este é o colecionador de soldadinhos de chumbo como compositor. Essas apóstrofes retóricas à bandeira, à morte ou à glória, à vida na caserna e assim por diante pertencem a uma visão romantizada do ofício militar que há muito se extinguiu, mesmo entre os soldados. Musicalmente, estamos agora mais acostumados ao exame amargamente macabro desse território nos arranjos de *Des*

Knaben Wunderhorn de Mahler: e o gênero recebeu o *coup de grâce* de Shoenberg, nos madrigais para vozes masculinas do op. 35, com os frenéticos rufos de tambores e sons de sopros dos *Landsknechte* ("Mercenários"). Entretanto, Brahms dificilmente estava em condições de usar a nossa tardia compreensão histórica, embora possamos ficar gratos à sua prudência de nunca voltar ao gênero. Pois este era um meio pelo qual o seu patriotismo (essa identificação com a nação, o "Volk" que era um elemento definido no Romantismo) podia encontrar expressão ardorosa — uma expressão em que nem ele nem o seu público na época teria visto algo fora de propósito. O verdadeiro significado do op. 41, no entanto, provavelmente se encontra em outro lugar: essa série de coros proporcionou valiosa experiência no manejo de tessituras de vozes masculinas que frutificou na cantata *Rinaldo*, op. 50.

As dificuldades e a indecisão de Brahms acerca de rumos futuros — na música tanto quanto na vida — são apresentadas com excepcional clareza em três obras vocais muito mais importantes desse período: a já mencionada *Rinaldo* e dois grupos de canções, opp. 32 e 33. Como tantas vezes, a numeração dos *opera* é enganosa e só expressa a ordem de publicação (no caso do op. 33, apenas da sua primeira metade). Na realidade, todas as três obras foram concebidas num curto espaço de tempo no início da década de 1860, provavelmente na ordem em que iremos comentá-las (33, 50, 32), e avançaram mais ou menos em fila. É sintomático dos problemas que ele estava tentando resolver o fato de que os críticos do século XX nunca ficaram inteiramente satisfeitos com os opp. 33 e 50, percebendo pelo menos uma incongruência de forma musical nos textos escolhidos por Brahms.

O conjunto do op. 33, *Romanzen aus L. Tiecks "Magelone"*, é o maior grupo de Lieder de Brahms até então — há quinze canções,[8] a maioria delas incomumente extensas: as primeiras sete surgiram em 1865, as restantes ainda estavam sendo retocadas até 1869. É também um ciclo de canções maduro (o seu único ciclo manifesto) em tudo exceto no nome, representando uma história com a canção final que fecha o círculo com a citação da primeira. O dramaturgo e romancista Ludwig Tieck (1773-1853) fora uma personalidade destacada entre os românticos literários. Sua tragédia *Genoveva* constituíra a base para a única ópera de Schumann. Ele é sobretudo importante por suas adaptações de romance medieval e pela *Wundersame Liebesgeschichte der schönen Magelone und des Grafen Peter aus der Provence* ("A maravilhosa história de amor da bela Magelone e do Conde Peter de Provença"), de 1812, um romance curto cujos capítulos são intercalados com poemas que comentam a ação e que se baseou em uma narrativa provençal do século XII submetida a muitas transformações posteriores na literatura européia. Brahms conhecia bem a história: durante as férias em Winsen, ele lera outra versão com o seu amigo de infância Lieschen Giesemann e provavelmente foi na biblioteca de Schumann que deparou pela primeira vez com o tratamento que Tieck lhe dera.

A história diz respeito ao jovem e louro cavaleiro Peter que se aventura para longe da casa dos pais cheio de ardor juvenil mas inexperiente no amor e nos procedimentos do mundo. Ele vence todos os rivais nos torneios do rei de Nápoles e conquista o coração da bela e virtuosa filha do rei, Magelone. Os apaixonados fogem juntos, mas por infortúnio são separados na floresta enquanto Magelone se acha dormindo e Peter é lançado no mar ao sabor das correntes, só para ser recolhido por mouros e vendido para o serviço do sultão. Após dois anos a filha do sultão, Sulima, se enche de desejo por ele e possibilita a Peter escapar com ela por barco. Mas ele consegue deixá-la para trás e parte sozinho, retornando finalmente à floresta e à cabana de pastor onde Magelone se refugiara e o esperava fielmente. Eles se casam e vivem felizes a partir de então.

Os dezessete poemas de Tieck (Brahms omitiu dois) são a única contribuição inteiramente original no tratamento que ele dá à história. Embora em geral eles recebam uma frágil justificação narrativa (e o primeiro, cantado por um menestrel errante, tem uma função dramática ao despertar em Peter o desejo de viajar e buscar aventuras), na realidade são interlúdios líricos que fornecem, quando muito, correlatos emocionais para os acontecimentos à sua volta. Eles permanecem isolados, mas, ao arranjá-los, Brahms sem dúvida se lembrava continuamente da narrativa em prosa e parece ter esperado que os ouvintes também a conhecessem. Com essas romanças de *Magelone* ele estava de novo entrando num mundo imaginativo de cavalaria romântica que desde a juventude o atraíra profundamente e a que já dera expressão na primeira Balada para piano, o Lieder inicial sobre o Formoso Conde de Moray e o Senhor de Falkenstein (ambos são evocados nas duas canções de abertura do ciclo, a expansiva e heróica *Keinen hat es noch gereut* e a jactanciosa, desafiadora *Traun! Bogen und Pfeil*). Ainda mais pertinente é a canção *Ein Sonett*, de 1858, cujo texto procede de um verdadeiro Conde da Provença medieval e cuja delicada evocação de estilos das canções de alaúde prenuncia muitas passagens posteriores do op. 33 em que há referências ao alaúde de Peter.

É muito fácil perceber que nessa escolha de tema ele estava dizendo algo sobre sua própria vida. Os paralelos entre o jovem louro que partira de Hamburgo, conquistara os aplausos do mundo musical, amara e se separara de Clara Schumann, amara e abandonara Agathe von Siebold e retornara para casa[9] (embora não com Clara) têm até o final uma simetria demasiadamente óbvia. Na época isso pode não ter sido tão evidente para Brahms (ou talvez ele ainda esperasse que a simetria se completasse), mas dificilmente podemos duvidar de que sua experiência de vida o tenha atraído consciente ou inconscientemente para essa narrativa preferida da adolescência. É mais difícil explicar a sua resposta musical. O op. 33 é uma obra desajeitada, muito longa como um todo e composta na maioria das vezes de canções compridas, muitas delas ruidosamente episódicas, com freqüentes alterações de ritmo e de elementos, e ambiciosas partes para piano que caracterizam extensos prólogos, interlúdios e poslúdios. Brahms insolitamente evita formas estróficas ou elementos de canções folclóricas, mesmo quando os poemas os sugerem. Em vez disso, ele impõe seqüências cumulativamente dramáticas de configurações e contrastes melódicos. Há um elemento declamatório e até quase operístico na apresentação, mais apropriado à empolada prosa do romance de Tieck (o subtexto na mente de Brahms) do que aos seus líricos interlúdios em verso. Uma grande quantidade de pormenores fascinantes está à procura de um completo fundamento lógico musical. O *Verzweiflung* de Peter ("Desespero" — título de Brahms para a canção n. 10) parece uma virtuosística *Fantasiestück* de Schumann aspirando à condição de uma ária de vingança; a n. 13, a única canção de Sulima, é de caráter separado do das outras por seu "exótico" tempero modal.

Mas justamente por isso é muito difícil não se gostar desse ciclo *Magelone*, prodigamente recheado de linhas melódicas caracteristicamente intensas, ritmos galopantes, efeitos de alaúde e acalantos enternecedores (*Liebe kam aus fernen Länden* e *Ruhe, Süssliebchen*, por exemplo), composto com uma inabalável exuberância juvenil e generosidade de inventiva. Tudo isso podia ser razoavelmente defendido com a caracterização feita por Brahms da ingenuidade cavalheiresca do Conde Peter, mas parece um modo desconexo e extravagante de construir um ciclo de canções importante. A música, embora tenha custado a Brahms esforços consideráveis, dá a impressão de solicitar nossa indulgência enquanto seu compositor se diverte profundamente: na realidade talvez a obra, num grau maior do que a maioria das produções dos compositores, seja uma *auto*-indulgência em aspectos do romantismo que ele necessitava muito arrancar de seu espírito.

Menos indulgente mas de igual modo problemática é a cantata *Rinaldo*. Nas apreciações críticas da música coral de Brahms, ela há muito padece de equívocos quanto a sua natureza e a seu lugar na produção dele, impostos por meras aparências da cronologia. Executada pela primeira vez em 1869, inevitavelmente pareceu muito menos grandiosa e incomodamente "operística" em comparação com *Ein deutsches Requiem*, revelado ao mundo um ano antes, faltando-lhe assinaladamente a concisão e a força trágica das duas curtas partituras corais e/ou orquestrais que Brahms compôs um ano mais tarde, a Rapsódia para Contralto e o *Schicksalslied*. Mas ela realmente nada tem a ver com essa companhia: com exceção do coro final, ela já existia de certa forma em 1863 (ele a compôs naquele verão como participante de uma competição organizada pelo Aachen Liedertafel), o que a torna uma criação muito mais anterior (e menos madura) do que em geral se reconhece — uma criação contemporânea e semelhante às romanças *Magelone*.

Examinar *Rinaldo* em relação ao ciclo de canções de Brahms esclarece imediatamente alguns dos seus aspectos mais experimentais e incongruentes. A forma aparentemente episódica (embora na verdade habilmente articulada e tonalmente modelada), a predominância do solista tenor em grandes peças de efeito sobre o coro masculino subordinado (mas bem integrado) realmente emprestam a essa "cantata" o caráter de uma prolongada série de canções, sendo a forma equilibrada, em cada extremidade, pelo prelúdio orquestral com coro e pelo complexo e vigoroso coro conclusivo. *Rinaldo*, portanto, não é uma cantata nos moldes de J. S. Bach (ou mesmo de *Das Paradies und die Peri* de Schumann). Essa obra em geral subestimada e sem dúvida subexecutada é uma criação brahmsiana ímpar, uma efusão lírico-dramática sobre um tema muito caro a seu coração — a disputa entre o amor e o dever, incluindo o dever de utilizar ao máximo os talentos que se tenha.

Novamente as imagens a que ele recorreu foram as da cavalaria medieval romantizada, mas dessa vez num poema mais sombrio e mais conciso de Goethe (ao contrário das canções e dos madrigais, todas as obras corais com orquestra de Brahms são compostas para textos de alta qualidade poética). O poeta de fato escrevera a sua "balada" — na realidade uma *scena* dramática, que desenvolve um episódio de *Gerusalemme liberata* (1581), a epopéia mágico-fantástica das Cruzadas escrita por Tasso — expressamente para ser musicada e esse episódio era o mesmo que inspirara óperas de Lully, Haendel, Gluck, Haydn, Salieri e Rossini, bem como compositores secundários.

Em Goethe, assim como em Tasso, o valente cavaleiro Rinaldo (um tenor solista) foi enfeitiçado pela maga Armida e abandonou o cerco a Jerusalém para se reunir a ela em seu refúgio numa ilha. Um grupo dos seus companheiros de armas (o coro masculino) viaja até lá para convencê-lo a sair do torpor e retornar à guerra. A única "ação" do poema é a conquista gradual pelos cavaleiros de seu consentimento, desfazendo-lhe o sonho de amor e indolência na ilha encantada. O momento decisivo surge quando eles lhe mostram, num escudo de diamante mágico, a imagem refletida da sua degeneração moral. Aparece Armida, que não fala, mas sua beleza ilusória murcha, assim como a da paisagem quando sua magia falha. Perturbado, Rinaldo se une aos amigos e, no coro final, eles se fazem à vela pelo mar em que afloram golfinhos, para reencetar a luta pela Terra Santa.

Os paralelos autobiográficos na situação dramática são tão evidentes aí quanto nos *Magelone-Lieder*. Novamente um protagonista cavaleiro tem de se libertar de um amor de engodo e achar o caminho para a liberdade. Dessa vez, porém, isso não leva a uma namorada mais pura e mais admirável, porém à trilha do dever, ao exercício das suas habilidades viris. Evidentemente não é possível nenhuma igualação grosseira entre a figura de Armida e Agathe, mas a feiticeira pode estar colocada como um símbolo das mulheres (como objetos de veneração e devoção perpétua) em geral — e de Clara Schumann também.

Contudo, existe mais do que isso nessa composição cativante e profundamente sentida. Determinados momentos — por exemplo, o primeiro recitativo apaixonado de Rinaldo — fornecem o melhor indício existente de como teria soado uma ópera brahmsiana e, apesar do autêntico acento brahmsiano do início ao fim, existem ecos ocasionais, e apropriados, de *Fidelio* e mesmo de *Der fliegende Holländer*, a ópera de Wagner que ele mais admirava.[10] Embora haja poucos toques pictóricos manifestos (até os efeitos misteriosos quando Rinaldo se vê refletido no escudo mágico são muito abrandados, mais uma questão de leve tonalidade do que de cor), há toques psicológicos de uma espécie mais sutil. Depois que o estado de encantamento de Rinaldo foi firmemente demonstrado numa extensa ária ("Stelle her der gold'nen Tage") de grande beleza e impecável padrão ternário, o coro irrompe cativantemente com a insistência na fuga imediata. Rinaldo os interrompe com uma repetição alterada dos dois últimos versos da sua ária e, em seguida, recua ao tema principal como que para recomeçar, mas não consegue se manter fiel à melodia e, em vez disso, prorrompe numa nova e mais desesperada ária. Com tais meios, Brahms combina as várias seções para produzir uma forma razoavelmente composta de ponta a ponta, isto é, até o coro final, que necessariamente restabelece a tonalidade em mi bemol em que Rinaldo começou, mas é também uma estrutura separada e autônoma, que data de 1868. Que ele tenha levado tanto tempo para fornecer à obra a sua necessária culminância decisiva diz bem de sua contínua falta de confiança acerca de seu rumo nos anos intermediários, mas o coro em si é uma estrutura magnífica que antecipa as glórias neo-haendelianas do *Triumphlied*, enquanto ainda encontra espaço para a aceitação pessoal e menos confiante dos acontecimentos por parte de Rinaldo. A música que saúda o surgimento dos golfinhos é um dos menos conhecidos momentos arrebatadores de Brahms.

Desde então, a obra tem resistido teimosamente a programações convenientes — no entanto, acima de tudo é um verdadeiro *tour de force* para vozes masculinas (Brahms a iniciou como uma participante de uma competição de coros masculinos) e os críticos que têm ansiado por uma solista feminina para fazer o papel de Armida não percebem o essencial. Basicamente, *Rinaldo* é uma obra *sobre* a masculinidade, sobre o despertar da vontade e o triunfo agridoce de governar o próprio destino. Ela se esforça para dar expressão arquetípica a noções de camaradagem masculina, de virilidade a princípio anulada pelo encantamento feminino e que mais tarde — por meio da energia decisiva do finale em coral — recebe oportunidade e liberdade plenas (mas nunca plenamente felizes). São idéias fora de moda, hoje mais do que nunca, mas eram lugares-comuns das épocas de Goethe e de Brahms, e o poeta e o compositor não tiveram dificuldade em se identificar com elas. Eles teriam percebido menos do que nós as implicações auto-romantizantes e autojustificativas. Poderiam ter reconhecido a autocomiseração, mas a teriam considerado parte de sua condição viril.

Uma espécie de apêndice a essas duas obras (pois, embora tenha sido terminada e publicada antes delas, foi concebida pouco depois) será encontrado na série de nove *Lieder und Gesänge*, op. 32, de 1864, para poemas de Platen e Daumer. Em nenhum sentido manifesto esse conjunto é um ciclo de canções, porém uma poderosa unidade artística é insinuada e atingida por sua homogeneidade de atmosfera e pela ordenação dos versos escolhidos a fim de sugerir uma progressiva separação emocionada de um ser amado, as concomitantes depressões, frustração e sensação de vida desperdiçada, e o amor que apesar disso persiste, não-turvado. Kalbeck se referiu à obra, com certa perspicácia, como "Rinaldo novamente apanhado nas antigas armadilhas", mas as suas diferenças da Cantata e dos *Magelone-Lieder* são ainda mais surpreendentes do que as semelhanças e mais significativas para o desenvolvimento posterior do estilo da canção de Brahms.

Com exceção de algumas insinuações de recitativo em certas partes vocais, todos os traços de estilo "operístico" desapareceram: a emoção é interiorizada e os acompanhamentos de piano já não estão a serviço de uma função dramática e pictórica, mas de uma função correlativa, que sensivelmente reflete e argumenta com o monólogo desassossegado do cantor. Em lugar da forma solta e expansiva de *Magelone*, as canções são concisas, sobriamente delineadas e cismadoras, com um ganho patente em intensidade. A retórica cedeu à variação rítmica sutil, à nuance harmônica, à ambigüidade tonal. Em parte, naturalmente, a escolha dos poemas induz o estilo. Esses são os primeiros arranjos de Brahms para G. F. Daumer, um poeta em voga e muito secundário de cuja obra ele curiosamente passou a gostar muito. Os poemas de Daumer e os poemas muito superiores de August Platen imitam a condensação lírica, a agudeza e o acabamento de poetas orientais como Hafiz, impondo à música um retesamento semelhante. Mas a desigualdade dos talentos dos poetas parece pouco ter incomodado Brahms. A tensa e sombria canção de abertura para um texto de Platen, *Wie rafft ich mich auf in der Nacht*, transmite a sensação de perambulação noturna, sem causa e desesperançada, com um comedimento expressivo, uma eloqüente economia de gesto e ritmo que a colocam entre as mais vigorosas canções que Brahms compôs. Mas os protestos conclusivos de amor contínuo do op. 32, para *Wie bist du, meine Königin* de Daumer, são quase igualmente inspirados no entrelaçamento equilibrado da melodia expressiva e da harmonia de ampla variação de seu segmento central — e ela permaneceu como a canção mais famosa.

DANÇAS VOCAIS E INSTRUMENTAIS

Não só as canções dos opp. 32-3, mas também as primeiras séries de duos vocais de Brahms, são em alto grau superadas quanto à absoluta beleza de som, à tessitura sensorial e à harmonia por seu primeiro grupo de quartetos vocais, os três do op. 31. Os dois últimos foram compostos em 1863 como parceiros para o primeiro, o maravilhoso *Wechsellied zum Tanze*, que data de 1859. Para tratá-los em ordem inversa (e nível de interesse crescente), o n. 3, *Der Gang zum Liebchen*, é a musicalização de um poema folclórico boêmio em estilo coral, com as vozes se movendo em serena homofonia, como de hino, na música que é uma expansão (em mi bemol em vez de mi maior) da quinta das valsas do op. 39, em que Brahms na época estava trabalhando. *Neckereien*, uma canção morávia de apaixonados envolvidos em mútua caçoada, divide as vozes em pares, soprano e contralto em oposição a tenor e baixo, opondo uns aos outros em afirmações melódicas contrastadas e contraponto combativamente entrelaçado, tudo sobre um cômico baixo obstinado.

A jóia da série, porém, é *Wechsellied zum Tanze* (literalmente "Canção alternada na dança"), para um poema de Goethe, em que as vozes se dividem em dois duetos masculinos/femininos. O texto contrasta dois pares de dançarinos, que giram um em torno do outro: "os indiferentes", concentrados apenas na dança, e "os ternos", concentrados apenas um no outro. Brahms apresenta o primeiro par no tom menor, conduzindo e seguindo em cânone formal, rígido e rápido, e o segundo par no tom maior, com sua melodia contrastantemente fluida e suave, em arrebatadora harmonia íntima e prolongamentos embevecidos. Os duetos se alternam para criar o padrão em larga escala e, enquanto isso, o piano proporciona um acompanhamento em minueto primorosamente ambíguo. A seção final, em que as duas músicas diferentes se entrelaçam e enfim se fundem, com a harmonia deslizando do tom maior para o menor e de volta, compasso por compasso, é um dos momentos mais encantadores de Brahms.

Essa prodigiosa canção de dança constitui um proveitoso ponto de partida para a consideração dos três maiores grupos de dança, instrumentais e vocais, que Brahms publicou durante a década de 1860: as já mencionadas dezesseis valsas e as primeiras dez Danças Húngaras, ambas para piano a quatro mãos, e as dezoito *Liebeslieder-Walzer* op. 52 para piano a quatro mãos com quarteto vocal.[11] Essas obras, em estilo deliberadamente "popular", foram preponderantemente responsáveis pela difusão de sua reputação entre o público comprador de música em geral e se tornaram a principal fonte de sua riqueza pessoal. A cronologia delas é um tanto obscura: as Valsas surgiram em 1865 mas sem dúvida foram iniciadas alguns anos antes (ver op. 31 n. 3), enquanto os *Liebeslieder*, publicados em 1869, presumivelmente pertencem à segunda metade da década. Mas as Danças Húngaras, que também foram publicadas naquele ano, têm raízes que remontam à década de 1850.

Brahms dedicou as Valsas a Eduard Hanslick: alguns autores têm especulado que ele achou melhor não fatigar o cérebro do famoso crítico com algo mais complicado. "Mal sei como foi", Brahms escreveu a ele. "Eu estava pensando em Viena, nas moças bonitas com que se tocam duos, em você mesmo, que gosta dessas coisas, e não sei que mais." Hanslick respondeu elegantemente, numa famosa crítica às peças:

> O sério e taciturno Brahms, o verdadeiro discípulo de Schumann, tão do Norte da Alemanha, tão protestante e tão desapegado às coisas mundanas quanto Schumann, compondo valsas? A solução para o enigma é dada em uma palavra: Viena.

Podemos aceitar a "Viena" de Hanslick se a reescrevermos como "Schubert", pois o op. 39 de Brahms está muito mais na tradição dos Ländler e valsas a quatro mãos do compositor mais velho, embora na n. 1 e na n. 9 haja sinais do *Carnaval* de Schumann. Não são grandes valsas episódicas no sentido straussiano, mas uma seqüência de miniaturas que contam com pouco mais do que seu fascínio melódico. Brahms, entretanto, as apreciava o suficiente para publicar duas edições revisadas posteriores, a segunda especialmente simplificada para pianistas de habilidade moderada, o que aumentou a ampla distribuição da música. Em sua modalidade inteiramente despretensiosa, o op. 39 é uma demonstração impressionante de sua fértil inventiva melódica e de sua capacidade de compensar um fundo rítmico imutável apenas com discreto movimento harmônico e esmero contrapontístico. Todas as dezesseis valsas são numa forma binária simples, com as duas metades repetidas exceto nas famosas n. 15 (que acrescenta uma coda minúscula) e n. 16 (cuja "repetição" da primeira metade transfere a melodia para a mão esquerda, enquanto Brahms secretamente se delicia com um pouco de contraponto duplo). Contudo, justamente por isso nenhuma é longa o bastante para se demorar além do que é conveniente e todas são sutilmente caracterizadas de algum modo: mais obviamente as n. 4 e 14, que são em estilo húngaro, a n. 14 até impondo um veemente ritmo de czarda ao metro da valsa.

Esse estilo é sem dúvida muito mais amplamente explorado nas Danças Húngaras. Estas datam de muito tempo, desde seu encantamento inicial com as melodias ciganas que ficou conhecendo por meio de Reményi. A atração exercida por essas melodias exóticas, com a sua conexão supostamente direta com uma tradição folclórica viva, foi aumentada pela amizade com Joachim — que era húngaro e compositor de pelo menos uma obra extremamente ambiciosa "à maneira húngara". O envio de melodias húngaras de Brahms a Joachim foi mencionado na p. 80 e entre as suas muitas transcrições manuscritas de canções folclóricas, acumuladas ao longo de décadas, se encontra uma folha muito antiga datada de "Ddf. abril 54" (publicada aqui, creio que pela primeira vez, p. 340) que contém melodias de canções e danças ciganas que aparentemente despertaram a atenção de Brahms por seus ritmos irregulares. Como foi registrado na p. 45, no verão de 1858 ele tocou algumas das Danças Húngaras como peças para solo de piano para os seus amigos e, durante a década seguinte, Clara apresentou várias em recitais. No início de 1867 Brahms ofereceu seis danças ao editor Dunkl de Budapeste, apenas para vê-las recusadas. O primeiro conjunto, de dez danças, só foi impresso em 1869, por Simrock, e então para a forma de tessitura mais minuciosa de piano a quatro mãos — embora Brahms também tenha publicado em 1872 uma versão para solo de piano e posteriormente tenha transcrito três para orquestra. (Logo se seguiram orquestrações padronizadas das restantes por outros compositores, enquanto Simrock tirava amplo partido de sua enorme popularidade.)

Brahms considerava as Danças[12] arranjos e, embora algumas das melodias possam de fato ser originais, a maior parte se origina de músicas ciganas populares do tipo czarda, muitas das quais podem ser encontradas em edições húngaras. A n. 1, por exemplo, é encontrada em "Isteni Csárdás", uma melodia atribuída a Ferenc Sárkozi. Brahms, na realidade, foi acusado de certo plágio dessas fontes, embora seja provável que ele tenha anotado a maioria das melodias de ouvido a partir do repertório de Reményi (previsivelmente, Reményi reclamou de *ter sido* plagiado) e, posteriormente, de artistas de cafés. Os autores modernos se apressam em traçar uma distinção um tanto puritana entre o gosto de Brahms por uma música "húngara" difundida pela população cigana itinerante para consumo cosmopolita e a *autêntica* música folclórica húngara, tal como cientificamente identificada e recolhida em pesquisa de campo por Bartók e Kodály no início do século XX. Parece evidente que ele não estava a par de que as melodias não eram as canções genuínas dos camponeses húngaros (isto é, não mais a par do que Liszt em suas Rapsódias Húngaras): mas esse equívoco romântico sem dúvida aumentou o seu respeito por elas e o inspirou nos arranjos. As Danças Húngaras de Brahms não são de certo modo música inferior porque se baseiam em fontes ciganas. O ressentimento etnomusicológico há muito existente contra a música cigana é histórico (porque por muito tempo ela desviou a atenção da verdadeira música folclórica de que era um reflexo distorcido) e não estético (uma vez que ignora até que ponto a música cigana era um meio de expressão independentemente desenvolvido com valor artístico próprio).

Tudo isso de lado, as formas e intensificações que Brahms impôs a seu material preferido são indiscutivelmente suas. As Danças são composições legítimas, mesmo que ele não tenha composto o material básico. Ao contrário das Valsas, em geral elas são formas bastante extensas e de múltiplas seções, cujas caprichosas e freqüentemente impetuosas alternâncias de material, atmosfera e tempo recriam o estilo de interpretação tradicionalmente apaixonado dos violinistas ciganos. Brahms tira o máximo partido da liberdade rítmica, das oportunidades para ritmo cruzado e *rubato*, do estilo melódico popular e das cadências exoticamente moduladas que o meio de expressão oferecia. É difícil imaginar algo menos parecido com a urbanidade de um movimento de sonata bem-educado, mas é fartamente evidente que ele apreciou compor *contra* os seus hábitos de desenvolvimento lógico e consciencioso. Embora todas sejam merecedoras de menção, em última análise talvez as danças mais memoráveis sejam as n. 4 em fá sustenido menor, com as suas imitações de pratos e sua sensibilidade na improvisação, e a n. 9 em mi menor, cuja modalidade cria um sombrio colorido harmônico. Outras onze danças, uma realização muito mais pessoal, surgiriam alguns anos depois (ver p. 241), mas é esta primeira série que decididamente permanece a mais conhecida.

Nas dimensões e no estilo as *Liebeslieder-Walzer* (Valsas-canções de amor) retornam às Valsas instrumentais do op. 39. De fato, com sua escrita mais minuciosa para piano a quatro mãos, elas *são* fundamentalmente instrumentais, mas, embora Brahms tenha publicado uma versão sem vozes, ela é muito menos brilhante. Mais uma vez ele apresenta uma seqüência de movimentos diminutos, com engenhosas modificações sobre um único passo de dança limitado. Mas, ao acrescentar um quarteto vocal às quatro mãos no teclado, Brahms duplica os recursos de tessitura e, com eles, as oportunidades para a minúcia contrapontística. Nenhum dos poemas isoladamente se aproxima da complexidade de *Wechsellied zum Tanze*, e os poemas de algodão-doce de Daumer (tímidos truísmos e apotegmas sobre o amor, traduzidos de canções de dança russas, polonesas e húngaras, extraídos por Brahms de *Polydora*, o volume de "literatura mundial" de Daumer, que também lhe forneceu textos mais sérios para as canções do op. 57) são um fardo convenientemente leve para a música transportar. Mas Brahms tinha em mente algumas idéias estruturais de longo alcance, refletidas não só na sua rejeição de algumas peças que mais tarde foram reelaboradas em *Neue Liebeslieder*, como na cuidadosa distribuição das vozes — às vezes como duetos masculinos/femininos alternados, às vezes em coro com destaque para o tenor. Numa (a n. 9, *Am Donaustrande*, cuja idéia de nota repetida presta dissimulada homenagem à então recente *An der schönen blauen Donau* de Johann Strauss, a valsa que Brahms publicamente lamentou não ter composto), temos um trio para vozes baixas, em que o soprano só participa de alguns compassos culminantes; a n. 7 é uma canção para solo de contralto e a n. 17 é para tenor. Contudo, as vozes são sempre utilizadas liricamente, nunca em diálogo dramático. Em geral as formas ecoam as simplicidades binárias do op. 39, ocasionalmente com coda variada. Mas, após a forma ternária inesperadamente ampla da n. 6 (*Ein kleiner hübscher Vogel*, talvez a única a ter alcançado certa existência independente), as posteriores têm um pouco mais de variedade. Como um todo, o op. 52 parece primordialmente destinado ao divertimento dos seus intérpretes; para os simples ouvintes, é eminentemente agradável, ousado e apenas um tanto melodioso demais de se ouvir. Brahms não cometeria o mesmo erro ao compor o seu parceiro, o op. 65 (ver p. 201).

Por fim, devemos mencionar uma das obras mais breves de Brahms, *Kleine Hochzeitskantate*, um pequeno minueto para coro de quatro vozes (ou quarteto vocal) e piano sobre um texto de Gottfried Keller que ele compôs em 1874 para o casamento de um dos amigos do poeta. O texto de Keller é uma paródia do coro final do *Rinaldo* de Goethe, mas o tratamento encantador de Brahms não faz alusão direta a seu próprio arranjo desse coro, exceto talvez na conclusiva apóstrofe retórica dos noivos, "Siegmund und Emilia", no ritmo que anteriormente utilizara para "Godofred und Solyma".

EIN DEUTSCHES REQUIEM

A composição dessas danças circundou uma partitura que se encontra bem na outra extremidade da escala de importância — *Ein deutsches Requiem* op. 45 para coro misto e orquestra com solistas soprano e barítono, a maior obra isolada de Brahms e aquela que finalmente lhe trouxe reconhecimento internacional generalizado, não só de conhecedores porém da grande massa de freqüentadores dos concertos.

A cronologia desta criação sumamente importante tem sido matéria de intenso debate. Os dados disponíveis sugerem firmemente que o *Requiem* com efeito foi composto em 1865-66, seguindo-se prontamente à morte da mãe de Brahms, com exceção do atual quinto movimento, acrescentado só após a primeira apresentação em Bremen, em 1868. Mas continua a ser possível que durante alguns anos Brahms tivesse planejado uma grande obra de caráter rememorativo, já tivesse reunido os textos para ela e que determinadas seções tivessem sido esboçadas anteriormente. O segundo movimento, a Marcha Fúnebre "Denn alles Fleisch es ist wie Gras", sem dúvida tem raízes uma década antes: de acordo com Albert Dietrich, ela incorpora material do "scherzo lento" da Sinfonia inacabada de Brahms, de 1854-55 — a sinfonia cujo primeiro movimento foi composto sob o espectro da trágica insanidade mental de Schumann e posteriormente reelaborado no Concerto para piano em ré menor. É, de fato, no movimento lento do Concerto para piano que a grandiosa e no entanto íntima liberação espiritual tão amplamente exposta pelo *Requiem* faz sua primeira aparição no estilo de Brahms. O Concerto tem sido às vezes considerado um "Réquiem instrumental" para Schumann. O ressurgimento do material da Sinfonia no *Deutsches Requiem* dá a entender que também aí Schumann é reverenciado.[13] Entretanto, se o falecimento de alguma pessoa isolada está sendo lamentado, Christiane Brahms continua a ser a candidata mais provável. ("Todos nós achamos que ele o compôs em memória dela, embora ele nunca tenha dito isso expressamente," afirmou certa vez Clara Schumann a Florence May), e o quinto movimento acrescentado torna a associação quase explícita.

Como dá a entender o título *Deutsches Requiem*, a obra não tem relação com a liturgia romana. É "alemão" sem qualquer sentido nacionalista, mas porque está enraizado na linguagem da Bíblia luterana e é ímpar entre os réquiens por não representar uma prece pelos mortos. O texto, que o próprio Brahms montou com grande habilidade a partir de passagens diversas do Antigo e do Novo Testamentos e dos Livros Apócrifos, se dirige essencialmente aos sentimentos dos desolados pela perda de uma pessoa querida, em uma meditação consoladora sobre o destino comum dos mortos e dos vivos. O contraste pungente, tão fundamental para o pensamento de Brahms em quase todas as suas obras corais, entre aqueles já em estado de graça e aqueles excluídos desse estado, atormentados pelo sentido da mortalidade, é explorado plenamente. A paciência é exortada nos movimentos 2 e 3; o movimento 4 evoca a bem-aventurança daqueles que então habitam "a Casa do Senhor"; o movimento 5 promete que o consolo e a alegria futura substituirão a atual tristeza; o movimento 6 prenuncia a ressurreição dos mortos, situada em seu contexto cósmico. Por fim os vivos e os mortos são unidos na grandiosa e circular progressão do pensamento da obra, que começou em fá maior no movimento 1 com "Bem-aventurados os que choram, porque serão consolados" e termina no sétimo e último movimento (que aos poucos avança até uma específica recordação da mesma música), com "Bem-aventurados os mortos que doravante morrem no Senhor".

A linguagem é teísta, mas em nenhum ponto — como Reinthaler percebeu — é explicitamente cristã (não mais do que são as outras obras vocais de Brahms para textos de compilação bíblica). Não é o primeiro réquiem em alemão. Existiam precedentes tão remotos quanto Schütz. Mas foi o primeiro em que um compositor escolhera e moldara seu texto, para ressonâncias essencialmente pessoais, a fim de falar a um público contemporâneo numa língua compartilhada, transcendendo as coerções do ritual: um sermão profético a partir da experiência particular e com aplicação universal. A paciência traz dignidade e perspectiva aos mistérios da vida e da morte, instilando uma convicção da imortalidade do espírito. Se existe um Deus, é assim que Ele fez as coisas, por motivos que não Lhe podemos exigir mas em cuja justeza devemos depositar alguma confiança. É a mensagem que Brahms iria novamente externar de forma ainda mais completa e mais perturbadora no moteto *Warum ist das Licht gegeben?*, op. 74, n. 1.

A Bíblia luterana continuou a ser o epicentro não apenas da religião mas da cultura na Alemanha do século XIX, dominada pelo protestantismo, como fora nos séculos XVII e XVIII para Schütz e Bach. No *Deutsches Requiem* Brahms estava quase inevitavelmente cônscio do exemplo deles, recorreu a alguns dos textos que eles musicaram e imitou alguns dos seus efeitos de composição. Podemos ter certeza de que os textos foram realçados, para ele, pela sensação de partilhar com esses mestres anteriores uma tradição comum de composição coral sacra. Virginia Hancock aventou plausivelmente que o quarto movimento, "Wie lieblich sind deine Wohnungen", foi em parte inspirado por um arranjo do mesmo texto em *Symphoniae Sacrae* III n. 4 de Schütz, uma peça minuciosamente explanada e discutida nos volumes muito folheados do *Gabrieli* de Winterfeld, que Brahms possuía. Schütz também musicou trechos dos textos utilizados no primeiro e no último movimentos do *Requiem*, em obras que Brahms (embora não com certeza) bem podia ter conhecido: especialmente significativo é o tratamento do texto "nuclear" de Brahms, "Selig sind die Toten", nas *Musikalische Exequien* de Schütz, de 1636, onde é musicado em combinação com uma paráfrase alemã do *Nunc dimittis*. Além disso, Siegfried Ochs relata que Brahms lhe contou

> que toda a obra era, essencialmente, baseada no coral "Wer nur den lieben Gott lässt walten". Embora nunca apareça no primeiro plano da partitura, ainda assim vários temas da obra se originam dele (...)

Ochs[14] alude à abertura da obra (Ex. 30b) e à marcha do segundo movimento — que assim emerge como o germe de todo o *Requiem*, pois o seu tema principal (Ex. 30c) deve ter sido uma parte integral do scherzo da sinfonia inicial. Nessa utilização de um coral luterano (Ex. 30a) Brahms parece imitar o costume de Bach em suas cantatas e Michael Musgrave observou uma correlação significativa entre o tema da marcha de Brahms e o primeiro coro da Cantata n. 27 de Bach, *Wer weiss wie nähe mit mein Ende*, que utiliza a mesma melodia coral no mesmo ritmo 3/4, com um texto quase idêntico ao que encontramos no terceiro[15] movimento de Brahms. É difícil localizar o coral nos outros movimentos do *Requiem*, mas muitos dos seus temas compartilham uma configuração-mor ascendente/descendente por trás da qual talvez se consiga discernir o perfil do Ex. 30a. Mas sem dúvida seria um erro procurar um modelo único para a concepção fundamentalmente original de Brahms. É uma síntese inspirada do arcaico e do moderno, uma das mais inconsúteis e das mais impregnadas de emoção pessoal que ele alcançou. O desdobramento da fuga (há três ao todo) para sumariar movimentos com efeito climático está mais na tradição de Haendel e de Beethoven. As missas de Haydn e Cherubini, como as obras religiosas de Mendelssohn e Schumann, parecem também ter desempenhado seu papel na orientação da expressão peculiar e da estrutura de Brahms. Mas não existe precedente para o seu caráter global, que foi definido em 1938 pelo filósofo místico-marxista Ernst Bloch em *Das Prinzip Hoffnung* (O princípio da esperança) com um discernimento que se manteve imune à paráfrase. À música do *Requiem*, diz ele,

> não falta contenção e o que lhe equivale em Brahms: uma preciosa profundidade que evita a apoteose (...) O tratamento que Brahms dá à alegria é ainda mais complexo

Ex. 30

(a)

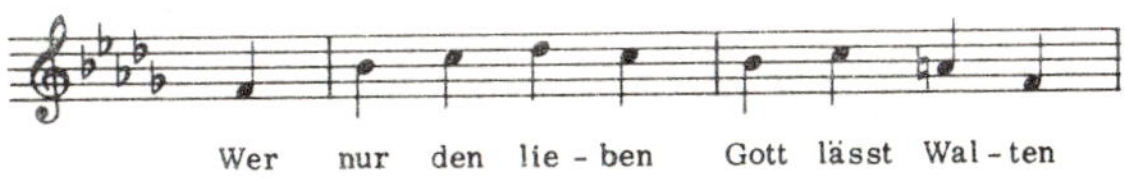

(b)

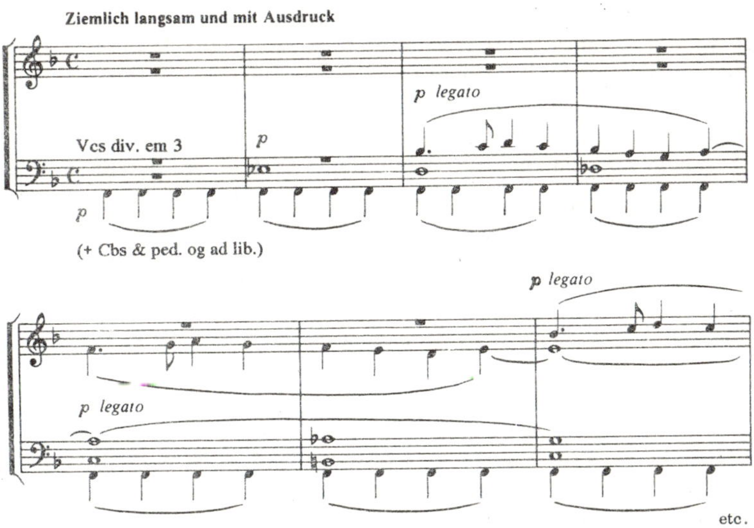

(c)

> do que o tratamento que Kant dá ao patos (pelas mesmas razões não-católicas), e porque seu céu tem um caráter espirituoso que o impede de ser convencional e simplório. Estas não são de modo algum as alegrias lânguidas que Nietzsche equivocadamente notou em Brahms. Com efeito, a felicidade que se transforma em mistério é manifestamente envolta em dissonância e, intrinsecamente, a dissonância pode ser uma expressão mais vigorosa do misterioso do que uma harmonia triádica conhecida. Esta música nos está dizendo que existe um broto — não mais porém não menos — que poderia florescer em alegria perpétua e que sobreviverá às trevas, que na realidade ele aprisiona dentro de si (...) Nas trevas desta música estão cintilando aqueles tesouros que estão livres da ferrugem e das traças. Referimo-nos àqueles tesouros permanentes em que a vontade e o objetivo, a esperança e sua satisfação, a virtude e a felicidade possam ser unidos, em um mundo sem decepção e de supremo bem: — *o réquiem circunda a região secreta do supremo bem.*[16]

Expresso de forma menos poética, esse "circundamento" se deve em parte ao fato de que, embora a discussão intelectual dos textos se desenvolva, ela também é circular, retornando à sua abertura como se fosse a um nível mais alto; e a música, enquanto se eleva a uma cadeia ascendente de tonalidades de movimento a movimento, na realidade é simetricamente ordenada. Em torno da visão lírica central das bem-aventuradas cortes do Senhor ("Wie lieblich", n. 4 — uma transfiguração do estilo das canções de Brahms em algo que quase se assemelha a uma celestial valsa dos *Liebeslieder*) giram dois movimentos de ensinamento, construídos sobre o modelo de uma exposição de solista (barítono no n. 3, soprano no n. 5) e uma resposta coral. Enquanto o n. 3 se desdobra livremente e culmina numa notável invenção de fuga sobre um pedal tônico contínuo, que envolve a variedade extática da polifonia (exatamente como, no texto, as almas dos justos permanecem na mão de Deus), o n. 5 é ternário mas não menos eficiente no tratamento do texto: a idéia de consolo "como o de uma mãe" se entrelaça à frase repetida "Eu o verei novamente (...)", no supremo gesto da profunda ternura do *Requiem*. Esses movimentos são circundados pelas perspectivas "cósmicas" dos n. 2 e 6 (mortalidade universal; o mistério da Ressurreição) com as suas formas que se desenvolvem inesperadamente e culminâncias de fuga muito diversificadas. Todo o grandioso esquema é iniciado e rematado pelos dois coros meditativos em forma ternária que propõem o tema constante (n. 1, "Bem-aventurados os que choram") e apontam o paralelo consolador final (n. 7, "Bem-aventurados os que morrem no Senhor").

O *Deutsches Requiem*, portanto, descreve uma vasta forma em arco e auto-refletora: quase uma projeção no maior nível macroscópico do contorno ascendente/descendente de tantas das suas principais idéias melódicas. Contudo, as mudanças tonais de movimento para movimento são sempre *para cima* e os esquemas de tonalidade dos movimentos isolados são simétricos (nos ternários) ou, nos n. 2, 3 e 6, se avivando de um tom menor para seu tônico maior. A orientação é sempre no sentido de um brilho aumentado dentro de um esquema firmemente equilibrado. Quando, no final do movimento 7, a música do movimento 1 é reinserida, a princípio é em mi bemol — uma idéia inspirada que permite a Brahms retardar a convergência do material com o mi maior original até os derradeiros compassos. A obtenção desse tom se torna assim a mudança tonal ascendente e conclusiva numa longa cadeia que se eleva. Em seu próprio esquema modulatório, portanto, o *Requiem* encena sua mensagem espiritual erguendo-se para a consolação e fechando um círculo de bênção. "Selig" ("Bem-aventurado") é a última palavra que ouvimos, como foi a primeira.

LIEDER E OBRAS CORAIS

A primeira execução do *Requiem* foi seguida por um verão dedicado à composição vocal. Em parte, isso foi para completar tarefas inacabadas: as romanças finais de *Magelone* e o último coro de *Rinaldo*. Entretanto, não menos do que cinco conjuntos de canções, op. 43 e opp. 46-9, um total de vinte e cinco *Lieder* ou *Gesänge*, foram então reunidos. Algumas delas haviam sido compostas muito antes e já foram mencionadas, mas a maior parte parece ter sido escrita em junho-julho de 1868. Principalmente arranjos de poesia secundária de Daumer e Hölty, com um fermento de textos folclóricos de diversas fontes, elas de um modo geral exibem uma orientação em direção oposta às tendências dramáticas dos opp. 32 e 33, no sentido de meditações solitárias sobre o amor (geralmente infeliz) e a vida (essa condição celebremente finita apenas pela morte). Ainda assim, elas as apresentam numa diversidade de formas extremamente engenhosa e com uma coerente sensibilidade para a beleza que abranda, ou justifica, a melancolia predominante.

As formas estróficas continuam a ser comuns, como na pequena *Wiegenlied* (op. 49 n. 4) para Bertha Faber, celebrando o nascimento do seu filho: celebrada em todo o mundo como a "Canção de ninar de Brahms", ela ternamente transforma uma canção de amor do dialeto vienense que a mãe cantara para o compositor quando era Bertha Porubsky do Frauenchor hamburguês. Essa primorosa miniatura está em completo contraste com o austero fatalismo de *Vergangen ist mir Glück und Heil* (op. 48 n. 6), um dos seus arranjos conscientemente arcaicos de um texto em alemão antigo em estilo coral, como a anterior *Ich schell mein Horn* (só então publicada, em meio ao op. 43). Junto a estas, Brahms modifica e amplia a sua maneira de tratar as estrofes em canções ternárias cuja seção central proporciona contraste pela variação e pelo desenvolvimento da estrofe inicial, que é então relembrada mais exatamente para rematar a forma: o arranjo de *Die Mainacht* de Hölty (op. 43 n. 2), em que Brahms omitiu uma das quatro estrofes precisamente para criar essa forma desejada, é um exemplo típico. Nela, a terceira parte recapitulativa é apenas ligeiramente alterada, mas em outra canção de Hölty, *An ein Veilchen* (op. 49 n. 2), a música suave e o acompanhamento levemente destilado da primeira parte são progressivamente transformados na segunda, cujo clímax declamatório sobre acordes pulsantes exige uma repetição inteiramente mais sombria, com o padrão do acompanhamento se adensando e baixando, enquanto a melodia continua a fluir para uma coda obscurecida. O que de início talvez parecessem lágrimas sentimentais se revelam como sintomas de alguém verdadeiramente morrendo de amor.

Esse tipo de forma estrófica alterada é utilizado em escala muito maior nas canções finais dos conjuntos dos opp. 48 e 49: duas impressionantes meditações sobre a natureza, ambas para poemas de Adolf von Schack e repletas do sentimento de evanescência sugerido respectivamente pelo outono e pelo anoitecer — *Herbst-*

gefühl (op. 48 n. 7) e *Abenddämmerung* (op. 49 n. 5). As meras tessituras da primeira, com suas plangentes terças em tom menor e maior, criam uma vigorosa sensação de desolação. As vagas e bruxuleantes figuras de semicolcheias da segunda — também dominada por terças e entoada baixo no registro do piano, com um abafado pedal incessantemente soando abaixo — são uma igualmente sensível metáfora de teclado para um poema que afirma que ao anoitecer é possível se sentir mais próximo, no espírito, de amigos e parentes que morreram. Clara se inquietava por Brahms, na sua idade, estar se dedicando a tais evocações do crepúsculo da vida, mas era uma atitude expressiva que surgiu naturalmente para ele após compor o *Deutsches Requiem.*

Em algumas dessas canções há mais do que uma tentativa perfunctória de descrição pitoresca ou imagens onomatopaicas. Mesmo em *An die Nachtigall* de Hölty (op. 46 n. 4) ouvimos não a canção do pássaro mas o anseio do poeta de que ele acorde, não o bater de suas asas mas o desejo do poeta de que ele escape. O objetivo de Brahms é sempre exprimir e intensificar a atmosfera global de um poema por meio de correlativos puramente musicais em contorno, harmonia e padrão de acompanhamento. A repetição ternária nessas formas estróficas modificadas é assim não apenas estruturalmente coesa mas expressiva, um artifício poeticamente realçador, que confirma a validade da resposta emotiva inicial. Uma exceção importante — porque é integralmente composta e comparativamente dramática na apresentação da discussão entre um rapaz aldeão e sua namorada — é a conhecida *Von ewiger Liebe*, colocada como primeira do op. 43 mas que data de 1864. Nela, no que aparentemente é uma tradução de poesia folclórica vêneda, a certeza arrogante da moça de que o amor deles tem de ser eterno, mais forte do que o ferro e o aço, surge como um elemento novo, uma ampla melodia confiante que proporciona uma resolução em si maior da inquietude em si menor das passagens iniciais. A melodia, bastante pungente, foi tirada do coral *Brautgesang* que Brahms compusera para Agathe von Siebold e depois ocultara.

Foi algumas semanas após a *première* do *Requiem* que Brahms concebeu a obra coral com orquestra seguinte, *Schicksalslied* ("Canção do Destino"), op. 54. mas, embora em dimensões físicas esta seja uma composição muito menor, ele levou três anos para elaborá-la a seu contento e ela só foi executada após a cantata *Rinaldo* e as obras corais posteriores dos opp. 53 e 55 serem concluídas.

Schicksalslied constitui um complemento significativo para o *Deutsches Requiem.* As obras corais e orquestrais curtas de Brahms (esta, a Rapsódia para contralto, *Nänie, Gesang der Parzen* e, em menor grau, a inicial *Begräbnisgesang* e a mais extensa *Rinaldo*) compõem um gênero próprio quase sem paralelo e extremamente pessoal. Difíceis de serem programadas (por causa da brevidade e, em alguns casos, das exigências vocais ou instrumentais), todas são respostas a textos de intensa ressonância poética — Goethe, Hölderlin, Schiller (e o coral em alemão antigo de *Begräbnisgesang*) — com música de caráter extremamente evocativo e (com exceção de *Rinaldo*) expressiva pureza. Na produção de Brahms elas ocupam um pouco do lugar que as cantatas religiosas poderiam ocupar na produção de outro compositor, e sua intensidade emocional, lírica e de fato espiritual revela a poderosa significação que os textos continham para ele. O ponto de vista delas (como o do próprio *Requiem*) é francamente não-cristão, mas meditativo e estóico. À sua maneira, e mais evidentemente do que o *Requiem*, essas obras têm o caráter de profissões de fé metafísicas.

Além disso, todos os seus textos exploram, de diferentes ângulos, o tema comum da separação da felicidade: dos homens (ou de um homem isolado) excluídos de um estado de bem-aventurança (em geral a prerrogativa de Deus ou "dos deuses"). Como foi sugerido anteriormente, essa idéia está subjacente à pungência do *Requiem*, mas ali está subentendido que a paciência poderia ocasionar a suspensão do impedimento. Em *Schicksalslied* e em sua irmã posterior e ainda mais sombria, *Gesang der Parzen*, encontramos as afirmações básicas e virtualmente filosóficas de que a linha divisória entre o Divino e o humano é de fato intransponível. O protagonista humano da Rapsódia para contralto é alienado ainda mais dos seus companheiros humanos e a obra se desenvolve como um apelo (talvez não muito esperançoso) ao socorro Divino. Na cantata epônima, Rinaldo também vagueia por uma terra deserta, extraviado de seus camaradas pela ilusão da união com uma feiticeira (não-humana). Nas duas peças fúnebres, a protestante (*Begräbnisgesang*) e a pagã (*Nänie*), almas isoladas encontraram a felicidade Divina — na morte, e, como no *Requiem*, elas deixam os vivos chorando pela sua ausência.

Se Brahms não tivesse classificado a Rapsódia para contralto como "*sua* canção nupcial", ainda poderíamos ter presumido que essas obras fossem metáforas de sua aguda consciência do afastamento da felicidade. Em *Rinaldo* e na Rapsódia talvez possamos relacionar a música com sua separação de Agathe e de Julie Schumann; pode até ser significativo que *Schicksalslied* se tenha desenvolvido durante um amargo período de desacordo com Clara; mas seguramente todas elas incorporam uma percepção mais ampla de si mesmo como de certa forma predestinado, um homem separado, apto (ou obrigado) a encarar desapaixonadamente suas aspirações meramente humanas, consciente de uma eterna distância entre elas e qualquer espécie de perfeição. Até certo ponto, portanto, todas são obras melancólicas (no sentido de uma "Melencolia" düreriana), mas transcendem magnificamente a melancolia por meio da força da arte, transmudando a emoção numa alegria sombria e numa fortaleza estóica que estão entre as características mais inspiradoras de Brahms.

O poema "Hyperions Schicksalslied" de Friedrich Hölderlin, uma das suas afirmações clássicas do sentido da alienação do Homem dentro do cosmo, se divide em duas partes desiguais: uma evocação da vida dos espíritos bem-aventurados nas alturas de seu elísio, seguida por uma desolada descrição da humanidade abaixo, arruinada pela confusão e pelo desespero. Quando Brahms compôs o arranjo, caracterizou vivamente esses estados contrastados, mas a estrutura em duas partes lhe desafiava o senso formal. O equilíbrio musical e a convenção o inclinaram a favor de uma forma ternária, envolvendo uma repetição da música de abertura dolorosamente bela e de seu texto. A obra foi, de fato, esboçada dessa forma. Mas ele afinal parece ter achado que um pleno restabelecimento da primeira parte coral anularia o efeito da severa segunda seção e criaria uma falsa sensação de consolo. A solução foi enfim sugerida por Hermann Levi (que em outubro de 1871 regeu a primeira execução em Karlsruhe): reinserir apenas os elementos do prelúdio orquestral inicial, sem nova colaboração das vozes. Essa estratégia confirmou o papel dominante que de qualquer modo a orquestra assumira em toda a obra.

Schicksalslied, portanto, tem uma inevitabilidade trágica tão lúcida quanto a "ewiger Klarheit" ("eterna clareza") que rodeia os espíritos divinos. Um enlevado e idílico prólogo orquestral em mi bemol maior evoca a atmosfera de paz e beleza perpétuas em que os deuses celestiais existem — embora um moderado e funesto ritmo de tambor sugira um eco distante dos planos da existência mais baixos e mais infelizes. Em seguida, a primeira seção coral e principal se expande serena e como um hino na mesma escala, estável em ritmo e tonalidade. O retorno do ritmo de tambor assinala um abrupto e impetuoso mergulho (que se assemelha estreitamente à violenta introdução da Trombeta do Juízo Final no sexto movimento do *Requiem*) num atormentado allegro em compasso ternário em dó menor para a música totalmente contrastada e desigual da Humanidade cega e decadente, cuja confusão e inquietude são retratadas em síncopes e ritmos cruzados vigorosamente agitados, que caem como golpes de marreta. Brahms musicou duas vezes essa estrofe de Hölderlin, na segunda retesando a tonalidade para cima com um tom até ré menor, a fim de intensificar o efeito febril e movimentado.

Os tímpanos mantêm um rufo motor que finalmente se dissolve em rumor sussurrante. Nesse momento, a música radiante do prelúdio retorna, reelaborada em orquestração de tessituras mais sonoras e transfigurada num dó maior velado e sutil, que encerra a obra em penetrante tranqüilidade etérea. Muitos críticos, da época de Brahms em diante, têm rejeitado as premissas da visão de Hölderlin e têm tentado ver nessa coda um gesto de consolo da parte de um compositor mais "cristão", menos pessimista do que seu poeta. Tovey, com grande discernimento, escreveu sobre a sua "implacável beleza": parece provável que Brahms tenha pretendido que sua conclusão, tão intocada pela angústia em tom menor que a precedeu, reforçasse a sensação de um absoluto divórcio entre o humano e o Divino. Como resultado daquela angústia ela desperta uma sensação de anseio desesperançado, enquanto o funesto ritmo de tambor permanece discretamente persistente, mesmo nos derradeiros compassos.

O tema da alienação é explorado de novo e de modo diferente na principal obra vocal de 1869, iniciada um ano depois mas terminada dois anos antes de *Schicksalslied*, num único e intenso esforço criativo — a Rapsódia para contralto, coro masculino e orquestra. Era característico do temperamento autodefendido de Brahms que ele se referisse a essa peça sombria e profundamente emotiva como um apêndice das aconchegantes e despreocupadas Valsas *Liebeslieder*. Na realidade, é um lamento profundamente pessoal por seu isolamento e uma exortação contra os perigos da misantropia a que se deve ter sentido propenso: é a sua solitária "canção nupcial", ocasionada pelo noivado de Julie Schumann.

Ao escolher como texto três estrofes da ode de Goethe "Harzreise im Winter" (na realidade escrita em 1777 durante uma viagem de inverno nas Montanhas Harz), Brahms parece ter-se recordado de um arranjo (também denominado *Rhapsodie*) que conhecera no ano anterior e de todo o poema, feito por J. F. Reichardt durante a vida de Goethe. O poema é uma meditação sobre os diferentes tipos de vida que Deus predestina para temperamentos diferentes. As estrofes centrais, musicadas por Brahms, se concentram sobre o destino do homem acabrunhado pelas lutas vãs contra os grilhões de ferro do sofrimento. Um rapaz, que a dor tornou misantropo, busca a solidão no deserto. Uma descrição da desolada paisagem hibernal em que essa figura vagueia é seguida por uma análise da sua angústia mental e uma prece pela melodia que possa "curar seu coração" e trazer consolo à alma sequiosa.

Brahms complementou essa estrutura poética em três partes com uma estrutura musical tripartite que essencialmente reproduz (embora em estilo muito "contemporâneo") um modelo de cantata barroca de recitativo introdutório, ária e coro final. Após pôr em prática desse modo as suas instruções, ele ficou justificadamente orgulhoso da concisão expressiva, da beleza sombria e explanação textual discretamente apropriada. O recitativo inicial, de matizes escuros na orquestração e vívido na sensação de opressão emocional, extrai muito de seu efeito da perambulação sem raízes em torno da tonalidade básica em dó menor, que descreve de maneira tão adequada a perda do caminho pelo misantropo no deserto ínvio. O sentimento de drama interior é projetado adiante na ária seguinte, cujos sinuosos ritmos cruzados de 6/4 e 3/2 evocam confusão mental (uma das idéias melódicas deixou sua marca alguns anos depois no primeiro movimento da Segunda Sinfonia) e cuja ênfase retórica apaixonada sobre a palavra *Menschenhass* (ódio aos homens) é um dos momentos mais "operísticos" em todo Brahms (Ex. 31). Essa passagem atormentada retorna, enquanto ele traz de volta os primeiros quatro versos da estrofe num arranjo intensificado, para proporcionar à ária uma forma ternária satisfatória. As modificações enfim permitem uma mu-

Ex. 31

([Pode-se] beber o ódio à humanidade a partir da plenitude do amor?)

dança para o tom dominante maior, que possibilita à ampla melodia de tipo coral da última seção surgir em caloroso dó maior. Dividida entre solista e coro masculino, essa música tranqüilizadora traz, se não a satisfação, uma estabilidade emocional que a obra vinha buscando desde o começo. A forma religiosa e o gesto delineiam aí os contornos de um conflito interior, e a súplica para "curar seu coração" é fervorosamente repetida três vezes, à maneira de um Amém.

A terceira e mais extensa obra coral composta na esteira do *Requiem* é totalmente diferente da Rapsódia e do *Schicksalslied*. Enquanto estas são pessoais e mesmo angustiadas, aquela é pública e grandiloqüente. Entretanto, *Triumphlied*, op. 55, para coro duplo, solo de barítono e orquestra, é tão importante quanto elas, e o fato de que durante tanto tempo fosse a menos conhecida das principais partituras de Brahms é exemplo ilustrador dos caprichos irracionais do gosto. Durante a vida de Brahms, a obra foi amplamente executada e axiomaticamente considerada uma obra-prima característica. Fuller-Maitland a julgava "magnífica", Tovey "maravilhosa"; para Florence May, a obra tinha

> uma força, uma vivacidade, um poder pitoresco, que não são superados, ainda que sejam igualados, por nada que já tenha sido composto no âmbito da música coral para a igreja ou a sala de concertos.

Mas por volta da Guerra de 1914-18 *Triumphlied* saiu completamente do repertório. Na Inglaterra as execuções são prodigiosamente raras e na Alemanha não são muito mais comuns.

A fim de justificar esse fenômeno, às vezes se alega que a obra é um "pastiche", ou desagradavelmente bombástica (nenhuma execução boa dá essa impressão),[17] ou que a utilização, no primeiro movimento, da melodia de "God save the king" (tomada emprestada em 1790 ao hino nacional prussiano) de certo modo a torna impossível de ser ouvida — embora na versão de Brahms a melodia mal apareça. Não existem razões *musicais* sólidas: a desatenção para com a obra parece ser um acidente histórico. Como se relata nas pp. 131-32, Brahms — a quem o sentimento de patriotismo não era estranho — a compôs em 1870-71, em comemoração das vitórias na Guerra franco-prussiana e da realização de um Império Alemão, e "respeitosamente" a dedicou a "Seiner Majestät dem Deutschen Kaiser Wilhelm". Quarenta anos depois, quando uma grande campanha foi armada contra a música alemã por platéias e programadores britânicos igualmente patriotas durante a Grande Guerra, essas associações naturalmente tornaram *Triumphlied* totalmente inaceitável. Desde a II Guerra Mundial, suas implicações "nacionalistas" parecem tê-la tornado um constrangimento também na Alemanha. Contudo, a música os transcende magnificamente e, exceto pelo fato de ser para os cantores a mais difícil de todas as obras corais de Brahms, ela tem direitos legítimos ao repertório. *Triumphlied* é hoje flagrantemente subestimada, porque é flagrantemente subexecutada. Em seu próprio detrimento, as platéias continuam a ignorar uma obra que eleva aos últimos graus determinados aspectos do gênio do compositor e, no entanto, é distinta de qualquer outra em sua *œuvre*.

Em todo caso, não é como se tivéssemos de considerar um arranjo invectivador de versos chauvinistas (na índole, talvez, do *Männerchore* do op. 41). O que Tovey denominou a "sua alusão à guerra terrestre" continua a ser apenas uma alusão: não há nenhum endosso ao militarismo prussiano. Como o título dá a entender, a obra é uma canção festiva de libertação e vitória, enunciada nos severos termos bíblicos que julgamos perfeitamente aceitáveis em obras como *Israel in Egypt* de Haendel. O texto se constitui de numerosos aleluias e célebres máximas do capítulo 19 do Apocalipse de São João, a visão da justiça Divina imposta às nações da Terra e que situa *Triumphlied* em território contíguo à *Sancta Civitas* de Vaughan Williams e *Das Buch mit sieben Siegeln* ("O livro de sete selos"), de Franz Schmidt. Brahms deliberadamente omitiu as passagens que glorificam a destruição dos inimigos de Deus. Seu objetivo manifesto era dar uma contribuição a um gênero específico — o Te Deum festivo para uma grande cerimônia pública —, ampliá-la com uma parcela de visão apocalíptica e uma transformação criativa particularmente minuciosa do passado musical. O resultado é a mais franca evocação de Brahms dos métodos barrocos. De fato, ele tomou o Dettingen Te Deum de Haendel (que comemorava uma vitória diferente, sobre os franceses) como um modelo específico, e ritmos pontuados semelhantes aos de Haendel, seqüências prolongadas, contornos melódicos e fanfarras de trompetes são difusamente reproduzidos ao longo de *Triumphlied* (que compartilha a escala de ré maior de Haendel). Mas o resultado manifestamente não é um pasticho: essa cantata de ação de graças em três movimentos adquire concentração e profundidade pela utilização de formas pré-clássicas com uma autoridade e um conhecimento que nenhum dos contemporâneos de Brahms podia igualar. Se há compassos que soam como Haendel, cada trecho ou frase é excelente Brahms. A harmonia, a complexidade contrapontística, a essência e o alcance global das idéias, e as estruturas magnificamente compostas integralmente, todos exibem sua marca inequívoca.

Há três movimentos estreitamente inter-relacionados, o primeiro virtualmente um imenso "Coro Aleluia" (embora também musique fragmentos do Apocalipse, 19, 1-2) numa forma ternária sinfonicamente aumentada, cuja fértil inventiva e puro esplendor de som a colocam entre as demonstrações mais virtuosísticas de Brahms da sua habilidade como compositor. O espírito das Variações *Haendel*, ufanando-se do "domínio das formas antigas", está aí estampado numa escala mais vasta, em compacta composição em uníssono, polifonia minuciosamente ornamentada, antífona concisa e efeitos de eco entre os coros. O segundo movimento tem três seções (o texto foi extraído dos versículos 5-7 do Apocalipse, 19): uma passagem meditativa e mais calma em sol maior, mais bachiana do que haendeliana em efeito, é seguida por uma volta ao ré, enquanto as fanfarras e aleluias anunciam a emocionante proclamação (em múltipla imitação que parodia "a voz de uma grande multidão") de que o Senhor Deus onipotente reina: a Bíblia de Lutero traduz "reina" como "entrou em seu Reino" (*Reich*), de modo que uma homenagem ao recente Império alemão pode sem dúvida ser aí detectada por críticos propensos a isso. O movimento termina em sol, com um coro de exultação mais suave em que a expressiva escrita em tercinas das cordas e do coro é contraponteada em oposição ao coral luterano *Nun danket Alle Gott*, nos instrumentos de sopro.

O finale, que tem algumas semelhanças com o sexto movimento do *Deutsches Requiem*, insere um solista barítono para expor a visão de São João do cavaleiro no cavalo branco que pisa o lagar do vinho do furor e da ira do Deus Todo-Poderoso. O nome escrito em sua veste — "Rei dos Reis e Senhor dos Senhores" — se torna o texto do coro conclusivo, talvez o mais esplêndido e mais contrapontisticamente virtuosístico de todos: "Ein König aller Könige". Possivelmente, enquanto o redigia, Brahms pensou de forma passageira no Kaiser Guilherme I, mas há muito Guilherme é pó, enquanto a música de Brahms continua existindo como a mais resplandecente exibição de "composição moderna à maneira haendeliana" desde a Abertura *Die Wiehe des Hauses*, de Beethoven. *Triumphlied* não fala de uma Alemanha temporal, mas de um júbilo que (como a lamentação do *Requiem*) ocorre no universo das realidades metafísicas. Ele não tem sucessores legítimos na produção de Brahms, embora seus efeitos antifônicos viessem muito posteriormente a ser relembrados nos motetos *Fest- und Gedenksprüche* para coro duplo, e sua energia haendeliana no finale da Segunda Sinfonia.

QUARTETOS E VARIAÇÕES

Se *Triumphlied* representa um ponto final para as tendências "arcaizantes" de Brahms, os dois quartetos de cordas que ele revelou em 1873 como op. 51 ilustram um tipo diferente de extremismo. A impiedosa lógica da sua construção, a extração de tantas coisas de motivos básicos, o esforço para abarcar seu vocabulário harmônico e contrapontístico mais "avançado" e pessoal, admitem poucas concessões à forma escolhida e a forçam quase ao limite máximo da resistência. Quanto à forma em si, o desafio de contribuir para um repertório em grande parte criado por Haydn, Mozart, Beethoven e Schubert incitou Brahms a um senso ainda mais agudo de responsabilidade histórica do que de costume. Talvez seja por isso que as obras (sobretudo a n. 1) possam parecer tão invariavelmente sérias e impelidas com dificuldade, tão afligidas pela instabilidade do modo menor. O resultado tem sido muitas vezes severamente criticado como execrável composição de quarteto, e os quartetos de Brahms sem dúvida nunca detiveram a inexpugnável proeminência no repertório de quartetos que as suas sinfonias alcançaram na literatura orquestral. Entretanto, segundo qualquer critério são obras importantes, "cheias de intensidade apaixonada" e de certa eloqüência pressurizada, repletas (praticamente coaguladas) de substância musical e sutileza de composição. Suas formas densamente entrelaçadas, os inúmeros níveis de contraste, o fraseado maleável e a fluidez tonal têm exercido seu fascínio sobre várias gerações de analistas musicais.

Brahms esperara até os quarenta anos para dar ao mundo um quarteto de cordas. Ele afirmava ter destruído outros vinte nesse meio tempo — talvez exagero poético, mas sabemos que compôs quartetos bem no início da década de 1850 e deve ter continuado a lidar com a forma quase constantemente: ela representava um desafio que um compositor com as suas ambições simplesmente não podia recusar. Os próprios Quartetos do op. 51 provavelmente representam vários anos de trabalho e acabamento: o n. 1, em dó menor, talvez remonte a um quarteto nesse tom discutido com Joachim em 1865-66 e que por volta de 1867 tinha pelo menos um companheiro. Em meados de 1869 Brahms escreveu a Simrock a respeito de ensaiar alguns quartetos de cordas a fim de ajudá-lo a "preparar um ou dois passáveis" para publicação. Eles bem podem ter sido versões provisórias do op. 51: quando Brahms terminou os dois quartetos que conhecemos, no verão de 1873, ele registrou que era "pela segunda vez". Após execuções particulares eles foram revistos antes de Brahms permitir que fossem publicados, com uma dedicatória a Billroth, seu amigo na interpretação de quartetos.

A disposição e as dimensões da sua forma em quatro movimentos sugerem que o modelo primordial de Brahms foi Beethoven: acima de tudo o op. 18 e os Quartetos *Rasumovsky*, mas considerados com um conhecimento dos últimos quartetos de Beethoven (talvez sobretudo os opp. 130 e 132) e com um sentido de sonoridade diferente, para o qual os quartetos de Schumann provavelmente contribuíram. A retórica exaltada e a energia vigorosa do op. 51 n. 1 têm freqüentemente motivado o epíteto "beethoveniano", assim como a utilização da tonalidade do "destino", em dó menor, do compositor mais velho. Mas, ao criar essa obra genuinamente (na verdade, decididamente) trágica, Brahms podia ter igualmente em mente o enérgico patos da Sinfonia em sol menor de Mozart, e o trêmulo "orquestral" que acompanha o apaixonado tema inicial do primeiro movimento (Ex. 32a) talvez se origine daquela fonte tão diretamente quanto, digamos, do estilo de quarteto de Schubert em obras como *Der Tod und das Mädchen*.

Esse movimento é notável pela maneira ampla de tratar a tonalidade — o avanço imediato da segunda parte do primeiro tema (Ex. 32b) para a região estranha do fá e em seguida para a igualmente exótica dominante de si menor, despertou a admiração de Schoenberg, que comparou essa riqueza harmônica à do *Tristão* de Wagner. Ainda mais notável é a "saturação de motivos": o tema do Ex. 32a (cuja configuração e cujo ritmo já interpenetram o Ex. 32b) e os outros

Ex. 32

(a)

(b)

tópicos produzidos pelo primeiro e pelo segundo motivos são incessantemente repetidos, permutando contornos e ritmos num deslumbrante processo de combinação e transformação que produz uma multiplicidade de semelhanças significativas e uma ambigüidade magistral, mais suscetível de análise gráfica do que de descrição verbal. Em essência Brahms já chegou aonde Schoenberg iria seguir quarenta anos depois em *seu* Primeiro Quarteto autorizado — a uma organização "totalmente temática" de seu material até os mínimos detalhes de motivos.

Esse processo anima todo o Quarteto: é possível localizar outras metamorfoses do Ex. 32a ao longo dos dois movimentos intermediários (Ex. 32c e d) até o finale, onde é especificamente reinvocado (Ex. 32e) e, com aparência ligeiramente modificada, é submetido a novo turno de desenvolvimento. Os movimentos intermediários são, porém, francamente mais simples e mais estáveis, embora dificilmente despreocupados. Aquele curiosamente intitulado "Romanze" tem um caráter de canção, abrandado talvez por melancolia noturna. Mas, embora sua forma global seja um lá-si-lá-si contínuo (em que o segundo lá é muito variado, e o segundo si menos variado), as melodias são hesitantes, o ritmo é esquivo, até métrico, e as harmonizações são quase sufocantemente próximas: como na maior parte desse Quarteto, a escassez de pausas para arejar a tessitura intensifica sua perturbadora sensação de constrição emocional. O mundo crepuscular do terceiro

Ex. 32

(c)

(d)

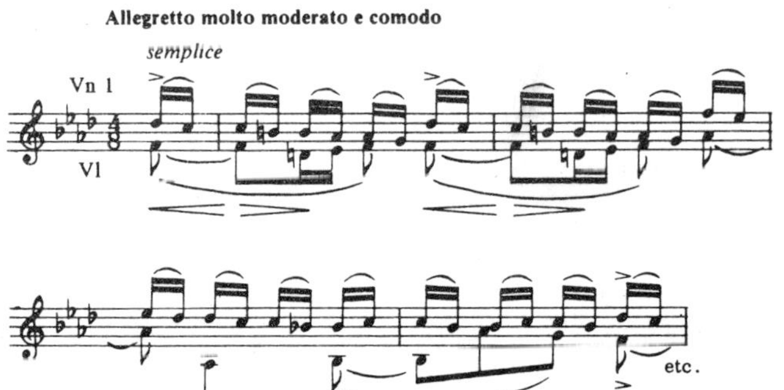

(e)

movimento, à maneira de um intermezzo, com o seu par de pequenos temas pálidos (ver Ex. 32d), andamento oscilante e digressão tonal, não traz nenhum alívio, apesar do encanto espectral da seção intermediária em fá maior. É como se os movimentos de dança relativamente saudáveis das obras de câmara anteriores tivessem retornado com aparência espiritualizada e ascetizada, para melhor se adaptarem à atmosfera fatalista predominante.

O finale é tão vigoroso quanto o primeiro movimento e resume suas intensivas atividades de desenvolvimento. Condensado esquema de sonata com o Ex. 32e como primeiro tema e um segundo tema que atrai o motivo básico para seu eixo por caminho diferente, o movimento funde as funções de desenvolvimento e recapitulação, de modo que o retorno do dó menor tônico (em todo caso, nunca estabelecido muito firmemente na exposição) é dramaticamente protelado e, em termos de sonata, quase infinitamente — até bem dentro da coda. A antecipação frustrada, importunada por insinuações de tonalidades *maiores*, obtém por fim a

Ex. 32

(f)

recompensa cruelmente irônica de um compacto pedal tônico, uma firme tonalidade em dó *menor*, e última cadência concisa (Ex. 32f), que é essencialmente uma resolução muito retardada da atitude inicial da obra: um notável "fechamento do círculo" cuja lógica inflexível sugere que a tragédia é um perpétuo moinho acionado pelo peso de uma pessoa, pronto a girar de novo.

O Segundo Quarteto, em lá menor, talvez tenha mais pontos de contato com as partituras de câmara posteriores de Brahms. Basicamente mais descontraído, ele exibe muitos contrastes com o op. 51 n. 1, mas é igualmente denso na tessitura e engenhoso no desenvolvimento dos motivos, havendo mais uma vez razões para considerar os temas dos quatro movimentos expressões variadas de um único motivo (os vínculos são expostos no Ex. 33a-d). A obra começa, porém, com um "tema-mote" visto no Ex. 33a: uma forma da figura "fá-lá-mi" de Joachim que é utilizada em todo o primeiro movimento, surgindo depois em amistosa combinação com a variante pessoal "fá-lá-fá" de Brahms. Ao contrário do movimento análogo do Quarteto em dó menor, este tem uma seção de desenvolvimento

Ex. 33

(a)

(b)

(c)

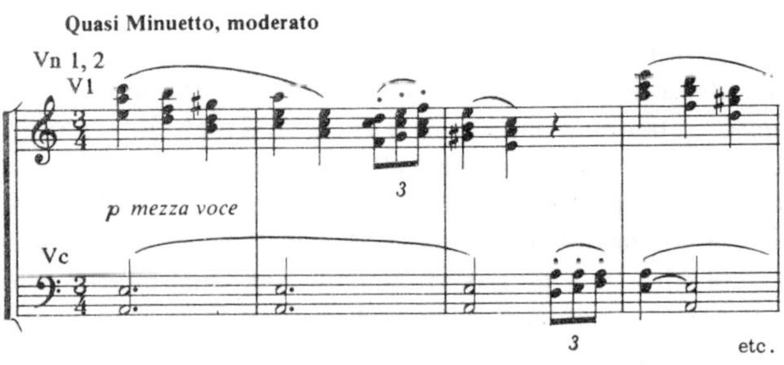

(d)

bastante curta de per si, mas uma exposição e recapitulação correspondentemente mais amplas, que contêm em si certo desenvolvimento cuja riqueza de idéias sugere o exemplo de Schubert mais do que o de Beethoven. Incluem um *grazioso* segundo tema suavemente vienense com um *lusingando* (cativante) contraponto de violino, que mostra como é maior a perspectiva que essa obra oferece ao puro lirismo. Mas o sentimento de objetivo sério, embora menos opressivo do que no dó menor, nunca está ausente e é exemplificado pelo fato de que todos os quatro movimentos permanecem arraigados na tonalidade básica do lá.

O andante moderato, em lá maior, se inicia com um tema de violino sombriamente pensativo que muito impressionou Schoenberg por sua organização de motivos complexa e refinada, pela qual as menores frases se refletem e se combinam. O material subsidiário passa ao tom relativo menor para um breve e apaixonado duo "húngaro" para violino e violoncelo em cânone, contraposto a um trêmulo enfumaçado. O tema principal por fim retorna no tom "errado", fá maior, sendo cuidadosamente levado de volta ao lá pela intervenção do violoncelo e terminando com um espírito de calma inquieta. O terceiro movimento é marcado quasi minuetto: mais uma vez se tem a impressão de uma música de dança triste e espiritualizada, virtualmente afastada de associações físicas, apesar das terrenas quintas iniciais do violoncelo. O minueto alterna com uma distante e contrapontística variação de si mesmo, um precipitado e leve allegreto em 2/4 — intercalado, por sua vez, com uma breve porém mais reconhecível variação no tempo di minuetto original.

O finale mantém o 3/4 do minueto e transforma seu tema numa belicosa dança húngara, indubitavelmente como homenagem a Joachim. Outra forma sonata, mas com elementos de sonata-rondó, é notável pelo ordenamento virtuosístico de ritmos cruzados e pela quantidade de transformações elaboradas sobre o Ex. 33d. Estas culminam numa calorosa versão de duo em tom maior para primeiro violino e violoncelo e numa variação lenta em acordes agregados *pp*, que reconduz à animada, mas severa, conclusão em lá menor. Nenhum dos Quartetos do op. 51 é fácil de se apreciar, mas em ambos há muito coisa a ser lembrada com prazer e eles recompensam muitas audições.

Exceto a conclusão dos quartetos, o principal esforço de composição de Brahms em 1873 foram as Variações sobre um Tema de Haydn, que os comentaristas atuais tendem a denominar Variações sobre o Coral de "Santo Antoni", já que Haydn quase certamente nada tinha a ver com a melodia em questão. Pedantismo à parte, a redesignação tem pouca utilidade. O fato de Brahms ter escolhido um tema (Ex. 34a) tão profundamente obscuro (e tê-lo transformado numa das melodias mais conhecidas do repertório orquestral) reflete seus interesses como estudioso: ele constitui o segundo movimento de uma *Feld-Partita* para oito instrumentos de sopro, uma das seis descobertas por Pohl, que em 1870 mostrou o manuscrito a Brahms (a peça só foi publicada em 1932; Brahms fez sua própria cópia do movimento). Embora lhe tenha sido atribuído o número II/46 no catálogo de Hoboken das obras de Haydn, a peça mais provavelmente é de Ignaz Pleyel, o talentoso discípulo de Haydn — que presumivelmente tirou o tema, intitulado "Corale St. Antonii", de alguma fonte mais antiga e não-identificada. Mas tanto Pohl quanto Brahms presumiram que fosse de Haydn, cujo nome lhe acrescentou brilho e ajudou a orientar a concepção de Brahms. Todas as suas principais séries de variações, em certo grau, prestam tributo aos compositores dos temas: as duas séries *Schumann* a seu amigo e benfeitor, e ao gênero de "variação-fantasia" a que ele se dedicou; a série *Haendel* a um mestre da estilização barroca; a série *Paganini* ao culto romântico inicial do virtuosismo diabólico. A série *Haydn* é sua homenagem mais sistemática à inspiração a ser ainda extraída das tradições clássicas vienenses, com Haydn como divindade tutelar.

Ex. 34

(a)

Há duas versões: para orquestra (op. 56a) e para dois pianos (op. 56b, apesar do fato de ter sido composto antes), idênticas em substância mas de importância muito diferente para a sua *œuvre* como um todo. Encarado simplesmente como uma obra para dois pianos, o op. 56b é um útil acréscimo ao repertório, mas dificilmente distende a forma até as dimensões extremas da Sonata em fá menor op. 34a. Mais complexo e inquiridor do que as variações para duo de piano op. 23, ele não faz nenhuma das exigências desbravadoras das séries *Haendel* e *Paganini*, embora Brahms tire amplo partido da forma a fim de obter plena liberdade para o desenvolvimento contrapontístico. Mas, como primeira transferência feita por Brahms das suas queridas técnicas de variação para a orquestra completa, o op. 56a assume significação maior. Exceto a pequena Suíte *Liebeslieder*, desde as Serenatas ele, durante quatorze anos, não compusera nada unicamente para orquestra, mas muita música orquestral com coro, aprimorando um intenso e flexível senso colorista que é enfim explorado em benefício próprio no op. 56a. A orquestra proporciona uma camada inteira de sutileza estrutural indisponível apenas nos pianos. Embora haja apenas oito variações e um finale, a utilização incisiva do colorido aliada a um domínio então instintivo da transformação temática caracteriza acentuadamente cada um, e é nessa forma que a obra se tornou uma das mais apreciadas criações de Brahms.

Na apresentação inicial da melodia, ele imita a orquestração para instrumentos de sopro "haydniana" e esses instrumentos são utilizados, de maneira destacada e sensível, do princípio ao fim. A incomum estrutura frasal do tema (de 5+5+4+4+4+4+3 compassos, o terceiro grupo de 4 repetindo os compassos 1-4 do primeiro 5) era certamente uma atração excelente, pois a maioria das variações conserva essas dimensões e se apega ainda mais ao tom original (si bemol, com algumas digressões ao tom menor) do que a série *Haendel* (também em si bemol). Mas dentro de cada variação há modificações sutis da harmonia original e desenvolvimentos melódicos de livre evolução que originam novas configurações só remotamente relacionadas com o tema. A variação 1, que imediatamente retoma os sis bemóis repetidos do final do tema e os inclui num fundo que soa discretamente para o floreio inteiramente independente das cordas (em progressão e ritmo contrários), imediatamente esclarece a tendência. Entre muitos aspectos, devemos observar o suave tema principal (Ex. 34b) da variação 4 (cuja tessitura mostra que o expediente supostamente acadêmico do contraponto tríplice estrito pode produzir a mais pura poesia lírica); o agitado caráter semelhante a scherzo da variação 5; a variação "de caça" 6 com os seus ritmos galopantes e trompas exaltadas (Ex. 34c); a primorosa melodia siciliana da variação 7 (Ex. 34d); e as meias-luzes crepusculares da variação 8, cujas linhas melódicas brandas, rapidamente sinuosas e a orquestração para instrumentos de sopro *pp* e cordas em surdina e tornam de fato uma invenção espectral.

Ex. 34

(b)

(c)

(d)

O finale, fiel ao método comum de Brahms, se estende além dos limites proporcionais estabelecidos pelo tema para criar um esquema composto integralmente e que contém outras variações, de um tipo diferente. No entanto, a maneira como Brahms faz isso é nova para ele e significativa para seu desenvolvimento posterior como sinfonista. A partir do tema "Haydn" ele molda um baixo obstinado em cinco compassos (Ex. 34e) que é repetido, imutável, à maneira de uma chacona ou passacale barroca. Nada menos do que dezessete dessas variações em cinco compassos desfilam numa exibição cada vez mais grandiosa e de inventiva inconsútil em torno desse núcleo temático, culminando em magnífica afirmação ratificadora da melodia de que Brahms extraiu tanta inspiração.

Ex. 34
(e)

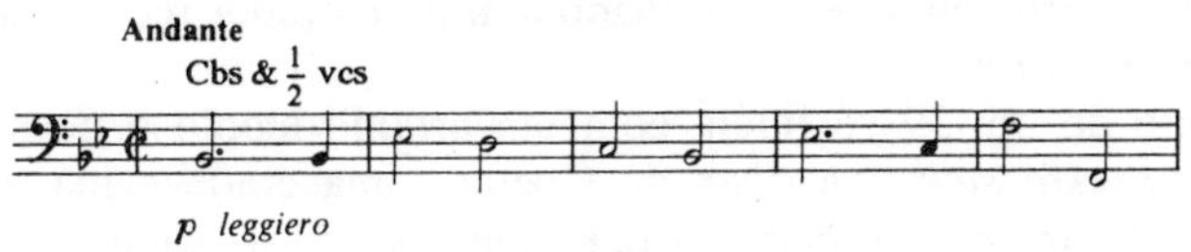

CANÇÕES, QUARTETOS VOCAIS, DUETOS E MADRIGAIS

Entre 1871 e 1874 Brahms concluiu uma grande quantidade de música vocal, que incluía nada menos do que trinta e três canções editadas em quatro grupos, opp. 57-9 e op. 63, bem como os cinco *Ophelia-Lieder*, que ele não publicou.[18] Em geral, as séries de canções publicadas prolongam e expandem o espectro das atmosferas exploradas nos Lieder do final da década de 1860, com cada vez maior riqueza de técnica. Dificilmente existe uma que não mereça e compense o estudo atento da maneira como Brahms extrai música da poesia — com freqüência, excelente música de poesia sofrível. Embora nenhum dos conjuntos seja ciclo verdadeiro (mesmo até o ponto em que o op. 32 o era), a ordem das canções dentro de cada um é cuidadosamente estruturada a fim de assegurar contrastes em larga escala e constituir pontos expressivos dentro do grupo como um todo. As oito canções do op. 57 são o único grupo de arranjos para um poeta isolado (Daumer, e traduções feitas por Daumer de fontes persas, espanholas e indianas) e as únicas a estabelecer uma discreta inter-relação temática mediante a utilização de um *leitmotiv* vocal (que Eric Sams aventou plausivelmente ser outra forma do "motivo de Clara" de Schumann). O grupo expande, freqüentemente de maneira notável, as atmosferas obscuras e os estilos das canções de 1868, explorando essencialmente uma única situação: a do apaixonado que tem de conter o seu anseio sexual com uma paciência que talvez nunca seja recompensada.

O op. 58 inicia, como contraste, com um grupo de canções animadas e extrovertidas. *Blinde Kuh* (n. 1) tira proveito dos dedos que procuram num jogo de cabra-cega, dando a eles uma tocata para teclado neobarroca para brincar em torno da parte da voz. *Während des Regens* (n. 2) ilustra uma exceção notável à habitual aversão de Brahms pela descrição pitoresca: os pingos de chuva (como veremos no op. 59) constantemente suscitavam nele efeitos onomatopaicos e aí eles tamborilam alegremente num aguaceiro tão violento que impede uma moça de deixar a casa do namorado. *O komme, holde Sommernacht* (n. 3) é radiante expectativa de uma noite de amor adornada com harmonias de toques de trompas em um entusiasmado fá sustenido maior. É esmagador exemplo da ironia de Brahms que ela seja seguida de imediato pelo depressivo mi bemol menor de *Schwermut* (n. 5), que transforma um poema medíocre de Karl Candidus numa austera mas profundamente comovedora confissão de cansaço mortal. A tessitura simples e desadornada lhe confere um pouco da grandeza das canções corais "Altdeutsch", como a op. 48 n. 6, abrandada por discreta arpejatura, e torna explicável o amargor subseqüente de *In der Gasse* (n. 6), para um poema de Friedrich Hebbel — uma expressão da futilidade de manter vivas as simples e antigas recordações de amor. Só com *Serenade* de Schack (n. 8) há uma espécie de resolução, que une levemente os extremos de atmosfera numa primorosa canção em estilo de guitarra, em que o dedilhado ágil do narrador recorda a bravura do teclado de *Blinde Kuh*.

O grupo do op. 59 se inicia com um arranjo amplo e quase sereno de *Dämmerung senkte sich von oben* de Goethe, uma embevecida evocação do crepúsculo e do frescor vespertinos que, com as poucas canções atmosféricas seguintes, revela o consolo oferecido pela contemplação da natureza. Assim, as n. 3 e 4 desse conjunto, *Regenlied* e *Nachklang*, são canções de chuva (os primeiros arranjos de Brahms para o seu amigo e comprovinciano, o poeta Klaus Groth, cujo poema nostálgico suscitou nele uma resposta especialmente intensa),[19] em que a princípio os pingos de chuva despertam lancinantes recordações da infância e em seguida as lágrimas a que tanto se assemelham. As duas canções constituem um díptico, em que *Nachklang* é literalmente um "eco" da agridoce parte principal de *Regenlied*,[20] reproduzindo os seus incessantes riachos de floreio em colcheias e a monótona reiteração dos pingos isolados (mostrada no Ex. 48b na p. 253), sem os seus posteriores segmentos mais retóricos, que revertem quase ao estilo das canções *Magelone*. A extrema economia temática (tudo em *Nachklang*, e muito em *Regenlied*, deriva dos primeiros três compassos) é característica de uma orientação em desenvolvimento ao longo dos Lieder desse período. O restante do op. 59 se afasta da natureza: a transição é efetuada na n. 5, *Agnes*, arranjo de Mörike que cria habilidosamente um estilo "folclórico" por meio de configuração melódica e indicação de compasso irregularmente variável, com sua protagonista rejeitada esquecida do ambiente campestre. O grupo se encerra com um Groth mais pesaroso: na n. 8, *Dein blaues Auge*, o amante há muito repelido olha nos olhos da mulher por quem se apaixonou e os acha "tão calmos quanto um lago" — talvez o lago que refletisse a harmonia da natureza no arranjo inicial de Goethe.

O op. 63, o mais longo de todos esses conjuntos de canções, alterna canções de juventude e amor com canções de velhice (com as suas recordações dessas coisas). Embora na maioria sejam canções de objetivo ambicioso, Brahms mantém um caráter leve, especialmente por meio do grupo inicial de arranjos de Max von Schenkendorf, que termina com a quase schubertiana *An den Tauben* (n. 4). Em seguida vêm duas canções a que Brahms dá o subtítulo *Junge Lieder* para poemas de amor convencionais mas balbuciantemente talentosos do Felix Schumann de dezenove anos, já atacado pela tuberculose que em breve iria matá-lo: os arranjos de Brahms compensam esmerada e generosamente a imaturidade dos versos. Por fim, um tríptico de arranjos de Groth, que Brahms intitula *Heimweh* ("Nostalgia"). Em outras mãos, esses lamentos excessivamente superficiais pela infância perdida poderiam com facilidade ter degenerado em sentimentalismo. Brahms os dignifica bastante e, no profundamente impressionante *O wüsst ich doch den Weg zurück* (op. 63 n. 8), um monólogo muito lento com floreio inquietamente murmurativo e um baixo fatídico, semelhante ao de uma chacona, ele eleva o isolamento do poeta na última praia vazia da vida, e com o caminho de volta perdido, ao nível de uma afirmação metafísica. A canção final, *Ich sah als Knabe*, dissolve então a atmosfera pressaga em patos lírico. Novamente uma única imagem — dessa vez, de uma grinalda — nos remete de volta à canção inicial, a esperançosa *Frühlingstrost* de Schenkendorf.

No inverno de 1869-70, a pedido de seu amigo o regente Ernst Rudorff, Brahms compôs uma Suíte *Liebeslieder* de nove movimentos para execução com acompanhamento de pequena orquestra. Oito dos movimentos eram orquestrações consecutivas de diversas estrofes das Valsas *Liebeslieder*, mas o nono (que naturalmente pode ter sido esboçado para ela) na realidade não foi publicado no op. 52. Em vez disso, reapareceu em 1874 como n. 9 de uma nova série para vozes e piano a quatro mãos, *Neue Liebeslieder*, op. 65. Musicalmente, o op. 65 (que contém quinze peças no total) é um pouco superior ao op. 52, embora a utilização por Brahms do quarteto em solo seja muito menos engenhosa: nada menos do que sete peças são valsas-canções em solo, quatro para soprano e uma para cada uma das outras vozes; a n. 13 é um dueto para vozes femininas, assim como a n. 14 em sua primeira metade. Mas o verdadeiro caráter do pensamento musical é mais fértil, com as peculiaridades das valsas cada vez mais subordinadas à expressão individual.

Os textos, com uma exceção destacada, são mais uma vez de *Polydora* de Daumer, mas Brahms parece arrancar uma profundidade maior de emoção de alguns deles, como o obsessivo n. 12 em sol menor, *Schwarzer Wald, dein Schatten ist so düster!* ("Sombria floresta, como é triste tua escuridão"). As formas reais permanecem tão circunscritas quanto no op. 52 até o n. 14, que é franca e animadamente composto integralmente e prepara para a despretensiosa sensação do epílogo, *Zum Schluss*. Como se afinal se libertando das suas auto-impostas convenções de música popular e comentando as realidades que escapam aos amantes convencionalmente idealizados de Daumer, essa última peça musica um poeta de índole totalmente diferente: Goethe. Os últimos versos de *Alexis und Dora*, que começam com "Agora basta, ó Musas!", constituem uma prece para a cura de um coração ferido pelo amor. Ao enfatizar em vez de encobrir uma pungente associação de idéias, Brahms alarga o tempo para 9/4 e compõe uma chacona sobre um conhecido baixo obstinado — o tema da prece (também de Goethe) para a cura do coração que concluiu a Rapsódia para contralto. Ele denominara aquela obra um "epílogo" para *Liebeslieder*: agora ele encena a zombaria (se era isso) e o resultado é uma fascinante alteração na gravidade específica da música, com um cânone central em que os pianistas finalmente silenciam para deixar que a vagarosa cadência dos cantores fale por si mesma (Ex. 35).

Pouco antes do surgimento desses *Neue Liebeslieder*, Brahms publicara três quartetos vocais com piano, op. 64, mais na tradição da série do op. 31. De fato o primeiro, *An die Heimat*, provavelmente data do mesmo período. Talvez menos imediatamente memorável do que qualquer um daquele grupo anterior, ainda assim ele é muito meticulosamente ordenado — Brahms extrai notável variação de colorido, semelhante a um moteto, das quatro vozes em harmonia, tratando-as como um coro minúsculo com imitações canônicas, solos ocasionais e pequenas passagens a capela. Já para o texto de Sternau, uma exaltação convencional à terra natal (não-especificada) do poeta, ele traz uma profundidade de sentimento compreensível se, como parece provável, a peça foi composta durante seu primeiro inverno em Viena, longe de Hamburgo.

Ex. 35

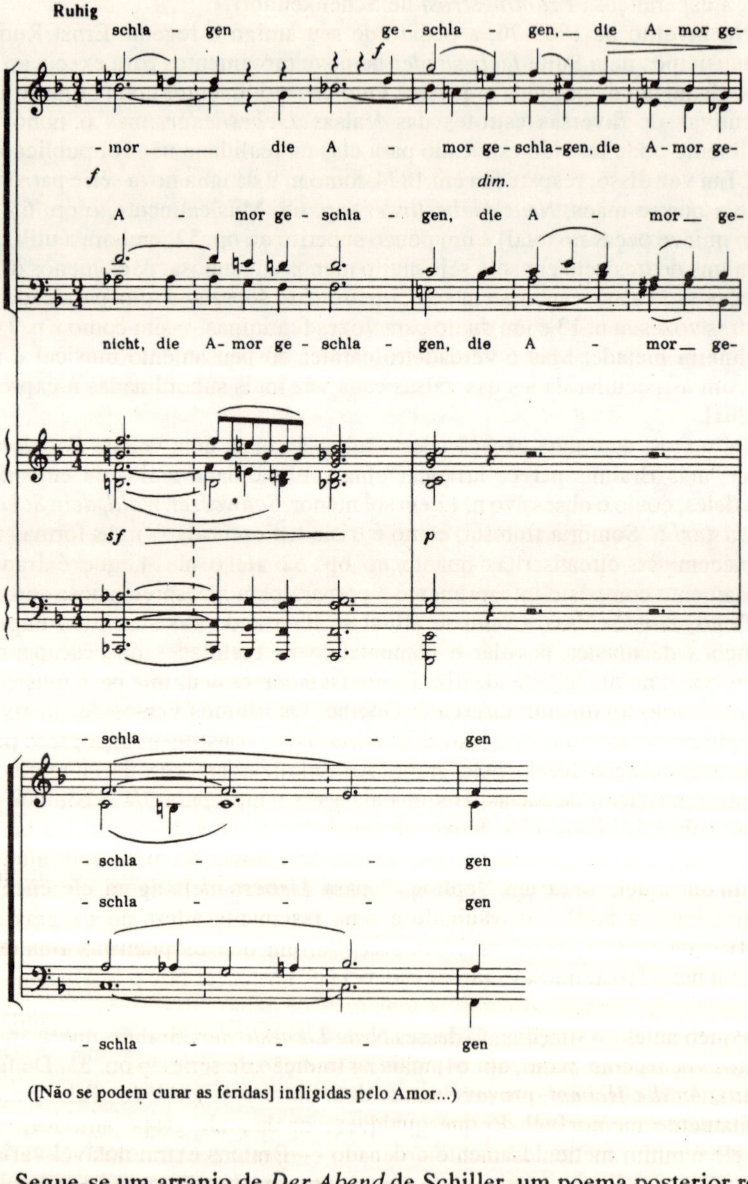

([Não se podem curar as feridas] infligidas pelo Amor...)

Segue-se um arranjo de *Der Abend* de Schiller, um poema posterior repleto de metáfora clássica e que Brahms habilmente revitaliza com um diálogo masculino/feminino para Apolo e Tétis e um obsessivo acompanhamento de piano que imita o passo dos cavalos do deus do sol. Há um momento de pura magia quando os cavalos se detêm (o piano silencia) e tomam refrescantes goles no mar em longas frases de vozes femininas. O op. 64 termina com uma das traduções do turco feitas por Daumer, *Fragen*, uma série de perguntas feitas a um apaixonado (o tenor) pelos outros três cantores, concentrados como trio vocal. Ela se desenvolve em um diálogo firmemente ajustado, realizado em sensível mescla de humor e patos. O comentário[21] de Fuller-Maitland de que, "quando um recital de quarteto tem um tenor excelente, ela é sempre impressionante" indica o que perdemos numa época em que os recitais de quartetos são um fenômeno da história antiga.

Datam também desse período oito duetos para soprano e contralto com piano, três publicados em 1874 em companhia do muito anterior *Klosterfräulein* como op. 61 e os restantes no ano seguinte como op. 66. Nesses duetos para vozes femininas Brahms tende a evitar a forma de diálogo que empregara com tanto sucesso nas séries masculinas/femininas do op. 28. A exceção é o *Jägerlied*, op. 66 n. 4, em que as perguntas em tom maior do soprano são respondidas pelo contralto, que assume o papel do caçador desprezado, com um constante desespero em tom menor. Nos outros, os textos em geral não sugerem mais de uma voz e Brahms apenas utiliza duas a fim de obter efeitos de riqueza harmônica, ou para ocasionais intensificações contrapontísticas (de maneira mais óbvia pelo cânone fluente nas seções centrais de *Phänomen* de Goethe, op. 61 n. 3, e de *Am Strande* de Hölty, op. 66 n. 3, provavelmente as melhores canções nos seus respectivos agrupamentos).

As partes para piano são discretas mas apropriadas a cada concepção, estendendo-se no op. 61 do engraçado e pequeno refrão de salão do n. 1, *Die Schwestern*, passando pelos arpejos multicores de *Phänomen* — que evocam as imagens de arco-íris, névoa e chuva de Goethe — até o estilo de scherzo encantadoramente borbulhante do n. 4, *Boten der Liebe*. O segundo dueto do op. 66 é baseado em um tema que recorda nitidamente o Minnelied, *Mir ist Leide*, como foi utilizado no movimento lento da Sonata para piano em fá sustenido maior op. 2 de Brahms: o piano o sugere, em seguida as vozes o adotam, enquanto o piano as acompanha em acordes tristes e "harpeados". Como o texto é repleto de imagens de enterro e sepulturas (n. 1 e 2, ambos intitulados *Klänge*, são para poemas de amor e morte elegantemente desalentados de Klaus Groth), a música talvez encerre alguma recordação da família Schumann de mais de vinte anos atrás. Ou quiçá não tão antiga: Julie Schumann morrera na Itália pouco antes, em 1872. O caráter sombrio persiste ao longo do restante da série, para ser parcialmente aliviado no n. 5, *Hüt du dich!* Esse arranjo final de *Des Knaben Wunderhorn* é um casamento perfeito do estilo de canção folclórica estrófico de Brahms com sutil fraseado de "canção artística" e uma parte de piano ritmicamente complexa: uma seqüência de variações verbais sobre a velha máxima de que o Amor transforma o amante num tolo é melodiosamente arranjada para uma música excessivamente cheia de vida para que a advertência seja levada a sério.

Durante esse período Brahms publicou apenas um opus para coro sem acompanhamento, os sete *Lieder*, op. 62: um conjunto bastante heterogêneo de madrigais seculares em quatro a seis vozes, alguns sem dúvida compostos por volta de 1873-74, enquanto outros parecem remontar à época de Hamburgo e Detmold. Os n. 1 e 2, o estrófico *Rosmarin* e *Von alten Liebesliedern* (ambos sobre letras de *Des Knaben Wunderhorn*), recriam a maneira de Brahms de musicar canções folclóricas em estilos muito mais complexos, enquanto o n. 7, sobre o texto folclórico em alemão antigo *Vergangen ist mir Glück und Heil*, é um arranjo coral da arcaica canção em modo dórico do mesmo título, op. 48 n. 6 (ou mais provavelmente a canção é o arranjo: a situação corresponde precisamente a *Ich schwing' mein Horn*, que existe tanto como uma canção em solo quanto como um coro masculino). O n. 6, *Es geht ein Wehen in der Wald*, subsiste numa versão quase idêntica de 1860 aproximadamente — seu curioso espaçamento, em que os graves reiteram sepucralmente uma figura tonalmente ambígua muito baixo no seu registro, é nitidamente característica das primeiras aproximações de Brahms à técnica renascentista.

Na maioria, as outras peças fazem uso variado dos métodos canônicos que Brahms aperfeiçoara nas suas primeiras peças corais, mas esses são então muito mais suave e discretamente assimilados no fluxo da música, sobretudo em *All meine Herzgedanken*, o n. 5, semelhante a um madrigal, em que a imitação múltipla é gradualmente utilizada a fim de construir a tessitura até um total de seis partes, antifonicamente divididas entre vozes de homens e de mulheres, e em seguida é dissimulada como progressão cromática natural. A culminância da série é sem dúvida o n. 3, *Waldesnacht*, um dos exemplos mais deslumbrantemente evocativos do Lied coral romântico — em que a escrita canônica, que resulta em certa dissonância plangente, é sentida apenas como parte de uma atmosférica interação de luz e sombra, intensificando um clima de reflexão pesarosa e identificação com a natureza a que nunca se permite se tornar indulgente demais.

À parte o op. 62, devemos mencionar um coro isolado que não foi publicado durante a vida de Brahms. A datação de *Dem dunkeln Schoss der heil'gen Erde*, um madrigal curto para vozes mistas sobre versos de *Lied von der Glocke* de Schiller, é incerta, mas ele já existia por volta de fevereiro de 1880 e provavelmente é bem anterior, do final da década de 1860 ou início da de 1870. Os versos são lúgubres, adequados a um serviço fúnebre, e a maneira como Brahms os trata é apropriadamente austera, mas não sabemos se a peça foi originada pela morte de algum amigo específico. Ao escrever a Wasielewski, que solicitara música para a inauguração do monumento a Schumann em Bonn, em 1880, Brahms mencionou esse coro apenas a fim de descartá-lo como impróprio para a cerimônia. Sua melodia principal, semelhante a um hino, e a suave polifonia imitativa lhe concedem o caráter mais de um moteto breve do que de *Chorlied*.

O ÚLTIMO QUARTETO COM PIANO

Se os Quartetos de cordas op. 51 ocuparam Brahms por um período de vários anos, o Quarteto com piano em dó menor, que foi publicado em 1875 como op. 60, emergiu de uma gestação muito mais longa. Na realidade, é uma versão totalmente recomposta do Quarteto em dó sustenido menor com que ele se debatera em 1855-56, ao lado daquele outro *magnum opus* abortado da sua juventude, a Sinfonia em ré menor. Ao contrário da Sinfonia, o Quarteto fora completado em pelo menos uma versão provisória: em abril de 1856 Brahms e Joachim o testaram em Hamburgo, quando ele parece ter sido em três movimentos, com um andante central e um finale "apaixonado". Em outubro, Clara Schumann conheceu um "maravilhoso" adágio em mi maior, talvez composto para substituir o andante. Em novembro de 1856 o Quarteto passou por novo ensaio rápido com Joachim.

Depois não se teve mais notícia dele até 1868, quando Brahms mostrou o primeiro movimento a Hermann Levi com as palavras: "Agora, imagine um homem que está para se matar com um tiro, pois não há mais nada a fazer" — imagem que ele desenvolveu sistematicamente em comentários posteriores.

Em 1873-74 Brahms retomou o Quarteto e o reconsiderou em seus fundamentos, baixando a tonalidade principal em um semitom, modificando de maneira radical dois dos movimentos originais e compondo dois novos movimentos. O resultado, ele disse a Billroth, era "uma curiosidade — talvez uma ilustração para o último capítulo a respeito do homem com o casaco azul e o colete amarelo". O homem que se vestia assim é o arquetípico protagonista romântico da literatura alemã: no último capítulo do romance epônimo de Goethe, Werther se mata com um tiro por causa do seu angustiado amor por uma mulher casada cujo marido ele admira. Brahms desenvolveu ainda o simbolismo *Werther* meio jocosamente numa "instrução" a seu editor, Simrock:

> Na capa você deve ter uma ilustração, isto é, uma cabeça com uma pistola encostada a ela. Então você pode fazer uma idéia da música! Eu lhe enviarei a minha fotografia para essa finalidade. Pode usar casaco azul, culotes amarelos e botas de cano alto, já que você parece gostar de impressão a cores.

Esses comentários dão a entender que muitas das tensões dos anos em Düsseldorf ainda estão vivas no op. 60, com as lembranças tornadas mais pungentes pelo lidar de novo com elas. Entretanto, segundo o próprio Brahms, só se conservaram o primeiro movimento e o scherzo de 1856: como a correspondência da época não faz menção a um scherzo, o que conhecemos como o scherzo talvez de fato tenha sido o finale original — drasticamente diminuído mas sem dúvida "apaixonado" (uma tese plausível, já que o scherzo do op. 60, de maneira muito insólita, não possui um trio formal). Michael Musgrave aventa que os "novos" andante e finale, iniciados respectivamente por longos solos para violoncelo e violino, talvez se baseiem em sonatas parcialmente esboçadas para esses instrumentos.[22] De forma não surpreendente, portanto, o Quarteto com piano em dó menor exibe pouco da unidade de motivos densamente trabalhada do Quarteto de cordas no mesmo tom, embora haja algumas correspondências interessantes entre os movimentos 1 e 2, e entre os 3 e 4. Cada movimento é fortemente caracterizado e compacto na estrutura: se um pouco do material trai sua data inicial, ainda assim as técnicas são as da plena maturidade de Brahms.

A abertura, que tem um pouco do sabor preliminar do começo do Quinteto com piano, imediatamente nos lança num remoinho de aflição romântica (Ex. 36). As cordas arquejam uma frase de duas notas que parece captar as entonações da fala. Tem-se a nítida impressão de que o semitom em mi bemol—ré pronuncia o nome "Clara" — uma sensação que se torna menos fantasiosa pelo imediato desenrolar de uma versão transposta do "motivo de Clara" de Schumann. A passagem é repetida em si bemol menor, alargando surpreendentemente a perspectiva tonal, antes de a música se lançar em tempestuosa transição que encontra uma trégua temporária em mi bemol maior, com um lírico segundo tema schubertiano, cuja melodia independente de imediato dá origem a um pequeno grupo de quatro variações. O desenvolvimento começa em mi bemol menor e é furiosamente enérgico. Esse avança aos poucos até uma forma muito alterada do Ex. 36, que por essa razão não requer recapitulação literal — suas conseqüências tonais são redirecionadas de maneira a levar a um retorno mais regular do segundo tema: mas no tom irregular de sol maior, em que suas variações originais são ainda desenvolvidas e projetam a música em amarga coda dilacerada pelo conflito, que enfim se acalma como que por exaustão.

Ex. 36

Também em dó menor, o scherzo é um movimento esplêndido na tendência inicial de Brahms ao dinamismo rítmico, com um sentido de emoção vulcânica a custo mantida sob controle. O tenso ritmo murmurante da abertura dá evidência a uma segunda ascendente como que para contrabalançar o Ex. 36 do primeiro movimento e faz um deslizamento analogamente precipitado para si bemol menor. Há um segundo tema queixoso, semelhante a um canto, cujo patos é o único elemento que interrompe o poderoso ímpeto rítmico. O movimento é integralmente composto: um terceiro tema sinuoso provoca um breve desvio para o tom maior, mas o ondulante caráter de scherzo e o tempo não serão afastados dos seus inflexíveis propósitos. A coda é desafiadora, veementemente adornada com trinos, mas brutalmente abrupta: se o Quarteto em dó sustenido menor terminasse assim, a impressão dominante sem dúvida seria a de furioso desespero.

Mas o op. 60 tem um caminho diferente para seguir. O tema de violoncelo a modo de canção que inicia o andante, a extensão da própria melodia (o Ex. 37a é apenas sua abertura), a sua continuação num duo arrebatado para violino e violoncelo — tudo isso causa apaziguamento emocional e calma. Aí está o sereno centro da obra, encerrado em uma ampla forma sonata com um *dolce* segundo tema em si maior. O começo da recapitulação, com a melodia do violoncelo então em oitavas sobre o piano acompanhado pelos pizzicatos como que de guitarra no violoncelo e na viola, faz uso maravilhosamente evocativo de uma tessitura vaga e ineficientemente prenunciada no movimento lento do Trio com piano em si maior.

Ex. 37
(a)

A tese de que o tema de abertura do finale em allegro comodo, um longo solo de violino contra um implacável acompanhamento de colcheias em moto-perpétuo no piano, poderia a princípio ter sido destinado a uma sonata para violino nos impele a observar que ele antecipa o finale da Sonata para violino em sol maior de Brahms, ainda não composta, quase exatamente na tessitura, ritmo e estrutura das frases. O tema dessa Sonata seria modelado sobre a canção *Regenlied*, que Brahms deve ter composto na época em que estava ocupado com o op. 60. (Todas as três idéias podem ser encontradas no Ex. 48, nas pp. 252-53.) Quer o finale do Quarteto com piano tenha ou não uma relação mais distante e menos consciente com o *Regenlied*, sua atmosfera de ansiedade e pesar corresponde à da canção e firmemente nos faz voltar às paixões inquietas do primeiro movimento. As colcheias incessantes são aumentadas para criar um irascível tema de transição e o segundo tema se revela um estranho coral semi-religioso para as cordas, a que o piano dá respostas quase impertinentes. O misterioso começo do desenvolvimen-

Ex. 37
(b)

to toma a terça descendente inicial do primeiro tema e a transforma numa série delas (que era o aspecto distintivo do tema do violoncelo no andante) — uma passagem espectral (Ex. 37b), que prenuncia a utilização desse intervalo na Quarta Sinfonia. O desenvolvimento do coral (em uma passagem que sabemos pelo manuscrito ter sido reflexão posterior) ocasiona uma recapitulação intensificada, com o piano enfim elaborando a melodia coral em um dó maior maciço e colérico. O tom maior é de fato a meta suprema, mas o finale gradualmente se aniquila com uma sensação de exaustão semelhante à que subjugou o primeiro movimento. A concisa cadência final (Werther puxa o gatilho?) indica que a atmosfera de fatalismo insatisfeito triunfou.

8
"Frei aber froh"

Sempre me parece muito melancólico quando você escreve sobre a sensação de se sentir solitário. Tenho uma profunda compreensão disso e espero que você seja cuidadoso. Pois eu também o sou. Durante muito tempo, ou durante todo o tempo, tenho sido um indivíduo um tanto solitário e ainda sou!

Brahms a Billroth, 22 de julho de 1886

Não fazia muito tempo que Brahms retornara de Hamburgo quando lhe foi oferecido, para suceder a Anton Rubinstein, o cargo de consultor musical e regente da Gesellschaft der Musikfreunde, com a promessa de um salário generoso e absoluta carta branca na programação. Após seu costumeiro período de hesitação ele aceitou, assumindo as funções no outono de 1872. Foi o último e o mais prestigioso dos poucos cargos oficiais que ele ocupou durante sua carreira. Tinha então acesso ao melhor coro de Viena, com trezentos componentes, e uma orquestra sinfônica completa de padrão profissional mais alto do que o disponível na Singakademie. Embora as funções administrativas fossem aborrecidas, Brahms as desempenhou conscientemente, e a florescente Companhia lhe concedeu amplos poderes de decisão, com os quais ele instituiu um regime severo, duplicando a quantidade dos ensaios corais, insistindo em ensaios setoriais para a orquestra, suprimindo os intérpretes inadequados e substituindo-os pelos melhores músicos da Ópera da Corte e da Sociedade Filarmônica de Viena, com Josef Hellmesberger como chefe.

Entre 1872 e 1875 Brahms regeu seis concertos a cada temporada, com programas substanciais idealizados por ele mesmo. Apresentou todas as suas maiores obras corais, mas também uma seleção criteriosa dos contemporâneos que mais admirava e — uma vez que suas preferências se modificaram pouco desde a época da Singakademie — uma elevada proporção de música antiga relativamente desconhecida. Os programas eram, em resumo, muito exigentes tanto para com os intérpretes quanto para com as platéias, mas os recursos eram tais que ele podia apresentar obras maiores, meticulosamente preparadas e, como um esforço sistemático para aumentar a consciência musical do público de Viena, os seus concertos tiveram importância duradoura. Quaisquer que fossem os talentos de Brahms como regente — e ele era admirado por alguns dos principais regentes de sua época —, seu conhecimento do repertório escolhido não tinha rival.

As suas três temporadas estão entre as mais célebres na longa história da Sociedade e são um testemunho impressionante da sua ampla simpatia e interesse pelos altos padrões musicais. Na categoria de "música antiga", Brahms apresentou peças como o Dettingen Te Deum (como o número de abertura do primeiro concerto, em novembro de 1872), *Alexander's Feast* (em 1873) e *Solomon* (1874), de Haendel; quatro das cantatas (1873, 1875) e a *Paixão segundo São Mateus* (1875), de Bach; o então inédito Offertorium, K260 (1872) e o oratório *Davidde Penitente* (1874), de Mozart; assim como coros menores de Ahle, Eccard, Gallus e Isaac, e arranjos para canções folclóricas. Houve também sinfonias de Haydn, obras de Gluck, Beethoven (notavelmente a *Missa Solemnis* e o Concerto *Imperador*, com Brahms como solista), Schubert (incluindo movimentos da então inédita Missa em si bemol e o "Grand Duo" em dó, orquestrado por Joachim como uma Sinfonia), e o Réquiem em dó menor de Cherubini. Entre as peças mais contemporâneas que ele programou estavam *Harold en Italie* de Berlioz (1874), *Ulisses* de Max Bruch (1875), o novíssimo Concerto para violino de Dietrich (1874), o Concerto *Húngaro* de Joachim (1875), *Die erste Walpurgisnacht* de Mendelssohn (1873), a *Concertstück* para piano e orquestra (1873) e o Concerto para violoncelo (1874) de Volkmann, a Balada *Des Sängers Fluch* (1873), a música de *Manfred* (1874) e a Fantasia para violino (1875) de Schumann, além de peças de Goldmark, Rietz, Rheinberger, Rubinstein e Hiller.

Embora muitas dessas obras, mesmo as mais antigas, fossem novas para Viena, Brahms apresentou muito poucas *premières* como tais: ele dava pouco valor à novidade por si mesma. Os seus programas não atraíram de imediato um grande público (a primeira temporada teve uma austeridade muito semelhante à da Singakademie), mas o padrão da apresentação, tanto vocal quanto orquestral, foi muito admirado e os concertos da Gesellschaft logo despertaram bastante interesse, contribuindo muito para alçar o próprio Brahms a um novo nível de popularidade nas platéias vienenses. Sua última temporada recebeu um comparecimento entusiasmado e o concerto de 28 de fevereiro de 1875, em que ele regeu *Ein deutsches Requiem*, foi um autêntico triunfo, que enfim o confirmou aos olhos da Viena apreciadora da música como o principal compositor da época.

Brahms considerava o cargo compensador, mas absorvente. Durante os três anos com a Musikfreunde, ele compôs menos obras de grande porte e, com exceção das Variações sobre um Tema de Haydn, as maiores que surgiram — os Quartetos de cordas n. 1 e 2 e o Quarteto com piano n. 3 — foram todas iniciadas em data anterior. Por fim Brahms achou as tarefas opressivas demais, ou pelo menos que elas estorvavam demais o seu trabalho criativo. A Sinfonia em dó menor que vinha esboçando de maneira intermitente desde o começo da década de 1860 estava afinal se aproximando da conclusão, e provavelmente ele já tinha planos para a sua sucessora e para um terceiro quarteto de cordas. Assim — já que Herbeck, que estivera regendo a Ópera da Corte, estava cogitando de voltar a ocupar a regência da Gesellschaft —, ele renunciou ao cargo no encerramento da temporada de 1874-75 e foi recompensado com um título de membro honorário da Gesellschaft der Musikfreunde.

No início de 1875 ele também concordou em participar, com Herbeck e Hanslick, da Comissão Austríaca para o Prêmio Oficial de Música, um órgão governamental que concedia subvenções a músicos jovens, pobres e talentosos, na metade austro-boêmia do Império dos Habsburgos. Uma das primeiras partituras submetidas à Comissão foi uma Sinfonia em mi bemol de um compositor de trinta e três anos, de Praga, chamado Antonin Dvorák. Brahms ficou muito impressionado com a peça e persuadiu os companheiros de julgamento a estabelecer um prêmio considerável para o jovem compositor — prêmio que era renovado a cada ano quando ele entregava novos lotes de partituras. Ainda mais importante, ele auxiliou Dvorák e convenceu o seu editor, Simrock, a começar a publicar sua música — um formidável empurrão para o quase desconhecido tcheco, que sempre foi extremamente grato a Brahms.

Depois de se demitir da Gesellschaft, Brahms não aceitou nenhum outro cargo profissional, embora lhe tenha sido oferecido o antigo posto de Schumann, de diretor municipal de música em Düsseldorf, e até um posto que fora de Bach — Kantor na Thomasschule, em Leipzig. No momento, ele se sentia muito satisfeito com a vida em Viena para se desenraizar de novo. Como confidenciou numa carta a Billroth em outubro de 1876, na época da proposta de Düsseldorf:

> Não quero deixar Viena, e Düsseldorf especialmente é um lugar que me desagrada. Minhas principais objeções são também pueris e por isso não podem ser reveladas: as boas tabernas de Viena, por exemplo, e o sotaque desagradável e grosseiro da região renana (sobretudo em Düsseldorf). E — em Viena se tem a liberdade de permanecer solteiro sem provocar comentários. Numa cidade pequena um velho solteirão é permanente alvo de ridículo. Não tenho mais vontade de casar e, apesar disso, — tenho motivos para temer o belo sexo.

O fato de a sociedade vienense ter tolerado o celibato de Beethoven e de Schubert, e estar até então tolerando o de Bruckner, bem pode ter reforçado sua decisão de permanecer ali.

Naturalmente, quando se sentia inclinado a isso, ele continuava a aceitar compromissos de concertos em toda a Alemanha, Áustria-Hungria, Suíça e Holanda, tanto como regente quanto — então com menor freqüência — como pianista: há muito deixara de se exercitar com regularidade e inevitavelmente a sua execução decaíra, embora ele tivesse poucos problemas para interpretar as suas obras, por mais difíceis que fossem. Georg Henschel conta uma história cativante a respeito de, em 1876, ter encontrado Brahms em Koblenz, estudando freneticamente o Concerto de Schumann e a parte de piano da Fantasia Coral de Beethoven para um concerto que ia dar naquela noite. Com o rosto vermelho, ele estava tendo enorme dificuldade para executar simples volatas diatônicas e não parava de murmurar consigo mesmo: "Mas, Johannes, se acalme. Por favor, toque convenientemente." Por volta do início da década de 1880, sua técnica parece ter declinado ainda mais: em 1882 Clara confidenciou a seu diário que "Brahms toca cada vez mais abominavelmente. Agora é só pancada, estrondo e raspada." Bem pode ser que as peças para piano que ele compôs no final da vida se voltem conscientemente para o problema das suas deficiências técnicas: embora em nenhum sentido sejam fáceis de se tocar, elas firmemente sugerem um estilo intimamente expressivo de tocar piano, em que "pancada, estrondo e raspada" não têm lugar.

Na década de 1860 ele se descrevera como vivendo uma "vida anfíbia, metade virtuose, metade compositor", em que o virtuose obtinha o louvor maior. Por volta de 1875 a posição estava invertida. Ele já não precisava fazer excursões de concertos como a principal fonte de renda e podia escolher a dedo entre os convites de toda a Europa. Nesse meio tempo, sua reputação como compositor estava cada vez mais ascendente. Em 1876 — vinte e três anos depois que Schumann lhe vaticinara um grande futuro como sinfonista —, ele compôs a tensa e complexa Sinfonia n. 1 em dó menor, para grandes expectativas, exame concentrado e minucioso do mundo musical. Quando Hans von Bülow a apelidou de "A Décima Sinfonia" — querendo dizer que enfim o mundo recebera uma digna sucessora das nove sinfonias de Beethoven e que, com essa obra, Brahms de fato vestira o manto de Beethoven —, estava apenas expressando uma opinião muito difundida (embora de forma alguma universal). Adeptos da Nova Música, partidários de Wagner e de Bruckner, e críticos inclementes como Hugo Wolf, não se deixaram convencer por essas afirmações, mas nada, então, podia seriamente contestar a primazia de Brahms na opinião da crítica como compositor de música das formas "abstratas".

Após essa longa demora, Brahms surpreendeu o meio musical ao apresentar outra sinfonia no mesmo ano: de assimilação mais imediata, foi um sucesso popular maior e em pouco tempo estava sendo muito amplamente executada. Em 1878 Brahms regeu uma apresentação especialmente memorável, ligada à comemoração do qüinquagésimo aniversário da Sociedade Filarmônica de Hamburgo. Avé-Lallement e Grädener se achavam entre os que o convidaram. Clara estava na platéia, assim como parentes de Brahms, Marxsen, Gade, Grimm, Groth, Hanslick, Henschel, Kirchner, Reinthaler e muitas antigas integrantes do Frauenchor. Vários dos amigos de Brahms foram ocupar os seus lugares nas fileiras da orquestra, entre eles Bargheer e Boie. Joachim era o chefe da orquestra. Ao subir ao estrado, o compositor recebeu uma coroa de louros com o acompanhamento de uma fanfarra e, para seu extremo embaraço, foi cumulado de rosas no final da execução, no decurso da maior ovação que Hamburgo já lhe proporcionara. O sucessor natural da Segunda Sinfonia foi um Concerto para violino dedicado a Joachim, também num padrão raramente visto desde os concertos de Beethoven.Teve sua estréia em Leipzig, no dia de Ano-Novo de 1879, e o grande violinista passou a apresentá-lo em toda a Europa, difundindo mais a fama de Brahms.

Começaram a se acumular homenagens de toda espécie. Já em 1874 o Rei Luís II da Baviera, protetor de Wagner, conferiu a Brahms a Ordem de Maximiliano — para grande desagrado de Wagner, que quase devolveu a que recebera. A Grã-Bretanha — onde Clara e Joachim eram artistas visitantes habituais e populares, e onde a música de Brahms vinha ganhando terreno regularmente — estava na vanguarda dos países que buscavam agraciar o compositor. Em janeiro de 1877, por sugestão de Charles Villiers Stanford, a Universidade de Cambridge tentou outorgar-lhe um Doutorado Honorário em Música. Stanford propôs que ele fosse reger sua nova Sinfonia em dó menor. Brahms relutava em enfrentar a travessia marítima, mas talvez tivesse ido se pudesse se limitar a Cambridge e visitar Londres discretamente (ele contou a John Farmer que o que de fato desejava fazer ali era examinar o East End e as docas, presumivelmente porque imaginava que a área fosse semelhante a Hamburgo). Infelizmente, como relata[1] Stanford, assim que ficaram sabendo da possibilidade de uma visita, os dirigentes do Palácio de Cristal anunciaram publicamente que esperavam organizar um concerto em Londres em que Brahms regesse as suas obras. Receando o inevitável assédio por parte da sociedade londrina, sobretudo porque não sabia falar inglês (embora até certo ponto o compreendesse e lesse), ele então se recusou totalmente a ir à Grã-Bretanha, pretextando problemas de saúde. Como o grau não podia ser conferido *in absentia*, Cambridge foi forçada a retirá-lo: mas em vez disso, Joachim, que recebeu um grau semelhante no dia marcado, regeu a Sociedade Musical da Universidade na estréia britânica da Sinfonia n. 1 de Brahms, ainda em manuscrito (e um tanto diferente da forma posteriormente publicada), assim como a sua própria Abertura Elegíaca em memória de Kleist, enquanto Stanford regeu o *Schicksalslied*. No ano seguinte, a Real Sociedade Filarmônica de Londres concedeu a Brahms a sua medalha de ouro, sem exigir que ele a recebesse pessoalmente. Restou a uma universidade alemã — Breslau, em 1879 — conceder-lhe um Doutorado, não em Música mas em Filosofia: grau que Brahms recebeu pessoalmente, com um diploma que se referia a ele como *vir illustrissimus* (...) *artis musicae severioris in Germania nunc princeps*. Em agradecimento, ele compôs a Abertura Festival Acadêmico, obra que deliberadamente evita o lado "severo" de sua natureza musical.

Tais homenagens à parte, as exterioridades da vida de Brahms após 1875 eram rotineiras e não precisam ser relatadas pormenorizadamente — enquanto a viva configuração de sua vida interior é relatada na sua música. Segundo os indícios externos, ele criou um tipo de vida que muito lhe convinha. Nas palavras de seu mote musical em fá-lá-fá, que desempenha um papel tão dominador na Terceira Sinfonia, ele era "Frei aber froh" — livre mas feliz, com uma riqueza de ambigüidade emocional encoberta pela terça em tom maior/menor de "aber". Seguramente não há antítese entre liberdade e felicidade — a menos que determinadas espécies de escravidão se harmonizem melhor com as necessidades emocionais de uma pessoa? Brahms estava livre de embaraços domésticos ou laços familiares: evidentemente ele às vezes sentia a sua ausência como uma falta de afeição circundante, pela qual sua "felicidade" era mantida um tanto arrogantemente.

Em todo caso, sua rotina de solteirão se alterava pouco de ano para ano. Ela sem dúvida lhe permitia dedicar a maior parte do tempo ao trabalho criativo. Ele tendia a reservar os primeiros três meses de cada ano para cumprir compromissos de concertos e a tirar férias no final da primavera ou início do outono. O principal período para composição original era o verão, que ele em geral passava longe de Viena, em um refúgio no interior, na Áustria ou em outro lugar. Ao voltar a Viena no outono, terminaria as obras que já esboçara e trataria da sua publicação. Ao longo do ano mantinha contato com o seu grande círculo de amigos, e um ou dois em geral o acompanhariam nas férias.

Sua aparência estava mudando. Embora conservasse uma compleição robustamente saudável, o rapaz outrora esguio e de traços delicados tinha uma crescente propensão para a corpulência que por fim parou de combater e, em 1878, quando tinha quarenta e cinco anos, surpreendeu os amigos ao deixar crescer a barba espessa e patriarcal que transformou completamente a sua fisionomia — ressaltando sua dignidade mas também a aparência de idade, tanto mais quanto ela rapidamente se tornou grisalha.

Estava acumulando uma fortuna considerável, mas usava o dinheiro apenas para as férias, para comprar livros e música, e em inúmeros atos de caridade para com amigos e estranhos sem distinção. Continuava a viver de maneira muito parcimoniosa. "Tudo de que necessito é um lavatório e uma cama", disse à sua amiga Maria Fellinger quando ela tentou ajudá-lo a mobiliar seus aposentos. À pequena sala de estar e ao quarto no terceiro andar de Karlgasse, nº 4, ele posteriormente acrescentou um terceiro cômodo para alojar sua biblioteca. E, quando Ludovika Vogl, a última integrante da família de que os alugara, morreu em 1886, ele comprou também os aposentos dos Vogls e permitiu que Frau Fellinger instalasse ali uma governanta, a viúva Celestine Truxa. Ficou muito amigo dos dois jovens filhos de Frau Truxa e ela cuidou de Brahms fiel e discretamente pelo resto da vida do compositor.

Em Viena ou em qualquer lugar, era hábito de Brahms se levantar por volta das cinco horas, preparar o seu café puro e abominavelmente forte, dar uma caminhada no início da manhã e dedicar o restante da manhã ao trabalho, às vezes prolongando até a tarde ou alternado com mais uma caminhada, e ao anoitecer distrair-se com amigos. Vestia-se com simplicidade e pouca atenção às aparências, permanecendo fiel às velhas roupas em que se sentia à vontade após muitos remendos e cerzidos. Fazia as refeições em cafés e restaurantes modestos: seu local preferido em Viena era o restaurante *Zum roten Igel*, Ouriço Vermelho, onde preferia jantar com amigos escolhidos numa reles salinha lateral a atrair atenção.

Aos poucos, ele assumiu uma característica de auto-suficiência ríspida: uma figura pública bem conhecida, razoavelmente acessível mas sempre por conta e risco de quem o abordava. O jovem compositor e pianista italiano Ferruccio Busoni se encontrou várias vezes com Brahms na década de 1880 e (intimidantemente perspicaz aos dezenove anos) delineou algumas impressões vívidas e perceptivas dessa *persona* madura:

> Falei de novo com Brahms. Ele parece um robusto professor universitário alemão. Usa uma barba cheia e grisalha, cabelo bastante comprido, óculos, move-se grave e pachorrentamente — um hábito adquirido com o acréscimo dos anos e da circunferência — e caminha com as mãos atrás das costas. Embora frio e rude no temperamento, sabe ser amável (à sua maneira) e ocupa alegremente o seu lugar a uma mesa farta. Sob uma aparente modéstia, que seu temperamento não permite que seja perturbada, ele esconde uma opinião favorável de si mesmo (grandemente justificada). Essa máscara de modéstia se materializa na rejeição constante de cada palavra recebida em seu louvor — com uma sacudida da cabeça, murmurando uma palavra incompleta, ou mudando subitamente de assunto. Não porque se julgue indigno de tal louvor, mas porque com freqüência tem de repelir elogios de pessoas incompetentes. Ele também reluta em dar indicações sobre a execução de suas obras, mesmo quando perguntado, não por falta de confiança em suas composições, mas porque evidentemente considera tais comentários uma perda de tempo. Essas, pelo menos, são as impressões que recebi. De vez em quando, uma ironia mal contida se entremostra: dessa maneira, por exemplo ele lida com um cumprimento insincero.[2]

Como um solteirão com laços familiares distantes e decrescentes, Brahms tinha mais necessidade do que a maioria das pessoas de construir e manter amizades que, embora sua base imediata pudesse ser musical, lhe proporcionassem companhia e afeição verdadeiras. Podia ser um companheiro difícil, caprichoso e impertinente, mas inspirava grande lealdade pessoal aos amigos que fez, e a seqüência variada de antigas e novas amizades era um dos mais importantes temas dos seus últimos anos — a área em que a vida interior e a exterior mais se aproximavam.

Em janeiro de 1874 o Gewandhaus de Leipzig (cenário de desastres anteriores como a malfadada apresentação do Concerto para piano em ré menor) fez uma elegante reparação ao organizar uma "semana Brahms" em honra do compositor, de que ele concordou em participar como pianista e regente. Um espírito instigador nesse empreendimento foi o presidente do recém-fundado Bach-Verein de Leipzig, Heinrich von Herzogenberg. Brahms então se avistou com Herzogenberg pela primeira vez e reencontrou a sua mulher Elisabet — que uma década antes, como Elisabet von Stockhausen, estivera tão perto de lhe virar a cabeça que ele fora obrigado a abandonar a série de aulas de piano que Julius Epstein o incumbira de dar a ela. Como estava casada, ele podia desfrutar de sua companhia em segurança e incontinenti surgiu uma extraordinária amizade triangular que durou quase vinte anos. A partir de 1876, Brahms se hospedava com freqüência na casa dos Herzogenbergs em Leipzig e os três mantinham uma correspondência animada e sinceramente afetuosa sobre assuntos musicais, pessoais e extravagantes. Heinrich e Elisabet se achavam entre os primeiros a receber suas novas obras em manuscrito ou a ouvi-las tocadas em particular por seu compositor, e Brahms dava grande valor a suas críticas e comentários.

Herzogenberg era, como Brahms, um músico muito estudioso, com paixão pelo contraponto, e um prolífico e bastante talentoso compositor de música de câmara, orquestral e coral. (Em 1876 ele fez para Brahms tal como Brahms fizera para outros, ao compor uma alegre série de Variações sobre um Tema de Brahms para duo de piano, baseadas na canção *Die Traurernde* do compositor mais velho, op. 7, n. 5, de 1852.) Mas Brahms, embora gostasse dele, encontrava grande dificuldade para simular sequer o menor entusiasmo pelas suas obras, não importando o quanto Elisabet argumentasse e lisonjeasse. Seu marido, como observou Harold Truscott, tinha duas linguagens distintas — uma muito brahmsiana e outra inteiramente própria: e é difícil descobrir qual estilo entediava mais a Brahms. Entretanto, ele confidenciou a Clara que não conseguia tratar adequadamente da obra de compositores em cartas e que uma esposa encantadora impossibilitava fazer isso face a face:

> (...) mesmo em circunstâncias favoráveis, é impossível discutir a obra de um artista com ele, e talvez criticá-la, se sua esposa está ouvindo, para não dizer argumentando. Sozinho com os homens, eu poderia chegar a alguma conclusão e então como ficaria feliz em desfrutar depois da companhia das senhoras!

Ainda assim, dificilmente se pode evitar o pensamento de que Brahms era avaro de elogios ao Heinrich cultuador de heróis em parte porque ele se casara com um tamanho tesouro, a mulher de quem (depois de Clara) Brahms indubitavelmente mais gostava.

De fato, qualquer um daria valor à amizade de uma pessoa tão afetuosa, decidida, inteligente, de boa aparência ("não realmente bonita, mas melhor do que bonita, deslumbrante e encantadora", achava a sua grande amiga e protegida, a jovem compositora inglesa Ethel Smyth) — uma pessoa tão fascinante, engraçada, entusiasmada, encorajadora e socialmente hábil, que também era pianista e cantora excelente, e cozinheira admirável. As cartas de Elisabet são as que de fato animam a correspondência e lhe dão o tom deliciosamente espontâneo. E as suas volumosas discussões das obras de Brahms — com freqüência de memória, após ter sido obrigada a devolver o manuscrito mais recente ou a passá-lo adiante a outros amigos — são em geral espantosamente perceptivas, revelando um olho perspicaz para os pormenores, estreita afinidade e compreensão.

Clara Schumann, que conhecia e gostava dos Herzogenbergs, sentia uma ocasional pontada de inveja dessa "bela aristocrata loura" cuja harmonia doméstica e falta de família lhe possibilitavam se impregnar de música o dia inteiro. Mas Brahms se comprazia na aprovação de Elisabeth. Um grande grupo de apreciadores da música se reuniu em torno de "Lisl" em Leipzig: entre eles Ethel Smyth, que muitas vezes se encontrou com Brahms na casa dos Herzogenbergs e deixou suas sagazes e desassombradas impressões dele em seu livro de memórias. Da maneira como ela via, Elisabet fazia ressaltar o que havia de melhor nele:

> A atitude dele era perfeita (...) reverente, cheia de admiração e afetuosa, sem um vestígio de interesse amoroso. O fato de ela ser uma *Hausfrau* tão esplêndida o enternecia especialmente e, durante suas visitas, ela nunca ficava mais feliz do que quando preparava um prato requintado para colocar diante do rei. Como uma Frau Röntgen[3] glorificada, ela entrava, corada por se inclinar sobre o fogão, o cabelo dourado mais ondulante do que nunca devido ao calor, e gritava: "Recomece esse movimento! Você me deve esse trecho!", e a veneração de Brahms se inflamava em uníssono com a chama na cozinha. Em resumo, ele era adorável com Lisl.[4]

No final de 1874 Brahms conheceu o jovem barítono e compositor Georg Henschel, que iniciava a extraordinária carreira que o tornaria sucessivamente o primeiro Hans Sachs em *Meistersinger*, o primeiro regente da Orquestra Sinfônica de Boston e (como Sir George Henschel) cavaleiro inglês e proprietário de terras escocês. Eles se apresentaram juntos em várias ocasiões e Brahms, simpatizando muito com ele, sugeriu que passassem férias juntos na ilha báltica de Rügen, no verão de 1876. O diário que Henschel então mantinha constitui o núcleo das suas recordações de Brahms posteriormente publicadas, especialmente valiosas por registrarem o livre fluxo da conversa do compositor sobre assuntos musicais e estéticos. Devido a um compromisso como cantor, Henschel teve de partir de Rügen alguns dias antes de Brahms, às cinco horas de uma manhã fria e encharcada de chuva. Caracteristicamente, Brahms o acompanhou na carruagem por vários quilômetros e depois desceu para caminhar de volta a seus aposentos:

> Por muito tempo o observei pela janela da carruagem, apesar do vento e da chuva ainda torrencial. Era uma cena para jamais ser esquecida. Até onde o olho conseguia alcançar, só o urzal e as nuvens e — Brahms.

Dois anos antes, ao passar férias na Suíça, Brahms reavivara as relações com o poeta e teólogo Joseph Viktor Widmann, que se desenvolveram numa das suas maiores amizades. Widmann o acompanhou em várias férias e, no final da década de 1870, eles discutiram seriamente sobre a colaboração em uma ópera. Brahms parecia especialmente interessado em conseguir que Widmann fizesse libretos para ele com base nas prodigiosas farsas de Gozzi, como *Il re cervo* (um tema tratado com êxito como ópera em meados do século XX, em *König Hirsch* de Hans Werner Henze). Pareceria que, ao se concentrar em tratamentos ligeiros de temas sérios, Brahms esperasse evitar a idéia de que estava se dispondo a desafiar Wagner e o resultado, achava Widmann, bem poderia ter sido "uma espécie de segunda *Zauberflöte*". No entanto, ele tinha grande dificuldade em elaborar libretos com base nas peças que Brahms sugeria,[5] e o projeto deu em nada, sem que Brahms manifestasse sinais óbvios de decepção. Widmann, como Henschel, publicou posteriormente suas recordações de Brahms, a quem considerava um companheiro encantador mas fatigante por causa de sua incansável energia física e mental:

> As suas visitas de fim de semana eram grandes festejos e momentos de alegria para mim e os meus. Dias de descanso certamente não eram (...) Nunca vi ninguém que tivesse um interesse tão puro, genuíno e duradouro pelas circunstâncias da vida quanto Brahms, fosse em coisas da natureza, da arte, ou até da indústria. A menor invenção, o aperfeiçoamento de algum objeto de uso doméstico, cada traço, em resumo, de habilidade prática lhe dava verdadeiro prazer. E nada escapava à sua observação. (...) Ele detestava bicicletas. (...) Sentia-se, porém, contente por viver na época de grandes invenções e não conseguia admirar suficientemente a luz elétrica, os fonógrafos de Edison, etc. Estava igualmente interessado no mundo animal. (...)[6]

Outros amigos mais jovens incluíam o compositor e pianista Ignaz Brüll, o compositor e regente Ludwig Rottenberg e o compositor de operetas Richard Heuberger, outro importante memorialista que conheceu Brahms quando lhe levou suas composições para serem comentadas e criticadas. (Muitos jovens compositores, incluindo alguns futuros nomes famosos — Busoni e Mahler, por exemplo — trilharam a escada até os aposentos em Karlgasse com esse objetivo e poucos receberam elogio inequívoco: Hugo Wolf ficou tão magoado com o temperamento seco de Brahms que, como crítico do *Salonblatt* de Viena, se tornou seu inimigo mais implacável na impresa.)[7] Havia o crítico, poeta e tradutor Max Kalbeck, com quem Brahms se encontrou pela primeira vez em 1874 em Breslau e que em 1880 se instalou em Viena, assumindo o papel de Boswell em relação ao papel de Johnson de Brahms. Posteriormente Kalbeck iria escrever a biografia que ainda hoje continua a ser o relato clássico da vida do compositor. Havia o musicólogo Eusebius Mandyczewki, pupilo de Nottebohm, que se tornou arquivista da Gesellschaft der Musikfreunde em sucessão a Pohl e mais tarde iria editar as obras de Brahms. Mas nem todos os seus conhecidos eram músicos profissionais. Ele era particularmente amigo de três famílias vienenses cuja admiração pela arte e pela música era apaixonada mas amadora — os Fabers (Bertha Faber era naturalmente uma ex-integrante do Frauenchor), os Fellingers (Richard Fellinger era diretor da empresa de engenharia Siemens und Haske; o mundo deve à sua esposa Maria, uma fotógrafa sutil, muitos retratos informais de Brahms nos seus últimos anos) e a família de Viktor von Miller zu Aicholz, outro destacado industrial. Brahms era um hóspede freqüente em suas casas, onde conseguia espairecer numa atmosfera de absoluta comodidade doméstica e em geral passava o Natal com uma ou outra dessas famílias.

Quase a última conhecida a encantá-lo seriamente foi a contralto Hermine Spies, discípula de Stockhausen. O compositor, aos cinqüenta anos, a encontrou pela primeira vez em 1883, em Krefeld, onde ela participou de uma apresentação do seu recente *Gesang der Parzen*. Uma destacada cantora de Lieder com um talento para a réplica espirituosa que estava à altura do dele, sua personalidade o fascinou e naquele verão eles passaram muito tempo em companhia um do outro em Wiesbaden. A sua maneira de cantar (e não apenas a sua maneira de cantar) indubitavelmente inspiraram muitas das suas melhores canções da década de 1880, e Hermine, por sua vez, sentia-se atraída pelo compositor, reconhecendo uma "Paixão-Johannes". Billroth, por exemplo, suspeitava que eles estavam apaixonados. Muito distante, em Hamburgo, Elise Brahms soube de boatos de um iminente noivado — mas na realidade o relacionamento nunca parece ter progredido além de uma amizade particularmente calorosa e mutuamente estimulante. Um elemento divertido nisso é que Hermine era também ardentemente admirada pelo poeta Klaus Groth, quatorze anos mais velho que Brahms, e os dois românticos já maduros se envolveram numa amistosa rivalidade para conquistar sua atenção e companhia.

Em meados da década de 1870, Brahms ganhou um novo defensor importante em Hans von Bülow, que já tinha conhecido superficialmente há cerca de vinte anos. Na década de 1850 Bülow fora um apaixonado adepto de Liszt e Wagner, e cético quanto a Brahms, mas suas opiniões aos poucos vinham se alterando (talvez não isoladamente da maneira escandalosa com que Wagner se aproveitara dele) e o surgimento da Primeira Sinfonia de Brahms, que ele logo regeu em Hanover e Glasgow, foi o incidente que afinal efetuou sua conversão. Ele começou a defender Brahms com o mesmo empenho devotado que antes concedera aos "Neo-alemães". Embora dificilmente a defesa de Bülow fosse decisiva nessa fase da carreira de Brahms, era sem dúvida bem-vinda e, em 1880, quando se tornou diretor de música na corte ducal de Saxe-Meiningen, que se orgulhava de uma excelente orquestra, colocou à disposição de Brahms algo que este há muito desejava — a forma de pôr as suas obras orquestrais à prova semiparticularmente antes de liberá-las para o mundo mais amplo. A primeira obra a ser assim ensaiada foi o Segundo Concerto para piano, em 1881, seguido por *Nänie* e a Terceira e a Quarta Sinfonias, e o fato de a orquestra também excursionar regularmente significava que Brahms podia contar com uma série de apresentações meticulosamente preparadas em importantes cidades alemãs, sob a sua batuta ou a de Bülow. O próprio Duque Jorge II de Saxe-Meiningen se tornou um pouco partidário de Brahms, convidando o compositor para muitos eventos musicais em seu castelo (onde Brahms ficava particularmente satisfeito com a ausência do costumeiro cerimonial da corte) e oferecendo férias em sua propriedade campestre de Altenstein — visitas que continuaram mesmo depois que Bülow já não regia a orquestra do duque.

A situação satisfatória durou até 1885, quando a Orquestra Meiningen iniciou uma excursão pela Alemanha e Holanda, tendo como atração principal a mais recente Sinfonia de Brahms (a Quarta). Brahms seguiu junto como "regente extranumerário" mas, irrefletidamente, durante um breve afastamento da excursão, se deixou persuadir a reger a nova Sinfonia em Frankfurt, com a orquestra local. Isso efetivamente roubou a cena da apresentação programada para Bülow fazer ali alguns dias depois. Incontinenti, o suscetível e instável Bülow se demitiu da regência da Meiningen, ferido até a medula por Brahms aparentemente dar tão pouca importância a seus esforços dedicados e aos da sua orquestra. Brahms parece simplesmente não ter considerado o *amour propre* de Bülow na questão (ele declarou que não conseguia pensar em concertos como "coisas sérias") e por cerca de um ano eles pararam de se comunicar, mas posteriormente a amizade foi de todo restabelecida.

Uma desavença mais séria, na verdade permanente, surgiu entre Brahms e o seu outro grande amigo e regente, Hermann Levi. As afinidades de Levi haviam se deslocado na direção oposta às de Bülow: ele fora um resoluto defensor de Brahms contra os wagnerianos, mas há muito sentira que os seus talentos se achavam principalmente na área da regência de óperas. Em 1872, quando Levi foi nomeado regente de ópera da corte de Munique, caiu diretamente sob o fascínio de Wagner, enquanto suas energias eram por força dedicadas em grande parte à apresentação do drama musical wagneriano, culminando com a primeira execução completa do ciclo do *Anel*, em 1876. O próprio Brahms admirava Wagner, mas deve ter tido uma viva consciência da hostilidade de Wagner contra ele (embora o ataque público do compositor mais velho a ele, no ensaio "Über das Dichten und Komponieren", só tenha sido publicado em 1879). A extensão e o entusiasmo absolutos da conversão de Levi lhe pareciam denotar falta de princípio, mais do que puro arrebatamento. Estava equivocado nisso, mas em 1875 discutiram violentamente e, embora no ano seguinte Brahms tenha regido a Primeira Sinfonia em Munique a convite de Levi, eles se viram cada vez menos.

Raramente a amizade com Brahms era sem complicação. Em certas situações (por exemplo, quando ele desejava dar ajuda financeira a amigos em geral orgulhosos demais para aceitá-la), conseguia exibir um tato delicado. Mas detestava dissimulação ou circunlóquio e, quando tinha muito empenho em algo, nunca se dava o trabalho de conversa particular ou de cartas para amenizar uma forma de expressão brusca e franca que outros poderiam considerar ofensivamente indelicada. Por outro lado, muitas vezes ele era inábil em público. Sua habitual autodefesa e sua aversão a ser elogiado à toa davam origem respectivamente a uma ríspida circunspecção e a um sarcasmo devastador, que repelia muitos simpatizantes simples e às vezes magoava até os seus maiores amigos. Divergências sérias surgiram mesmo com parceiros de tanta confiança como Billroth e Widmann, às vezes sobre questões de princípio moral muito mais arcanas do que o rompimento com Levi.[8]

Mesmo com as pessoas mais próximas e mais queridas houve rupturas dolorosas, embora nesses casos Brahms só devesse ser parcialmente culpado. Em 1879 poder-se-ia pensar que as suas relações com Joachim tivessem alcançado um novo apogeu com a colaboração de ambos no Concerto para violino de Brahms, que Joachim apresentou por toda a Europa. No entanto, no ano seguinte a amizade estava quase irreparavelmente desfeita. A trajetória do casamento de Joachim não transcorrera serenamente, pois ele era um marido muito mais ciumento do que de hábito e as suas contínuas suspeitas de infidelidade tornavam a vida muito difícil para Amalie. Em 1880, alegando adultério (com Simrock!), ele iniciou um processo de divórcio contra ela. Brahms, que gostava muito de Amalie e conhecia bem a capacidade de Joachim para distorcer as coisas, se sentiu compelido pelo dever a deixar que ela soubesse a sua opinião e lhe escreveu uma longa carta de cavalheiresco apoio, declarando que estava convencido de que tudo aquilo era uma fantasia da imaginação do seu velho amigo.

> (...) apesar de uma amizade de trinta anos, apesar de todo o meu carinho e admiração por Joachim, apesar de todos os nossos interesses artísticos que me deviam ter ligado

a ele, sou muito cuidadoso na minha associação com ele, muito raramente me envolvi no convívio amplo e confidencial com ele, e nunca pensaria em desejar viver na mesma cidade associado a ele em atividade de colaboração (...) Percebi, muito antes de você perceber, o infortunado traço de caráter com que Joachim se tortura e aos outros de forma tão imperdoável. Amizade e amor eu respirarei simples e livremente — como respirarei o ar. Peço para ser escusado quando um sentimento elevado me parece tão complexo e excessivamente refinado, quando é mantido e aumentado por excitação morbidamente dolorosa (...) apenas a sua imaginação exaltada está fazendo um jogo perverso e imperdoável com a coisa melhor e mais sagrada que o destino concedeu a ele.[9]

Ele deu permissão a Amalie para usar a carta de qualquer maneira que considerasse adequada, mas não previra que ela a apresentaria ao tribunal como um documento fundamental em defesa de seu caráter. A ação de divórcio de Joachim fracassou com esse testemunho vindo de seu mais antigo e mais famoso amigo, mas nada fez para salvar o casamento: Joseph e Amalie permaneceram marido e mulher nominalmente, mas concordaram com uma separação e Joachim, furioso com a "perfídia" de Brahms, cortou totalmente relações com ele (embora continuasse a executar sua música). Após três anos, Brahms (auxiliado pelos Herzogenbergs, que se haviam mudado para Berlim e se encontravam muito com Joachim) tomou iniciativas para pôr fim à desavença e, gradualmente, um pouco do antigo sentimento foi renovado. As coisas ficaram mais ou menos resolvidas quando Brahms compôs o Concerto Duplo para Joachim e Robert Hausmann, o violoncelista do Quarteto Joachim, mas a cordialidade da amizade original nunca se renovou inteiramente.

As tensões na amizade de Brahms com Clara Schumann se criaram desde o começo, às vezes mais adiante, às vezes próximas da superfície, às vezes se manifestando em áspera controvérsia. À medida que Clara envelhecia, a saúde precária afetava suas mãos e a audição, restringindo sua execução musical, enquanto o infortúnio continuava a dizimar sua família (Julie morreu em 1872 após três anos de casamento; Ludwig permanecia internado em Colditz; Felix sucumbira à tuberculose em 1879; Ferdinand passou os seus últimos anos como viciado em morfina, incapaz de sustentar a mulher e os filhos — que se tornaram responsabilidade de Clara — e morreu em 1891). As dificuldades no relacionamento com Brahms se evidenciaram mais quando ela se dedicou ao preparo da Edição Completa das obras de Schumann para Breitkopf & Härtel (publicada entre 1887 e 1893), uma tarefa volumosa para a qual necessitava de toda a experiência e solidariedade amistosas dele. Foi a respeito de Schumann que eles tiveram a mais áspera desavença de todas.

Há muito Brahms admirava e desejava executar a versão original e inédita da Sinfonia em ré menor de Schumann (ela não seria publicada na Edição Completa; Clara lhe dera o manuscrito de presente), preferindo sua orquestração ordenada e sem atravancamentos à versão posterior que Schumann reorquestrara tendo em mente as deficiências de sua orquestra de Düsseldorf. Por volta de 1890 ele não poupou despesa a fim de que a partitura e as partes fossem copiadas e arranjadas para outro dos seus principais defensores, o regente de Colônia Franz Wüllner, para fazer uma bela edição que mostrasse ambas as versões dispostas paralelamente, página a página. Embora numa etapa inicial Clara tivesse dado uma espécie de consentimento formal ao projeto, ficou ultrajada quando a edição foi efetivamente publicada em 1891: ela antipatizava com Wüllner e julgava que ele e Brahms estavam obtendo lucros com a desonra da memória de seu marido, ao difundir uma obra que Schumann (de forma excessivamente modesta) descrevera como um simples esboço. Mal essa questão estava semi-resolvida, quando Brahms, em uma depressão que se seguiu à morte de sua irmã Elise, relembrou e se queixou da intenção de Clara de omitir várias obras de Schumann da Edição Completa que ele organizara e publicara em anos anteriores. Essas ásperas altercações tinham raízes mais profundas do que a mera musicologia: simbolicamente, elas se referiam de perto à ligação de Clara e de Brahms com o Schumann morto, e de um com o outro — o desejo dela de manter para si mesma a memória do marido, os sentimentos de Brahms para com a exclusão de uma posição de confiança e intimidade que ele talvez considerasse que tinha conquistado. "Ai de mim", ele escreveu a Clara em 1892, no septuagésimo terceiro aniversário dela, após o que deve ter sido um encontro particularmente recriminatório:

> para você, mais do que para qualquer outra pessoa, eu sou um pária. Por muito tempo essa tem sido a minha dolorosa convicção, mas nunca esperei que fosse tão rudemente expressa. Você sabe muito bem que não posso aceitar a causa ostensiva, a publicação da Sinfonia, como a verdadeira causa. Há anos tive uma profunda impressão de que era isso, embora não tenha dito nada a esse respeito na época em que as peças para piano de Schumann (...) não foram incluídas na Edição Completa. Tudo que consegui pensar, em ambas as ocasiões, foi que você não gostava de ver o meu nome associado a elas (...)
>
> No meu procedimento para com os meus amigos percebo apenas uma falha — a minha falta de tato. Durante anos você tem tido a gentileza de tratar isso com indulgência. Se ao menos pudesse ter feito a mesma coisa por mais alguns anos!
>
> Após quarenta anos de serviço fiel (ou como quer que deseje denominar o meu relacionamento com você), é muito difícil ser meramente "outra experiência infeliz". Mas, afinal de contas, isso pode ser suportado. Estou acostumado à solidão e precisarei estar com a perspectiva desse grande vazio à minha frente. Mas permita-me repetir-lhe hoje que você e o seu marido constituem a mais bela experiência da minha vida e representam tudo que nela é mais rico e mais nobre.

Entretanto, houve uma reconciliação, tanto pessoal — Clara compreendeu que se excedera — quanto musical: a série de peças para piano que Brahms compôs ao longo de 1892-94 e mostrou a ela, uma após a outra, foi uma forma de comunicação mais íntima e natural do que qualquer palavra. Enquanto conseguiu tocar piano, ela gostava de interpretá-las, e os últimos anos do relacionamento foram marcados por uma ternura intensificada de ambos os lados.

9

A música dos anos intermediários, 1876-82

Preciso publicar minhas canções e ficaria, assim, muitíssimo agradecido se você pudesse tocá-las antes e me dar uma palavra de opinião sobre elas (...) Escreva e me diga quais delas a agradam e se você não gosta de alguma delas. Particularmente com relação à última, posso concordar com a sua crítica e lhe agradecer! (...) Se possível, me escreva uma pequena observação sobre cada uma. Você só necessita dar o opus ou o número: por exemplo, op. X, 5 — ruim; 6 — ultrajante; 7 — ridícula, e assim por diante.

Brahms a Clara, 24 de abril de 1877,
a respeito de seus Lieder opp. 69 a 72.

Brahms havia esperado muito tempo para cumprir a profecia de Schumann de que se tornaria o principal sinfonista da época. Com o Concerto para piano em ré menor, que se desenvolveu a partir de sua primeira tentativa sinfônica, e mais ainda com o *Requiem*, podia-se considerar que ele tinha firmado suas credenciais como um mestre das formas orquestrais e corais mais importantes. Mas a sinfonia propriamente dita parecera, por muito tempo, além de seu alcance. Ele sabia perfeitamente que qualquer coisa que produzisse seria imediatamente julgada de acordo com os mais altos padrões, e tida como insuficiente, ao menor pretexto. Esta era, afinal, a forma clássica *par excellence*, revestida de orgulhosa tradição e de enorme autoridade por Haydn, Mozart, Schubert, pelo próprio Schumann e, acima de tudo, por Beethoven. Brahms não tinha como evitar a sensação de que aí, mais do que em qualquer outro campo, estava obrigado a desafiar Beethoven no seu próprio elemento. "Você não sabe como é isso", escreveu a Hermann Levi, "ouvir sempre esse gigante marchando atrás de mim." Mas logo que ele finalmente se desencarregara de sua Primeira Sinfonia, em 1876, os anos imediatamente seguintes o encontraram no auge de sua criatividade, produzindo com fluência e facilidade uma série de obras-primas de grande alcance.

DUAS SINFONIAS, UM QUARTETO, UM MOTETO

A Sinfonia n. 1 em dó menor op. 68 de Brahms, liberada finalmente para o interesse e a aclamação generalizados em 1876, experimentara um parto quase tão longo quanto aquele do Quarteto com piano n. 3, e talvez ainda mais difícil. A afirmação de Kalbeck, de que foi concebida mais ou menos na mesma época, em 1855-56, permanece sem fundamento. Mas Brahms tinha certamente rascunhado o primeiro movimento em 1862, quando o mostrou a Dietrich e Clara Schumann. Desde então existia um segredo público de que ele estava trabalhando em uma sinfonia — mas não tinha a menor pressa de terminar. O problema fundamental com que ele defrontou parece ter refletido sua experiência com a abortada Sinfonia em ré menor: o primeiro movimento excepcionalmente poderoso e dominado pela tensão (mais curto e mais a modo de scherzo, mas ainda mais concentrado do que o da em ré menor) despertou expectativas que nenhuma estrutura sinfônica meramente ortodoxa podia satisfazer. O resultado requerido, em que a orientação do finale seria de grande importância, tomou anos de reflexão.

Foi provavelmente em 1868 que ele o viu inteiro pela primeira vez: em 12 de setembro desse ano, em meio a um dos seus mais penosos períodos de desavença com Clara, enviou-lhe um cartão para assinalar os aniversários natalício e de casamento dela, inscrito com a mensagem: "Assim soa hoje a trompa do pastor" e a anotação de uma melodia de Alpenhorn, a que Brahms acrescentou o verso: "No alto da montanha, no fundo do vale, lhe envio mil lembranças". É uma forma do ressoante tema da trompa que iria emergir no finale da Sinfonia (Ex. 38). No entanto, para completar a obra, esta o ocupou até 1876. E mesmo em 1877, depois de execuções em Karlsruhe, Munique e Cambridge, Brahms fez revisões substanciais — especialmente no movimento lento: sabemos que tinha uma forma significativamente diversa da versão finalmente publicada. Talvez nenhuma outra obra fosse realizada tão penosamente e sob tão opressivo senso de responsabilidade para com a história do gênero. Mas foi um esforço supremamente bem empregado.

Ex. 38

Vale a pena observar a originalidade da Primeira Sinfonia em uma questão que tendemos a dar por certa: a sua forma. Em termos amplos, naturalmente, ela reproduz o padrão, bem estabelecido à época de Brahms, de uma obra em forma sonata que começa em verdadeira luta em tom menor, só para vencer através de um triunfante finale em tom maior. Ela revela importantes afinidades com o original arquétipo desse gênero, a Quinta Sinfonia de Beethoven (também em dó menor), e com uma eminente sucessora, a Quarta de Schumann em ré menor. Mas os verdadeiros contornos que Brahms encontrou para sua Sinfonia não tinham, que eu saiba, nenhum paralelo próximo. Ele raramente proveu qualquer movimento de uma introdução formal: esta Sinfonia tem dois, para seu primeiro movimento e para o finale. Schumann faz o mesmo. Mas os finales da Quinta de Beethoven e da Quarta de Schumann têm, ambos, introduções *de transição* principiando a partir do campo de um scherzo ortodoxo, e nenhum é tão elaborado como o de Brahms. O seu começa novamente, como uma intensificação fantástica da introdução do finale de seu Quinteto com piano, ao mesmo tempo que ensombra quase todos os temas importantes da música seguinte, no que Tovey chamou "um magnífico préstito nublado". A introdução do primeiro movimento, muito mais concisa, preenche uma função semelhante, embora saibamos que foi acrescentada depois de o movimento haver sido composto. Tonalmente mais estável do que sua correlata no finale, ela também cumpre outra função: sua simples progressão de tônica-dominante-tônica, sublinhada por uma latejante pulsação dos tímpanos, cria uma irresistível sensação de tragédia, de existência cravada em um fatal dó menor, que o Allegro, em seguida, pode falhar em sustentar por sua conta.

Pois esse severo primeiro movimento, de uma energia selvagem, apesar de seu tamanho impressionante e da forma sonata, tem um caráter acentuadamente de scherzo e na verdade tem mais em comum do que seu ritmo 6/8 com o scherzo do — novamente — Quinteto com piano, que se situa no período da primeira concepção da Sinfonia. Também tem pontos de contato com aquele do Quarteto com piano em dó menor, que recebeu a sua forma final enquanto Brahms ainda estava lutando para levar a Sinfonia até o fim. Os ritmos à feição típica de scherzo do primeiro movimento — com que Brahms trabalha muito eficazmente, até a fuzilaria rítmica e convulsiva da coda — lhe contestam uma certa medida da gravidade convencional de primeiro movimento, embora sua expressão seja mais pesada do que a de dezenas dos mais pretensiosos exemplos. Ele lhe dá seguimento com um andante sostenuto profundo, mas essencialmente lírico, cujo solo de violino ressaltado, nas etapas de conclusão, pode ter sido sugerido pela romança da Quarta de Schumann mas, assim sendo, transcende de longe o modelo. Segue-se então a primeira das alternativas para um scherzo — tranqüilas e à feição de intermezzo — pelas quais suas sinfonias deveriam ficar famosas, e que ele já havia experimentado em algumas obras de câmara.

O efeito de tudo isso é lançar o peso da expectativa, e conseqüentemente da estrutura, para o finale, que por seu vasto alcance e vigor, resolve afortunadamente todas as tensões que o primeiro movimento tinha criado mas fora (magnificamente) incapaz de dissipar. Essas tensões são relembradas com força redobrada na introdução ao finale em dó menor: e elas encontram sua liberação no momento em que (depois da grandeza alpina do toque de trompa do pastor, Ex. 38, e do solene coral que o segue nos metais), o dó maior é finalmente alcançado e o final propriamente dito começa com sua melodia célebre e solenemente pressurosa (Ex. 39).

Ex. 39

Brahms não tinha paciência com os "burros" que comparavam esta ao tema da "Freude" da Nona Sinfonia de Beethoven e efetivamente a melodia mesma é um tipo que ele próprio havia criado desde suas primeiras obras (comparar com o Ex. 7a, no início do Trio com piano em si maior). Mas sua localização aqui

1 Casa em que nasceu Brahms, na Speckstrasse, nº 60, em Hamburgo, fotografada em 1891. A moradia da família Brahms ficava atrás das duas janelas duplas no final do lado esquerdo do primeiro andar.

2 O jovem Brahms, fotografado no fim de 1853, durante sua primeira visita a Leipzig.

3 Clara Schumann, em retrato a óleo de Franz von Lembach, em Munique, 1878; tinha, então, 58 anos.

4 Joseph Joachim e Clara Schumann apresentando-se em Berlim, a 20 de dezembro de 1854, retratados por Adolph von Menzel, a quem Brahms deu ajuda 40 anos mais tarde.

5 *À esquerda:* Brahms em 1857 (*Mary Evans Picture Library*).

6 Brahms na década de 1880, em uma fotografia do Hafenstängl de Frankfurt.

7 *Acima:* Brahms com Hans von Bülow, fotografados em Berlim, 1889.

8 *À esquerda:* Elisabet von Herzogenberg, em fotografia de A. Meyer.

9 *À direita:* O velho solteirão, com a mulher de Viktor von Miller zu Aichholz, Olga, e a filha do casal, em Gmunden, na década de 1890.

10 *Abaixo:* Acompanhando Alice Barbi na Ringstrasse, em Viena, 1892.

11 *À esquerda:* Segunda-feira de Páscoa: uma fotografia tirada a 26 de março de 1894, por Maria Fellinger.

12 *Abaixo:* Uma página do manuscrito de Brahms do Quinteto de cordas nº 2, op. 111: o movimento lento, mostrando a grande revisão que conduz à repetição do tema principal.

reveste-a de um significado e de uma sensação de chegada que ela nunca podia ter no princípio de um movimento. Os burros não estavam completamente errados. Desde a Nona de Beethoven uma sinfonia não tinha sido tão inteligentemente uma preparação para o seu finale. E também o finale de Beethoven tem uma introdução elaborada (reconhecidamente de uma natureza "retrospectiva" não imitada por Brahms) que resulta finalmente em uma grande melodia tranqüilizadora. Mas os usos para os quais Brahms coloca o Ex. 39 em seu finale — um movimento que demonstra a fertilidade máxima de sua imaginação — são inteiramente diferentes de Beethoven. Este inicia uma exposição de sonata, rica em substância, movimentação e impulso rítmico, depois volta (de novo em dó maior), aparentemente para principiar o processo todo de novo. O que emerge é uma contra-exposição de inventividade e força ainda maiores, que funde as funções de recapitulação e desenvolvimento (e faz os temas da introdução recuarem para dentro do argumento em expansão com magistral habilidade contrapontística). Mas a aparência final do Ex. 39, na coda, com base em sáurio trombone, contrabaixos, contrafagote, retorna às deformações em tom menor da introdução do movimento, que produz uma última nuvem negra que a música deve trespassar para conquistar seu triunfo. E é o coral nos metais que assenta o selo conclusivo da autoridade patriarcal sobre a definitiva vitória do dó maior.

O alto grau de integração temática da Primeira Sinfonia, tanto dentro como através de seus movimentos, deve agora se mostrar como surpresa pequena. O alcance dessa integração permanece um assunto controverso pois Brahms não a dirige em termos de transformação superficial dos temas tal como encontramos na Quinta de Beethoven ou na Quarta de Schumann. Uma enorme quantidade se origina no complexo de motivos anunciado nos compassos de abertura (Ex. 40a) — eles próprios, extrapolados retrospectivamente a partir dos temas do primeiro movimento: uma progressão cromática em forma de leque e que simultaneamente desce em violas, trompas e madeiras, e sobe em violinos e violoncelos, estes últimos com uma figura rítmica (x). A dupla natureza da idéia é, por si mesma, sem precedentes. Tão logo o Allegro se põe a caminho, o ritmo (x) aparece em contraponto com o primeiro legítimo motivo do movimento, ligado a um volteio descendente (Ex. 40b). Brahms reveste de grande importância essa figura, baseando nela o clímax do desenvolvimento e o retorno à recapitulação, o momento sempre mais dramático em um esquema de sonata. Michael Musgrave opinou[1] que a figura — inegavelmente uma versão do "motivo de Clara" de Schumann — fundamenta a sinfonia inteira e pode ser registrada em muitos dos seus diferentes temas, o que indica ser o op. 68, até certo ponto, a "Sinfonia Clara" de Brahms. Ambas as conclusões parecem admissíveis, se recebidas com a devida prudência: a direta comunicação, por Brahms a Clara, do toque de trompa do Ex. 38 é evidência corroborante, e ele nunca teria empregado o motivo "dela" inadvertidamente. Mas também parece restritivo atribuir a totalidade de uma obra tematicamente tão rica a uma única idéia dirigente. A própria Clara, ouvindo em 1862 o primeiro movimento no piano, comentou como "o entrelaçamento de material é extremamente interessante: a música vai fluindo e o ouvinte nem toma consciência do acabamento".

De fato muitas idéias básicas, que brotam amplamente — mas não inteiramente — do Ex. 40a e b são entretecidas e combinadas com espantosa perícia,

Ex. 40

(a)

(b)

mutuamente refletivas e mutuamente se transformando em uma forma aparentada (mas em escala muito mais épica) com a dos trabalhos do Primeiro Quarteto de cordas. Seu efeito não se limita a qualquer dos movimentos. O tema de abertura do movimento lento contém dentro de si uma lembrança do complexo cromático de motivos do Ex. 40a e seu segmento central prenuncia os característicos contornos melódicos do intermezzo que se segue. Um alteroso tema que emerge no decorrer do desenvolvimento do primeiro movimento, que Kalbeck comparou a um coral, é atribuído por Musgrave ao conjunto "Clara", mas também é oriundo, demonstravelmente, de uma figura de três notas em staccato na exposição. Ele foi visto (por Bernard Jacobson) como o gerador de muitos detalhes do finale, até — e inclusive — o tema do coral em clímax nos metais. Onde quer que qualquer conexão temática individual possa se ramificar, a Sinfonia reflete os poderes brahmsianos de desenvolvimento dos motivos, em sua mais alta manifestação. Através de longa maturação em sua consciência, isso emergira como o propósito genuinamente "orgânico" que todo verdadeiro sinfonista espera alcançar.

Finalmente, há um novo esplendor e novo estilo na atitude para com o som orquestral. Apesar de toda a surpreendente e eficaz instrumentação das primeiras peças orquestrais e das obras corais do final da década de 1860, é nesta sinfonia que Brahms se proclama um mestre desse maior dos instrumentos, a orquestra sinfônica. A obra é concebida, do começo ao fim, em termos autenticamente orquestrais, não simplesmente pela cor adicionada, mas pelo máximo efeito expressivo (e estrutural). Mesmo os aparentes "desacertos" — tais como a tessitura para primeiro violino, alta e isolada, no primeiro movimento — são expressão das tensões da sinfonia levadas para a esfera do timbre. E lances tão famosos como o radioso surgimento do tema da trompa no Ex. 38, no alto de uma bruxuleante formação de nuvens em trêmulos das cordas, se colocam entre os momentos orquestrais clássicos do século XIX.

Brahms celebrou o fim de sua faina com a Sinfonia concluindo o seu Terceiro (e último) Quarteto de cordas, em si bemol, op. 67 — uma obra tão despreocupada e tão caprichosamente inventiva quanto os Quartetos op. 51 tinham sido severamente lógicos e de espírito circunspecto. Era seu propósito, de fato, uma espécie de paródia cômica da sinfonia, começando com um movimento em caráter de scherzo ainda mais patente e lançando, desse modo, o peso estrutural sobre o finale, com hilariantes conseqüências. Haydn e Mozart, mais do que Beethoven e Schubert, parecem continuar padrinhos da música neste momento e a obra está tão cheia de alegres heterodoxias que fica claro que Brahms esteve se divertindo nela toda — para acentuado benefício do seu estilo de quarteto.

Ele abre com um exuberante tema de "trompa de caça" em 6/8. O exemplo do Quarteto *A caça* de Mozart tem sido freqüentemente citado, mas a música lembra também o scherzo do Sexteto em si bemol do próprio Brahms. Ritmos 3/4 são imediatamente colocados contra a pulsação 6/8 e uma idéia de transição com floreadas volatas do primeiro violino e misteriosa progressão oposta conduz a uma segunda dança, uma empertigada e pequena polca em 2/4. Logo o ritmo 6/8 está sendo combinado também com este: neste Quarteto, variantes dos ritmos cruzados em três contra dois, tão queridos por Brahms, estão quase onipresentes, sendo suas conseqüências estruturais de longo alcance reveladas apenas nos compassos finais. Dando ou não impressão de scherzo, essas duas danças são realmente os principais motivos de um projeto de sonata um tanto mais irregular, cujo desenvolvimento as embaralha e as entrefolha, pontuando seus argumentos e mudanças de tonalidade com intervalos e pausas abruptas.

O andante em fá maior começa como uma forma ternária convencionalmente lírica em 4/4 mas origina um segmento do meio em que o recitativo neobarroco e a liberdade rítmica à "húngara" são magicamente misturados, distorcendo brevemente o ritmo em 5/4. E o regresso do tema de abertura é precedido de uma elaborada variação dele próprio, muito diversa em tessitura e tonalidade. Não há scherzo (que foi o primeiro movimento), mas um estranho agitado em ré menor, dominado em toda parte pela viola, que é o único instrumento a que não é permitida a mudez.[2] Essa peça substancial mas sombreada está repleta de surpresas da tessitura — não é a menos importante o trio (tão marcado), que começa com um trio verdadeiro de dois violinos e violoncelo cuja música de aparente auto-suficiência é revelada como um mero padrão de segundo plano logo que a viola reaparece. Schoenberg com toda certeza tinha em mente este movimento quando compôs seu intermezzo dominado pela viola, para o Quarteto em ré maior de 1897.

Pela primeira vez em uma produção já rica em movimentos de variações, Brahms utiliza uma forma de tema e variações como um finale: e seu tema, em si bemol e de moderado 2/4, é uma peça divagante, *gemütlich*, de folczombaria. Seu humor matreiro esconde uma intrincada construção de motivos, realçada pela inconstância harmônica (em direção ao ré) e pela desproporção "primitiva" do fraseado. O staccato da viola acompanhando as tercinas deve nos lembrar o 6/8 do movimento de abertura? Vamos ver. Seis variações (a viola domina as primeiras duas, como no movimento anterior) conservam o tempo e a estrutura de frase do tema, enquanto exploram ritmos três contra dois de diferentes modos e vagueiam mais em tonalidade do que Brahms habitualmente se permite em variações, através do si bemol e do ré bemol até o sol bemol. A variação 7, depois, reinstala o si bemol maior — e, *doppio movimento*, o motivo de abertura do primeiro movimento! Com o seu acachapante instinto de unidade estrutural sempre temperado pela aversão às reminiscências temáticas musicalmente imotivadas na "forma cíclica" lisztiana, Brahms deve ter tido muito prazer em levar a cabo essa proeza de composição e bravura pela qual seu finale readquire o material do primeiro movimento em resposta à procura de variação. Nem o processo termina realmente aí — pois a variação 8, de igual maneira, readquire o tema de transição da progressão oposta, do primeiro movimento, e numa coda perdoavelmente presumida Brahms apresenta o motivo de abertura da obra e o tema do finale em uniforme combinação contrapontística (Ex. 41): o Q.E.D. em direção ao qual todas as situações três contra dois se tinham inclinado. É curioso que, tendo composto uma obra tão feliz, Brahms em seguida tenha abandonado o gênero do quarteto de cordas. Mas parece que ele verdadeiramente preferia a música de câmara com piano, ou pelo menos com mais do que quatro instrumentos de cordas, em que sua invenção harmônica se apresentava sob menos constrangimento. Talvez sua amizade com Dvorák, esse compositor de quartetos prolífico e espontâneo, também lhe tenha permitido sentir que este era um gênero cujo futuro estava salvo em outras mãos que não as suas.

Ex. 41

A natureza "acalmada" do Terceiro Quarteto de cordas é mais freqüentemente atribuída à próxima obra importante de Brahms, sua Segunda Sinfonia (em ré maior, op. 73), composta principalmente no verão de 1877, de modo que se seguiu à Primeira com uma distância de menos de um ano. Isso parece sugerir um parto notavelmente indolor depois do complicado nascimento de sua antecessora. (É provável, naturalmente, que tivesse estado delineando as idéias dela durante um período mais longo; e, exatamente como a Primeira tem um parentesco com o Quinteto com piano e outras músicas de câmara do início da década de 1860, assim a Segunda parece não deixar de ter relação com as obras corais compostas no final desse decênio.)

Convencionalmente, ela é considerada a mais luminosa e genial sinfonia de Brahms, uma perspectiva cheia do mais tocante e sereno refrigério quando contrastada com o arrojo do dó menor da Primeira: de vez em quando ela tem sido apelidada sua "Pastoral". Certamente todos os quatro movimentos são no modo maior, sendo seu material e sua expressão de uma natureza predominantemente lírica. Há ecos, ocasionais, da anterior Serenata em ré maior. Mas mesmo essa obra muito mais simples não era toda de contentamento bucólico. E o op. 73, pelo menos em seus primeiros dois movimentos, sempre me tem parecido uma das mais escuras das sinfonias em tonalidade maior. Realmente, é uma escuridão rica e introspectiva (parcialmente produzida pela riqueza da harmonia, tingida de simbolismo da natureza, romântico), mas sua gravidade não é menor por isso. Os planos muito largos da Sinfonia, não obstante intricadamente se bifurcando em caminhos de desenvolvimento, permitem um constante jogo de luz e sombra. E vislumbramos a luz como se do meio de uma floresta, onde forçosamente devemos nos perder em meio a algumas regiões muito tenebrosas. A caracterização da obra, por Brahms, para Elisabet von Herzogenberg, antes de ela lhe pôr os olhos —

> Você só tem de se sentar ao piano, colocar seus pezinhos sucessivamente sobre os dois pedais e tocar o acorde de fá menor diversas vezes em seqüência, primeiro nos agudos, depois nos graves (*ff* e *pp*), e você gradualmente terá uma vívida impressão da minha ''última''.[3]

— não é muito mais do que trocista (embora as tonalidades menores interpenetrem e enriqueçam sua orientação em tonalidade maior, num grau considerável). Mas mesmo os críticos aferrados à interpretação de ''luminosa'' reconhecem a sombria atmosfera de elegia do movimento lento, e Brahms disse a Clara que o primeiro movimento, também, era ''totalmente de caráter elegíaco''. Após a primeira execução, respondendo por carta a um amigo (não identificado) que contestava o que lhe parecia a áspera dissonância de desalento do cânone para trombones no desenvolvimento dessa parte, Brahms rogou ser desculpado sob a alegação de que a passagem refletia sua melancolia habitual.[4]

Os estilos melódicos dessa sinfonia são acentuadamente distintos daqueles da Primeira. O descansado desembaraço do primeiro movimento, de temas longos, graciosos e mesmo à feição de valsa é francamente influenciado por Schubert, mais do que por Beethoven. Mas a reflexão brahmsiana nos motivos não é menos fértil do que na sinfonia anterior. Se é que não vai mais fundo e mais longe. Por trás de uma espantosa extensão de todos os quatro movimentos, o trabalho temático permanece como desenvolvimento da figura de três notas — uma oscilação lenta e semitonal, (x) no Ex. 42 — que os violoncelos anunciam no primeiro compasso da Sinfonia, mais sua inversão (y) e seu prolongamento de quatro notas (z). O Ex. 42 mostra um simples punhado dessas derivações — uns poucos rebentos de uma proliferação de motivos altamente intricada e que é um organismo coerente ainda mais do que na Sinfonia n. 1.

O proeminente semitom da figura (x), que não apenas conforma tantos temas mas é tratado por Brahms como um motivo por si mesmo, pode-se facilmente fazer soar sinistro. Ele impede a entrada da luz solar do desenvolvimento do primeiro movimento, onde a subjacente qualidade elegíaca se torna manifesta em exploração contrapontística agitada de materiais aparentemente inocentes. Há um inabalável aumento da agitação até o aparecimento de (x) no cânone rígido e solene do trombone acima referido, que introduz uma conturbada versão de elementos do primeiro motivo se revezando com uma queixosa versão de (x) que, pelo menos aos meus ouvidos, lembra o segmento de ''Ach, was heilet die Schmerzen'', da Rapsódia para contralto. A espirituosa coda em estilo scherzando do movimento, com (x) em diminuição em *tranquillo* nas madeiras, por certo ilumina temporariamente a atmosfera — e o solo de trompa precedente, utilizado delicadamente para

Ex. 42

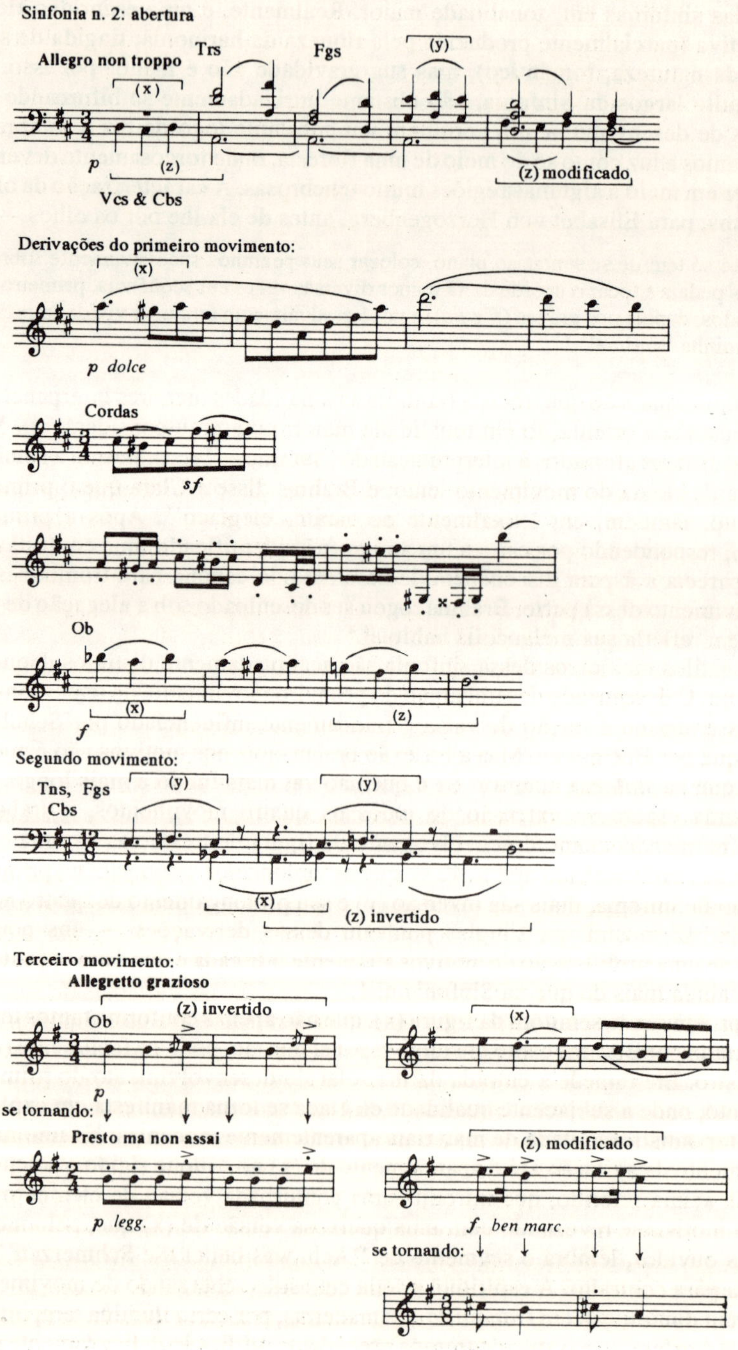
Sinfonia n. 2: abertura
Allegro non troppo
Trs
Fgs
(x)
(y)
p
(z)
(z) modificado
Vcs & Cbs
Derivações do primeiro movimento:
(x)
p dolce
Cordas
sf
Ob
(x)
(z)
f
Segundo movimento:
Tns, Fgs
Cbs
(y)
(y)
(x)
(z) invertido
Terceiro movimento:
Allegretto grazioso
(z) invertido
Ob
(x)
p
se tornando:
Presto ma non assai
(z) modificado
p legg.
f ben marc.
se tornando:
p

Quarto movimento:

"liquidar" um dos temas principais, mostra até que ponto Brahms progredira desde que pela primeira vez usou esse instrumento para simples exposição melódica na Serenata em ré maior.

Embora seja grande o movimento, seu ritmo de dança em 3/4 e sua emoção preliminar lançam o centro de gravidade da Sinfonia para a frente: inicialmente no Adagio non troppo, que penetra a parte mais profunda da floresta, se não o próprio Vale do Lobo. Seu eloqüente e apaixonado tema de violoncelo, em um si maior de muito escuro matiz com melancólico contraponto do fagote, dá passagem a desenvolvimentos em fugato — crescentemente retorcidos e enredados — de complexidade polifônica neobarroca. O motivo (x) retorna como um uivo lastimoso de fagote, trombone, tuba e contrabaixos em oposição às arrepiantes cordas em tremolando. Finalmente os metais desencadeiam o clímax vigoroso e em si menor do movimento, de solenidade ferozmente fúnebre.

A segunda metade da Sinfonia, com sua despreocupação e sua alegre liberação de energia, deve ser vista como um contrapeso para dois movimentos tão conturbados. O allegretto grazioso é outro intermezzo, o mais refinado exemplo de todos eles, de leve orquestração e vivamente melodioso, com explosões de decidido bom humor em *presto* que produzem caprichosas variantes de sua idéia principal. Mas como essa inspiração a modo de serenata corre para um término, a música é sombreada por contracorrentes em maior e menor, ecos subterrâneos da figura (x) e um anelante tema *molto dolce*. E o finale começa em crepúsculo *sotto voce*, com uma progressão cinzenta, nebulosa, que poderia produzir qualquer coisa. O que ele finalmente revela é o resplandecente nascer do sol do movimento mais atlético e exaltadamente festivo que Brahms compôs, uma celebração do puro poder orquestral, sem paralelo na sua produção: ele ultrapassa mesmo o *Triumphlied*, cuja tonalidade em ré maior compartilha, cujo floreio neo-haendeliano reproduz em muitos momentos e cuja bravura contrapontística ultrapassa desembaraçadamente. Mesmo neste ponto, no fim do desenvolvimento, a sombra e o frio invadem a música. Ela é porém varrida pela recapitulação e pela coda resoluta e reluzente, uma exibição de poder mais jupiteriano do que jovial.

Se a Segunda Sinfonia é realmente tão ensolarada quanto muitos críticos supõem, é estranho que junto com ela, nas mesmas férias em Pörtschach, Brahms tenha composto uma das maiores mas mais sombrias de suas obras corais *a cappella*, o moteto *Warum ist das Licht gegeben?*, publicado em 1878 como o primeiro de dois Motetos op. 74 (o outro é o muito anterior *O Heiland, reiss die Himmel auf*, comentado na p. 116). Brahms tinha um orgulho especial dessa obra potente e concentrada. De seu texto também, que ele coligiu em fontes bíblicas — como o do *Deutsches Requiem*, embora numa escala muito menor. ("Talvez ele pregue melhor do que as minhas [próprias] palavras", escreveu ele ao regente Otto Dessoff.) Sua passagem de abertura, do Livro de Jó, pinta um retrato vívido do desespero humano: "Para que se concede luz a quem se acha na miséria, e vida aos amargurados na alma? (...) Por que se concede luz a um homem cujo caminho é oculto, e a quem Deus cercou de todos os lados?" Isso é aplacado por um versículo das Lamentações de Jeremias: devemos voltar as mãos e os corações totalmente para Deus. A paciência de Jó com o sofrimento é lembrada numa citação da Epístola de Tiago, com uma garantia de que os propósitos de Deus são misericordiosos. Por último vem o texto do *Nunc dimittis*, em tradução métrica de Lutero, prometendo paz e alegria: "A morte, para mim, se transformou em sono." Como no *Requiem*, o tema é a necessidade de paciência e a aceitação das coisas como elas são — algo que Brahms claramente achava difícil, a julgar pela maneira como reagia a isso.

Como os primeiros motetos (com os quais partilha muitas características de técnica, embora neste momento em forma intensificada), esta obra se divide em vários movimentos, que correspondem às separações do texto. O primeiro e mais longo, uma das inspirações mais empolgantes em toda a produção coral de Brahms, se abre com a violenta pergunta — em acordes maiores e menores — "Por quê? Por quê?" e dá início ao motivo da agoniada maldição de Jó até a intensa inquirição canônica, desenvolvendo-se a linha eloqüentemente do "discurso" em polifonia cromática magnificamente expressiva (Ex. 43a). Os acordes desafiadoramente interrogativos de "Warum?" funcionam como um ritornello, reaparecendo dramaticamente em divisões estruturais do movimento tripartido, cujo segmento central tem material contrastante, com aspectos canônicos menos esmerados. O segmento final volta à música do Ex. 43a, mas em forma muito simplificada (e não canônica), em 3/4 — mesmo assim a pergunta de Jó é a última palavra, insatisfeita.

O ré menor foi o foco tonal. Neste ponto, no maior relativo, o segundo movimento se revela como um cânone serenamente diatônico e seu motivo ascende suavemente em direção ao céu, primeiro em quatro vozes e depois se expandindo gloriosamente em seis. A atmosfera pacífica persiste — com uma inclinação um tanto mais interior — no terceiro movimento, que musica a citação de Tiago. A tessitura, neste ponto, é realmente em seis partes, que partilham opulenta harmonia para uma tessitura que, apesar de instantes de imitação, certamente não é canônica. Começando em dó, ela muda para fá, e a linha final ("O Senhor é muito compassivo, e de suave misericórdia") conduz a uma volta, quase literal, da brilhante conclusão canônica em seis partes do movimento anterior. O Moteto então termina com um arranjo a quatro vozes, em um ré maior doriano, do *Nunc dimittis*, para a melodia coral que o próprio Lutero compôs para este, *Mit*

Ex. 43

(a)

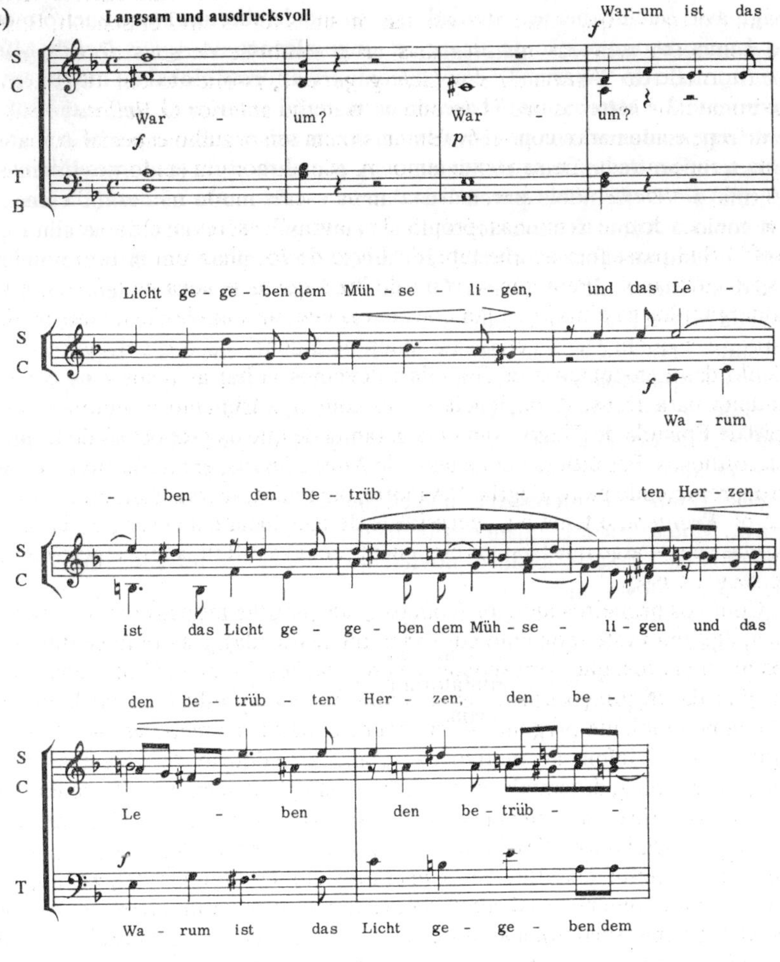

(Para que se concede luz a quem se acha na miséria, e vida aos amargurados na alma?)

Fried und Freud ich fahr dahin. O arranjo tem um toque bachiano e toda a idéia de encerrar o Moteto com um coral — em direção ao qual, por assim dizer, a composição avança, e que tanto recapitula como resolve seus díspares movimentos — se parece com a experiência de Bach em suas cantatas e alguns motetos.[5] As origens dessa obra soberba da maturidade de Brahms, contudo, lançam uma fascinante luz lateral sobre os procedimentos de seu instinto criativo.

Quando em 1956 o Benedictus de sua antiga *Missa Canonica* foi publicado, cerca de um século depois da composição, compreendeu-se que Brahms o tinha utilizado como a base para o segundo movimento do *Warum ist das Licht gegeben?* Mas em 1983 a publicação dos restantes movimentos da Missa revelou que sua transformação de material preexistente foi muito mais vasta do que anteriormente se imaginava. Sucintamente formulado, o cânone de abertura no primeiro movimento é uma recomposição de alcance e longo alcance do *Agnus Dei* da Missa (mas o ritornello do "Warum?" é novo, como o é a forma global do movimento). O movimento 2 é estreitamente baseado no material do Benedictus, então soberbamente repensado para a conclusiva expansão em seis vozes que também aparece como o término do terceiro movimento. A primeira parcela do movimento 3 transforma o "Dona nobis pacen" da Missa — de modo não completamente radical como o Agnus foi transformado mas em uma infinidade de detalhes que deixam de lado sua forma original rigidamente canônica, e com o movimento rítmico das partes muito ampliado. O coral final não tem, naturalmente, nenhum original na Missa. Mas é especialmente notável que a melodia de Lutero (Ex. 43b), não obstante, resolva as tensões dos movimentos precedentes e seja oferecida como uma simplificação do tema canônico do Ex. 43a. Brahms, portanto, deve ter tido a melodia coral em mente como a última meta do Moteto quando reformou sua melodia original do Agnus Dei (Ex. 43c), como um meio de assegurar a unidade musical em grande escala do que eram, outrora, idéias inteiramente separadas. Também é interessante que as funções expressivas dos vários movimentos do Moteto correspondam estritamente aos da liturgia dos seus respectivos movimentos na Missa: o ansioso movimento 1, com a suplicante prece de um Agnus Dei, a radiosa calma do n. 2 com um Benedictus, e o n. 3, que aconselha paciência, com um "Dona nobis". Podemos dizer que *Warum ist das Licht gegeben?* representa a realização final e satisfatória do desejo de Brahms, aos vinte anos, de compor uma Missa: satisfatória porque realmente concebida em termos dele próprio e inteiramente pessoais.

Ex. 43

(b)

(Em paz e alegria morro)

(c)

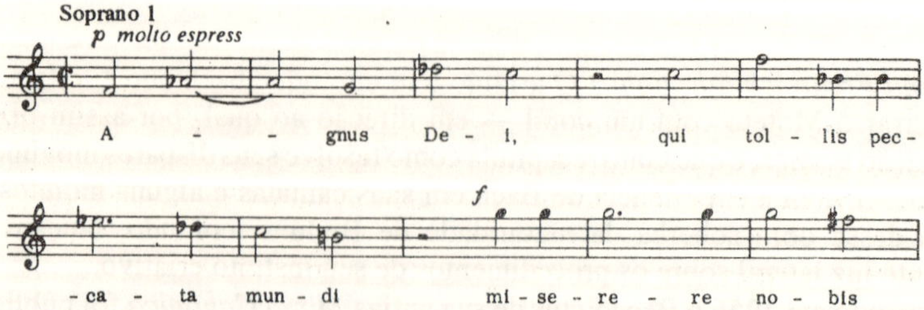

LIEDER E DUETOS

Os números de opus de Brahms parecem indicar que durante o período coberto por este capítulo ele compôs dois grupos de canções bastante separados: vinte e três delas publicadas em quatro coleções como opp. 69-72, e outras dezessete lançadas em três coleções como opp. 84-6. De fato, embora o primeiro grupo inteiro fosse composto em 1875-77, não houve nenhuma interrupção perceptível na sua composição de canções, e os Lieder finalmente impressos no op. 86 já estavam sendo ouvidos em manuscrito pelos seus amigos em 1878, o ano em que ele produziu seu último conjunto verdadeiro de duetos, as quatro *Balladen und Romanzen* op. 75. (Último conjunto "verdadeiro" porque as canções op. 84, reunidas por volta de 1881, são duetos *manqués* e teoricamente podem ser interpretadas por duas vozes.)

É conveniente, portanto, ocupar-se desse grande conjunto de quarenta e quatro canções como uma unidade. Como Brahms se torna continuamente mais prolífico nesse campo, ele nos oferece cada vez menos espaço para a crítica pormenorizada — embora toda canção a mereça. Em quase todos os casos estamos nos ocupando de uma perfeição da forma e da resposta verbal que só pode ser apropriadamente demonstrada em um ensaio longo e que testemunhe quão seriamente ele aceitou o conselho que deu a Georg Henschel, quando em 1876, em Sassnitz, examinou as canções do jovem compositor e cantor:

> Em algumas [destas] você me parece satisfeito com excessiva facilidade. Nunca se deve esquecer que completando *uma* peça se ganha e se aprende mais do que começando ou semiterminando uma dúzia. Deixe-a descansar (...) e fique voltando a ela e trabalhando nela, mais uma vez, mais outra, até que seja uma completa e acabada obra de arte, até que não haja uma nota demais ou de menos, nem um compasso você possa aperfeiçoar. Se, além disso, a peça é bela, é uma coisa totalmente diferente, mas perfeita ela *tem de* ser. Você vê, eu sou meio preguiçoso, mas uma vez começada uma obra nunca sossego com ela até que esteja perfeita, inatacável.

Nessa fase a tessitura do estilo de Brahms na composição de canções é tão firme e tão compactamente urdida que toda canção é um tesouro de discretas sutilezas de composição. Tanto que as partes de voz são ainda mais integradas na tessitura musical, desenvolvendo motivos condutores numa base de igualdade com o piano, como nos muito diferentes arranjos da amável *Serenade* de Goethe (op. 70, n. 3) e no juvenilmente mórbido *Versunken* de Felix Schumann (op. 86, n. 5), em que os acompanhamentos derivam dos seus modelos característicos pelo tratamento dos contornos da parte da voz em diminuição. Tais requintes se encontram por toda a parte, mesmo se os paradigmas de muitas das canções parecem continuar a canção folclórica estrófica ou a tosca serenata, ou a muito pouco freqüente canção "de gênero" como a *Tambourliedchen* de Candidus (op. 69, n. 5), em que Brahms se delicia em retumbantes efeitos de rufar de tambor no piano, com encanto inesperado.

As peças que mais devem à canção folclórica aparecem no op. 84, uma coleção de canções em diálogo (como, por exemplo, entre a mãe e a filha ou o amante e a namorada) em que a música da estrofe é alterada de acordo com a pessoa que fala. Exceto uma segunda parte facultativa no fim da buliçosa *Spannung* (op. 84 n. 5), há apenas uma única linha vocal e um único cantor pode personificar os dois caracteres, embora a indicação de Brahms, "para uma ou duas vozes", permita a possibilidade de as canções serem executadas como duetos. Sua ostensiva simplicidade contradiz um sutil apuro do tratamento. A n. 3 deste grupo, *In den Beeren*, é um dos ritmos "húngaros" preferidos de Brahms. Uma abordagem mais "autêntica" se vê na *Mädchenlied* op. 85 n. 3, toda moldada em tempo 5/4, sabendo-se que ele a projetou como uma estrita imitação das características da canção folclórica sérvia. E uma espécie diferente de referência ao estilo "popular" é a *Minnelied* op. 71 n. 5, em que Brahms cita uma valsa de Gungl.

A maior parte das canções deste período são modestas em dimensão e concisas no pensamento. A maioria das exceções aparece no conjunto do op. 69, grandemente voltado para poemas de feição folclórica a que é dado tratamento dramático — na verdade, um par das canções deste lembra a escrita regional e descritiva das romanças *Magelone*. Mas agora a técnica é muito mais segura: a situação pintada na n. 6, *Vom Strande* (um texto espanhol traduzido por Eichendorff), com o poeta na praia olhando fixamente para a amada que parte, poderia ter sido encontrada facilmente no ciclo op. 33, mas agora as expressões variadas de desespero e paixão são fundidas, mantidas em uma atmosfera única pelo contínuo ondular das semicolcheias em tercina da maré que flui tão sinuosamente através do acompanhamento de Brahms. Ele trata o apelo da praia que começa cada verso como um ritornello para voz e piano, mais adiante unificando o esquema. A canção seguinte, *Über die See*, para um texto de Karl Lemcke, é colocada como se para ser ouvida como uma continuação: agora o amante está sozinho na praia deserta e as notas muito agitadas de *Vom Strande* são substituídas por uma tessitura muito mais despojada e mais fria, crescendo, com o movimento murmurante e mais delicado da água, o sentimento de desolação. Brahms tinha uma provisão aparentemente inexaurível de metáforas musicais para o som das águas se movendo. Em uma canção posterior de Lemcke, *Verzagen* (op. 72 n. 4), já outro amante abandonado observa as ondas que se enchem suavemente de espuma e se retraem em complexos arpejos e sussurrantes grupetos, convertendo-se o acompanhamento numa espécie de intrincado estudo de teclado para as duas mãos.

Como no exemplo das n. 6 e 7 do op. 69, as canções freqüentemente são dispostas juntas para manterem uma atmosfera de paralelismo com os seus poemas. Em outro lugar a conexão é reforçada com meios manifestamente musicais: "Mondescheine" ("luar"), a última palavra de *Sommerabend* (op. 85 n. 1), arranjo ricamente lírico de Heine, parece sugerir um segundo poema de Heine, *Mondenschein* (op. 85 n. 2), em que depois de uma evocação da noite e da fadiga em abafadas oitavas que descem numa cadeia de terças tipicamente inquietas, a música da canção anterior volta e é desenvolvida em um novo texto, que interpela a benéfica beleza da claridade lunar. Essa arrebatada atmosfera de natureza, em que Brahms talvez seja o mestre supremo, é explorada através de várias canções — particularmente em outra cena enluarada, a obsedante *An den Mond* (op. 71 n. 2); no lirismo elegíaco e profundo da *O kühler Wald*, de Brentano, com suas harmonias de tríades que se sobrepõem como um dossel em que se entrelaçam muitos ramos agitados pelo vento; na primorosa *Lerchengesang* (op. 70 n. 2), com suas tessituras colorísticas quase debussinianas e suas tranqüilas, despojadas alternâncias de piano e voz não-acompanhada, a mão direita no piano obrigada a extensões cada vez mais largas pela ascensão da gorjeante cotovia (Ex. 44); e em *Feldeinsamkeit* ("Sozinho nos campos", op. 86 n. 2), em que as nuvens passam por sobre o observador de olhos fixos no céu em uma arcada de melodia calma e larga, enquanto ele se estende literalmente terrestre em um fá de pedal em oitava suavemente pulsante. Talvez a mais poderosa expressão dessa afinidade mística com a natureza seja a *Waldeseinsamkeit* (op. 85 n. 6), em que num espírito de êxtase e entrega arrebatada o poeta pousa a cabeça sobre o colo da amante, "na solidão da floresta", enquanto o dia se desvanece e se ouve um distante rouxinol. Esta última imagem, absolutamente romântica, é tratada com ardente delicadeza de sentimento e esse pássaro convencional jamais foi evocado com uma intensidade mais mística.

Ex. 44

(Vozes etéreas, distantes...)

Pouco importa que muitos dos textos sejam vazias banalidades de poetastro. Os arranjos de Brahms os revestem do peso de uma emoção que os autores mesmos não têm como alcançar, ou levam a se produzir uma emoção verdadeira para preencher o vácuo deixado pela que era falsa, no poeta. E mais: há uma ternura nascida da maturidade, uma sábia simpatia — assim como uma instintiva identificação — para com as situações do amor jovem e o penetrante efeito da memória. Assim as imagens repisadas de Karl Candidus sobre o amor perdido em *Alte Liebe* (op. 72 n. 1) são revitalizadas por uma arrepiante mudança de tonalidade enquanto uma invisível mão parece bater no ombro do amante, e a sensibilidade da escrita para o teclado combina com a fragrância de jasmim ambiente, misteriosamente sem procedência. Na *Sommerfäden* (op. 72 n. 2) do mesmo poeta, os sonhos do amor se insinuam entre as árvores como teias de aranha. Em vez de fazer acréscimo à já precária falta de substância da imagem, Brahms lhe dá forma no tênue contraponto da parte do piano que, juntamente com a linha vocal, cria uma invenção em três partes quase bachiana. A semelhança não com Bach mas com o próprio Domenico Scarlatti é invocada num divertido e terreno arranjo de Goethe, a *Unüberwindliche* (op. 72 n. 5), que compara a irresistibilidade das mulheres e do vinho, e a incapacidade do poeta de renunciar àquelas ou a este. Brahms baseia a canção em uma pequena melodia seca e mordaz da Sonata para cravo em ré maior, L. 214, de Scarlatti, que ele transpõe para lá e varia numa série espantosa de estilos e efeitos onomatopaicos, com o pomposo voto renovado pelo poeta, de nunca sucumbir de novo a qualquer das duas tentações, hilariantemente solapado por soluçantes oitavas graves.

Essa é talvez a mais pessoal das várias canções humorísticas que iluminam a atmosfera desses conjuntos de Lieder: mas um espírito mais profundo se infiltra aí e numas poucas canções dá origem a uma fusão particularmente pessoal da música com o impulso poético. As mais importantes entre elas talvez sejam *Geheimnis* (op. 71 n. 3) — mais outro arranjo de Candidus, em que o "segredo" do título, um amor não declarado, parece ter tocado uma corda especialmente profunda da alma de Brahms, que menciona o segredo em ansioso movimento cromático sobre um pedal baixo à maneira de pulsação — e não menos de quatro do conjunto do op. 86. Na n. 1, *Therese* de Gottfried Keller, uma pulsação parecida se converte no longínquo fragor do mar, amortecido pelo macio pedal quando o rapaz coloca a concha no ouvido para ouvir o que ela tem a dizer sobre a moça que ele adora. A n. 3, *Nachtwandler*, para um poema do jovem Max Kalbeck, tem um curioso e agridoce refrão irrequieto no piano, quase mahleriano em sua glissada harmônica lateral em tom maior e menor. Ela evoca o sonhador que passeia incólume sobre os silenciosos precipícios do inconsciente, e a voz recobre o refrão na terceira estrofe, quando o sonho e a realidade se tornam inextricavelmente confundidos. Outro conturbado caminhante, desta vez submerso na memória, vagueia pela urze na n. 4, a *Über die Heide* de Theodor Storm, com seu contido ritmo recortado e depressivo, que lamenta o fato de que a vida e o amor passaram voando por ele. Finalmente, a n. 6, *Todessehnen* ("Vontade de morrer"), de Max von Schenkendorf, talvez seja a mais explícita de todas essas canções tanto sobre o compositor como o poeta curvado sob "secreta, pesada carga". É uma canção muito bela, lenta e de grande fôlego, cuja frase de abertura, em quatro notas, é seguramente projetada para evocar o canto pelos mortos, o *Dies irae*. Quando o poema diz que só na morte a alma do poeta pode unir-se àquela da "existência-irmã", a voz entoa uma forma transposta do "motivo de Clara". E a segunda metade da canção floresce numa metáfora serenamente flutuante do ansiado nirvana, "onde o idioma dos espíritos chama a vida pelo nome de amor."

Enquanto se ocupava com a Sinfonia n. 2 e com o Concerto para violino em 1877-78, Brahms compôs os quatro duetos vocais que publicou como op. 75 — suas últimas e mais importantes contribuições para esse gênero atualmente negligenciado. Ao passo que os agrupamentos de dueto precedentes tinham sido todos para um único par de vozes (soprano e contralto nos opp. 20, 61 e 62, contralto e barítono no op. 28), cada peça do op. 75 requer uma combinação diferente, ditada pelas exigências dramáticas dos textos. Assim, a n. 1, a balada *Edward*, é um diálogo de mãe e filho para contralto e tenor; a n. 3, conversa entre amantes, é para tenor e soprano; as outras duas são conversas de mãe e filha, naturalmente com a filha como soprano em cada caso — mas enquanto na n. 2 a mãe é o esperado contralto, na n. 4 ela é um segundo e mais dramático soprano, como convém à sua natureza selvagem e hedionda. E também no caráter musical as quatro peças são todas fortemente contrastadas.

Os textos escolhidos são de fontes folclóricas ou em estilo folclórico e os arranjos de Brahms adotam exteriormente a abordagem estrófica que ele preferia para com os textos folclóricos, mas isso é tudo. Na realidade, os poemas, em separado, são tão dramaticamente variados nas partes de voz ou no acompanhamento do piano (nas n. 1, 2 e 3), ou toda a concepção é integralmente composta de maneira tão essencial, apesar da imaginosa divisão em segmentos do poema (na n. 4 e na n. 1), que Brahms transcende de longe o arquétipo da canção folclórica. *Edward* é uma realização vocal daquela mesma balada da fronteira escocesa do *Stimmen der Völker*, de Herder, que inspirara a primeira das Baladas para piano op. 10, mais de vinte anos antes:[6] não há citação direta da severa e calculada Balada em ré menor neste dueto em fá menor muito mais agitado, no entanto o perfil dos temas da Balada parece rondar furtivamente suas progressões fatais e entonações da fala. Brahms providencia um acompanhamento dedilhante e em *moto perpetuo*, serpenteando incansavelmente em várias formas e pontuado por duas exclamações dos acordes (em que as lembranças da Balada chegam mais perto da superfície da música). A primeira delas, a admissão pelo filho de que matou o pai, é de efeito eletrizante, mas Brahms continua a bloquear a tensão, e o verdadeiro clímax da canção ocorre quando ele finalmente amaldiçoa a mãe numa forma intensificada da mesma passagem.

Depois desta a n. 2, *Gute Rat*, aparece como um descanso despreocupado em um estilo mais simples, embora a capacidade de Brahms para a variação se exercite espirituosamente no "bom conselho" que a mãe dá à filha, que finalmente corre para o cavaleiro dela numa deliciosa coda em tempo de valsa. A n. 3, *So lass uns wandern!*, é um terno colóquio de fiéis e bucólicos amantes na mais madura veia melódica de Brahms, o diálogo afinal dando lugar a um disputado acordo coral. Finalmente a *Walpurgisnacht*, febril cavalgada em cabo de vassoura, é um *tour de force* em miniatura e de uma fantasia de dar calafrios, com a filha timidamente perguntando à mãe sobre os feitos das feiticeiras na montanha e as respostas gradativamente revelando que a própria mãe é uma feiticeira. O estilo cromático deste dueto contrasta intensamente com os outros, mas é inteiramente apropriado: a tonalidade se eleva inexoravelmente, de semitom em semitom, enquanto as perguntas horrorizadas da filha a levam para cada vez mais perto da verdade.

PEÇAS PARA PIANO

As duas coletâneas de peças para piano que Brahms publicou em 1879-80 — suas primeiras obras para solo de piano desde as Variações *Paganini* quinze anos antes — assinalaram uma importante mudança de direção nesse campo. Sua pena não faria mais aparecer grandes conjuntos de variações e menos ainda sonatas com seus vários movimentos. As oito *Klavierstücke* op. 76, que compreendem quatro capriccios e quatro intermezzos, e as duas Rapsódias op. 79 inauguram as miniaturas filosóficas que haveriam de ser a música para piano característica de seus últimos anos: peças cujas dimensões comparativamente pequenas são ainda mais significativas pela densidade e qualidades pessoais de sua expressão, com a bravura "heróica" das primeiras obras abandonada agora em favor de uma meticulosa exploração das tessituras do teclado e das sutilezas da atmosfera. Estas são, de fato, as primeiras precursoras da maneira ulterior de Brahms, em que cada vez menos notas progressivamente vieram a representar cada vez mais substância.

Os títulos das diversas peças não parecem indicar distinções formais (Elisabet von Herzogenberg se referia costumeiramente ao Intermezzo em lá menor como um *Romanze*, na correspondência dela; e o manuscrito da Rapsódia em si menor a denomina um capriccio). Quando publicados, contudo, os Capriccios tendem a ser em tempo mais longo e mais extrovertidos do que os Intermezzos, cujo caráter é íntimo, na verdade introspectivo, sugerindo uma pausa para a reflexão. As Rapsódias são em uma escala maior do que qualquer dos dois, com desenvolvimento mais exaustivo de material. Mas não há nada de cunho improvisante ou arbitrário na constituição estrutural de qualquer delas: são claramente relacionadas com os esquemas ternários ou de sonata.

Gostaríamos de lembrar, no entanto, que para Brahms a forma nunca foi uma questão de modelagem abstrata, mas a articulação palpável do fluxo e refluxo da sensibilidade. A relação dessas peças com arquétipos familiares é sempre individual: cada uma parece criar sua forma como uma conseqüência natural de seus materiais — variando suas idéias sempre mais sutilmente através de finas gradações de harmonia e ritmo. A característica paixão de Brahms pelo ritmo cruzado, com a alternância de 3/4 e 6/8, e bisinas tocando contra tercinas, está em exibição especialmente pródiga nas peças do op. 76, em nenhum momento com maior exatidão do que no poderoso n. 5, um Capriccio em dó sustenido menor numa prolongada forma ternária (com uma vasta variação do material básico), que extrai sua soturna emoção da energia motora que tais ambigüidades rítmicas podem proporcionar. A primeira peça, um Capriccio em fá sustenido menor, é semelhantemente turbulento e atmosférico, atormentado por um obsessivo motivo de quatro notas *agitato* e que Brahms entrelaça em floreio cambiante e varrido pelo vento.

Em contraste com tais ímpetos sombriamente românticos, o lúdico Capriccio em si menor (n. 2) é muito mais clássico em seu efeito, quase evocando, com suas tamborilantes colcheias, uma peça para cravo, enquanto o Intermezzo em si bemol (n. 4), embora provavelmente originário de uma fusão pessoal dos estilos de teclado de Schumann e Couperin, sugere a tranqüilidade e a ambigüidade tonal de um recente noturno de Fauré. A maior parte dos Intermezzos exige uma aguda sensibilidade para o colorido tonal: particularmente o n. 3 em lá bemol, com seus acordes intencionalmente fracos e altos contra um acompanhamento em staccato a modo de harpa, e o n. 6 em lá maior, cujo trio central em fá sustenido menor antecipa exatamente o segmento que lhe corresponde (no mesmo tom) no muito posterior Intermezzo op. 118 n. 2. O Intermezzo n. 7 em lá menor é quase totalmente preenchido por uma melodia central chopiniana, mas a frase solene que abre e encerra a peça guarda um sopro remoto da atmosfera épica das Baladas op.

10. O Capriccio final, o n. 8 em dó maior, talvez seja a peça de humor mais complexo: sua fluida corrente *poco vivace* em floreio de colcheias e sua segunda idéia em acordes e dobres de sino ocasionam fugazes repentes de quase-exultação, mas a música se sofreia e esfria até uma coda em *Adagio* comedida ou, mais propriamente, insossa. Neste ponto há apenas sinais da paixão controlada que ferve em toda parte nas Rapsódias.

Como já observamos, estas são um tanto mais extensas do que qualquer das peças do op. 76 e encerram uma atmosfera de âmbito mais amplo. Podem ser quase consideradas sonatas em um movimento extremamente concisas, embora apenas a n. 2 (em sol menor) seja efetivamente disposta em forma sonata. A n. 1 em si menor, a mais longa das duas, é curiosa mescla de um fundo de cena de sonata e primeiro plano ternário, tendo seus ardentes segmentos externos dois motivos diferentes, enquanto o segmento do meio em si maior, altamente contrastado, se baseia em uma delicada melodia em *espressivo* à feição de *berceuse* que provém, no entanto, do segundo deles. A obra em sol menor é de estrutura mais retesada, porém mais exploratória na harmonia, com o apaixonado primeiro motivo (que mostra certo parentesco com o Capriccio em dó sustenido menor do op. 76) vagueando continuamente, pouco inclinado a firmar a primazia do sol. Embora o segmento do desenvolvimento comece de maneira analogamente livre, Brahms cria a necessária impressão de regresso arquitetando um pedal interno hipnótico e fatalmente murmuroso sobre a dominante (a partir de um floreio de tercinas no segundo motivo à feição de marcha fúnebre) que se constrói irremissivelmente conforme os começos *ppp soto voce* e por sua própria persistência exige que a resolução seja em sol. A mesma figura é o foco para a coda, em que as idéias do segundo motivo sofrem uma aniquilação gradual e sombreada, repleta de misteriosa tragédia.

A outra única composição para teclado deste período foi o segundo grupo das Danças Húngaras para piano a quatro mãos, n. 11 a 21. Simrock persuadira Brahms a aproveitar o imenso sucesso do primeiro grupo compondo uma continuação, e elas foram publicadas em 1880, simultaneamente com as Rapsódias op. 79, como Livros 3 e 4. Ao contrário das primeiras, estas últimas Danças parecem ser composições em grande parte originais "em estilo húngaro", que se valem de alguns dos estilos de dança característicos (mas não mais as antes ubíquas czardas), os torneios das cadências e as formas segmentares dos anteriores arranjos livres de material autêntico. O próprio Brahms sentiu que estas últimas danças mostraram maior mestria dos recursos a quatro mãos e na verdade elas permitem uma igualdade virtual entre os executantes, tornada necessária pela maior participação do contraponto. Elas são também mais ricas em harmonia e tessitura, além de possivelmente mais variadas e sutis nas características gerais. Acima de tudo, Brahms criou melodias que, paradoxalmente, parecem possuir um grau ainda maior de liberdade "cigana" improvisadora do que na primeira coleção. Exceto uma ou duas peças — a comovente n. 14 em ré menor, ou a n. 19 em sol sustenido menor, caprichosamente aparatosa — elas nunca foram tão populares quanto os primeiros dois Livros. Mas Elisabet von Herzogenberg, escrevendo a Brahms em 23 de julho de 1880, recém-saída de uma primeira execução, percebeu bastante claramente como se elevou o nível de realização delas:

> Deliciosas como eram as primeiras, mal imagino como você reproduziu o caráter único e indescritível de uma banda húngara tão milagrosamente naquela ocasião como agora. Essa miscelânea de rodopios e ornamentos, esse tumulto tilintante, assobiante, borbulhante, é tudo recriado de tal maneira que o piano pára de ser piano e a pessoa é carregada diretamente para o meio dos violinistas (...) O que porém me impressiona acima de tudo na sua façanha é que você pode, com esses componentes mais ou menos escondidos de beleza, fazer um todo artístico e elevá-lo ao nível mais alto, sem diminuir a primitiva rusticidade e o vigor deles. O que em estado original era apenas barulho se refina em um belo *fortissimo*, sem também nunca degenerar num *fortissimo* civilizado.[7]

Dvorák gostava tanto dessas últimas danças que orquestrou todo o Livro 4, conferindo-lhes no processo um sabor eslavo que parece revelar certa similaridade estilística entre a música tcheca e a cigana.

CONCERTOS E ABERTURAS

A célebre declaração de Josef Hellmesberger de que o Concerto para violino de Brahms op. 77 não era um concerto "para, mas *contra* o violino"[8] (e a réplica de Bronislaw Hubermann de que é "para violino *contra* orquestra — e o violino vence!") provavelmente devem ser encaradas como respostas às características decididamente "sinfônicas" da obra. E ela assim se afiguraria ainda mais se Brahms tivesse cumprido sua intenção original: uma estrutura em quatro movimentos cujos esboçados movimento lento e scherzo (mais sobre eles posteriormente) foram totalmente substituídos, fora do tempo, pelo adágio que conhecemos. De fato o Concerto é em muitos aspectos o sucessor natural da Sinfonia n. 2 — na mesma tonalidade, em ré maior — e as similaridades são especialmente fortes no primeiro movimento, cuja semelhança com o da Sinfonia foi comentada por Clara Schumann na primeira vez em que Joachim e Brahms o tocaram todo para ela. Está aí, de novo, um espaçoso e aparentemente descansado esquema em 3/4, calorosamente romântico em sua coloração instrumental, em seus temas construídos sobre uma fundação em tríade e, embora em si mesmos não especialmente prolongados, evoluindo de um para o outro em imensos parágrafos e raramente muito afastados do caráter de uma valsa calma, porém apaixonada. O único verdadeiro tema de valsa Brahms reserva como uma surpresa para o próprio fim da exposição, como uma apoteose do majestoso lirismo do movimento (Ex. 45). O desenvolvimento é "sinfônico" por sua própria índole exaustiva e por sua grande importância contrapontística.

A diferença vital para com a Sinfonia é, naturalmente, que o argumento é conduzido pelo papel do violino em solo e concentrado neste. E Brahms nunca teve qualquer intenção de lhe diminuir as oportunidades de brilhante exibição e acariciante floreado. A parte do solo é tão volúvel, tão rapsódica e caprichosa em sua atmosfera como qualquer uma do "mero" compositor virtuose. O efeito de espontânea improvisação é magistralmente mantido e é vocal, "falando" de tal modo que nem uma só frase é exibição vazia. Brahms acomoda a parte no interior — ou, mais exatamente, faz que ela seja a peculiaridade — de sua estrutura sinfônica, pela natureza extraordinariamente plástica do material do movimento,

Ex. 45

que permite quase imperceptíveis alargamentos e distensões do impulso, de sorte que o argumento pode prosseguir pelo desenvolvimento das idéias corporificadas nas meditações e na ornamentação do solista.

O tratamento virtuosístico do violino é inaudito em Brahms e sagazmente matizado de muitos elementos. Estão entre estes seus estudos dos grandes concertos clássicos, muito obviamente os de Beethoven mas também aqueles de um mestre menor, Viotti, cujo Concerto n. 22 era um dos preferidos de Joachim e Brahms. Também se invoca a escrita para violino de Bach, cuja Chacona em ré menor ele transcrevera para piano no ano anterior. E além disso é influenciado por suas observações, ao longo de muitos anos, da ardente execução e da honesta personalidade musical de Joachim, o solista para quem o concerto desde o começo foi projetado. Como está bem documentado, Joachim foi de fato intimamente envolvido, sob insistente solicitação de Brahms, na gestação da obra. De agosto de 1878 até a estréia em Leipzig, no dia do Ano-Novo de 1879, eles a discutiram continuamente através de encontros e de correspondência enquanto Brahms compunha e, posteriormente, continuaram a aperfeiçoar a concepção à luz das execuções de Joachim até ela ser publicada no outubro seguinte.[9]

Joachim foi o colaborador ideal: não apenas um grande violinista mas ele próprio um talentoso compositor de concertos, com a própria mentalidade de Brahms quando esta assumiu a inteireza da substância musical. Foi principalmente Brahms quem o envolveu na evolução da parte do solo, e Joachim forneceu alternativas e variantes à concepção original de Brahms onde quer que ele achasse uma passagem injustificavelmente desprovida de qualidades "violinísticas", ou que requeresse realce em termos das possibilidades do instrumento para fazer ressaltar sua essência musical da maneira mais eficiente. Ele também sugeriu ajustes nas tessituras orquestrais — de um modo geral, reduzindo-as para proporcionar um melhor equilíbrio de modo que o violinista não tivesse de "forçar" o tom para ser ouvido. No entanto, embora Brahms seguidamente explorasse as idéias de Joachim, ele realmente não o considerava o árbitro final, mesmo em questões de técnica de violino. Muitas vezes ele parece simplesmente ter precisado de alternativas para escolher. Algumas vezes aceitou sugestões de Joachim, outras vezes manteve sua escrita original — e com muita freqüência as indicações de Joachim sugeriram uma terceira solução, incorporando algum aspecto das idéias do amigo mas elevando-as a um novo plano de significado na composição. Numa demonstração de homenagem à tradição do concerto clássico, ele se recusou a compor a cadência do primeiro movimento: Joachim produziu uma excelente, que permanece a mais constantemente tocada, mas Busoni, Tovey e outros também se mostraram à altura do desafio no decurso dos anos.

O que Brahms chamava, gracejando, o "frágil adágio" em ré maior, que substituiu os dois esboçados movimentos internos do Concerto, se tornou uma das suas inspirações mais apreciadas. Sua abertura, em instrumentos de sopro não-acompanhados e em rica harmonia, com o tema principal que o patos impregna em solo de oboé, lembra a sensível e desembaraçada instrumentação de sopros da Serenata em lá maior (mas se origina no uso extensivo do coro de sopros para colorir o primeiro movimento). A emoção é clássica, e o movimento nunca desce realmente da calma interior — elevada, quase mozartiana — desses compassos iniciais, embora a melodia seja absolutamente brahmsiana em suas alusões de canção folclórica e acalanto. O violino nunca tem o tema principal em sua forma básica, salvo as poucas primeiras notas, mas em atmosfera similarmente arrebatada as efusões virtualmente contínuas e elaboradas do solista desenvolvem, ornamentam e diversificam o aparentemente simples tema principal. Mesmo quando, em um breve clímax dramático do movimento, Brahms parece propor um novo tema em fá sustenido menor, este é apenas uma expansão melódica dele, particularmente apaixonada. A serena coda encontra o violino ainda rapsodicamente recitando por cima de um delicado acompanhamento das cordas — de tercinas arpejadas em pizzicato —, que logo se transformarão no primeiro fundo de cena rítmico do finale.

Brahms fez uma ou duas reconsiderações a propósito do tempo do último movimento: marcou-o *Allegro giocoso* com a frase qualificativa de *ma non troppo vivace*, que em seguida apagou e mais tarde restabeleceu — felizmente, pois um tempo excessivamente rápido rouba ao tema principal sua mescla característica de ardente excitação rítmica e curiosa altivez terrestre, como uma dança camponesa alegre mas desajeitada. Este finale, dedicado a Joachim e concebido para ele, é inevitavelmente um rondó de bravura "cigana", que presta homenagem ao Concerto à Maneira Húngara do próprio Joachim (dedicado a Brahms).[10] No entanto, é um projeto tenso e complexo, que pouco deve ao finale à maneira de *perpetuum mobile* do Concerto de Joachim, menos ainda ao "Rondo alla Zingarese" do Quarteto com piano em sol menor de Brahms, mas muito ao último movimento daquela outra obra inspirada em Joachim, o Quarteto de cordas em lá menor, op. 51 n. 2 — especialmente em suas exibições virtuosísticas de variação e sincopação rítmicas. As idéias subsidiárias incluem uma figura em oitavas em staccato de ritmo pontuado e magnificamente colérica e uma suave melodia *dolce* habitualmente descrita como um elemento inteiramente novo mas que é, de fato, uma variação agradavelmente clara do motivo do rondó (pelo menos é assim que sempre a tenho ouvido). Após um inebriante desenvolvimento do tema do rondó propriamente dito, que eleva a dança camponesa às alturas da hilaridade metafísica, uma breve cadência acompanhada conduz à extensa e substanciosa coda, em que o tempo finalmente muda para *Poco più presto* e o material do rondó é espirituosamente transformado numa marcha bucólica e brincalhona em 6/8, com o violino exultantemente fazendo aparecer uma torrente de novas variações por cima dela. Por fim a energia se dissipa e o violino desce contente para a terra, antes dos últimos acordes afirmativos da orquestra.

A Abertura Festival Acadêmico foi composta no verão de 1880, em agradecimento pelo doutorado de filosofia *honoris causa* conferido a Brahms no ano anterior, pela Universidade de Breslau, e ali ele a executou pela primeira vez em um concerto só de Brahms, no começo de 1881. Ele a denominou "um *pot-pourri* de canções de estudante *à la* Suppé", provavelmente uma referência à abertura da opereta de Suppé *Flotte Bursch* (1863), uma simples miscelânea que inclui a melodia de *Gaudeamus igitur*. Mas a abertura de Brahms é imensamente mais engenhosa, e mais humorística: uma estrutura de sonata completamente elaborada mas invulgarmente "não-acadêmica", se mascarando de livre fantasia ou assemelhado.

Brahms nunca foi, formalmente, estudante de nenhuma universidade. Mas havia participado da vida de estudante em Göttingen, naquela primavera maravilhosa e no verão de 1853, conservando claramente uma grande simpatia por ela. Além disso, as canções de estudante eram suficientemente veneráveis e populares para serem reputadas uma espécie de música folclórica e serem tratadas com afeição equivalente. A abertura, por conseguinte, é um panorama, aos olhos do estudante, da grandeza do estudo. Imbuída de um irreprimível senso de graça, ela desenvolve enorme habilidade natural pela causa da traquinagem e da mistificação (a longa introdução da obra, em dó menor, cujo furtivo tema inicial é reconstruído para se tornar o primeiro motivo — com os próprios componentes da introdução transformados no desenvolvimento e no preparo da recapitulação). Ela apresenta protestos de respeito à solenidade cívica (oferecendo *Wir hatten gebauet ein stättliche Haus* como um radioso coral luterano em reluzentes trompetes); canta o louvor da beleza (convertendo o *Hört ich sing* em um segundo motivo em mi maior deslumbrante, absolutamente brahmsiano); e satisfaz um pendor para a marotagem — a canção brincalhona do calouro, *Was kommt dort in der Höh*, primeiro sardonicamente gargalhadeando nos fagotes, depois explodindo tumultuosamente na orquestra toda. Para a paródia também: o tratamento de *Was kommt dort* não lembra o tema dos aprendizes de *Die Meistersinger*, e a obra toda não é uma espécie de réplica brahmsiana à abertura dos *Meistersinger* de Wagner (também em dó maior) — um tributo pessoal aos valores do contraponto e à "sagrada arte alemã", inteiramente entendida do ponto de vista dos aprendizes? Certamente a glorificação final do *Gaudeamus igitur* é alcançada com uma tessitura menos brahmsiana (mas tipicamente wagneriana), com a melodia central e de feição coral em pleno coro dos sopros e engrinaldada por impetuosas escalas de semicolcheias das cordas, quando Brahms cria um estrépito alegre com a maior orquestra que ele deveria usar, arrematada com pratos, triângulo e bombo.

A obra companheira que ele completou no mesmo verão de 1880, a Abertura Trágica, é de índole muito diferente. O título cuidadosamente generalizado dado por Brahms não é um penhor oferecido aos ideais músico-literários da escola "Neo-alemã" e se desvia de paralelos com as várias aberturas de Joachim (que ele admirava) inspiradas em dramas trágicos específicos. Kalbeck associa a obra aos planos do *Dramaturg* vienense Franz von Dingelstedt de encenar as duas partes do *Faust* de Goethe com música incidental de Brahms, no Burgtheater: um projeto pelo qual Brahms te considerável entusiasmo, se bem que tenha fracassado. No entanto, o substancial segundo grupo de motivos da abertura é reelaborado a partir de um esboço que data claramente do final da década de 1860: encontrado, na verdade, no verso dos esboços daquela outra concepção goethiana, a Rapsódia para contralto. Sejam quais forem as suas origens, a Abertura Trágica parece dividir a opinião dos críticos de Brahms: até um autor tão favorável como Karl Geiringer a achava "descolorida", e Latham foi bastante desatento para a julgar "de corte convencional". Musgrave, com aparente contradição, afirma que seu "equilíbrio e sua lógica formal" são "inatacáveis", mas acha a natureza da forma "incongruente", por refletir uma "relação incômoda" entre as idéias programáticas e seu "contexto de sonata".[11]

Para Tovey e outros — inclusive o autor deste livro — Brahms cria aqui uma imperiosa imagem musical do desafio humano contra o destino obscuro, que pode ser inteiramente apreciada em seus próprios termos, sem referência a qualquer arquétipo literário. A adaptação da forma sonata é tão completamente inortodoxa quanto na Abertura Festival Acadêmico, mas em orientação totalmente diferente — e de tanta auto-suficiência musical que alguns críticos (sobretudo Harold Truscott) têm chegado ao ponto de ver a peça como uma sinfonia em um movimento e extremamente concisa. De fato, o material esboçado que se tornou o segundo motivo tem afinidades de atmosfera com a Primeira Sinfonia e o próprio esboço (que indica uma repetição do exposto) bem pode ter sido mais destinado a uma sinfonia do que a uma abertura.

Ex. 46

(a)

(b)

A obra principia (Ex. 46a) com uma verdadeira pancada de martelo do destino (figura (x)), de que se ergue um tema nervoso e flexível, crescendo rapidamente com grande energia e resolução em um primeiro grupo de motivos carregado de idéias temáticas vigorosamente dramáticas. Este está ligado ao segundo grupo (que abre com uma melodia calorosamente romântica (Ex. 46b) mas logo dá origem a uma outra série de figuras sucintas e tempestuosas, entre as quais se situa (z 2) do primeiro grupo) por uma transição excepcionalmente ampla. Esta lentamente modula sobre um tapete hibernal de sonoridade das cordas enquanto estranhos gritos soam sobre as madeiras e trompas em solo: talvez a única passagem de Brahms que prenuncia o estilo sinfônico maduro de Sibelius. Quando chegamos ao desenvolvimento, bastante claramente marcado por expansões da pancada de martelo (x) e por uma volta do tema (y) em uníssono abafado na tônica em ré menor, a atividade inquieta se evapora e o tempo se reduz à metade: o movimento é conduzido em lenta progressão, tornando-se na verdade uma espécie de "movimento lento", uma serpenteante invenção em figuras (z 1) e (z 2) tateando para diante numa crepuscular penumbra instrumental. A sensação de patos e de direção perdida é esmagadora, quase beethoveniana (ver Ex. 46c). Quando se restabelece o tempo em *Allegro* original, a atividade se torna ainda menor, sendo o fato dissimulado por uma quietude cinzenta, como de alvorecer: Brahms aqui antecipa a característica mestria de Sibelius nas imperceptíveis mudanças na movimentação sinfônica e exatamente esta passagem é uma versão esquemática da transição "sibeliana" da exposição. Somente quando a melodia romântica do Ex. 46b reaparece na tônica maior compreendemos realmente que uma recapitulação resumida está em curso. A carga do primeiro motivo é refreada até a coda, em que (z 2) se converte em uma indignada figura de cadência, que leva a tragédia a um fim severamente pontual.

Ex. 46

(c)

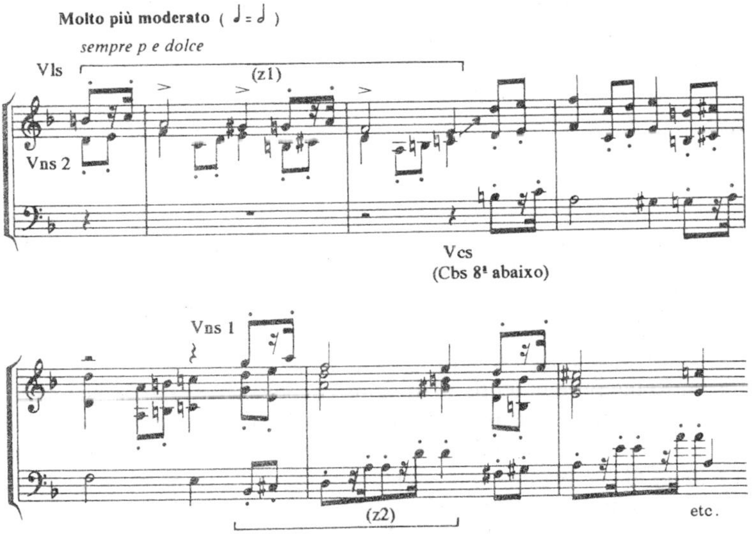

Em Pressbaum, perto de Viena, a 7 de julho de 1881, Brahms deu os últimos retoques em algo em que vinha trabalhando intermitentemente há quatro anos e que descreveu a Elisabet von Herzogenberg, naquele mesmo dia, como "um concerto para piano muito pequeno, pequenininho, com um pequeno, pequenininho pedaço de scherzo". Remeteu a partitura a Billroth com a mensagem lacônica: "Estou lhe enviando umas poucas e pequenas peças para piano", afirmando adiante que precisara de introduzir um scherzo (baseado no originalmente esboçado para o Concerto para violino) porque o primeiro movimento era "demasiadamente inofensivo" (*simpel*). Um indicador mais acurado da importância que ele atribuiu à peça é o fato de tê-la dedicado "a seu querido amigo e professor Eduard Marxsen" — como se finalmente tivesse produzido algo digno de ser apresentado a seu velho mestre. De fato Brahms havia escrito uma das mais imponentes de todas as suas obras, o Concerto para piano n. 2 em si bemol maior, op. 83: ainda mais longo em duração do que o imenso Concerto em ré menor op. 15, ainda mais "sinfônico" com o seu projeto ampliado para quatro movimentos pelo dificilmente "pequenino" scherzo, e ainda mais exigente no vigor e bravura de sua escrita para piano. Seu caráter "inofensivo" é a inocência do leão, uma criatura descontinuadamente preguiçosa e mansa. Espiritualmente, também, é difícil dizer que o op. 83 é a obra menor: se o Concerto em ré menor traz à cabeça um Fausto ou um Manfredo se enfurecendo contra o destino implacável, o em si bemol habita uma planície de majestade olímpica e vastidão de horizontes não menos impressionante, e muito mais madura.

É, no entanto, uma partitura paradoxal. Precisamente por causa de sua constante serenidade, sua apoteose do genial si bemol maior que servira tão bem no Sexteto op. 18 e no Quarteto op. 67 ("esse úbere", como Brahms chamava a tonalidade, "que antes sempre forneceu bom leite"), as inclinações do Concerto parecem relativamente descomplicadas, com pouco drama imanente, a não ser no scherzo — único movimento que não é em si bemol. Mas ele apresenta a qualquer solista enormes desafios. De certo modo, isso provém diretamente da mistura de princípios sinfônicos e de concerto que observamos no Concerto para violino e que gera uma arquitetura muito ampla para solucionar a escrita para solo aparentemente rapsódica e de imensa realização técnica. Brahms, neste caso, estava lidando com o seu próprio instrumento e não precisava de ninguém para aconselhá-lo: em sua harmonização maciça, suas largas extensões, sua vitalidade, riqueza e diversidade na tessitura, a escrita para piano é o mais elaborado efeito de seu fascínio, a vida inteira, pela técnica de virtuose — o coerente passo seguinte na trilha balizada pelas Variações *Haendel* e *Paganini*, cujo conjunto de assustadoras dificuldades este aperfeiçoa e refina.

Por outro lado o caráter da obra é muito como uma espécie de "*Überkammermusik*", uma intimidade de discurso da música de câmara composta livremente dentro do veículo orquestral. O Concerto parece estender o campo das obras de Brahms para cordas e piano, especialmente os Quartetos com piano: há paralelos claros entre o movimento lento e o do op. 60, e alguns, prováveis, entre o scherzo e finale e aqueles do op. 26. Acima de tudo, o papel do solista é fluido, não fixado a uma simples postura retórica: ele ou ela deve, na verdade, imperar com o máximo poder em certas articulações, mas outros momentos pedem extrema delicadeza e limpidez de toque, a reticência e a discrição do acompanhador ideal. O finale exige um indecoroso — mas jamais deselegante — senso de diversão. E o próprio início da obra requer a habilidade de ser um parceiro de precisa equivalência na criação de uma das mais românticas de todas as aberturas de concerto, em que a tranqüilidade da montanha e da floresta ressoa até as notas da trompa de Oberon (Ex. 47).

Ex. 47

WEBER: Abertura *Oberon*

Essa ventilação preliminar do primeiro tema origina uma ardente cadência do piano na veia mais vigorosa e muscular de Brahms, em si apenas preparação de um tutti orquestral abrasador e audacioso. A estratégia lembra o Concerto em mi bemol de Beethoven (em que provavelmente se inspirou), que na verdade é o progenitor da obra de Brahms, mas o efeito, aqui, é completamente diferente. O movimento excepcionalmente amplo de Brahms é com toda certeza um projeto de sonata, mas sua prodigiosa quantidade de material temático, na maior parte de admirável beleza, parece crescer organicamente, de maneira radical, ramificando-se em vasta rede tonal de idéias interligadas. O piano realmente não apenas repete ou comenta os temas do tutti, mas se empenha num diálogo de enorme extensão, pela contínua variação deles. Como na similarmente "descansada" Segunda Sinfonia, a escuridão e a paixão têm seu lugar, a primeira representada por repentinos lampejos de distantes áreas tonais (tais como o si menor, no princípio do desenvolvimento), e a última pelos mais coléricos e poderosos dos eloqüentes monólogos do piano.

O scherzo em si menor que se segue é onde o Concerto chega mais perto da expressão trágica, sendo uma forma sonata extremamente concisa, em contraste com a do movimento de abertura, mais expansiva. Seu primeiro motivo (principalmente no piano e nas cordas graves) é nervoso e duramente impulsionado, de estreita relação com o espectral scherzo da primeira Serenata em ré maior, mas embebido, agora, de um fervor impetuoso; o segundo (alto nas cordas, piano acompanhando), uma pequena e obsessiva melodia repleta de patos resignado. Esses contrastes são fixados mais firmemente por uma repetição *da capo* da exposição, sendo depois decompostos num irado desenvolvimento. Este se mostra à altura de um novo arremesso da tensão, com a "pequena melodia" do segundo motivo se demonstrando tão cheia de espírito de luta quanto a primeira. A salvação está perto, na forma de um repicante e haendeliano tema em ré maior que irrompe no auge da tempestade e transforma a atmosfera em outra de robusta e vigorosa hilaridade, se expandindo para criar um trio central e muito inortodoxo para o movimento. A lógica da sonata exige, no entanto, que a trabalhada música do scherzo retorne: ela o faz em uma recapitulação que continua essencialmente os processos do desenvolvimento, sendo muito da contribuição original do piano cedido à orquestra, enquanto o solista reforça a tessitura com oitavas ressoantes. Premente e volátil até o fim, mas justamente habilitado, pelo trio, a evitar a tragédia verdadeira, o movimento se precipita para um término de emocionante concisão.

Brahms nunca compôs um concerto para violoncelo, embora dissesse duas vezes que o exemplo de um outro compositor (primeiro o de Volkmann, depois o de Dvorák) lhe havia mostrado como podia ser feito. O andante do op. 83 começa com um solo de violoncelo confortador e cantante que mostra como ele não precisava de instruções e nos faz lamentar que de fato não tenha efetuado a experiência. (Estava, quem sabe, pensando na preeminência dada ao violoncelo na romança central do Concerto para piano de 1833-35 da própria Clara Schumann?) O piano nunca toma essa melodia. Em vez disso ele a rodeia e medita sobre seu fundo de cena harmônico, em figuração filigranada e de máxima plasticidade, cuidadosamente planejada para dar a impressão de improviso introspectivo, enquanto leva de fato o desenvolvimento dos motivos até o ponto de dissolução. Piano e orquestra se empenham num diálogo mais agitado, mostrando que as tensões do scherzo não se dissiparam completamente. Então o piano apresenta um episódio de extraordinária ternura em fá sustenido maior e o solo de violoncelo volta com o seu tema naquela tonalidade, antes de descer delicadamente para o si bemol tônico, a fim de anunciar a repetição da forma ternária, rematando o movimento na mesma atmosfera de calma analéptica com que o começou.

O finale em *allegretto grazioso* é uma mistura complexa de rondó e sonata que usa sua complexidade com jocosa despreocupação. Brahms jamais compôs um movimento que fosse de recreação mais genuína, nem mais felino no estado de espírito. As proporções permanecem régias, mas o leão agora se move com uma leveza de gatinho e uma graça precisa, inconsciente, de gato. O piano espalha temas cadenciados e instantaneamente memorizáveis, com uma profusão que parece inocente diante dos nossos ouvidos: mas a grande arte se acha em toda parte, na extraordinária quantidade de sutis contrastes rítmicos, no langor "cigano" da principal melodia do primeiro episódio (ou segundo motivo), que reproduz o registro e a tonalidade (lá menor) da oitava Dança Húngara, no espírito e no objetivo positivamente mozartianos dos epigramas atirados entre o piano e os solistas orquestrais favorecidos, na descansada mestria da orquestra que permite a Brahms compor tuttis excelentes e audaciosos sem uma vez requerer trompetes ou tambores. A coda em *poco più presto* é uma mescla inacreditável e inteiramente convincente de volubilidade e grandeza, apondo o selo final na realização de um concerto incomparável em projeto, inteligência e sensibilidade. "Civilização" pode ser um conceito ambivalente. Em seu melhor sentido ele designa algo como o Concerto para piano em si bemol de Brahms.

TRÊS OBRAS DE CÂMARA

Entre 1879 e 1882 Brahms compôs três importantes obras de câmara cuja ousada mestria artística reflete a atmosfera otimista do período pós-Primeira Sinfonia, em aspectos contrastantes mas claramente relacionados. O lirismo da Sonata para violino em sol maior combina com um intenso impulso construtivista no Quinteto de cordas em fá maior, que alcança uma expressão madura nos problemas permanentemente fascinantes das danças formais e da fuga. Já no Trio com piano em dó maior a abordagem lírica dá origem a uma forma em quatro movimentos poderosa e concentrada que, não obstante, flui com magnífica espontaneidade.

A Sonata em sol maior para violino e piano op. 78[12] foi composta em Pörtschach no verão de 1879 e apresentada a Joachim exatamente quando ele ainda estava ajudando Brahms a aperfeiçoar os detalhes do Concerto para violino. Comparativamente modesta em suas exigências violinísticas, e sinceramente lírica (mas não inteiramente tranqüila) na atmosfera, ela muitas vezes tem sido vista como um apêndice mais suave daquela obra. Sua conexão pode ser mais íntima do que geralmente se supõe: eu certamente tenho me perguntado, de vez em quando, se a parte mais importante da Sonata, seu adágio central em mi bemol, faz uso de materiais do movimento lento original — e substituído — do Concerto (como sabemos, Brahms utilizou o scherzo rejeitado no Concerto para piano em si bemol). Mi bemol seria uma tonalidade improvável no contexto do op. 77, mas si bemol teria sido possível — como também o teria sido, inalterado, o si menor do elemento mais "sinfônico" do movimento, um andante à feição de marcha fúnebre cujos severos ritmos pontuados podem ser plausivelmente relacionados com idéias dos dois movimentos externos do Concerto. Não há sinal de evidência exterior para sustentar a hipótese, mas as tessituras deste Adagio freqüentemente comunicam um efeito "orquestral" totalmente distinto da pura música de câmara com que Brahms modelou aqueles dois movimentos.

Talvez fossem os ritmos pontuados da passagem em marcha fúnebre (suponhamos em uma figura tal como no Ex. 48a) que lhe tivessem lembrado o vibrante

Ex. 48

(a)

motivo principal de suas duas canções op. 59 para os poemas da "chuva" de Klaus Groth, *Regenlied* e *Nachklang*. Quer este tenha proporcionado ou não o estímulo, o finale da Sonata começa como um remodelamento da idéia principal dessas canções, partilhada em termos puramente instrumentais. O Ex. 48 mostra (b) a abertura de *Nachklang* (a música correspondente em *Regenlied* é idêntica) e o início (c) do finale da Sonata — idêntico uma vez mais, salvo pela mudança de tonalidade e pela renotação em notas de valores menores, como por detalhes de fraseamento. Comparem-se estes com o Ex. 42d, o primeiro motivo do finale do Quarteto com piano em dó menor op. 60: também designado para violino e piano, e de concepção extraordinariamente semelhante, só que lhe falta o ritmo pontuado — desconfio firmemente que Brahms tinha esta passagem no fundo da consciência quando resolveu desenvolver o Ex. 42b em um movimento de sonata para violino. Mas é precisamente a figura de ritmo pontuado, posta entre parênteses como (x) no Ex. 48b e c, que proporciona um motivo unificador para a totalidade do op. 78. Não apenas ela é proeminente no adágio como o primeiro movimento parece florescer espontaneamente a partir da elocução lírica inicial do Ex. 48e, uma "pequena frase" cuja naturalidade é da espécie que esconde arte. A própria simplicidade da parte do piano em toda a exposição do primeiro movimento, abstendo-se amplamente de trabalho contrapontístico a favor de acordes calmos e acompanhamento arpejado, permite ao violino articular a forma como se empenhado em um fluxo rapsódico de melodia, quando de fato os contornos de um esquema de sonata são meticulosamente estabelecidos e a ansiosa melodia do segundo motivo (Ex. 48f) também incorpora a figura (x), meramente se inserindo em suas pausas.

Apesar do caráter serenamente melodioso do seu parágrafo de abertura, a Sonata não é completamente tão límpida e ensolarada como sugere a sua reputação. O desenvolvimento logo deixa a tonalidade maior e progride apaixonado. A sombreada retórica da marcha fúnebre em si menor do movimento lento já foi mencionada, e seu principal tema (Ex. 48g) em mi bemol é acima de tudo pensativo. E naturalmente as próprias canções da "chuva" op. 59 dificilmente são despreocupadas: evocam uma anelante nostalgia da inocência da infância no outro lado de um golfo de experiência muito largo em anos. Esse anelo o finale intensifica, adotando a inquietude da tonalidade menor não satisfeita das canções e o símbolo do pingo de chuva da figura (x) do contexto delas, enquanto encontra uso mais amplo para o seu plangente badalar. O movimento evolui como um rondó, mas com surpreendentes conseqüências estruturais: seu principal episódio toma o tema do adágio, Ex. 48g, e o desenvolve dentro do contexto de floreio inconstante e obsessivo do rondó — um passo formal sem precedentes. A coda da obra inteira é uma síntese de idéias ainda mais rica, com fragmentos de temas do finale e do movimento lento entretecidos, enquanto a harmonia se funde novamente no sol maior há muito abandonado e as tessituras do piano se diluem. As repetições da figura (x) recordam, sem nenhuma necessidade de exposição explícita, o pausado Ex. 48e com que toda a composição começou. O círculo se fecha com um diminuendo de tonalidade maior e finalmente tranqüilo.

Mais ou menos na época em que ele estava concluindo suas duas aberturas, Brahms esteve também esboçando dois trios com piano, um em mi bemol e o outro em dó maior. Embora tenha mostrado os dois primeiros movimentos a Billroth, a obra em mi bemol acabou sendo abandonada. Mas na primavera de 1882, em Ischl, Brahms voltou ao do dó maior, terminando-o naquele julho. "Você até agora não tinha recebido de mim um trio tão belo e muito provavelmente não publicou um à altura dele nos últimos dez anos", escreveu a Simrock com uma satisfação incomum com a maneira pela qual a peça (finalmente publicada como op. 87) se havia revelado.

Ex. 48

(b)

(c)

Allegro molto moderato
(x)
p dolce
p dolce
m.g.
(x)
(x)

(d)

Allegro comodo
Vn
p
p leggiero

(e)

(f)

(g)

Ele percorrera um longo caminho desde o Trio em si maior de 1854. O em dó maior é não menos opulento — provavelmente é ainda mais — em sua profusão de material, mas a elaboração é magistral em sua economia, de modo que a obra inteira é de registro moderado, quase sem uma nota perdida. Embora haja poucos tons escuros, Brahms não encontra nenhuma claridade superficial em dó maior: a tonalidade gera a partir dele música viril e bem-humorada, com um intenso sentido de finalidade. O sentido da sonoridade é diferente, mais puramente funcional que no op. 8. O violino e o violoncelo geralmente são tratados como uma unidade isolada, duplicando-se um ao outro em oitavas ou terças, com o fim de contrabalançar eficientemente o piano. Na verdade eles começam a obra sozinhos, expondo um tema de abertura de robustez quase haendeliana diante de um acompanhamento do piano que só aos poucos assume forma e corpo. Quando alcançamos o segundo grupo, o piano recebe o maior quinhão daquele: mas ambos os grupos são tão repletos de idéias construtivas, seguindo-se rapidamente um ao outro em contrastes de ritmo, tessitura e contorno, e tão engenhosamente fraseados no que tange a inconsutilmente se anularem um no outro, que os três executantes são mantidos inteiramente ocupados e a música adquire um ímpeto inevitável e majestoso.

Com tão grande quantidade de temas fornecendo ao desenvolvimento um material promissor, talvez seja uma surpresa descobrir que no próprio desenvolvimento Brahms alarga e simplifica a marcha de sua reflexão. Ele consagra completamente metade do espaço a uma lírica transformação em *espressivo* do tema de abertura em extensa argumentação rítmica (indicada *animato* para evitar qualquer perda de impulso), como um diálogo em ré bemol, para violino e piano, sereno, à feição de valsa, sobre um fluente acompanhamento em tercinas no piano. Mas seu seguro sentido arquitetônico (tão diferente do movimento comparável do op. 8) lhe ensinara a necessidade de repouso, mesmo num ponto em que os compêndios pressupõem a maior atividade. De fat :le evidentemente decidiu que o lugar apropriado para lidar com a seqüência das muitas idéias do movimento era durante a recapitulação, que desempenha sua função de retorno enquanto as "desenvolve" todas em um grau maior ou menor de variação. Brahms então encontra uma nova aplicação da variante à feição de valsa do tema de abertura, para apresentar a coda.

O movimento lento, em lá menor, é uma coleção de cinco variações, composta com toda a perene mestria de Brahms nesse gênero, em um lamentoso tema de preciso caráter folclorizante e forte perfil rítmico, cujos proeminentes "toques escoceses" são provavelmente destinados a sugerir música húngara "cigana". O acompanhamento do piano, sincopado nas cadências fracas, constitui um contratema que por si mesmo deve ser extensamente variado. E esta idéia de duas entidades temáticas paralelas mas separadas é explorada de diferentes maneiras em todo o movimento, especialmente na variação 3, em que as cordas e o piano são lançados um contra o outro em frases de acordes belicosos, e na quarta variação em tom maior, cuja versão *dolce* da melodia principal pressagia o trio do scherzo que se segue. As variações são caracteristicamente grandes em extensão, mas todas, até a última, se prendem às dimensões do tema e a sua incomum figura de cadência em sete compassos, uma fusão de duas frases de quatro compassos, inversão uma da outra. Brahms alonga a variação final para preparar uma coda lânguida em que os compassos da cadência e a idéia de linhas que se invertem são deliciosamente desenvolvidos.

O scherzo em *presto*, em dó menor, é um dos seus mais curtos, se concentrando numa figura de semicolcheias repetidas em arrepiante *pianissimo* nas cordas, que o piano apura em arpejos nervosos e abafadas oitavas em trêmulo, como um vento penetrante que agita os juncos sobre um lago no inverno. Distante desse frio ambiente paira o trio, um radioso arco de melodia no dó maior mais quente possível — uma dose melódica inebriante até para Brahms, uma de suas músicas de amor mais audaciosas. E ele se recusa terminantemente a se demorar com ela, trazendo de volta sem delonga o argênteo frio do scherzo.

O finale cria diversos paralelos com o primeiro movimento. Disposto em forma sonata com uma quantidade de temas inabitualmente grande, é porém num tom como que de rondó totalmente mais descansado, com as errantes colcheias do piano (na verdade um tema, por seus próprios méritos) emprestando uma genial sinceridade de elocução desde o início. A codeta da exposição caracteriza uma escrita para piano muito delicada e em rápido movimento contrário, as mãos saltando uma oitava adicional para os extremos opostos do teclado, no ponto culminante de cada frase. A coda é grande e ocupa quase um quarto do movimento. Uma penúltima passagem muito terna reproduz o primeiro movimento, tratando o tema principal com aumentação suntuosa, antes de um desenvolvimento das tessituras de longo alcance do teclado estimular um término em alegre e vigoroso dó maior, de ímpeto e determinação quase sinfônicos. No fim propriamente dito Brahms funde o primeiro motivo — cuja frase de abertura foi em toda parte tratada de modo quase intercambiável com a sua inversão, e cuja configuração intervalar se mostrou muito maleável — em uma escada dupla de terças triunfantemente mergulhante (que cito nas pp. 273-74 como Ex. 51c), como afirmação temática final da obra.

Brahms adiara a conclusão do Trio em dó maior com o fim de compor, durante aquela mesma primavera de 1882 em Ischl, um Quinteto de cordas em fá maior, seu op. 88. Ao contrário do Quinteto de cordas em sol menor esboçado vinte anos antes e variadamente reelaborado na Sonata para dois pianos e no Quinteto com piano, o em fá maior é mais para o conjunto de quinteto mozartiano do que schubertiano, adicionando não um segundo violoncelo mas uma segunda viola ao quarteto de cordas padrão e libertando a viola 1 para uma copiosa escrita para solo. Ele ficou ainda mais contente com esta peça do que com o Trio com piano. "Você nunca tinha recebido de mim uma obra tão bela", disse Brahms a Simrock. E em uma carta a Clara em 1890 chamou esta de "uma das minhas obras mais lindas". Tais expressões de orgulho, muito diferentes de sua habitual desaprovação irônica da sua música, indicam que o op. 88 se achava extraordinariamente alto em suas emoções. Mas atualmente talvez seja a menos conhecida entre suas obras de câmara principais, e muitos críticos parecem apreciá-la mais com fria admiração do que com amor. Uma vez que o Quinteto tem sido sempre um favorito meu, acho difícil entender isso, especialmente porque ele unifica traços de algumas das mais queridas partituras de câmara mais antigas, como o Sexteto op. 36 e a Sonata para violoncelo op. 38, com os presságios do ardor outonal das obras que Brahms haveria de produzir uma década mais tarde. É certo que a peça tem início com uma melodia tão magnífica como ele jamais compôs (Ex. 49), impregnada do desabrochar da primavera.

Ex. 49

O verdadeiro contraste com esta melodia é proporcionado por um enérgico tema de transição em ritmo pontuado — que pode lembrar a alguns ouvintes a Abertura Trágica, recordada noutra parte também (cf. a figura (z 2) no Ex. 46, p.

247) — antes de o lírico segundo motivo propriamente dito aparecer em lá maior, a primeira das muitas relações entre áreas tonais à distância de uma terça que Brahms explora nesta partitura, com lógica impecável. As tercinas do segundo motivo apresentam complicações rítmicas que são exaustivamente utilizadas no desenvolvimento, o qual também começa em lá maior mas é conduzido para o clímax — sobre um amplo pedal em dó — pela figura de ritmo pontuado, que se torna mais agressiva nesta articulação. Em todo este movimento Brahms obtém uma sonoridade maravilhosamente cheia dos seus cinco instrumentos, sem nada da sensação de tensão que às vezes oprime os Quartetos de cordas, e isso em nenhum lugar é mais manifesto do que no momento da recapitulação. O Ex. 49 originalmente se apresentou sobre uma harmonização na viola 2 e no violoncelo que era essencialmente um pedal em bordão de quinta, no fá e no dó. A melodia é recapitulada em sextas nos dois violinos, com a viola 2 e o violoncelo agora dobrando o bordão, o fá e o dó duplicados uma oitava acima mas ritmicamente diferenciados, enquanto a viola 1 produz uma íntima harmonia em tempos duplos, em tercinas palpitantes.

No Sexteto em sol maior Brahms havia extraído a idéia inicial de seu terceiro movimento de uma de suas muito antigas danças neobarrocas para teclado, a Gavota em lá menor. O Quinteto em fá maior só tem três movimentos, mas o segundo, uma complexa fusão de movimento lento e scherzo, é uma semelhante — mas muito mais extraordinária — proeza de transformação, baseada em duas outras daquelas danças para teclado, a Sarabanda em lá maior e a Gavota na mesma tonalidade. Ao passo que no Sexteto Brahms apenas usou um tema como ponto de partida para um movimento inteiramente novo, no Quinteto ele faz uso da maior parte do material das danças originais — mas remodela-o, expande-o, desenvolve-o, reforça-o e coloca-o continuamente em novas perspectivas tonais. O resultado é uma das suas mais requintadas criações, e desta vez totalmente concebida em função das cordas. O movimento se divide em cinco segmentos claramente definidos, que criam uma forma em lá-si-lá-dó-lá, mais corretamente compreendida como lá$_1$-si$_1$-lá$_1$-si$_2$-lá$_2$. O primeiro movimento, com indicação de *grave ed appassionato*, é derivado da primeira metade da Sarabanda, transposta numa melancólica ambigüidade entre dó sustenido maior e menor, com uma nova continuação desenvolvendo a figura de tercina do tema e um obsessivo complemento cromático ouvido em cânone entre o violoncelo e o violino 2. Este é interrompido pelo segundo segmento, um allegretto vivace em lá maior e delicado, pastoral, a modo de giga. O *grave* reassume e é desenvolvido uma vez mais em dó sustenido maior/menor. Depois a tonalidade muda de novo para o lá, por um presto em 4/4 que reconhecemos como uma variação do precedente allegretto vivace. A não ser que este presto seja, de fato, um novo desenvolvimento da forma da antiga Gavota em lá maior de Brahms! Desse modo, o allegretto vivace deve ter sido composto mais como uma variação sobre ela do que ao contrário — não que tais considerações devam interferir no fato de sentirmos o movimento, a cada instante, como um movimento lento com dois trios firme e intimamente relacionados. No último segmento, o *grave* aparece pela terceira vez, começando agora em lá maior, mas quando muda para dó sustenido ele finalmente se afasta da primeira metade da Sarabanda e em vez disso desenvolve sua *segunda* metade — a parte floridamente decorada que citei nas pp. 87-88 como Ex. 12. Repentinamente esse floreio parece ter sido sempre projetado para as cordas e proporciona ao movimento um primoroso declive agonizante, que o restitui a um término suave, não em dó sustenido mas em lá maior.

O finale em *allegro energico* é exemplo de uma estrutura que Brahms experimentara pela primeira vez na Sonata para violoncelo em mi menor: uma união de fuga e forma sonata. Aqui o modelo é, quase certamente, o finale do terceiro Quarteto *Rasumovsky* de Beethoven (de que Brahms fizera uma agora perdida transcrição para piano), embora Heinrich von Herzogenberg acreditasse que podia ter sido seu próprio Trio em fá, que ele pouco antes enviara a Brahms. Mas o tema central do motivo da fuga feita por Brahms — de dois explosivos acordes de abertura que abarcam uma quarta decrescente — é também, bastante adequadamente, uma forma transposta do tema inicial da Abertura Trágica (cf. Ex. 46, figura (x)). Depois de uma animosa exposição de fuga em fá, o primeiro violino apresenta uma variação doce e ritmicamente flexível do tema da fuga, em lá, que faz as vezes de um segundo motivo e leva a um desenvolvimento em ré menor. São aqui combinados ambos os motivos, em um vigoroso stretto que traz, na verdade, uma recapitulação em que o estilo de fuga é crescentemente abandonado em favor de um tratamento mais maciçamente homofônico do tema de abertura. A coda comprime o tempo para um agitado *presto* em 6/8, que implica variação rítmica do motivo principal e leva o movimento, uma despreocupada exibição de mestria desimpedida, a um fim brilhante e genial.

DUAS OBRAS CORAIS "CLÁSSICAS"

No começo da década de 1880 Brahms compôs o que resultou serem suas últimas composições para coro e orquestra, *Nänie* (1880-81) e o *Gesang der Parzen* (1882) — duas de suas mais profundas obras pequenas, ambas em tom intensamente elegíaco, a primeira com certeza, e a segunda provavelmente, composta em um espírito de luto. De execução espantosamente rara, elas são suas últimas afirmações sobre o tema da separação entre o humano e o divino que ele estivera explorando através do veículo orquestral-coral desde a *Begräbnisgesang* do começo. "Estou inteiramente inclinado a escrever motetos", escreveu a Elisabet von Herzogenberg em julho de 1880,

> ou qualquer outra coisa para coro (estou sinceramente cansado de tudo o mais!). Mas você não quer tentar achar alguns textos para mim? Não se pode obtê-los sob medida a não ser que se comece antes de ser estragado por uma boa leitura. Na Bíblia eles não são suficientemente pagãos para mim. Comprei o Corão mas também ali não consigo achar nada.[13]

Provavelmente ele já estava cogitando de uma homenagem musical ao pintor Anselm Feuerbach, que tinha morrido no janeiro anterior. Elisabet o aconselhou a dar uma olhada uma vez mais nos Salmos, mas em vez disso a escolha de Brahms logo seguiu na direção "pagã" que ele desejava e recorreu a uma grande recriação alemã do espírito clássico gentio, *Nänie* ("Nênia") de Schiller. É quase certo que sua atenção fora atraída para ele, pela primeira vez, por causa de um arranjo de Hermann Goetz apresentado na Musikfreunde, no começo da década de 1880: e na verdade Goetz, que Brahms havia conhecido e apreciava, tinha morrido jovem uns poucos anos antes.[14] A frágil rede de alusão mítica do poema tornou-o uma escolha apropriada em face do classicismo escultórico, em estilo e motivos, do próprio Feuerbach: Brahms admirara particularmente a vasta "Batalha das Amazonas" do pintor, que fora espezinhada pelos críticos de arte quando exibida em Viena, e ele posara para Feuerbach em um retrato que o artista não pôde viver para concluir. Ele compôs o seu arranjo em Ischl e Pressbaum, para coro de soprano, contralto, tenor e baixo, e uma orquestra que inclui o bárdico timbre de uma harpa mas omite o, mais brilhante, dos trompetes, dedicando-o à madrasta de Feuerbach, Henriette.

Nänie é uma lamentação profunda mas sossegada, que raramene se aparta da tonalidade maior — na verdade Brahms parece aceitar o conselho do penúltimo verso de Schiller: "Até um lamento, nos lábios de uma pessoa amada, é glorioso." Ele nunca encontrou uma melodia mais terna do que a linha do oboé em dó maior que inicia a obra, imediatamente desenvolvida em cânone gracioso e flexível pelo coro, até as palavras "Mesmo o Belo tem de morrer (...)" Pela pura e magoada beleza do som e dos versos, *Nänie* é possivelmente a peça mais luminosa que ele já tinha composto. Achou difíceis os hexâmetros de Schiller, mas estes lhe inspiraram a progressão de longo fôlego e equilibrada do 6/4 que tão acertadamente manipulou e uma forma ternária grande, sem pressa, cuja repetição é comprimida para admitir outros desenvolvimentos dos motivos e da tessitura. O âmbito de referência do poema — a separação através da morte de Orfeu e Eurídice, de Vênus e do ferido Adônis (em versos que lembram imediatamente o texto folclórico que Brahms há muito tempo havia musicado em sua canção *Vom verwundeten Knaben*), de Tétis e do morto Aquiles — toca sempre na essência do perene tema de Brahms sobre a separação da humanidade da bem-aventurança. Mas nesse caso, pelo menos uma vez, os papéis são invertidos, e o céu não está desinteressado: Tétis e as deusas do mar se erguem das ondas modeladas em tercinas e num fá sustenido maior lúgubre e leve cujo amplo e lírico tema é logo apontado à observação assombrada: "Olha, eles estão chorando, os deuses (...) porque o Belo se esvaece, porque a perfeição tem de morrer." A intensa percepção da transitoriedade da beleza, algumas vezes convencionalmente atribuída sobretudo a compositores ingleses do começo do século XX, recebe aqui expressão arquetípica do compositor que foi, de todos os compositores, talvez o mais bem aparelhado para senti-la. Seu exemplo não foi em vão. Os amadurecidos estilos corais de Parry e Elgar, para não contemplar outros, estão repletos de ecos dessa obra gravemente iluminada.

O *Gesang der Parzen* ("Canto das Parcas"), cuja evocação em ré menor da mitologia clássica segue de perto e claramente desenvolve o impulso oculto sob a *Nänie* em ré maior, pinta um quadro em tudo mais escuro do destino humano. Arranjo do monólogo em versos brancos da sacerdotisa do drama *Iphigenie*, de Goethe (outro grande exemplo da obsessão dos pré-românticos alemães com o drama e a poesia clássica grega), Brahms o compôs, para coro de seis vozes e orquestra, em Ischl, em 1882. Tinha visto a peça recentemente apresentada no Burgtheater de Viena, com a grande atriz Charlotte Wolter no papel-título. Um traço excepcional do sombrio texto do monólogo da sacerdotisa é a proximidade com que suas imagens reproduzem as do poema de Hölderlin que Brahms tinha musicado no *Schicksalslied*, especialmente através de sua descrição da vida bem-aventurada dos imortais lá nas alturas. No *Gesang der Parzen*, porém, a separação essencial do humano e do divino se torna mais amarga por causa do limitado contato entre os dois planos da existência: e por causa da natureza essencialmente arbitrária dos julgamentos dos deuses, mesmo para com "ele, a quem eles alçaram". Brahms pode ter estado pensando em si mesmo como um exemplo, ou ainda em Feuerbach (cuja cismática "Iphigenia" é uma das suas mais famosas pinturas). Mas é igualmente possível que ele estivesse com Schumann na cabeça. Os versos posteriores no texto de Goethe, em que os deuses negam favor a uma geração inteira que vem depois, seriam então todos adequados demais. No momento, os dois filhos de Schumann que Brahms conhecera mais de perto — Julie e Felix, afilhado dele — estavam mortos, Ludwig foi encerrado num manicômio, Ferdinand era um homem arruinado. A estrofe final se refere a "um pária, um velho", que "escuta nas cavernas da escuridão" o canto das Parcas, "pensa nas crianças e naqueles que virão, e sacode a cabeça".

Seja o que for que se encontre de associações pessoais por trás de sua escolha de texto, Brahms foi levado a produzir uma de suas expressões de grandeza trágica mais poderosa, monumental e concentrada. A breve, granítica introdução orquestral (Ex. 50a) dá o tom com um rigor neobarroco e severa inevitabilidade de passo. E a proeminente figura (x) de três notas é em toda obra ritmicamente variada com espantosa engenhosidade. Depois da linguagem contrapontística da maior parte

Ex. 50

(a)

Ex. 50
(b)

Fm 1 Vns
Ob. Tpt.
pp sempre ma marc.
dim.
Cs csu
pp sempre
dim.
Vl.
ppp
dim.
perdendosi
Tutti
p
pp
Tls tr sobre ré

das obras corais mais antigas, a escrita coral do *Gesang der Parzen* é homofônica em um grau surpreendente mas de extraordinária riqueza na tessitura, coerentemente escurecida pela separação de contraltos e baixos, e pelo acréscimo à orquestra do contrafagote e da tuba, cujos timbres característicos abrem negros abismos sob o andamento compassado da música. Formalmente, a obra é um rondó, com dois episódios em tom maior que servem para salientar a infatigável gravidade dos segmentos principais. A coda (Ex. 50b) é notável não somente por sua arrepiante instrumentação (com o flautim e as cordas com surdina sugerindo as frias imensidões do espaço alpino), mas pela extraordinária circularidade harmônica pela qual alcança sua funda e tenebrosa conclusão sobre uma quinta em ré despojada e de um toque arcaico.[15] Na obscuridade profética dessa obra magnífica, cuja atmosfera antecipa admiravelmente a Quarta Sinfonia, o talento de Brahms para a elegia sinfônica assume sua expressão mais apurada.

10

A fase final

É uma grande alegria para mim que você continue a estudar os meus queridos [Volkslieder] (...) Já lhe ocorreu que a última das canções aparece no meu opus 1 (...)? Isso deve significar alguma coisa. Deve representar a cobra que morde a própria cauda, ou seja, expressar simbolicamente que a história está contada, o círculo fechado. Mas sei o que são as boas resoluções, e apenas penso nelas e não as digo em voz alta para mim mesmo. Atualmente, agora que o meu sexagésimo ano passou, gostaria de ser tão sensato quanto era aos vinte (...)

Brahms a Clara Schumann, agosto de 1894

Durante o período mais criativo do seu processo de composição — a efetiva delineação ou o esboço das obras mais do que a sua revisão ou passagem a limpo —, Brahms gostava de ficar num ambiente rural, não urbano, e de preferência de grande beleza natural. Assim, ele passava os verões em várias pequenas estâncias ou em lugares retirados, elaborando a música mentalmente durante suas costumeiras caminhadas no início da manhã. Após o verão de 1876 em Rügen, com os seus bosques de faias, urzais ermos e rãs coaxando em seu "ansioso e magoado dó bemol" (como Brahms descreveu para Henschel), ele preferiu regiões de lago ou paisagens de montanha. De 1877 a 1879 veraneou em Pörtschach, no Wörthersee, onde a Sinfonia n. 2, o Concerto para violino e a Sonata para violino em sol maior tiveram origem. Em 1880 e 1882 ele se instalou na estância de Ischl em Salzkammergut, na Alta Áustria, na época muito em moda por ser freqüentada pelo Imperador Franz Josef, e ali compôs suas duas aberturas, o Trio com o piano em dó maior, o Quinteto de cordas em fá maior e o *Gesang der Parzen*.

Os verões de 1881 e 1883 foram passados respectivamente em Pressbaum, nos arredores de Viena, e na cidade termal de Wiesbaden, onde terminou a Terceira Sinfonia; e os de 1884 e 1885 na cidadezinha pitoresca de Mürzzuschlag, nos Alpes da Estíria, onde compôs a Quarta Sinfonia. Seguiram-se três verões consecutivos na Suíça, em Hofstetten próximo de Thun, no cantão de Berna. Ali alugou uma vila com vista sobre o lago e estava bastante próximo de Widmann para visitá-lo regularmente, enquanto Klaus Groth e Hermine Spies se achavam entre seus hóspedes. Ali também compôs o Trio com piano em dó menor, a Sonata para violoncelo em fá maior, a Sonata para violino em lá maior, o Concerto Duplo para violino e violoncelo, os *Zigeunerlieder* e muitas canções. Após 1889 ele não mais se aventurou muito longe, mas quase invariavelmente passou os meses de verão em Ischl, onde aproximadamente as últimas doze obras mais importantes foram compostas.

Apesar da tão proclamada afeição por Viena, Brahms nunca pareceu triste por estar longe dali, fosse nesses longos e prolíficos afastamentos no verão, fosse nas férias anuais que perseguia com tanto vigor e interesse. Em abril de 1878 ele fez sua primeira visita à Itália em companhia de Billroth e do compositor e amigo de ambos Karl Goldmark. Brahms descobriu que adorava o país, o clima, o temperamento italiano e os numerosos exemplares de arte medieval e renascentista e, durante os quinze anos seguintes, passou nada menos do que nove férias em toda a península e na Sicília, fazendo muitas caminhadas e visitas culturais, em geral se hospedando em pousadas modestas em vez de hotéis freqüentados por turistas. "Viaja-se por toda a Itália como se fosse o mais belo jardim", certa vez ele escreveu a Clara, "e a meu ver muitas vezes se eleva às culminâncias de um paraíso."

Seus companheiros nessas viagens incluíam, em épocas diferentes, Billroth, Widmann, Ignaz Brüll, Kirchner, Nottebohm e Simrock, e com eles Brahms circulou amplamente. Assim, por exemplo, em 1881 com Billroth e Nottebohm ele visitou Roma, Nápoles, Messina, Palermo, Siena, Florença e Pisa. "Somos um curioso trevo de três folhas; nas ruas, raramente estamos juntos", Billroth contou à sua mulher:

> Brahms, como o mais jovem, sempre à frente, sempre animado, olhando para dentro de todas as lojas e divertido com tudo; dez ou quinze passos atrás dele, venho eu, um pouco mais devagar; em seguida, trinta ou cinqüenta passos atrás está Nottebohm, muito devagar! Encontramo-nos nas esquinas e discutimos o mapa da cidade. Brahms transborda de vontade de falar italiano, estudou a gramática durante meses e aprendeu todos os verbos irregulares; no entanto, raras vezes acha exatamente o que precisa no momento e olha para mim com assombro quando lanço à minha volta todos os tipos de palavras.

Em geral um correspondente desleixado e taciturno, Brahms se tornava lírico nos relatos a Clara. "Se você se postasse", ele escreveu de Roma,

> por apenas uma hora diante da fachada da catedral de Siena, ficaria fora de si de alegria e concordaria que isso sozinho fez a viagem valer a pena. E, ao entrar, não encontraria aos seus pés e por toda a igreja um único canto que não lhe desse a mesma alegria. No dia seguinte, em Orvieto, seria forçada a reconhecer que a catedral era ainda mais bela e, depois de tudo isso, mergulhar em Roma é uma alegria indescritível! (...) Cada detalhezinho compensa a viagem e, quanto mais lenta e confortavelmente é feita, mais agradável ela é (...) À noite, no navio a vapor que retornava da Sicília, Billroth ajudou uma criancinha a nascer! Isso o fez esquecer o enjôo provocado pelo mar e tudo, mas ele foi bem-sucedido apesar de a operação não ser a sua especialidade (...) na próxima vez não permitirei que ninguém, nem mesmo eu, mencione a volta para casa.

Em 1884 ele se hospedou na bela Villa Carlotta à beira do lago Como com Rudolf von der Leyen, um músico amador com quem travara amizade alguns anos antes em Krefeld, quando eram hóspedes do Duque de Meiningen. Em 1888 Widmann e Brahms exploraram Verona, Bolonha, San Marino, Rimini, Ancona, Loreto e Turim, e em 1890 visitaram Parma, Cremona, Brescia e Vicenza.

A última viagem de Brahms à Itália foi feita em 1893. Desejando estar o mais longe possível de Viena no seu sexagésimo aniversário, a fim de se esquivar dos inevitáveis rebuliços e festejos, ele partiu em abril com Widmann e dois amigos comuns de Zurique, o violinista e regente Friedrich Hegar e o pianista Robert Freund. Eles viajaram de Milão a Gênova, onde deveriam tomar um navio a vapor para a Sicília, mas como Brahms não gostou da idéia de uma longa viagem marítima (e talvez também porque tivesse conseguido perder todo o dinheiro), em vez disso fizeram um vagaroso percurso de trem pela península abaixo, parando em Nápoles e Sorrento antes de pegar a barça para Palermo. Na Sicília, visitaram Catânia, Siracusa, Taormina e Messina. Na viagem de volta por barca, Widmann foi atingido por uma pesada corrente de carga e quebrou o pé, de modo que Brahms passou o dia do seu sexagésimo aniversário cuidando do amigo em um quarto de hotel em Nápoles, enquanto Freund e Hegar foram visitar Pompéia.

"As proezas do médico", recordou Widmann mais tarde,

> que me causaram pouca dor, o agitaram terrivelmente, embora tentasse esconder isso fazendo observações brincalhonas, como quando murmurou entre dentes: "Se fosse necessário cortar, sou o homem certo; sempre fui o assistente de Billroth nesses casos." Quando ficamos sozinhos, ele providenciou o meu bem-estar como uma diaconisa (...)

Brahms voltou a Viena por Veneza, que visitou com Robert Freund. Essa foi sua última incursão além dos confins do Império Austro-Germânico.

Desde a morte de Wagner em 1883 Brahms fora generalizadamente reconhecido como o principal compositor alemão e até antão a geração mais jovem não apresentara qualquer desafio à sua primazia.[1] Ele continuou a ser cumulado de honras. Foi eleito presidente honorário da sociedade de músicos de Viena, a Tonkünstlerverein, enquanto Eusebius Mandyczewski assumia a maior parte das tarefas rotineiras ligadas ao cargo. Foi eleito membro honorário da Academia Francesa de Artes e recebeu a ordem prussiana "Pour le Mérite". Cambridge novamente tentou conceder-lhe um doutorado, com resultado não melhor do que em 1877. Ao retornar da Itália em 1893, ele descobriu que o seu amigo Viktor Miller zu Aichholz persuadira a Gesellschaft der Musikfreund a cunhar uma medalha de ouro em honra do sexagésimo aniversário de Brahms. Em 1889 Franz Josef lhe conferiu uma das principais condecorações do Império Austríaco, a Ordem de Leopoldo, e no mesmo ano ele recebeu uma homenagem muito mais próxima do seu coração, o título de cidadão honorário de Hamburgo. Como prova de gratidão, Brahms compôs os três motetos *Fest- und Gedenksprüche*, que dedicou ao burgomestre que fizera a concessão, e eles foram apresentados na Exposição Industrial e Comercial realizada na cidade, em setembro de 1889. A essa altura Hamburgo seguramente fizera uma reparação ao seu principal filho músico, mas em 1894 o cargo que outrora Brahms tão avidamente desejara, e com que duas vezes se decepcionara, foi enfim colocado ao seu alcance — a Sociedade Filarmônica de Hamburgo o convidou para ser o seu regente.

A essa altura, porém, era tarde demais para seduzi-lo. Brahms estava com mais de sessenta anos, instalado a seu gosto, e não tinha intenção de abandonar Viena. Sua carta de recusa foi uma carta de pesar, com um toque de orgulho ainda não cicatrizado com a ironia da situação:

> (...) Se as coisas tivessem ocorrido de acordo com o meu desejo, eu hoje poderia estar comemorando o meu jubileu com os senhores, enquanto os senhores estariam,

como estão atualmente, buscando um homem mais jovem e competente. Que o encontrem em breve e que ele trabalhe pelos seus interesses com a mesma boa vontade, o mesmo grau modesto de competência e o mesmo zelo devotado com que teria trabalhado o muito atenciosamente seu,

J. Brahms

O tom sombrio dessa carta provavelmente era provocado, em parte, por preocupações com a mortalidade. Para um homem gregário, com tamanha necessidade de amizades, os últimos anos de Brahms foram cruelmente toldados pelo acúmulo de perdas no seu círculo social. Tausig e Feuerbach estavam entre os primeiros dos seus amigos a morrer, em 1877 e 1880 respectivamente. Brahms se achava à cabeceira de Gustav Nottebohm quando o velho amigo expirou em Graz, 1882, custeando o enterro e pronunciando o discurso fúnebre para o solitário estudioso e compositor. Seguiu-se Grädener, em 1883. O seu antigo professor Marxsen e Pohl, um dos mais afáveis e mais atenciosos dos seus amigos, morreram em 1887. No mesmo ano Billroth contraiu uma pneumonia que quase o matou e nunca voltou a ser o mesmo. Para profunda dor de Brahms, em janeiro de 1892 Lisl von Herzogenberg sucumbiu a um problema cardíaco aos quarenta e quatro anos de idade. No final desse ano ele perdeu a irmã Elise — Brahms sobrevivera então a todos os seus parentes consangüíneos, já que o irmão Fritz morrera em 1886. A seguir, em 1893 a morte levou, aos trinta e seis anos, a alegre e animadora Hermine Spies, que se casara apenas um ano antes. Em 1894, pouco antes de Brahms receber a proposta de Hamburgo, esses golpes pareceram se elevar a um clímax: no intervalo de poucas semanas lhe foram tirados Billroth, Spitta e o fiel Bülow.

Em tais circunstâncias, não é surpreendente que seus pensamentos começassem a ser afligidos pela consciência da própria mortalidade, e de fato, nos últimos anos, ele vinha falando em desistir inteiramente de compor. Quando terminou o Quinteto de cordas em sol maior, op. 111, em 1890, afirmou que seria sua última obra — embora estivesse com apenas cinqüenta e sete anos — e em 1891 redigiu um testamento, sob a forma de uma carta a Simrock (o chamado "testamento de Ischl"), que deixava a maior parte de seu dinheiro a duas instituições de caridade para músicos pobres em Hamburgo e em Viena, assim como muitos legados a pessoas e a maioria da sua biblioteca e patrimônio musical à Gesellschaft der Musikfreunde.[2] Começou a examinar os manuscritos inéditos, destruindo tudo que considerasse não merecedor de publicação. Muito do que ele de fato publicou nos anos seguintes tinha o caráter de "legados" acumulados ao longo dos anos: os treze cânones corais (incluindo o arranjo de Rückert discutido no Prólogo deste livro), os cinqüenta e um exercícios para piano e o monumental conjunto de quarenta e nove *Deutsche Volkslieder* discutidos nas p. 141-45. Estes ele enviou primeiro a Clara em manuscrito para apreciação crítica, comentando, no que parece uma alusão ao relacionamento de ambos:

> Penso que os achará muito fáceis (...) Não creio que os textos lhe agradem sempre. Mas certamente ficará interessada por um ou dois. Por exemplo, por *Schwesterlein*, se você se imaginar na situação da moça ciumenta. Quanto a Gunhilde e à história na página 6, pense em [*Das Paradies und die*] *Peri* [de Schumann] e no significado das lágrimas de arrependimento. O homem e a mulher levam vidas perigosas mas,

quando se arrependem e fazem penitência, os lírios inclinam as cabeças e um anjo reza pelo pecador. Bem — assim segue.

Estou muito preocupado com que você não leve as histórias demasiadamente a sério. Além disso, muitas vezes elas estão incompletas (...)

Felizmente, porém, mal resolvera abandonar a pena de compositor quando recebeu um novo estímulo para retomá-la. Em março de 1891, ao visitar Meiningen com Widmann a fim de ouvir a orquestra com o seu novo regente Fritz Steinbach, Brahms ficou impressionado com a beleza da interpretação do clarinetista Richard Mühlfeld, com quem travou amizade e debateu a técnica do instrumento com vivo interesse. É, portanto, à interpretação refinada e aristocrática de Mühlfeld que o mundo deve as quatro últimas composições de câmara de Brahms — o Quinteto para clarineta e o Trio para clarineta, violoncelo e piano, ambos compostos em Ischl no verão de 1891, e as duas Sonatas para clarineta, op. 120, compostas em 1894. O Trio e o Quarteto foram apresentados pela primeira vez em Berlim em dezembro de 1891, num dos concertos do Quarteto de Joachim, e o Quinteto especialmente foi saudado como talvez a melhor obra para clarineta desde o de Mozart. Na ocasião, achava-se na platéia o gravador e pintor alemão Adolph von Menzel, ágil e vigoroso aos setenta e seis anos, que Brahms conhecera no ano anterior e se tornara um dos maiores amigos do compositor.

Houve um novo frêmito do coração, tipicamente por causa de uma jovem cantora. Alice Barbi se ajustava ao modelo tradicional por ser bonita, inteligente, de temperamento alegre e excelente contralto, e tinha a vantagem adicional de ser italiana. Brahms a conheceu em 1890. Em abril de 1892, quando ela incluiu algumas das suas canções num recital, ele declarou: "Eu não fazia idéia de como as minhas canções são bonitas. Se fosse jovem, eu agora comporia canções de amor." Não há indício de que o relacionamento deles fosse algo que não uma das amizades de Brahms tipicamente profundas e baseadas na música, mas nos anos seguintes eles foram vistos juntos com freqüência. Brahms atuou como acompanhador de Alice em várias ocasiões, incluindo o seu concerto de despedida na Bösendorfer Saal, em Viena, pouco antes de seu casamento com um nobre austríaco no final de 1894.

A composição das sonatas para clarineta pareceu revigorar Brahms, pois em 1895 ele empreendeu uma excursão de concertos com Mühlfeld, executando-as em várias cidades alemãs, e profissionalmente esse talvez tenha sido o mais movimentado dos seus últimos anos. O Imperador lhe concedeu a Medalha para Arte e Ciência. Em janeiro ele regeu os seus dois concertos para piano num único concerto em uma "semana Brahms" realizada em Leipzig, tendo como solista Eugen d'Albert, o jovem virtuose nascido na Escócia. Em setembro, Fritz Steinbach e a orquestra de Meiningen organizaram um festival da música dos "Três Grandes Bês" — Bach, Beethoven e Brahms; e no mês seguinte Brahms regeu *Triumphlied* em Zurique, em um concerto que inaugurava a nova sala de concertos da cidade — cujo teto pintado continha o seu retrato, ao lado dos de Beethoven e Mozart.

Em janeiro de 1896 ele novamente regeu os concertos para piano com d'Albert, dessa vez em Berlim — a última ocasião em que se apresentou diante do público como regente. Joachim ofereceu um jantar em honra a ele e propôs um brinde ao "maior compositor". Antes que ele pudesse terminar, Brahms bradou "Muito bem, à saúde de Mozart!" e insistiu em caminhar em volta, tilintando os copos com todo o grupo. Pouco depois, em Leipzig, ele passou algumas noites divertidas com Henschel, o regente Artur Nikisch e o compositor norueguês Edvard Grieg, que conhecera alguns anos antes (em companhia de Tchaikovski) mas que então se tornara um bom amigo.

No outono anterior, ao voltar de Meiningen a Viena, ele fizera uma breve visita a Clara em Frankfurt, ficando apenas vinte e quatro horas. Na manhã de sua partida, Clara tocou para ele, inclusive o Intermezzo em mi bemol menor do grupo de peças para piano que Brahms compusera para ela nos últimos anos. Quando ela terminara, a sua filha Eugenie os encontrou sentados juntos, obviamente dominados por uma profunda emoção. Brahms não reviu mais Clara. Em março de 1896 ela sofreu um derrame. Brahms desistiu de projetadas férias na Itália e permaneceu perto de Viena para aguardar notícias do seu restabelecimento. Provavelmente suspeitava que não haveria notícias: durante os dois meses seguintes ele compôs *Vier ernste Gesänge*, a mais profunda de todas as suas meditações sobre a morte e as "últimas coisas". "Freqüentemente tenho pensado que Frau Schumann talvez sobrevivesse a todos os seus filhos e a mim —", ele escreveu a Joachim:

> mas nunca desejei que ela o conseguisse. O pensamento de perdê-la já não pode nos assustar, nem mesmo a mim que sou tão solitário e a quem resta tão pouco no mundo.
>
> E quando ela nos tiver deixado, os nossos rostos não se iluminarão com alegria ao pensamento da esplêndida mulher que tivemos o privilégio e encanto de amar e admirar em toda a sua longa vida?
>
> Só assim nos entristeçamos por ela.[3]

Clara não conseguiu se restabelecer. Pôde, apenas, escrever a lápis algumas linhas de saudação no sexagésimo terceiro aniversário de Brahms, mas menos de uma quinzena depois, a 20 de maio, morreu aos setenta e sete anos. Brahms havia ido a Ischl. Um telegrama o encontrou ali e ele partiu imediatamente de trem para Frankfurt, a fim de assistir ao serviço fúnebre. Na agitação, ele fez a baldeação errada e assim teve de retroceder parte da viagem. Como resultado, chegou a Frankfurt atrasado demais para o serviço e imediatamente se precipitou para Bonn, onde ocorreria o sepultamento. Chegou apenas a tempo de apresentar os seus respeitos, desgrenhado e absolutamente exausto após viajar continuamente durante quarenta horas. A tensão física e emocional deixou sua marca e Brahms, que raramente ficara doente, teve um grave resfriado. Na convalescença ele retornou a Ischl, onde durante o verão compôs sua última música, os onze Prelúdios Corais para órgão — novas meditações sobre desenlaces e verdades eternas, expressas nas quase mais arcaicas e no entanto mais pessoais das suas recriações do estilo barroco estrito.

Durante esse verão sua aparência passou por uma acentuada alteração. O compositor de compleição robusta e corpulento começou a perder peso e o tom de sua pele se tornou nitidamente lívido. Vários amigos notaram isso e Richard Heuberger insistiu para que ele consultasse um médico. Brahms afinal concordou, contanto que não lhe dissessem nada "desagradável". O médico em Ischl diagnosticou um leve acesso de icterícia, mas pediu auxílio a um especialista vienense. Ambos recomendaram que Brahms fosse à estância hidromineral de Karlsbad fazer uma estação de águas como tratamento; a Heuberger, porém, eles confidenciaram que só havia pouca esperança de recuperação — o compositor tinha uma doença muito grave no fígado.

Assim, Brahms foi para Karlsbad no início do outono em companhia de Richard Fellinger e se divertiu em companhia e ambiente agradáveis, embora a água da estância não tenha feito diferença perceptível na enfermidade. Em outubro ele voltou a Viena, mas estava nitidamente sofrendo um definhamento. O médico de Karlsbad ocultara o diagnóstico a Brahms, mas é difícil acreditar que ele não estivesse a par do que lhe estava acontecendo: estava morrendo de câncer no fígado, exatamente como seu pai. Mas em resposta a todas as perguntas sobre sua saúde ele continuou a falar na sua "icterícia" e até explicava a aparência emagrecida como uma tentativa de perder peso. Dessa maneira ele conseguiu pelo menos aquietar os temores de algumas pessoas. Joachim, tendo ouvido boatos de que ele estava seriamente enfermo, escreveu a Hanslick e recebeu um relato tranqüilizador, que em seguida transmitiu a Stanford:

> Brahms (...) ainda não se recuperou do acesso de icterícia. Mas, como não sente dor alguma, tem um excelente apetite, freqüenta "Rother Igel" todas as tardes e noites como sempre, e circula bastante, esperamos que logo esteja de novo inteiramente bem.

Sem dúvida era isso o que Brahms desejava que as pessoas pensassem. Mas a sua energia estava muito reduzida: já não conseguia caminhar por toda parte como costumava fazer e ficava grato de ser levado por amigos para passeios de carruagem. Apesar disso, se comportava com tanta dignidade e habitual boa disposição quanto conseguia exibir. Grieg passou bastante tempo com ele nesse outono e insistiu para que fosse à Noruega em benefício de sua saúde, onde tinha certeza de que as montanhas inspirariam uma Quinta Sinfonia.

Provavelmente a última fotografia de Brahms foi tirada em 11 de dezembro, numa festa na casa da família von Miller zu Aichholz, e o mostra no centro de uma reunião de velhos amigos, entre eles Hanslick, Julius Epstein, Mandyczewski e todos os quatro integrantes do Quarteto de Joachim. Brahms está sentado no centro, à vontade e com um charuto na mão; mas o rosto está contraído e a pele anormalmente escurecida (então não estava tanto amarela quanto castanha). Ele passou o Natal em Viena com os Fellingers e em janeiro de 1897 foi ao palco para agradecer o aplauso após o Quarteto de Joachim ter apresentado o Quinteto para cordas em sol maior. Joachim observou a "gratidão e entusiasmo incomuns" com que ele expressou seu reconhecimento: "era quase como se estivesse satisfeito com a sua obra".

Em 7 de março ele sentou-se no camarote dos diretores na Gesellschaft der Musikfreunde para assistir a um concerto regido por Hans Richter, que incluía o Concerto para violoncelo de Dvorák e a sua própria Quarta Sinfonia. Anteriormente a Quarta fora considerada severa demais para os gostos vienenses, mas nessa oportunidade houve aplausos após cada movimento e, no final da apresentação, Brahms, de pé no camarote com lágrimas escorrendo pela face, recebeu uma extraordinária ovação de toda a platéia: havia uma palpável sensação de despedida. Ele só apareceu em público mais uma vez, para assistir à estréia da opereta *Die Göttin der Vernunft* do seu amigo Johann Strauss, mas se sentiu tão indisposto que não conseguiu permanecer até o final. Saiu de Karlgasse pela última vez em 25 de março, quando almoçou com Mandyczewski e Mühlfeld na casa dos Millers. No dia seguinte, estava fraco demais para se levantar da cama, embora tenha escrito à madrasta que estava simplesmente "experimentando passar um período deitado" para ver como a icterícia reagiria a isso.

Frau Truxa, em geral com o auxílio de alguns dos amigos de Brahms, cuidou dele durante os últimos dias da doença. Ele sucumbiu lentamente e aparentemente sem muita dor ou muita consciência do que estava ocorrendo à sua volta. No início da manhã de 3 de abril Arthur Faber fez uma visita e encontrou Brahms quase inconsciente mas pedindo vinho. Faber lhe deu um pouco para beber e Brahms disse: "Estava bom. Você é um homem gentil" — as suas últimas palavras. Cerca de duas horas mais tarde, após ter-se esforçado, com a ajuda de Frau Truxa, para se recostar na cama, ele morreu sem conseguir falar novamente.

"Pobre Brahms! Não: afortunado Brahms!", escreveu Grieg nesse dia a Julius Röntgen, amigo de ambos:

> Ele não sofreu muito e — não sobreviveu a si mesmo. Como agora subitamente nos surge diferente a pessoa que chamamos de Brahms — mais flexível, por assim dizer, do que antes de sua morte! Agora pela primeira vez vejo e sinto como ele era *completo* como artista e como ser humano tanto quanto o conheci. Como fico contente por ter sido tão feliz em tê-lo conhecido!

Com os seus gostos simples e educação protestante, Brahms provavelmente teria zombado dos acontecimentos dos dias seguintes, quando já não podia protestar contra o espírito do tratamento de celebridade que por tanto tempo se esforçara por manter afastado. Henschel, que só chegou a Viena no final do dia, encontrou a câmara mortuária transformada numa capela de morte católica, com cruzes e candelabros de prata, o quarto cheio de flores. O funeral, que se realizou a 6 de abril, foi um dos mais esmerados que Viena já presenciara. As multidões se comprimiam nas ruas para acompanhar o enorme cortejo e compareceram representantes ligados à música vindos de toda a Alemanha a fim de prestar suas últimas homenagens, assim como de Londres, Cambridge, Paris, Amsterdam e outras cidades que achavam que tinham participação na fama de Brahms. Não restavam parentes próximos vivos para assistir às exéquias. Joachim se achava na Inglaterra e Stockhausen estava muito doente para ir a Viena. Brahms, no entanto, teria ficado contente de saber que Alice Barbi estava entre os que o pranteavam e que um grupo de doze amigos — entre eles Brüll, Dvorák, Faber, Fellinger, Henschel, Heuberger, Mandyczewski, Miller e Simrock — carregaram archotes atrás de seu caixão, que, após um panegírico feito por outro condutor de archote, o regente Richard von Perger, foi sepultado em Zentralfriedhof, próximo aos túmulos dc Beethoven e Schubert. Ao longe, em Hamburgo, na hora do enterro, todos os navios de todas as nações que se encontravam no porto arriaram suas bandeiras a meio pau, numa última homenagem ao antigo filho do Gängeviertel.

11

A música dos últimos anos, 1883-96

Eu escolheria este movimento para me fazer companhia através da vida e na morte.

Elisabet von Herzogenberg,
sobre o andante da Sinfonia n. 4

AS ÚLTIMAS OBRAS ORQUESTRAIS

Os últimos doze anos ou pouco mais da vida criativa de Brahms não trouxeram nenhuma mudança surpreendente de estilo — mas a sua tendência a partir de pelo menos a metade da década de 1860 em diante, de criar sempre uma unidade orgânica, com a máxima economia de motivos e fluência tonal mas crescente potencial de idéias, consolidara-se então em uma ''maneira recente'' que combinava uma concisão de estrutura magistral com admirável liberdade e riqueza de pensamento. Uma impressionante ilustração é a Terceira Sinfonia em fá maior, op. 90, concluída em Wiesbaden em 1883. A obra conquistou imediato sucesso de público — por algum tempo, para irritação de Brahms, ela ameaçou eclipsar, no apreço crítico, as suas outras composições. De todas as suas composições orquestrais, é aquela em que o colorido instrumental é mais freqüentemente desfrutado por suas próprias qualidades bem como pelas características estruturais. E o manuscrito mostra com que sensibilidade Brahms — presumivelmente em seus ensaios com a orquestra de Meiningen — ajustava até os menores detalhes da instrumentação e do peso tonal para alcançar a incandescência particularmente dourada que se espalha pela orquestração.

A Terceira é a menor das sinfonias e as subdivisões de desenvolvimento nos seus movimentos em forma sonata (há três delas) são notavelmente curtas. Em contrapartida, as exposições e recapitulações, especialmente do primeiro movimento e do finale, são expansivas e generosamente providas de idéias memoráveis. Já a unidade interna e através dos movimentos é assegurada tanto pelo uso de uma figura-''mote'' e de seu tema associado, como pelo significativo desenvolvimento, no finale, de componentes do movimento lento. Como nas outras sinfonias, embora menos abertamente por causa do poderoso primeiro movimento, o finale é a culminância do argumento todo. A estrutura sutilmente bem encadeada da obra flui com uma paixão e uma espontaneidade tão desimpedidas que Hans Richter se viu inclinado a apelidá-la ''*Eroica* de Brahms''. Os paralelos espirituais com a Terceira de Beethoven são quase tão indefiníveis quanto os estruturais. Mas a obra de Brahms sugere realmente um homem que inventaria (tinha então cinqüenta anos) e enfrenta seu destino, qualquer que possa ser, com magníficos recursos intelectuais, mas um coração aflito.

Embora qualquer interpretação da n. 3 como um auto-retrato sinfônico precise de ser tratada com o devido ceticismo brahmsiano, ela faz uso amplo e significativo de uma versão da cifra musical fá-lá-fá, que Kalbeck sustentava ser o mote pessoal do compositor: *Frei aber froh*, "Livre mas feliz". Michael Musgrave questionou se Brahms alguma vez pretendeu que a figura fosse assim compreendida (e observa que sua apresentação inicial, no Ex. 51a, se assemelha à modulação de abertura do Quinteto de cordas em dó maior de Schubert). Mas o tema existia claramente, no início da carreira de Brahms, como uma réplica ao fá-lá-mi, *Frei aber einsam*, de Joachim (os dois temas se combinam, com óbvia significação simbólica, no primeiro movimento do Quarteto para cordas em lá menor), e o contorno melódico, fossem quais fossem suas transposições, ressoa através de toda a *œuvre* de Brahms: uma idéia *echt*-brahmsiana, se não uma cifra para "o próprio Brahms". Nesta sinfonia ela ganha especial proeminência desde os primeiros compassos (Ex. 51a), em que a corajosa afirmação do "mote", encapelando-se mais e mais nos metais e nas madeiras, desencadeia um tema *passionato* descendente nas cordas, com que a figura do mote fica entretecida.

Há aí outro simbolismo: como muitos ouvintes devem ter notado por si mesmos, o tema *passionato* ecoa a melodia da abertura da Terceira Sinfonia de Schumann, a *Renana*. (Mais precisamente, a referência parece ser a uma variante que Schumann apresenta durante sua recapitulação: Ex. 51b. J. Barrie Jones salienta[1] que o aceno em terças descendentes com que Brahms conclui o Trio com piano em dó maior — apresentado aqui, para comparação, como Ex. 51c — pode ser também uma citação amplificada do tema de Schumann, e as três idéias mostram estreito parentesco quando postas lado a lado.) Seria difícil que justamente Brahms não tivesse consciência da semelhança, de modo que muito provavelmente esta abertura cheia de orgulho nos leva de volta à cidade renana de Düsseldorf em 1853, onde Schumann e o jovem Brahms tinham tocado com cifras musicais para o entretenimento de Joachim. Mas Brahms agora usa a versão em tom menor de sua cifra, com o lá geralmente achatado, solapando o modo maior estabelecido para expressar as mais complicadas emoções de uma personalidade madura.

Ex. 51

(a)

(b)

(c)

É essa persistente inflexão para a tonalidade menor que dá à música tamanha capacidade para a mobilidade tonal. Assim também procede o sinistro trítono em si natural que aparece na harmonia já no segundo compasso. E na verdade o "mote" quase imediatamente desenvolve uma variante de 4 notas, fá-lá bemol-fá-si (*Frei ABer FroH?*), que é utilizada quase extensivamente. O Ex. 51a inaugura uma exposição tempestuosa cuja única ilha de calma é um delicado segundo motivo em lá e à feição de dança designado para madeiras em solo sobre bordões de quinta nas violas e violoncelos. Seu caráter relativamente despreocupado não dura muito, porém, e a música vai sendo arrebatada em uma intensa paixão muito antes do fim da exposição.[2]

A atmosfera de exaltação irascível e turbulenta acaba no desenvolvimento, onde violas, violoncelos e fagotes transformam o segundo motivo, à feição de dança, em uma valsa trágica e redemoinhante em dó sustenido menor, acalmada por um solo de trompa que traz de volta uma versão em *expressivo* do "mote" em mi bemol. A coloração é escurecida por um contrafagote. Em seguida, em tempo ligeiramente mais lento, uma afirmação descarnada e misteriosa do tema descendente do Ex. 51a, em despojadas oitavas, se intensifica em (fortuita?) reminiscência de uma frase do clímax da antiga *Begräbnisgesang* (ver Ex. 20 na p. 109) — obra sobre a qual já dei a opinião de que pode ter conexões com Schumann — e daí até uma reafirmação do "mote" em flamejantes metais e uma recapitulação em grande escala em que todo o material precedente retorna com mudanças muito significativas da disposição tonal. A coda é principalmente baseada no Ex. 51a e em suas conseqüências imediatas, combinando-se o "mote" contrapontisticamente com a maior parte dos elementos, em demonstração maciça de vigor polifônico. No entanto, depois de um ardente clímax, o movimento se encerra tranqüilamente (o que acontece com todos nesta sinfonia — mesmo o finale, com um efeito que suas primeiras platéias devem ter achado muito mais surpreendente do que nós), com o Ex. 51a transfigurado em espacejamentos de acordes largos e serenos.

Não há nenhum movimento realmente lento e sim, ao certo, dois de caráter lírico e como que de intermezzo, de ritmo moderado: o primeiro deles, um andante em dó maior, é o ligeiramente mais lento e o estruturalmente maior, como desempenha um completo esquema de sonata. Seu motivo de abertura, para madeiras e trompas, com apenas umas frases breves e de assentimento para as cordas, tem uma delicadeza na instrumentação dos sopros digna da Serenata em lá maior e é uma das mais inspiradas sublimações do estilo de canção folclórica, na obra de Brahms. Sua gravidade simples e sua reverência como que de hino cria um equivalente brahmsiano, altamente requintado, da espécie dos episódios de "banda de interior" encontrada às vezes em sinfonias de Dvorák (por exemplo, no movimento lento da Oitava). O atributo "pastoral" que antigos críticos descobriram aqui está sem dúvida presente e é de fato uma indefinível sensação de paisagem interior, parcialmente habitada mas incluindo áreas de espaço meditativo e solitário. Depois de as cordas terem participado do tema de abertura com uma versão magnificamente embelezada (graças, principalmente, a uma figura simples e oscilante de semicolcheia), chegamos a uma delas: um tema de melancolia à feição de canto na clarineta e no fagote, com uma amostra muito suave de acordes abaixo dele, se repetindo nas cordas (Ex. 52a).

Uma forma ligeiramente distinta deste tema se manifestará no finale, em que tem um importante papel: Tovey atribui essa observação não particularmente obscura a Edgard Elgar, apaixonado admirador da Terceira Sinfonia. Mas Neville Cardus, em uma nota de capa de disco freqüentemente reimpressa, descartou isso como uma "conexão fantasiosa" ou, na melhor das hipóteses, uma remissão recíproca "subconscientemente obtida: é injusto com a imaginação criativa pensar nela como tendo necessidade de deliberação lógica". É igualmente injusto com ela recusar o reconhecimento de seu consciente poder de construção: não há nada de "fantasioso" com a conexão, pois ela não é simplesmente o tema das madeiras no Ex. 52a, mas a idéia de acordes repetidos que a acompanha no ritmo que marquei (x) e que tem conseqüências de longo alcance mais tarde.

Ex. 52

(a)

(b)

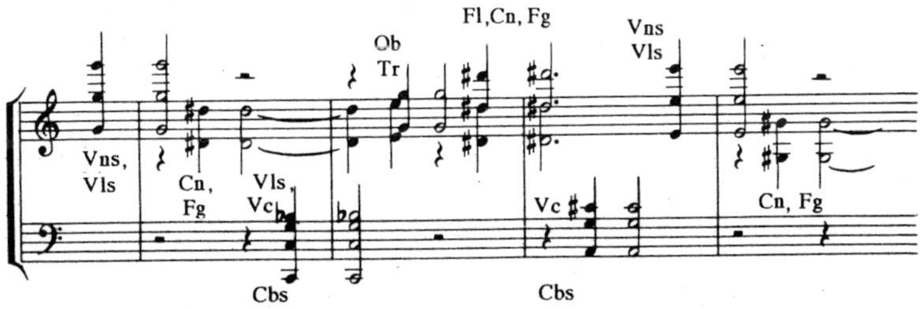

De fato Brahms logo toma aquela idéia independentemente e cria com ela uma tessitura maravilhosamente despojada e evocativa, com o ritmo (x) ecoando através de grupos isolados de dois acordes em registros largamente espaçados, ora altos, ora baixos, como alguns lamentosos gritos naturais ouvidos através de um caleidoscópico espectro de harmonias: Ex. 52b. Este mostra ser uma transição no desenvolvimento, que diz respeito principalmente à versão embelezada do tema de abertura e durante o qual a figura de oscilante semicolcheia se torna um tema por si mesma e acumula uma intensidade de paixão que a abertura do movimento nunca teria sugerido. Depois disso a recapitulação do primeiro tema prossegue sobriamente nos instrumentos de sopro, com a figura de semicolcheia nas cordas, onipresente mas reduzida a um farfalhar de floresta. O tema à feição de canto do Ex. 52a não retorna realmente, mas o do Ex. 52b o faz com suas lamentosas harmonias transpostas agora para a tônica e seu efeito evocativo ampliado por ainda mais largo espacejamento. Isso desperta essa sensação de quietude e absoluta solidão, em um grande lugar onde tanto se acentua a percepção sensorial como se admite um estremecimento de medo.

O poco allegretto seguinte, uma simples forma ternária, é o mais íntimo de todos os intermezzos sinfônicos de Brahms e quase pode ser intitulado "romança". Seu tema de violoncelo primorosamente modelado e ansioso, com seu floreado giro de cadência em estilo cigano, os discretos acordes que vêm dos sopros, os contornos de semicolcheias em tercinas e em *leggiero* das cordas que convertem os acompanhamentos farfalhantes do movimento anterior em um brando murmúrio de fundo de cena, tudo se junta em uma de suas mais memoráveis elegias crepusculares. O segmento central traz outro eco sublimado da música de sopro camponesa. Os graves são assumidos pelos fagotes e violoncelos — estes últimos sincopados, de modo que viram uma persistente semicolcheia atrás dos sopros. Mas se Brahms tencionou com isso algum gentil capricho, as sombras voltam com o motivo de abertura do tema principal soando forte como um desolado apelo das madeiras. A repetição é conduzida por solo de trompa numa atmosfera que se aprofunda em noturno mistério. A curva melódica ascendente/descendente do encerramento é como um expansivo suspiro orquestral.

O princípio do finale lembra aquele da Sinfonia n. 2: um tema em *sotto voce* de despojadas oitavas com uma rápida progressão dactílica e espectral. De um lado a outro de seu caminho sombreado desce um solene canto patriarcal (Ex. 52c) muito decididamente relacionado com o Ex. 52a e b. A convocação em notas repetidas de (x) nos trombones provoca uma irada resposta em *fortissimo* de toda a orquestra, composta do tema de abertura e de uma versão dele abrupta, angulosa, descarnada. Esta parte principal da exposição prossegue com aquele vigor colérico

Ex. 52
(c)

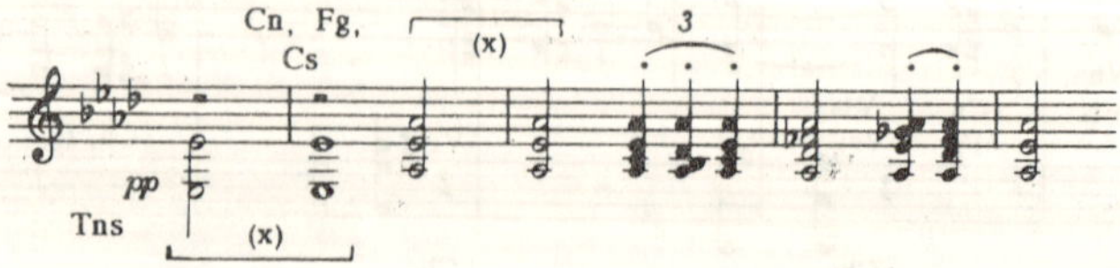

(d)

que torna Brahms um compositor tão estimulante mesmo em suas mais soturnas melancolias. E uma brava e cantante melodia em dó maior, em compassado ritmo de tercinas na trompa e nos violoncelos (citada no Ex. 67, p. 359), serve de contraste em segundo motivo. Mas o segundo grupo consiste em muito mais do que isso, se tornando cada vez mais febril e apaixonado em seu impulso rítmico e em sua flexível energia polifônica.

O rápido tema espectral retorna e a atmosfera vai ficando cada vez mais misteriosa, se perdendo em um obsessivo lá bemol menor. Então subitamente o principal desenvolvimento irrompe com o Ex. 52d, uma nova versão apavorante da idéia à feição de canto do movimento lento, suas reiterações veementes e triturantes da figura (x) nos metais e madeiras sendo rodeadas por um férvido floreado de tercinas nas cordas. Como os ritmos se apertam e se sobrepõem num magnífico stretto, a tonalidade se desloca de mi para um fá em cadência culminante e esmagadora, o maior mudando para menor tão fatalmente quanto em qualquer sinfonia de Mahler, e nos precipita na recapitulação — que é regular mas intensificada tanto na tonalidade quanto na sonoridade e principia imediatamente com a angulosa versão do tema de abertura. Quando sua fúria amainou, uma áspera e vacilante versão em tercinas do tema inicial se insinua nas violas com surdina desde distante si menor, se iniciando uma coda de inesperada e madura beleza que muda finalmente para fá maior, com a ternura de sua expressão ainda perturbada pelo fortuito frio do tom menor na harmonia. Pois o "mote" retorna (na sua forma de quatro notas) e também o tema inicial do finale em aumentação lírica, mais uma calma e agora quase abençoadora versão do Ex. 52c. A última palavra é a idéia "renana" e descendente do Ex. 51a, reduzida a um trêmulo tranqüilo e ondulante das cordas — que delicadamente descreve, pelo que parece, a queda das folhas do outono.

A última Sinfonia de Brahms, a Quarta, em mi menor, op. 98, se seguiu rapidamente — composta em Mürzzuschlag, nos verões de 1884 e 1885. Mas a obra — ou pelo menos o seu finale — fora claramente contemplada alguns anos antes disso. O regente Siegfried Ochs relata uma conversa em sua casa de Berlim, por volta de 1880, em que Brahms demonstrava a um cético Hans von Bülow a ignorância deste último sobre a imensa maioria das cantatas religiosas de J. S. Bach (o grande regente declarara, com satisfação, que conhecia "sete ou oito delas muito bem"). Uma das principais ilustrações de Brahms foi o coro final da Cantata n. 150, *Nach Dir, Herr, verlanget mich*: uma obra que ainda não tinha sido publicada, mas que ele possuía em um belo manuscrito de copista — presente de Spitta, que lhe despertara o interesse por sua admirável aplicação da forma chacona à música coral.

> (...) com o fim de demonstrar que obra de arte a peça era, [Brahms] foi ao piano e tocou parte (...) da Chacona, que forma o clímax e a conclusão da Cantata 150. Brahms primeiro tocou o baixo, sobre o qual a obra inteira é construída (...) Depois ele prosseguiu com a própria Chacona. Bülow ouvia tudo isso apenas com uma fria admiração e objetou que o grande clímax, que estava claramente na concepção intelectual que Bach tinha da obra, dificilmente podia ser expresso, com a força desejada, pelas vozes cantando. "Isso também me havia ocorrido", disse Brahms. "O que você acharia de um movimento sinfônico algum dia composto sobre este tema? Mas é pesado [*klotzig*] demais, direto [*geradeaus*] demais. Terá de ser cromaticamente modificado em algumas coisas."
>
> Eu imediatamente tomei nota desta conversa: e agora se pode comparar o finale da Sinfonia em mi menor de Brahms com o da Cantata acima mencionada (...)[3]

Efetivamente se pode: ver Ex. 53a e b. (Ochs, numa parte omitida da citação acima, cita de maneira realmente incorreta o motivo de Bach.) Brahms adaptou o tema de Bach, transformando-o em uma frase de oito compassos e preparando um degrau cromático que funciona como uma nota condutora sensacionalmente acentuada até a dominante, e utiliza-o como a base de uma passacale[4] — revivendo corajosamente uma forma estrita do barroco polifônico no contexto do sinfonismo do final do século XIX. No entanto, o aspecto importante é que foi contemplando alguns anos antes esse renascimento que ele encontrou o seu contexto exato — o projeto sinfônico para o qual tal movimento seria a conclusão cstruturalmente essencial. Em todas as sinfonias de Brahms os finales assumem acentuada impor-

Ex. 53

(a)

BACH

(b)

BRAHMS

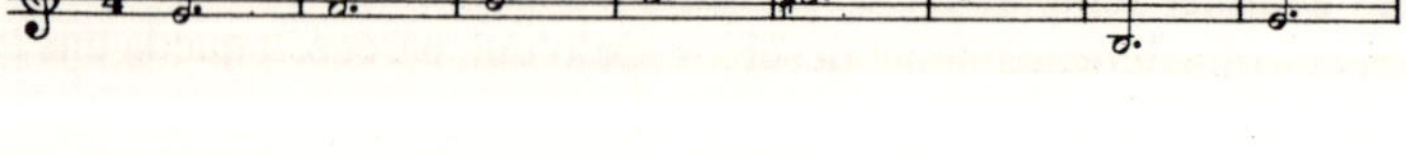

tância como campos em que os argumentos musicais são finalmente resolvidos, com sua lógica e seu ímpeto graficamente demonstrados. Isso é especialmente verdadeiro na Quarta, que — na grandeza clássica de suas proporções e de sua expressão, na riqueza e complexidade de seu funcionamento interno, e de seu argumento apaixonadamente elegíaco, forjado a partir do que podia parecer a mais abstrata das premissas musicais — deve ser julgada a suprema realização de Brahms na música instrumental e uma das supremas proezas criativas da era romântica, em que a reverência para com as formas antigas dá à luz uma nova linguagem sinfônica.

Brahms receava que a obra parecesse demasiadamente severa ao público em geral. "Ela sabe ao clima por aqui", escreveu a Bülow de Mürz, "as cerejas aqui mal ficam doces, você não as comeria!" Mas o consternou que até os amigos recebessem a sinfonia com incompreensão inicial. Quando ele e Ignaz Brüll tocaram em dois pianos todo o primeiro movimento para Hanslick, o crítico se queixou: "Tudo o que eu senti foi que estava sendo surrado por dois homens terrivelmente inteligentes." Kalbeck, surpreendentemente, exigiu que Brahms jogasse o scherzo na cesta de papéis, publicasse a passacale como uma obra separada e compusesse novamente a segunda metade da sinfonia! Até Clara Schumann e Elisabet von Herzogenberg ficaram a princípio desorientadas com ela, mas as cartas em que a segunda se rendeu à grandeza da sinfonia estão entre os tesouros da correspondência de Brahms-Herzogenberg. Brahms se aferrou a suas certezas ("a peça de modo algum me desagrada completamente", disse a Clara) e a série de execuções logo entusiasticamente inaugurada por Bülow e Joachim firmaram a obra como uma das suas criações, além de mais austeras, verdadeiramente maiores.

A natureza "arcaica" do finale em passacale foi claramente um obstáculo crítico de importância. A última das Variações sobre um Tema de Haydn fora uma espécie de chacona. A admiração de Brahms pela Chacona para violino em ré menor de Bach é bem testemunhada (ver p. 140). E em 1883 ele estava estudando uma passacale para órgão de Georg Muffat. Havia também algumas importantes obras pós-barrocas que empregavam o princípio das variações sobre uma base: notavelmente as 32 Variações em dó menor de Beethoven e as *Variations sérieuses* de Mendelssohn. Mas, com uma exceção recente,[5] não havia precedente para o uso de uma passacale como finale de uma estrutura de sonata em quatro movimentos. No entanto, deveríamos considerar provavelmente a Sinfonia n. 4 numa perspectiva mais ampla, das sinfonias que empregam coleções de variações para tornear seu argumento emocional e intelectual: os exemplos clássicos foram a *Eroica* e a Nona Sinfonia de Beethoven. Esses finales em variação são muito mais livres (imensamente na Nona) do que a forma estrita que Brahms adotou. Mas ambos os movimentos de Beethoven incluem como parte do processo de variação uma forma que é tanto polifonicamente estrita como de origem barroca: a fuga. E o próprio finale sinfônico em fuga foi uma tradição há muito estabelecida, por exemplo, na Sinfonia *Júpiter* de Mozart. Um caso magistral, contíguo no tempo à Quarta de Brahms (embora ainda não publicada nem tocada) foi a Quinta de Bruckner, cujo finale combina uma fuga e um coral, e uma homenagem ao finale da Nona de Beethoven.

As razões para se comporem finales em fuga são provavelmente tão diversas quanto seus compositores. Mas o efeito da tradição que se acumulou através de tais contribuições individuais foi uma aceitação geral de que obras com movimentos em forma sonata (uma estrutura característica da era clássica e da subseqüente, cuja natureza é essencialmente harmônica, no sentido de que opera através do contraste tonal em grande escala) podiam efetivamente se concluir com uma fuga (forma característica de um período mais antigo, em que o contraste tonal é subordinado à atividade contrapontística). Brahms já havia misturado tipos de fuga e sonata nos finales da Primeira Sonata para violoncelo e do Primeiro Quinteto de cordas. Na Sinfonia n. 4, cujos primeiros três movimentos são todos fundamentalmente esquemas de sonata, sua criação de um finale em variação e forma contrapontística comparável em rigor e autoridade arcaica a uma fuga, efetuou uma fusão das duas tradições de um modo comparável à fusão de fuga e variações, por Beethoven, no finale da Sonata *Hammerklavier* — uma obra com vários e notáveis pontos de contato com a Sinfonia de Brahms,[6] não sendo menos significativo o modo por que a maior parte de seu material provém de uma cadeia de terças descendentes.[7] Este último elemento, no entanto, era já uma autêntica impressão digital brahmsiana e pode ser visto empregado para efeito poético em Lieder rigorosamente da mesma época: por exemplo, *Mit vierzig Jahren*, op. 94 n. 1 (1884), em que simboliza claramente o inelutável declínio na velhice. Nenhum texto nos ajuda a especificar um significado para a abertura da Sinfonia n. 4, mas as terças cadentes do primeiro tema nós ouvimos (Ex. 53c: embora a inversão disfarce algumas de sextas ascendentes, o acompanhamento confirma a tendência declinante) que têm uma postura inescrutável que logo se revela como elegia da mais nobre espécie.

Nenhum estudo com extensão menor do que a de um livro pode sequer começar a demonstrar as extraordinárias e subcutâneas conexões de motivos desta Sinfonia, cuja integração temática excede de longe a das outras três. As primeiras quatro notas do Ex. 53c já prenunciam os tons harmônicos, de sexta aumentada e curiosamente sombrios, que colorem a maior parte da obra. Dentro deste movimento o diapasão que se salienta (dó no exemplo) é freqüentemente tratado como uma dominante aumentada, sendo assim um aspecto da tensão entre intervalos aumentados e diminuídos que se constroem dentro das ansiosas frases da continuação do tema (Ex. 53d) e em todos os momentos são explorados com um efeito dissonante enormemente expressivo. Mas a relação napolitana do dó com a verdadeira dominante, si, se insinua nas duas inflexões napolitanas do modo frígio, cuja segunda achatada é utilizada no princípio do movimento lento enganadoramente para sugerir o tom de dó maior — que por sua vez se prepara para o efetivo dó maior do scherzo. Enquanto isso as proeminentes quartas aumentadas neste complexo temático de abertura prefiguram o trítono vital, em lá sustenido, de que Brahms faz tanta questão no tema da passacale final (Ex. 53b) — na verdade, os compassos de cadência do Ex. 53d delineiam precisamente a segunda metade daquele tema, muito antes de realmente o encontrarmos. Um dos mistérios da sinfonia é como a progressão em terças descendentes do Ex. 53c é gradativamente transformada na anexa progressão ascendente do tema em passacale. E o processo, que envolve um mundo de ambigüidades entre diapasões adjacentes, e a "intercalação" de intervalos de terça para proporcionar fragmentos de escala que se desloquem para cima e para baixo, já começa nos compassos de abertura.

Ex. 53

(c)

(d)

Assim se faz a preparação para a verdadeira forma daquele finale extremamente incomum. Já no Ex. 53d fora ouvido que Brahms, em vez de mudar para um segundo motivo, reafirma o Ex. 53c com uma aparência modificada, um vigamento para contrapontos ornamentais nas madeiras. Esta era uma passagem cujo objetivo francamente desconcertou até sábios em estrutura musical como eram Joachim e Clara Schumann. De fato ela admite, no próprio início de um movimento ostensivamente em forma sonata, o papel da variação — variação de proporções estritas, em que o tema principal retrocede no fundo de cena de novos desenvolvimentos contrapontísticos (e por isso se porta como a base de uma passacale). Ocorrem casos parecidos em muitas articulações deste movimento, que é profundamente interpenetrado pelo princípio da variação, de tal modo que antecipa os processos do finale e alarga imensamente o campo expressivo da música.

Porque, por secos que possam parecer esses traços friamente impressos, é este, ao mesmo tempo, o mais poderoso e mais poético dos primeiros movimentos sinfônicos de Brahms, inflamado por um senso de heróica inevitabilidade e por um irreprimível impulso lírico, que jorra até em sua música mais escura e mais combativa. O processo de variação revela continuamente o material com estranhas e novas luzes, inalcançáveis ante qualquer comportamento da sonata ortodoxa. A frase inicial do Ex. 53c é remodelada para dar origem às prementes e impulsivas figuras em fanfarra que são um dos principais elementos do segundo motivo. O glorioso e apaixonado tema do violoncelo — o componente mais diretamente melódico — é acompanhado (por ritmos abruptos, inconstantes que derivam da idéia em fanfarra) por seqüências posteriores de terças descendentes.

Solitário entre os primeiros movimentos sinfônicos de Brahms, o da n. 4 não repete a exposição. A música é tão poderosamente orgânica e tão continuamente expansiva que ele pode ter sentido que aquilo teria retardado desastrosamente a progressão de seu argumento. Mas depois de concluir a exposição ele realmente reafirma o Ex. 53c na tonalidade original, aludindo assim (com a ambigüidade estrutural característica de sua última obra) à possibilidade de repetir a exposição, mesmo enquanto faz disso o ponto de partida para um segmento de desenvolvimento incomumente amplo em seu alcance. Cadeias de terças podem ser encontradas em quase toda a extensão, em vozes subordinadas, se não no primeiro plano temático, às vezes encobrindo sua identidade pela "intercalação" de uma segunda imediata que freqüentemente funciona como apojatura. Às vezes, como no Ex. 53e (passagem há muito prenunciada no Trio com piano em si maior e citada em minha descrição daquele como Ex. 7c), esta apojatura é inflada para atrair tanta atenção sobre si mesma, que a duração básica de uma terça é muito mais clara.

Ex. 53
(e)

Em seus primeiros movimentos em sonata iniciais (por exemplo, o do Primeiro Concerto para piano), Brahms reforçara a tradição fazendo do momento da recapitulação o ponto do maior drama. Agora este é o ponto do maior mistério: o Ex. 53c ressoa em aumentação solene e crepuscular de oitavas abafadas, como se de junco, e acordes dos sopros brandos, luminosos, encobertos pelo floreio nebulosamente redemoinhante das cordas — uma transformação temática tão radical e tão atmosférica que simplesmente não nos apercebemos de que a recapitulação começou. A partir desse místico recolhimento a música acumula força e esplendor ao longo de todo o caminho para a aspiração apaixonada e a veemência trágica da coda, dentre todos os remates de Brahms o mais dramaticamente "de desenvolvimento", em sua variação dinamicamente evolutiva dos Ex. 53c e d.

O bárdico e uníssono toque de trompa que abre o andante com sobretons de épico mistério parece sugerir o dó maior, mas quando o tema assim pressagiado aparece sereno e meditativo em mi maior, em luminosas terças nas clarinetas e pizzicato nas cordas, a abertura se revela (mesmo se não sabemos o nome para o efeito) no modo frígio, sobre a tônica de mi da sinfonia. O movimento é um sincero, se bem que contido, esquema de sonata (com desenvolvimento apenas breve e nenhuma recapitulação formal do primeiro tema, já reafirmado dentro do segmento da "exposição"). Mas seu contínuo jogo com a austera coloração do tom de antigas igrejas, assim como em contraste com o calor romântico de um mi maior inteiramente desenvolvido, dá à harmonia uma pátina profundamente matizada e uma atmosfera incomparavelmente trenódica. O frígio é o único modo gregoriano a incluir um intervalo de semitom acima dos diapasões tanto da tônica como da dominante: ambos os traços foram antecipados no primeiro movimento, especialmente por meio do uso de uma dominante aumentada. Brahms freqüentemente fez uso de elementos modais, quer daqueles inerentes às fontes folclóricas, quer à música pré-clássica: aqui ele promove tal arcaísmo a vanguarda de um argumento sinfônico altamente desenvolvido, para assegurar uma mobilidade tonal determinada em um caráter expressivo.

Sua concepção do modo frígio bem pode ter aparecido cedo: em seu exemplar do *Gabrieli* de Winterfeld, havia marcado um longo (e altamente romântico) parágrafo que discorre sobre a natureza dos modos de igreja específicos. Segundo Winterfeld, o frígio é o mais escuro de todos eles, expressando necessidade e remorso profundos — mas quanto mais fundo é o pecado do homem mais ardentemente ele sente a consolação celestial (*himmlischer Trost*) da redenção, e desse modo o frígio tem sido tradicionalmente utilizado tanto para salmos penitenciais como também para canções de louvor. Algo da caracterização de Winterfeld pode subsistir no movimento de Brahms, que de seu austero começo finalmente extrai (por variação: esse princípio opera aqui como no primeiro movimento) seu amenizante segundo motivo em si maior, uma de suas mais gloriosas melodias. (O processo é apresentado no Ex. 53f, g e h, e a própria melodia bem pode ter uma origem bachiana).[8] Após um desenvolvimento severamente empenhado e muscularmente contrapontístico do Ex. 53f e g, a recapitulação do Ex. 53h, em tranqüilizadora glória na tônica, e numa suntuosa tessitura em oito partes para as cordas, é a mais deslumbrante afirmação do "*himmlischer Trost*" de mi maior na produção de Brahms. As trevas descem de novo na coda, em que a fusão da tonalidade diatônica e da austeridade modal atinge a máxima intensidade e sombria incandescência.

Ex. 53

(f)

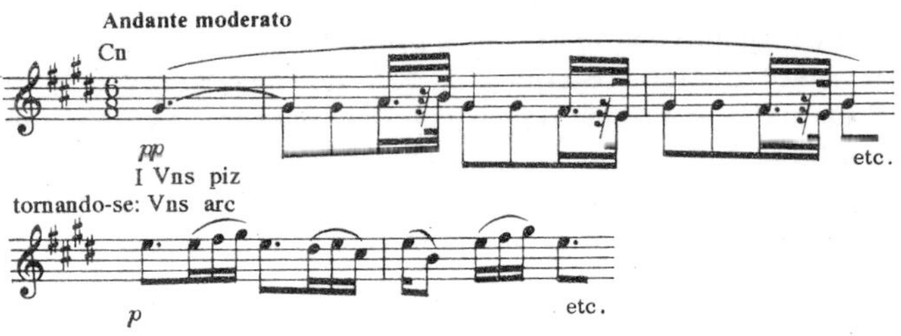

(g)

(h)

Na dissertação de Winterfeld sobre os modos, mencionada anteriormente, se acha a seguinte e admirável sentença: *Mit dem hellen, heiteren Ionischen darf das trübe Phrygische unmittelbar verschmelzen* — "Diante do brilhante e animado jônico o melancólico frígio deve se dissipar completamente".[9] O modo jônico corresponde precisamente à escala diatônica em dó maior: e em dó maior é que o allegro giocoso, o único scherzo sinfônico de Brahms, passa a dispersar o magnífico miasma do movimento lento. Brilhante e animado certamente é, mas também assombrosamente concentrado e possuído de uma energia física e de um impulso rítmico inebriantes, que Tovey corretamente caracterizou como "a modo de tigre". Na sua opinião, este é "talvez o maior scherzo desde Beethoven". A qualificação é seguramente redundante.

Evidentemente Brahms foi um mestre do scherzo como tipo musical, mas este — a única ocasião em que ele o admitiu para um esquema sinfônico — é estruturalmente o mais original de todos, uma forma sonata tersa, sem sinal de trio exceto um breve e misterioso devaneio de recapitulação, em que os temas até este ponto diferentes se desfazem (por variação) num outro. Sabemos que o movimento foi o último a ser composto e Brahms calculou esmeradamente seu efeito. Até esse "frívolo" instrumento, o triângulo, tem sua única aparição nesta *œuvre* sinfônica para intensificar o acerado brilho da atmosfera, não para lhe iluminar ou depreciar o impacto. Ao mesmo tempo que suficientemente poderoso para não ser diminuído pela grandeza de sua vizinhança (como um mero intermezzo teria sido), o scherzo em um sentido realiza o desenvolvimento dinâmico e em sonata das idéias da sinfonia que podem ter sido exigidas a um finale, deixando assim o verdadeiro finale totalmente livre para um outro nível de desenvolvimento. No entanto furtivas antecipações do finale estão infiltradas nele todo. O empolgante tema principal (Ex. 53i) toma seu lugar como uma etapa na evolução de temas com enfática progressão de escala. Freqüentemente é ouvido em inversões quase perfeitas, uma das quais (Ex. 53j) provê a primeira metade do tema do finale (Ex. 53b). Um desenvolvimento posterior (Ex. 53k) nos dá esse segmento distintivo e cromático do tema — com uma referência, bem anterior, à cadeia das terças de abertura da sinfonia. E finalmente, em uma passagem colérica, de acordes maciços

Ex. 53

(i)

(j)

(k)

(l)

e fragorosos, transpondo furiosamente as alturas e as profundezas (Ex. 53l), o tema da passacale é intensivamente pressagiado (e simultaneamente encoberto por deslocamento de oitava) até a sua fundamental quarta aumentada. Este é o penúltimo fato numa emocionante coda que criou enorme impressão de ímpeto sobre um pedal dominante de longa pulsação, e cujos compassos de encerramento são tão exultantes quanto tudo o que Brahms já tinha composto.

A exultação, de uma espécie mais severa, colore a maior parte do finale em passacale, sua suprema exibição de mestria em variação técnica. Pela primeira vez na Sinfonia são ouvidos os trombones, com os acordes dos sopros rematados e rigorosos, que proclamam o tema da passacale (Ex. 53b), seu trítono em mi/lá sustenido dramaticamente acentuado pelos tímpanos no compasso 5. Fiel à natureza da forma e à saturação de motivos da Sinfonia, o tema não é apresentado primeiro nos graves, mas harmonizado sobre uma linha de graves independente, com destacadas terças descendentes,[10] que deve ser separadamente desenvolvida mais tarde. No entanto o Ex. 53b permanece o principal foco de desenvolvimento em todas as trinta variações e coda que se seguem.

A variação como tal agora se torna o princípio estrutural predominante e evidente por si mesmo. Ao contrário da maior parte das outras obras em variações de Brahms, o finale, contudo, é construído não de uma série de variações de caráter deliberadamente contrastado mas de uma seqüência compactamente entretecida de unidades em oito compassos, cada uma das quais contribui para o discurso mais com uma cláusula subordinada do que com uma sentença completa. E com estas Brahms é capaz de moldar grandes parágrafos que sugerem um simulacro dos contornos de sonata. Isso claramente deve ser feito sem referência aos costumeiros contrastes tonais e hierarquias do estilo sonata, desde que, apenas com uma suspensão casual, o tema da passacale prenda a música inalteravelmente à tônica. No entanto, as variações 1 a 9 têm um marcado caráter "expositivo", até com uma melodia impetuosa e apaixonada do tipo de "segundo motivo" (Ex. 53m), que emerge na variação 4 (quando o tema da passacale recua para os graves) para conservar firmemente a idéia das terças descendentes, se bem que de maneira encoberta na principal corrente do argumento. As variações 10 e 11 funcionam como uma transição modulante e tranqüilizadora, conduzindo às variações 12 a 15. Em tempo 3/2, na metade da velocidade do resto do movimento, e todas — menos a primeira — em mi maior, estas quatro parecem mais um "episódio central" do que "desenvolvimento", embora nos possamos lembrar da lenta seção de desenvolvimento da Abertura Trágica.

Talvez elas sejam também o cerne da Sinfonia inteira, sua essência lapidar, com o seu contraste de tom maior como uma opção pungente pela lamentação

Ex. 53
(m)

como a principal tonalidade na *Nänie*. A variação 12 transforma a atmosfera no patos de tragédia grega, com um dos solos de flauta mais pungentemente expressivos que já foram compostos, e nas n. 14 e 15 os trombones voltam pela primeira vez desde o começo do movimento, com um significado inconfundivelmente fúnebre e com os seus acordes flexíveis e solenes parecendo transportar um catafalco ao ritmo de imponente sarabanda. Depois disso, a reapresentação do Ex. 53b no feroz mi menor da variação 16, intensificada por ardente contraponto das cordas, anuncia claramente uma espécie de "recapitulação" que ocupa as variações subseqüentes até a 30 — mas uma recapitulação que realça o processo de desenvolvimento contínuo, transformando os eventos anteriores mesmo quando estes se referem a elas, como fazem as variações 19 e 20 com as n. 8 e 9 ou as n. 24 a 26 com as n. 1 a 3.

Como Brahms se vale de uma pressão cada vez maior sobre seu tema para desvendar suas infinitas possibilidades latentes, ele cria a música mais cativante da Sinfonia, com as variações 24 e 25 como um clímax dramático de força árida e granítica. A música então descansa momentaneamente em direção ao dó maior, tomando caráter lírico e de valsa. No entanto, na variação 29 uma cadeia amena de terças descendentes em pizzicato, com o próprio diapasão da abertura da Sinfonia, estimula a espantosa demonstração lógica da variação 30, em que um cânone em precipitação sobre esta terceira cadeia à distância de um tempo (Ex. 53n) transforma o Ex. 53c na variação sobre o Ex. 53b — uma façanha de

Ex. 53
(n)

unificação que ultrapassa de longe os exemplos anteriores, tais como a assimilação do material do primeiro movimento dentro do finale do Terceiro Quarteto de cordas.

O ouvinte pode continuar completamente desapercebido do que a música está realizando, a não ser por súbito acesso de decisão. Mas qualquer pessoa pode ouvir o grandioso ritardando que esta última variação produz, proclamando uma mudança de direção, e a repentina erupção em *più allegro* da maior coda de Brahms. Um ardoroso tutti alardeia o tema da passacale acima de seu compasso em quinta (o com o trítono). O compasso se repete. E repentinamente a segunda metade do tema, tratada em lúgubre e magnífico cânone em contraste com uma tempestade de neve no floreado das cordas, se desmancha em emocionante série de modulações, como se finalmente a liberar a energia encerrada pela até então monolítica insistência no mi. Variando agora vigorosamente o Ex. 53b em suas linhas gerais e sua proporção, a coda o impele até o fim em severo esplendor, com o tema ainda crescendo desafiadoramente e se remodelando até quando é rematado pela férrea pontualidade da cadência final.

A produção de Brahms é generosamente provida de obras-primas, mas pouca dúvida pode haver de que a Sinfonia n. 4 é a sua maior obra instrumental. E tão abrangentemente ela é de fato bem-sucedida em termos de drama puramente musical e arquitetônico, que mal precisamos nos sentir surpresos de ele não concluir outras sinfonias — embora tenha feito rascunhos possivelmente de duas mais, cujo material acabou em obras posteriores de câmara e piano. Na verdade, ele só produziu uma composição orquestral ulterior, mas uma que ocupa lugar especial na sua criação, assim como em seu calor e sua fantasia pode ser considerada a antítese da Sinfonia n. 4, ou melhor, seu complemento: o Concerto Duplo para violino, violoncelo e orquestra em lá menor op. 102, composto em 1887, no lago de Thun. Anunciou-o a Clara em agosto, como uma "idéia divertida":

> Se chegar a ser bem-sucedido, pode oferecer-nos algum divertimento. Você bem pode imaginar o tipo de peça que se pode pregar num caso como esse. Mas não imagine demais! Eu devia passar adiante a idéia, a alguém que conhece o violino melhor do que eu (Joachim infelizmente desistiu de compor).[11] É uma coisa muito diferente compor para instrumentos de cuja natureza e cujo som só se tem um conhecimento casual, ou só se ouve na lembrança, de compor para um instrumento que se conhece tão completamente como conheço o piano. Pois neste último caso eu sei exatamente o que componho, por que e como. Mas vamos esperar para ver. Joachim e Hausmann querem experimentá-lo (...)

Clara prazerosamente rejeitou o "conhecimento casual":

> Essa maravilhosa combinação certamente nunca foi tentada antes? Discuti-o muito com Joachim, que me fez uma visita um dia desses e ficamos tremendamente satisfeitos por causa da obra. Minha opinião é de que quem compôs tais Sinfonias, tais Sonatas para violino e para violoncelo deve conhecer esses instrumentos em sua essência mais profunda e deve ser capaz de obter deles insuspeitadas harmonias.

Foi concedido a ela o privilégio de ouvir o concerto em seu primeiro ensaio, em Baden-Baden, a cargo de Joachim e Robert Hausmann (o grande violoncelista do Quarteto Joachim), acompanhados por Brahms ao piano.

Brahms de fato, desde o começo, concebera a obra pensando em Joachim e em Hausmann. E ela se revelou o seu expediente para a última reconciliação com Joachim desde a desavença que tiveram sete anos atrás. O primeiro movimento evidencia a sua intenção em termos simbólicos, pois o sentido segundo motivo (antecipado na própria primeira entrada do violino) é talhado a fim de sugerir a Joachim um tema de uma obscura obra de que ambos gostavam, o Concerto para violino n. 22, de Viotti. Lisonjeado com que Brahms mais uma vez compusesse uma obra especificamente para ele, e irresistivelmente chamado para as conversas sobre as partes de solo, exatamente como com o Concerto para violino, Joachim deixou sua conduta correta mas distante dos últimos anos e se atirou à tarefa de promover a nova peça, que ele e Hausmann executaram sob a regência de Brahms em muitas cidades alemãs, no primeiro ano de sua existência.

Não que ela tivesse uma recepção completamente fácil: a inovação do veículo e o fato de Brahms tê-lo tratado tanto com espantosa fantasia na invenção instrumental como no seu mais concentrado estilo sinfônico chocaram as platéias e os críticos da época como temerária obscuridade. Mesmo um amigo tão simpático como Billroth fez a Hanslick a espantosa confissão de que achava o Concerto

> tedioso e cansativo, uma produção realmente senil. Se os *Zigeunerlieder* não tivessem sido compostos mais tarde, quase se podia pensar que o nosso Brahms não tinha mais jeito! Não sei de nenhuma obra do nosso amigo menos importante e exatamente esta é cara a seu coração (...) Prefiro não ir de modo algum ao concerto (...)

Significativamente mais curto do que os outros concertos de Brahms, ele levou anos para ser aceito como um seu equivalente e ainda é o menos freqüentemente ouvido, em grande parte devido às barreiras econômicas e logísticas a contratar dois solistas mutuamente compatíveis para o mesmo concerto. Não havia nenhum precedente definido de um concerto para violino e violoncelo. Obras concertantes que envolvessem este último instrumento ainda eram raras,[12] mas a afeição de Brahms por ele o fez algo mais do que um parceiro equivalente no Concerto Duplo, em que o violoncelista apresenta a maioria dos temas. Seus modelos provavelmente incluíam o Concerto Duplo para violino de Bach, a Sinfonia Concertante para violino e viola de Mozart e, acima de tudo, o Concerto Tríplice de Beethoven. Mas também se baseia em uma firme tradição do apaixonado discurso de sonata para violino, violoncelo e acompanhamento, que Brahms já havia estabelecido com os seus Trios com piano: em alguns aspectos o Concerto é um sucessor natural do Trio em dó menor op. 101, embora o alcance de seu argumento e o virtuosismo de alto gabarito exigido às cordas ultrapasse qualquer coisa das obras de câmara. No op. 102 ele afirma sua individualidade nos termos mais soberanos, combinando um romantismo especialmente caloroso e apaixonado com elementos ciganos. E a bravura das partes de solo, ainda que brilhantes estas sejam, é superada pelo puro virtuosismo *de composição* do que foi concebido.

Longe de ser o menor, o Concerto Duplo é sem dúvida o mais romântico de todos os seus concertos, talvez de todas as suas obras orquestrais, e de um modo que provém da própria natureza dos instrumentos. Tratados como solistas em plano de igualdade, os dois instrumentos de cordas, tão assemelhados em construção e tão diferentes em caráter, sugerem inevitavelmente o diálogo — e diálogo, mais ainda, masculino-feminino. O violino é algumas vezes um feminino afirmativo e o violoncelo algumas vezes um masculino maleável e sonhador, mas as polaridades fundamentais são construídas na sonoridade deles. E sobre o que falam, no universo romântico, o homem e a mulher? Embora nervosamente sinfônico e incrivelmente rico em construção, é quase fantasioso caracterizar o Concerto Duplo como música de amor praticamente contínua. Brahms passou a vida compondo canções de amor, mas algumas de suas mais íntimas e mais profundamente sentidas foram sempre sem palavras: talvez a primeira destas tenha sido a reelaboração de Beethoven e Schumann para violino e violoncelo no Trio com piano de 1854 (ver Ex. 8) e, trinta e três anos mais tarde, ele então retomou a idéia do diálogo de cordas sem palavras, em uma escala incomparavelmente maior. Em páginas anteriores aventei que *Rinaldo* e a Rapsódia para contralto fornecem variadas indicações de como podia ter soado uma ópera de Brahms. Mas num certo sentido alcançamos uma noção muito melhor se considerarmos o Concerto Duplo como uma ópera sem palavras e com apenas dois protagonistas.[13]

O primeiro movimento é possivelmente a mais perfeita fusão brahmsiana de dinamismo sinfônico e fervor lírico, realizada em um esquema que combina a liberdade de elocução rapsódica (que envolve não uma, porém duas cadências introdutórias, com o violoncelo e o violino antecipando o primeiro e o segundo motivos respectivamente) com uma forma sonata tensa e muito poderosa, rica de temas altamente peculiares e sutilmente inter-relacionados, e de uma fluência tonal que desenvolve mais as tendências modais inerentes à Sinfonia n. 4. Entre suas idéias mais memoráveis está um tema vigorosamente rítmico (Ex. 54a), que é exemplo notável do amor de Brahms tanto à sincopação como à forte dissonância. Mas ainda mais impressionante como ilustração de seu domínio do desenvolvimento temático é a maneira como o transforma completamente, bem antes da recapitulação, em uma passagem de infinita e misteriosa ternura (Ex. 54b). E uma terceira versão do tema, fervorosa e ressoante, desencadeia a dramática coda (Ex. 54c).

Começando com dois compassos introdutórios cujo toque de quartas ascendentes delineia as primeiras notas do tema principal, o sereno Andante central em ré maior é comparativamente simples em construção, uma forma ternária cuja melodia mais importante, esplêndida e a modo de canção, é anunciada pelos solistas em uníssono de oitava, sendo que seu segundo modo se revela sua própria inversão (inexata). O segmento do meio é construído sobre um grave e brilhante tema hínico e em fá para as madeiras, o qual os solistas embelezam em sua mais alegre veia de conversação. Neste ponto a impressão de um dueto de amor é especialmente difícil de dissipar e o próprio Verdi dificilmente pode ter construído uma culminância mais elevadamente vocal do que Brahms, com a intensificação do efeito pelas oitavas dos violinos, cria para seus solistas a partir do reaparecimento da figura de quartas ascendentes. O lírico tema principal retorna ampliado e o segundo segmento é lembrado numa coda radiante, com as quartas pairando e tudo o mais.

O finale é um rondó húngaro com elementos de sonata, sobre um motivo divertido mas gracioso, que Brahms trata com humor, faiscante retórica, ocasional cerimônia, e com um ímpeto rítmico calculado mas irresistível. É primeiramente

Ex. 54

(a)

(b)

(c)

anunciado pelo violoncelo, que também apresenta o segundo motivo majestosamente em ascensão, em ressoante harmonia em tempos duplos. A volta do rondó espirituosamente desaparece aos poucos em fragmentos, e um tema tendente ao ré menor, apaixonado, contrastando abruptos ritmos pontuados e tercinas, avança a passos largos por sobre o curso da música. É esta a primeira parte de um extenso episódio, por si mesmo ternário na forma. No centro deste está um tema mais calmo em fá, com um ritmo sensivelmente sincopado. Quando os solistas o tomam mais vigorosamente, como no Ex. 54d, ele me parece uma clara referência ao tema sincopado do primeiro movimento, como se desenvolveu no Ex. 54a a c, salientando-se assim a unidade orgânica da obra como um todo. Reconhecidamente, esta é alcançada sobretudo por meio de similaridade rítmica, mas Brahms provavelmente achava que o ritmo não era fonte menos importante de definição temática do que as células de intervalo. O tema do ritmo pontuado volta, conduzindo de novo à melodia do rondó e ao segundo motivo, que agora aparece na tônica maior — e em lá maior a música permanece em toda a coda. Esta começa com uma forma mais baixa do motivo do rondó, embelezado pelos solistas num diálogo de volatas paradisíacas, antes de um triunfante retorno ao *Tempo primo* para os compassos finais.

Ex. 54

(d)

AS ÚLTIMAS OBRAS PARA CORO

Com exceção do *Tafellied*, op. 93b, para coro de seis vozes e piano (comentado por comodidade nas pp. 316-17, em conexão com seus parentes próximos, os quartetos vocais), todas as últimas peças corais de Brahms são sem acompanhamento e se dividem convenientemente em dois grupos: seculares e sacras. Duas coleções de madrigais, opp. 103 e 104, são seguidas de dois trípticos de motetos, opp. 109 e 110. Eles representam as mais frugais e concentradas contribuições de Brahms, respectivamente, à linha do romântico *Chorlied* e àquela das técnicas polifônicas neo-renascentistas que ele estivera explorando desde a década de 1850.

Os seis *Lieder und Romanzen* op. 93a, compostos em 1883-84, são para coro de quatro vozes, soprano, contralto, tenor e baixo, e se ocupam de variados textos românticos, semelhantes àqueles do op. 62, mas agora com uma linguagem musical profundamente econômica e formalmente concentrada. Há três poemas "folclóricos" e três de grandes escritores do movimento romântico. A coleção começa com *Der bucklichte Fiedler* — um arranjo pujante dos versos de uma canção folclórica do Reno inferior, cuja melodia Brahms adaptara antes e haveria de adaptar de novo (ver p. 145). Mas neste caso ele provê uma melodia sua, em ritmo parecido, e um desenvolvimento dela em compasso ternário, para a dança central das feiticeiras, cujo modo lídio e cujas quintas puras e despojadas dão à peça um ar inesperadamente de século XX. O n. 2, *Das Mädchen*, para um poema sérvio traduzido por Siegfried Kapper, talvez seja a jóia da coleção inteira. Alternando 3/4 e 4/4 para sugerir os metros de sete tempos da canção folclórica sérvia, e contrastando arrebatadoramente um solo de soprano e um fundo de cena de harmonia em vozes misturadas, esta canção representa a antítese da abordagem estrófica habitual de Brahms, evoluindo inconsutilmente através do desenvolvimento contínuo de um tema único e delicado anunciado no início e fulgurando desde um primeiro si menor até um clímax de incandescente si maior. Os tratamentos de outro poema sérvio, *Der Falke*, e de *O süsser Mai* e *Fahr wohl* (pequenos poemas líricos de Achim von Arnim e de Rückert respectivamente), talvez sejam mais convencionais — mas a inabalável beleza e a estreita integração da melodia com a harmonia impedem qualquer impressão de rotina: a música é clara e profundamente sentida, mesmo quando seus sentimentos (especialmente em *Fahr wohl*, que haveria de ser cantada no cortejo fúnebre de Brahms) não sejam extraordinários. E os fluidos ritmos cruzados, as ambigüidades maior/menor, e a tão alongada cadência final de *O süsser Mai* têm uma beleza comovedora e extraordinária, mesmo para Brahms. Depois de tal doçura, a polifonia flexível e enérgica do arranjo final, um soberbo tratamento canônico do aforismo de Goethe *Beherzigung* ("Encorajamento"), é tanto mais impressionante.

Poucos anos mais tarde a atmosfera já é diferente. Nos cinco *Gesänge* do op. 104, todos exceto um composto em 1888, a beleza do som e a tranqüila mestria do veículo combinam com textos de significado quase uniformemente nostálgico para produzir uma das obras mais primorosamente desesperadas de Brahms. O op. 104 se entrega a uma atmosfera de melancolia que ele deve ter sentido freqüentemente depois de passar dos cinqüenta anos (e que antecipara muitas vezes antes disso), e que aqui se comunica com uma palpável intensidade de emoção. Os poemas nos dizem que nenhum coração amoroso se abre às sinceras confidências do poeta; que a primavera se encaminha para o outono; que a mocidade desapareceu; que as esperanças continuam não-satisfeitas; eles também se ligam à noite e se rendem ao sono, com a aceitação da morte. Ao mesmo tempo resignados e arrebatadores, os madrigais de Brahms elevam essas tristezas ao *status* de alta arte. Os primeiros três deles foram confiados a coro de seis vozes — soprano, dois contraltos, tenor, e dois baixos —, que Brahms dispõe no gênero das trocas polifônicas masculino-feminino que ele reservava habitualmente para seus coros sacros. Neste sentido a coleção do op. 104, com sua antifonia fluida e estreitamente tecida, forma uma ponte para as técnicas dos seus últimos motetos e, como estes, reconcilia com alta eficiência esquemas tão arcaicos com a plena força da harmonia romântica. Há pouca descrição direta — são exceções as imitações de trompa e de eco no segundo dos dois arranjos de Rückert, chamado *Nachtwache* e que abre a coleção — mas estreita correlação da atmosfera com a movimentação musical e uma riqueza maravilhosa de colorido vocal, especialmente nesses incandescentes noturnos (o primeiro dos quais apresenta algo discreta, mas plangente, dissonância) e no altamente concentrado *Letztes Glück*, uma evocação outonal-crepuscular que intensifica fortemente o efeito do poema de Max Kalbeck. O contraste com o passo geralmente lento é encontrado no quarto madrigal, *Verlorene Jugend* ("Mocidade perdida", um poema boêmio musicado para soprano, contralto, tenor e dois baixos), que alterna dois tempos, um vigoroso e canônico para os descuidados dias da juventude, o outro mais lento e mais romanticamente homofônico para a aguda sensação de sua perda.

A culminância deste grupo (e, na verdade, da composição coral secular de Brahms)[14] é um coro para soprano, contralto, tenor e baixo composto dois anos antes do que os outros, um arranjo poderosamente depressivo de *Im Herbst* ("No outono") de Klaus Groth, por si mesmo um *tour de force* de nostalgia cheia de desalento. O outono e a noite simbolizam o fim da vida. O homem acompanhando o pôr-do-sol antevê a morte. Mas as lágrimas que lhe enchem os olhos são bem-aventuradas: " a mais sagrada efusão do coração". Brahms musica-o estroficamente, em dó menor, com grande intensificação cromática da harmonia (Ex. 55). A segunda estância duplica a música da primeira, mas a terceira a transfigura em um igualmente cromático dó maior, refundindo a harmonia para combinar com a mefítica exaltação das últimas linhas de Groth. (De fato a peça foi composta, originalmente, uma terça abaixo, em lá, com um efeito até mais escuro.) Várias sombras de tristeza se mantêm, para serem exploradas na música posterior de Brahms: mas nesse opus inegavelmente impressionante ele se mostra eloqüentemente não-acomodado ao fato de estar envelhecendo.

Ex. 55

(O outono é escuro e, quando as folhas caem, o coração também esmorece...)

Para os concertos festivos que abriram a Exposição Industrial de Hamburgo em 1889, e em reconhecimento à concessão do título de cidadania da sua cidade natal, Brahms compôs um grupo de três motetos para coro duplo que intitulou *Fest- und Gedenksprüche* (Trechos festivos e comemorativos) e dedicou ao prefeito de Hamburgo. Os textos são outras de suas hábeis compilações de versículos bíblicos, sugerindo em termos amplos que casa, nação, povo são, em última análise, amparados pelos cuidados divinos; e a música, como convinha às palavras e à ocasião, é franca, pública e sonoramente coletiva em sua expressão. No entanto, a obra tem seu quinhão de paradoxo, desenvolvendo fórmulas diatônicas de extrema simplicidade aparente em três esquemas ternários (impostos a partir dos textos por considerações puramente arquitetônicas) de concisão magistral, com as tessituras vocais exuberantemente ricas e ainda sem uma nota desperdiçada.

Em suas explorações muito variadas das trocas antifônicas, estes motetos fazem voltar ao interesse de Brahms pela música renascentista, talvez acentuado por um repetido estudo de Schütz (cuja *Gesamtausgabe* tinha começado a aparecer sob a editoria de Spitta). Mas o resultado é uma fusão vastamente experimentada de sensibilidade pessoal e técnicas antigas. Todos os três movimentos fazem amplo uso da imitação, especialmente dos efeitos de cânone e de eco, em geral em estrito e complexo stretto. E Brahms se move desembaraçadamente entre o decoro cerimonial e a descrição romântica pitoresca. Esta última é especialmente notável no segmento central do segundo moteto, *Wenn ein starker Gewappneter*, em que a desolação do Reino dividido contra si mesmo é evocada por súbita harmonia de sétima diminuída, e em que a queda da Casa dividida se leva a cabo em um febril e múltiplo stretto que traz deliberada confusão rítmica em seu rasto (Ex. 56).

Enquanto teve a disposição, Brahms continuou a compor três outros motetos, op. 110, provavelmente a última música que produziu. A julgar por sua correspondência, ele mantinha um juízo mais alto sobre estes do que sobre o op. 109. Seus textos não são mais aplicáveis à experiência coletiva mas são muito mais pessoais, retornando mais uma vez ao tema da falibilidade humana e da necessidade de confiar em Deus, já eloqüentemente explorado no op. 74 n. 1. Suas formas são mais concisas e econômicas do que as de quaisquer dos motetos precedentes e eles exibem a escrita de suas vozes e a receptividade ao sentido de seus textos com um máximo de flexibilidade e de riqueza.

O primeiro e o terceiro motetos op. 110 são para coro duplo de oito partes, como no op. 109. Mas o segundo, *Ach, arme Welt* ("Ah, desprezível mundo, me decepcionas", de um poeta desconhecido) é apenas para coro de quatro partes, amplamente homofônico na tessitura, com uma sugestão de modalidade dórica. O poema é tratato estroficamente, criando-se um sólido painel central "a modo de hino" para o tríptico. Desse ponto de vista estes têm mais em comum com as primeiras obras corais de Brahms. No entanto, as partes individuais se movem com grande fluência, apresentando a própria melodia um segmento de escala de tons inteiros, e sendo a tessitura da terceira estrofe variada e mais polida. Também seu ameno metro 6/4 ecoa — em todas as coisas — as Valsas *Liebeslieder*. Os coros laterais são, por contraste, integralmente compostos e utilizam um estilo polifônico altamente requintado que se tempera sutilmente com passagens homofônicas ou como que de canto, à maneira renascentista. As planas transições entre essas tessituras, ou seus efeitos antifônicos que se encaixam, bem como a facilidade com que Brahms desenvolve uma série extraordinária de inventos canônicos e imitativos, apontam ainda mais claramente do que o op. 109 para seu estudo de Schütz. Na verdade, no fim do n. 1, possivelmente o mais belo dos motetos de Brahms, *Ich aber bin elend* ("Mas eu sou pobre", sobre versículos do Salmo 69 e do Livro do Êxodo), seu arranjo da linha final, "deine Hulfe schütze mich" ("Deixa teu apoio me proteger"), acentua tanto o verbo *schütze* que se é tentado a se perguntar se ele não está prestando uma homenagem ao velho mestre.

O moteto final do op. 110, *Wenn wir in höchsten Nöten sein* ("Quando estamos na mais terrível necessidade"), musica um texto do século XVI, de Paul Eber, bem conhecido em famoso arranjo de Bach. Mas Brahms ignora a melodia coral em tonalidade maior de Bach e constrói, em vez disso, uma escura tessitura canônica em dó menor, cromaticamente infletida e baseada em uma frase mais

Ex. 56

(... cai sobre outro)

angulosa e a modo de hino, que ele contrasta com um vasto bloco de acordes em homofonia de tonalidade maior ritmicamente vívida: a separação desses estilos para caracterizar versos alternados do poema (embora os dois tratamentos estejam intimamente relacionados do ponto de vista dos motivos) lembra a maneira pela qual os primeiros motetos se dividiam em movimentos separados, mas aqui produz uma estrutura lá-si-lá-si com uma "coda" que combina elementos de lá e si. Nesse segmento Brahms introduz um tratamento como que de cântico da linha "e sê obediente à tua Palavra", que ele reitera até este contrabalançar as expressões de louvor do verso final, gerando a incômoda sensação de que o louvor é mais imposto do que livremente oferecido.

O progresso de Brahms de suas primeiras obras corais sacras da década de 1850 até esses motetos gloriosos e requintados de mais de trinta anos depois proporciona um estudo extraordinário sobre a adaptação cada vez mais sensível e mais significativa das técnicas corais renascentistas à expressão de um sentimento religioso posterior e inteiramente diverso. Só um outro mestre do século XIX alcançou uma síntese analogamente pessoal, e esse foi Anton Bruckner. Mas, como um músico sacro católico, Bruckner já havia nascido, até certo ponto, dentro de uma tradição uniforme de renascimento, ao passo que Brahms foi obrigado a se aproximar daí a partir de fora. E ao passo que os motetos em latim de Bruckner estão entre as expressões mais totalmente integradas da crença mística desde o próprio Renascimento, os motetos em alemão de Brahms — embora se refiram claramente a formas, linguagens e ao pensamento da tradição da música sacra luterana — estão repassados de um desprendido agnosticismo, mesmo enquanto exprimem, fervorosamente, a necessidade emocional de submissão e consolação. Mais do que atos pessoais de fé, eles são símbolos tocantes de sua admiração pela espiritualidade musical de Bach e de Schütz, pela qual sentia grande afeição mesmo quando sua inteligência se recusava a aceitá-la.

MÚSICA DE CÂMARA

O primeiro verão de Brahms na estação suíça de Hofstetten, perto de Thun, em 1866, foi extraordinariamente produtivo, pois em rápida sucessão ele compôs três de suas obras de câmara mais importantes, a Segunda Sonata para violoncelo op. 99, a Segunda Sonata para violino op. 100 e o Trio com piano em dó menor op. 101. Enquanto as duas últimas partituras mostram em ambos os casos um desejo crescente de compressão e essencialização do argumento, a Sonata para violoncelo em fá maior, embora parcialmente compartilhe essas características, é de forma relativamente expansiva e de caráter extrovertido. Com o seu esquema altamente dramático de quatro movimentos e sua abordagem muito mais aventurosa do violoncelo, crescentemente confiante nos registros altos, no uso do pizzicato e do trêmulo para produzir um efeito eloqüentemente "falante", ela se acha em vivo contraste com a Sonata em mi menor de mais de vinte anos antes.

A abertura do allegro vivace tem um ímpeto quase sinfônico, com o violoncelo apresentando um tema saltante e apaixonado (Ex. 57a) sobre trêmulo trovejante no piano. Muitos ouvintes da época acharam a assimetria e a sincopação volúveis do tema, e suas frases abruptas, exultantes, perversamente difíceis de entender. Quanto ao trêmulo, tão freqüentemente considerado "estilo pobre" na escrita de piano, salvo como uma transcrição aproximada de tessituras orquestrais, Brahms o faz o agente aglutinador que mantém o tema no lugar, e sua sonoridade dedilhante, vibrante, é fundamental para a natureza excitada e emotiva do movimento. O violoncelo se dedica ao trêmulo imperiosamente no fim da exposição (que é repetida). E a totalidade da misteriosa seção de desenvolvimento, que desloca inesperadamente a tonalidade para o que parece a mediante maior mas é tratado como um refreado fá sustenido menor, se constrói sobre este — com o piano primeiro proporcionando um fundo de cena para uma versão mais reflexiva do primeiro motivo, depois passando para uma tessitura mais "pianística" que desenvolve essencialmente a harmonia do trêmulo em forma mais ritmicamente definida. Quando a recapitulação se aproxima, o trêmulo se transfere para o violoncelo, enquanto o piano assume o Ex. 57a em branda aumentação de acordes, gerando uma sensação de tempo interrompido e ritmo que parece trinta anos adiantado para com a abertura da Sonata para violino de Debussy. Os trêmulos nos dois instrumentos são naturalmente uma característica importante da coda do movimento.

O adagio affetuoso que se segue trabalha mais adiante a trilha de relações napolitanas indicada no desenvolvimento do primeiro movimento, pois abre na longínqua tonalidade de fá sustenido maior e com um tema duplo: uma espécie de solene procissão no piano, sombreada pelo pizzicato de andar compassado e pelas semicolcheias do violoncelo. Um complemento *dolce* e calorosamente tranqüili-

Ex. 57
(a)

zador floresce no violoncelo, enquanto o piano reproduz a idéia do pizzicato em acordes destacados. Para um tema subsidiário mais convencionalmente lírico, Brahms faz ainda uma drástica alteração tonal posterior, para fá menor. E, na volta do tema duplo, os pizzicatos do violoncelo são plangentemente desenvolvidos, ressoando em registros alto e baixo, antes que o violoncelo tome a melodia do piano, por uma única vez no movimento. Seus tensos padrões de pizzicato caminham ainda mais depressivamente na coda.

O scherzo, um inflamado allegro appassionato em dó menor, é na vertente de Brahms mais turbulenta e mais vigorosamente conduzida, exigindo um pianista virtuose. É um descendente direto do scherzo em dó menor que ele havia composto há muito tempo para a Sonata "Fá-lá-mi" mas agora com uma mestria incomparavelmente maior de martelante metro 6/8, ritmos cruzados que se cingem e um contínuo fogo cruzado, entre os dois executantes, da ação recíproca dos motivos e do desenvolvimento. O motivo principal tem parentesco estreito com o do finale da Terceira Sinfonia, embora Michael Musgrave me pareça demasiadamente afoito em sugerir que eles são a mesma idéia. A melodia docemente cantante e serenamente flexível do trio em fá maior é um contraste radioso e, como nos movimentos anteriores, leva a tonalidade até o fá sustenido.

Os três movimentos até aí foram totalmente ambiciosos em escala e sérios em expressão. O finale — indicado *allegro molto*, embora sua alegre melodia principal tenha um aprumo absolutamente rítmico e harmônico demais para de fato soar com rapidez — oferece um rondó descansado e melodioso que impressionou alguns ouvintes como excessivamente leve. O paralelo estrutural aqui é com o Concerto para piano em si bemol. Mais uma vez as palavras finais de sabedoria devem ser expressas muito melhor com espírito e graça. A atmosfera uniforme é perturbada apenas uma vez, por um tema subsidiário tempestuosamente soluçante em si bemol menor (Ex. 57b). Muitos críticos comparam esta melodia com uma das mais célebres árias de *I Pagliacci* de Leoncavallo: infrutiferamente, já que essa obra ainda não tinha sido composta. Do ponto de vista rítmico e dos motivos, no entanto, ela oferece interessantes pontos de contato com o tema de abertura de Brahms do Ex. 57a. O seguinte retorno do rondó coloca seu próprio lustre na polaridade tonal de fá/fá sustenido da Sonata, se apresentando em sol bemol maior. Neste caso a melodia está no piano, com o contraponto do violoncelo em pizzicato. E na aprazível coda o violoncelo a assume de novo, mas em uma variante irônica de pizzicato, que se completa com ousados toques escoceses.

Toda despretensiosa em sua expressão, a Sonata para violino n. 2 em lá maior não se assemelha a sua antecessora em sol maior em nenhum pormenor estrutural mas iguala seu caráter quase totalmente lírico e, do mesmo modo, extrai parte de seu material de Lieder contemporâneos. O próprio Brahms confessou que o segundo motivo do primeiro movimento foi desenvolvido a partir de um tema da canção de Klaus Groth *Wie Melodien zieht es mir*, mais tarde publicada como op. 105 n. 1, mas até esse é ritmicamente variado e dá origem a conseqüências melódicas inteiramente diversas. Com menos certeza, outros autores têm visto citações de *Komm bald* do grupo do op. 97 no mesmo movimento e de duas outras canções do op. 105, *Immer leiser wird mein Schlummer* e *Auf dem Kirchhofe*, no finale.

Ex. 57

(b)

Se podemos estar certos de todas essas identificações (e elas não são intrinsecamente impossíveis), podíamos ver esta Sonata como um tanto de improviso sobre temas preexistentes — assim como perto de um devaneio espontâneo e não-estruturado, como sempre acontece com a música de Brahms. Mas não podemos. No entanto é certamente verdadeiro que, em um grau mais alto do que em suas outras músicas de câmara, as tessituras das sonatas para violino de Brahms são predominantemente a modo de canção, tanto na melodia como no acompanhamento. Isso as situa muito perto do impulso para a composição de canções: e as idéias e frases semelhantes ou ocasionalmente idênticas àquelas de canções bem próximas no tempo são de ocorrência quase obrigatória nos contextos estruturais muito diferentes das sonatas. Provavelmente é admissível se relacionar a música com o texto — e talvez ainda mais com o subtexto — dessas canções. Em *Wie Melodien* o poeta fala de melodias que crescem como flores dentro de sua imaginação e que se evolam como perfume: uma imagem apropriada para o delicado jogo de temas desta Sonata, e que também invoca o jardim florido da chácara em Thun, onde Brahms esperava as visitas de Hermine Spies, nesse ínterim compondo *Wie Melodien* e as outras canções do op. 105 para ela cantar. Não sem motivo deu ele ao primeiro movimento a incomum indicação de tempo *allegro amabile*.

Ainda assim, ele integrou tais elementos possivelmente autobiográficos em uma estrutura de sonata lírica, reservando sua citação de canção para o segundo grupo e compondo em lugar disso uma extensa e fluente melodia do primeiro motivo anunciada inicialmente pelo piano em frases de quatro compassos, com o violino acrescentando um paralelo em compasso de quintas que expulsa qualquer sinal de simetria.

A melodia das *Wie Melodien* ocorre na dominante ortodoxa mas de nenhum modo é o único elemento no segundo motivo, que também inclui uma ambiciosa figura em ritmo pontuado e um tema importante de duas notas repetidas e três colcheias em tercina. Este tema se caracteriza manifestamente no desenvolvimento, em que seu ritmo de notas repetidas atua muito no sentido de regular a progressão da música, enquanto a figura do ritmo pontuado inicia uma coda expansivamente romântica, cuja última palavra é a melodia de *Wie Melodien* no mais alto registro do violino.

O segundo movimento, em fá, combina as características de movimento lento e de scherzo em segmentos alternados, como no movimento central do Quinteto de cordas em fá maior. A parte de abertura em *andante tranquillo* é um complexo melódico sereno e equilibrado, de uma formalidade quase barroca, em cujo desenrolar-se simultâneo o violino e o piano têm igual quinhão. Isso é discretamente desenvolvido em cada um dos seus aparecimentos, que são entremeados com um delicado elemento de *vivace* em ré menor no estilo de uma dança eslava vívida mas levemente melancólica.[15] A segunda vez em que ocorre, o *vivace* é uma variação esquemática dele próprio, com sua melodia "desconstruída" em pizzicatos isolados cujo desenvolvimento confiante imita o violoncelo em pizzicato no op. 99. Embora a música em *andante* volte então pela terceira vez, o mais simples fragmento do *vivace* é usado para rematar o movimento.

Brahms modificou a indicação de tempo *allegretto grazioso* do finale com um parantético (*quasi andante*) para assegurar que seu ímpeto fosse suficientemente fácil e descansado. Este é um rondó incomumente brando e que soa a improvisador, com sua graciosa melodia cantante (cuja figura embrionária se assemelha, mas dificilmente de maneira decisiva, a uma frase culminante em *Immer leiser wird mein Schlummer*) livremente diversificada em cada aparecimento. O primeiro episódio também soa curiosamente improvisado e colorístico para Brahms, com o tema do violino situado muito baixo e mergulhado em uma tessitura de piano dominada por arpejos escuros e misteriosamente ondulados em harmonia de sétimas diminuídas. Subseqüentemente o piano se encarrega do tema do violino, agora em altas e despojadas oitavas. Uma melodia posterior é mais convencionalmente impulsiva e eloqüente, enquanto o movimento finalmente se encerra numa pacífica coda, ressoando na calorosa e extasiada harmonia em tempos duplos no violino, e num ritmo que lembra a figura pontuada do primeiro movimento, alcançando um sentimento de unidade e integração tão eficiente e tão suavizado quanto no fim da Sonata para violino anterior.

Com as modestas dimensões da Segunda Sonata para violino aliadas a uma turbulência emocional pelo menos de tão grande poder quanto a da Segunda Sonata para violoncelo, e de uma concisão estrutural maior do que a de uma ou outra, o Trio com piano em dó menor op. 101 é provavelmente o painel de coroamento desse tríptico de obras de câmara de 1886. Técnica e formalmente soberbo, mostra Brahms inteiramente mestre do gênero. Mas há aí evidência de uma luta, quem sabe com o próprio mestre. Embora repleto de idéias belas, as inclinações predominantes no Trio são de desafio, intranqüilidade e esse humor cáustico que pôde apanhar desprevenidos até os seus amigos mais íntimos.

A abertura do primeiro movimento tem uma fúria explosiva que mal fora ouvida na música de câmara de Brahms desde o Quinteto com piano e que inaugura uma estrutura tanto mais impressionante por sua precisão no tratamento de idéias de impulso elementar. "Homens menores", comentou Herzogenberg, "dificilmente terão confiança em proceder tão laconicamente sem perder algo do que precisam dizer." ("Lacônico" de fato, Brahms até cancelou uma pretendida repetição da exposição.) Um tema de transição distingue os ritmos pontuados em staccato obsessivo que caracterizaram muito da Abertura Trágica, e o segundo motivo propriamente dito, embora tecnicamente em contraste "lírico" (já que é uma melodia em *cantando* impetuosa e imediatamente memorizável), de modo algum afrouxa o fervor premente do argumento. O desenvolvimento (cuja última parte se dá na distante tonalidade de dó sustenido menor) é breve e excepcionalmente concentrado, porque os dois motivos principais são desenvolvidos simultaneamente, o primeiro no piano, o segundo nas cordas, enquanto a recapitulação é escorçada, começando com o tema do ritmo pontuado. É também este tema que Brahms torna a base de sua coda, depois de uma expansiva apoteose em dó maior do segundo motivo, terminando o movimento no menor, em uma atmosfera de determinação severa e trágica.

Também em dó menor, o scherzo *presto non assai* é um dos mais delicados que Brahms já havia composto e no entanto um movimento profundamente inquieto, de meias-luzes cinzentas, furtiva e rápida progressão, tristeza reprimida. O primeiro segmento se ocupa de um tema sinuosamente desembaraçante, principalmente em despojadas oitavas no piano, contraponteadas com frases que se partem nas cordas. O segmento central (mal chega a ser um trio) entra no fá menor, com plangentes arpejos em pizzicato contra acordes sincopados em *agitato* mantidos no piano. A retomada do segmento de abertura transfere a maior parte do material do piano para as cordas, em cânone, contra ondulante floreio do piano, em ansiosas terças "ciganas".

O movimento lento extremamente conciso, um sereno andante grazioso em dó maior, é extraordinário por seu ritmo irregular, que flutua livremente entre compassos 3/4 e 2/4 (o padrão mais comum é de 3+2+2, que cria uma espécie de 7/4: foi originalmente esboçado como tal), e por seu tratamento antifônico das cordas e do piano. No Trio op. 87 Brahms o havia experimentado um pouco no uso do violino e do violoncelo não-acompanhados, mas agora cordas e piano alternam de maneira muito mais audaciosa, primeiro seis compassos de cada, depois quinze: e procedem deste ponto as características tessituras para solo de cordas do Concerto Duplo, a ser composto no ano seguinte. Sobrevém um segmento central em *quasi animato*, que desenvolve a idéia de abertura em tempo composto, alterando-se as irregularidades métricas para 9/8 e 6/8 (geralmente um compasso de cada, sugerindo um ritmo de 15/8). Quando o primeiro segmento é recapitulado, as cordas e o piano continuam separados mas se entrecortam em todos os poucos compassos. E uma pequenina coda lembra, então, a música *poco agitato*.

O finale em *allegro molto* é efetivamente um exemplo soberbo da veia de "scherzo" 6/8 de Brahms (que ele pode adaptar a outras espécies de movimentos, como o primeiro movimento da Primeira Sinfonia, também em dó menor) no que tem de mais sério. Com uma exibição de dura energia que de vez em quando se empola em algo como a ira, este manifesta uma afinidade com o terceiro movimento da Sonata para violoncelo em fá maior, embora sua forma seja mais a de um esquema de sonata extremamente flexível, com nenhum grupo de segundos motivos muito definido. Pouco antes do fim a tonalidade se aviva em dó maior e o principal tema do movimento aparece em uma ressoante transfiguração em *espressivo*, mas não há nenhum sinal de qualquer apoteose fácil: é mais como um lampejo do espírito caloroso e da natureza nobre latentes sob uma personalidade exteriormente depressiva e questionadora, o que é novamente encoberto na coda vigorosa e saturnina. Talvez seja isso o que Elisabet von Herzogenberg quis dizer quando comentou que o Trio era "melhor do que uma fotografia, pois mostra seu *verdadeiro* eu".

Naquele verão de 1886 Brahms ainda esboçou mais uma obra de câmara, uma Sonata para violino em ré menor, mas não a concluiu até 1888, quando foi publicada como op. 108. Esta bem pode ter sido concebida como uma companheira contrastante da Sonata em lá maior, pois é inteiramente diferente daquela obra (e, na verdade, da em sol maior) em caráter e estrutura. O esquema contém agora quatro movimentos, embora suas formas sejam tão bem ajustadas e econômicas que a Sonata não é mais extensa do que suas congêneres. Por outro lado, é intimamente relacionada com o Trio em dó menor, cujos movimentos internos são igualmente exíguos e cujo finale explora do mesmo modo um caráter de scherzo. A expressão lérica é subordinada, pelo menos nos movimentos externos, a um argumento de considerável drama e tensão. E o finale recria tão eficientemente — quase pela última vez — a atmosfera do *Sturm und Drang* das obras instrumentais da juventude romântica de Brahms, que às vezes se supõe ter sido recuperado de alguma composição muito mais antiga. Mas ele partilha com os outros movimentos a estrutura concisa, com elementos de elisão, que caracteriza o último estilo de Brahms.

O allegro de abertura tem início em *sotto voce*, com a linha alta e cantante do violino se desdobrando acima de uma parte de piano inquieta e sincopada — cheia de paixão reprimida e de angústia que logo rebentam em eloqüente retórica. A exposição de rápida fluência trabalha com dois temas, ligados por um pequeno tópico de transição que reaparece no segundo motivo e é então utilizado para fornecer uma codetta. Mas essa economia torna possível uma grande expansão em outra parte. Sem pausa a música passa para o extraordinário desenvolvimento, que pode ser interpretado como uma única e imensa cadência: essa porção inteira do movimento, ocupada apenas com a elaboração da melodia do primeiro motivo, ocorre sobre um calmo pedal dominante que tange insistentemente nos graves do piano, imitado pelo violino através de um plangente lá repetido em colcheias por sobre duas cordas, efeito aparentemente colorístico que logo se revela uma forma altamente embelezada do primeiro motivo. Precisamente por causa das severas limitações que Brahms estabelece neste desenvolvimento, a recapitulação é muito mais expansiva do que a exposição, permitindo tipicamente um pouco de desenvolvimento real de elementos anteriormente não tratados assim. E uma recordação da seção de desenvolvimento, com o tangente pedal e com a oscilante figura do violino agora no ré tônico, se torna a base para a coda.

O adagio em ré maior é formalmente o mais simples movimento lento de Brahms, nem mesmo um esquema ternário mas uma longa melodia acompanhada e seguida de sua reapresentação embelezada e tonalmente adaptada. A melodia, no entanto, é de tão serena complexidade e tão aristocrático refinamento, e tão engenhosa é sua reelaboração, que poucos ouvintes sentirão qualquer falta de tratamento artístico. As ansiosas terças do violino perto do fim da primeira reapresentação ressurgem com uma intensidade selvagem e cigana durante a segunda, proporcionando ao movimento um clímax de alta eficiência. Segue-se aí um curioso e pequeno intermezzo cum scherzo em fá sustenido menor, que Brahms indica *un poco presto e con sentimento* para se garantir de que não o levemos suficientemente a sério. É certo que sua encantadora abertura, com figuras gaguejantes e jocosas de duas colcheias repetidas, não promete nada de pesado. No entanto, logo ela dá origem a uma colérica e dramática passagem em ré menor — não formalmente um trio, quando prolonga o desenvolvimento da parte de abertura do movimento — que finalmente requer a dissolução em uma passagem comprida e apaziguante, de volta à atmosfera e à tonalidade iniciais, com o violino agora delicadamente em pizzicato. A maneira como o movimento se evapora numa pequenina coda, como uma espiral de fumaça, é uma das mais espirituosas conclusões de Brahms.

O finale em *presto agitato* é uma das mais escuras manifestações de seu estilo em scherzo galopante 6/8. É também o movimento mais extrovertido de qualquer das sonatas para violino de Brahms e quanto à tessitura o mais pesado, caracterizando-se pela densa escrita de acordes para piano e por um extenso segundo tema a modo de hino (apresentado inicialmente pelo piano sozinho), que lembra tão de perto a grande melodia do finale da antiga Sonata para piano em fá menor, que se imagina uma referência intencional. A exposição termina com o motivo na dominante mas rapidamente se desviando de volta à tônica. No entanto quase imediatamente Brahms deixa essa reapresentação, em benefício de um desenvolvimento misteriosamente refreado e repleto de sincopações obsessivas. Este finalmente chega a um clímax, depois do qual a reapresentação do material de abertura recomeça precisamente no ponto em que foi anteriormente abandonada e funciona agora como recapitulação sintetizada, que conduz a uma coda vigorosa e severamente apaixonada.

Na primavera de 1888, poucos meses antes de Brahms completar esta Sonata, Simrock adquirira os direitos sobre suas primeiras obras, publicadas por Breitkopf & Härtel, que as deixaram ficar há muito tempo esgotadas. Para Brahms isso foi mais divertido do que compensador. "Você espera que eu o felicite?" escreveu a 1º de abril, almejando que o negócio todo fosse "uma piada de 1º de abril":

> (...) mas eu acho de uma extrema imprudência sua comprar as coisas de Härtel sabe Deus por que altos preços, música que custa aproximadamente uns cem *louis d'or* e que em futuro próximo não valerá um tostão furado (...) Mas para demonstrar a minha simpatia por você, ou antes, minha comiseração por sua grande simpatia, eu sugiro e proponho, verdadeira e seriamente, que daqui em diante eu não receba nenhum honorário mas que você arranje uma certa quantia para meu crédito, que eu possa requerer em caso de necessidade, mas que é simplesmente cancelada pelo meu falecimento. Você (...) está ciente de que eu posso viver muito bem sem receber quaisquer outros pagamentos (...) Depois da minha morte, no entanto, eu deixaria realmente tudo para você, de modo que você se livraria do negócio com Härtel com uma insignificância.[16]

Simrock ofereceu a Brahms a oportunidade de rever qualquer das antigas peças que agora o desagradavam e o compositor afirmou que concordava, e "a tal ponto que lhe será comprovado com a participação do fato na página de rosto". Ele brincou com a idéia de recompor a Sonata para piano em fá menor, mas na eventualidade deixou todas as obras como eram, afora o Trio com piano em si maior (descrito no Capítulo 4), sobre o qual impôs uma revisão tão abrangente que importou em recomposição. "Você nunca imaginaria com que entretimento infantil eu me acostumei a passar os magníficos dias de verão", ele escreveu a Clara de Ischl, a 3 de setembro de 1889: "Recompus o meu Trio em si maior e posso agora chamá-lo op. 108 em vez de op. 8.[17] Não será tão selvagem quanto era, mas será melhor ou não?"

Longe de "entretimento infantil", a idéia de refundir essa explosão juvenil descuidadamente estruturada mas intensamente pessoal para obter a coerência orgânica brahmsiana de ultimamente era um problema de composição de primeira ordem e exatamente a espécie de desafio criativo e artístico com que ele se deleitava. Três semanas mais tarde ele tocou para Clara o resultado, confiando esta a seu diário que "o Trio parece estar muito aperfeiçoado". Mas quando ela ouviu uma execução de concerto em Baden, poucas semanas depois, confessou: "o Trio inteiro me impressiona como se estivesse muito melhor proporcionado, mas não gosto de tudo nele (...) o segundo tema do último movimento me parece completamente horrível." Também Elisabet von Herzogenberg inicialmente achou que "você não tinha nenhum direito de imprimir o seu toque magistral sobre este adorável, ainda que às vezes vago, produto da sua juventude (...) porque ninguém é o mesmo depois de todo esse tempo (...)" Ela logo se reconciliou com a nova versão, porém. Já seu marido conservava algumas dúvidas, escrevendo a Brahms a 28 de fevereiro de 1891 que "No primeiro [movimento] não posso me livrar da impressão de ele ser uma colaboração entre dois mestres não mais completamente ao mesmo nível. É provavelmente minha própria culpa, pois ainda derramo uma lágrima a cada vez que o ouço, pelo caro motivo em mi maior desaparecido."

Foi só no final daquele ano que Simrock pôde publicar a nova versão do Trio, pois Brahms se agarrou ao manuscrito até que ele tivesse feito um grande número de apresentações e avaliasse a reação da platéia. "A respeito do Trio atualizado", ele informou ao editor, "devo categoricamente declarar que o antigo era ruim, mas não garanto que o novo seja bom." Sua revisão tinha sido tão completa que Simrock teve a despesa de fazer uma coleção inteiramente nova de clichês, como para uma obra nova em folha. Tampouco Brahms sequer repudiou a versão original:

> Que me diz da antiga edição? Não há motivo para discutir isso, mas tudo o que eu diria é que, se ela for solicitada, você a envie e, se achar necessário e aconselhável reimprimi-la algum dia, que o faça então.

Ele chegou a sugerir que as duas versões deviam ser anunciadas juntas. Tudo isso indica que reconhecia que o Trio de 1854 permanecia válido, ainda que agora lhe desagradasse, e que considerava o de 1889 (como é) uma obra essencialmente independente, que usa um pouco do mesmo material. Enquanto achava, obviamente, que a última versão o representava melhor junto ao público, não anteviu de maneira igualmente clara a situação dos nossos dias, em que sua versão original se retirou para a obscuridade musicológica, enquanto a recomposição de 1889 é uma peça fundamental do repertório, habitualmente apresentada e recebida como a obra levemente adaptada de um jovem de vinte anos.

Na realidade, a única parte do antigo Trio que pôde ser transferida relativamente intacta para a nova obra foi o scherzo. Seu único defeito — a conclusão lenta e curiosamente ineficaz com figuras em pizzicato — foi retirado, e uma nova coda lhe tomou o lugar, originando-se natural e fluentemente na característica figura de arpejo decrescente do piano. Sob outros aspectos, em 1854 este tinha sido um espécime impressionante da mestria da forma nos começos de Brahms e o que tinha menos proveito a tirar de grande cirurgia, embora muitos detalhes sutis de fraseado e registro fossem revistos. Era também suficientemente conciso para não permitir encurtamento, enquanto os outros três movimentos estão consideravelmente comprimidos: ao mesmo tempo seu alcance de atribuição tonal é alargado pelo uso de um espectro mais amplo de tonalidades. Todos os três começam muito perto de como começavam em 1854, mas logo se desviam extensamente de suas encarnações originais.

A forma episódica do adagio de 1854 é abandonada por um simples esquema ternário, aproximadamente sessenta compassos mais curto. O tema de abertura a modo de hino conduz agora não à subdominante maior mas ao sol sustenido menor, onde uma nova e eloqüente melodia do violoncelo substitui inteiramente a música que se assemelhara ao *Am Meer* de Schubert. O elaborado retorno do primeiro tema, que anteriormente se encontrava como uma passagem de desenvolvimento central, é conservado em termos quase exatos, mas agora funciona como uma repetição embelezada da abertura, se ligando diretamente à coda: a intrusa música schumanniana em *allegro* desapareceu.

As mudanças no primeiro e no último movimentos foram ainda mais drásticas, já que estes permaneceram esquemas de sonata mas obtiveram grupos de segundos motivos completamente novos. Isso tem uma lógica que impõe a recomposição em larga escala assim que a parte de abertura da exposição foi deixada de lado. O primeiro movimento começa, pois, com a grande melodia de abertura do Ex. 7a (mas agora indicada *allegro con brio* em vez de *con moto*) e permanece com os primeiros sessenta e dois compassos do Trio de 1854, suprimindo-se apenas umas poucas irrelevâncias contrapontísticas. Era uma idéia boa demais para se desperdiçar. O mesmo se pode dizer de sua seqüela, a espasmódica transição para relativo menor e o flácido grupo de segundos motivos — tema uníssono no piano, invenção cromática e dança campestre da conclusão. Em 1889 Brahms jogou fora todos eles e daí em diante nada se assemelha ao que havia composto trinta e cinco anos antes. Exatamente quando o primeiro motivo está para terminar, o piano faz alusão velada à figura original de transição. Mas imediatamente uma transição nova e de rápida movimentação borbulha e arrebata a música em um irreprimível ritmo de tercinas que nos transporta para dentro do novo segundo motivo. Embora este último tenha duas metades (e comece no piano em uníssono de oitava), não é em nenhum sentido uma série de inspirações heterogêneas, mas um parágrafo amplamente concebido de vindima do lirismo brahmsiano que cresce em resolução e sentido quando prossegue, em vez de dissipar suas energias. Com a largueza do primeiro motivo como uma "suposição", Brahms mal podia aspirar à sobriedade de seu recente Trio em dó menor, mas este movimento é ainda duzentos compassos mais curto do que o de 1854, e o novo segundo grupo, com a metade da extensão de seu antecessor, consegue equilibrar o Ex. 7a muito mais eficientemente. A idéia do ritmo em tercinas volta numa pequena codetta e transporta diretamente para o começo do desenvolvimento, que é dramático e apaixonado (e totalmente diverso do de 1854). A abertura da recapitulação é eficazmente mascarada, o Ex. 7a e a idéia de tercinas parecem inextricavelmente entretecidos com uma outra em dó sustenido menor (a tonalidade na qual aparece o segundo motivo), e que assume apenas gradativamente a solidez do si maior tônico. Não há experimentos em fuga depois da recapitulação. Em vez disso a coda transforma o Ex. 7a em um magnífico devaneio em *tranquillo* de que só desperta bem nos últimos compassos.

O finale é redesignado simples allegro, deixando cair seu *molto agitato*, e os ritmos pontuados e galopantes do tema de abertura começam a soar conduzindo em vez de conduzidos. Uma transição nova e muito mais breve leva ao segundo motivo em ré maior que Clara achou "completamente horrível" (Ex. 58). Uma sóbria idéia em oitavas, escorada por um ré de pedal martelado que dificilmente soma como a parte de piano para mão esquerda mais imaginosa de Brahms, é contudo caracteristicamente robusta e bem integrada no dinamismo global do movimento. É só quando recordamos o que ele substitui — o lírico ardor em fá sustenido maior do Ex. 8c, a melodia desenvolvida a partir de Beethoven via Schumann, endereçada a Clara (e certamente identificada por ela) que sua reação negativa a essa substituição se torna totalmente explicável. Mas para o maduro Brahms o Ex. 8c deve ter parecido insuficientemente motivado e embaraçosamente confessional. Talvez seja por isso que o Ex. 58 parece precisar de quase literalmente eliminar toda a memória disso. Com um tal segundo motivo o finale se encaixa em uma forma sonata muito mais concisa e regular, cerca de duzentos compassos mais curta do que sua obsessiva contrapartida de 1854, sem nenhuma recapitulação formal do primeiro motivo mas uma reafirmação do Ex. 58 no si maior tônico. A coda, no entanto, permanece fiel ao impulso geral do Trio de 1854 e, como antes, termina no menor — não tão histrionicamente, é verdade, mas com uma determinação obstinada.

Ex. 58

O resultado, evidentemente, é uma obra-prima. E se tivéssemos de escolher apenas uma versão do op. 8 de Brahms, poucos lamentariam, com Herzogenberg, a perda do primeiro movimento de 1854, ou o adagio, embora espíritos sensíveis possam derramar uma lágrima pelo motivo em fá sustenido maior do finale de 1854. Mas por que devemos escolher? O Trio de 1854 é música fascinante por si mesmo e merece um lugar permanente no repertório, mesmo se o localizamos distintamente atrás de sua contrapartida posterior.

Embora o Quinteto de cordas em sol maior de Brahms nascesse de um pedido de Joachim de um companheiro para o op. 88, foi pela primeira vez apresentado pelo Quarteto Rosé (que estava destinado a divulgar o Sexteto *Verklärte Nacht* e os primeiros dois quartetos de cordas maduros de Schoenberg ao público vienense). Quando o compôs em Ischl, no verão de 1890, Brahms estava cogitando seriamente de se afastar do trabalho criativo, concebendo o Quinteto, que traz o mesmo número de opus da última sonata para piano de Beethoven, como uma espécie de despedida. Devemos ficar agradecidos a que ele tenha anulado sua decisão, mas esta teria sido uma peça apropriadamente magistral para encerrar as atividades, apresentando-o no verdadeiro ápice de sua energia criadora e abarrotado de substância para dar o que pensar aos futuros compositores. Acima de tudo, há uma plasticidade nas idéias e um caráter de virtuosidade audaciosa e desenvolta no tratamento do conjunto que parece se desenvolver a partir da composição para solo do Concerto Duplo e ultrapassa tudo o mais de sua música de câmara só para cordas. O primeiro movimento apresenta um alcance especialmente caleidoscópico de tessitura e sonoridade, no qual todos os cinco instrumentos têm uma igual porção do argumento: ainda que muito diferentes possam ser a abordagem estrutural e o caráter musical, o agudo brilho da tessitura já antecipa o do *Verklärte Nacht*.

A magnífica abertura (Ex. 59) exige um violoncelista de primeira ordem para projetar a melodia arrogante, firmemente evolutiva e tonalmente erradia do primeiro motivo sobre o fundo de cena de excitante trêmulo nas outras quatro cordas. (Por instigação de Joachim, Brahms esboçou uma alternativa menos maciça, mas subseqüentemente deixou suas primeiras intenções prevalecerem, um eterno desafio para a segurança do executante.) O efeito foi criticado como "orquestral" (os violoncelistas devem ansiar por algumas trompas de sustentação) e Kalbeck acreditava que ela tinha sido originalmente esboçada para uma Quinta Sinfonia. Mas fossem quais fossem suas origens, Brahms fez dela o ponto de partida para um movimento de extraordinária invenção de tessitura, em que o trêmulo alcança, por si mesmo, um significado estrutural e até temático. O segundo motivo é de completo contraste atingido com um mínimo magistral de transição, contendo uma valsa amena e delicada nas duas violas e uma idéia em *dolce* ritmicamente fluida, que começa com uma terça ascendente. Nesses dois motivos, e em qualquer outra parte do Quinteto, há mais do que um eco circunstancial de Dvorák, cuja música de câmara Brahms estudou cuidadosamente e cuja espontaneidade de invenção talvez estimulasse aqui a sua própria.

Os trêmulos começam a invadir o fim da exposição, que deve certamente ser repetida (como Brahms instrui) para dar pleno efeito à extraordinária abertura do desenvolvimento. Uma modulação inesperada para fá produz um recolhimento da extrovertida música ouvida até aí em uma estranha passagem de sussurros em *pianissimo* (desenvolvidos a partir do trêmulo de abertura) e punhados de melodia mística, abstrata, ecoando a terça ascendente do segundo motivo. (Elgar se lembrava claramente disso nos pontos proeminentes de sua *Introduction and Allegro* para cordas e no Concerto para violino.) O restante do conciso mas tão rico desenvolvimento retorna ao caráter heróico, vigoroso e de densa trama da abertura,

Ex. 59

com variação muito engenhosa do trêmulo múltiplo como um preparador de clímax. Mas há também calmos episódios que lembram aquele momento mágico e interior em espírito, se não em técnica. A recapitulação é alcançada em uma atmosfera de alta excitação. A coda caracteriza outra passagem pensativa e recolhida, desta vez dominada não pelos trêmulos mas pelas versões em *dolce* da primeira frase do tema do violoncelo, antes que o desenvolvimento posterior do Ex. 59 seja levado a uma cintilante conclusão.

Em contraste com este movimento elaborado e ardoroso, o adagio em ré menor é pequeno mas tingido de intensa melancolia, como é imediatamente manifesto a partir do áspero tema da viola à maneira cigana, com o seu ansioso feitio de cadência, apresentado sobre um fundo de cena harmônico ricamente ambíguo. Este e um curto complemento nos violinos são quase o único material, mas são desenvolvidos com grande desenvoltura emocional e de tessitura. Pouco antes do meio do movimento surge uma seqüência de acordes lenta e misteriosamente bela, desdobrando-se em progressão contrária e se extinguindo quase nas fronteiras do silêncio, quando sugere mil tonalidades no espaço de uns poucos compassos. Terminando em sol menor, ele desencadeia um apaixonado clímax de desenvolvimento (em que de novo os trêmulos "orquestrais" desempenham importante papel), que termina em uma volúvel quase-cadência para a viola 1 que antecipa a linguagem do Quinteto para clarineta, antes do tema original voltar no violino 1, com a sua depressão não-curada mas suficientemente aliviada para permitir ao movimento se concluir em ré maior.

O tenso mas primoroso un poco allegretto em sol menor é um primo mais expansivo de alguns dos intermezzos sinfônicos de Brahms (o da Terceira Sinfonia vem à cabeça especialmente). Como observou Elisabet von Herzogenberg, "Ele suaviza a tensão sem exibir — como fazem muitos Allegrettos — mais vivacidade do que é musicalmente justificável". Sua porção principal tem algo do caráter de uma valsa plangente, com o violino 1 tomando a dianteira em sua maior parte. Duos das violas e dos violinos se encaixam então em uma graciosa dança em sol maior em que o tímido travo eslavo pode fazer-nos lembrar o movimento do meio da Sonata para violino em lá maior. Um despojado lembrete da dança serve de coda.

A insatisfação dos movimentos internos é banida no conclusivo vivace ma non troppo presto — o último dos finales "ciganos" de Brahms e um dos mais bonitos, uma fusão enérgica e concisa de rondó e sonata. Elisabet von Herzogenberg opinou que "a pessoa que inventou tudo isso deve ter-se sentido muito contente".[18] O primeiro motivo contrasta uma idéia de semicolcheias em correria (que proporciona muito do ímpeto arrojado do movimento), abrindo no menor relativo com uma dança em sol folgazã e como que marcada com os pés. O segundo caracteriza um solo de violino mais indulgente, em sinuosas tercinas sobre um acompanhamento de ênfase nos tempos fracos. O desenvolvimento, velozmente entremeando as cores de seu caminho entre maior e menor, se ocupa principalmente do grupo do primeiro motivo. A boa disposição sobe ainda mais alto quando o trabalho do contraponto se torna mais intenso e brilhante. Depois de uma recapitulação enriquecida, o primeiro motivo parece prestes a se restabelecer de novo, mas a música se dissolve numa bruma de *pianissimo*, de que explode subitamente uma torrente de semicolcheias em uníssono, uma cadência descontinuada e uma febril dança cigana, com o primeiro violino (Brahms imaginou claramente Joachim, com lenço na cabeça e brincos de ouro) dominando os procedimentos com verdadeiro arrebatamento *Zigeuner*.

ÚLTIMOS LIEDER E QUARTETOS VOCAIS

Como na década de 1870, os números dos *opera* das canções da década seguinte sugerem dois turnos isolados de atividade que de fato não eram de forma alguma tão distintos: o grupo opp. 94-7 se origina essencialmente do período 1884-85 e o grupo opp. 105-8 de 1885-88, com uma superposição no op. 106 que inclui duas canções de 1885, compostas antes de algumas do op. 97. Anteriormente a todas essas se acha uma obra sem paralelo na produção de Brahms, os dois *Gesänge*, op. 91 para contralto, viola e piano: o seu único exemplo de "música de câmara vocal". A primeira canção data de 1884, mas a segunda é muito mais antiga nas suas origens — é o *Geistliches Wiegenlied* (Acalento sagrado), para uma tradução alemã de um texto espanhol, que Brahms primeiro compusera em 1864 para celebrar o nascimento do primeiro filho de Joachim. Ela permaneceu inédita, embora aparentemente muito conhecida entre os seus amigos. Vinte anos mais tarde, após o processo de divórcio movido por Joachim contra Amalie, Brahms o reviu, compôs uma peça associada para um poema de Rückert, *Gestillte Sehnsucht* ("Ânsia abrandada"), e publicou as duas canções em parte como uma proposta de paz ao exacerbado Joachim e em parte como um modo de reconciliá-lo com a esposa ofendida, pelo menos na sala de concertos. Mas, embora Amalie realmente tenha cantado esses *Gesänge*, nunca foi com Joachim como violinista.

Até certo ponto, o op. 91 é uma experiência altamente requintada em colorido, com o timbre da viola sendo explorado pela sua semelhança com o da voz de contralto e a sua parte assumindo um destaque igual ao da linha vocal. Sutileza de composição e gosto pela sonoridade delicadamente matizada se combinam com o realce do significado poético para produzir duas das melhores canções de Brahms — ambas incomumente extensas, comparáveis em escala aos movimentos lentos de uma sonata. Em *Geistliches Wiegenlied*, com o seu tranqüilo ritmo de berceuse não desanuviado por insinuações de futuro sofrimento para o pequeno Jesus, a viola proporciona um *cantus firmus* e contraponto livre baseado no hino alemão do século XIV *Joseph, lieber Joseph mein*, de que Brahms extrai muitos dos motivos da música e um tema em rondó suscetível de variação significativa. Em *Gestillte Sehnsucht*, uma das meditações sobre a natureza mais impressionantes de Brahms, o papel da viola é ainda mais complexo: em um longo prelúdio instrumental ela apresenta o tema principal, respondido e mais tarde adotado pela voz — em seguida rivaliza com a cantora em contraponto indagador e arpejos anelantes, dominando nos interlúdios e compassos finais. O poema de Rückert está entre os melhores dos muitos que Brahms musicou que combinam as imagens do pôr-do-sol, canto de pássaro ao entardecer e o princípio do sono, tudo pressagiando um impulso em direção à morte. Os tons plangentemente espirituais da viola e as possibilidades polifônicas que ela abre dentro da música fazem desse arranjo uma exposição arquetípica da metafísica romântica, intocado (como algumas das suas outras canções não o são) por qualquer sinal de sentimentalismo.

Rückert também se encontra, com força simbólica, no início dos últimos Lieder com piano: o op. 94 n. 1 é um impressionante arranjo em si menor de seu poema *Mit vierzig Jahren* ("Aos quarenta anos"). Quando o compôs, Brahms passara dos cinqüenta, mas essa era a questão: aos quarenta anos, diz o texto, já se escalou a montanha, finalmente se voltou as costas à infância e à juventude, mas ainda há outro cume a escalar e muito chão a atravessar antes que se encontre o caminho que leva para baixo, facilmente, quase imperceptivelmente. Brahms atingira um ponto em que podia perceber esse declive e o ilustra na parte de piano com outra seqüência sombria de terças descendentes. Uma seqüência mais curta de quatro intervalos de segunda depois se torna uma importante figura de baixo na canção seguinte, *Steig auf, geliebter Schatten* de Friedrich Halm, que evoca lembranças desassossegadas de uma pessoa amada morta (ou pelo menos que há muito partiu).

Nesses Lieder da década de 1880 as atmosferas predominantes são freqüentemente de pesar e incompleta resignação ao destino, de aguda percepção do momento fugaz e da oportunidade perdida. Indubitavelmente eles ajudaram a alimentar a zombaria[19] de Nietzsche de que a inspiração de Brahms era "a melancolia da impotência", mas ele flagrantemente interpretou mal o seu significado. A música é extremamente potente mas irresoluta, com a sua força subordinada à maior potência do mundo natural enquanto ela se esforça para dar expressão precisa e memorável às atmosferas ambíguas e descontentes tão fundamentais para a experiência de vida do compositor. Como exprime um dístico do texto do op. 95 n. 6, *Mädchenlied* do seu amigo Paul Heyse: *O Herzeleid, du Ewigkeit! Selbander nur ist Seligkeit!* ("Ó mágoa, ó Eternidade! Só a vida após a morte se assemelha a ti!").

Para caracterizar brevemente os opp. 94-7, os grupos de números pares contêm as canções mais austeras e mais ambiciosas, no estilo mais desenvolvido de Brahms, enquanto as de números ímpares são mais leves e mais variadas, com diversos exemplos do seu método *volkstümlich*. Assim, o op. 94 prossegue com *Mein Herz ist schwer* ("Meu coração está pesado"), para versos de Emanuel Geibel — cuja imagem do poeta insone mantido desperto pelo vento suspirante e por lembranças da juventude perdida é evocada no teclado pelo incessante vaguear das mãos em progressão contrária e abafados acordes repetidos. Segue-se uma das mais admiradas canções de Brahms, *Sapphische Ode*, um arranjo em ré maior ternamente melífico de um poema muito superficial de Hans Schmidt (antigo preceptor dos filhos de Joachim) cujo único interesse literário reside na sua imitação do metro "sáfico" grego clássico (11 + 11 + 16 sílabas). Brahms acomoda isso desembaraçadamente dentro da flexibilidade sutil da estrutura rítmica de sua canção. O grupo do op. 94 se encerra com *Kein Haus, kein Heimat* ("Nenhuma casa, nenhuma pátria") de Halm — uma canção amarga cujo tema de exílio espiritual é tratado com brevidade rápida e epigramática.

Halm é o autor de três dos poemas entre os sete Lieder, op. 95, mas eles são menos angustiados e mais folclóricos, permitindo em *Beim Abschied* (n. 3) uma experiência em difícil disjunção rítmica (a voz em 3/8 contra um acompanhamento 2/4),[20] e na n. 4, *Der Jäger*, um arranjo estrófico no mais alegre estilo folclórico de Brahms. Os outros textos efetivamente provêm de diversas fontes folclóricas, mediadas por tradução, e a n. 1, *Das Mädchen*, é de fato um arranjo do madrigal com esse título em *Chorlieder* do op. 93a. A "mágoa" de *Mädchenlied* de Heyse, mencionada anteriormente (traduzido de um original espanhol), é apresentada num arranjo sensivelmente gracioso em fá maior, porém uma nota mais sombria é soada novamente na n. 7, em fá menor — *Schön war, das ich dir weithe* ("Era belo, o meu presente para você"), uma das traduções do turco feitas por Daumer. A reflexão final de que o apaixonado que traz um tal presente merece uma recompensa melhor do que a que de fato recebeu dá origem a uma canção concentrada e vigorosamente descontente.

Os seis Lieder do op. 97 estão em equilíbrio ainda mais leve, contendo como contêm um terno e delicado noturno (n. 1, *Nachtigall*) com sugestões de canto de pássaro onomatopaicas; o ardente lirismo da n. 5, *Komm bald* ("Venha logo") de Klaus Groth, canção de encantada expectativa que talvez tenha fornecido uma idéia à Sonata para violino em lá maior;[21] a francamente jovial n. 2, *Auf dem Schiff*, uma das poucas canções a implicar alegre desobrigação de preocupação; e o vigoroso medievalismo da n. 3 à maneira de balada, *Entführung* ("Fuga"), cujo cavaleiro armado, após ter permanecido alerta por seis semanas nos pântanos por causa de sua Senhora Judith, foge com ela ao som de cascos galopantes e toques de clarins. Se existe aí algum pesar — por não ter feito o que a canção celebra tão espirituosa e entusiasticamente —, o compositor o guarda consigo mesmo. Há também dois textos folclóricos genuínos, ambos (n. 4, *Dort in den Weiden*, e n. 6, *Trennung*) de canções folclóricas que Brahms musicou mais de uma vez na sua carreira, por fim como n. 31 e 6 respectivamente dos *Volkslieder* de 1894. Aí (como em *Der bucklichte Fiedler* nos madrigais do op. 93a) Brahms compõe arranjos de caráter folclórico mas sobre novas melodias, com variações complexas de acompanhamento e prelúdios em piano que tendem para a sua maneira de tratar as melodias folclóricas originais do conjunto de 1894.

Mas são os quatro Lieder, op. 96, que se comunicam mais intensamente e nos fazem recordar que Brahms estava simultaneamente envolvido com a Quarta Sinfonia. Três deles são arranjos do mordaz e lírico Heinrich Heine e representam o seu encontro mais prolongado com aquele mais severo dos principais poetas românticos. Na realidade, ele planejara um grupo completo de Heine, mas suprimiu uma quarta canção que Elisabet von Herzogenberg considerou de qualidade inferior e em seu lugar colocou, como op. 96, n. 2, um recuo às consoladoras certezas de Daumer. Entretanto, a música com que Brahms envolve *Wir wandelten* de Daumer (uma descrição de dois apaixonados caminhando lado a lado, com os seus mais recônditos pensamentos não expressos) é de tal suavidade e refinamento — as formas de acompanhamento adequadamente em cânone, a mão direita e a esquerda de vez em quando espelhando os seus intervalos por inversões, e um carrilhão da mão direita delicadamente sincopado para os sinos que ressoam na mente do poeta — que a canção não encerra nenhuma redução do tom artístico. A n. 3, *Es schauen die Blumen*, é uma ambígua canção de amor transformada num scherzo schumanniano em miniatura, com os contínuos e vibrantes ritmos cruzados da parte do piano lhe dando a aparência de um estudo para teclado. Ela parece quase leve, em contraste com a enorme gravidade da primeira e da última canções da série. A n. 1, *Der Tod, das ist die kühle Nacht* ("A morte é a noite fria" — um poema famoso, já memoravelmente musicado para coro por Cornelius, amigo de Brahms), lhe proporciona uma fusão particularmente concisa das imagens da morte, noite, sono e uma canção de amor de rouxinol que invade os sonhos do poeta. O arranjo quase wagneriano de Brahms (às vezes são mencionados paralelos com *Tristan*) dispõe ritmos hipnoticamente superpostos num 6/8 muito lento e uma harmonia intensamente cromática cujas modulações parecem atrair a cantora cada vez mais profundamente para a sombra e a sonolência. A sua intensidade sombria é, porém, igualada e até ultrapassada pela n. 4, *Meerfahrt* ("Viagem marítima"), uma das maiores canções de Brahms. O tempo de 6/8 de *Der Tod, das ist die kühle Nacht* reaparece em uma barcarola tão angustiada quanto a que conduzisse uma lúgubre gôndola lisztiana (Ex. 60). Os apaixonados de Heine se aventuram em seu barco até a ilha espectral onde espíritos dançam na névoa enluarada (e onde Brahms lhes fornece uma música de valsa sombriamente brilhante), mas eles são levados para além da ilha, "desconsolados no vasto mar", e desesperadamente a canção reflui, com implacável repressão, numa funesta e incaracterística noite em lá menor.

Na maioria as canções das últimas três séries, opp. 105-7 (cada uma de cinco Lieder, principalmente de poetas secundários), desenvolvem cada vez mais estritamente um sentido de expressão espontânea e intimidade lírica, com cada vez maior simplicidade de material e maturidade de meios. Mas há exceções surpreen-

Ex. 60

dentes. A n. 5 do op. 105, *Verrat* (''Traição''), utiliza um texto em estilo de balada de Carl Lemcke em que um apaixonado ciumento assassina um rival no urzedo. O tratamento dado por Brahms reverte às suas primeiras canções-baladas dramáticas como *Das Lied vom Herrn von Falkenstein*, no entanto é incomparavelmente mais desenvolvida em técnica. A progressiva variação da melodia principal verso a verso e o seu entrelaçamento com o acompanhamento são muito mais radicais do que qualquer coisa que ele tivesse tentado trinta anos antes. *Auf dem Kirchhofe*, op. 105 n. 4, para versos de Liliencron, também é dramática, mas como pode ser uma paisagem de Caspar Friedrich, com a natureza aspirando à condição de simbolismo espiritual. Num tempestuoso dia de inverno o poeta visita um cemitério abandonado, e o vento sopra em rajadas pelos turbulentos arpejos em dó menor de Brahms e o declamatório arranjo das palavras. Mas uma mudança para dó maior evoca o pensamento de que sob as lápides geladas os mortos (''Gewesen'') de fato foram curados (''Genesen'') dos transtornos da vida: floresce uma melodia coral, *gravemente* serena — e baseada no Coral da Paixão luterano *O Haupt voll Blut und Wunden*, de modo que a canção começa a antecipar a atmosfera espiritual de *Vier ernste Gesänge*. De igual modo retórica mas menos bem-sucedida no estabelecimento de um perfil distintivo é *Ein Wanderer* (op. 106, n. 5), originalmente composta em 1885 como peça parceira de *Nachtigall*, op. 97 n. 1, de que transforma algumas idéias — outra austera canção em fá menor sobre o tema do desabrigo, real ou metafórico. Mas em geral o descontentamento emocional tão palpável nos opp. 94-7 é muito atenuado nos opp. 105-7 — embora a sonolência, tristeza, morte e tempo declinante sejam reunidos na calma transcendente de *Immer leiser wird mein Schlummer* ("Cada vez mais fraca se torna a minha sonolência", op. 105 n. 2), uma canção sobre uma moça que morre. Com infinito patos, a canção recorda como que num sonho o tema principal do movimento lento do Concerto para piano em si bemol.

Mas compare-se isso com o esquecimento mortal da n. 1 do op. 96: na canção posterior, pelo menos a que fala sabe que seu amado viverá para beijar outra depois que ela estiver morta. Como muitas desse grupo, *Immer leiser* se desenvolveu diretamente a partir da amizade romântica do Brahms maduro com a jovem cantora Hermine Spies (que de fato não sobreviveu a ele). A seu afetuoso companheirismo pode-se atribuir o maior contentamento e às vezes o ardor juvenil desses Lieder posteriores: ele pode mais uma vez celebrar (em *Ständchen*, op. 106 n. 1) estudantes que fazem serenata para uma bela dama, apresentando espirituosamente a sua música afável de "flauta e violino e cítara" num inexperiente modelo de sonata de staccatos de teclado e acordes "harpeados", com uma quase citação da Abertura Festival Acadêmica. O caráter melódico cortês e sensorial de várias peças recorda um compositor com quem o nome de Brahms raramente é associado, mas com quem ele tem muito em comum em canção, piano e música de câmara — Gabriel Fauré. *Auf dem See* (op. 106 n. 2) é uma barcarola tanto quanto o op. 96 n. 4, mas uma barcarola fauréana e não lisztiana — elegante, cadenciada, serenamente extática, uma canção de amor sobre tranqüilas águas de lago com um final emocionalmente ambíguo. A impressão fauréana de paz e graça suave, sublinhada por uma tensão de sombria nostalgia, é igualmente forte em *Meine Lieder* (op. 106 n. 4), para um poema de Adolf Frey em louvor do som da própria canção. Uma forma mais caracteristicamente brahmsiana disso habita *Wie Melodien zieht es mir* ("Pareciam melodias"), op. 105 n. 1, para um poema de Klaus Groth — uma canção cuja sublime melodia inicial chega até o segundo motivo da Sonata para violino em lá maior. O último de todos os arranjos de Brahms para Groth, *Es hing der Reif* ("A geada caía"), contrasta as imagens de verão e inverno, paixão e rejeição, com assombrosa economia de meios e um desolado e obsessivo caráter repetitivo que prenuncia alguns dos *Préludes* para piano de Debussy: toda a peça é desenvolvida a partir de dois acordes e um arpejo grave de quatro notas.

Mesmo aí existem arranjos semelhantes a folclóricos, reunidos em grande parte no op. 107, embora *Klage*, op. 105 n. 3, seja um tratamento estrófico tão simples (de um texto folclórico baixo-renano) quanto qualquer um que Brahms compusera, em que a mesma música basta para as três estrofes. No op. 107 a simplicidade do plano é contrabalançada pela complexidade das partes do piano) ilustrando, por exemplo, o vôo da andorinha na n. 3, *Das Mädchen spricht*, uma canção que Elisabet von Herzogenberg considerou "uma peça para piano bastante bonita". A última dessa série, outra *Mädchenlied* de Heyse, combina oportunamente o estilo de canção folclórica com as convenções estilizadas da "canção de fiar". Começa estroficamente, em seguida se desenvolve livremente na segunda metade, com o piano sugerindo do princípio ao fim o movimento da roda de fiar da moça, a harmonia a sua solidão, não pedida em casamento por nenhum homem de quem goste.

Com essa nota complacente de melodioso patos se encerra a imensa contribuição de Brahms à direção predominante da canção artística. (Apenas os *Volkslieder* de 1894, discutidos nas pp. 141-42, e *Vier ernste Gesänge*, Lieder de uma espécie radicalmente diferente, ainda estavam por surgir.) Assim como no início, continua-se impressionado com a diversidade e inventividade do tratamento dado por Brahms ao arranjo de textos e com a sua capacidade de identificar a verdade emocional por trás de poemas freqüentemente obscuros e colocá-los num arranjo que confere a memorável ressonância que falta às próprias letras. O comentário de Eric Sams sobre o arranjo da canção folclórica *Verstohlen geht der Mond auf*, de 1894, pode ser proveitosamente aplicado à vasta maioria da produção de Lieder de Brahms:

> Dois corações sob a lua, um gracioso e sentimental retalho bordado com nuvens de prata e rosas e miosótis, representando o lar e a pátria, a casa e o jardim: essa era a interpretação familiar ilustrada de todo o século XIX. Mas esse é o mundo da canção brahmsiana, criado a partir da paixão não aplacada e da devoção dedicada. A sua música acha e ilumina a realidade por trás do sentimento. A sua arte abraça ambos os amantes, homem e mulher, na vida e na morte. Muita frustração e muita solidão participaram dessa calorosa compreensão, muita amargura corretiva participou desses doces pensamentos.[22]

Os quartetos vocais de Brahms nunca tinham sido mero apêndice a seus Lieder contemporâneos e, de fato, a década de 1880 gerou as suas melhores contribuições a essa forma atualmente abandonada, fosse tratada (como nos quatro Quartetos, op. 92) como um Lied de muitas vozes — com possibilidades expressivas iguais ou mesmo superiores à do tipo solo para explorar a convenção romântica preferida por Brahms da natureza como um correlato para a emoção humana — ou como um exótico gênero de canção de dança, como em *Zigeunerlied*, op. 103. O grupo final de seis Quartetos, op. 112, caracteriza as duas maneiras, já que as suas últimas quatro peças constituem uma espécie de apêndice ao op. 103.

Todos os Quartetos do op. 92 foram compostos em 1884, com exceção do primeiro, *O schöne Nacht*, que data de 1877 e abre a série em um balsâmico mi maior, celebrando a paixão amistosa de Brahms por Elisabet von Herzogenberg com o mais arrebatador de todos os seus arranjos de G. F. Daumer. A letra equivale a um amontoado de lugares-comuns românticos — lua, estrelas, relva salpicada de orvalho, um canto de rouxinol, um rapaz que se encaminha para a namorada — mas Brahms elabora com ela um suntuoso noturno,[23] amplamente construído com solos vocais, duetos, antífonas e refrões corais, tudo sobre uma parte de piano encantadoramente variada que não se constrange em representar a luz das estrelas em oitavas e sincopadas, ou ecoar o rouxinol em trinados cristalinos. Em seguida *Spätherbst* ("Fim do outono") se volta para o mi menor com um calafrio palpável e um poema cujas imagens de névoa cinzenta, silêncio e vegetação agonizante é praticamente uma negação das imagens de Daumer. Brahms transforma aí o floreio de piano da mão esquerda e os ritmos em tercina ocasionalmente ouvidos em *O schöne Nacht* em um contínuo acompanhamento de teclado queixosamente monótono, acima do qual as vozes tecem uma trama delicadamente urdida, que contrasta e em seguida enlaça o soprano com as outras três, todas as quatro partes inteiramente saturadas de uma rodopiante figura de volteio em tercinas. Em *Abendlied*, uma invocação em fá maior do poder benéfico do sono, as vozes desenvolvem uma figura pendente sobre uma idéia de acordes que gira calmamente, com uma silenciada e misteriosa seção central parcialmente sem acompanhamento, em notas de valores mais longos e que é recordada no final tranqüilo e evanescente. Como o grupo contemporâneo de *Chorlied*, op. 93a, os Quartetos do op. 92 se encerram com um arranjo intricadamente contrapontístico de um aforismo de Goethe. Pelo menos, *Warum?* (sem qualquer relação com o grande moteto do op. 74) começa muito energicamente, com vigorosos interlúdios de piano em ritmo pontuado entre polifonia vocal e modulação abrupta, mas sua segunda parte se dissolve numa graciosa canção de dança em 6/8, variando radicalmente o material de motivos da primeira. Por que as canções se elevam até o céu?, pergunta Goethe, e responde: para atrair os deuses até nós. Assim o Quarteto termina com uma cadência que se desfaz construída sobre o modelo (preferido por Brahms) de uma escada potencialmente infinita de terças descendentes.

Os onze *Zigeunerlieder*, op. 103, compostos em 1887 na mesma época que o Concerto Duplo, são uma proposição muito diferente. Ninguém poderia imaginar Brahms capitulando a considerações comerciais, no entanto essas "canções ciganas" associam habilmente a atração das suas duas obras mais populares e mais bem-sucedidas em termos de mercado, as Danças Húngaras e as Valsas *Liebeslieder*. Como estas últimas, embora numa escala levemente mais aprimorada, eles constituem uma seqüência de canções de dança para quarteto vocal, mas dessa vez nos ritmos e na nuance harmônica exótica daquelas. Na realidade Brahms, que nessa fase de sua vida possuía dinheiro mais do que suficiente para o que necessitava, deve tê-los composto por puro divertimento (ele os descreveu para Elisabet von Herzogenberg como "excessivamente alegres") e eles são mais um testemunho do extraordinário fascínio e fecundo efeito da música cigana sobre sua linguagem musical. Um amigo vienense, Hugo Conrat, traduzira os textos de vinte e cinco canções folclóricas húngaras para uma edição publicada em Budapeste com acompanhamentos de piano por Zóltan Nagy. Só ocasionalmente e de relance Brahms recorreu às melodias originais, mas escolheu livremente dentre as versões alemãs das letras feitas por Conrat, criando uma seqüência concentrada de canções que faz uma série tão engenhosa de variações sobre o ritmo 2/4 das czardas quanto os *Liebeslieder* haviam feito sobre o tempo das valsas, e talvez seja ainda mais engenhosa nos flexíveis contrastes de tessitura vocal. O estilo "nacional", embora raramente obscurecido, é porém bastante difuso, e algumas das canções — particularmente as belas n. 7 e 8 — se assemelham a Lieder estróficos com colorido eslavo. Na verdade, mais tarde Brahms publicou oito da série em versões alternativas como canções em solo. O tema da canção inicial, *He, Zigeuner!*, reaparece em forma variada como o tema da última, *Rote Abendwolken*, e na n. 10 a parte do piano produz uma imitação fantástica do saltério (Ex. 61) que recorda e ao mesmo tempo ultrapassa um efeito semelhante nas iniciais Variações sobre uma Canção Húngara: deve ser comparado com o Ex. 9 na p. 81.

Quatro anos depois Brahms voltou às traduções dos versos de Conrat e compôs mais quatro *Zigeunerlieder*, que publicou como n. 3-6 da série final e curiosamente heterogênea de Quartetos vocais, op. 112. O primeiro, *Himmel strahlt so helle und klar*, é formalmente um pouco mais complicado do que os arranjos do op. 103 e o estilo "cigano" é mais diluído; quanto ao mais, se aplicam as mesmas observações

Ex. 61

gerais. O principal interesse no op. 112 se concentra, em vez disso, nos n. 1 e 2, arranjos de curtos poemas depressivos de Franz Kugler que Brahms compusera em 1888, mais ou menos na época dos seus igualmente melancólicos madrigais, op. 104. Esses são os pensamentos mais sombrios que ele chegou a confiar à forma do quarteto vocal. *Sehnsucht* (''Saudade''), uma pequena meditação amarga sobre como o desejo permanece insatisfeito enquanto a vida passa em solidão, sugere um ato de intensa identificação pessoal em fá menor e considerável diversidade estrutural num pequeno espaço, com as lembranças do poeta se movendo soturnamente em cânone cromático por inversão. Nächtens (''À noite''), em ré menor, uma evocação de sonolência desassossegada, utiliza as irregularidades de um metro 5/4, uma depressiva figura semelhante a canto (que reaparece em formas diferentes no Trio com clarineta, op. 114, e no primeiro dos *Vier ernste Gesänge*) e um floreio em fusas nervosamente bruxuleante no acompanhamento para obter um efeito de igual modo desolado, não dissipado pelo advento negligente de um amanhecer em ré maior por meio de uma apojatura bem no último compasso.

Resta mencionar uma obra estritamente casual, o *Tafellied* para coro de seis partes (ou vozes em solo) e piano, uma espécie de madrigal composto em 1884 para comemorar o qüinquagésimo aniversário do Krefeld Singverein em janeiro de 1885, e publicado como op. 93b. O encantador arranjo feito por Brahms do poema de Eichendorff em louvor da canção e do vinho, que tem o subtítulo de "Dank der Damen" ("O brinde das damas"), é mais esmerado do que sua peça anterior e circunstancial, *Kleine Hochzeitskantate*. O próprio texto, um diálogo galante, sugere a forma básica de colóquio em seu estilo mais jovialmente melodioso entre grupos vocais masculino e feminino, com os dois sexos se unindo para o exultante brinde proclamado no verso final.

ÚLTIMAS PEÇAS PARA PIANO

As composições finais de Brahms para o seu próprio instrumento prosseguem, após um longo intervalo, a série de miniaturas iniciada nas Baladas do op. 10 e aperfeiçoada nas Peças para piano do op. 76. Embora algumas possam ter sido esboçadas nos anos intermediários, parece provável que os quatro conjuntos de peças que ele lançou como opp. 116-19 foram principalmente compilados de um grande grupo composto próximo da época da sua publicação em 1892-93. (Sabemos que ele compôs mais do que as vinte que foram posteriormente impressas.) Elas se acham no ponto mais afastado possível da retórica das sonatas iniciais ou do desafio belicoso das séries de variações em grande escala. Embora algumas propiciem breves vislumbres da antiga chama e energia, o caráter predominante é reflexivo, meditativo, profundamente introspectivo e, ao mesmo tempo, persistentemente exploratório do efeito harmônico e de tessitura, da ambigüidade rítmica, da elisão estrutural e fantasia caprichosa. Colocam-se entre a música para piano mais pessoal que já foi composta, visto que parecem resultado da reflexão do compositor, algo que tocasse para si mesmo ou no máximo para alguns amigos íntimos (Clara Schumann foi a primeira a vê-las em manuscrito.) Isso não significa que sejam inadequadas para execução em concertos. Elas simplesmente apresentam ao pianista alguns dos maiores desafios interpretativos no repertório: o objetivo deve ser ir bem além dos seus problemas puramente técnicos (e embora contenham muito da mais agradável escrita para piano de Brahms, não são menos difíceis por isso) e criar a necessária ambiência de intimidade compartilhada.

Pode-se estabelecer uma ligeira distinção entre as sete peças do op. 116, a que Brahms deu o título geral de *Fantasien*, e os grupos dos opp. 117-19, que ele simplesmente denominou *Klavierstücke*. Não que os movimentos constituintes sejam muito diferentes, mas o op. 16 apresenta uma mescla de "Capriccios" vigorosos e "Intermezzos" reflexivos na mesma orientação do op. 76; depois disso, o caráter de intermezzo adquire a primazia e não há mais "Capriccios". O op. 117 é um tríptico de três Intermezzos, mas o op. 118 apresenta variedade, com uma "Ballade" e um "Romanze", e o op. 119 termina com um belo floreio da última Rapsódia de Brahms. Ao contrário desses grupos que se seguem, o op. 116 parece menos uma compilação do que uma entidade coerente, começando e terminando com apaixonados e voláteis Capriccios em ré menor que encerram quatro Intermezzos e outro Capriccio em relacionamentos tonais mútuos e cuidadosamente estruturados. Como as Baladas do op. 10, mas de um modo muito mais alusivo e tangencial, essas *Fantasien* se assemelham a uma sonata de muitos movimentos, com o Capriccio em sol menor (n. 3) fazendo as vezes de breve mas poderoso scherzo e os três Intermezzos subseqüentes (n. 4-6) fazendo as vezes de um "movimento lento" em mi maior, com um contraste central (n. 5) em mi menor. Ainda mais persuasiva é a unidade de motivos: o material de todos os três Capriccios é moldado a partir de cadeias de terças descendentes, que também se destacam mais dissimuladamente nos outros movimentos.

Ambos os Capriccios em ré menor utilizam o motivo de terças da forma mais inventiva no contexto da harmonia de sétimas diminuídas, e o primeiro, *Presto energico* pronunciado, é um estudo rítmico agitado, com fortes acentos na batida mais fraca do compasso. Uma sincopação semelhantemente viva se encontra na n. 7, com uma seção central mais melódica porém com variação de amplo alcance da matéria original, à maneira de uma tocata, na repetição. A configuração ternária mais verdadeira emerge no Capriccio em sol menor semelhante a um scherzo, onde as chamas vibrantes do romantismo juvenil de Brahms se inflamam mais impetuosamente nas impulsivas seções externas, com o seu floreio cromaticamente infletido. A parte central, porém, é uma magnífica e confiante melodia em mi bemol em escrita de acordes maciçamente diatônica e com um triunfante caráter de marcha que adquire força com difusos e incisivos ritmos de tercina — sua última declaração no imponente e generoso estilo público.

Um patos retraído e suave é mais típico dos Intermezzos e a forma ternária mais simples dentre eles se encontra no n. 6, o segundo exemplar em mi maior, que se assemelha a um minueto queixoso cuja melodia ocorre nas vozes interiores de sua tessitura, também em grande parte de acordes. Freqüentemente Brahms satisfaz sua predileção por atribuir a melodia a partes interiores e às vezes a ocultando parcialmente ali, e em nenhum lugar de modo mais impressionante do que no Intermezzo em mi menor, n. 5 — cujo ritmo hesitante de duas colcheias, acentuado na batida fraca, mais uma pausa de colcheia, com a mão esquerda em uma quase exata inversão em espelho da direita, na progressão e nos intervalos, cria uma impressão de rigor do século XX.[24] O mais íntimo de todos é o outro Intermezzo em mi maior, n. 4, que se desenvolve como uma fantasia de uma melodia tranqüila (se assemelhando à abertura da Sinfonia n. 4, Ex. 53c, embora sem a cadeia de terças) sobre uma embalante figura da mão esquerda que solicita à mão direita para passar ao outro lado e tocar as notas graves mais profundas. Em toda a peça Brahms exibe extrema sensibilidade para com as sutilezas de colorido e uso dos pedais do teclado.

Os três Intermezzos que constam do op. 117 podem ser considerados um tríptico de acalantos, abrandados porém infinitamente ternos. Também aí existem vínculos com as Baladas do op. 10, mas de um tipo diferente: o n. 1 em mi bemol tem como cabeçalho versos de um autêntico acalanto escocês — "O lamento da Senhora Anne Bothwell" na tradução de Herder de *Stimmen der Volker* — e a sua melodia inesquecível, uma voz intermediária suavemente embalada em uma extensão de oitava repetida, se ajusta à letra como uma luva. O segmento central da peça desce a um obscuro mi bemol menor que aumenta a pungência da repetição tranqüilizadora com as suas imitações habilidosamente entrelaçadas. Um caráter de balada também é evocado pelo n. 3 em dó sustenido menor, uma obra comparativamente ampla que começa sombriamente e *sotto voce*, com um tema brahmsiano levado à quinta-essência e apresentado em oitavas severas. Em aparecimentos posteriores este também é confiado a uma voz interior contra um fundo harmônico de riqueza incomum e há um segmento intermediário em lá maior altamente contrastado cujo floreio suavemente sincopado e cujos deslocamentos de oitavas criam um mundo crepuscular de lampejos e meias-luzes quase impressionistas. Ao mesmo tempo uma das mais sombrias e mais belas das últimas peças para piano, ela parece ter tido um significado especialmente pessoal para Brahms, que num momento de descuido se referiu a ela como "o acalanto de todas as minhas dores". O Intermezzo do meio, em si bemol menor, arranca música de rara e queixosa delicadeza de uma simples figura de arpejos decrescentes, que se dissolve em uma série de tonalidades com graça fluida: e delineia um esquema de sonata em miniatura, com uma segunda idéia mais regularmente fluente em ré bemol. O desenvolvimento e a repetição se fundem no espiralante floreio de arpejos e a coda finalmente impõe estabilidade na forma de um difícil pedal em fá, sobre o qual a segunda idéia se extingue.

O tempestuoso e apaixonado movimento em lá menor que abre os seis *Klavierstücke* do op. 118 também se autodenomina Intermezzo, o que mostra como Brahms definia amplamente o termo — ou, mais provavelmente, que categorização estrita era uma questão sem importância para ele. O n. 1 do op. 118 se assemelha a uma valsa de concerto emocionalmente aflita mas ardente, exuberante no estilo mas drasticamente reduzida na forma: duas metades desiguais de melodia, ambas repetidas, sobre possantes arpejos da mão esquerda, dissolvendo-se rapidamente numa coda à maneira de fantasia onde os arpejos arremetem para cima e em seguida descem precipitadamente. O subseqüente Intermezzo em lá maior se conforma mais ou menos às expectativas estabelecidas nas séries anteriores: mais uma vez é uma espécie de canção de berço, ansiosa mas plenamente formulada, com nuance harmônica especialmente bela, pungente utilização de cadências maiores/menores e toques de imitação canônica. Como nas últimas canções, percebe-se um paralelo com Fauré: Brahms desenvolve as infinitas sutilezas de expressão disponíveis em um único gênero em miniatura, o Intermezzo, tão tenazmente quanto fizera Fauré com o Noturno e a Barcarola. Também aí, e por todas essas últimas peças, Brahms exibe habilidade infinita em estratégias de transição: sobretudo, em modelos ternários, a recondução à idéia inicial, que quase sempre reaparece de algum modo imaginativo, inesperado e, apesar disso, com perfeito desembaraço e naturalidade.

O n. 3 do op. 118, em sol menor, se denomina uma Balada e proporciona vigoroso contraste com os seus fortes ritmos galopantes. No entanto, há algo de brincalhão na sua belicosidade[25] e, durante o segmento intermediário em si maior, se acalma para uma pequena czarda suave. Após um "falso reaparecimento" da abertura, espirituosamente abandonado quando se descobre no tom errado de ré sustenido menor, os primeiros compassos são reutilizados de modo diferente para modular elegantemente de volta ao impetuoso segmento principal, após o que a coda é uma rápida dissolução sobre um simples fragmento da idéia da czarda. O Intermezzo em fá menor, n. 4, é uma peça inteiramente mais enigmática, com uma frágil idéia inicial de obsessivas pulsações em tercina, que se abrem sobre uma profusão de colorido harmônico delicadamente opalino. Ainda mais estranha é a tessitura do segmento central em lá bemol, em grande parte constituído de acordes isolados e profundas notas únicas dos graves, exigindo muito cruzamento de mãos e uma impecável técnica de pedal. Entretanto, ambas as idéias são disfarces para a mais simples das figuras, uma oscilante elevação e queda de oitava, em torno da qual se agrupam imitações canônicas (tessituras de acordes canônicas no segmento intermediário). Na coda a alternância de oitavas ressoa arrojadamente numa tessitura suficientemente nova para dar a impressão de uma idéia melódica diferente, e os compassos cadenciados, imitativos, dão origem a uma sensação de angústia quase expressionista. Do princípio ao fim, a peça é um desafio permanente ao exercício sensível do *rubato*, não indicado mas seguramente esperado pelo compositor, cuja utilização do *rubato*, como sabemos, era pródiga — no autêntico estilo de execução dos meados do século XIX.

Brahms chamou a quinta peça do op. 118 de Romanze e, de todas essas últimas peças, ela talvez seja a mais diretamente melódica em seu encanto, sugerindo uma canção sem letra, mas também uma das mais estritas na construção. O principal segmento do andante (muito reduzido na repetição) tem um pouco do caráter de um arranjo para canção folclórica, a melodia principal no meio de uma tessitura em grande parte homofônica, que oculta o exercício irregular do contraponto duplo. O allegretto grazioso central, em ré bemol, é virtualmente uma minúscula chacona, baseada na idéia de ornamentação pseudobachiana, progressivamente mais floreada, de uma idéia melódica contrastante sobre um baixo obstinado. A decoração faz crescente uso de trinados, e um repentino e suavizado equívoco de trinados maiores/menores provindo do registro dos graves proporciona a recondução à idéia inicial, à maneira folclórica.

Todo o patos nos intermezzos posteriores é resumido e ultrapassado na última peça do op. 118, o desoladamente belo Intermezzo em mi bemol menor — se alguma vez um ''intermezzo'' pudesse comunicar tão lúgubre finalidade. Essa é música para piano perfeita e, ao mesmo tempo, plena em sugestões de efeito orquestral (Clara a tomou a princípio por um movimento de sonata; Kalbeck acreditava que fosse originalmente destinada a uma sinfonia). A própria abertura (Ex. 62), baseada em uma vacilante figura de volteio, evoca solitários solos de

Ex. 62

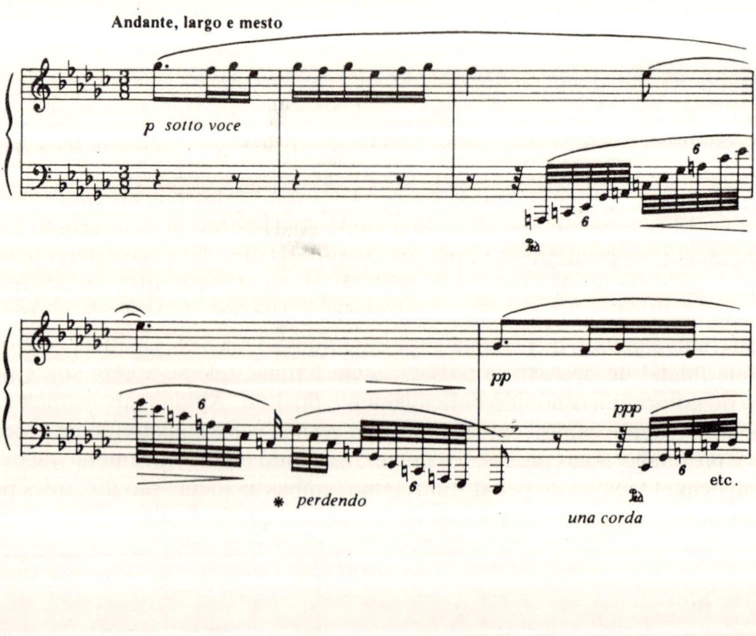

clarineta e trompa sobre arpejos de harpa tão profundamente plangentes quanto os do inicial *An eine Äolsharfe*. Apesar da similariedade dessa figura com a primeira idéia do Quinteto para clarineta (cf. Ex. 63a, adiante), a sua significação é mais amarga e, como é muitas vezes reiterada em registros diferentes, certamente observamos uma nítida afinidade com o canto *Dies irae*. A duplicação em terças (com o inequívoco efeito de flautas) apenas intensifica a sua eloqüência agridoce. Uma música em staccato cortantemente rítmica começa a murmurar em sol bemol — uma idéia na mais irascível disposição de Brahms: ela inicia em *sotto voce* e cresce em determinação e vigor, com tessituras de acordes maciças, porém abreviadas. Mas no exato momento do clímax o tema de *Dies irae* é relembrado, inextricavelmente ligado a ele, e essa obra inspirada cai no seu trágico monólogo anterior, extinguindo-se finalmente em intenso mas desolado desespero.

Contemporâneos exatos do op. 118, os quatro *Klavierstücke* do op. 119 prosseguem inconsutilmente com as suas predominantes preocupações coloristas e líricas. Buscando encontrar palavras para o indefinível matiz do Intermezzo em si menor que abre a série, Clara o caracterizou para Brahms como: "uma pérola cinza. Você as conhece? Elas parecem estar veladas e são muito valiosas." Esse arrebatador Adágio faz a mais franca utilização em todas essas peças, da cadeia de terças decrescentes explorada de vários modos no op. 116 — sua principal célula temática é um arpejo de terças descendentes cujas notas individuais são mantidas em sonoridade vertical maravilhosamente ambígua, sugerindo tanto si menor quanto ré maior, o foco tonal de uma idéia central ligeiramente contrastante. A segunda e a terceira peças, também Intermezzos, começam com figuras rítmicas que envolvem notas repetidas: mas enquanto na n. 2 (em mi menor) é uma pulsação nervosa em ritmo dactílico como um encantador balbucio, na n. 3 (dó maior) é um volúvel metro de colcheias 6/8, com uma displicente melodia na voz intermediária. A n. 2 também desenvolve uma forma bastante ampla, transformando sua idéia principal, por sucessiva variação, numa elegante valsa em mi maior para o segmento central — do qual reaparece um simples espectro para rematar a coda. Já a n. 3 é mais curta, com destros toques de humor, dissolvendo-se caprichosamente perto do fim em frágeis arpejos como que em arco-íris.

A produção de solos para piano se encerra com um floreio final de indomável espírito brahmsiano.[26] A Rapsódia em mi bemol, op. 119 n. 4, é muito no molde heróico esperado do seu tom e no estilo viril das Rapsódias do op. 79 ("rude, áspera, brutal" foram os epítetos que ele utilizou para descrevê-la a Clara). No entanto, embora a mais extensa de todas as peças para piano posteriores, ela é ainda mais reduzida do que as Rapsódias iniciais e cria sua própria forma com uma liberdade e espontaneidade adequadas à sua data tardia. Como realce à melodia principal — uma coisa musculosa e martelante em 2/4, com um ritmo "húngaro" de cinco compassos — ela desenvolve uma idéia subsidiária de semínimas repetidas que badalam com dissonantes harmonias descendentes por baixo e um segundo tema altamente característico de possantes tercinas em dó menor, que ecoa a anterior Balada em dó menor. Segue-se um segmento central em lá bemol deliciosamente contrastante, quase uma paródia de estilo de salão com os seus acordes harpeados e ágeis ornamentos; em seguida o tema de tercinas reaparece, apenas com uma sugestão do motivo principal. Este último é tão forte e decidido que Brahms não se apressa em restabelecer sua forma original mas, em vez disso, apresenta variações dela, espirituosamente alusivas, em novas aparências, que incluem um *pianissimo* trocista em staccatos irregulares em dó maior, desenvolvido mais adiante sobre um reverberante pedal em sol. A figura de semínima repetida inicia longa recondução à abertura, produzindo progressões de acordes que adquirem cadeias de terças decrescentes no baixo. Quando enfim a primeira melodia reaparece de forma culminante em seu aspecto e tom originais, é apenas por um breve espaço antes que Brahms a desmonte novamente na coda — cuja etapa final proporciona uma jovial variante em tercina, antes que o compositor abandone sua produção para piano com uma maciça cadência de acordes que sucinta e inesperadamente encerra no tom menor essa obra, que nos outros aspectos é exuberante.

QUATRO OBRAS COM CLARINETA

As quatro últimas obras de câmara de Brahms constituem um grupo invulgarmente autônomo, já que todas destacam a clarineta — instrumento de que ele gostava muito, mas que anteriormente não utilizara fora das partituras orquestrais — e foram inspiradas pela mestria do principal clarinetista da orquestra de Meiningen, Richard Mühlfeld. Assim como o mundo deve o Concerto e o Quinteto para clarineta de Mozart à interpretação virtuosística de Anton Stadler, deve a Mühlfeld o Trio com clarineta em lá menor, op. 114, o Quinteto para clarineta e quarteto de cordas em si menor, op. 115, e as duas Sonatas para clarineta e piano que constituem o op. 120 de Brahms. Originariamente violinista em Meiningen, Mühlfeld aprendera sozinho a tocar clarineta e em 1876 passara ao setor de instrumentos de sopro de madeira. Brahms admirava especialmente a elegância e sensibilidade feminina de sua interpretação (pelo que apelidou Mühlfeld de "minha Primadonna") e as obras que compôs para ele oferecem comparativamente poucas oportunidades para exibição de vertiginosa bravura, mas oportunidades contínuas para o exercício da musicalidade refinada, expressão pessoal e beleza de timbre.[27]

Esse é irresistivelmente o objetivo do Quinteto para clarineta, que foi composto ao mesmo tempo que o Trio de Ischl, no verão de 1891, e com este apresentado pela primeira vez em público em um dos concertos de Joachim em Berlim, naquele dezembro — tendo sido ambas as obras minuciosamente ensaiadas em Meiningen, no mês anterior. O Quinteto foi de longe o mais bem recebido dos dois, se tornou um grande preferido de Joachim e desde então permaneceu como uma das obras mais populares de Brahms em qualquer dos gêneros, por sua perfeita expressão de um espírito de reflexão madura, impregnada de melancolia outonal.

Há um toque paradoxal de extremismo em sua doçura. Nenhuma outra obra de Brahms é mais sistematicamente eufônica na sonoridade, porém a exuberante escrita para cordas se desenvolve diretamente do Quinteto de cordas do op. 111 e as tessituras características do Schoenberg inicial estão apenas a um palmo de distância. Mostra Brahms no auge das suas forças de desenvolvimento orgânico e variação de motivos, mas em nenhum outro lugar ele reprime tão resolutamente os fortes contrastes em favor de uma imóvel sensualidade de atmosfera e colorido que é quase saturante — embora essa impressão possa, em parte, ter sido fomentada pela tradição na maneira de executar: ao longo dos anos, os conjuntos têm rivalizado entre si para extrair da partitura cada refinadíssima nuance de prateado pesar e, com o tempo, criaram um aspecto de patos de excessiva indulgência, perigosamente próximo do sentimentalismo. Os elementos mais sombrios e mais vigorosos do Quinteto — no primeiro movimento, na fantasiosa música cigana no cerne do adágio, em toda a segunda variação no finale, bem no término — precisam ser muito fortemente caracterizados para chegar a um equilíbrio emocional. Ainda assim, há um matiz depressivo na profunda nostalgia da música, como se a dolorida beleza mantivesse algo de mais profundo do que a mera melancolia imobilizada.

Em toda parte a tendência é no sentido da unificação — de emoção, colorido, tonalidade e substância temática — ao mesmo tempo que se cria uma sensação de liberdade e devaneio rapsódicos. A clarineta atua menos como instrumento de "solo" do que como *primus inter pares* (com exceções óbvias, como a parte central do movimento lento).[28] Três dos quatro movimentos são no si menor tônico, em cada caso colorido por um ambíguo puxão para ré maior, evidente desde os primeiros compassos da obra (Ex. 63a). A exceção é o adágio, que é na tônica em vez de no tom relativo maior, revertendo a si menor no seu segmento central. O efeito é tanto sutilmente colorido quanto monolítico. Quanto ao material dos motivos as figuras (x) e (y) no Ex. 63a são as sementes iniciais para famílias distintas mas interdependentes que se desenvolvem totalmente em todo o Quinteto, como o Ex. 63 mostra. Quase todos eles (o Ex. 63c é a principal exceção) têm uma característica suave e não-peremptória que mantém a impressão predominante de reflexão madura, e o Ex. 63a é uma abertura incomumente descontraída para uma importante estrutura brahmsiana. A figura (y) dá imediatamente origem ao tema subsidiário mostrado no Ex. 63b (observe-se a inspirada tessitura, a clarineta tocando grave no seu registro de charamela e o violoncelo tocando alto, acima da

Ex. 63

(a)

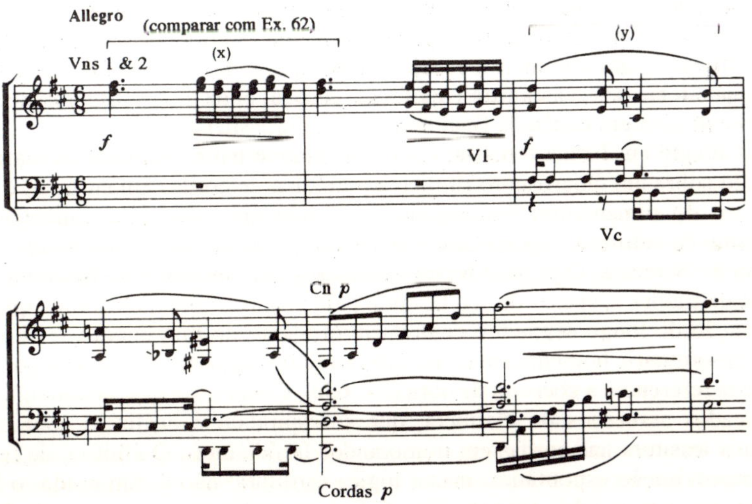

(b)

(c)

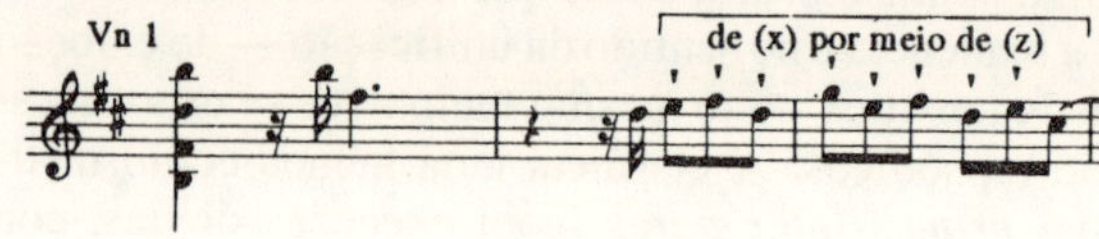

(d)

viola), cuja adaptação da figura (x) é ainda modificada em colcheias em staccato no poderoso tema de transição do Ex. 63c, em seguida em legato para a uniforme fluência do Ex. 63d, o segundo motivo propriamente dito. O desenvolvimento começa com um retraimento místico (baseado no Ex. 63a) análogo àquele do primeiro movimento do Quinteto de cordas em sol maior. As semicolcheias da figura (x) avançam gradualmente para uma espécie de clímax, mas a música passa a uma variação Quasi sostenuto do Ex. 63c, que elimina seu contraste com o outro material, transformando-o em sossegada e romântica sombra de si mesmo. O Ex. 63b é utilizado para conduzir à recapitulação, que reduz a volta do Ex. 63a de modo que o tema possa alcançar a apoteose na coda, onde uma súbita exibição de paixão se dissipa em cadência final depressivamente silenciada.

O adágio em forma ternária, com o suspirante tema principal da clarineta reclinado sobre um chiaroscuro rítmico e melódico de cordas em surdina, é o *ne plus ultra* do romantismo brahmsiano, evocando uma profunda atmosfera de misticismo da natureza cuja tradição em sua obra remonta até o movimento lento da Primeira Serenata. O próprio Ravel não conseguiria superar essa fusão impressionista de timbre e, apesar de seu fascínio pela música cigana, ele nunca igualou a realização do longo segmento central em più lento do movimento, a última e mais extraordinária homenagem de Brahms ao estilo *Zigeuner*. Precedido por uma manifesta referência à abertura da obra (Ex. 63e), é uma série desoladamente bela de floreados arabescos de clarineta, que se espiralam e deslizam sobre uma fantástica tessitura nas cordas em tremolandos farfalhantes. O efeito é de turbulenta improvisação espontânea, mas a lógica estrutural não é diminuída: o foco temático das volatas da clarineta (Ex. 63f) é essencialmente uma expansão da figura (y), e seu pesaroso par nas cordas (Ex. 63g) é uma versão da figura (x), surgindo então os dois elementos como variantes um do outro por sua nova semelhança de perfil rítmico. A descrição da cena noturna do *Verklärte Nacht* de Schoenberg se origina nitidamente dessa passagem plangentemente expressiva, e a atmosfera inquieta do Bartók inicial (por exemplo, no movimento lento de sua Suíte Orquestral n. 2) também está aí implícita.

Ex. 63

(e)

(f)

(g)

O breve terceiro movimento começa andantino, com um tema lírico e em furta-passo (Ex. 63h) em si menor, com o inevitável puxão para ré maior. Dentro em pouco, porém, essa música semelhante a uma serenata cadencia em ré e é substituída por apressado mas delicado presto non assai (significativamente classificado *ma con sentimento*), cujo tema principal (Ex. 63i) é uma evidente variante do tema do andantino. Embora a transformação recorde o intermezzo da Sinfonia n. 2, o presto aí não é episódio mas a parte principal do movimento — o mais etéreo de todos os scherzos de Brahms, desenvolvendo sua forma sonata independente e terminando em ré maior com a mais breve alusão ao Ex. 63h.

O finale con moto é a penúltima série de variações de Brahms. Tanto em termos do Quinteto quanto da *œuvre* de Brahms o padrão é retrospectivo e se assemelha mais estreitamente ao último movimento do Quarteto de cordas em si bemol, mas a forma estrita da melodia de trinta e dois compassos, com repetição literal da segunda parcela de dezesseis, e seguida em todas as cinco variações, é tratada com toda a maravilhosa plasticidade e habilidade harmônica do estilo final

Ex. 63

(h)

(i)

de Brahms. A própria melodia (que começa como o Ex. 63j) reflete e resume muitas das entidades temáticas que encontramos na obra e as suas variações buscam refinar e ressaltar ainda mais a atmosfera predominante no Quinteto, de quase alucinatória tranqüilidade. O único contraste é a intensa e agitada variação 2, que alude ao caráter cigano do movimento lento. A n. 4, a variação em tom maior, transforma o tema numa versão da figura de acompanhamento mostrada no Ex. 63i. A variação 5 retorna ao tom menor e se torna uma valsa apaixonadamente nostálgica em 3/8. Seus modelos de seis semicolcheias inevitavelmente recordam a própria abertura da obra — e, no momento certo, o Ex. 63a reaparece, mesclando-se a fragmentos da valsa numa coda alusiva, tornada subitamente sombria por hesitações e silêncios. Assim o finale alude a todos os três movimentos anteriores, o primeiro aparecendo por último. Esse fechamento do círculo se torna admiravelmente não-enfático pela natureza de seus próprios temas e corresponde plenamente ao ilusório espírito de rapsódia da obra. Um último eco do Ex. 63b, alto na clarineta em solo, leva a uma cadência final que quase exatamente reproduz a do primeiro movimento, mas com um súbito acento *forte* na penúltima tríade em si menor, que enfim revela o frio do inverno no fulgor do outono.

Ex. 63

(j)

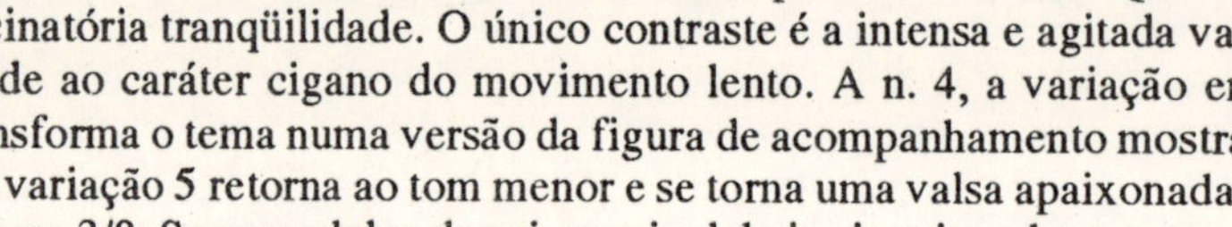

Ao contrário da posteridade, Brahms tinha o Trio para clarineta em tão alta conta quanto o Quinteto, mas a sua sardônica sabedoria nunca alcançou a popularidade da bruxuleante melancolia deste último: em muitos aspectos sucessora lógica do Trio com piano em dó menor, a extensão emocional da obra é muito mais ampla do que a do Quinteto e muito menos sujeita a interpretações meramente confortadoras. Situando-se bem no fim de sua longa série de música de câmara arranjada com piano, exibe toda a habilidade e sutileza de seu estilo final, estimulado pelas características contrastantes dos três instrumentos, que permitem pouco da sonoridade combinada do Quinteto. O violoncelista tem aí igual importância e, em alguns trechos, a obra se assemelha a uma sonata para violoncelo com clarineta obbligato.

O violoncelo, de fato, dá início às atividades sem acompanhamento, com uma melodia eloqüente e alta, variada pela clarineta e equilibrada por um murmurante motivo em tercina no piano, recordando a atmosfera da Rapsódia para piano em sol menor. Essas idéias constituem uma introdução expositiva, tal como no Quinteto com piano, antes das apaixonadas afirmações em tutti do mesmo material que forma o primeiro motivo da exposição propriamente dita. O lírico segundo motivo em mi menor, que chega no dó maior, é também apresentado pelo violoncelo e, em seguida, ouvido em cânone por inversão com a clarineta. O terso desenvolvimento deriva novas entidades temáticas do material original — uma frase sombria e como que de um hino, sussurrantes escalas de semicolcheias em pianissimo contra acordes de piano a espaços amplos — e a recapitulação é notavelmente flexível nas transformações dos elementos da exposição. Na breve coda inquieta, a idéia de "hino" emerge subitamente como um perturbador presságio do primeiro dos *Vier ernste Gesänge* e a música se desvanece em imitação da desapaixonada beleza de uma harpa eólia, com as escalas de semicolcheias em suave movimento contrário na clarineta e no violoncelo.

Uma atmosfera mais serenamente filosófica, matizada de fantasia, predomina no adágio em ré maior, uma pérola mesmo entre os movimentos lentos de Brahms. Assombrosa quantidade de matéria é acondicionada em seus cinqüenta e quatro compassos, de modo que parece descontraído e expansivo, apesar (talvez por causa) de sua magistral compressão. É uma espécie de forma ternária escorçada, com a calma melodia de abertura em *dolce* da clarineta reaparecendo brevemente para formar uma coda de seis compassos mas variada (em aumentação, com delicioso floreio em pizzicato do violoncelo) dentro do segmento central mais amplo, que tem o caráter de um desenvolvimento livre, mas intenso. A intricada elaboração por Brahms dos mínimos motivos, a engenhosa exploração das subdivisões do tempo (até fusas ondulantes) e as sutis oposições de colorido instrumental — mediadas pela escrita para piano muito ampla mas sensível — produzem tessituras e desenvolvimento temático de invulgar riqueza.

O subseqüente andantino grazioso em lá maior é o "intermezzo" brahmsiano levado ao campo do auto-arremedo deformado. A singela inocência da melodia de valsa e de abertura da clarineta fez alguns comentaristas ingleses se deterem abruptamente: Fuller-Maitland pensou que pudesse ter sido composta por Balfe. Estava confundindo sentimentalismo vitoriano com sentimento alemão e não estava percebendo o fino humor que cintila travessamente a cada volta e suspiro desse encantador movimento. Não é triste ser um velho solteirão e não é engraçado! Pela última vez Brahms evoca aí o estilo das Valsas *Liebeslieder*, mas então em uma complexa forma orgânica cujo refinamento contradiz inteiramente a bem avinhada lacrimosidade melódica da abertura. Um esquema ternário tornado fluido e indefinível pela variação atravessa muita área tonal em curto espaço, elabora três temas estreitamente relacionados e despreocupadamente reduz no caminho o tema de valsa inicial a uma versão esquemática dele mesmo — lição prática no prolífico desenvolvimento de uma idéia aparentemente inauspiciosa.

O finale nos faz voltar ao tom menor e dá destaque à mais vigorosa música da obra, em ainda outra transformação em forma sonata do estilo de scherzo "conduzido" de Brahms. Este obtém sua estimulante flexibilidade rítmica da alternância informal de compassos de 6/8 e 2/4 de igual extensão, enquanto áreas contrastantes, de abrandamento, são proporcionadas pela idéia subsidiária do primeiro motivo (que relembra a abertura do Quinteto para clarineta) e a melodia principal, em 9/8, do segundo motivo (apresentada, como a do primeiro movimento, pelo violoncelo, e depois pela clarineta e pelo violoncelo em cânone por inversão). O desenvolvimento é muito conciso e notável pelas rápidas modulações, obtidas com a utilização de dois exemplos extraordinariamente extensos das cadeias (favoritas de Brahms) de terças melódicas descendentes — uma de nada menos de trinta intervalos e a outra de quinze. Isso acrescenta um ar de mistério e instabilidade mesmo às passagens mais alegres do movimento, e qualquer otimismo superficial parece decisivamente excluído na bravura colérica da coda, com todos os três instrumentos se unindo numa rejeição lacônica e glacial da idéia que relembrara o Quinteto.

Três anos depois, em 1894, Mühlfeld recebeu as duas Sonatas para clarineta e piano, op. 120. Obras de câmara finais de Brahms, elas contêm seus últimos movimentos em forma sonata, o último intermezzo, o último scherzo e a última série de variações, e encarnam sua técnica de composição em seu estilo tenso e definitivo, essencializado mas maravilhosamente flexível. À sua maneira elas eram, como o Concerto Duplo, pioneiras: como não havia modelos clássicos para tal combinação, ele estava constituindo um novo gênero com peças que desde então têm permanecido pedras angulares do repertório para clarineta. E não só do repertório para clarineta: com alterações mínimas nas partes de solo, Brahms compôs versões alternativas para viola e piano — criando com um único lance as primeiras sonatas importantes também para esse instrumento[29] — e passou a adaptá-las também para violino (uma recomposição de maior alcance, que envolvia certa reescrita das partes para piano). Essas três versões paralelas demonstram que ele desejava que a música tivesse a mais ampla difusão possível. Entretanto, embora as Sonatas sejam conhecidas por praticamente todos os clarinetistas e violistas, e as versões para violino não estejam totalmente esquecidas, as obras são muito menos executadas do que as três Sonatas para violino — suas únicas antepassadas verdadeiras na produção de Brahms, embora em pura substância musical provavelmente sejam superiores àquelas. Nas páginas seguintes me referirei a elas como sonatas para clarineta, embora a minha preferência pessoal seja pelas versões de viola, cujo tom mais escuro e mais áspero parece se adequar às suas atmosferas indefiníveis ainda melhor do que a velada e sedosa clarineta.

Elas constituem um fascinante estudo de contrastes. A n. 1, em fá menor, tem um pouco da paixão turbulenta que essa tonalidade sempre evocou em Brahms e é a mais ortodoxa no plano geral, um esquema de quatro movimentos com ágeis movimentos externos e abrandamento contrabalançante no movimento lento e no intermezzo. A n. 2, em mi bemol, é uma concepção semelhante à fantasia em três movimentos, nenhum deles de fato lento: uma forma sonata incomumente descontraída e uma série igualmente incomum de variações, flanqueando um scherzo amplo e inesperadamente possante. Dentro desses largos limites, as obras exibem uma extensão caleidoscópica de colorido e emoção, uma propensão para vivas mudanças de tessitura e harmonia — na realidade, são excelentes exemplos daquela "economia, mas riqueza" que Schoenberg tanto admirava em Brahms. Mesmo a escrita para piano hesita entre uma extrema parcimônia de meios, a intimidade das últimas peças para piano, e uma nova aplicação estrutural da bravura sonora e vigorosa que explodirá outra vez na Rapsódia do op. 119.

A abertura *allegro appassionato* da Primeira Sonata consegue transmitir uma impressão de gravidade e resistência à ruptura, sem comprometer a natureza predominantemente lírica de suas idéias, representada pela melodia anelante e de amplo alcance da clarineta, que se segue à breve introdução do piano. Extremamente econômica mas aparentemente expansiva, com uma grande quantidade de temas distintos, leva quase ao último grau a tendência de Brahms a reduzir os contrastes entre segmentos diferentes de um movimento de forma sonata (a Segunda Sonata a leva ainda mais longe). O segmento de recapitulação, alcançado por meio de uma "falsa" volta do tema de abertura em fá sustenido menor como clímax do desenvolvimento, é tão variado que pode ser considerado um desenvolvimento em segunda etapa, terminando em parcimoniosos e pressagos acordes na tonalidade menor, que produzem uma amenizadora coda em *sostenuto*, a qual enfim traz a calma na tonalidade maior.

O requintado andante um poco adagio, em lá bemol, começa como uma mansa e enlevada canção noturna, apenas colocada em movimento pelas melancólicas e rapsódicas figuras sinuosas da clarineta e pelos arpejos descendentes do piano em lenta progressão. A atmosfera de extático devaneio nunca é rompida, embora o movimento elabore uma espécie de forma ternária, com uma idéia subsidiária igualmente delicada estreitamente deduzida da melodia principal, as duas se combinando no sossego enluarado dos compassos finais. Também em lá bemol, segue-se um allegretto grazioso semelhante a intermezzo, no estilo de um Ländler austríaco e que desenvolve certo vigor rústico em sua segunda melodia, e um sensível segmento central em fá menor, que explora o registro mais baixo da clarineta.

Nenhuma redução da energia brahmsiana é perceptível no finale vivace, um revigorante e às vezes malicioso rondó em fá maior, com ocasionais lampejos da força colérica que pode animar as atitudes mais bem dispostas do compositor. Ainda mais importante do que o deleitoso tema de rondó é a figura repicante de três mínimas repetidas que serve de fanfarra de abertura ao movimento: Brahms descobre inúmeras funções para esse simples expediente, que tange e ressoa seu percurso igualmente pela trama do rondó e dos episódios. A afirmação final do rondó é consideravelmente variável e a Sonata se encerra com o feroz e contente *élan* de compositor ainda jovem de coração.

Tal energia não invade o primeiro movimento, allegro amabile, da Sonata em mi bemol, a mais despretensiosa das estruturas de sonata de Brahms e no entanto uma das mais sutis. A beleza aparentemente singela do material, e seu caráter sonhador, meditativo, semelhante ao de uma canção, ocultam arte considerável: o modelo leva ao último grau sua preocupação com o desenvolvimento contínuo e a inter-relação de temas. Não há divisões nitidamente audíveis entre exposição, desenvolvimento e recapitulação, e o discurso acumula encantadores parênteses cujo foco principal parece ser a exploração do colorido — seja em timbre instrumental, seja em mudanças de harmonia, tal como o *frisson* do deslizamento final de mi maior para mi bemol pela polirrítmica tessitura em *tranquillo* da coda.

O segundo movimento é o último scherzo de Brahms, na mesma tonalidde e tempo 3/4 do primeiro, a obra para piano em mi bemol menor de 1850: outro exemplo da "cobra que morde a própria cauda"? O scherzo da Sonata tem um pouco do caráter de uma valsa heróica: por mais de quatro décadas a paixão se mantém não ofuscada, mas arde então com uma chama mais firme e mais viva (e com igualmente ardente pianística). A função do trio é assumida por ampla melodia em *sostenuto* — em si maior, como era o segundo Trio do op. 4 — em grande parte harmonizada em terças e sextas, e disposta com regular assimetria em frases de sete compassos. Existe aí uma analogia com a grande melodia em mi bemol do Capriccio para piano em sol menor, op. 116, n. 3 (em idêntica relação para com a tônica do movimento) mas, apesar da marcação *dolce e ben cantando* de Brahms, essa última melodia é mais escura e mais moderada, com a clarineta raramente surgindo separada do registro mais baixo do piano.

O vasto e resplandecente tema do finale, *andante com moto*, tem um equilíbrio clássico, solidez de ritmo, assimetria intrigante (quatorze compassos, sem repetições) e opulência de harmonia que pareceria oferecer imenso potencial para variação. Na realidade, a última série de variações de Brahms parece primordialmente mais interessada em simplificar do que em tornar complexo, reduzindo o tema a suas notas de valores mínimos e explorando suas possibilidades em modestas tessituras contrapontísticas de clareza quase mozartiana. Essa restrição comparativa, praticada nas primeiras quatro variações, leva a uma explosão de energia apaixonada na quinta e última, um allegro na tonalidde menor, dominado pelos viris ritmos cruzados do piano, e flui diretamente para uma coda più tranquilo que volta ao tom maior, desenvolve a figura de cadência do tema e culmina em breve exibição de exultante virtuosismo para ambos os instrumentos.

ÚLTIMAS PALAVRAS

Em 26 de março de 1896 Clara Schumann sofreu o derrame de que nunca se recuperaria, embora sobrevivesse até 20 de maio. Durante sua enfermidade final, aparentemente impelido pela inevitabilidade da morte dela, Brahms compôs os *Vier ernste Gesänge*, op. 121: quatro "Canções Sérias" para voz grave e piano, terminando-as a 7 de maio, seu sexagésimo terceiro e último aniversário. Amplos, profundamente comovedores e penetrantes arranjos de textos bíblicos, eles dilatam a tradição do Lied para acomodar o indagador idealismo ético explorado anteriormente em suas obras corais sacras, sobretudo o *Requiem* e os motetos. Na realidade, eles mesmos constituem uma espécie de Réquiem — não intercedendo pelos mortos mas se dirigindo, como no op. 45, aos desolados pela perda de um ente querido e aos infelizes — que funde poderosamente as características da sua música coral e instrumental dentro de uma concepção global da canção. Mas

Brahms qualificou a obra de "Sérias", e não "Sacras". Tipicamente, ele selecionou textos que fossem essencialmente não-dogmáticos — meditações sobre a morte, a fragilidade da vida humana, o poder transcendente do amor — e que facilmente admitem interpretações agnósticas. O resultado, ele disse a Herzogenberg, era "uma bagatela (...) que pode fazer com que você censure os meus princípios não-cristãos", e ele habitualmente chamava as canções de "meus ímpios festejos dos ceifeiros".

Embora a enfermidade final de Clara tenha sido nitidamente o estímulo criador que gerou essa obra extraordinária, seria um erro defini-la muito estreitamente como uma "homenagem à lembrança" dela, composta antes do acontecimento.[30] "Há muito tempo algumas palavras tais como essas têm estado na minha mente", ele escreveu a Marie, filha de Clara. Mais provavelmente a iminência do falecimento de Clara serviu para cristalizar uma atmosfera de elegia que há muito se desenvolvia, manifestada anteriormente em obras como *Nänie* e *Gesang der Parzen*, mas desde então intensificada pelas mortes de tantos que lhe eram queridos: Elisabet von Herzogenberg, Hermine Spies, Billroth, Büllow. (Também é possível que estivesse adaptando uma concepção um pouco mais antiga — como se discute adiante, na p. 336.) De certo modo os *Gesänge* são para todos eles, e para cada um: um lamento particular pela tragédia no âmago da vida cotidiana, em cujas espirais estamos todos enredados.

A profunda interpenetração do significado verbal e da estrutura musical separa essas canções de todos os Lieder anteriores de Brahms (paralelos poderiam ser aduzidos com as formas de livre extensão das Romanças *Magelone*, mas essas eram meras rapsódias juvenis comparadas ao férreo controle manifestado em cada aspecto do op. 121). Ali não é uma resposta generalizada a uma disposição de ânimo dominante, originada pelas associações pessoais de imagens significativas, mas uma utilização quase oracular de motivo e tonalidade para expor e de fato interpretar cada verso. Em todo caso a prosa ressoante da Bíblia de Lutero requeria tratamento muito diferente de uma forma fechada em versos. Desaparece qualquer sinal de reiteração estrófica e qualquer coisa além de um indício distante de repetição ternária: as canções elaboram formas orgânicas de perspectiva virtualmente sinfônica e apoio contrapontístico, ao passo que as linhas vocais atingem nova autonomia e flexibilidade de declamação que gira entre arioso expressivo e recitativo esplendidamente realçado.

De início Brahms estava em dúvida quanto à ordem dos primeiros dois *Gesänge* (ambos sobre textos do Eclesiastes) e o manuscrito mostra que o que é atualmente o n. 1, *Denn es gehet dem Menschen* ("pois o que sucede aos filhos dos homens sucede aos animais"), foi a princípio colocado como segundo. Essa canção em ré menor começa com um brando e implacável tema de marcha fúnebre (Ex. 64a) desenvolvido a partir de um ostinato inicial no piano e apresentado em oitavas despojadas contra um pedal dominante que dobra solenemente. Essa idéia fatídica se relaciona nitidamente com o segundo movimento, semelhante à marcha de *Ein deutsches Requiem* (compare-se com o Ex. 30c). Contrastada a ela está uma ondulante e irada música em allegro de 3/4 que começa em ré maior com impetuosa escrita em tercina mas que continua a se fiar no ritmo de semínimas que dobra insistentemente no grave, para a mensagem de que todos procedem do pó. Um movimentado clímax de acordes é atingido nas palavras "Quem sabe que o

Ex. 64

(a)

(Pois o que sucede aos Homens sucede aos animais)

espírito do homem se dirige para cima e o espírito do animal se dirige para baixo, para a terra?", em um estilo que recorda muito o do sexto movimento do *Requiem*. Mas aí não há, manifestamente, nenhuma fé na ressurreição, e Brahms aprofunda a sensação de dúvida ao proporcionar uma destacada linha de grave *descendente* à menção de "para cima" e uma *ascendente* à menção de "para baixo". A linha dos graves no começo dessa passagem também é importante (Ex. 64b). Embora possa soar aí como mera tríade descendente, é o primeiro[31] indício de outra utilização da seqüência de terças decrescentes de que se fará uso extraordinaria-

Ex. 64

(b)

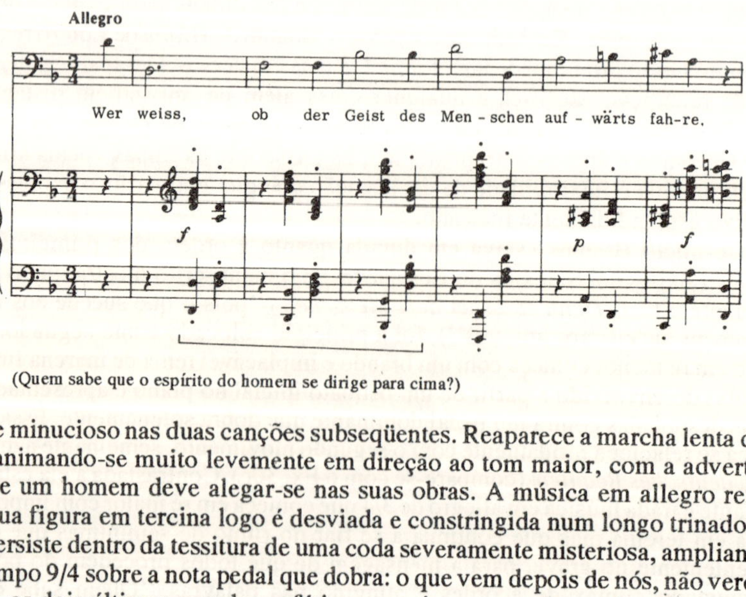

(Quem sabe que o espírito do homem se dirige para cima?)

mente minucioso nas duas canções subseqüentes. Reaparece a marcha lenta do Ex. 64a, animando-se muito levemente em direção ao tom maior, com a advertência de que um homem deve alegar-se nas suas obras. A música em allegro retorna, mas sua figura em tercina logo é desviada e constringida num longo trinado lento que persiste dentro da tessitura de uma coda severamente misteriosa, ampliando-se em tempo 9/4 sobre a nota pedal que dobra: o que vem depois de nós, não veremos, dizem os dois últimos acordes enfáticos com impetuosa determinação.

Ex. 64
(c)

(Eu me voltei e vi...)

A segunda canção, *Ich wandte mich* ("Eu me voltei e vi toda a injustiça que se faz debaixo do sol"), abre com a figura descendente do Ex. 64b tanto no piano quanto na voz (Ex. 64c). Dos quatro *Gesänge*, este é o mais completamente pessimista. Ninguém ainda proclamou Brahms um compositor de protesto social: mas, como homem sensível criado na pobreza e em ambientes miseráveis, ele não tinha ilusões sobre a imutável injustiça do mundo e o infindável desperdício dos recursos humanos. Rigorosamente lógico na estrutura contrapontística, o seu arranjo das palavras "e vi as lágrimas dos oprimidos, que não tinham quem os consolasse; e a força estava do lado dos seus opressores, mas eles não tinham quem os consolasse", com o doloroso melisma em *Tränen* ("lágrimas"), atinge uma profundidade de ilimitada compaixão e pesar incomparável em sua música. Durante essa mesma passagem o baixo começa a moldar o Ex. 64c numa cadeia de terças (exatamente nas reaparições de *Unrecht*, "injustiça"). Por fim, em "Pelo que eu exaltei os mortos", esse padrão cada vez mais obsessivo dos últimos anos de Brahms coincide com o primeiro dos textos predestinados (Ex. 64d). Permanece presente na parte do piano na maioria da coda, que se volta para sol maior mas obtém pouco consolo: mais felizes do que os mortos são aqueles que ainda estão por nascer, que ainda não viram o mal.

Em mi menor, a tonalidade da Quarta Sinfonia, a terceira canção, *O Tod, wie bitter bist du* (sobre texto do Eclesiastes), intervém com o que bem poderia ser considerado uma nova versão do tema de abertura da Sinfonia — e uma suprema demonstração da profundidade de significado que Brahms conseguia extrair de uma simples cadeia de terças decrescentes (Ex. 64c). É uma passagem famosa, muito analisada por Schoenberg e outros. O domínio de Brahms da estrita elaboração contrapontística, em imitação, inversão e aumentação, permite que o motivo básico da terça decrescente impregne os aspectos vertical e horizontal da música, os seus planos harmônico e melódico. Tudo pode ser considerado um desenvolvimento daquela célula inicial. E isso ocorre — na verdade, o possibilita — em um dos movimentos mais profundamente comovedores de todo Brahms. Mas a con-

Ex. 64

(d)

(Pelo que eu exaltei os mortos...)

(e)

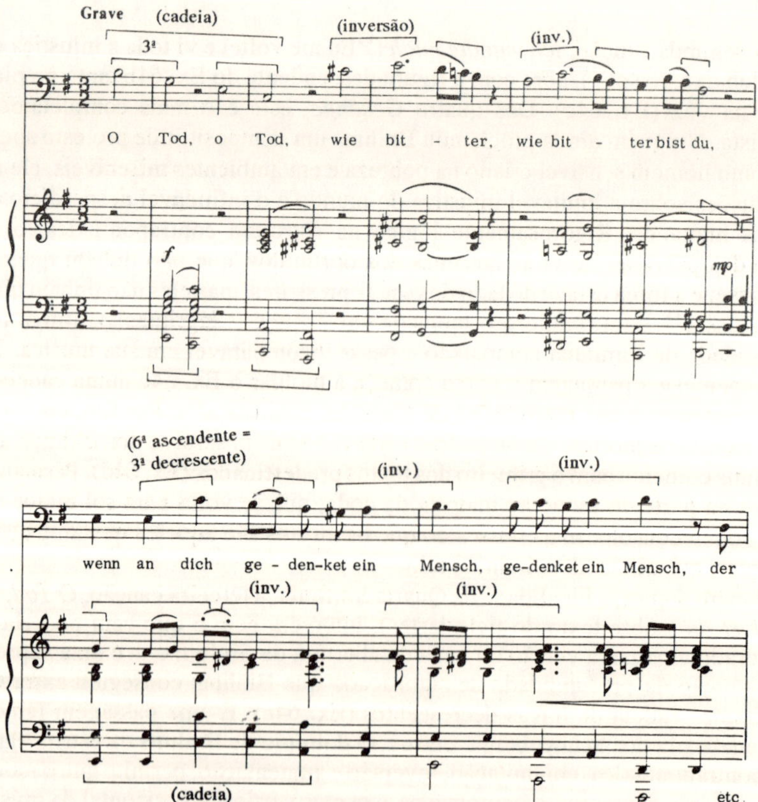

(Ó morte, ó morte, como és amarga quando um homem pensa em ti...)

figuração dessa canção não é tanto o exato palíndromo que tal coerência de motivos inspirou a um sucessor como Webern, mas é antes uma configuração em V, da qual a música de abertura forma o ramo descendente. A tonalidade se anima para mi maior e as terças decrescentes se tornam calmas sextas ascendentes, embora as terças ainda as mantenham unidas (Ex. 64f). A morte pode ser amarga para o homem vigoroso e próspero, mas para o velho que não antevê dias melhores ela é "bastante boa". A música, com sua lógica de motivos não-obscurecida, consegue achar consolo no pensamento e dá estóica aprovação.

Ex. 64
(f)

(Ó morte, ó morte, como és aceitável...)

A canção final, *Wenn ich mit Menschen und mit Engelzungen redete*, um arranjo do texto de São Paulo em I Coríntios, 13, é radicalmente diferente das outras três e às vezes tem sido considerada uma companhia inadequada — não porque seja mais fraca, mas porque não manifesta óbvios vínculos de motivos com elas e sua magnífica apóstrofe do Amor tem sido julgada em desacordo com esse contexto austero. Brahms tem sido acusado de não ter a coragem de suas próprias convicções pessimistas e proporcionar ao público um consolo comparativamente fácil (embora ninguém tenha acusado a canção em si de facilidade). Ele bem poderia ter retrucado que prover o consolo era um dever: a carência de conforto, tão inerente à condição humana e representada em *Ich wandte mich*, o impunha como um imperativo moral ao artista criador. Seja como for, essa ardente e almejante canção final confirma a tendência iniciada pelo Ex. 64f: a progressão depressiva e abatida das primeiras duas canções cede lugar a frases ascendentes e positivas. E, quanto à correspondência de motivos, a sexta ascendente inserida pelo Ex. 64f encontra dois ecos evidentes muito cedo na linha vocal, como um salto até as palavras vitais "fale" e "Amor", e esses saltos ocorrem em frases que são essencialmente cadeias de terças descendentes (Ex. 64g).

Reconhecidos todos esses pontos, *Wenn ich mit Menschen* ainda permanece um tanto à parte dos primeiros três *Gesänge* e provavelmente devido a razões que suscitam a questão das origens criativas do op. 121. Uma página de material

Ex. 64
(g)

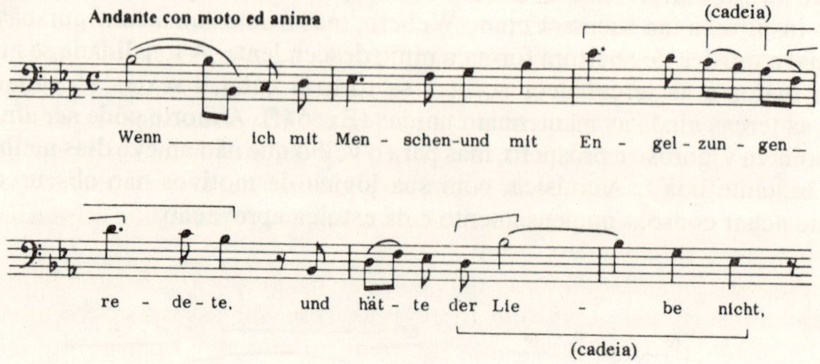

(Ainda que eu fale as línguas dos homens e dos anjos, se não tiver Amor...)

esboçado, associada ao manuscrito de Brahms, oferece pistas desconcertantes. Um dos lados contém o início de um movimento orquestral em pequena partitura, com algumas indicações de instrumentação, que alude a motivos conhecidos de algumas das canções, inclusive uma forma do Ex. 64e. O outro parece conter rascunhos para dois segmentos diferentes da quarta canção, mas cada um parcialmente para um texto diferente, isto é, um *Trauerlied* de Rückert e um poema de Heyse denominado *Nixe im Grundquell* ("A ninfa na primavera") cujas imagens relembram os Lieder das décadas de 1870 e 1880 associados a Elisabet von Herzogenberg — como *Sommerabend* (op. 85 n. 1), com sua imagem paralela de uma fada se banhando num riacho. Kalbeck acreditava que Brahms talvez tivesse esboçado arranjos desses poemas durante os anos em que se sentiu mais próximo de Elisabet e que, após sua morte em 1892, ele começou uma "cantata sinfônica" para voz e orquestra em memória dela, reelaborando os arranjos de Rückert e Heyse numa única canção para texto bíblico, provavelmente imaginando então os outros, e referindo-se a eles no movimento orquestral inacabado (que poderia ter sido um prelúdio). Por alguma razão a obra não avançou[32] até 1896, quando, sob a pressão da enfermidade de Clara Schumann, encontrou sua forma adequada nos *Vier ernste Gesänge*.[33]

Como quer que seja, é sem dúvida fascinante que Brahms tivesse recorrido a Lieder manifestamente seculares, mesmo a canções de amor, ao compor o exaltado arranjo de I Coríntios, 13. O *agape* grego, traduzido na Bíblia do Rei James como "caridade" — uma palavra que perde sua força a menos que tenhamos o espírito suficientemente clássico para lembrar a *caritas* do latim —, é vertido pela Bíblia luterana como um abrangente "Liebe". O amor que Brahms celebrara em toda a sua produção de canções foi sempre da espécie terrena e sua bíblia não traçava distinções entre *eros* e *agape*. Assim *Wenn ich mit Menschen* permanece uma canção de amor, uma canção para o próprio Amor como a única coisa que vale a pena ter, a única coisa tão forte quanto a Morte que tanto envolve os três *Gesänge* anteriores.

Talvez o segmento inicial da canção, com sua enérgica e almejante música em mi bemol, permaneça um pouco próximo demais do impulsivo arquétipo da canção de amor. Mas, enquanto avança, acumula estatura, alcançando plena *gravitas* no expansivo e intensamente misterioso segmento central em si maior, com os seus arpejos harpeados, "porque agora vemos como em um espelho, obscuramente (...)". A reflexão culminante de que "conhecerei como também sou conhecido" traz uma cadência de agoniada intensidade. Enquanto recomeça a música em mi bemol, muito mais ampla em tempo, a linha vocal se expande numa grande curva extática, o último florescimento, e um dos mais belos, do lirismo apaixonado de Brahms (Ex. 64h). A música semelhante a harpa reaparece, em mi bemol, levando a uma conclusão serenamente resplandecente, que afirma a excelência superior e duradoura do amor.

Essas canções assombrosas não têm par na produção de Brahms, porém resumem muito do que sua música representa. Têm sido às vezes denominadas o canto do cisne do Lied alemão, mas são também um novo começo, levando ao recurso da voz com piano uma concentração formal e profundidade filosófica de que muitas obras-primas vocais do século XX derivam sua ascendência. Além disso, como a última obra que ele publicou, elas ocupam uma posição poderosamente simbólica como premonições de sua própria morte e testamentos da fé (na humanidade, se não na Divindade) que sobrevive mesmo à descrença.

Entretanto houve tempo para mais uma obra, de significado comparativamente simbólico. Em maio-junho de 1896, em seguida à morte de Clara, Brahms se dedicou pela primeira vez em quase quarenta anos à composição para órgão e, em Ischl, se ocupou em escrever uma série de onze Prelúdios Corais. Embora os

Ex. 64

(h)

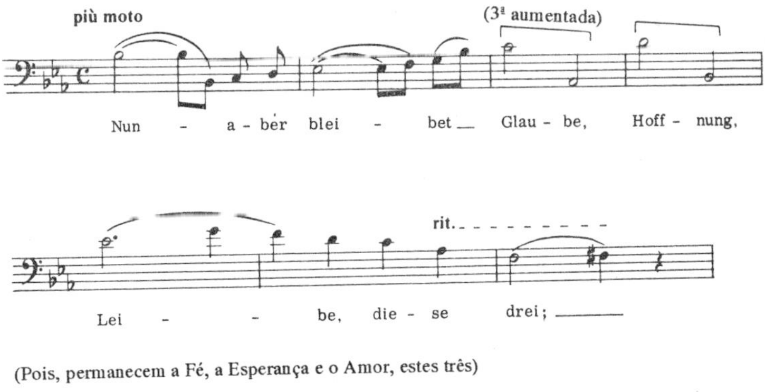

(Pois, permanecem a Fé, a Esperança e o Amor, estes três)

tocasse em particular (ao piano) para amigos como Heuberger, ele não fez qualquer esforço para editá-los[34] e seis anos decorreram antes que fossem postumamente publicados como op. 122. Talvez surgidos — como alguns dos anteriores *Klavierstücke* — do amor pela improvisação ao teclado com que distraía a solidão dos seus anos finais, eles são sua última e mais ampla identificação com o estilo barroco, sobre melodias profundamente enraizadas na cultura protestante alemã que tinha sido parte vitalícia de seu universo mental. Como os *Vier ernste Gesänge*, os Prelúdios formam vínculos com sua música coral anterior, porém muito mais estreita e especificamente com os motetos baseados no tratamento polifônico de melodias corais. Alguns deles harmonizam e ornamentam a melodia básica; os outros a utilizam como um *cantus firmus*, com prelúdios em fuga e/ou interlúdios sobre figuras derivadas do corale. Na tradição de Schütz, Scheidt, Pachelbel e sobretudo J. S. Bach, Brahms coloca a sua arte contrapontística, na forma mais pura e mais concentrada, a serviço de melodias que para ele representavam a eterna continuidade da própria música.

Mas não exatamente no espírito daqueles compositores. A fusão da disciplina polifônica barroca com a harmonia romântica, tão perfeitamente alcançada, que envolve essas peças num fulgor tão constante e ambíguo, assinala o trabalho de uma sensibilidade diferente — na realidade, uma sensibilidade profundamente cética. Faz com que se recorde do igualmente agnóstico Busoni, que já começara a lançar suas transcrições de Bach (e viria a transcrever alguns dos Prelúdios de Brahms para coincidir com sua primeira publicação). Entretanto, a atitude extremamente ambígua implícita no op. 122 é um desenvolvimento coerente do que pode ser percebido nos motetos de Brahms — e também nos *Vier ernste Gesänge*, já que mais da metade dos corais que Brahms selecionou tratam da perspectiva da morte. Enquanto para Bach, cujas técnicas (sobretudo do *Orgelbüchlein*) são ali tão freqüentemente recordadas, as melodias corais teriam sido símbolos de fé e a maneira de tratá-las um reforço artístico da doutrina cristã, Brahms parece antes considerá-las símbolos de um estado idealizado alcançável, se tanto, apenas na prática verdadeira da habilidade musical. Nesse sentido, os Prelúdios Corais constituem uma espécie de contrapartida, de "alta arte", do conjunto de *Deutsche Volkslieder* de 1894.

Dentro do grupo eles são de fato muito variados em característica e tratamento, estendendo-se de monumentais estruturas contrapontísticas neobachianas como o n. 1, *Mein Jesu, der du mich*, que prefacia cada linha do coral com uma nova exposição em fuga, até suaves miniaturas românticas como o famoso n. 8, *Es ist ein Ros entsprungen*, cujo atrativo é quase inteiramente harmônico, com a melodia enterrada dentro de uma voz interior. No n. 4, *Herzlich tut mich erfreuen*, cujo coral louva o "glorioso verão" em que Deus revivificará o Céu e toda a criação, captamos um último eco do ardoroso amor de Brahms pela natureza, expresso em padrões de arpejos decrescentes que recordam tessituras típicas dos *Klavierstücke*. O suavemente belo n. 5, *Schmücke dich, o liebe Seele* ("Adorna-te, ó alma"), é literalmente adornado com vozes polifônicas acrescentadas, que imitam a frase inicial totalmente em diminuição e inversão.

Um dos menos conhecidos da série, o n. 6, *O wie selig sind*, é também um dos mais pessoais, pois seu coral retorna ao *Requiem* com a mensagem "Bem-aventurados os mortos", e Brahms proporciona um fluxo ininterrupto de 12/8 pastoral, em contemplação de um estado paradisíaco que parece ser muito aproximadamente um Nirvana estático e incaracterístico. Em contraste, o n. 7, *O Gott, du frommer Gott*, se dirige aos vivos (o texto ora por saúde e consciência límpida) e é emocionalmente um dos mais intensos. Brahms cria uma forma bastante sólida e intricada cujo motivo temático saliente é uma figura suspirante de uma terça decrescente (e ocasionalmente ascendente). A princípio ela não é apresentada como elo numa cadeia, mas ecos da Quarta Sinfonia parecem estar presentes, assim como um tênue colorido frígio. Quando o Prelúdio passa à segunda metade com impressionantes acordes à maneira de trombone, uma cadeia surge no grave para proporcionar à música a sua impressão de severo mistério (Ex. 65) e se desenvolve de diversas maneiras dentro da trama cerrada da última página.

Ex. 65

Duas melodias corais são apresentadas duas vezes, em arranjos diferentes. Os n. 9 e 10 elaboram outra melodia em modo frígio, *Herzlich tut mich verlangen* ("Meu coração anseia por um fim bem-aventurado"), como um par nitidamente contrastado, o primeiro inflexivelmente contrapontístico, o segundo um estudo em veladas tessituras seráficas criadas por floreios de semicolcheias virtualmente contínuos e íntimas notas de pedal. Os n. 3 e 11 são baseados em *O Welt, ich muss dich lassen* ("Ó mundo, devo deixar-te"), o primeiro um amplo mas suavemente sereno arranjo polifônico que lembra o último movimento do *Deustches Requiem*. O n. 11, embora igualmente contrapontístico, é uma despedida sincera que cria os seus efeitos mais por meios harmônicos. Cada frase do coral começa densa e imponentemente no órgão total, apenas para se dissolver em mansa e cadenciada queda agonizante, sempre ecoada duas vezes, de um modo que sugere o desejo de se demorar, de profunda relutância em avançar para o fim.

Mas era realmente tempo de deixar o mundo e *O Welt, ich muss dich lassen* foi, com comovedora e talvez consciente adequação, a última música que Brahms compôs. Quer tenha ou não percebido como era breve o período que lhe restava antes que devesse defrontar pessoalmente o mistério da morte, nos Prelúdios Corais ele criara — em uma forma tão consagrada pelo tempo que era quase impessoal — um testamento incomparavelmente pessoal para sua habilidade, seu discernimento histórico e sua apaixonada crença no valor espiritual de sua arte.

O resto é silêncio. Não há indícios de que Brahms se envolveu em qualquer nova atividade criadora durante os meses de outono e inverno que lhe restavam. Se tinha planos para novas peças, não os mencionou; se fez esboços, cuidou de destruí-los. Aos sessenta e três anos estava velho cedo demais e talvez tenha pensado conscientemente nos Prelúdios Corais como uma obra final. Entretanto, se o câncer não tivesse intervindo, ele bem poderia ter sobrevivido ao período bíblico dos setenta anos — ou mesmo aos setenta e seis de Joachim, o que o teria tornado contemporâneo das primeiras obras expressionistas de Schoenberg. E, se tivesse vivido, seguramente teria continuado a compor. O op. 122, tão decididamente — até excentricamente — arcaico, não é um guia fidedigno para o seu futuro desenvolvimento. Com toda probabilidade, ele teria continuado a explorar a saturação de motivos e as estruturas cada vez mais concentradas e cerradas que encontramos nas últimas obras de câmara e nos *Ernste Gesänge*, mas sua música dificilmente se teria transformado na de Reger ou Schoenberg. Mesmo em sua época, Brahms, como compositor, era uma figura cada vez mais isolada. Sem dúvida ele teria parecido cada vez mais assim nos primeiros anos do século XX, mas o seu compromisso com os seus ideais de composição jamais teria vacilado.

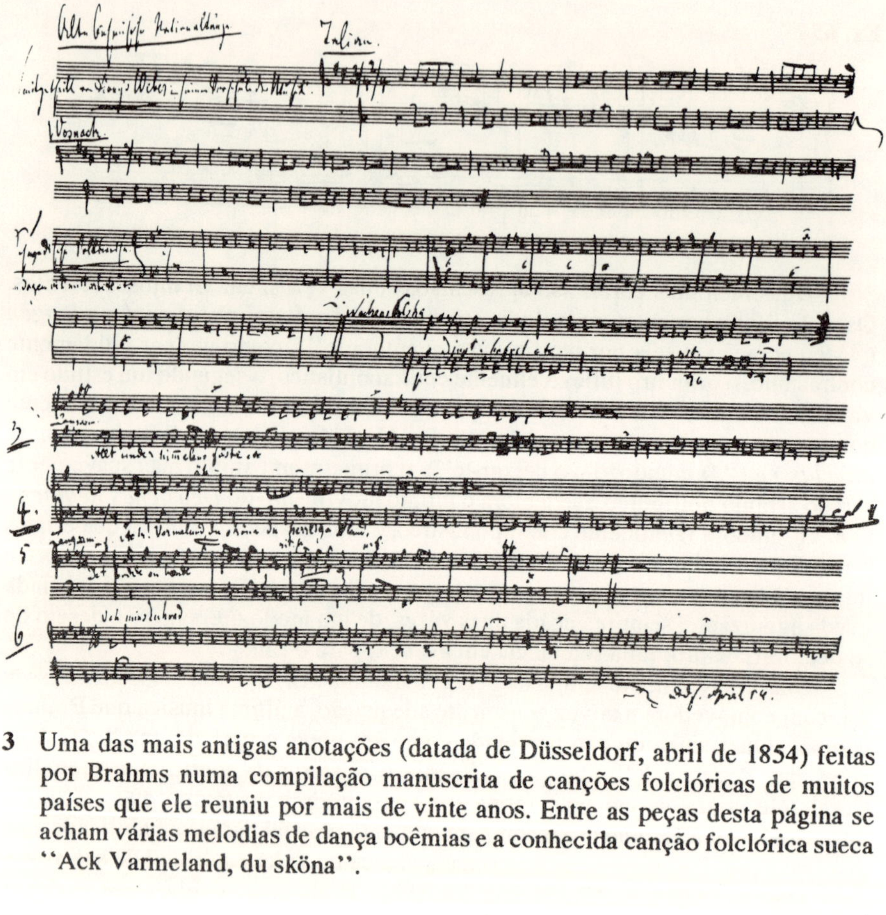

3 Uma das mais antigas anotações (datada de Düsseldorf, abril de 1854) feitas por Brahms numa compilação manuscrita de canções folclóricas de muitos países que ele reuniu por mais de vinte anos. Entre as peças desta página se acham várias melodias de dança boêmias e a conhecida canção folclórica sueca "Ack Varmeland, du sköna".

12

Música e *Menschenbild*

Eu falo por meio da minha música. A única coisa é que um músico inferior como eu gostaria de acreditar que ele era melhor do que sua música.

Carta a Clara Schumann, setembro de 1868

Em sua opinião, Brahms era um compositor autodidata. Apesar do prodigioso talento inato, afiado pelo treinamento intensivo proporcionado por Marxsen em determinados aspectos da técnica,[1] o jovem Brahms se sentia dolorosamente privado de uma cultura musical geral. Muitos anos depois ele comentou com Richard Heuberger que Schumann, Wagner e ele mesmo tinham sido obrigados a descobrir os próprios (e absolutamente separados) caminhos para a mestria porque careciam do tipo de educação estrita em uma tradição viva que Mendelssohn, por exemplo, adquirira com Zelter em Berlim, ou os seus contemporâneos franceses no Conservatório de Paris, sob a poderosa égide de Cherubini. Os ávidos estudos de música antiga e técnica pré-clássica que Brahms empreendeu na década de 1850, embora tenham firmado as predileções de uma vida, começaram como um curso desesperado de auto-aperfeiçoamento. É assim um erro fundamental imaginar Brahms como um compositor de instintos "conservadores" que desejava fazer o relógio voltar ao método dos mestres passados. Seus instintos eram românticos, mas Brahms precisava dos conhecimentos deles imediatamente para que pudesse ser um compositor melhor.

Como resultado, sua música estava impregnada de uma percepção da história mais forte do que a de qualquer compositor antes dele; na realidade, de uma percepção qualitativamente diferente, que era produto de sua época, em que a pesquisa e a comparação sistemáticas de culturas passadas se tornaram, pela primeira vez, uma significativa atividade intelectual em si mesma. Brahms está continuamente voltado para a música de tempos antigos — não só pelos efetivos aspectos técnicos, mas também com uma generalizada paixão romântica pelo passado como uma fonte de sabedoria, de emoção primordial e de harmonia espiritual.

Havia um componente de simulação nessa identificação com o passado. Quando ele redigiu as normas do Frauenchor de Hamburgo na linguagem macarrônica de um teórico do século XVIII como Mattheson, isso foi uma galhofa arqueológica. Quando esmeradamente copiou e desenhou as letras do manuscrito do *Geistliche Chöre* a fim de parecer uma edição do século XVII, com designações latinas arcaicas dos expedientes canônicos ali utilizados, pode-se ver o jovem músico desempenhando o papel, à maneira hoffmanniana, de ser um compositor renascentista. O componente nunca desapareceu de todo: de fato, poderíamos afirmar que os Prelúdios Corais do op. 122 são a mais perfeita "personificação" dos estilos barrocos que ele chegou a realizar.

Em geral, porém, a utilização que Brahms faz do passado é "moderna" no âmbito eclético e na liberdade de referência — seja revivendo formas "arcaicas" como a passacale ou o prelúdio coral em novos contextos estruturais e expressivos, aplicando "antigos" métodos polifônicos a material moderno, usando temas barrocos ou clássicos como bases para variação, seja indiretamente relembrando ou imitando temas específicos ou modelos formais a partir de seu incomparável conhecimento da tradição desde Schütz a Schumann. Sua célebre réplica mordaz — "*Das seiht jeder Esel!*" (Qualquer burro pode ver isso!) — quando lhe chamaram a atenção para a "semelhança" do tema final de sua Primeira Sinfonia com o da Nona de Beethoven, não era um repúdio à conexão, mas aborrecimento com a mentalidade que via em tais semelhanças meramente plágio ou falta de originalidade, que não era capaz de enxergar mais profundamente, no sentido da contínua rede de alusão e divergência com que a música de Brahms se liga à estrutura da tradição, referindo-se e tomando como fonte os exemplos de grandes predecessores e proclamando a sua individualidade pela utilização diferente de vocabulário conexo ou soluções diferentes para problemas conexos. Na sua obra, muito da história da música se recapitula — mas também é transformado.

As formas e os gestos consagrados pelo tempo surgem então de diferentes premissas, para articular novas ordens de material e as preocupações de uma cética e indagadora sensibilidade de meados do século XIX. A harmonia de Brahms podia ser tão cromaticamente complexa quanto a de Wagner, embora em geral atingida a partir de uma base mais diatônica, e sua maneira de tratar a tonalidade em formas de grande escala raramente satisfaz as expectativas tradicionais. Numa época em que a interação da linha fora subordinada à progressão dos acordes como principal agente da definição harmônica — e quando formas mais sutis de organização rítmica tinham sido subordinadas ao acento regular do tempo mais forte — o estudo feito por Brahms da música antiga o levou a criar uma tessitura polifônica enriquecida em que cada voz contrapontística tinha uma independência ampliada e existência própria. O seu êxito nisso se devia à plasticidade de seu talento melódico e, sobretudo, ao sutil e tão penetrante domínio do ritmo para salientar contrastes de linha ou alteração de compasso. Assim ele era menos um clássico renascido do que "o primeiro dos modernos", o iniciador daquela pressão pela absoluta liberdade polifônica que se tornou tão grande preocupação de Schoenberg e outros compositores do século XX. O próprio Schoenberg, em seu ensaio "Brahms, o progressista", não tinha dúvidas de que "o progresso em direção a uma linguagem musical irrestrita" foi iniciado por Brahms.

A individualidade de Brahms talvez seja mais nitidamente sentida, mesmo ao primeiro contato no seu tratamento do ritmo como uma área musical distinta, igual em importância à melodia e à harmonia. Mesmo as primeiras obras publicadas exibem, sobretudo nos movimentos rápidos, um perfil rítmico fortemente individual e predileções — notavelmente por formações em tercina fortemente enfatizadas e pela energia extraída do ritmo cruzado e da hemiólia — que persistiram ao longo de toda a sua evolução criativa. De fato a vitalidade rítmica característica da música de Brahms seguramente provém de um novo equilíbrio entre as pulsações regulares de tempo e de compasso e os elementos musicais que podem ser opostos a elas. Ao mesmo tempo que alcançava maturidade criativa, ele adquiria e absorvia um impressionante arsenal de expedientes (muitos descobertos na polifonia pré-barroca) para aumentar a variedade e o interesse rítmicos — que se estendiam de pequenas modificações de pulsação a complexas superposições polirrítmicas ou diversidades de acento destinadas a confundir o ouvido, devido a necessárias razões de ambigüidade local ou estrutural, a respeito de onde a batida realmente incide.

Esses expedientes incluem, obviamente, a combinação de ritmos triplos com duplos dentro de uma linha melódica, ou a sua superposição para criar polirritmos de três contra dois ou três contra quatro (ver o Ex. 9, das Variações sobre uma Canção Húngara, para exemplos simples de ambos; uma utilização melódica mais complexa é o Ex. 24, a abertura do Quarteto para piano em lá maior). Há uma grande variedade de mudanças de acento, algumas das quais podem ser classificadas sob o título geral de síncope (deslocamento do acento forte, por pausas ou ligaduras ou fraseado, para tempos leves ou tempos fracos do compasso: ver o Ex. 1b da Sonata para piano n. 1, ou o Ex. 1 da Balada, op. 10 n. 3) — e outras, que se desenvolvem das combinações triplas/duplas, sob o título geral de hemiólia (a substituição de dois tempos por três, por exemplo pela interação de uma batida 3/4 implícita contra uma 6/8 regular, ou 3/2 contra uma 6/4 regular; ou fraseando sobre a linha do compasso, por exemplo, três mínimas sobre dois compassos de 3/4; ou por mudanças explícitas de metro, por exemplo, de 6/8 para 2/4, como no scherzo do Quinteto com piano, ver o Ex. 25j e k). A escrita canônica e outras formas de contraponto imitativo habitualmente envolvem ambigüidade de acento quando uma voz obscurece outra em algo que não seja um intervalo de um compasso inteiro, como na abertura do moteto *Warum ist das Licht gegeben?*, Ex. 43a. Há expansões ou contrações de ritmo por meio de indicações de compasso variáveis (por exemplo de 6/8 para 9/8); e deslocamentos rítmicos, por exemplo a antecipação uniforme do tempo (ver o início do scherzo do Quinteto com piano, Ex. 25i, em que o primeiro violino está sempre uma colcheia à frente do tempo). Encontram-se exemplos de padrões de acompanhamento de tempo fraco; disposições rítmicas irregulares; repetições de frases em relações mutáveis com o tempo predominante, onde o metro pode ser claramente percebido mas o comportamento dos elementos temáticos apresenta contradições a ele (comparar os compassos 7-8 com 9-10 do Ex. 18, o primeiro tema da Serenata em ré maior, para um caso muito simples). Além disso, há frases melódicas que são irregulares (digamos de cinco compassos em vez dos quatro normais, como no tema em chacona da última das Variações sobre um Tema de Haydn, Ex. 34e), ou são irregulares com relação ao metro escolhido, tal como uma frase de cinco tempos em batida 3/4, ou uma frase de três tempos em 2/4; e mesmo em frases tão adaptadas dentro do fluxo da linha melódica que se mostram simultaneamente avançadas e atrasadas, talvez ecoando ou parecendo concluir um período melódico anterior mesmo quando iniciam um novo (um exemplo óbvio é o tema do movimento lento do Quarteto de cordas n. 2, Ex. 33b, de que Schoenberg forneceu uma célebre análise, ilustrando sua profusão de tais aspectos).

Brahms não inventou nenhuma dessas técnicas (é notável quantas delas Schoenberg conseguiu remontar a Mozart, popularmente julgado o expoente supremo do fraseado de equilíbrio clássico). Mas esse amplo emprego delas em tantas circunstâncias de composição ao longo de toda a extensão de sua produção foi incomparável e deu uma nova importância à dimensão rítmica da música, exatamente no momento em que, sob o impacto de Wagner, o aspecto harmônico estava se tornando todo-poderoso e começando a tender para um estado de saturação cromática. Se é possível falar em uma "tessitura rítmica" (criada por meio de intensidade, acento, metro, fraseado, pulsação harmônica e temática), então a de Brahms é mais livre, mais flexível, mais multifacetada e pronunciadamente ambígua do que a de qualquer outro compositor antes dele — provavelmente qualquer compositor desde então.

A sua maneira de tratar a harmonia, e por meio da harmonia a tonalidade, é também uma mescla sutilmente individual de elementos antigos e novos. Os seus estudos de música antiga e canção folclórica lhe proporcionaram um gosto pelos modos arcaicos diferentes dos tons maiores e menores diatônicos e estes freqüentemente podem colorir movimentos inteiros — não necessariamente por si mesmos, mas como um realce e meio de modulação acrescentado dentro de um estilo harmônico tão complexo quanto qualquer um na segunda metade do século XIX. O movimento lento da Quarta Sinfonia, com sua justaposição de mi maior ortodoxo contra o modo frígio em mi — cuja supertônica achatada, fá, atrai para a órbita de mi a tonalidade distante de fá maior (a chamada relação "napolitana") —, é apenas o caso mais célebre dessa tendência. É importante observar que a ambigüidade de modo e tom no início desse movimento (ver p. 313) não é, para Brahms, uma mera sensação harmônica local. Ela tem conseqüências estruturais de longo alcance, em nenhuma parte tão intensamente quanto nos seus compassos finais, e o surgimento dessa ambigüidade é preparado por ambigüidades anteriores no movimento precedente e tem conseqüências para os movimentos que se seguem.

Para Brahms, assim como para todos os grandes compositores clássicos, a harmonia e a tonalidade incidiam diretamente sobre a forma, mas a sua predileção pelo emprego de tons e áreas tonais "remotas" freqüentemente tem efeitos mais extensos do que eles extraíam daí. Um ótimo exemplo é a Sonata para violoncelo em fá maior, op. 99. Como observei na p. 296, o adágio dessa obra é em fá sustenido maior, um salto espantoso do término em fá maior do primeiro movimento. Mas de fato esse tom "distante" (registrado enarmonicamente como sol bemol no finale) se apresenta significativamente em todos os quatro movimentos e é levado a variadas relações napolitanas com a tonalidade principal, pela utilização de formas alternantes maiores e menores tanto de fá tônico quanto do próprio fá sustenido. Nenhum compositor tinha mais consciência de que na música o contexto é tudo. Brahms gostava muito da dualidade ou justaposição de modos maiores e menores, de ligações napolitanas (semitonais) e também de relações por terças, e apreciava utilizá-las como agentes de ambigüidade tonal, em que o sentido de tom flutua ou é suscetível de mais de uma interpretação com respeito às passagens que o cercam.[2] No começo do Segundo Sexteto de cordas, por exemplo, as persistentes inflexões semitonais criam um matiz em sol menor para a tonalidade nominal em sol maior e parecem estabelecer um equilíbrio com a sua submediante achatada, mi bemol. Tais ambigüidades tonais poderiam ser comparadas às ambigüidades rítmicas de Brahms e tanto estas quanto aquelas ligadas à sua elaboração dos motivos e da temática, em que — como nos exemplos que dei da Primeira e da Segunda Sinfonias e do Quinteto para clarineta — se permite que temas de movimentos posteriores sejam tanto "eles mesmos" quanto transformem ou aludam a material de movimentos anteriores. Podem ainda ser relacionados a ambigüidades estruturais de grande alcance, como a união de sonata e princípios de variação, de diferentes maneiras, em toda a Sinfonia n. 4. De fato, a cada nível do estilo maduro de Brahms se depara com toda uma série de ambigüidades fascinantes. Nenhuma delas resulta de imprecisão em seu pensamento: são agentes de duplo e às vezes triplo significado e uma razão fundamental da inacreditável riqueza de sua música, pela qual suas obras produzem novo significado mesmo após muitos anos de conhecimento. E, num certo sentido, elas parodiam sua posição na história, entre o passado e o futuro. Manifestamente, Brahms é um compositor intensamente "tonal", que utiliza a hierarquia clássica de relações tonais com uma força e confiança raramente ouvidas desde Beethoven. Ele não mina a harmonia triádica com cromatismo à *Tristan*; porém, ao modificar sua função para obter multiplicidade de significado ou para servir aos propósitos de sua elaboração temática muito ampla, sugere novos princípios de coerência. (Na verdade, é Brahms, e não Schoenberg, que deve ser classificado como o "revolucionário conservador".)[3]

Isso é especialmente verdadeiro quando ele permite que um motivo do começo de uma obra tenha repercussões ao longo de sua estrutura: todas as quatro Sinfonias fornecem exemplos disso ao nível temático. O papel do semitom ré bemol—dó, reconstituído ao longo da minha discussão do Quinteto com piano, influencia também os acontecimentos tonais em grande escala. A utilização mais extensa de um motivo nos âmbitos temáticos e tonais é vista na Quarta Sinfonia, mediante o papel que Brahms atribui à cadeia de terças descendentes.

Um grande livro está à espera de ser escrito sobre "Brahms e a terça": o seu fascínio por esse elemento extremamente básico da tonalidade diatônica — como intervalo melódico, como harmonia por si mesma e na construção de harmonias mais complexas, como agente de relações dos tons — pode ser reconstituído ao longo da obra de sua vida, do op. 1 ao op. 122, e a maneira como o trata é desconcertante em variedade e engenhosidade. A duplicação de uma linha melódica em terças, muitas vezes reduplicada em uma oitava mais alta ou mais baixa, está entre as mais características fontes de vivacidade em sua instrumentação orquestral; terças altas contra quintas ou oitavas baixas acrescentam uma fria austeridade às suas tessituras de teclado, como no Ex. 10.

Movimentos inteiros são muitas vezes relacionados por mudanças de uma terça: uma trivialidade no pensamento estrutural clássico mas suscetível de efeito surpreendente quando, por exemplo, a relação é por uma terça *maior* numa obra em tom *menor*. O exemplo do Concerto para piano em dó menor de Beethoven, com seu avanço admiravelmente impressionante até mi maior para o movimento lento, manifestamente influiu no pensamento de Brahms — de fato a relação é imitada pelo seu Quarteto com piano, que atinge um movimento lento em mi maior após não um mas dois movimentos em dó menor. O acento igualmente ousado de Beethoven sobre lá bemol em seu finale (uma terça maior abaixo de dó, como mi estava uma terça acima) também é aludido no finale de Brahms pelo pedal em lá bemol que antecede a introdução do segundo tema.

Entretanto, o que parece ter tido significado especial para Brahms eram as especiais propriedades tonais e de colorido da formação para que freqüentemente chamei a atenção em capítulos anteriores — terças dispostas em cadeia descendente. Se alguma obra isolada demonstrou a ele o poder construtivo com que esse material poderia ser tratado, provavelmente foi a Sonata *Hammerklavier* e, de fato, a seção de desenvolvimento do movimento lento de Beethoven projeta, como uma conseqüência natural de sua elaboração, o tema inicial da Sinfonia n. 4 de Brahms. Na *œuvre* de Brahms, a idéia de "cadeia" surge muito cedo como um tema em si mesmo: o motivo inicial do movimento lento da Sonata para piano em fá menor (Ex. 4a) extrai sua matizada beleza de arco-íris exatamente dessa configuração.

Entretanto, desde o início, Brahms pensou nisso tanto harmônica como melodicamente — o que o levou à idéia de uma cadeia de tonalidades. Um de seus efeitos modulatórios mais poderosos e mais característicos é justapor uma vigorosa seqüência de tríades que descreve uma sucessão de tons maiores, cada um uma terça descendente separada — em geral com um componente de movimento contrário, o perfil melódico da música se elevando mais. O Ex. 66 cita quatro exemplos, todos (talvez significativamente?) de finales. O da Primeira Sonata para piano (ex. 66a) demonstra como a modulação está presente mesmo nas primeiras obras de Brahms e ocorre no contexto de desenvolvimento do tema a princípio citado como Ex. 1b, acrescentando amplitude tonal a seu vigor semelhante ao de scherzo, embora limitado a uma cadeia de três tons, dó-lá-fá. O Ex. 66b, da coda do Primeiro Concerto para piano, é uma utilização notável dessa fórmula em triunfo viril, a cadeia ampliada (no ritmo do primeiro compasso do tema de rondó do Ex. 17b) para quatro graus, dó-lá-fá-ré, para cadência na tonalidade tônica da obra. O Ex. 66c, pouco antes da coda do Concerto para violino, obtém o mesmo tom por uma seqüência de cinco graus, mi-dó-lá-fá-ré, enquanto desenvolve o principal tema do final num estado de culminante regozijo. Por último, o Ex. 66d, dos compassos finais da Sonata para violino em sol maior, utiliza a fórmula para obter um efeito de sereno enlevo, sol-mi-dó.

O que mais particularmente deve ter atraído Brahms na "cadeia de terças" foi o fato de ela ser um símbolo tão profundamente ambíguo da estabilidade tonal. Um único grau de uma terça apresenta o núcleo, maior ou menor, de uma tríade diatônica; dois graus atravessam a tríade para a sua quinta, dando a relação tônica-dominante pela qual um tom se define. Entretanto, três graus dão uma sétima maior ou diminuída, agentes de dissonância e mudança tonal, e outros graus conduzem a nonas, décimas primeiras, décimas terceiras — dissonância cada vez mais rarefeita e sensação cada vez mais tênue de tonalidade dirigida. O fato de esse graus serem para baixo aumenta sua ambigüidade: a base de sua harmonia global não é ouvida no começo mas constantemente esperada como o tom final na série descendente, e quanto mais longa a série, mais fraca a atração gravitacional da base. Teoricamente a escada de terças é infinda — ou melhor, em termos musicais, poderia abranger todos os doze diapasões da escala cromática sem repetição (como Liszt utilizou uma de terças ascendentes na sua Symphonie *Faust*). Não é necessário, e em geral Brahms utiliza uma forma mais moderada, quando (se ele chega a tanto) os diapasões começam a repetir na oitava nota, após atravessar duas oitavas. Mas mesmo um segmento de quatro ou cinco graus da cadeia é suficiente para inserir ambigüidade de tom, a impressão de moto-contínuo tonal.

Ex. 66

(a)

(b)

Os principais exemplos de utilização da cadeia de terças para determinar a melodia, a harmonia e mesmo a estrutura mais extensa se acham naturalmente na Quarta Sinfonia (Ex. 53) e nos *Vier ernste Gesänge* (Ex. 64): mas seqüências de terças existem em profusão em toda a produção de Brahms, muitas vezes ligadas a específicas imagens verbais em canções e música coral. As suas ocorrências nos *Ernste Gesänge*, sobretudo no Ex. 64d e e, levaram vários comentaristas, destacadamente Peter Latham no anterior *Brahms* de "Mestres da Música", a se referir a um "Motivo da Morte", invocando em apoio as terças decrescentes que ocorrem na canção *Feldeisamkeit*, op. 86 n. 2, em que o poeta se compara a alguém que já morrera há muito; em *Mit vierzig Jahren*, op. 94 n. 1, onde ele fala dos anos

(c)

(d)

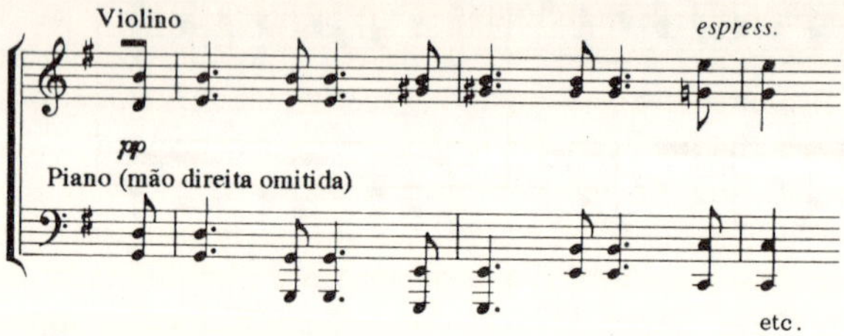

(Ver também o Ex. 54b)

declinantes da vida; e em *Nänie*, nas palavras "pois o belo se desvanece, pois o perfeito deve morrer". O arranjo de canção folclórica *Es reit ein Herr und auch sein Knecht*, de 1894, poderia ser citado como mais um exemplo: mas na realidade a cadeia de terças ali vista é comparativamente dissimulada quando a morte do Cavaleiro é descrita — é mais evidente no começo da canção (citado como Ex. 22b), aparentemente para criar uma atmosfera fatídica.

Na realidade, se os versos de Sternau que prefaciam o movimento lento da Sonata para piano em fá menor forem tomados pelo valor nominal, então o Ex. 4a se destina apenas a evocar a imagem do luar. A coincidência de terças decrescentes e luar é novamente encontrada, muito mais tarde, no arranjo de *Mondenschein* de Heine (op. 85 n. 2) — e, embora o tom do poema seja angustiado, as terças aí ecoam uma cadeia na canção de Heine imediatamente anterior, *Sommerabend*, em que uma bela fada (possivelmente Elisabet von Herzogenberg, para a imaginação de Brahms) se banha num riacho, os braços e o pescoço tremeluzindo no resplendor lunar.[4] Evidentemente as passagens sem texto citadas no Ex. 66 nada têm a ver com morte, embora se gravem na mente com força quase simbólica, e nada têm a ver as extraordinárias cadeias de "modulação infinita" por terças decrescentes nas seções de desenvolvimento dos finales do Quarteto com piano em dó menor (ver Ex. 37b) e do Trio com clarineta. Aí, seguramente, Brahms emprega a cadeia como um agente ou imagem de desestabilização, de mudança. De fato, mesmo em algumas das suas associações textuais ela pode representar a mudança como tal, transformação de estado espiritual, uma reviravolta na roda da vida, mais do que particularmente a morte. A "imperceptível encosta declinante" em *Mit vierzig Jahren* conduz por implicação à morte, mas é a encosta, a mudança de subida para descida, que Brahms ilustra. E a terça descendente como uma figura obsessiva na canção seguinte do op. 94, *Steig auf, geliebter Schatten*, é de fato ambígua: o poema se dirige ao fantasma de uma mulher, que ainda pode revigorar o ânimo de seu amado como fazia quando estava viva — e ele lhe pede que infunda energia em sua alma, que o faça jovem novamente. Mudanças de vida, estados alterados (com a morte como a maior alteração), a transcendência, a transitoriedade, talvez até por paradoxo um símbolo da Eternidade, variavelmente invariável: parece que as terças descendentes de Brahms podem ter significado tudo isso para ele.

Ele deixa para nós resolvermos essas coisas por nós mesmos. Numa época em que a descrição poética de todas as espécies era habitualmente aplicada à música (Shumann até proporcionou interpretações pitorescas dos Prelúdios e Fugas do *Wohltemperierte Klavier* de Bach, como se fossem peças de gênero românticas), Brahms foi quase único em não ter confiança na metáfora extramusical para sugerir sua intenção. Na realidade, ele às vezes comentou que em geral a música não lhe sugeria imagens pictóricas ou literárias (embora o processo oposto manifestamente ocorresse com a poesia que inspirou suas canções e música coral). Apesar disso, ele tolerava com aparente tranqüilidade as interpretações metafóricas de Clara, Elisabet von Herzogenberg, Kalbeck e outros, e ficou muito encantado com as águas-fortes que as suas obras inspiraram a Max Klinger, com as suas harpas, liras, esfinges, nereidas, golfinhos, águias, litorais juncados de penhascos, pianos de cauda e figuras masculinas nuas.

Mesmo quando os arranjos de poesia ofereciam deixas, as canções de Brahms se aproximavam mais da música instrumental na sua maneira de tratar um texto do que as de qualquer outro grande compositor do século XIX. O estilo dos últimos Lieder permitia fácil transferência a sonatas para violino, assim como o inicial Trio em si maior podia acomodar adaptações instrumentais de canções de Beethoven e Schubert. Sua atitude é a antítese da de Hugo Wolf, cujas canções — sob a influência de Wagner — se esforçam para salientar cada palavra significativa do poema por meio de harmonia sobrecarregada e uma linha vocal que é a apoteose da recitação exagerada. Brahms também não tentou a síntese miraculosa de música e sentido poético alcançada por Schumann. Poderia ser argumentado que o seu gosto literário era inferior ao de ambos, mas ele preferia poemas cuja expressão de uma emoção predominante, enunciada ou não em palavras de primeira ordem, fosse forte o bastante para permitir o desenvolvimento dessa emoção e música que fluísse livremente segundo seus próprios ditames. Em sua ligação com as formas estróficas, variedade formal mais do que variedade dramática, e com a melodia lírica por si mesma, ele é o sucessor natural de Schubert, "fundindo estilo elevado com sentimento popular", na expressão de Eric Sams. A identificação de Brahms com os estilos da canção folclórica confere integridade adicional às áreas "populares" da sua produção e, como salienta Sams, canções como o *Wiegenlied* para Bertha Faber se tornaram "canções folclóricas" durante sua própria vida.[5]

As canções demonstram que a raridade de correlatos conscientes poéticos ou pictóricos em sua música certamente não excluem a presença e o desenvolvimento de emoção poderosa, ou simbolismo pessoal de caráter musical, tal como aquele sugerido na minha discussão do uso por Brahms das terças decrescentes.

Quando ele disse a Clara: "Eu falo na minha música", evidentemente estava falando a sério. Ele também escreveu a ela, em 1893:

> Sinto que posso estar sempre confiante no seu interesse pela minha música e na afinidade com ela. Mas o artista não pode e não deve ser separado do homem. E, em mim, acontece que o artista não é tão arrogante e suscetível quanto o homem, e este tem apenas pequeno consolo se não se permite que a obra daquele amplie os seus pecados.

Quase duas décadas antes ele comentara, em conversa com Henschel:

> Como há poucos homens verdadeiros no mundo! Os dois Schumanns, Robert e Clara, são os dois verdadeiros e belos *Menschenbilder*. Conhecimento, realização, poder, posição — nada pode valer mais do que isso: ser um belo *Menschenbild*.

O termo *Menschenbild* é indiscutivelmente um conceito romântico que Henschel traduz de forma literal como uma "imagem de homem", mas com que Brahms provavelmente queria indicar um modelo da humanidade no que ela tem de melhor. Se "nada podia valer mais" do que aquilo como objetivo, segue-se que mesmo ser um grande compositor não era sucedâneo para a integridade moral do *Menschenbild* e explica o comentário de Brahms a Clara de que desejava "acreditar que ele era melhor do que a sua música". Essa atitude era diametralmente oposta à de um compositor como Wagner e de muitos artistas criativos até hoje que, sem ter o que mostrar além de seu gênio, atravessam desembaraçados uma vida considerada como lhes devendo aprovação e sustento em razão de seu gênio.

"Arrogante e suscetível" Brahms pode ter sido, mas não devido às suas realizações musicais, sobre o que ele parece ter sentido pouca insegurança. As suas falhas de caráter, se é que se pode denominá-las assim — sua ocasional rispidez, taciturnidade, aparente desconsideração e abandono à melancolia, que podiam constranger tanto velhos amigos quanto estranhos —, provavelmente se originam daquele "egocentrismo" que já em 1854 Joachim diagnosticou nele: o ensimesmamento e a inabilidade social que faziam com que recuasse da completa entrega emocional em um relacionamento, protegesse ciosamente sua independência pessoal e raras vezes revelasse seus sentimentos mais profundos. Ele parece ter aceitado o fato de às vezes ser incompreendido como o menor de dois males: "É fácil atribuir todos os tipos de motivos a um homem que não tem grande entusiasmo por responder e explicar", ele escreveu sobre si mesmo a Joachim, em 1873.

Provavelmente essa reserva resultava de um temor de desgosto emocional. No campo das relações humanas ele nitidamente se esforçava por ser um homem bom, ao mesmo tempo que dolorosamente cônscio de que era um homem imperfeito. O grupo dos Schumanns e de Joachim às vezes parecia muito pedante nas suas atitudes de dedicação artística: o veredicto de Clara sobre Anton Rubinstein (de quem ela gostava pessoalmente) era "O que lhe falta acima de tudo é a sagrada seriedade". Aparentemente Brahms concordava — ele preferia o homem Rubinstein ao compositor Rubinstein — mas a expressão "sagrada seriedade" provavelmente não era do tipo que escaparia de seus lábios. Ele apenas achava que Rubinstein não se preocupava muito com as suas composições.

Brahms nunca foi homem de fazer julgamento moral sobre outras pessoas, mas suas ações na vida cotidiana demonstravam um elevado idealismo moral. Ele parece ter-se julgado pelos padrões mais rígidos, ao passo que encarava de forma branda e complacente o comportamento dos outros. A despretensiosa frugalidade de seu estilo de vida, a indiferença à convenção social ou às divisões de classe, o amor pelas crianças, a irrestrita generosidade com o dinheiro — que se estendia mesmo a mendigos, e muitas vezes anônima quando envolvia os amigos —, até a concisão e irregularidade da maior parte de sua correspondência, tão nitidamente funcional e escrita às pressas, sem cogitação da posteridade:[6] tudo isso atesta a simplicidade básica e a retidão dos seus princípios pessoais. Foi o reflexo dessa atitude que tanto o encantou no pintor Adolph von Menzel, a quem apoiou em seus últimos anos. "O que gosto nele", em fevereiro de 1896 Brahms escreveu a Clara:

> (...) é que é o único dos nossos homens célebres que vive na mais humilde situação burguesa. Os aposentos dele não têm a metade da altura ou do tamanho dos seus, e você nunca viu um ateliê mobiliado com tão suprema simplicidade. A vitalidade e *joie de vivre* desse octogenariozinho certamente a divertiriam. Quando estou em Berlim, por volta da meia-noite ele sempre vem até a minha hospedaria ou onde quer que por acaso eu esteja — Joachim e outros gostariam de fazer o mesmo!

Brahms apreciava a *joie de vivre*, disfarçando até os seus pensamentos mais sérios em seca espirituosidade ou ironia autodepreciadora, e as suas cartas pouco têm da formalidade das de Clara ou de Joachim. Além disso é notável que numa época tão religiosa o seu comportamento ético pareça não ter tido base especificamente religiosa. Seu conhecimento das Escrituras era profundo e sutil. Interessava-se por temas teológicos e gostava de debatê-los com pessoas como Reinthaler e Spitta, porém a Bíblia parece ter-lhe fornecido apenas modelos e normas de comportamento humano, e na sua vida diária não há vestígio de crença especificamente cristã ou mesmo qualquer tênue sentido de uma vida futura. Ele compartilhava o agnosticismo estóico — tão poderosamente expresso em *Schicksalslied* e em *Gesang der Parzen* — com Clara: na sua volumosa correspondência, mesmo quando ela estava acossada pela tragédia doméstica, nunca há uma menção à religião.[7]

Ele era antes bastante orgulhoso das suas tendências "pagãs", embora elas entristecessem alguns dos seus amigos ortodoxos. "Um homem tão generoso! Uma alma tão generosa!", lamentava-se Dvorák, com pura piedade católica, "E não acredita em nada!" Isso não era totalmente verdadeiro. Ele acreditava nos melhores aspectos da humanidade — em *Menschenbild* — e no poder da música para lhe conferir expressão transcendente e autônoma. Os comentaristas do final do século XIX e do início do século XX que tentaram descobrir um espírito de consolo cristão no *Requiem* e em *Schicksalslied* não estavam portanto inteiramente errados: o consolo se encontra ali, mas é humano, e não espiritual, destinado a este mundo e não ao próximo. O senso religioso de Brahms não era mediado pelo mito cristão e pelas convenções da religião ortodoxa. Paradoxalmente, isso aumenta sua importância como compositor religioso, pois essa mesma fé "terrena" é muitas vezes expressa mais intensamente nos arranjos de textos bíblicos, que ele nitidamente prezava como fonte de sua cultura nacional e compreendia como metáforas da difícil situação humana.[8] O exemplo supremo são os *Vier ernste Gesänge*, que proclamam com tão suprema pungência que todas as coisas são incertas exceto a própria morte, que um homem deve se alegrar nas suas obras e que a única coisa que vale a pena ter é amor, cuja fonte pode ser Divina mas cuja expressão é humana.

O amor de Brahms por Clara Schumann talvez tenha sido o fato central de sua existência adulta. Considerando-se as condições, o amor de Clara por ele, embora muito profundo, não podia ser tão completamente central. Quer a paixão inicial de ambos tenha ou não chegado a se consumar fisicamente, se um deles considerou fácil que suas vidas devessem essencialmente seguir caminhos separados, as tensões que manifestamente subjaziam a seu relacionamento eram apenas um fator exacerbante para as tensões não-resolvidas e mais gerais nas atitudes de Brahms para com as mulheres. A profundidade de seu sentimento por Clara poderia explicar suficientemente por que não se casara com Agathe von Siebold ou com qualquer das outras mulheres mais próximas de sua idade por quem se sentiu fortemente atraído, mas quase com certeza não era a única causa. O testemunho do cantor Max Friedländer, tal como é apresentado por Robert Schauffler em seu livro um tanto sensacionalista *The unknown Brahms*, é em essência muito verossímil: que, em momentos de descuido, Brahms às vezes falava das mulheres em geral em termos extravagantemente misóginos, sob a pressão de amargas lembranças da infância. Quando, numa ocasião, Friedländer protestou contra o caráter ofensivo de sua linguagem, Brahms retorquiu que, comparado à sua infância, o cantor fora "criado em algodão em rama", e ele simplesmente não podia se entregar à convencional referência romântica às mulheres após ter visto os marinheiros na *Animierkneipe* em Sankt Pauli, recém-saídos dos navios após meses no mar, se precipitarem sobre as mulheres "como animais de rapina", e após ele próprio ser tratado como brinquedo sexual pela "mais baixa espécie de mulheres públicas — as chamadas 'Moças Cantoras'".[9]

Mal se necessita de um aprendizado em psicologia para perceber que, se as lembranças de Brahms dessas experiências iniciais se conservavam tão dolorosas mesmo depois dos cinqüenta anos, elas devem ter cravado, em sua mente, uma cunha entre amor e sexo, desde os primeiros anos de maturidade física, e que só podia ter sido alargada pela intensidade de sua paixão pela amorosa mais inatingível Clara. Para usar um termo moderno, ele na infância sofrera abuso sexual, cujas vítimas freqüentemente são incapazes de integrar, na idade madura, o amor e a sexualidade. O forte laço de afeição familiar, sobretudo com a mãe, de que ele falou de forma tão comovedora com Kalbeck, provavelmente ajudou a preservar seu equilíbrio: mas por si só não parece ter sido suficiente e talvez até — no seu convívio com Clara, maternal na idade e na fecundidade — tenha confundido as coisas. (Ethel Smyth, ao vê-los juntos, achava que "para com Frau Schumann ele se comportava como um filho particularmente encantador à moda antiga".) Como vimos, ele fez profundas e ternas amizades com muitas outras mulheres talentosas e inteligentes, mas o lado sensual de seu temperamento, tão evidente na força viril e riqueza harmônica de sua música, só parece ter encontrado vazão física nos encontros ocasionais com prostitutas: assuntos registrados em tagarelice mas, por sua natureza, geralmente carecendo de documentação segura.

Essa dupla imagem da mulher, o puro objeto de adoração e a predadora sexualmente ameaçadora, é até certo ponto dramatizada nas Romanças *Magelone*, onde Peter tem de escolher entre a virtuosa Magelone e a sensualidade oriental de Sulima, a filha do Sultão. Ela é ainda mais fundamental em *Rinaldo*, essa obra muito mal compreendida: o texto de Goethe com certeza impressionou Brahms com a força de um mito pessoal, em nenhuma parte com mais intensidade do que na passagem em que as escamas caem dos olhos do protagonista e ele vê o objeto de sua paixão, a feiticeira Armida, "inteiramente transformada — ela se parece e age exatamente como os demônios", e as suas mágicas visões "assim como todo o amor (...) espalhadas como pó".

Mesmo no convívio comum sua atitude para com as mulheres era equívoca, pois enquanto tratava Clara, Elisabet e outras amigas preferidas com a máxima delicadeza e respeito, seu comportamento para com as conhecidas menos íntimas às vezes equivalia ao que atualmente seria considerado estarrecedora exibição de chauvinismo masculino. A feminista pioneira Ethel Smyth observou com aversão que ele constantemente se referia às mulheres com uma palavra "detestável", *Weibsbilder* (um uso vulgar, de fato muito diferente de *Menschenbild*!) e que

> Se elas não o agradavam, era incrivelmente deselegante e descortês. Se eram atraentes, tinha um modo antipático de se reclinar na cadeira, espichando os lábios, cofiando o bigote e olhando-as fixamente como um garoto guloso olha fixamente para tortinhas de geléia. As pessoas costumavam considerar isso muito encantador, saudando-o especialmente também como um sinal de que o grande homem estava com extremo bom humor, mas isso me enfurecia (...)[10]

Se essa tendência a considerar as mulheres como doces (que, como observa Ethel Smyth, era muito comum na Alemanha de sua época) pode ser tomada como uma indicação de imaturidade nas relações emocionais, talvez devêssemos examinar brevemente a possível imaturidade física sugerida pela voz singularmente aguda de Brahms. Muitos contemporâneos observaram isso e sabe-se que, aos vinte e poucos anos, ele teve aulas de emissão de voz numa tentativa de baixar o tom de sua voz, aparentemente sem êxito. O timbre estridente é óbvio na única gravação conhecida de interpretação de Brahms (um primitivo cilindro de Edison feito no início da década de 1890, em que ele anuncia e em seguida toca um trecho da primeira Dança Húngara, esta em grande parte inaudível exceto pela ação do pedal, mas nítida o bastante para transmitir o seu imenso rubato). Foi-me sugerido que esse estranho timbre vocal poderia ser um sintoma de crescimento retardado, talvez de impotência, provocado por uma grave doença na infância, tal como rubéola. Deve-se dizer que o pouco que conhecemos da história médica da infância de Brahms não fornece nenhuma indicação confirmadora. À parte o acidente aos dez anos de idade, quando seu peito quase foi esmagado, ele parece ter sido uma criança muito saudável — extraordinariamente saudável para alguém criado em área tão insalubre quanto Gängeviertel. Se de fato ele era sexualmente inibido — o que conferiria força irônica, embora pungente, à famosa zombaria de Nietzsche (p. 309) —, talvez isso fosse uma conseqüência de suas experiências na *Animierkneipe*. Isso talvez já seja além do que a especulação, legitimamente, pode presumir.

Seria demasiadamente superficial, e com base em dados extremamente frágeis, falar de compensação emocional ou psicológica na música de Brahms. Mas mesmo na adolescência ele utilizara a música e a literatura como refúgio de seu ambiente sórdido, e isso deve tê-lo estimulado a pensar na criação artística como um estado de contrabalançamento ideal, o mais próximo da perfeição humana (considere-se o seu conselho a Henschel a respeito de composição: "Se é bela (...) perfeita *tem de* ser"). É exagerar a questão dizer que só em sua música, com a enérgica determinação para a união de drama e lirismo, para a integração de elementos contrastantes em um amplo projeto, ele conseguia realmente conciliar os componentes conflitantes de sua personalidade e "falar" como um ser humano inteiramente pleno e realizado? Se os conflitos eram tão profundos e marcantes quanto o testemunho de Friedländer sugere, então a bondade e a retidão de seu caráter eram um triunfo sobre a adversidade emocional, um heroísmo solitário. E seu egoísmo ocasional, e o sarcasmo contundente, deveriam ser mais bem compreendidos como manifestações de uma tensão às vezes intolerável.

Talvez isso ofereça uma pista para o imperecível atrativo de sua música. Ao contrário de Wagner, ele não era um revolucionário impetuoso, na arte ou na política: não fortificou barricadas. Ao contrário de Beethoven, não era uma figura obviamente heróica, nem trágica como Schumann ou Hugo Wolf. Ao contrário de Schubert ou Chopin, não morreu jovem e romanticamente de uma doença, ou de pobreza injusta, como Mozart. Após as agitações da década de 1850 sua vida foi destituída de aspectos dramáticos importantes e, pelos indícios externos, ele se tornou a personificação do estável e tranqüilo conservadorismo burguês, ainda que dotado com talentos musicais que o alçavam à categoria de gênio. Entretanto, por trás da máscara serena de sua celebridade pública e profissional, experimentava muita infelicidade, frustração, timidez, solidão, dúvida sobre si mesmo e falta de realização emocional. Nos últimos anos sobretudo, sobrevivendo a toda a sua família próxima, ele muitas vezes lamentava nunca ter casado, nunca ter tido filhos. Mas sabia que nunca se sentira capaz de realizar o necessário compromisso, embora, em conversa com Widmann, apresentasse uma racionalização diferente:

> Na época em que podia ter-me casado com uma moça, as minhas coisas estavam recebendo assobios na sala de concerto ou, na melhor das hipóteses, sendo ouvidas com uma frieza glacial. Eu podia então tolerá-lo sozinho perfeitamente bem, porque sabia exatamente como isso valia pouco e como a sorte posteriormente mudaria (...) Mas, se nesses momentos eu tivesse tido de voltar para encarar uma esposa, ver os seus olhos interrogadores ansiosamente me julgando, e tivesse de lhe dizer "mais uma vez, nada", isso eu não poderia ter suportado.

Problemas particulares e calmos: mas assim são os da maioria das pessoas em qualquer época, como os amantes camponeses evocados e tratados com tanta empatia nos seus muitos arranjos de canções folclóricas. Nenhum dos grandes compositores é mais humano e compreensivo do que Brahms e nenhum é um exemplo mais encorajador do poder da mestria criativa para transcender e nobilitar a fragilidade humana. Com Beethoven ele compartilha o segredo de projetar sentimento íntimo sobre a mais ampla tela sinfônica (como no suntuosamente amoroso Concerto Duplo). Às vezes nem mesmo Beethoven parece ter completamente a capacidade de graduar seus interesses até proporções cotidianas, sem em qualquer sentido afrouxar seus padrões artísticos (pensa-se em *Wiegenlied*, op. 49 n. 4, ou na Valsa em lá bemol). Devemos recordar o que G. K. Chesterton disse sobre o quase contemporâneo de Brahms, Charles Dickens: "Dickens não escreveu o que o povo queria. Ele queria o que o povo queria." Homem do povo,

Brahms sabia que os seres humanos comuns são capazes de serem melhores do que suas circunstâncias e, em última análise, sua música é uma afirmação desse fato. Essa era uma característica bem apreendida pelo grande crítico do *Manchester Guardian*, Samuel Langford, que, ao escrever sobre uma apresentação no início da década de 1920 do Sexteto de cordas em si bemol, apresentou a tese (que Brahms certamente teria apreciado) de que sua arte alcança um pouco da universalidade da música folclórica:

> Como é admirável a grande balada em variações que constitui o movimento lento deste sexteto! Em nenhum outro lugar se encontrará uma música folclórica como essa. Ela tem ímpeto, e amplitude, e um orgulho de sua inspiração e origem modestas, que contribui tanto quanto as melhores teorias políticas para nos mostrar de que maneira os homens podem ser iguais. E o encanto do último movimento, em que tudo que é gracioso nos movimentos finais de Beethoven é colocado a serviço de uma ampla melodia romântica que tem o coração de Schumann em sua plenitude — como é cálido e brando o seu tom, e no entanto como é grandioso o seu sentido! Fazemos bem em reverenciar tal música e amar o gênio e a grandeza de coração que participaram de sua criação.[11]

A "jovem águia" que estava "destinada a dar a mais sublime expressão aos tempos" o fez em termos que, apesar da imensa habilidade técnica, permanecem compreensíveis ao público mais amplo possível. Consciente das tragédias, dos paradoxos e imponderáveis da existência, Brahms compôs a fim de fornecer sustento para o momento presente. Sua música busca conferir beleza, grandeza e sentido de propósito ao fato cruel da transitoriedade humana.

13
Uma Música do Futuro

Podemos ver do nosso ponto de observação de 1966 que Schumann estava errado: Brahms não haveria de ser o profeta de uma nova era. Não é nenhum fundador de uma nova dinastia, nem mesmo um nome intermediário numa longa linha contínua, mas justamente o último dos césares clássicos (...) Schoenberg, que estava começando a compor na última década do século XIX, em suas primeiras obras deve muito a Wagner, um tanto talvez a Schubert, nada a Brahms.

Peter Latham, *Brahms* (ed. rev., 1966)

Com *Brahms* [eu aprendi]:
1. Muitas das coisas que adquiri inconscientemente de Mozart — especialmente variável número de medidas, extensão e contração de frases.
2. Plasticidade na moldagem de figuras; não ser mesquinho, não me restringir quando a clareza exige mais espaço; completar cada figura, até o fim.
3. Construção sistemática dos movimentos.
4. Economia, mas riqueza.

Arnold Schoenberg, *Zu Nationale Musik*
(matéria datilografada, com data de 24 de fevereiro de 1931)

Num dia do último verão da vida de Brahms ele deu um passeio junto à costa do lago Traunsee, perto de Ischl, com Gustav Mahler, que esteva tentando angariar o apoio de Brahms para sua candidatura a regente da Hofoper de Viena. Não se sabe ao certo quanto Brahms conhecia da música de Mahler,[1] mas admirava-o como regente, declarando que uma apresentação do *Don Giovanni* que Mahler fizera em Budapeste, em 1890, era a melhor que ele tinha ouvido. Enquanto eles passeavam, Brahms, que naquele verão freqüentemente estava de mau humor, deu vazão a seu desencanto com os acontecimentos musicais mais recentes, lamentando o que via como um progressivo declínio que só podia levar ao "fim da música". Os dois chegaram a uma torrente que corria dentro do lago, cruzado por uma ponte, em que pararam:

> De repente Mahler o pegou pelo braço e com a outra mão apontou para baixo, na água, excitadamente: — Mas olhe, Herr Doktor, olhe!
> — O que é? — perguntou Brahms.
> — Olhe lá: lá vai a última onda!
> A respeito do que Brahms replicou: — Está tudo muito bem, mas talvez o ponto mais importante é se a onda corre para dentro do lago, ou para um pântano.[2]

A anedota parece uma confrontação típica entre a mocidade progressista e a velhice reacionária. De acordo com o ponto de vista autoral, pode-se aprovar o espírito de aventura de Mahler ou a sábia prudência de Brahms, ou mesmo ambas as coisas. Por trás da irreverente troça de Mahler para com o fatalismo brahmsiano assentam décadas de discussão entre os conservadores de tradição, para os quais Brahms parecia a figura de proa natural, e os partidários da "Música do Futuro". Mahler podia dar valor à aprovação de Brahms, mas suas simpatias estavam com o último grupo. "Examinei já muito minuciosamente todo Brahms", escreveu a sua mulher Alma em 1904. "Tudo o que posso dizer dele é que é um mínimo, um insignificante anão, com o tórax bastante estreito. Deus meu, se um sopro dos pulmões de *Richard Wagner* sibilasse sobre seus ouvidos, ele mal se manteria em pé."

A dupla imagem, de Wagner como o super-homem "progressista", rasgando horizontes musicais inteiramente novos, e de Brahms como o tímido conservador apegado à tradição, era o tipo de munição e de escape para os campeões da escola "Neo-alemã". Tinha sido promulgado pelo próprio Wagner e entusiasticamente desenvolvido por Hugo Wolf em seu jornalismo. Brahms tinha o cuidado de não se intrometer no debate, mas seus adeptos estavam equipados com armas inferiores. Eles sustentavam que Wagner e Liszt eram compositores fracos ou nem bem compositores, de qualquer modo. E a história demonstrou que estavam errados. E de fato — embora a discussão logo tenha parado de interessar, quando o começo do século XX deu novos sucessores que produziram uma polarização ainda mais radical das atitudes musicais — em termos de ortodoxia crítica os "Neo-alemães" venceram a contenda. Quando fez a declaração citada na abertura deste capítulo, Peter Latham achava, obviamente, que não estava afirmando mais do que uma verdade axiomática. Brahms o conservador, o compositor clássico nascido tarde demais, o último de sua linha — isso era a interpretação aceita de sua realização, por mais de cinqüenta anos depois de sua morte: aceita mesmo pelos músicos que o admiravam profundamente.

Isso foi sem dúvida devido a seu desejo de restaurar o poder de construção formal da música clássica, solicitado a compositores de tendências muito mais conservadoras do que as suas próprias, e foram esses que se tornaram os "brahmsianos", cujas obras — embora inegavelmente hábeis em termos técnicos e sinceras — reproduzem a maneira de Brahms, e os processos de suas estruturas, numa obra essencialmente calcificante. Herzogenberg, em sua face mais frágil, era um desses. Outro era Robert Fuchs, que ocupou a antiga posição de Brahms na Gesellschaft der Musikfreunde e compôs esquecível música fluente e graciosa na maior parte das formas de Brahms, inclusive o quinteto para clarineta e a serenata orquestral, de que compôs tantas que foi apelidado "Serenaden-Fuchs". No entanto, Fuchs, professor do Conservatório de Viena, foi um mestre bem dotado, entre cujos alunos se incluíram Mahler, Franz Schreker e Zemlinsky. Brahmsianos ainda mais completamente esquecidos foram figuras assim outrora respeitadas como os sinfonistas e compositores de música de câmara Wilhelm Berger e Ewald Straesser, e o compositor de música coral Otto Taubman. Talvez tenha sido inevitável que o senso histórico, a complexidade formal e a ausência aparente de perigosas tendências revolucionárias, que caracterizaram a música de Brahms, o tenham feito por si mesmo recomendado aos compositores de disposição acadêmica, e que isso rapidamente se tenha tornado o símbolo de uma ortodoxia, ensinado em conservatórios e universidades, contra o que a geração ascendente instintivamente reagia. Brahms era identificado com os professores desta.

Era certamente esse o padrão na Grã-Bretanha, onde a música de Brahms havia sido crescente e calorosamente aceita durante toda a segunda metade de sua vida, a tal ponto que uma parte vital dessa transformação pós-1880 da vida musical britânica era o reaparecimento de compositores capazes de dominar complexas formas instrumentais e que encontraram naturalmente em Brahms um modelo contemporâneo que se mostrava vital.

Pode ser que o próprio Brahms tivesse alguma noção desse desenvolvimento. John Foulds — compositor nascido em Manchester e que, como violoncelista da Orquestra Hallé, se tornou um protegido do amigo e intérprete de Brahms Hans Richter, e de quem as primeiras obras (particularmente uma sonata para violoncelo e um concerto para violoncelo) são claramente influenciadas por Brahms — soube, por Richter, que Brahms uma vez declarara a ele e ao violinista Adolf Brodsky: "para o próximo grande passo à frente na música, pensem na Inglaterra".[3] Segundo Richter, Brahms apresentou como uma razão

> o fato de que esse país estava numa posição melhor que a de qualquer outro na Europa para avaliar a música russa, alemã, francesa, italiana e outras de características próprias, e destilar daí, por assim dizer, o próximo impulso para adiante na arte.[4]

Embora Brahms nunca tivesse visitado a Inglaterra, ele a conhecia muito por causa de Joachim e de Clara Schumann, que tocavam lá quase todo ano, e havia-se encontrado com muitos músicos britânicos: dois dos seus intérpretes preferidos dos Concertos para piano eram Eugen d'Albert, nascido em Glasgow, e o jovem Leonard Borwick, londrino. Além disso, estava familiarizado com as figuras de proa geminadas dos primeiros anos da "Renascença Musical" que eram Hubert Parry e Charles Villiers Stanford.

Stanford em 1877 contribuíra para um convite feito a ele para ir a Cambridge e no mesmo ano dedicara uma coleção de seus arranjos de canções folclóricas irlandesas. Por ocasião da morte de Brahms Parry compôs até uma poderosa homenagem orquestral a ele, a *Elegy for Brahms*. Perto do começo do século XX a música desses compositores já estava saindo de moda e eles por muito tempo foram lembrados como discípulos de Brahms virtualmente idênticos: um julgamento bastante incorreto no caso de Stanford (cuja música deve muito mais a Mendelssohn e Schumann), e injusto no de Parry, um eclético fértil e sensível que, na verdade, assimilou muito de Brahms na música coral e de câmara mas que misturou isso com precoce conhecimento de Liszt e Wagner, que produziu uma síntese característica em suas obras orquestrais, especialmente as *Symphonic Variations*. Mas como educadores musicais determinantes em Oxford, em Cambridge e na RCM em Londres, eles foram de enorme influência no engrandecimento da música de Brahms como um padrão de excelência. Ainda mais influente foi Donald Tovey, aluno de Parry, um bem dotado pianista e compositor que — como protegido de Joachim — orientara o acesso às tradições brahmsianas de execução e pensamento musical. As composições de Tovey foram inteiramente marginalizadas pelo modo como se desenvolveu a linguagem musical (embora o prelúdio de sua ópera *The Bride of Dionysus* seja um belo ato de osmose, ao combinar os estilos brahmsiano e wagneriano; o Concerto para violoncelo, composto só na década de 1930 com um vocabulário altamente brahmsiano, é uma espécie de obra-prima; e os preceitos estruturais brahmsianos impregnam suas obras de câmara muitas vezes impressionantes). No entanto, por meio de seus escritos educativos, sobretudo os mal-intitulados e permanentemente populares *Essays in musical analysis*, ele conseguiu transmitir a uma platéia leiga muito ampla como o repertório padrão podia ser compreendido a partir de um ponto de vista que situasse Brahms aproximadamente no centro do universo musical. Aí novamente o resultado foi estabelecer-se a idéia da música de Brahms como uma nobre ortodoxia, um estilo realizado e estabelecido. E isso deixou os compositores mais jovens, talentosos e voltados para a pesquisa, com poucas alternativas senão a da reação contrária.

No entanto, a admiração de Brahms de modo algum se limitou a figuras acadêmicas — como se vê pelo exemplo de Elgar, compositor virtualmente autodidata que, salvo algumas conferências na Escola de Música de Birmingham, não ensinou jamais. A orientação primordial de Elgar, especialmente em *The dream of Gerontius* e seus oratórios subseqüentes, foi em relação aos métodos do drama musical wagneriano, acima de tudo como se exemplificou em *Parsifal*. Mas ele reverenciava Brahms, particularmente as sinfonias (disse, uma vez, que se sentia "como um pigmeu" ante sua predileta, a Terceira, e parece ter sido a primeira pessoa a salientar a interconexão entre o segundo e o quarto movimentos dessa obra). O efeito dessa reverência pode ser sentido em suas próprias obras sinfônicas e de câmara. Um exemplo marcante é a maneira como um famoso tema do finale de sua Primeira Sinfonia é modelado clara e diretamente em cima de um igualmente famoso e de colocação análoga na Terceira de Brahms (Ex. 67): mas o efeito aqui não é de imitação mas de inspiração caracteristicamente elgariana.

Ex. 67

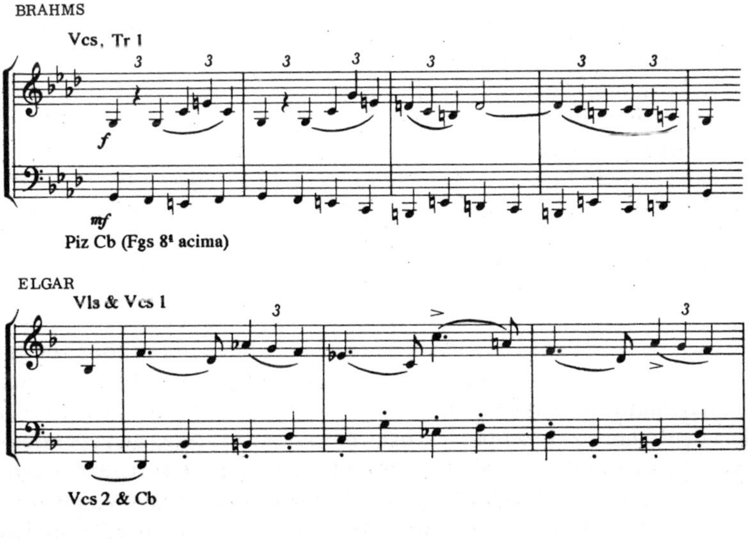

Entretanto, alguns da geração pós-Elgar, continuadamente expostos à música de Brahms através do estudo com Parry ou Stanford, começaram a assimilá-la em processos que fortaleceram suas próprias personalidades criadoras. Podemos vê-lo nas obras de câmara e para piano de John Ireland, aluno de Stanford e, de maneira menos óbvia porém mais profunda, isso é certo em Vaughan Williams, que estudou com esses dois mentores. Certamente sua música, com freqüência, *soa* como Brahms. Mas em termos de temperamento e intelectualmente eles tiveram muito em comum, começando pela reverência para com Bach, a admiração pela música pré-clássica e o amor à canção folclórica. Uma obra de Brahms, em particular, teve repercussões de importância demonstrável na produção de Vaughan Williams: a Quarta Sinfonia. A Quarta (1889) de Parry, em mi menor, é uma reação quase imediata à de Brahms na mesma tonalidade. E as duas sinfonias em mi menor de seu aluno (n. 6 e 9) refletem variadamente muitas das características estruturais de Brahms, enquanto sua Quinta o imita a ponto de ter um finale em passacale. Mas a Quarta de Brahms deixou sua mais clara marca na obra que é geralmente (e com justiça) considerada uma das expressões mais coerentes da forte individualidade de Vaughan Williams — a Fantasia sobre um Tema de Thomas Tallis (1910). Em sua abrangente exploração do potencial do modo frígio dentro de um arcabouço harmônico moderno,[5] Vaughan Williams seguramente deve ter tomado o andante da sinfonia de Brahms como inspiração e como modelo parcial. A obra do compositor inglês é numa escala ainda maior que a do movimento de Brahms e ainda mais completa no seu uso das alternativas modais à tonalidade diatônica. É possivelmente uma coincidência (desde que uma descendência pode ser demonstrada a partir da melodia de Tallis) mas, sendo assim, deleitosa, que um dos mais obsedantes temas de Vaughan Williams seja essencialmente o segundo motivo de Brahms, "purificado" do maior para o modo frígio (Ex. 68). Ou é, quem sabe, uma saudação?

Ex. 68

Se o caso de Vaughan Williams mostra como um compositor pode seguramente recorrer a modelos brahmsianos se seu assunto e sua linguagem nacional forem suficientemente característicos, o de Elgar começa por sugerir como a influência de Brahms pode ser proveitosamente assimilada pelas gerações que finalmente resolveram a antítese Brahms-Wagner pela ousadia de aprender com os dois mestres: coisa que na verdade eles foram virtualmente obrigados, quando seus interesses se situavam em outro ponto que não o campo do drama musical. Quando o século XIX estava para terminar, as mais vigorosas personalidades criadoras começaram a ver que o problema primordial com que se defrontavam era o de como um senso pós-wagneriano da harmonia cromática podia ser combinado com uma percepção pós-brahmsiana por intricada estrutura e movimento polifônico.

Em primeiro lugar, as soluções individuais não foram de modo algum imparciais. A música de Max Reger, por exemplo, tem uma óbvia orientação brahmsiana: ele seguiu claramente o exemplo de Brahms em seu cultivo apaixonado da música de câmara, nos conjuntos de variações em grande escala, e no uso de formas do barroco estrito, mas experimentou (algumas vezes com sucesso extraordinário) enxertá-las em uma linguagem harmônica ainda mais complexa. Por outro lado Mahler, como vimos, se considerava principalmente um discípulo de Wagner, cujos ideais desenvolveu em forma sinfônica. Seus vastos adágios e scherzos do tipo Ländler devem muito a Bruckner. Mas a verdadeira tessitura polifônica de seus movimentos sinfônicos deve pouco a um e outro desses mestres e, em alguns casos (talvez os exemplos mais notáveis sejam o final da Quinta Sinfonia e o rondó-burlesco da Nona), se aproxima de uma intensidade e complexidade de trabalho contrapontístico que lembra Brahms em técnica, embora permanecendo totalmente mahleriano no caráter. Nem é difícil encontrar semelhanças de contorno na invenção melódica desses movimentos (Mahler sempre admirou a beleza dos temas de Brahms, mesmo quando deplorava o que lhe parecia a maneira cansativa da elaboração de seus detalhes). Isso talvez fosse devido a que o senso melódico de ambos era marcado pelo interesse comum pela canção folclórica e pelos modelos folclóricos, que vieram a fundir a linguagem da "música artística" de Mahler com o caráter *volkstümlich* (popular), de maneira exatamente tão profunda quanto o fizeram no caso da de Brahms. Como foi observado no Capítulo 6, contudo, a reação de Mahler à canção folclórica foi mais irônica e alienada: na verdade, sua utilização franca e alusiva de tais componentes "populares" foi uma das primeiras pedras de tropeço para as platéias que se aventuram a se atracar com as suas sinfonias.

Existe uma relação especial entre a música de Brahms e a de Ferruccio Busoni: porque Busoni, mais do que qualquer compositor mencionado até aqui, partilhou muitos dos interesses e atitudes musicológicos de Brahms, sendo analogamente agnóstico, de espírito penetrante e intelectualmente predisposto. Ao contrário de Elgar, de Mahler ou Reger, ele também rejeitou conscientemente Wagner, embora sua música não pudesse ficar mais inteiramente livre da influência wagneriana do que qualquer música do final do século XIX e do começo do século XX.

A música de Busoni, em parte, descende de um desenvolvimento das últimas obras de Liszt. Mas, significativamente, ele começou estudando Bach quando menino e assimilou a influência da polifonia pré-clássica realmente muito cedo. Foi Brahms quem proporcionou um terceiro componente crucial no início de sua formação musical. Busoni ainda era um pianista e compositor menino prodígio quando encontrou Brahms em Viena, no fim da década de 1880, e se considera que o compositor mais velho se viu tão impressionado que disse: "Eu farei por Busoni o que Schumann fez por mim", embora não se seguisse nenhuma versão brahmsiana dos "Neue Bahnen". O estilo do teclado à Brahms é digerido e parcialmente reproduzido na impressionante coleção dos seis Estudos op. 16 de

Busoni, compostos em 1883 e dedicados a Brahms. É aí que a técnica do piano começa a adquirir a harmonização densa e escura, o uso ricamente ressoante dos registros baixos que é a antítese, no colorido, do que ele aprendeu com Liszt, e é completamente explorada em grande parte de sua madura música para piano.[6] O op. 16 foi rapidamente seguido do ainda maior *Etude in Form von Variationen* op. 17, também dedicado a Brahms, e foi como compositor de variações que Busoni começou seu desenvolvimento pessoal do legado brahmsiano, notavelmente em suas variações e fugas (*"in freier Form"*) sobre o Prelúdio em dó menor op. 22 de Chopin, cujo modelo principal pareceria ser o das Variações *Haendel* de Brahms. Embora ainda uma obra secundária, as Variações *Chopin* de Busoni se acham no começo do processo que haveria de levar à sua *Fantasia Contrappuntistica* de 1910 — uma obra-prima polifônica abrangente, que contém dentro de si uma conclusão da inacabada fuga de *Die Kunst der Fuge* de Bach e que teria deixado Brahms fascinado. Nos estudos para piano de Busoni e em edições e transcrições de Bach para piano, ele trilhou caminhos em que Brahms o havia precedido, mas Busoni foi muito mais longe. Como ilustra a *Fantasia Contrappuntistica*, também chegou até a incorporar "transcrições" em suas obras "originais", e transferiu para a música instrumental as técnicas corais que Brahms havia mais explorado em suas composições corais.

Embora nos últimos anos Busoni tendesse a falar mais desdenhosamente de Brahms como compositor, e a desprezar sua influência, o Concerto para piano em si bemol de Brahms foi claramente um dos principais ascendentes de seu próprio, e gigantesco, Concerto em dó maior de 1903 e ainda no ano anterior ele executara uma "homenagem" brahmsiana muito especial, produzindo sensíveis transcrições para piano dos Seis Prelúdios Corais op. 122 de Brahms para publicação simultânea junto com os originais para órgão. Além disso, enquanto um senso brahmsiano da sonoridade em relação à estrutura permanecia um elemento vital da escrita para piano de Busoni, as preocupações de Brahms, nos motivos, com as cadeias de terças (na Quarta Sinfonia, em *Vier ernste Gesänge* e em outras obras) se tornaram igualmente uma preocupação busoniana, enlaçada sempre com o simbolismo musical que finalmente deu origem a sua poderosa obra-prima, a ópera *Doktor Faust*.

Em 1896, mesmo ano em que Brahms e Mahler disputaram o significado da "última onda", Brahms teve a atenção atraída por um trio em ré menor para clarineta, violoncelo e piano composto, em emulação óbvia mas altamente bem dotada com o seu Trio com clarineta, por Alexander von Zemlinsky, de vinte e quatro anos, que estudara na Gesellschaft der Musikfreunde e agora pertencia à Tonkünstlerverein (de que Brahms era presidente honorário). Brahms não só aconselhou Zemlinsky como, em um dos seus últimos atos de generosidade para com um jovem compositor, persuadiu Simrock a publicar o Trio e seu igualmente notável sucessor, o Primeiro Quarteto de cordas. Até recentemente Zemlinsky era um compositor praticamente esquecido e desconhecido, de modo que este fato era de muito pouco interesse. Mas seu inventário crítico tem se valorizado acentuadamente na última década mais ou menos e agora ele deve ser visto geralmente, pelo menos, como um mestre menor, e como um significativo traço de união entre Brahms e o homem de quem ele se tornou cunhado e único professor: Arnold Schoenberg. O Trio com clarineta de Zemlinsky não é meramente obra derivada.

Suas grandes estruturas são empregadas com habilidade, verificando-se a tentativa (com um sucesso considerável) daquela espécie de sutil integração temática que Brahms praticou em suas últimas obras, e mesmo de reproduzir, espirituosa e graciosamente, sua maneira "cigana" no finale. Um ano depois Zemlinsky completou sua Segunda Sinfonia — um exemplo muito menor do gênero do que a Quarta de Brahms, mas talvez o primeiro a seguir as pegadas de Brahms quanto ao finale em forma de passacale. Seis anos mais tarde ele produziu uma peça muito mais significativa no que havia sido a forma "neo-alemã" *par excellence*, o poema sinfônico *Die Seejungfrau* — mas disse a Schoenberg que o estava compondo "no espírito de Brahms". Para a época, esta era uma afirmação paradoxal e, superficialmente, a obra (que é, na verdade, do tamanho de uma sinfonia e em três movimentos separados) parece dever muito mais a Strauss e a Mahler em sua orquestração pródiga e cheia de colorido. Mas Zemlinsky parece haver reconhecido que, para fixar uma forma musical convincente, até as obras "programáticas" precisavam então demonstrar a unidade estrutural sutil e de grande alcance que caracterizou as composições de Brahms. E ele estendeu esse princípio, mais tarde, a suas óperas, cumprindo assim até certo ponto a profecia de Schoenberg de que as técnicas brahmsianas tinham um papel potencialmente importante a desempenhar no desenvolvimento do drama musical.

Mas foi o próprio Schoenberg quem realizou a aplicação mais radical dos princípios brahmsianos às novas condições musicais. Isso pode soar como uma asserção incorreta. Foi sem dúvida Schoenberg quem, por seu progresso no reino da "atonalidade" nos primeiros anos do século XX, e em sua criação subseqüente de "um método de composição com doze notas relacionadas apenas umas com as outras", ocasionou os dois rompimentos decisivos com a linguagem musical como se entendia anteriormente. Comparada a isso, a "revolução" iniciada pelos "neo-alemães" Wagner e Liszt era seguramente um brando desvio da tradição clássica. Mas Schoenberg e seus seguidores — a chamada "Segunda Escola Vienense"[7] — não foram nada senão tradicionalistas: eles exclusivamente sustentaram que a tradição não pode ser mantida viva a não ser que suas implicações sejam reconhecidas, obedecidas e perseguidas até suas conclusões lógicas.

Muitas dessas implicações Schoenberg descobriu em Brahms. Sua afirmação tantas vezes repetida de que seu desenvolvimento não era exatamente o resultado de uma necessidade criativa irresistível, mas o próximo passo lógico na linguagem musical que evoluía, só lentamente encontrou aceitação fora de seu próprio círculo. Sua música freqüentemente ainda é vista como um fenômeno sem passado, ou apenas como um extremo ponto final, talvez uma extrapolação intelectual, do último romantismo altamente exaltado de Wagner, Strauss e Mahler. Embora esses compositores tenham influenciado Schoenberg tão fortemente, sobretudo em obras iniciais como os *Gurrelieder* e o poema sinfônico *Pelleas und Melisande*, isso não esclarece como a linguagem essencialmente *polifônica* da música de doze notas podia nascer daquela essencialmente *harmônica* do cromatismo pós-wagneriano: ou, na verdade, por que as obras mencionadas já utilizam muitos esquemas contrapontísticos que haveriam de se tornar característicos do emprego das doze notas.

Alban Berg, discípulo de Schoenberg, deu a essa questão uma resposta boa, ainda que provocadora, quando pegou a avaliação de J.S. Bach do *Musiklexicon* de Riemann ("pertence, com o mesmo direito, ao período da música polifônica, do estilo contrapontístico e imitativo que ficava para trás, e ao período da música harmônica") e a reescreveu para aplicá-la a Schoenberg ("pertence, com o mesmo direito, ao período do estilo harmônico que ficava para trás e ao estilo contrapontístico e imitativo que com ele de novo se estabeleceu"). A idéia de uma antítese entre os métodos harmônicos e contrapontísticos da composição é evidentemente uma drástica supersimplificação, mas utilizando-se aqueles termos com o necessário cuidado se torna patente que a definição feita por Berg do papel especial de Schoenberg na história musical pode do mesmo modo se aplicar diretamente a Brahms, que já havia renovado a função do "estilo contrapontístico e imitativo", mesmo quando o "estilo harmônico" pós-clássico (no qual, a bem da argumentação, se pode incluir Wagner) estava no auge (ver p. 344).

Nascido em 1874, antes de Brahms ter concluído sua Primeira Sinfonia, Schoenberg ainda era menino quando Wagner morreu. Enquanto isso, em toda a sua adolescência e começo da casa dos vinte, na Viena onde nasceu, Brahms era uma figura sempre presente. Era Brahms, acima de tudo, quem representava a "música nova" que estava evoluindo na imediata vizinhança de Schoenberg, como o experimentador principal da arte da transformação sutil e de longo alcance das idéias musicais, a técnica que o próprio Schoenberg deveria chamar mais tarde de "variação em desenvolvimento". "Na minha mocidade", escreveu ele uma vez,

> vivendo na proximidade de Brahms, era comum um músico, ao ouvir uma composição pela primeira vez, observando-lhe a construção, poder seguir a elaboração e derivação de seus temas e de suas modulações, e poder reconhecer o número de vozes em cânone e a presença de um tema na variação (...) Isso é o que críticos musicais como Hanslick, Kalbeck, Heuberger (...) e amadores como o ilustre médico Billroth eram capazes de fazer.[8]

A dedução é que foi ouvindo e estudando as últimas obras de Brahms, quando elas apareceram, que se formou a própria consciência de Schoenberg do que a música devia ser. E efetivamente as características que ele arrola são precisamente as que considerava importantes para as suas próprias composições.

Ao contrário de seu amigo Zemlinsky, o virtualmente didata Schoenberg não teve as conexões apropriadas para se encontrar com Brahms, mas o admirava intensamente de longe. Só alguns meses depois da morte de Brahms ele conquistou seu primeiro sucesso de público, com um quarteto de cordas em ré maior (com dívidas de quase mesmo teor para com Brahms e Dvorák), executado sob a égide da Tonkünstlerverein e extravagantemente elogiado por um brahmsiano nada menos que Hanslick. É fascinante saber que Brahms tinha visto de fato a partitura, possivelmente a última peça da música nova que chegou a estudar:

> Quando Zemlinsky (...) mostrou a Brahms o Quarteto de Cordas (em ré) [de Schoenberg], Brahms, que habitualmente se mostrava desinteressado pelos iniciantes na música, começou a mostrar algum interesse. Ele pediu informações á respeito desse Schoenberg e, quando Zemlinsky lhe contou que desde os dezoito anos Schoenberg vinha ganhando o pão com a composição e a cópia de obras, Brahms, para estupefação de Zemlinsky, se ofereceu a pagar o dinheiro que

permitisse a Schoenberg freqüentar o Conservatório de Viena. Essa foi a maior honra que Schoenberg já tivera em sua vida. Mas Schoenberg não costumava aceitar empréstimo.[9]

Quarenta anos mais tarde Schoenberg produziu uma soberba homenagem musical a Brahms em sua transcrição orquestral, carinhosamente virtuosística, do Quarteto com piano em sol menor op. 25. Dez anos depois disso veio um tributo ainda mais significativo: o ensaio a que deu o título deliberadamente controverso de "Brahms, o progressista"[10] — uma exposição de seu parecer sobre a importância única de Brahms como criador de "grandes inovações na linguagem musical". Embora às vezes tendenciosamente seletivo nos argumentos, e parcialmente projetado como uma justificativa dos princípios subjacentes à sua própria evolução musical, o ensaio de Schoenberg permanece como um marco na compreensão de Brahms e assestou um pesado golpe na apreciação convencional de Brahms como o antipapa conservador em relação a Wagner.

Segundo ele próprio admitiu, Schoenberg era um "brahmsiano" antes de se encontrar com Zemlinsky e foi de fato Zemlinsky que lhe abriu os olhos para as virtudes dos "neo-alemães", cujos princípios programáticos e cujo tratamento instrumental estavam completamente assimilados em sua primeira obra-prima, o sexteto de cordas *Verklärte Nacht*. Mas a própria idéia de usar um conjunto de câmara para uma composição "programática" era uma nova saída que mostrava apego a um veículo brahmsiano, e Schoenberg mesmo, muito posteriormente, aludiu à utilização, pela obra, da "técnica de Brahms da variação em desenvolvimento (...) Também a Brahms deve ser atribuída a disparidade das medidas"[11] (frases com um número irregular de compassos, inclusive meios-compassos). É difícil fugir à conclusão de que Brahms foi a primeira figura de pai artístico de Schoenberg (a ser em breve sucedido por Mahler, depois do qual nenhuma outra figura de pai foi necessária).

Na verdade, Brahms e Schoenberg partilharam claramente uma atitude comum de responsabilidade para com o material musical com que trabalharam e um sentido comum de pensamento musical: e é discutível que, assimilando as inovações de Brahms a um nível mais profundo do que qualquer de seus contemporâneos, Schoenberg estivesse capacitado a transformar sua própria linguagem musical em vez de imitar um modelo estilístico. O que ele considerava ter aprendido de Brahms especificou na citação apresentada na abertura deste capítulo. Mas (a julgar a partir de muitos outros escritos) o que ele mais admirava em Brahms era a sua variedade inexaurível de extensões da frase; sua imensa habilidade contrapontística e rítmica, na verdade polirrítmica; sua mestria das técnicas de variação, não apenas nos conjuntos formais de variações mas na "variação em desenvolvimento" de temas como um contínuo de tessitura da composição; e a concomitante habilidade — bem ilustrada nas sinfonias e nos quartetos de cordas — de elaborar temas, períodos e estruturas com as menores unidades de motivo, proporcionando a todos os movimentos ou mesmo a todas as obras o que Schoenberg denominou uma unidade orgânica "subcutânea". Nenhum desses traços é original de Brahms — são características que ele encontrou nos mestres clássicos e pré-clássicos, resgatou e refinou — mas sua música os apresenta todos em formas altamente desenvolvidas, mais fundamentais para seu discurso (e conscientemente parte deste) do que tinham sido em compositores antecedentes. Tornaram-se o sangue vital da música de Schoenberg: princípios que lhe permitiram funcionar apesar de sua linguagem harmônica muito mais dissonante. Significativamente, obras como *Vier ernste Gesänge* de Brahms fornecem exemplos de simultânea elaboração de motivos nas esferas melódica e harmônica (ver Ex. 64e) que se podem interpretar como precursores do método serial de Schoenberg, pelo qual todos os temas, motivos e harmonias em uma peça procedem das permutações de uma única série fixada de notas. Pode-se dizer que a fonte básica de tal procedimento é a técnica do *cantus firmus* dos compositores medievais e renascentistas, que se coloca numa óbvia relação (mediada pela chacona bachiana) com um movimento como a passacale da Quarta Sinfonia de Brahms. E que é submetida a uma transformação mais flexível e de alcance mais amplo na utilização, por Brahms, da cadeia de terças descendentes para assombrar tão mais a sinfonia como um *cantus firmus* de natureza mais espectral, criando assim uma unidade em grande escala mas alusiva entre os quatro movimentos da obra. Era em tais aspectos que Schoenberg achava que Brahms ampliara a versatilidade da própria linguagem musical.

Alguns autores se queixaram da "estreiteza" da perspectiva de Schoenberg, afirmando que ele não leva em conta suficientemente a unidade obrigatória que a harmonia tonal de Brahms proporciona a seus intricados desenvolvimentos dos motivos. Mas, embora seja verdade que em "Brahms, o progressista" Schoenberg discutiu o trabalho temático e as assimetrias melódicas de Brahms em verdadeiro isolamento, ele com toda certeza estava bem consciente das propriedades da harmonia brahmsiana, de que muitas passagens são penetrantemente analisadas como modelos em seu compêndio *Structural functions of harmony* (publicado postumamente em 1954). Ao contrário, Schoenberg era fascinado pela linguagem tonal da música de Brahms e especialmente pela liberdade e fluência das relações harmônicas que ele pode criar ou sugerir dentro de um registro relativamente pequeno. Longe de ignorar este aspecto, é mais provável que o encarasse como uma justificativa posterior para a linguagem totalmente cromática que adotou por volta de 1908-09 e mais tarde racionalizou através do método de doze notas. Pois ele nunca deixou de sustentar que isso não era "atonalidade", mas um natural estágio posterior no desenvolvimento da própria tonalidade e no qual a quantidade máxima de relações harmônicas eram sugeridas no espaço mínimo possível.

A veneração a Brahms se tornou um artigo de fé no meio da "Segunda Escola Vienense", que foi sempre agudamente consciente da necessidade de explicar como sua música provinha naturalmente das tradições austro-alemãs já existentes. Registramos (na p. 427 n.15) a admiração de Anton Webern pelo *Gesang der Parzen*. Na mesma série de conferências ele observou: "Brahms é um caso muito mais interessante do que, por exemplo, Wagner. Em Wagner a harmonia é da maior importância, mas Brahms é realmente mais rico em relações harmônicas." O op. 1 de Webern, a Passacale para orquestra, é claramente inspirado no finale da Quarta Sinfonia de Brahms e foram as formas complexas e multifuncionais de alguns dos movimentos de Brahms que instigaram Webern a sintetizar princípios formais clássicos com estruturas polifônicas — por exemplo, no primeiro movimento de sua Sinfonia op. 21, que é ao mesmo tempo uma forma ternária e um cânone para quatro vozes, ou o finale do seu Quarteto de cordas op. 28, que é tanto um scherzo como uma fuga.

Um aluno de Schoenberg muito diferente, o marxista engajado Hanns Eisler, assimilou os preceitos do método de doze notas do mestre e fez uso intermitente dele: mas para seus coros de missa e para suas canções políticas ele precisava de uma linguagem muito mais direta, diatonicamente simples. Parece-me demonstrável que um de seus principais modelos para isso foi a abordagem de Brahms do *Volkslied*, embora evidentemente se devam relacionar as obras de Eisler à tradição mais ampla do *volkstümlich* dentro da música alemã. Até as mais truculentas baladas políticas de Eisler exibem um refinamento e uma sutileza de construção brahmsianos e ele certamente contribuiu para a tradição brahmsiana da pesquisa formal ao lançar sua cantata *Gegen den Krieg*, de 1936 e baseada em Brecht, como uma série em grande escala de tema e variações para coro não-acompanhado.

Eisler é um daqueles compositores — Hindemith e Kurt Weill foram outros — cuja música representava uma reação contra as formas mais comodistas e tardias do último romantismo. Parcialmente, como era natural, eles foram influenciados pelo "neoclassicismo" de Stravinski, cuja divisa de "De volta a Bach!" pareceu passar por cima de Brahms e, na verdade, de toda a tradição clássica. Mas consciente ou inconscientemente seus ideais e métodos os alinham com o aspecto "arcaizante" da realização de Brahms. A experiência de Hindemith ao se apresentar como um compositor neobarroco, produzindo obras "de uso cotidiano" em todas as mais importantes formas instrumentais, empregando uma linguagem severamente polifônica com muitos cânones, fugas e passacales, e fazendo "muito com pouco" por meio de rigoroso desenvolvimento de um material básico limitado, não é emulação direta de Bach, mas de Bach compreendido através do veículo e precedente de Brahms (e, em verdade, de Reger).

Embora as reputações de Weill e Eisler venham subindo firmemente nos últimos anos, e a de Hindemith, antes tão celebrado por seu "modernismo", possa subir de novo, foram os desenvolvimentos "pós-webernianos" do método de doze notas que pareciam representar a nova ortodoxia de vanguarda nos anos que se seguiram à Segunda Guerra Mundial. O "serialismo total" de Stockhausen e de Boulez — que buscam tirar não exatamente melodia e harmonia, mas ritmo, dinâmica, proporções estruturais, tempos, registro e até instrumentação das premissas de uma série de notas — foi justificado por eles, e por teóricos correlatos, como uma extrapolação da linguagem musical de Webern: o que Webern, se tivesse sobrevivido, provavelmente não admitiria ou aprovaria, não sendo a menor razão sua falta total de perspectiva histórica. Mas, se restabelecemos essa perspectiva, admitindo (como a vanguarda de Darmstadt na década de 1950 parecia incapaz de fazê-lo) que a música de Webern assentava em um sólido alicerce de tradição austro-alemã (sendo, na verdade, simplesmente a "última onda" na torrente de Mahler, então podemos ver que o "serialismo total" era, de maneira curiosa, o pseudológico extremo (alcançado via Schoenberg e Webern) da preocupação de Brahms com a unidade estrutural, com a música "pura" que assegura a coesão orgânica através do desenvolvimento, por variações harmônica e polifônica, dos menores motivos básicos. O primeiro movimento da Segunda Sinfonia de Brahms e, digamos, o *Kontrapunkte* de Stockhausen talvez tenham muito mais em comum do que percebem o olho ou o ouvido.

No entanto, a natureza altamente restritiva do "serialismo total" é irônica, considerando-se que a visão de Schoenberg em "Brahms, o progressista" era de que Brahms tinha inaugurado "um desenvolvimento da linguagem musical em direção a uma apresentação irrestrita, embora bem equilibrada, das idéias musicais". A retirada do "serialismo total", que representou um momento histórico impossível de suportar, foi efetivamente em direções "irrestritas" — mas rumo a um pluralismo cultural "pós-moderno", para o qual Brahms pareceu ter pouca relevância direta, a não ser como símbolo de nostalgia de um passado tonal menos perturbador. Mas algumas de suas posturas características continuaram a assediar compositores que, a princípio, parecem ter pouco em comum com ele. A tremenda abertura da Primeira Sinfonia, com sua extensa linha melódica lutando para subir contra a fatal batida dos tímpanos, é mais uma poderosa imagem auditiva — que é seguramente recriada em termos pessoais no começo do poema-tom *Sun-Treader* (1932) de Carl Ruggle e, de maneira diversa, no início da ópera *Die Soldaten* de Bernd Alois Zimmermann.

Com sua posição criativa altamente expressionista, intransigente uso de técnicas de colagem e fascinação pelo jazz, Zimmermann pode parecer quase tão afastado de Brahms quanto é possível ser ao mesmo tempo que ainda permanecendo dentro da tradição total austro-alemã. Mas sua última obra, a Cantata profundamente pessimista *Ich wandte mich, und sahe* (1970), sobre o mesmo texto que o segundo dos *Vier ernste Gesänge*, ratifica as raízes brahmsianas mesmo quando estas, dolorosamente, desconstroem a base de sua dialética musical. Enquanto isso, nos Estados Unidos a doutrina brahmsiana parece continuar atrás não só da acerada polifonia de Ruggles como das técnicas de "modulação métrica" de Elliott Carter, que podem ser consideradas uma sistematização das complexidades polirrítmicas e de acento que fluem com tanta naturalidade no discurso de Brahms. Carter, além disso, é um compositor absolutamente de contexto, em cuja música todos os elementos são essencialmente definidos em relação a todos os outros, um princípio que opera em Brahms com efeito mais forte do que qualquer compositor antes dele.

Hoje mesmo, antigos componentes da vanguarda se sentem compelidos a fazer uma ocasional "Homenagem a Brahms", que é como György Ligeti subintitulou o seu Trio com trompa. Luciano Berio orquestrou a Sonata para clarineta em fá menor como concerto, conseguindo reverentemente um espantoso e autêntico som orquestral brahmsiano, exceto onde acrescentou, imprudentemente, alguns compassos no que imagina ser estilo brahmsiano. Até Mauricio Kagel, um mestre do teatro musical do absurdo, produziu sua própria e excêntrica versão orquestral das Variações *Haendel*. Passou-se tempo demais para Brahms ainda parecer "conservador". Sua música continua a ter relevância devido à maneira como enfrentou problemas que todos os compositores que têm senso histórico e consciência estilística devem enfrentar. Ela se tornou inevitável, entretecida na própria trama da história musical.

Brahms não é pois "o último dos Césares". É alguém muito maior. É Jano (Johannes?), o espírito dos começos e dos fins, que olha ambos os aspectos ao mesmo tempo, para o passado e para o futuro. Seu senso histórico agudamente desenvolvido o fez consciente da irrecuperabilidade do passado, mas sua intensa identificação imaginativa com expressões da música antiga condicionou sua abordagem a criar para o seu próprio tempo e fez dele, na verdade, o primeiro dos modernos. Mas independentemente de todas as questões em torno de antigo e novo, Brahms se classifica como o par de Beethoven, Bach, Mozart e Schubert porque, como eles, mostra até o mais alto grau o qùe pode ser feito com as idéias musicais — como podem simultaneamente ser desenvolvidas à maneira da mais alta verdade filosófica, e refletir uma profunda humanidade.

> Aqui eles falam e falam. Ele está calado. Ali a todo-poderosa algazarra das teorias tão progressistas e altissonantes. Aqui o silêncio ativo, a ação silenciosa. Ali tagarelice sobre o futuro, aqui a ação com o interesse de sustentar o futuro. (Nada diz mais da importância da percepção de Schoenberg do que o fato de ele ter encontrado a conexão de Wagner com Brahms.) Brahms sabia o que Goethe sabia: que não pode haver nenhum desenvolvimento sem o homem, fora do homem. Como resultado, ele se tornou o arqui-inimigo de todas as ilusões.[12]

Anexo 1
Calendário

Ano	Idade	Vida	Músicos e acontecimentos contemporâneos
1833	0	Johannes Brahms nasce em 7 de maio em Specksgang, nº 24 (posteriormente, Speckstrasse, nº 60), no bairro Gängeviertel em Hamburgo, filho de Johann Jakob Brahms (27), músico municipal, e de Johanna Henrike Christiana Nissen (44), costureira. Batizado em 26 de maio na Michaeliskirche.	Borodin nasce em 12 de novembro. Alkan tem 19 anos, Auber 51, Balfe 25, Bellini 32, Berlioz 30, Bronsart von Schellendorf 3, Bruckner 9, Bülow 3, Burgmüller 23, Cherubini 73, Chopin 23, Chrysander 7, Cornelius 9, Czerny 42, David 23, Dietrich 3, Donizetti 36, Erkel 23, Field 51, Franck 11, Franz 18, Gade 16, Pauline Garcia (posteriormente Viardot-Garcia) 11, Glinka 30, Goldmark 3, Gounod 15, Grädener 21, Henselt 18, Hiller 22, Hummel 55, Joachim 2, Kalkbrenner 48, Kiel 12, Kirchner 10, Liszt 22, Litolff 15, Loewe 37, Lortzing 30, Macfarren 20, Marschner 38 (*Hans Heiling* apresentada em 24 de maio), Fanny Mendelssohn 27, Felix Mendelssohn 24 (compõe a Sinfonia *Italiana*), Meyerbeer 42, Moscheles 40, Nicolai 23, Nottebohm 16, Offenbach 14, Onslow 49, Paganini 42, Pierson 18, Potter 41, Raff 11, Reicha 63, Reinecke 9, Rosenhain 19, Rossini 41, Rubinstein 3, Schumann 23 (compõe a segunda série dos Estudos *Paganini*), Smetana 9, Spohr 49, Spontini 59, Johann Strauss (I) 29, Johann Strauss (II) 8, Thalberg 21, Verdi 20, Volkmann 18, Wagner 20, Samuel Wesley 67, Clara Wieck 13, Zuccalmaglio 30. Marxsen (27) dá o seu primeiro concerto em Hamburgo. Kaspar Hauser morre, em 17 dez.
1834	1		Nasce Ponchielli 31 ago., nasce Reubke 23 mar. Berlioz (31), *Harold en Italie*; Schumann (21) funda *Neue*

Ano	Idade	Vida	Músicos e acontecimentos contemporâneos
			Zeitschrift für Musik e compõe a primeira versão de *Etudes Symphoniques*; publicado *Gabrieli* de Winterfeld.
1835	2	Nasce o irmão Friedrich (Fritz), em 26 de março	Morre Bellini (34) 24 set., nasce Cui 18 jan., nasce Draeseke 7 out., nasce Ebenezer Prout 1 mar., nasce Saint-Saëns 9 out. Schumann (25), *Carnaval*; Clara Wieck (15), Concerto para Piano.
1836	3		Morre Burgmüller (26) 7 maio, nasce Delibes 21 fev., morre Reicha (66) 28 maio. Schumann (26), Fantasia em dó a *Kleisleriana*; Clara Wieck (16) toca *Hexentanz* para Chopin (26).
1837	4	A família se muda para Ulricusstrasse, nº 38	Nasce Balakirev 2 jan., morre Field (55) 23 jan., morre Hummel (59) 17 out., nasce Jensen 12 jan., morre Samuel Wesley (71) 11 out. Berlioz (34), *Grande Messe des Morts*. Chopin (27) publica os *Etudes* op. 25; Schumann (27), *Davidsbündlertänze*.
1838	5		Nasce Bizet 25 out., nasce Bruch 6 jan. Alkan (24) publica *Trois Grandes Etudes*. Lançado o v. I dos *Deutsche Volkslieder* de Kretzschmer/ Zuccalmaglio.
1839	6	Começa a aprender música com o pai. Freqüenta a Privatschule de Heinrich Friedrich Voss em Dammthorwall.	Nasce Gernsheim 17 jul., nasce Mussorgski 21 mar., nasce Rheinberger 17 mar. Chopin (29) publica os 24 Prelúdios.
1840	7	Continua os estudos com o pai como preparação para uma carreira de intérprete orquestral.	Nasce Goetz 17 dez., morre Paganini (58) 27 maio, nasce Svendsen 3 set., nasce Tchaikovski 7 maio. Schumann (30) compõe *Frauenliebe undleben* e se casa com Clara Wieck (20).
1841	8	Começa a ter aulas de piano com Otto Cossel (28).	Nasce Chabrier 18 jan., nasce Dvorák 8 set., nasce Pedrell 19 fev., nasce Sgambati 28 maio, nasce Spitta 7 dez., nasce Tausig 4 nov. Gade (24), Abertura *Ossian*; Schumann (31), Sinfonia *Primavera*; Wagner (28), *Der fliegende Holländer*. Ludwig Feuerbach (37) publica *Das Wesen des Christentums*.
1842	9	A família se muda para Dammthorwall, nº 29, enquanto Cossel (29) ocupa os aposentos em Ulricusstrasse. Um grande incêndio (8 de maio) destrói a maior parte da antiga cidade.	Nasce Boito 24 fev., morre Cherubini (82) 15 mar., nasce Massenet 12 maio, nasce Sullivan 13 maio. Mendelssohn (33), Sinfonia *Escocesa*.

Ano	Idade	Vida	Músicos e acontecimentos contemporâneos
1843	10	Primeira apresentação como pianista (num concerto beneficente privado) leva à proposta de uma excursão americana. Cossel (30) persuade Eduard Marxsen (37) a interferir e aceitar Brahms para estudos avançados.	Nasce Grieg 15 jun., nasce Herzogenberg 10 jun.
1844	11	Freqüenta a escola secundária. Toca (improvisa?) uma sonata para piano sua para Louise Japha (18).	Nasce Rimski-Korsakov 18 mar. Henselt (30), Concerto para piano. Wagner (31), *Tannhäuser*. Nasce Nietzsche 15 out.
1845	12	Então unicamente aluno de Marxsen (39).	Nasce Fauré 12 maio, nasce Widor 24 fev. Mendelssohn (36), Concerto para Violino.
1846	13	Estuda teoria e composição com Marxsen, e ganha dinheiro tocando em *Animierlokale* na região do cais.	Nasce Brüll 7 nov. Berlioz (43), *La Damnation de Faust*; Clara Schumann (26), Trio com Piano; Robert Schumann (36), Sinfonia n. 2 em dó.
1847	14	Com a saúde debilitada, passa o verão em Winsen an der Lühe, onde rege um coro de vozes masculinas. Primeiro concerto público, 20 nov.	Nasce Fuchs 15 fev., nasce Augusta Holmès 10 dez., nasce Mackenzie 22 ago., morre Fanny Mendelssohn (41) 17 maio, morre Felix Mendelssohn (38) 4 nov. Liszt (36) *Magyar Dallók*. Alkan (34) publica *Grande Sonate* e *12 Etudes dans les tons majeures*.
1848	15	Assiste a Joachim (17) tocar o Concerto para Violino de Beethoven em Hamburgo, 11 mar. Primavera em Winsen. O primeiro concerto como solista (21 set.) inclui uma fuga de Bach.	Morre Donizetti (51) 8 abr., nasce Duparc 21 jan. nasce Parry 27 fev.
1849	16	O segundo concerto como solista inclui a Sonata *Waldstein* de Beethoven e a sua própria *Phantasie über einem beliebten Walzer* (14 abr.). Aceita alguns alunos de piano e começa a compor *pot-pourris* para Cranz como "G. W. Marks".	Morre Chopin (39) 17 out., morre Kalkbrenner (64) 10 jun., morre Nicolai (39) 11 maio, morre Johann Strauss I (45) 25 set. Liszt (38), *Totentanz* (primeira versão). Nasce Riemann 18 jul.
1850	17	*Souvenir de la Russie* (?) e composição de canções. Conhece Eduard Reményi (20), 14 ago.; não consegue se encontrar com os Schumanns (Clara 30, Robert 40) quando eles visitam Hamburgo em dez.	Nasce Fibich 21 dez., nasce Henschel 18 fev., nasce F. X. Scharwenka 6 jan. Liszt (39) completa o primeiro "poema sinfônico", *Ce qu'on entend sur la montagne*; Schumann, Sinfonia *Renana*.
1851	18	Mais estudos e trabalho remunerado. Compõe o scherzo em mi bemol menor, que toca para Litolff (33); também canções e primeiras tentativas de música de câmara, algumas tocadas em um concerto privado com Gade (34) em 5 jul.	Nasce d'Indy 27 mar., morre Lortzing (48) 21 jan., morre Spontini (77) 14 jan. Verdi (38), *Rigoletto*. Liszt (40) começa a publicar as Rapsódias Húngaras.

Ano	Idade	Vida	Músicos e acontecimentos contemporâneos
1852	19	Sonata para Piano em fá sustenido menor (op. 2) e mais canções.	Nasce Stanford 30 set. Publicado o primeiro volume da edição Bach-Gesellschaft.
1853	20	Sonata para Piano em dó maior (op. 1). Excursão de concertos com Reményi (23) em abr.-maio; realiza a "proeza de transposição" em Celle a 2 maio. Conhece Joachim (22) em Hanover e Liszt (42) em Weimar (12 jun.), com Cornelius (29) e Raff (31). Jun.-ago. com Joachim em Göttingen. Excursão a pé pela Renânia em set., fazendo novos amigos em Bonn. Visita Hiller (42) e Reinecke (29) em Colônia. 30 set. vai a Düsseldorf, onde Robert (43) e Clara (33) Schumann o acolhem no seu círculo. Colabora com Schumann e Dietrich (24) na Sonata "Fá-lá-mi". Volta a Göttingen. Schumann saúda Brahms no número de 28 out. da *Neue Zeitschrift für Musik*. Vai a Leipzig (meados de nov.) onde conhece Moscheles (60), David (43), Grimm (26) e Berlioz (50), e tem os opp. 1, 3 e 6 publicados em dez. Natal em Hamburgo.	Nasce Messager 30 dez., morre Onslow (69) 3 out. Liszt (42), sonata para Piano em si menor; Clara Schumann (33), Variações sobre um Tema de Robert Schumann, *Romanzen* e *Jucunde Lieder*; Robert Schumann (43), Concerto para Violino.
1854	21	Conhece Büllow (24) em Leipzig. Publicados opp. 2, 4 e 5. Em 27 fev. Schumann (44) tenta se afogar e é internado no sanatório de Endenich. Brahms volta a Düsseldorf para ajudar Clara (34). Compõe o Trio op. 8, Variações *Schumann* e outras peças para piano *Kreisler*, Baladas op. 10; também trabalha numa Sinfonia em ré menor. Em dez. visita Hamburgo com Clara.	Nasce Humperdinck 1 set., nasce Janácek 4 jul., nasce Köselitz (Peter Gast)10 jan. Liszt (43), Sinfonia *Fausto*; Wagner (41), *Das Rheingold*. Os irmãos Grimm começam a compilar o *Deutsches Wörtbuch*.
1855	22	Mora em Düsseldorf, mas realiza excursões de concertos com Clara (35) e Joachim (24) como pianista e regente. O Trio op. 8 é apresentado pela primeira vez em Nova York (27 nov.).	Nasce Chausson 21 jan., nasce Liadov 11 maio., nasce Röntgen 9 maio.
1856	23	Prossegue a atividade de concertos. Conhece Rubinstein (26). Permanece em Hamburgo até a primavera e inicia estudos de contraponto com Joachim, em seguida se muda para Bonn a fim de ficar perto de Schumann. Trabalha nas Variações op. 21/1, pe-	Nasce Martucci 1 jan., morre Schumann (46) 29 jul., nasce Sinding 11 jan., nasce Taneiev 25 nov. Liszt (45), Sinfonia *Dante*; Volkmann (41), Variações *Haendel*; Wagner (43), *Die Walküre*. Morre Heine (59) 17 fev., nasce Freud a 6 de maio.

Ano	Idade	Vida	Músicos e acontecimentos contemporâneos
		ças para órgão, *Missa Canonica*, talvez o Trio em lá maior. Conhece Julius Stockhausen (30) e apresenta concertos com ele (maio). Com a morte de Schumann, volta a Düsseldorf para dar apoio a Clara; em set. passam férias na Suíça com alguns dos filhos dela e Elise (25), irmã de Brahms. Retorna a Hamburgo em out., em seguida visita Detmold. A sinfonia inacabada se converte num Concerto para Piano. Composto o Quarteto com Piano em dó sustenido menor (forma inicial do op. 60). Torna-se subscritor da Edição Bach-Gesellschaft.	
1857	24	Compõe e leciona em Hamburgo. Segunda visita a Detmold (maio) leva a um cargo na corte no outono para reger e dar aulas de piano.	Nasce Bruneau 1 mar., morre Czerny (66) 15 jul., nasce Elgar 2 jun., morre Glinka (53) 15 fev., nasce Kienzl 17 jan. Alkan (43) publica a Sonata para Violoncelo e *12 Etudes dans les tons mineurs*. Wagner (44) interrompe o trabalho em *Siegfried*.
1858	25	Em Hamburgo, trabalha no Concerto para Piano e Noneto. Verão em Göttingen com Grimm (31), Joachim (27) e Clara (38). Primeiras Danças Húngaras, também muitos arranjos de canções folclóricas. Fica profundamente afeiçoado a Agathe von Siebold. Segundo outono em Detmold: compostos *Ave Maria* e *Begräbnisgesang*; Concerto para Piano ensaiado em Hanover (mar. e out.). Noneto reorquestrado como uma "serenata sinfônica".	Nasce Leoncavallo 8 mar., nasce Puccini 22 jun., morre Reubke (24) 3 jun., nasce Hans Rott 1 ago., nasce Ethel Smyth 23 abr. Joachim, Concerto à Maneira Húngara; Wagner (45), *Wesendonck Lieder*. Chrysander (32) cria a Edição Completa Haendel-Gesellschaft (Brahms subscreve desde o início).
1859	26	Noivado secreto com Agathe, logo rompido (jan.). Concerto para Piano n. 1 apresentado pela primeira vez em Hanover, 22 jan.; repetido em Leipzig e Hamburgo; Serenata apresentada pela primeira vez em Hamburgo, 28 mar. Organiza e rege o Frauenchor hamburguês, que apresenta pela primeira vez *Marienlieder* e Salmo 13 (19 set.). Última temporada em Detmold — compõe a Serenata n. 2 e muitas obras vocais.	Nasce Ashton (Algernon) 9 dez., nasce Foerster 30 dez., morre Spohr (75) 22 out. Berlioz (52), *Les Troyens*; Verdi (46), *Un ballo in maschera*. Guerra franco-austríaca na Itália.

Ano	Idade	Vida	Músicos e acontecimentos contemporâneos
1860	27	Parte de Detmold em jan. para Hamburgo; rege ali a Serenata em lá, 10 fev. Versão final da Serenata em ré apresentada pela primeira vez em Hanover, 3 mar. Manifesto contra a escola "Neo-alemã" publicado 6 maio. Jun.-ago. em Bonn com Joachim (29); compõe o Sexteto n. 1; conhece Fritz Simrock (23) que se tornaria seu editor e conselheiro nos negócios. No mais, muito ocupado com o Frauenchor: compostos Madrigais op. 17 e Motetos op. 27.	Nasce Albéniz 29 maio, nasce Charpentier 25 jun., nasce Mahler 7 jul., nasce Paderewski 6 nov., nasce Reznicek 4 maio, nasce Wolf 13 mar.
1861	28	Vive em Hamburgo, compondo e executando. No verão vai a Hamm. Trabalha nos Quartetos com Piano e nas Variações *Haendel*, executados por Brahms e Clara (41) em Hamburgo (nov., dez.).	Nasce Arensky 11 ago., nasce Chaminade 8 ago., nasce Loeffler 30 jan., nasce MacDowell 18 dez., morre Marschner (66) 14 dez., nasce Thuille 30 out.
1862	29	Primavera em Hamburgo e concertos em Oldenburg. No verão trabalha nos *Magelone-Lieder*, Quinteto de Cordas e começos da Sinfonia em dó menor. Em set. vai a Viena onde dá recitais e prepara a base para o inverno. Conhece novos amigos, inclusive Hanslick (37), Nottebohm (45), Pohl (43) e Tausig (21). Stockhausen (36) se torna regente da Filarmônica de Hamburgo.	Nasce Debussy 22 ago., nasce Delius 29 jan., nasce Emmanuel (Maurice) 2 maio, morre Halévy (62) 17 mar. Bismarck se torna primeiro-ministro da Prússia.
1863	30	Volta a Hamburgo na primavera; compõe a maior parte de *Rinaldo* no verão. Nomeado regente da Singakademie de Viena por uma temporada. O primeiro concerto apresenta Bach, Schumann, Isaac e Beethoven.	Nasce Mascagni 7 dez., nasce Emanuel Moór 19 fev., nasce Pierné 16 ago.
1864	31	Entre os alunos de piano se acha Elisabet von Stockhausen (17). Encontra-se com Wagner (51) em Penzing, 6 fev., por intermédio dos amigos comuns Tausig (23) e Cornelius (40). A 20 mar. rege o Oratório de Natal de Bach, em Viena. Na primavera se demite da Singakademie. Verão em Lichtenthal com Clara (45); conhece Hermann Levi (25), Viardot-Garcia (43) e Turgenev (46). Instala-se em Viena durante o inverno.	Nasce d'Albert 10 abr., morre Meyerbeer (73) 2 maio, nasce Guy-Ropartz 15 jun., nasce Richard Strauss 11 jun. Bruckner (40), Missa em ré menor. Luís II é coroado rei da Baviera.

Ano	Idade	Vida	Músicos e acontecimentos contemporâneos
1865	32	Morre a mãe de Brahms, 2 fev. Em Viena, trabalha em *Ein deutsches Requiem*. Verão em Lichtenthal; compõe o Trio com trompa e conhece Feuerbach (36). Excursões de concertos no outono e inverno; faz a primeira apresentação das Variações *Paganini* em Zurique, 25 nov.	Nasce Dukas 1 out., nasce Glazunov 10 ago., nasce Magnard 9 jun., nasce Nielsen 9 jun., nasce Sibelius 8 dez. Liszt (54), *Missa Choralis*. Estréia de *Tristan und Isolde* (Munique, 10 jun.).
1866	33	Festival Brahms em Oldenburg (jan.) com Dietrich (36); visita a Suíça com Joachim (35). Trabalha no *Requiem* em Karlsruhe e Winterthur. Verão perto de Zurique, onde se encontra com Billroth (37). Terminado o Sexteto n. 2. Volta a Viena no outono; natal em Oldenburg.	Nasce Busoni 1 abr., nasce Satie 17 mar. Bruckner (41), Sinfonia n. 1 e Missa em mi menor; Liszt (55), *Christus*; Smetana (41), *The Bartered Bride*. Guerra austro-prussiana. Morre Rückert.
1867	34	Excursões de concertos pelo interior da Áustria na primavera e no outono, a última com Joachim (36). Passeios no verão com o pai (61) e Gansbacher (38) nos Alpes Austríacos. Três movimentos do *Requiem* apresentados em Viena, 1 dez., sem êxito.	Nasce Granados 27 jul., nasce Koechlin 27 set., morre Sechter (79) 10 set. Marx (49) publica o v. I de *Das Kapital*.
1868	35	Em fev.-mar. excursões na Alemanha e em Copenhague com Stockhausen (42). 10 abr.: *Ein deutsches Requiem* estréia na Catedral de Bremen. Festival do Baixo Reno em Colônia (maio); jun.-jul. em Bonn; concertos no outono com Clara (48) e Stockhausen. Iniciado *Schicksalslied*.	Nasce Bantock 7 ago., morre Berwald (72) 3 abr., morre Rossini (76) 13 nov., nasce Max von Schillings 19 abr. Grieg (25), Concerto para Piano.
1869	36	Primeira apresentação de *Rinaldo* em Viena; versão final do *Requiem* em Leipzig (28 fev.). Verão em Lichtenthal; noivado de Julie Schumann (24) e composição da Rapsódia para Contralto. Excursão a Budapeste com Stockhausen. Compostas Valsas *Liebeslieder*. Publicadas as Danças Húngaras. No outono, instala-se em Viena.	Morre Berlioz (66) 8 mar., morre Dargomizhki (56) 17 jan., morre Loewe (73) 20 abr., nasce Pfitzner 5 maio, nasce Roussel 5 abr., Bruckner (44), Missa em fá menor; Bruch (31), Concerto para Violino n. 1. Primeira apresentação de *Das Rheingold*, Munique. Joachim (38) se torna diretor da Hochschule de Berlim. Inaugura-se a Hofoper de Viena em Reingstrasse.
1870	37	Primeira apresentação da Rapsódia para Contralto em Iena, 3 mar. Em Munique assiste a apresentações de *Das Rheingold* e *Die Walküre* (primeira exibição).	Morre Balfe (62) 20 out., nasce Godowski 13 fev., nasce Lehar 30 abr., morre Mercadente (75) 17 dez., nasce Novak 5 dez., nasce Schmitt 28 set. Irrompe a Guerra franco-prussiana. Schliemann descobre Tróia.

Ano	Idade	Vida	Músicos e acontecimentos contemporâneos
1871	38	Primeira parte de *Triumphlied* executada em Bremen (7 abr.) em memória dos mortos na guerra. Verão em Lichtenthal, ensinando a Florence May (26). Primeira apresentação de *Schicksalslied* em Karlsruhe, 18 out. Em dez. muda-se para Karlsgasse, nº 4, em Viena, sua residência permanente.	Morre Auber (89) 12 maio, nasce Stenhammar 7 fev., morre Thalberg (59) 27 abr., morre Tansig (29) 17 jul. Verdi (58), *Aida*. Estabelecimento do Império Germânico sob Guilherme I.
1872	39	O pai de Brahms morre em Hamburgo, 11 fev. Termina *Triumphlied* em Karlsruhe, 5 jun. Verão em Baden, onde se encontra com Nietzsche (28). Torna-se diretor de concertos da Gesellschaft der Musikfreunde, sucedendo a Rubinstein (42). Seis concertos por temporada nos três anos seguintes (ver o texto para os fatos importantes).	Nasce Hausegger 16 ago., nasce Skriabin 6 jan., nasce Vaughan Williams 12 out., nasce Zemlinski 4 out. Bizet (34), *L'Arlésienne*. Bruckner (48), Sinfonia n. 2.
1873	40	Termina os Quartetos de Cordas n. 1 e 2 e as Variações sobre um Tema de Haydn. Em ago. participa do Festival Schumann em Bonn sob regência de Joachim (42); no outono visita a Exposição Mundial em Viena.	Nasce Rakhmaninov 1 abr., nasce Reger 19 mar., nasce Séverac 20 jul. Bruckner (49), Sinfonia n. 3; Dvorák (32), Sinfonia n. 3.
1874	41	Em Leipzig (jan.), se encontra com Herzogenberg (31) e a esposa (27), bem como com Spitta (33). Encontra-se com Henschel (24) no Festival do Baixo Reno em Colônia. Verão perto de Zurique onde faz amizade com Widmann (32). Termina o Quarteto com Piano em dó menor, op. 60.	Morre Cornelius (50) 26 out., nasce Holst 21 set., nasce Ives 20 out., nasce Franz Schmidt 22 dez., nasce Schoenberg 13 set., nasce Suk 4 jan. Bruckner (50), Sinfonia n. 4 (primeira versão); Dietrich (44), Concerto para Violino; Liszt (63), *Glocken vom Strassburg*; Mussorgski (35), *Boris Godunov*; Smetana (50), *Vltava*; Verdi (61), Réquiem.
1875	42	Últimos concertos Gesellschaft (demissão 18 abr.) No verão trabalha na Sinfonia n. 1 em Heidelberg e perto de Zurique. Toma conhecimento de Dvorák (34), a quem indica para receber subsídios governamentais. Wagner (62) recupera o manuscrito de *Tannhäuser* de um relutante Brahms. Afastamento de Levi (36).	Morre Sterndale Bennett (59) 1 fev., morre Bizet (37) 3 jun., nasce Coleridge-Taylor 15 ago., nasce Glière 11 jan., nasce Reynaldo Hahn 19 ago., nasce Ravel 7 mar., nasce Rober-Ducasse 18 abr., nasce Tovey 17 jul. Bizet (37), *Carmen*; Goldmark (45), *Die Königin von Saba*; Tchaikovski (35), Concerto para Piano n. 1. Nasce Jung 26 jul.
1876	43	Visita a Holanda, Mannheim e Coblença (jan.-fev.). Termina a Sinfonia n. 1 na primavera e o Quarteto de Cordas n. 3 no verão, em férias com Henschel (26) em Sassnitz, ilha de	Nasce Havergal Brian 29 jan., nasce Falla 23 nov., morre Goetz (36) 3 dez., nasce Wolf-Ferrari 12 jan., nasce Ruggles 11 mar. Tchaikovski (36), *O lago dos cisnes;* Herzogenberg (34),

Ano	Idade	Vida	Músicos e acontecimentos contemporâneos
		Rügen. Sinfonia n. 1 apresentada pela primeira vez sob regência de Dessoff (41) a 4 nov.; Brahms a rege em Mannheim e Munique.	Variações sobre um Tema de Brahms. Primeiro ciclo *Ring* completo, Bayreuth, 13-17 ago.
1877	44	Joachim (46) apresenta a Sinfonia n. 1 em Cambridge (8 mar.) após Brahms se recusar a receber ali um título acadêmico; a obra é posteriormente revista. Verão em Pörtschach e Lichtenthal, compondo o moteto *Warum ist das Licht gegeben*? e a Sinfonia n. 2, apresentada pela primeira vez em Viena por Hans Richter(34) a 30 dez.	Nasce Dohnányi 27 jul. Saint-Saëns (42), *Samson et Dalila* (apresentado em Weimar, 2 dez.); Bruckner (53), Sinfonia n. 5; Dvorák (36), Variações Sinfônicas. Böhme publica *Altdeutsches Liederbuch*.
1878	45	Primeiras férias na Itália, abr., com Billroth (49). Oferecido cargo de Thomaskantor, Leipzig. Em Pörtschach inicia o Concerto para Violino, continuado em consultas com Joachim (47); também *Klavierstücke* op. 76. Hugo Wolf (18) procura conselho de Brahms sobre composição; não gostando do conselho — Brahms lhe disse para estudar contraponto com Nottebohm (61) —, ele se torna um inimigo implacável.	Nasce Boughton 23 jan., nasce Holbrooke 6 jul., nasce Palmgren 16 fev., nasce Schreker 23 mar. Tchaikovski (38), Concerto para Violino e Sinfonia n. 4; Dvorák (37), Danças Eslavas.
1879	46	Concerto para Violino apresentado pela primeira vez em Leipzig, 1 jan., repetido em Viena, 14 jan. A Universidade de Breslau confere a Brahms um doutorado honorário, mar. Verão em Pörtschach: compõe a Sonata para violino em sol maior e as Rapsódias op. 79. No outono excursões pela Hungria, Transilvânia e Polônia com Joachim (48). Wagner (66) ataca Brahms em "Über das Dichten und Komponierem".	Nasce Bridge 26 fev., nasce Ireland 13 ago., morre Jensen (42) 23 jan., nasce Karg-Elert 21 nov., nasce Respighi 9 jul., nasce Alma Schindler (posteriormente Mahler) 31 ago., nasce Cyril Scott 27 set. Bruckner (55), Quinteto de Cordas; Dietrich (50), *Robin Hood* (Brahms comparece à estréia em Frankfurt); Frank (57), Quinteto com Piano; Tchaikovski (39), *Eugene Onegin*. Nasce Einstein 14 mar.
1880	47	Comparece à inauguração do monumento a Schumann em Bonn, fev. Primeiro verão na estância em moda de Ischl, onde conhece Brüll (34) e J. Strauss II (55) e onde compõe as Aberturas Trágica e Festival Acadêmica. Publicados livros 3 e 4 das Danças Húngaras. Séria desavença com Joachim (49) a respeito do seu processo de divórcio, devida ao apoio de Brahms a Amalie (41) em carta particular em dez.	Nasce Bloch 24 jul., nasce Foulds 2 nov., nasce Medtner 24 dez., morre Offenbach (61) 5 out., nasce F. G. Scott 25 mar., nasce Pizzetti 20 set. Mahler (20), *Das klagende Lied*; Dvorák (39), Sinfonia n. 6; Rott (22), Sinfonia em mi.

Ano	Idade	Vida	Músicos e acontecimentos contemporâneos
1881	48	Primeira apresentação da Abertura Festival Acadêmica em Breslau, 4 jan. Jan.-fev. excursões pela Holanda e Hungria, onde novamente se encontra com Liszt (70) por sugestão de Bülow (51). Abr.-maio, férias na Itália e Sicília com Billroth (52) e Nottebohm (63). Verão em Pressbaum onde termina *Nänie* em memória de Feuerbach, que morrera (50) a 10 jan. 1880, e o Concerto para Piano n. 2, que apresenta pela primeira vez em Budapeste a 9 nov., após ensaios com a orquestra ducal de Bülow em Meiningen.	Nasce Bartók 25 mar., nasce Enescu 19 ago., nasce Miaskovski 20 abr., morre Mussorgski (42) 28 mar. Bruckner (57), Sinfonia n. 6; Fauré (36), Ballade.
1882	49	Apresenta o novo Concerto para Piano em muitos centros alemães e holandeses em excursão. Verão em Ischl; termina o Trio com Piano em dó maior, o Quinteto de Cordas em fá maior e *Gesang der Parzen*. Férias na Itália (set.) com Billroth (53), Brüll (36) e Simrock (45). Ao lado de Nottebohm (64) quando ele morre em Graz a 29 out.	Nasce Grainger 8 jul., nasce Kodály 16 dez., nasce Malipiero 18 mar., morre Raff (60) 24 jun., nasce Stravinski 17 jun., nasce Szimanowski 6 out. Liszt (71), *Von der Wiege bis zum Grabe*. Estréia de *Parsifal* em Bayreuth (25 jun.). Hugo Riemann (33) publica *Musiklexicon*.
1883	50	Verão em Wiesbaden, onde se afeiçoa muito a Hermine Spies (26) e termina a Sinfonia n. 3, apresentada pela primeira vez a 2 dez. em Viena sob a regência de Richter (40).	Nasce Bax 8 nov., nasce Casella 25 jul., morre Grädener (71) 10 jun., nasce Hauer 19 mar., nasce Varèse 22 dez., morre Wagner (69) 13 fev., nasce Webern 3 dez. Bruckner (59), Sinfonia n. 7; Dvorák (42), *Scherzo Capriccioso*. Morre Karl Marx (65) 14 mar.
1884	51	Primavera na Itália. Verão em Mürzzuschlag com Hanslick (59) onde começa a Quarta Sinfonia. Inicia grande amizade com a família Fellinger em Viena. Excursão no inverno como pianista e acompanhador de Hermine Spies (27).	Nasce Griffes 17 set., morre Rott (25) 25 jun., morre Smetana (60) 12 maio. Bruckner (60), Te Deum; Debussy (22), *L'Enfant prodigue*; Mahler (25), *Lieder eines Fahrenden Gesellen*. Iniciada a Edição Schütz sob a organização de Spitta (43).
1885	52	No verão, termina a Sinfonia n. 4 em Mürzzuschlag. Rege a primeira apresentação em Meiningen, 25 out., onde conhece Richard Strauss (21); em seguida excursiona com a orquestra. Desavença com Bülow (55) sobre apresentação em Frankfurt.	Nasce Berg 7 fev., nasce Butterworth 12 jul., morre Hiller (73) 10 maio, morre Kiel (64) 13 set., nasce Riegger 29 abr., nasce Wellesz 21 out. Dvorák (44), Sinfonia n. 7; Franck (63), *Variations Symphoniques*; Liszt (73), *Bagatela sem tonalidade*; Wolf (25), *Penthesilea*.

Ano	Idade	Vida	Músicos e acontecimentos contemporâneos
1886	53	Verão em Hofstetten perto de Thun, onde são compostos a Sonata para Violoncelo n. 2, a Sonata para Violino n. 2 e o Trio com Piano. Eleito presidente honorário do Tonkünstlerverein vienense.	Morre Liszt (74) 31 jul., morre Ponchielli (51) 17 jan., nasce Schoeck 1 set. Fauré (41), Réquiem; Franck (64), Sonata para Violino; Goldmark (46), *Merlin*. Morre Luís II da Baviera. Nietzsche (42) escreve *Jenseits von Gut und Böse*.
1887	54	Na primavera férias na Itália com Simrock (50) e Kirchner (64). Verão em Thun, onde compõe *Zigeunerlieder* e o Concerto Duplo, apresentado pela primeira vez por Joachim (56) e Hausmann (35) em Colônia, 18 out. Morre Pohl (67) 28 abr. e é sucedido por Mandyczewski (30) como arquivista da Gesellschaft der Musikfreunde. Celestine Truxa (??) se torna governanta de Karlgasse, nº 4.	Nasce Van Dieren 27 dez., morre Borodin (53) 28 fev., nasce Madetoja 17 fev., nasce Toch 7 dez., nasce Fartein Valen 25 ago., nasce Villa-Lobos 8 fev. Bruckner (63), Sinfonia n. 8; Goldmark (47), Sinfonia *Ländliche Hochzeit*; Verdi (74), *Otello* (apresentada 5 fev.).
1888	55	Conhece Grieg (45) e Tchaikovski (48), 2 jan. Primavera na Itália com Widmann (46); conhece Martucci (32) em Bolonha. Verão em Thun, onde compõe a Sonata para Violino n. 3.	Morre Alkan (74) 29 mar., nasce Max Butting 6 out., morre Marxsen (81) 18 nov., nasce Vermeulen 8 fev. Franck (66), Sinfonia em ré menor; Satie (22), *Gymnopédies*; Tchaikovski (48), Sinfonia n. 5. Guilherme II se torna imperador alemão.
1889	56	Recebe o título de cidadão honorário de Hamburgo, 23 maio; em agradecimento, compõe *Fest- und Gedenksprüche*, e também motetos op. 110. Verão em Ischl, próximo a Goldmark (59) e J. Strauss II (64). Ordem de Leopoldo conferida pelo Imperador Franz Josef (59). Altera o Trio com Piano op. 8.	Morre Henselt (75) 10 out., nasce Shaporin 8 nov. Dvorák (48), Sinfonia n. 8; Franck (67), Quarteto de Cordas; Mahler (29), Sinfonia n. 1; Strauss (25), *Don Juan*. Nasce Adolf Hitler 20 abr.
1890	57	Na primavera férias na Itália com Widmann (48). Verão em Ischl; compõe o Quinteto de Cordas n. 2. Conhece Alice Barbi (28).	Morre Franck (67) 8 nov., morre Gade (72) 21 dez., nasce Ibert 15 ago., nasce Frank Martin 15 set., nasce Martinu 8 dez., nasce Nyström 13 out. Busoni (24), *Konzertstück*; Strauss (26), *Tod und Verklärung*; Wolf (30), *Spanisches Liederbuch*.
1891	58	Assiste a Mühlfeld (35) em Meiningen. Visita Berlim na primavera. Faz testamento ("testamento de Ischl") em maio. Compõe o Trio e o Quinteto com Clarineta. Amizade com Adolf Menzel (76).	Nasce Bliss 2 ago., morre Delibes (55) 16 jan., nasce Prokofiev 13 abr. Fauré (46), *La Bonne Chanson*; Rakhmaninov (18), Concerto para Piano n. 1; Wolf (31), *Italienisches Liederbuch*.

Ano	Idade	Vida	Músicos e acontecimentos contemporâneos
1892	59	Morte de Elisabet von Herzogenberg (44), 2 jan. Primavera na Itália. Morte da irmã Elise (61), jun. Em Ischl, começa a compor as peças para piano dos opp. 116-19.	Nasce Honegger 10 mar., nasce Howells 17 out., nasce Jarnach 26 jul., nasce Kilpinem 4 fev., morre Lalo (69) 22 abr., nasce Milhaud 4 set., nasce Rosenberg 6 jun., nasce Sorabji 14 ago. Dvorák (51), Te Deum; Nielsen (27), Sinfonia n. 1; Sibelius (27), *Kullervo* e *En Saga* (versão original).
1893	60	Morre Hermine Spies (36). Com Widmann (51), férias na Itália e Sicília (abr.-maio) para se esquivar às comemorações do sexagésimo aniversário. Verão em Ischl, trabalhando nos *Klavierstücke* opp. 118 e 119.	Morre Erkel (83) 15 jun., nasce Goossens 26 maio, morre Gounod (75) 18 out., nasce Hábá 21 jun., nasce Merikanto (Aare) 19 jun., morre Tchaikovski (53) 6 nov. após compor a Sinfonia n. 6. Dvorák (52), Sinfonia n. 9, *Do Novo Mundo*. Verdi (80), *Falstaff*, primeira apresentação 9 fev.
1894	61	Abalado pelas mortes de Billroth, Bülow e Spitta. Verão em Ischl, onde compõe as Sonatas para Clarineta n. 1 e 2. Publica os *Deutsche Volkslieder* em sete volumes. Oferecida, mas recusada, a regência da Filarmônica de Hamburgo. Em 21 dez. acompanha Alice Barbi (32) no seu concerto de despedida.	Morre Bülow (63) 12 fev., morre Chabrier (53) 13 set., nasce Heseltine 30 out., nasce Moeran 31 dez., nasce Pijper 8 set., nasce Piston 20 jan., morre Rosenhain (81) 21 mar., morre Rubinstein (64) 20 nov., morre Spitta (52) 13 abr. Debussy (32) termina *Prélude à l'après-midi d'un faune*.
1895	62	Excursiona por cidades alemãs com Mühlfeld (39) apresentando as Sonatas para Clarineta (jan.-fev.). Verão em Ischl. Em Meiningen Festival dos "três Bês" (set.); visita Clara (76) em Fankfurt; em seguida, rege em Zurique.	Nasce Castelnuovo-Tedesco 3 abr., nasce Hindemith 16 nov., nasce Orff 10 jul. Dvorák (54), Concerto para Violoncelo; Mahler (35), Sinfonia n. 2; Puccini (37), *La Bohème*; Rakhmaninov (22), Sinfonia n. 1; Satie (29), *Messe des pauvres*; Sibelius (30), *Lemminkäinen Legends*; Strauss (31), *Guntram*.
1896	63	Rege ambos os concertos para piano em Berlim (10 jan.) com d'Albert como solista. Compõe *Vier ernste Gesänge*. Viagem de quarenta horas até Bonn para assistir ao funeral de Clara, 24 maio. Verão em Ischl, compondo Prelúdios Corais para órgão. Alarmante deterioração da saúde; vai a Karlsbad para fazer estação de águas. Retorna a Viena em out. mas continua a enfraquecer. Comparece ao funeral de Bruckner, 14 out.	Morre Bruckner (72) 11 out., deixando a Sinfonia n. 9 inacabada; nasce Gerhard 25 set., morre Clara Schumann (77) 20 maio, nasce Sessions 28 dez., morre Thomas (85) 12 fev., nasce Vogel 29 fev. Elgar (39), *King Olaf*; Foulds (16) utiliza quartos de tons em um quarteto de cordas; Mahler (36), Sinfonia n. 3; Nielsen (31), *Himnus Amoris*; Reger (22), Suíte para órgão (dedicada a Brahms); Strauss (32), *Also sprach Zarathustra*; Zemlinski (24), Trio com Clarineta (Brahms recomenda a Simrock).

Ano	Idade	Vida	Músicos e acontecimentos contemporâneos
1897	63	Altera o testamento. Última aparição pública numa execução da Sinfonia n. 4 sob a regência de Richter (54), 7 mar. Depois, rápido declínio físico. Morre em Viena de câncer no fígado, 3 abr. Funeral público em 6 abr.	Nasce Cowell 11 mar., nasce Korngold 29 maio, nasce Saeverud 17 abr.; Albéniz com 37 anos, Arensky 36, Ashton 38, Balakirev 60, Bantock 29, Bartók 16, Bax 13, Berg 12, Bliss 6, Bloch 17, Boito 54, Boughton 19, Brian 21, Bridge 18, Bronsart von Schellendorff 66, Bruch 59, Brüll 50, Busoni 31 (compõe o Concerto para Violino), Butterworth 12, Casella 14, Coleridge-Taylor 22, Cui 62, d'Albert 33, Debussy 35, Delius 35, Dietrich 67, Dohnányi 20, Dukas 32, Duparc 49, Dvorák 56, Elgar 40, Emmanuel 35, Enescu 16, Falla 20, Fauré 52, Fibich 47, Foulds 17, Fuchs 50, Gerhard 1, Gernsheim 58, Glazunov 32, Glière 22, Godowski 27, Goldmark 66, Grainger 15, Granados 30, Grieg 54, Griffes 13, Hahn 22, Hauer 14, Herzogenberg 54, Hindemith 2, Holbrooke 19, Holmès 50, Holst 23, Honegger 5, Humperdinck 43, d'Indy 46, Ireland 18, Ives 22, Janácek 43, Joachim 66, Karg-Elert 19, Kienzl 40, Kirchner 74, Kodály 14, Koechlin 29, Kõselitz 43, Léhar 27, Leoncavallo 39, Liadov 42, Loeffler 36, Magnard 32, Mahler 37, Malipiero 15, Frank Martin 7, Martinu 6, Martucci 41, Mascagni 33, Massenet 55, Medtner 17, Merikanto 4, Miaskovski 16, Milhaud 5, Moór 34, Nielsen 32, Orff 2, Paderewski 37, Parry 49 (compõe *Elegy for Brahms*), Pedrell 56, Pfitzner 28, Pijper 3, Piston 3, Pizzetti 17, Prokofiev 6, Prout 62, Puccini 39, Rackmaninov 24, Ravel 22, Reger 24, Respighi 18, Reznicek 37, Rheinberger 58, Rimski-Korsakov 53, Röntgen 42, Roussel 28, Ruggles 21, Saint-Saëns 62, Satie 31, Scharwenka 47, Schillings 29, Schindler 18, Schmidt 22, Schoenberg 23 (compõe o Quarteto de Cordas em ré), Schreker 19, Cyril Scott 18, F. G. Scott 17, Séverac 24, Sgambati 54, Sibelius 31, Skriabin 25, E. Smyth 39, Sorabji 5, Stanford 45, Stenham-

Ano	Idade	Vida	Músicos e acontecimentos contemporâneos
			mar 26, J. Strauss II 71, R. Strauss 33, Stravinski 15, Sullivan 55, Szymanowski 15, Thuille 36, Tovey 22, Valen 10, Varèse 11, Vaughan Williams 25, Verdi 84, Vermeulen 9, Villa-Lobos 10, Webern 13, Wellesz 11, Widor 53, Wolf 37, Ysaÿe 39, Zemlinski 25.

Anexo 2

Catálogo das obras

Brahms, às vezes, deixou passar muitos anos antes de liberar suas obras para impressão, o que teve como efeito, inevitavelmente, confundir a cronologia delas. No catálogo que se segue, as obras geralmente estão datadas pelo(s) seu(s) ano(s) de composição, ou de publicação no caso de se ter certeza de que esta se seguiu prontamente à conclusão da música; mas uma data de publicação separada é apresentada quando aquela se retardou por um período apreciável. Embora no decorrer da vida de Brahms nenhuma obra tenha chegado à publicação sem lhe ter satisfeito a intensa autocrítica, numerosas peças, nem todas secundárias, têm vindo à luz e encontrado o caminho da impressão depois de sua morte. Várias dessas já estavam incluídas na edição-padrão de sua música, patrocinada pela Gesellschaft der Musikfreunde de Viena, a *Johannes Brahms: Sämtliche Werke*, em vinte e seis volumes, organizada por Eusebius Mandyczewsky e Hans Gál (Breitkopf & Härtel, 1926-28). Outras têm sido descobertas desde então e é improvável que o processo esteja no fim. Pretendeu-se, tanto quanto possível, trazer o presente catálogo atualizado. No esforço de apresentar um quadro mais completo da criatividade de Brahms, este também inclui aquelas obras agora perdidas e que ele não deixou sobreviver, mas de cuja existência, em sua época, há razoável evidência documental. Incontestavelmente, houve muitas outras de que nada sabemos. A mais sucinta relação que já se tentou da produção de Brahms será encontrada no *Brahms Thematisch-Bibliographisches Werkverzeichnis*, de D. e M. McCorkle (Munique, 1984), um catálogo que, como todos os outros de sua espécie, deve ser usado com uma certa cautela.

MÚSICA ORQUESTRAL

1854-55		Sinfonia em ré menor (inacabada e perdida, nesta forma; orquestrado só o primeiro movimento; material finalmente trabalhado no Concerto para piano n. 1 e em *Ein deutsches Requiem*)
1856-59	op. 15	Concerto para piano n. 1 em ré menor (redução só para piano pub. em 1861; partitura pub. em 1871)
1859-60	op. 11	Serenata n. 1 em ré maior (derivada do Noneto de 1858; versão de 1859, para pequena orquestra, perdida)
1860	op. 16	Serenata n. 2 (para orquestra sem violinos; rev. em 1875)
1873	op. 56a	Variações sobre um Tema de Haydn (*Coral St. Antoni*)
1873		Danças Húngaras n. 1 e 3 (arranjadas para orquestra)
1862-76	op. 68	Sinfonia n. 1 em dó menor (possivelmente começada mais cedo; rev. em 1877)

1877	op. 73	Sinfonia n. 2 em ré maior
1878	op. 77	Concerto para violino em ré maior
1879	op. 80	Abertura Festival Acadêmico
1880	op. 81	Abertura Trágica (sobre rascunhos que remontam ao final da década de 1860)
1880		Abertura em fá maior (perdida; provavelmente não-concluída)
1881	op. 83	Concerto para piano n. 2 em si bemol maior
1883	op. 90	Sinfonia n. 3 em fá maior
1884-85	op. 98	Sinfonia n. 4 em mi menor
1887	op. 102	Concerto duplo para violino, violoncelo e orquestra em lá menor

MÚSICA DE CÂMARA

		12 Estudos para trompete (final da década de 1840 ou começo da de 1850 se genuínos, mas de autenticidade duvidosa; pub. em 1928)
c. 1851		Duo para violoncelo e piano (perdido)
c. 1851		Fantasia para violino, violoncelo e piano em ré menor (perdida)[1]
c. 1852-53		Quarteto de cordas em si bemol maior (perdido)
c. 1852-53		Sonata para violino em lá menor (originalmente op. 5; perdida)
1853		*Hymne, Zur Verherrlichung des grossen Joachim* (Trio para 2 violinos e contrabaixo ou violoncelo; pub. em 1976)
1853		Scherzo para violino e piano em dó menor (para a Sonata "fá-lá-mi" composta conjuntamente com Schumann e Dietrich; pub. em 1906)
1854	op. 8	Trio para violino, violoncelo e piano n. 1, em si maior (versão original; a obra foi recomposta em 1889 e é quase exclusivamente conhecida nesta última forma, pub. em 1891)
1855-56		Quarteto para piano, violino, viola e violoncelo em dó sustenido menor (possivelmente não concluído; perdido, mas de material reutilizado no op. 60)
c. 1856?		Trio para violino, violoncelo e piano em lá maior (possivelmente anterior; pub. em 1938; autenticidade controversa)
1858		Noneto para sopro e instrumentos de corda (primeira versão da Serenata n. 1; perdida, na forma original)
1859-60	op. 18	Sexteto para 2 violinos, 2 violas e 2 violoncelos n. 1 em si bemol maior
?1859-61	op. 25	Quarteto para piano, violino, viola e violoncelo n. 1 em sol menor
1861-62	op. 26	Quarteto para piano, violino, viola e violoncelo n. 2 em lá menor
1862		Quinteto para 2 violinos, viola e 2 violoncelos em fá menor (perdido, nesta forma; suposta restauração, por Sebastian Brown, pub. em 1947)
1864	op. 34	Quinteto para piano, 2 violinos, viola e violoncelo em fá menor (recomposição do Quinteto de 1862 via Sonata para 2 pianos op. 34b)

1864-65	op. 36	Sexteto para 2 violinos, 2 violas e 2 violoncelos n. 2 em sol maior
1862-65	op. 38	Sonata para violoncelo n. 1 em mi menor
c. 1862		Adágio para violoncelo e piano (perdido; movimento lento original do op. 38; manuscrito de copista visto por último na década de 1930)
1865	op. 40	Trio para violino, trompa (ou violoncelo, ou viola) e piano em mi bemol maior
c. 1868-73	op. 51 n. 1	Quarteto de cordas n. 1 em dó menor[2]
c. 1868-73	op. 51 n. 2	Quarteto de cordas n. 2 em lá menor
1875	op. 60	Quarteto para piano, violino, viola e violoncelo n. 3 em dó menor (versão radicalmente recomposta do Quarteto em dó sustenido menor de 1855-56)
1876	op. 67	Quarteto de cordas n. 3 em si bemol maior
1879	op. 78	Sonata para violino n. 1 em sol maior[3] (um arranjo para violoncelo e piano, pub. em 1897 e às vezes erroneamente atribuído a Brahms, é obra de Paul Klengel)
1880		Trio para piano, violino e violoncelo em mi bemol maior (só um movimento; perdido)
1882	op. 87	Trio para piano, violino e violoncelo n. 2 em dó maior
1882-83	op. 88	Quinteto de cordas para 2 violinos, 2 violas e violoncelo n. 1 em fá maior (incorpora material da Sarabanda n. 2 e da Gavota para piano n. 2)
1886	op. 99	Sonata para violoncelo n. 2 em fá maior
1886	op. 100	Sonata para violino n. 2 em lá maior
1886	op. 101	Trio para piano, violino e violoncelo n. 3 em dó menor
1886-88	op. 108	Sonata para violino n. 3 em sol maior
1890	op. 111	Quinteto de cordas para 2 violinos, 2 violas e violoncelo n. 2 em sol maior
1891	op. 114	Trio para clarineta (ou viola), violoncelo e piano em lá menor
1891	op.115	Quinteto para clarineta (ou viola) e quarteto de cordas em si menor
1894	op. 120 n. 1	Sonata para clarineta (ou viola) e piano n. 1 em fá menor (versão também para violino e piano, 1895)
1894	op. 120 n. 2	Sonata para clarineta (ou viola) e piano n. 2 em mi bemol maior (versão também para violino e piano, 1895)

MÚSICA PARA PIANO

(Solo de piano, a não ser que indicado de outra maneira)

1844		Sonata para piano (possivelmente em sol menor; perdida)[4]
1849		*Phantasie über eine geliebten Walzer* (perdida)
c. 1850		*Souvenir de la Russie* (transcrições em fantasia sobre árias russas e boêmias para piano a quatro mãos; pub. como "op. 151" por "G.W. Marks") 1) *Hymne national russe de Lvoff*; 2) *Chansonette de Tittoff*; 3) *Romance de Warlamoff*; 4) *"Le Rossignol" de A. Alabieff*; 5) *Chant bohémien*; 6) *"Koca" — chant bohémien*
1851	op. 4	Scherzo em mi bemol menor
1852	op. 2	Sonata para piano n. 2 em fá sustenido menor

1852-53	op. 1	Sonata para piano n. 1 em dó maior[5]
1853	op. 20 n. 2	Variações sobre uma canção húngara (pub. em 1861)
c. 1853		Arranjo de *Rákóczi-Marsch* (no máximo aum.; inédito e não mais concluído)
1853	op. 5	Sonata para piano n. 3 em fá menor
1854		Sonata para 2 pianos em ré menor (inacabada e perdida; tornou-se a base da Sinfonia em ré menor)
1854		*Blätter aus dem Tagebuch eines Musikers* (de "Johannes Kreisler Junior", Volume I; perdido)[6]
		1) *Menuett oder?* em lá bemol menor; 2) *Scherzino oder?* em si menor; 3) *Piece* em ré menor; 4) *Andenken an M.*[endelssohn] *B.*[artholdy] em si menor
1854	op. 9	Variações sobre um Tema de Schumann
1854	op. 10	4 Baladas (pub. em 1856)
		1) em ré menor; 2) em ré maior; 3) em si menor; 4) em si maior
1854-55		2 Gavotas (pub. em 1979)[7]
		1) em lá menor; 2) em lá maior
1854-55		2 Sarabandas (pub. em 1917)
		1) em lá maior, 2) em si menor
1855		2 Gigas (pub. em 1927)
		1) em lá menor; 2) em si menor
1855		Prelúdio e Ária em lá menor (perdida; originalmente combinada com alguns dos movimentos de dança acima em uma "Suíte em lá menor")
c. 1856-57	op. 20 n. 1	Variações sobre um Tema Original (pub. em 1861)
1859-62		Peça para piano em si bemol maior (pub. em 1979)[8]
1860		Tema e Variações em ré menor (arranjo do movimento lento do Sexteto de cordas n. 1; pub. em 1927)
1861	op. 24	Variações e Fuga sobre um Tema de Haendel
1861	op. 23	Variação sobre um Tema de Schumann para piano a quatro mãos (versão para solo de piano por Theodor Kirchner, 1878)
1862-63	op. 35	Estudos (Variações sobre um Tema de Paganini; pub. em 1866)
1864		Cânone em fá menor (pub. em 1979)[9]
1863-64	op. 34b	Sonata para 2 pianos em fá menor (recomposição do Quinteto de cordas de 1862; pub. em 1871)
1865	op. 39	16 Valsas para piano a quatro mãos (arranjadas para solo de piano em 1867; arranjo simplificado dos n. 13 a 16 em novas tonalidades, também em 1867; 4 das peças também arranjadas para 2 pianos)
1868		Variação sobre um Tema de Schumann (*Albumblatt* para Marie Wieck; mesmo tema como op. 9; pub. em 1902)
1858-68		Danças Húngaras, coleções 1 e 2, para piano a quatro mãos (versão também para solo de piano, em parte provavelmente mais antiga do que a forma em duo, pub. em 1871)
		Coleção 1:
		1) em sol menor; 2) em ré menor; 3) em fá maior; 4) em fá sustenido menor; 5) em sol menor
		Coleção 2:
		6) em ré maior; 7) em lá maior; 8) em lá menor; 9) em fá maior; 10) em fá maior

	op. 52a	Valsas *Liebeslieder* para piano a quatro mãos (*ver* DUETOS E QUARTETOS VOCAIS)
1873	op. 56b	Variações sobre um Tema de Haydn para dois pianos
	op. 65a	*Neue Liebeslieder* para piano a quatro mãos (*ver* DUETOS E QUARTETOS VOCAIS)
1871-78	op. 76	8 Peças Coleção 1: 1) Capriccio em fá sustenido menor; 2) Capriccio em si menor; 3) Intermezzo em lá bemol maior; 4) Intermezzo em si bemol maior Coleção 2: 5) Capriccio em dó sustenido menor; 6) Intermezzo em lá maior; 7) Intermezzo em lá menor; 8) Capriccio em dó maior
1879	op. 79	2 Rapsódias 1) em si menor; 2) em sol menor
		Danças Húngaras, Coleções 3 e 4, para piano a quatro mãos (pub. em 1880) Coleção 3: 11) em ré menor; 12) em ré menor; 13) em ré maior; 14) em ré menor; 15) em lá bemol maior Coleção 4: 16) em fá maior; 17) em fá sustenido menor; 18) em ré maior; 19) em lá bemol menor; 20) em mi menor; 21) em mi menor
1891-92	op. 116	7 Fantasias (possivelmente anteriores) Coleção 1: 1) Capriccio em ré menor; 2) Intermezzo em lá menor; 3) Capriccio em sol menor Coleção 2: 4) Intermezzo em mi maior; 5) Intermezzo em mi menor; 6) Intermezzo em mi maior; 7) Capriccio em ré menor
c. 1892	op. 117	3 Intermezzos (possivelmente anteriores) 1) em mi bemol maior; 2) em si bemol menor; 3) em dó sustenido menor
1892-93	op. 118	6 Peças (possivelmente anteriores) 1) Intermezzo em lá menor; 2) Intermezzo em lá maior; 3) Balada em sol menor; 4) Intermezzo em fá menor; 5) Romança em fá maior; 6) Intermezzo em mi bemol menor
1892		Peça para piano em dó menor (perdida)[10]
c. 1893	op. 119	4 Peças (possivelmente anteriores) 1) Intermezzo em si menor; 2) Intermezzo em mi menor; 3) Intermezzo em dó maior; 4) Rapsódia em mi bemol maior
		51 *Übungen* (Exercícios; pub. em 1893; provavelmente acumulados durante muitos anos)[11]

Cadências

Bach: Concerto para teclado em ré menor (pub. em 1927; Beethoven: Concerto para piano em sol maior (2 cadências, pub. em 1907);[12] Mozart: Concerto para piano em sol maior, K453 (pub. em 1927); Mozart: Concerto para piano em ré menor, K466 (pub. em 1927; esta é construída sobre uma cadência de Clara Schumann para a mesma obra);[13] Mozart: Concerto para piano em dó menor K491 (pub. em 1927)

Arranjos para teclado e remodelações de peças de outros compositores[14]

1852		2 Estudos (pub. em 1869) 1) Estudo segundo o Estudo em fá menor op. 25, de Chopin; 2) Rondó segundo Weber (Finale da Sonata em dó op. 24) Litolff: Abertura de *Maximilien Robespierre* op. 55, arranjada para piano e harmônio (anterior?; só fragmento)
1854		Schumann: Quinteto para piano op. 44 arranjado para piano a quatro mãos (pub. em 1887)
1854		Scherzo do Quinteto para piano de Schumann arranjado para solo de piano (pub. em 1983)
1854		Joachim: Abertura de *Henry IV* de Shakespeare op. 7, arranjada para 2 pianos (pub. em 1902)
?1854-55		Joachim: Abertura de *Demetrius* de Grimm arranjada para 2 pianos (inéd.) Estudo segundo Schubert (Improviso em mi bemol; anterior, pub. em 1927; autenticidade duvidosa) Beethoven: Finale do Terceiro Quarteto "Rasumovsky" op. 59 n. 3, arranjado para solo de piano (executado em 1867; perdido)
1871		Gavota em lá maior (de *Iphigenie en Aulide*, de Gluck, originalmente projetada para *Paride ed Elena*)
1877		3 Estudos (pub. em 1879 como n. 3-5 de 5 Estudos, com reimpressão dos Estudos 1 e 2 acima) 3) Presto segundo Bach (Sonata para violino em sol); 4) Presto segundo Bach (segunda versão); 5) Chacona só para a mão esquerda (segundo Bach, da Partita para violino em ré menor)

MÚSICA PARA ÓRGÃO

1856		2 Prelúdios e Fugas (pub. em 1927) 1) em lá menor; 2) em sol menor
1856		Prelúdio Coral e Fuga sobre *O Traurigkeit, o Herzeleid* (pub. em 1882)
1896 e anteriormente	op. 122	11 Prelúdios Corais (pub. em 1902; NB: versões para solo de piano dos n. 4, 5, 8, 9, 10 e 11, por Ferruccio Busoni, também pub. em 1902) 1) *Mein Jesu, der du mich*; 2) *Herzliebster Jesu*; 3) *O Welt, ich muss dich lassen* (I); 4) *Herzlich tut mich erfreuen*; 5) *Schmücke dich, o liebe Seele*; 6) *O vie selig seid ihr doch*; 7) *O Gott, du frommer Gott*; 8) *Es is ein Ros entsprungen*; 9) *Herzlich tut mich verlangen* (I); 10) *Herzlich tut mich verlangen* (II); 11) *O Welt, ich muss dich lassen* (II)

MÚSICA CORAL

Com acompanhamento de conjunto orquestral ou instrumental

1858	op. 12	*Ave Maria* (versão para coro feminino de dois sopranos e dois contraltos, e orquestra; pub. em 1861)

1858		*Brautgesang* (Uhland) para solo de soprano, coro feminino e orquestra (só fragmento ainda existe; parte orquestral, perdida)
1859	op. 13	*Begräbnisgesang* (Michael Weisse) para coro misto, sopro e tímpanos
1859	op. 27	Salmo 13 (versão para coro feminino de dois sopranos e contralto, e órgão ou piano com orquestra de cordas *ad libitum*, 1863)
1860	op. 17	4 *Gesänge* para coro feminino de dois sopranos e dois contraltos, 2 trompas e harpa 1) *Es tönt ein voller Harfenklang* (Ruperti); 2) *Lied von Shakespeare* (de *A Noite de Reis*, trad. de A. W. von Schlegel); 3) *Der Gärtner* (Eichendorff); 4) *Gesäng aus "Fingal"* (Ossian/Macpherson, trad. anôn.)
1863	op. 50	*Rinaldo* (Goethe), cantata para solo de tenor, coro de dois tenores e dois baixos, e orquestra (coro final em 1868)
1863-67	op. 45	*Ein deutsches Requiem* (Escritura luterana), para solos de soprano e barítono, coro de soprano, contralto, tenor e baixo, e orquestra (possivelmente iniciado mais cedo; 5º mov. acrescentado em 1869; 2º mov. incorpora material da Sinfonia em ré menor de 1854-55)
1869	op. 53	*Rhapsodie* (Goethe) para solo de contralto, coro de dois tenores e dois baixos, e orquestra
1869-70		Suíte de *Liebeslieder* do op. 52 (n. 1, 2, 4-6, 8, 9, 11) com um novo número (mais tarde op. 62 n. 9) arranjado para quatro vozes em solo (ou coro para soprano, contralto, tenor e baixo) e pequena orquestra (também executável sem vozes; pub. em 1938)
1868-71	op. 54	*Schicksalslied* (Hölderlin) para coro de soprano, contralto, tenor e baixo, e orquestra
1870-71	op. 55	*Triumphlied* (Livro do Apocalipse) para solo de barítono, coro duplo de soprano, contralto, tenor e baixo, e orquestra 15
1880-81	op. 82	*Nänie* (Schiller) para coro de soprano, contralto, tenor e baixo, e orquestra
1882	op. 89	*Gesang der Parzen* (Goethe) para coro de soprano, dois contraltos, tenor e dois baixos, e orquestra
	op. 121	*Vier ernste Gesänge* (*ver* CANÇÕES EM SOLO; sabe-se que Brahms começou esboçando uma versão orquestral; orquestrações completas foram publicadas por Sir Malcolm Sargent e por Erich Leinsdorf, entre outros)

Arranjos vocais e orquestrais de outros compositores

1862		Schubert: *An Schwager Kronos*, D369 (Goethe); *Geheimis*, D719 (Goethe); *Memmon*, D541 (Mayrhofer); arranjadas para voz e orquestra (pub. em 1933)
1862		Schubert: *Nachtstück*, D672 (Mayrhofer), arranjada para voz, piano ou harpa, e pequena orquestra (só fragmento ainda existe)
1873		Schubert: *Ellens zweiter Gesang*, D838 (Storck, segundo Sir Walter Scott), arranjada para solo de soprano, coro feminino, 4 trompas e 2 fagotes (pub. em 1906)

Schubert: *Gruppe aus dem Tartarus*, D583 (Schiller), arranjada para voz (ou coro uníssono) e orquestra (pub. em 1937)
Schubert: *Greisengesang*, D778 (Rückert), arranjada para voz (ou coro uníssono) e orquestra (inéd.)

Coro e acompanhamento de teclado (piano ou órgão)

1856		Kyrie em sol menor para coro de soprano, contralto, tenor e baixo, e contínuo (pub. em 1984)
1856	op. 30	*Geistliches Lied* (Paul Flemming) para coro de soprano, contralto, tenor e baixo, e órgão (ou piano a quatro mãos; pub. em 1864)
1858	op. 12	Ave Maria para coro feminino de dois sopranos e dois contraltos, e órgão
1859	op. 27	Salmo 13 para coro feminino de dois sopranos e contralto, e órgão (ou piano)
1859-60	op. 44	12 *Lieder und Romanzen* para vozes femininas de dois sopranos e dois contraltos, com piano *and libitum* (pub. em 1866; *ver também Coros sem acompanhamento)* Parte I: 1) *Minnelied* (Voss); 2) *Der Braütigam* (Eichendorff); 3) *Barcarole* (trad. do italiano); 4) *Fragen* (trad. do eslavo); *Die Müllerin* (Chamisso); 6) *Die Nonne* (Uhland) Parte II: 1) *Nun stehn die Rosen*; 2) *Die Berge sind spitz*; 3) *Am Wildbach die Weiden*; 4) *Und gehst du über den Kirchhof* (todas de *Jungbrunnen*, de Hayse); 5) Die Braut (Müller); 6) *Märznacht* (Uhland)
	op. 52	Valsas *Liebeslieder* (*ver* DUETOS E QUARTETOS VOCAIS)
	op. 65	*Neue Liebeslieder* (*ver* DUETOS E QUARTETOS VOCAIS)
1874		*Kleine Hochzeitskantate* (Keller) para coro de soprano, contralto, tenor e baixo, e piano (pub. em 1927)
1884	op. 93b	*Tafellied* ("Dank der Damen", Eichendorff), madrigal de brinde para coro de soprano, dois contraltos, tenor e dois baixos, e piano

Arranjos de outros compositores, para coro e teclado

Schubert: Missa em mi bemol para coro e orquestra — redução para coro e piano (pub. em 1865)
Mozart: *Offertorium de venerabili sacramento*, K260 (agora K248a), para coro duplo e órgão — realização do acompanhamento de órgão (pub. em 1873)

Arranjos de canção folclórica para coro e piano

c. 1859-60	*In stiller Nacht*, arranjada para coro de dois sopranos e dois contraltos, e piano (pub. em 1938)
1894	*Deutsche Volkslieder* (Livro VII, n. 43 a 49) para voz e piano, com coro de soprano, contralto, tenor e baixo *ad libitum*

(quanto aos Livros I a VI, *ver Arranjos de canção folclórica para voz e piano*)

43) *Es stunden drei Rosen*; 44) *Dem Himmel will ich klagen*; 45) *Es sass ein schneeweiss Vögelein*; 46) *Es war einmal ein Zimmergesell*; 47) *Es ging sich unsre Fraue*; 48) *Nachtigall, sag*; 49) *Verstohlen geht der Mond auf*

Coro sem acompanhamento

1847		Madrigal *lá, si, dó* para coro de soprano, contralto, tenor e baixo (perdido)
1847		*Postillions Morgenlied* (anôn.), madrigal para coro de soprano, contralto, tenor e baixo (perdido)
1856-61		Missa em dó maior para coro de dois sopranos, contralto, tenor e baixo (*Missa canonica*, provavelmente não-concluída; Credo, perdido; Benedictus, pub. em 1956; Sanctus, "Hosanna", Agnus Dei e "Dona nobis pacem" pub. em 1984, com novo arranjo do Sanctus para dois sopranos, tenor e dois baixos, por Julius Otto Grimm, 1857)
1859	op. 22	*Marienlieder* (trad. alemã) para coro de soprano, contralto, tenor e baixo (n. 3: 1860?; pub. em 1862; as canções eram originalmente para coro feminino e esta versão do n. 2 ainda sobrevive) 1) *Der Englische Gruss*; 2) *Marias Kirchgang*; 3) *Marias Wallfahrt; 4) Der Jäger*; 5) *Ruf zur Maria*; 6) Magdalena; 7) Marias Lob
	op. 37	3 *Geistliche Chöre* para coro feminino de dois sopranos e dois contraltos (n. 1 e 2, 1859 ou antes, n. 3 por volta de 1863; pub. em 1865) 1) O bone Jesu; 2) Adoramus te; 3) Regina coeli
		2 Cânones para vozes mistas (n. 1, 1859, nº provavelmente posterior; pub. em 1927; n. 1 anteriormente pub. em fac-símile) 1) *Töne, linderner Klang* (anôn.); 2) *Zu Rauch* (Rückert)
c. 1859-60		*Wenn ich ein Vöglein war* (texto de canção folclórica), madrigal para vozes femininas de dois sopranos e contralto (pub. em 1968)
	op. 29	2 Motetos para coro misto (n. 1, 1860, para soprano, contralto, tenor e baixo; n. 2, 1857-60, para soprano, dois contraltos, tenor e dois baixos; ambos pub. em 1864) 1) *Es ist das Heil* (Paul Speratus); 2) *Schaffe in mir, Gott* (Salmo 51)
1859-60	op. 42	3 Madrigais para coro misto de seis vozes 1) *Abendständchen* (Brentano); 2) *Vineta* (Müller); 3) *Darthulas Grabgesang* (Ossian/Macpherson, trad. por Herder)
c. 1860		*Dar geit en Bek* (texto em baixo-alemão, por Klaus Groth), madrigal para vozes femininas (versão do op. 44 n. 9, com um texto diferente; pub. em 1952)
1860		*Dein Herzlein mild* (Heyse), madrigal para vozes femininas (pub. em 1938; nenhuma relação com o op. 62 n. 4, que tem o mesmo texto)

1860-62	op. 41	5 Madrigais para vozes masculinas (pub. em 1867) 1) *Ich schwing mein Horn ins Jammerthal* (alemão antigo); 2) *Freiwillige her!*; 3) *Geleit*; 4) *Marschieren*; 5) *Gebt Acht!* (todos de Lemcke)
	op. 62	7 Madrigais para coro de soprano, dois contraltos, tenor e dois baixos (n. 4 a 6, c. 1860; 1 a 3 e 7, do período 1860-3; pub. em 1874) 1) *Rosmarin*; 2) *Von alten Liebesliedern* (ambos de *Des Knaben Wunderhorn*); 3) *Waldesnacht*; 4) *Dein Herzlein mild*; 5) *All meine Herzgedanken*; 6) *Es gehet ein Wehen* (todos de *Jungbrunnen*, de Heyse; 7) *Vergangen ist mir Glück und Heil* (alemão antigo)
	op. 74	2 Motetos para coro misto (n. 1, 1877 ou antes, para dois sopranos, contralto, tenor e dois baixos; n. 2, do período 1863-70, para soprano, contralto, tenor e baixo; ambos pub. em 1878) 1) *Warum ist das Licht gegeben?* (Escritura luterana); 2) *O Heiland, reiss die Himmel auf* (anôn.)
		Dem dunkeln Schoss der heil'gen Erde (Schiller), madrigal para coro de soprano, contralto, tenor e baixo (1880 no máximo, provavelmente muito mais cedo; pub. em 1927)
		3 Cânones para vozes femininas (1881 ou antes) 1) *Mir lächelt kein Frühling* (anôn., cânone-enigma, pub. em 1881; 2) *Grausam erweiset sich Amor* (Goethe, pub. em 1927); versão para três vozes: *ver* op. 113); 3) *O wie sanft* (canção russo-polonesa, trad. de Daumer, pub. em 1908)
c. 1883	op. 93a	6 *Lieder und Romanzen* para coro misto 1) *Der bucklichte Fiedler* (canção folclórica renana); 2) *Das Mädchen* (Kapper); 3) *O Süsser Mai* (Arnin); 4) *Fahr wohl!* (Rückert); 5) *Der Falke* (Kapper); 6) *Beherzigung* (Goethe; título de Brahms)
		Wann? Wann? (Uhland), cânone para vozes femininas de soprano e contralto (pub. em 1885)
1886-88	op. 104	5 Madrigais para coro de soprano, dois contraltos, tenor e dois baixos 1) *Nachtwache* (I); 2) *Nachtwache* (II) (ambos de Rückert); 3) *Letztes Glück* (Kalbeck); 4) *Verlorene Jugend* (Wenzig, do tcheco); 5) *Im Herbst* (Groth)
1888-89	op. 109	*Fest- und Gedenksprüche*, 3 motetos sobre sentenças bíblicas para coro duplo de soprano, contralto, tenor e baixo 1) *Unsere Väter hofften auf dich*; 2) *Wenn ein starker Gewappneter*; 3) *Wo ist ein so herrlich Volk*
1889	op. 110	3 Motetos para coro de soprano, contralto, tenor e baixo, e de dois sopranos, dois contraltos, dois tenores e dois baixos 1) *Ich aber bin elend* (Lutero); 2) *Ach, arme Welt* (anôn.); 3) *Wenn wir in höchsten Nöten sein* (Paul Eber)
	op. 113	13 Cânones para vozes femininas (n. 3 a 5, 1858; n. 1, 2, 8, 10 a 12, 1860-63; n. 9, c. 1868; pub. em 1894; todos para dois sopranos e dois contraltos, exceto n. 2, 4, 12 (para dois sopranos e contralto) e 13 (para quatro sopranos e dois contraltos)

1) *Göttlicher Morpheus*; 2) *Grausam erweiset sich Amor* (ambos de Goethe); 3) *Sitz a schöns Vögerl*; 4) *Schlaf, Kindlein, schlaf*; 5) *Wille, wille, will* (todas de textos folclóricos que correspondem aos 2, 11 e 5 respectivamente dos *Deutsche Volks-Kinderlieder*); 6) *Solange Schöneit* (do grego, trad. de Fallersleben); 7) *Wenn die Klänge nahn*; 8) *Ein Gems auf dem Stein* (ambos de Eichendorff); 9) *Ans Auge* (do árabe, trad. de Rückert); 10) *Leise Töne der Brust*; 11) *Ich weiss nicht* (ambos de Rückert); 12) *Wenn Kummer hätte* (do árabe, trad. de Ruckert); 13) *Einförmig ist der Liebe Gram* (Rückert)

Arranjos de outros compositores para coro sem acompanhamento

	Johann Rudolf Ahle: Coral *Es ist genug* (da cantata do mesmo nome) arranjado para coro a seis partes (pub. em 1933)
	J.S. Bach: Coral *Ach Gott, wie manches Herzeleid*, da Cantata n. 44 (pub. em 1877)
	J.S. Bach: Coral *Es ist genug*, de Cantata n. 60 (pub. em 1933)
c. 1859-60	Johann Eccard: *Marienlied* arranjada para coro feminino de dois sopranos e dois contraltos (pub. em 1943)

Arranjos de canção folclórica para coro

c. 1859-60	10 *Volkslieder* para coro feminino a 3 e 4 partes (pub. em 1938-40, org. por Drinker)[16] *Altes Lied* (*Minnelied*); *Der todte Gast; Ich hab' die Nacht geträumet; Altes Liebeslied; Es waren zwei Königskinder; Spannung; Mit Lust tät ich ausreiten; Guten Abend; So will ich frisch und fröhlich sein; Der tote Knabe*
c. 1859-60	20 *Volkslieder* para coro feminino a 3 e 4 partes (pub. em 1964, org. por Kross; alguns n^{os} duplicam o conjunto de 1940: só os não duplicados se relacionam abaixo) 3) *Schwesterlein*; 4) *Ich hörte ein Sichlein rauschen*; 5) *Es stunden drei Rosen*; 6) *Ich stand auf hohem Berge*; 7) *Gunhilde*; 8) *Der buckligte Fiedler*; 9) *Die Versuchung*; 11) *Altes Minnelied*; *Die Wollust in den Maien*; 13) *Da unten im Tale*; 14) *Der Jäger*; 15) *Scheiden*; 16) *Zu Strassburg auf der Schanz*; 18) *Wach auf, mein Hort*; 19) *Es ritt ein Ritter*; 20) *Ständchen*
c. 1859-60	26 *Volkslieder* para vozes femininas (pub. em 1968, org. por Gotwals e Keppler)[17] 1) *Die Entführung*; 2) *Minnelied*; 3) *Gang zur Liebsten*; 4) *Schifferlied*; 5) *Erlaub mir, feins Mädchen*; 6) *Der Gang zum Liebchen*; 7) *Schnitter Tod*; 8) *Die Bernauerin*; 9) *Das Lied vom eifersüchtigen Knaben*; 10) *Der Baum in Odenwald*; 11) *Des Markgrafen Töchterlein*; 12) *Die stolze Jüdin*; 13) *Der Zimmergesell*; 14) *Gar lieblich hat sich gesellet*; 15) *Ich schwing mein Horn*; 16) *Heimliche Liebe* (2 versões); 17) *Mein Herzlein thut mir gar zu weh!*; 18) *Dauernde Liebe*; 19) *Während der Trennung*; 20) *Sehnsucht*; 21) *Mor-*

		gen muss ich fort vom hier; 22) *Scheiden*; 23) *Sonntag*; 24) *Ver dem Fenster*; 25) *Verstohlen geht der Mond auf*
c. 1859-60		Arranjos adicionais para coro feminino (parcialmente extraviados ou perdidos; melodias pub. em 1968)
		Ade von hinne; Mein feins Lieb; Die wundergefündene Tochter; Gottesgericht; Liebesklage; Pfaffenschlich
		Deutsche Volkslieder n. 1 a 14, para coro de soprano, contralto, tenor e baixo (n. 2, 3, 8 a 11 e 13, 1857; o restante, 1863-64 ou antes; pub. em 1864)
		1) *Von edler Art*; 2) *Mit Lust tät ich ausreiten*; 3) *Bei nächtlicher Weil*; 4) *Von heiligen Märtyrer Emmerano*; 5) *Täublein weiss*; 6) *Ach lieber Herre Jesu Christ*; 7) *Sankt Raphael*; 8) *In stiller Nacht*; 9) *Abschiedslied*; 10) *Der tote Knabe*; 11) *Die Wollust in den Maien*; 12) *Morgengesang*; 13) *Schnitter Tod;* 14) *Der englischer Jäger*
		Deutsche Volkslieder n. 15 a 26, para coro de soprano, contralto, tenor e baixo (n. 15 a 20, 1857; 21 e 22, c. 1873; o restante, 1863-64 ou antes; n. 23 a 26, pub. em 1926, junto com 28 arranjos para voz e piano, q.v. abaixo, como n. 1, 2, 5 e 28 dos 32 *Neue Volkslieder*, org. por Friedländer; repub. com n. 15 a 22 em *Sämtliche Werke*, 1927)
		15) *Scheiden*; 16) *Wach auf!* (1a. versão); 17) *Erlaube mir*; 18) *Der Fiedler*; 19) *Da unten im Tale*; 20) *Des Abends*; 21) *Wach auf!* (2a. versão); 22) *Dort in der Weiden*; 23) *Altes Volkslied* ("Verstohlen geht der Mond auf"); 24) *Der Ritter und die Feine*; 25) *Der Zimmergesell*; 26) *Altdeutsches Kampflied*

DUETOS E QUARTETOS VOCAIS COM PIANO

1858-60	op. 20	3 Duetos para soprano e contralto (pub. em 1862)
		1) *Weg der Liebe* (I); 2) *Weg der Liebe* (II) (Herder, de *Stimmen der Völker*); 3) *Die Meere* (trad. do italiano)
1860-62	op. 28	4 Duetos para contralto e barítono (pub. em 1864)
		1) *Die Nonne und der Ritter* (Eichendorff); 2) *Vor der Tür* (alemão antigo); 3) *Es rauschet das Wasser* (Goethe); 4) *Der Jäger und sein Liebchen* (Hoffmann von Fallersleben)
	op. 31	3 Quartetos para solos de soprano, contralto, tenor e baixo (n. 1, 1859; os outros, 1863)
		1) *Wechsellied zum Tanze* (Goethe); 2) *Neckerein* (trad. do morávio); 3) *Der Gang zum Liebchen* (trad. do tcheco)
1868-69	op. 52	Valsas *Liebeslieder* (Daumer, a partir de *Polydora*) para soprano, contralto, tenor e baixo (*ad libitum*) e piano a quatro mãos (pub. também em 1875 como Valsas para piano a quatro mãos sem as vozes, op. 52a)
		1) *Rede, Mädchen, alzu liebes*; 2) *Am Gesteine rauscht die Flut*; 3) *O die Frauen*; 4) *Wie des Abends*; 5) *Die grüne Hopfenranke*; 6) *Ein kleiner, hübscher Vogel*; 7) *Wohl schön bewandt*; 8) *Wenn so lind dein Auge mir*; 9) *Am Donaustrande*; 10) *O wie sanft die Quelle sich*; 11) *Nein, es ist nicht auszukommen*; 12) *Schlosser auf*, 13) *Vöglein durchrauscht*

		die Luft; 14) *Sie, wie ist die Welle klar*; 15) *Nachtigall, sie singt so schön*; 16) *Ein dunkeler Schacht ist Liebe*; 17) *Nicht wandle, mein Licht*; 18) *Es bebet das Gesträuche*
	op. 61	4 Duetos para soprano e contralto (n. 2, 1852; o restante, 1873-74) 1) *Die Schwestern* (Mörike); 2) *Klosterfräulein* (Kerner); 3) *Phänomen* (Goethe); 4) *Die Boten der Liebe* (Wenzig, do tcheco)
	op. 64	3 Quartetos para solos de soprano, contralto, tenor e baixo (n. 1, 1862; os outros em 1874) 1) *An die Heimat* (Sternau); 2) *Der Abend* (Schiller); 3) *Fragen* (Daumer)
1874	op. 65	Valsas *Neue Liebeslieder* para solos de soprano, contralto, tenor e baixo, e piano a quatro mãos (pub. também em 1875 como Valsas para piano a quatro mãos sem as vozes, op. 65a) 1) *Verzicht, o Herr, auf Rettung*; 2) *Finstre Schatten der Nacht*; 3) *An jeder Hand die Finger*; 4) *Ihr schwarzen Augen*; 5) *Wahre, wahre deinen Sohn*; 6) *Rosen steckt mir an die Mutter*; 7) *Vom Gebirge Well auf Well*; 8) *Weiche Gräser im Revier*; 9) *Nagen am Herzen*; 10) *Ich kose süss*; 11) *Alles, alles in den Wind*; 12) *Schwarzer Wald, dein Schatten*; 13) *Nein, Geliebter, setze dich*; 14) *Flammenauge, dunkles Haar* (todas de Daumer); 15) *Zum Schluss* (Goethe)
1873-75	op. 66	5 Duetos para soprano e contralto 1) *Klänge* (I); 2) *Klänge* (II) (ambos de Groth); 3) *Am Strande* (Hölty); 4) *Jägerlied* (Candidus); 5) *Hüt du dich!* (*Des Knaben Wunderhorn*)
1877-78	op. 75	4 *Balladen und Romanzen* para 2 vozes 1) *Edward* (Herder, *Stimmen der Völker*; contralto e tenor); 2) *Guter Rat* (*Des Knaben Wunderhorn*; soprano e contralto); 3) *So lass uns wandern!* (Wenzig, do tcheco; soprano e tenor); 4) *Walpurgisnacht* (Alexis, dois sopranos)
	op. 84	5 *Romanzen und Lieder* (*ver* CANÇÕES EM SOLO)
	op. 92	4 Quartetos para solos de soprano, contralto, tenor e baixo (n. 1, 1877; o restante, 1884) 1) *O schöne nacht* (Daumer, do húngaro); 2) *Spätherbst* (Allmers); 3) *Abendlied* (Hebbel); 4) *Warum?* (Goethe)
1887	op. 103	*Zigeunerlieder* (Conrat, segundo originais húngaros) para solos de soprano, contralto, tenor e baixo (n. 1 a 7 e 11, também pub. em 1889, em versão de canções em solo) 1) *He, Zigeuner, greife in die Saiten ein*; 2) *Hochgetürmte Rimaflut*; 3) *Wisst ihr, wann mein Kindchen*; 4) *Lieber Gott, du weisst*; 5) *Brauner Bursche führt zum Tanze*; 6) *Röslein dreie in der Reihe*; 7) *Kommt dir manchmal in den Sinn*; 8) *Horch, der Wind klagt*; 9) *Weit und breit schaut niemand mich an*; 10) *Mond verhüllt sein Angesicht*; 11) *Rote Abendwolken ziehn am Firmament*
	op. 112	6 Quartetos para solos de soprano, contralto, tenor e baixo (n. 1 e 2, 1888; o restante, 1891) 1) *Sehnsucht*; 2) *Nächtens* (ambos de Kluger); 4) *Zigeunerlieder*: 3) *Himmel strahlt so helle und klar*; 4) *Rote Rosenknospen*; 5) *Brennessel steht an Weges Rand*; 6) *Liebe*

Schwalbe, kleine Schwalbe (todos de Conrat, segundo originais húngaros)

CANÇÕES EM SOLO

(Com piano, a não ser que especificada outra coisa)

(Muitas canções antigas, inclusive arranjos de Eichendorff, do final da década de 1840 em diante, perdidas)

1852-53	op. 3	6 *Gesänge* para tenor ou soprano 1) *Liebestreu* (Reinick); 2) *Liebe und Frühling* (I); (3) *Liebe und Frühling* (II) (ambos de Hoffmann von Fallersleben); 4) *Lied aus "Ivan"* (Bodenstedt); 5) *In der Fremde*; 6) *Lied* (ambos de Eichendorff).
1852-53	op. 6	6 *Gesänge* para soprano ou tenor 1) *Spanisches Lied* (Heyse); 2) *Der Frühling* (Rousseau); 3) *Nachwirkung* (Meissner); 4) *Juchhe* (Reinick); 5) *Wie die Wolke nach der Sonne*; 6) *Nachtigallen schwingen* (ambos de Hoffmann von Fallersleben)
1853		*Die Müllerin* para soprano (Chamisso; já incompleta; pub. em 1983, concluída por Draheim)
	op. 7	6 *Gesänge* (n. 6, 1851; o restante, 1852-53) 1) *Treue Liebe* (Ferrand); 2) *Parole*; 3) *Anklänge* (ambos de Eichendorff); 4) *Volkslied*; 5) *Die Traurernde* (canção folclórica); 6) *Heimkehr* (Uhland)
		Mondnacht (Eichendorff; pub. em 1854)
1858	op. 14	8 *Lieder und Romanzen* (pub. em 1861) 1) *Vor dem Fenster* (Volkslied); 2) *Vom verwundeten Knaben*; 3) *Murrays Ermordung*; 4) *Ein Sonnet* (todos de Herder, *Stimmen der Völker*); 5) *Trennung*; 6) *Gang zur Liebsten*; 7) *Ständchen*; 8) *Sehnsucht* (todos de textos folclóricos)
1858-58	op. 19	5 *Gedichte* (pub. em 1862) 1) *Der Kuss* (Hölty); 2) *Scheiden und Meiden*; 3) *In der Ferne*; 4) *Der Schmeid* (todos de Uhland); 5) *An eine Äolsharfe* (Mörike)
c. 1857-59		*Spruch* (Hoffmann von Fallersleben), cânone para voz e viola
1864	op. 32	9 *Lieder und Gesänge von Aug. v. Platen und G. F. Daumer* 1) *Wie rafft ich mich* (Platen); 2) *Nicht mehr zudir* (Daumer); 3) *Ich schleich umber betrübt und stumm*; 4) *Der Strom, der neben mir verrauschte*; 5) *Wehe, so willst du mich wieder*; 6) *Du sprichst, dass ich mich täuschte* (todos de Platen); 7) *Bitteres zu sagen*; 8) *So stehn wir*; 9) *Wie bist du, meine Königin* (todos de Daumer)
1861-69	op. 33	15 *Romanzen aus L. Tiecks "Magelone"* (n. 1 a 6, pub. em 1865; n. 8 a 15, pub. em 1869) 1) *Keinen hat es noch gereut*; 2) *Traun! Bogen und Pfeil*; 3) *Sind es Schmerzen, sind es Freuden*; 4) *Liebe kam aus fernen Landen*; 5) *So willst du des Armen;* 6) *Sie soll ich die Freude*; 7) *War es dir, dem diese Lippen bebten;* 8) *Wir müssen uns trennen*; 9) *Ruhe, Süssliebchen;* 10) *Verzweiflung*; 11) *Wie*

schnell verschwindet so Licht als Glanz; 12) *Muss es eine Trennung geben*; 13) *Geliebter, wo zaudert dein irrender Fuss* (Sulima); 14) *Wie froh und frisch*; 15) *Treue Liebe dauert lange*

op. 43 4 *Gesänge* (1864, 1866, 1859, 1857 respectivamente; pub. em 1868)
1) *Von ewiger Liebe* (Hoffmann von Fallersleben);[18] 2) *Die Mainacht* (Hölty); 3) *Ich schell mein Horn ins Jammerthal* (alemão antigo); 4) *Das Lied vom Herrn von Falkenstein* (Uhland)

1866 *Regenlied* (Groth; pub. em 1908; antigo arranjo do texto de *Nachklang* op. 59 n. 4)

op. 46 4 *Lieder und Gesänge* (n. 1, 1864; o restante, 1868) 1) *Die Kränze*; 2) *Magyarisch* (ambos de Daumer); 3) *Die Schale der Vergessenheit*; 4) *An die Nachtigall* (ambos de Hölty)

op. 47 5 *Lieder un Gesänge* (n. 5, 1858; n. 3, 1860; o restante, c. 1868)
1) *Botschaft*; 2) *Liebesglut* (ambos de Daumer, segundo Hafiz); 3) *Sonntag* (Uhland); 4) *O liebliche Wangen* (Flemming); 5) *Die Liebende schreibt* (Goethe)

op. 48 7 *Lieder und Gesänge* (n. 2, 1855; n. 5, 1858; o restante, 1867-68)
1) *Der Gang zum Liebchen* (Wenzig, do tcheco); 2) *Der Überläufer*; 3) *Liebesklage des Mädchens* (ambos de *Des Knaben Wunderhorn*); 4) *Gold überwiegt die Liebe* (Wenzig, do tcheco); 5) *Trost in Tränen* (Goethe); 6) *Vergangen ist mir Glück und Heil* (Altdeutsch); 7) *Herbstgefühl* (Schack)

op. 49 5 *Lieder und Gesänge* (pub. em 1868)
1) *Am Sonntag Morgen* (Heyse); 2) *An ein Veilchen* (Hölty); 3) *Sehnsucht* (Wenzig, do tcheco) 4) *Wiegenlied* (v. 1, *Des Knaben Wunderhorn*, v. 2, Scherer); 5) *Abenddämmerung* (Schack)

op. 57 8 *Lieder und Gesänge von G.F. Daumer* (pub. em 1871)
1) *Von waldberkränzter Höhe*; 2) *Wenn du nur zuweilen lächelst* (segundo Hafiz); 3) *Es traümte mir* (do espanhol); 4) *Ach, wene diesen Blick*; 5) *In meiner Nächte Sehnen*; 6) *Strahlt zuweilen auch ein mildes Licht*; 7) *Die Schnur, die Perl an Perle* (do sânscrito); 8) *Unbewegte laue Luft*

op. 58 8 *Lieder und Gesänge* (pub. em 1871)
1) *Blinde Kuh* (Kopisch, do italiano); 2) *Während des Regens* (Kopisch); 3) *Die Spröde* (Kopisch, do calabrês); 4) *O komme, holde Sommernacht* (Grohe); 5) *Schwermut* (Candidus); 6) *In der Gasse*; 7) *Vorüber* (ambos de Hebbel); 8) *Serenade* (Schack)

op. 59 8 *Lieder und Gesänge* (n. 1, 1871; o restante, 1873)
1) *Dämmerung senkte sich von oben* (Goethe); 2) *Auf dem See* (Simrock); 3) *Regenlied*; 4) *Nachklang* (ambos de Groth); 5) *Agnes* (Mörike); 6) *Eine gute, gute Nacht* (Daumer, do russo); 7) *Mein wundes Herz*; 8) *Dein blaues Auge* (ambos de Groth)

1873 5 *Ophelia-Lieder* (Shakespeare, *Hamlet*, trad. de A. W. Schlegel) para contralto (pub. em 1935)

1) *Wie erkenn ich dein Treulieb*; 2) *Sein Lechenhemd, weiss wie Schnee*; 3) *Auf morgen ist Sankt Valentins Tag*; 4) *Sie trugen ihn auf der Bahre bloss*; 5) *Und kommt er nicht mehr zurück?*

1873-74 op. 63 9 *Lieder und Gesänge*

1) *Frühlingstrost*; 2) *Erinnerung*; 3) *An ein Bild*; 4) *An die Tauben* (todos de Schenkendorf); *Junge Lieder* (I e II) (F. Schumann); 5) *Meine Liebe ist grün*; 6) *Wenn um den Holunder; Heimweh* (I a III) (Groth); 7) *Wie traulich war*; 8) *O wüsst ich doch den Weg zurück*; 9) *Ich sah als Knabe*

op. 69 9 *Lieder und Gesänge* (pub. em 1877)

1) *Klage* (I); 2) *Klage* (II); 3) *Abscheid*; 4) *Des Liebsten Schwur* (todos de Wenzig, do tcheco); 5) *Tambourliedchen* (Candidus); 6) *Vom Strande* (Eichendorff, do espanhol); 7) *Über die See* (Lemcke); 8) *Salome* (Keller); 9) *Mädchenfluch* (Kapper, do sérvio)

op. 70 4 *Lieder und Gesänge* (n. 4, pub. em 1875; o restante em 1877)

1) *Im Garten am Seegestade* (Lemcke); 2) *Lerchengesang* (Candidus); 3) *Serenade* (Goethe); 4) *Abendregen* (Keller)

op. 77 5 *Lieder und Gesänge* (pub. em 1877)

1) *Es liebt sich so lieblich* (Heine); 2) *An den Mond* (Simrock); 3) *Geheimnis* (Candidus); 4) *Willst du, dass ich geh?* (Lemcke); 5) *Minnelied* (Hölty)

op. 72 5 *Lieder und Gesänge* (n. 1, 2 e 5, 1875; pub. em 1877)

1) *Alte liebe*; 2) *Sommerfäden* (ambos de Candidus); 3) *O kühler Wald* (Brentano); 4) *Verzagen* (Lemcke); 5) *Unüberwindlich* (Goethe)

op. 84 5 *Romanzen und Lieder* para 1 ou 2 vozes[19] (pub. em 1882)

1) *Sommerabend*; 2) *Der Kranz*; 3) *In den Beeren* (todos de Schmidt); 4) *Vergebliches Ständchen*; 5) *Spannung* (ambos textos folclóricos do baixo Reno)

op. 85 6 *Lieder* (n. 3 e 6, 1878; n. 1 e 2, 1879; pub. em 1882)

1) *Sommerabend*; 2) *Mondenschein* (ambos de Heine); 3) *Mädchenlied* (Kapper, do sérvio); 4) *Ade* (Kapper, do tcheco); 5) *Frühllingslied* (Geibel); 6) *In Waldeseinsamkeit* (Lemcke)

op. 86 6 *Lieder* para voz grave (n. 5, 1873; n. 3, 1877; n. 2, 1879; pub. em 1882)

1) *Therese* (Keller); 2) *Feldeinsamkeit* (Allmers); 3) *Nachtwandler* (Kalbeck); 4) *Über die Heide* (Storm); 5) *Versunken* (F. Schumann); 6) *Todessehen* (Schenkendorf)

op. 91 2 *Gesänge* para contralto, viola e piano (n. 1, 1884; n. 2, 1864, rev. em 1882)

1) *Gestillte Sehnsucht* (Rückert); 2) *Geistliches Wiegenlied* (Geibel, segundo Lope de Vega)

op. 94 5 *Lieder* para voz grave (n. 3, 1879; o restante, 1884)

1) *Mit vierzig Jahren* (Rückert); 2) *Steig auf, geliebter Schatten* (Halm); 3) *Mein Herz ist schver* (Geibel); 4) *Sappische Ode* (Schmidt); 5) *Kein Haus, kein' Heimat* (Halm)

1884 op. 95 7 *Lieder*

		1) *Das Mädchen* (Kapper, do sérvio); 2) *Bei dir sind meine Gedanken*; 3) *Beim Abschied* (duas versões alternativas); 4) *Der Jäger* (todos de Halm); 5) *Vorschneller Schwur* (Kapper, do sérvio); 6) *Mädchenlied* (Heyse, do italiano); 7) *Schön war, das ich dir weihte* (Daumer, do turco)
1884-85	op. 96	4 *Lieder* 1) *Der Tod, das ist die kühle Nacht* (Heine); 2) *Wir wandelten* (Daumer, do húngaro); 3) *Es schauen die Blumen*; 4) *Meerfahrt* (ambos de Heine)
1885	op. 97	6 *Lieder* 1) *Nachtigall*; 2) *Auf dem Schiffe* (ambos de Reinhold); 3) *Entführung* (Alexis); 4) *Dort in den Weiden* (texto folclórico do baixo Reno); 5) *Kommbald* (Groth); 6) *Trennung* (canção folclórica suábia)
1885		*Wie der Mond* (Heine); *Winternacht* (Halm); *Brautlied* (Heyse) (projetadas para opp. 96-7; perdidas)
	op. 103	*Zigeunerlieder*, versão para voz em solo e piano (*ver* DUETOS E QUARTETOS VOCAIS)
1886-88	op. 105	5 *Lieder* para voz grave 1) *Wie melodien zieht es mir* (Groth); 2) *Immer leiser wird mein Schlummer* (Lingg); 3) *Klage* (canção folclórica do baixo Reno); 4) *Auf dem Kirchhofe* (Liliencron); 5) Verrat (Lemcke)
	op. 106	5 *Lieder* (n. 2 e 5, 1885; o restante, 1888) 1) *Ständchen* (Kugler); 2) *Auf dem See* (Reinhold); 3) *Es hing der Reif* (Groth); 4) *Meine Lieder* (Frey); 5) *Ein Wanderer* (Reinhold)
1886-89	op. 107	5 *Lieder* 1) *An die Stolze* (Flemming); 2) *Salamander* (Lemcke); 3) *Das Mädchen spricht* (Gruppe); 4) *Maienkätzchen* (Liliencron); 5) *Mädchenlied* (Heyse)
1896	op. 121	*Vier ernste Gesänge* para voz de baixo 1) *Denn es gehet dem Menschen* (Eclesiastes, 3); 2) *Ich wandte mich, und sahe* (Eclesiastes, 4); 3) *O Tod, wie bitter bist du* (Eclesiastes, 41); 4) *Wenn ich mit Menschen-und mit Engelzungen redete* (I Coríntios, 13)

Arranjos de canção folclórica para voz e piano

1858		28 *Deutsche Volkslieder* (pub. em 1926 com 4 arranjos corais — q.v. sob *Arranjos de canção folclórica para coro sem acompanhamento* — como 32 *Neue Volkslieder*; a numeração abaixo segue as *Sämtliche Werke* de 1928, v. XXI) 1) *Die Schnürbrust*; 2) *Der Jäger*; 3) *Drei Vögelein*; 4) *Auf, gebet uns das Pfingstei*; 5) *Des Markgrafen Töchterlein*; 6) *Der Reiter*; 7) *Die heilige Elisabeth*; 8) *Der Englische Gruss*; 9) *Ich stund an einem Morgen*; 10) *Gunhilde*; 11) *Der tote Gast*; 12) *Tageweis von einer schönen Frauen*; 13) *Schifferlied*; 14) *Nachtgesang*; 15) *Die beiden Königskinder*; 16) *Scheiden*; 17) *Altes Minnelied*; 18) *Der getreue Eckart* (2 versões); 19) *Die Versuchung*; 20) *Der Tochter Wunsch*; 21) *Schnitter Tod*; 22) *Marias Wallfahrt*, 23) *Das*

Mädchen und der Tod; 24) *Es ritt ein Ritter wohl durch das Ried*; 25) *Liebeslied*; 26) *Guten Abend, mein tausiger Schatz*; 27) *Die Wollust in den Maien*; 28) *Es reit' ein Herr und auch sein Knecht*

1858 14 *Volks-Kinderlieder*

1) *Dornröschen*; 2) *Die Nachtigall*; 3) *Die Henne*; 4) *Sandmännchen*; 5) *Der Mann*; 6) *Heidenröslein*; 7) *Das Schlaraffenland*; 8) *Beim Ritt auf dem Knie* (com alternativa de texto em baixo alemão); 9) *Der Jäger im Walde*; 10) *Das Mädchen und die Hasel*; 11) *Wiegenlied*; 12) *Weinachten*; 13) *Marienwürmchen*; 14) *Dem Schutzengel*

1882 *Neapolitanische Canzonetta* (trad. do italiano; inéd.)

1894 49 *Deutsche Volkslieder* em 7 livros (para n. 43 a 49 (Livro 7), *ver Arranjos de canção folclórica para coro e piano*)

Livro 1:

1) *Sagt mir, o schönste Schäf'rin mein*; 2) *Erlaube mir, feins Mädchen*; 3) *Gar lieblich hat sich gesellet*; 4) *Guten Abend*; 5) *Die Sonne scheint nicht mehr*; 6) *Da untem im Tale*; 7) *Gunhilde*

Livro 2:

8) *Ach, englische Schäferin*; 9) *Es war eine schöne Jüdin*; 10) *Es ritt ein Ritter*; 11) *Jungfräulein; soll ich mit euch gehn*; 12) *Feinsliebchen, du sollst*; 13) *Wach auff, mein Hort*; 14) *Maria ging aus wandern*

Livro 3:

15) *Schwesterlein; 16) Wache auf mein Herzensschöne*; 17) *Ach Gott, wie weh tut Scheiden*; 18) *So wünsch ich ihr ein gute Nacht*; 19) *Nur ein Gesicht auf Erden lebt*; 20) *Schönster Schatz, mein Engel*; 21) *Es ging ein Maidlein zarte*

Livro 4:

22) *Wo gehst du hin, du Stolze?*; 23) *Der Reiter*; 24) *Mir ist ein schön's braun's Maidelein*; 25) *Mein Mädel hat ein Rosenmund*; 26) *Ach könnt ich diesen Abend*; 27) *Ich stand auf hohen Berge*; 28) *Es reit ein Herr und auch sein Knecht*

Livro 5:

29) *Es war ein Markgraf überm Rhein*; 30) *All mein Gedanken*; 31) *Dort in der Weiden*; 32) *So will ich frisch und fröhlich sein*; 33) *Och Moder, ich will en Ding han*; 34) *Wie komm ich denn zur Tür herein?* (com alternativa de texto em baixo alemão); 35) *Soll sich der Mond nicht heller scheinen*

Livro 6:

36) *Es wohnet ein Fiedler*; 37) *Du mein einzig Licht*; 38) *Des Abends kann ich nicht schlafen gehn*; 39) *Schöner Augen schöne Strahlen*; 40) *Ich weiss mir'n Maidlein hübsch und fein*; 41) *Es steht eih Lind*; 42) *Verstohlen geht der Mond auf*

EDIÇÕES DIVERSAS DE OBRAS DE OUTROS COMPOSITORES

Schumann: Cantata *Vom Pagen und der Königstochter* op. 140 (pub. em 1857)

C.P.E. Bach: 5 Concertos para cravo e cordas (pub. em 1862)
C.P.E. Bach: Sonatas para violino ou oboé (com realizações de contínuo) em si menor e em dó menor; pub. em 1864
W.F. Bach: Sonata para dois cravos em fá (pub. em 1864)
Schubert: 12 Ländler op. 171 (pub. em 1864)
Haendel: 7 Duos e 2 Trios (com realizações de contínuo), de Haendel-Gesamtausgabe V. XXXII
Schumann: Scherzo e Presto Passionato op. póst. (pub. em 1866)
Schubert: Improvisos em mi bemol menor, mi bemol maior e dó maior (pub. em 1868-69)
Schubert: 20 Ländler para solo de piano e para piano a quatro mãos (pub. em 1869)
Schubert: *Quartettsätz* em dó menor (pub. em 1870)
Couperin: *Pièces de clavecin*, V. IV de *Denkmäler der Tonkunst* de Chrysander (pub. em 1871)
Schumann: *Études Symphoniques*, 3. ed., com a primeira publicação das 5 variações descartadas (pub. em 1873)
Mozart: Réquiem K626, como Suplemento à Edição Completa (pub. em 1877)
Schubert: *Der Strom* (Lied D565; pub. em 1877)
Chopin: Sonatas para piano 1 a 3, Mazurcas, Fantasia em fá menor, Barcarola, dos V. III, VIII, X e XIII das Obras Completas (pub. em 1878-80)
Haendel: 6 Trios (com realizações de contínuo), de Haendel-Gesamtausgabe V. XXXII (2. ed., pub. em 1880)
Schubert: Sinfonias 1 a 8, de Schubert-Gesamtausgabe V. I e II (pub. em 1884-85)
Schumann: Sinfonia n. 4 (versão original), como um "Anhang" (Anexo) à Edição Completa, em colaboração com Franz Wüllner (pub. em 1891)
Schumann: V. XIV das Obras Completas, sob a organização de Clara Schumann (inclui o Andante e Variações para 2 pianos, 2 violoncelos e trompa, os *Études Symphoniques* suprimidos, o Scherzo e Presto Passionato, e o "Tema em mi bemol" em que Brahms baseou seu op. 23; pub. em 1893)

ANTOLOGIAS LITERÁRIAS E MUSICAIS

?1850-54 — *Des jüngen Kreislers Schatzkästlein*, antologia de citações (pub. em 1919, org. por Krebs)
Oktaven u. Quinten u. A., antologia de exemplos contrapontísticos (pub. em 1933, org. por Schenker)

Anexo 3

Personalia

Allgeyer, Julius (1829-1900), gravador e fotógrafo com que Brahms se encontrou pela primeira vez em Düsseldorf, em 1853, e que permaneceu um dos seus maiores amigos. Era um apaixonado entusiasta tanto pela música de Brahms quanto pela pintura de Feuerbach, amigo de ambos, e a sua obra mais importante foi uma biografia crítica do artista. Eugenie Schumann o descreve como "aflitivamente vagaroso na fala e nos movimentos".

Arnim, Bettina von (1785-1859), irmã de um destacado poeta romântico, Clemens Brentano, e viúva de outro, Ludwig Achim von Arnim (ob. 1831); quando criança, se correspondia com Goethe. Por seus próprios méritos era um célebre memorialista e escrevia ensaios sobre questões sociais. Brahms a conheceu em 1853. Sua filha Gisela, grande amiga de Joachim na década de 1850, se casou com um amigo de ambos, o dramaturgo e ensaísta Hermann Grimm, filho do folclorista Wilhelm Grimm.

Avé-Lallemant, Theodor (?-1890), professor de música, pianista e regente hamburguês que apoiou Brahms na década de 1850 e foi uma importante fonte de que ele obteve edições de música antiga. Era estreitamente ligado à Sociedade Filarmônica de Hamburgo e foi patrocinador da malograda campanha de Brahms para ser nomeado regente da orquestra.

Barbi, Alice (1862-1948), meio-soprano que de início criou fama no seu país natal, a Itália, onde era admirada pelos compositores Martucci e Sgambati (que compunham para ela). Excursionava muito e a partir de 1892 se tornou amiga e intérprete predileta de Brahms, que freqüentemente a acompanhava em recitais. Casou-se com um nobre austríaco.

Bargiel, Woldemar (1828-97) era meio irmão de Clara Schumann e compositor respeitado por Brahms. Estudou em Leipzig e mais tarde lecionou em Berlim, Colônia e Amsterdã. Compôs muita música de câmara e várias obras corais extensas.

Billroth, Theodor (1829-94), destacado cirurgião com que Brahms se encontrou pela primeira vez na Suíça, no início da década de 1860, e que em 1867 se tornou professor e diretor de operações na Universidade de Viena. Figura pública de renome e músico amador de cultura geral muito ampla, se tornou um dos maiores amigos de Brahms e os Quartetos de cordas op. 51 lhe foram dedicados.

Brüll, Ignaz (1846-1907), compositor e pianista vienense, nascido na Morávia — suas obras incluem dez óperas, das quais *Das goldene Kreuz* (1875) obteve certo sucesso na época. Extraordinário leitor à primeira vista, freqüentemente era parceiro de Brahms em execuções preliminares das suas obras para o círculo de amigos de ambos.

Bülow, Hans Guido von (1830-94), compositor, pianista e regente que alcançou resultados significativos em todas as três áreas. Aluno de piano de Friedrich Wieck, o pai de Clara Schumann, ele se tornou protegido de Liszt, com cuja filha Cosima se casou. Era um destacado defensor de Wagner, que apesar disso lhe tirou Cosima e desavergonhadamente espoliou o poema sinfônico *Nirwana* de Bülow na composição de *Tristan und Isolde*. Após o seu divórcio em 1869, Bülow se tornou um partidário igualmente entusiasmado de Brahms. Como regente, sobretudo com a pequena mas extremamente disciplinada orquestra de Meiningen, ele foi pioneiro de um novo critério de fidelidade à partitura, e as suas excursões com a orquestra contribuíram para tornar as obras orquestrais de Brahms conhecidas em toda a Alemanha.

Chrysander, Karl Franz Friedrich (1826-1901), um dos principais musicólogos de sua época. Durante alguns anos morou na Inglaterra pesquisando a sua biografia de Haendel, em parte publicada mas nunca terminada, e praticamente sozinho organizou o que continua a ser hoje a única edição "completa" da música de Haendel. Também organizou outras séries de edições de música antiga e dirigiu diversos periódicos musicais.

Cossel, Otto Friedrich Willibald (1813-?), pianista hamburguês e aluno de Marxsen. Pedagogo consciencioso e idealista, foi o primeiro professor de Brahms (1841-45) e persuadiu Marxsen a assumir a sua instrução para evitar que ele fosse explorado como *Wunderkind*.

Daumer, Georg Friedrich (1800-75), professor e médico homeopata de profissão, é em geral considerado um poeta medíocre que teria sido totalmente esquecido se Brahms não tivesse musicado tantos dos seus poemas nas Valsas *Liebeslieder* e em outras obras. Mas Daumer era uma figura interessante cujos primeiros estudos teológicos o levaram a publicar um ataque ao cristianismo ortodoxo, *Religion des Lebens*. Após flertar com o islamismo, se tornou rosa-cruz. Foi o primeiro guia e educador do "rapaz selvagem" Kaspar Hauser, que em 1828 surgiu em sua Nuremberg natal. Tradutor talentoso, foi estimulado pelos ideais de Herder e Goethe, e em sua compilação *Polydora* juntou poemas da Grécia e Roma clássicas, China, Madagascar, Índia, Malásia, Pérsia, Turquia, Sérvia, Rússia, Hungria e muitos outros países numa tentativa idealista de prefigurar uma futura "literatura mundial". Brahms só se encontrou com ele uma vez, em 1872, e descobriu que o idoso poeta nunca ouvira falar do compositor que o tornara famoso em toda a Europa.

Dietrich, Albert Hermann (1829-1908), compositor e regente alemão, aluno de Schumann. Brahms se encontrou com ele pela primeira vez em Düsseldorf, em 1853, e se tornaram amigos constantes. Colaborou com Schumann e Brahms na composição da Sonata "fá-lá-mi" para Joachim. A partir de 1861 foi diretor musical da corte de Oldenburg, onde apresentou muitas das obras de Brahms. A sua música compreende uma sinfonia, uma ópera, *Robin Hood*, um concerto para violino, concertos para trompa e obras de câmara. Publicou algumas reminiscências importantes de Brahms.

Door, Anton (1831-1919), pianista austríaco que estudou com Czerni e Sechter. Após ensinar em Moscou, se tornou professor de piano no Conservatório de Viena e freqüentemente executava obras de Brahms para piano.

Dustmann, Marie Luise (1831-99), em solteira Meyer, era uma cantora soprano alemã, ligada à Hofoper de Viena. Brahms a admirava muito e ela foi um dos o que persuadiram a ir para Viena. Também ensinava canto no Conservatório.

Epstein, Julius (1832-1918), pianista austríaco originário da Croácia e um dos primeiros conhecidos e patronos de Brahms durante as suas visitas iniciais a Viena. Epstein foi professor de piano no Conservatório local de 1867 a 1901.

Faber, Bertha (?-?), em solteira Porubsky, cantora vienense que se tornou fundadora e integrante do coro feminino de Brahms em Hamburgo durante uma permanência prolongada naquela cidade. Foi a primeira pessoa a lhe despertar a curiosidade por visitar Viena, e ela e o marido, o industrial Arthur Faber, se achavam entre os seus maiores amigos depois que ele se instalou ali. Brahms dedicou *Wiegenlied*, op. 49 n. 4, a ela quando do nascimento do seu segundo filho.

Farmer, John (1836-1901), compositor nascido em Nottingham e professor de música que estudou em Leipzig e lecionou em Zurique, posteriormente em Harrow School e Oxford. Um dos primeiros defensores britânicos de Brahms, compôs obras de câmara e organizou várias antologias musicais educativas.

Fellinger, Richard (1848-1903), industrial vienense, diretor de uma firma de engenharia. Ele e sua esposa *Maria* (1849-1925) se achavam entre os maiores amigos de Brahms e, no final da vida, ele muitas vezes passou o Natal com essa família. Maria Fellinger era uma entusiasmada fotógrafa, a quem devemos muitos encantadores instantâneos informais de Brahms nos seus últimos anos.

Feuerbach, Anselm (1829-80), um dos principais pintores alemães do chamado grupo "romano", era o neto epônimo do grande jurista bávaro (que, como Daumer, tinha sido protetor de Kaspar Hauser) e sobrinho do filósofo religioso Ludwig Feuerbach. De revelação tardia e evidentemente um homem vaidoso e exigente, passou a maior parte da sua carreira na Itália, mas durante 1873-76 foi professor na Academia de Arte de Viena, onde as suas pinturas suscitaram hostilidade crítica. Brahms o conheceu no início da década de 1860 quando foram apresentados pelo amigo de ambos Allgeyer e, após a morte de Feuerbach em Veneza, compôs *Nänie* em memória dele. Poucos comentaristas modernos têm aceitado a apreciação de Feuerbach de si mesmo como um gênio incompreendido, mas as suas melhores pinturas — principalmente de temas clássicos, em um estilo monumental que apesar disso sugere intensa emoção pessoal e é banhado por uma viva e sombria palheta de cor — lançam uma luz interessante sobre as características que Brahms admirava na arte.

Friedländer, Max (1852-1934), barítono alemão, que foi discípulo de Stockhausen e posteriormente ensinou canto em Berlim e Harvard. Conheceu Brahms nos seus últimos anos em Viena e em 1922 publicou um importante estudo sobre toda a produção de canções de Brahms.

Gade, Niels Vilhelm (1817-90), prolífico compositor e violinista dinamarquês que sucedeu a Mendelssohn como regente dos concertos do Gewandhaus em Leipzig e posteriormente foi diretor do Conservatório de Copenhague. Suas obras compreendem oito sinfonias e peças variadas, inclusive uma conhecida abertura, com base em *Ossian* de James Macpherson. Foi um pioneiro na inserção de colorido nacional e canções folclóricas na sua música. Participou de um dos primeiros concertos de Brahms em Hamburgo e mantiveram boas relações durante os quarenta anos seguintes.

Gansbacher, Josef (1829-1911), violoncelista austríaco que ensinava canto e se tornou professor no Conservatório de Viena. Contribuiu para assegurar a nomeação de Brahms como regente da Singakademie e a Primeira Sonata para violoncelo lhe foi dedicada.

Goldmark, Karl (1830-1915), prolífico compositor de origem judia, nascido na Hungria, que a partir de 1850 lecionou em Viena. É mais lembrado pela Sinfonia *Ländliche Hochzeit*, embora na época as suas óperas como *Die Königin von Saba* e *Merlin* obtivessem certo sucesso. Brahms e ele eram bons amigos e ele o acompanhou em algumas das viagens à Itália.

Grädener, Karl Georg Peter (1812-83), violoncelista, regente e compositor alemão que Brahms conheceu muito bem em Hamburgo na década de 1850. Em 1862-65 foi professor no Conservatório de Viena e posteriormente retornou a Hamburgo.

Grimm, Julius Otto (1827-1903), de quem Brahms ficou amigo em Göttingen em 1853, era pianista, regente e compositor. Ele e a esposa *Philippine* (ob. 1895) eram muito amigos de Agathe von Siebold. Em 1860 ele foi um dos signatários do "Manifesto" contra a Escola Neo-alemã.

Groth, Klaus (1819-99), poeta originário de Heide, onde o pai de Brahms nasceu. A maior parte de sua obra é em dialeto do baixo alemão (*Plattdeutsch*). Lecionou literatura na Universidade de Kiel. Brahms e ele eram bons amigos e algumas das melhores canções do compositor são para poemas seus.

Hanslick, Eduard (1825-1904) tornou-se o mais influente crítico musical da sua geração mediante os seus artigos em *Neue freie Presse* e fazia conferências sobre história da música na Universidade de Viena. É conhecido pela hostilidade a Wagner (que o satirizou como Beckmesser em *Die Meistersinger*) e a Bruckner. Após restrições iniciais, se tornou um decidido defensor de Brahms.

Hellmesberger, Joseph (1828-93), regente, professor e violinista austríaco, chefe do seu próprio quarteto de cordas. Menino prodígio, aos vinte e três anos se tornou diretor do Conservatório de Viena e ali permaneceu até morrer, regendo os concertos da Gesellschaft até 1859, depois do que foi chefe da orquestra da Hofoper. A partir de 1877 foi o principal Kapellmeister do Kaiser Franz Josef.

Henschel, Georg, posteriormente Sir Georg (1850-1934), barítono, compositor e regente alemão. Numa longa e memorável carreira, interpretou o papel de Hans Sachs na primeira apresentação (em concerto) de *Die Meistersinger* em Leipzig e era muito solicitado tanto no repertório de oratórios quanto no de recitais. Em 1881 se tornou o primeiro regente da Orquestra Sinfônica de Boston, em 1884 se instalou em Londres, em 1893-95 regeu a Orquestra Escocesa, em 1914 foi nomeado cavaleiro e terminou os seus dias como proprietário de terras em

Alltnacriche em Inverness. Ficou amigo de Brahms no Festival do Baixo Reno de 1874 e em 1876 passaram férias juntos em Rügen. O diário de Henschel dessas férias constitui o núcleo das suas importantes recordações de Brahms. Como compositor, as suas principais obras compreendem muitas canções e um Réquiem em memória da sua primeira esposa.

Herbeck, Johann (1831-77), regente e compositor austríaco que em 1859 sucedeu a Hellmesberger como regente da Gesellschaft der Musikfreunde de Viena. Em 1863 tornou-se assistente da Hofoper e em 1870 seu diretor, mas se demitiu em 1875 e reassumiu os concertos da Gesellschaft em sucessão a Brahms. Descobriu o manuscrito original da "Sinfonia Inacabada" de Schubert, que apresentou pela primeira vez em 1865 em Viena.

Herzogenberg, Heinrich Picot de Peccaduc, Freiherr von (1843-1900), compositor e regente nascido em Viena e descendente de uma família aristocrata francesa. Em 1872-85 foi regente do Bach-Verein de Leipzig e em seguida lecionou composição na Hochschule de Berlim. Especialista em música barroca e ardoroso admirador de Brahms, compôs muita música coral, orquestral, instrumental e de câmara. No fim da vida se concentrou em fornecer música para a igreja evangélica, adequada ao culto comunitário. Sua esposa *Elisabet* (1847-92), em solteira Stockhausen, era filha de um diplomata bávaro que estudara com Chopin. Era excelente pianista e cantora amadora e, antes do seu casamento, estudou brevemente com Brahms em Viena. Após alguns anos de afastamento, ela e o marido reataram a convivência com Brahms em Leipzig e ela se tornou uma das suas maiores e mais confiáveis amigas, cuja rara percepção de sua música é demonstrada na volumosa correspondência de ambos.

Heuberger, Richard (1850-1914), crítico e compositor vienense, principalmente de operetas, entre as quais *Der Opernball* continua famosa. Teve algumas aulas informais de composição com Brahms e a partir de então se tornou um bom amigo. Suas importantes reminiscências de conversas com Brahms só foram publicadas no início da década de 1970.

Heyse, Paul (1830-1914), poeta, dramaturgo, ensaísta e romancista alemão outrora em moda. Em 1910 ganhou o Prêmio Nobel de Literatura. Brahms o considerava uma personalidade extremamente sedutora e musicou vários dos seus poemas como canções.

Hoffmann, Ernst Theodor Amadeus (1776-1822), romancista, compositor, diretor de ópera e crítico musical alemão, uma das figuras fundamentais do movimento romântico alemão. A sua música compreende a influente "ópera mágica" *Undine* e as suas novelas grotescas apresentam a perspectiva romântica da música em forma particularmente vigorosa. Era o autor favorito do adolescente Brahms.

Japha, Louise (1826-1910), pianista que ficou amiga de Brahms quando ele ainda era criança e que começou a despertar seu interesse por Schumann. Foi aluna de Robert e Clara Schumann em Düsseldorf, onde sua irmã Minna estudava pintura e onde Brahms renovou a amizade de ambos em 1853. Posteriormente esteve em atividade em Paris, onde em 1868 executou a *première* francesa do Quinteto com piano de Brahms.

Jenner, Gustav Uwe (1865-1920), nascido na ilha de Sylt, estudou brevemente em Hamburgo com Marxsen, que o passou para Brahms em Viena. Foi o único aluno regular de Brahms e também estudou com Mandyczewski. A partir de 1895 Jenner foi diretor musical e regente em Marburg. Como compositor, parece ter-se limitado à música coral e a peças corais e vocais em pequena escala. Em 1902-03 publicou dois volumes de recordações de Brahms.

Joachim, Joseph (1831-1907), violinista, compositor e regente húngaro, internacionalmente famoso desde a adolescência, que viveu sucessivamente em Leipzig, Weimar, Hanover e Berlim. A princípio partidário da escola "Neo-alemã" e protegido de Liszt, mais tarde repudiou essas tendências iniciais, em parte como conseqüência da sua descoberta em 1853 de Brahms, de quem se tornou grande amigo e destacado defensor. Visitou freqüentemente a Grã-Bretanha e contribuiu para difundir ali a fama de Brahms. Em 1869 criou o Quarteto Joachim e se tornou diretor do Departamento de Música da Academia de Artes de Berlim. Suas obras compreendem várias aberturas dramáticas e três concertos para violino. Sua esposa *Amalie* (1839-98), em solteira Schneeweis, que antes de se casar usava o nome profissional de Weiss, era soprano que a princípio se tornou conhecida na ópera, mas como Amalie Joachim limitou as suas atividades à sala de concertos. Tornou-se uma notável intérprete da Rapsódia para contralto de Brahms, e ele também compôs para ela as canções com viola op. 91. Em 1884 separou-se do marido após o fracasso da tentativa de Joachim de se divorciar, principalmente porque Brahms deu apoio a Amalie e ela o tornou público. A amizade de Brahms com Joachim se renovou após alguns anos, mas nunca com a antiga intimidade.

Kalbeck, Max (1850-1921), crítico musical, escritor e tradutor de libretos de ópera austríaco. Em 1874 conheceu Brahms em Breslau e, após se instalar em Viena em 1880, se tornou um dos companheiros mais assíduos do compositor. Brahms musicou dois dos seus primeiros poemas. Sua realização mais importante foi a monumental biografia clássica de Brahms, publicada em 1904-11, e ele organizou vários volumes da correspondência de Brahms.

Keller, Gottfried (1819-90), poeta, romancista e contista suíço de notável amplitude estilística, cujo romance autobiográfico *Der grüne Heinrich* é o último exemplo destacado do *Bildungsroman* goethiano. Brahms, que o conheceu na Suíça na década de 1860, musicou alguns dos seus poemas, e Keller estava entre os escritores com quem ele conjeturalmente discutiu a colaboração em uma ópera.

Kirchner, Fürchtegott Theodor (1823-1903), organista, pianista e compositor alemão, principalmente de peças para piano, em atividade na Suíça em 1843-73 e depois em Leipzig, Dresden e Hamburgo. Aluno de Schumann, conheceu Brahms em 1856 e se tornou amigo e entusiasmado defensor de toda a vida. Foi o primeiro intérprete do Concerto para piano em ré menor.

Klinger, Max (1857-1920), pintor, água-fortista e escultor cuja obra parece em parte influenciada pela escola simbolista francesa. Em 1880 dedicou a Brahms um ciclo de águas-fortes intitulado *Amor e Psiquê* e, em 1894, como homenagem atrasada ao sexagésimo aniversário, secundou-o com o ciclo *Brahmsphantasie* de quarenta e uma águas-fortes inspiradas pela obra de Brahms. Este retribuiu com a dedicatória de *Vier ernste Gesänge*. De 1905 a 1909 Klinger esculpiu o grande monumento a Brahms que se encontra na Musikhalle de Hamburgo.

Levi, Hermann (1839-1900), regente alemão e enérgico defensor de Brahms, a quem apoiou enquanto diretor musical em Karlsruhe. Posteriormente, como regente do Teatro da Corte em Munique (1872-96), ficou mais estreitamente ligado a Wagner — com um simultâneo esfriamento de suas relações com Brahms — e em 1882 regeu a estréia de *Parsifal*. Foi pioneiro do renascimento das óperas de Mozart.

Mandyczewski, Eusebius (1857-1929), musicólogo austríaco que em 1887 sucedeu a Pohl como encarregado dos Arquivos da Gesellschaft der Musikfreunde de Viena e posteriormente foi professor no Conservatório, onde estudara sob orientação de Nottebohm e Fuchs. Era um dos mais estimados amigos de Brahms dentre o grupo de músicos vienenses mais jovens por que ele se interessava e atuou como seu assistente em diversas funções. Foi responsável pela Edição Completa das obras de Schubert, iniciou a (nunca terminada) Edição Completa de Haydn e, em 1926-28, organizou com Hans Gál as obras completas de Brahms.

Marxsen, Eduard (1806-87), pianista e compositor alemão, nascido perto de Hamburgo, que a partir de 1830 estudou em Viena com Seyfried e Bocklet. Retornou a Hamburgo em 1834 e se dedicou principalmente ao ensino. Brahms foi o seu aluno mais famoso — ele estudou com Marxsen em 1845-52 e lhe dedicou o Segundo Concerto para piano.

May, Florence (1845-1915), pianista inglesa, filha do organista e professor de canto Edward Collett May. Em 1871, como aluna de Clara Schumann, submeteu-se a uma série de estudos com Brahms para aperfeiçoar sua técnica de teclado e isso assentou os alicerces de uma amizade que posteriormente resultou na sua biografia do compositor, em dois volumes, publicada pela primeira vez em 1905.

Menzel, Adolph von (1815-1905), destacado pintor histórico que, como Brahms, era detentor da ordem prussiana "Pour le Mérite". A amizade de ambos — como dois velhos solteirões mordazes — começou em 1891 quando Menzel fez um esboço de Mühlfeld nas primeiras apresentações do Quinteto e do Trio com clarineta de Brahms.

Miller zu Aichholz, Viktor von (18?-19?), industrial vienense e amigo de Brahms que originou a idéia da medalha de ouro cunhada em honra do sexagésimo aniversário do compositor. Após a morte de Brahms, dedicou a maior parte da sua energia à perpetuação de sua memória: foi o primeiro presidente da Brahms-Gesellschaft de Viena e inaugurou um Museu Brahms na sua vila em Gmunden, onde Brahms freqüentemente fora hóspede.

Mühlfeld, Richard (1856-1907), estudou como violinista, mas a partir de 1873 foi o principal clarinetista da orquestra grã-ducal em Meiningen e, de 1884 a 1896, foi também o principal clarinetista em Bayreuth. Brahms compôs o Quinteto e o Trio com clarineta e as duas Sonatas para clarineta para ele.

Nottebohm, Gustav (1817-82), musicólogo e compositor alemão que conheceu Mendelssohn e Schumann em Leipzig e, em 1846, se instalou em Viena, onde em 1862 Brahms o encontrou pela primeira vez e se tornou um grande amigo. Compilou catálogos temáticos das obras de Beethoven e Schubert e publicou um livro pioneiro sobre os esboços de Beethoven. Era também um ávido e erudito colecionador de música antiga, que Brahms herdou na maior parte. Suas obras compreendem algumas excelentes composições de câmara e séries de variações para piano, como as Variações sobre um Tema de Bach para piano a quatro mãos.

Ochs, Siegfried (1858-1929), célebre regente coral alemão, que criou o Coro Filarmônico de Berlim. As suas memórias contêm algumas importantes observações de Brahms, que ele conheceu.

Pohl, Carl Ferdinand (1818-87), organista, bibliógrafo e musicólogo alemão, que estudou com Sechter em Viena e em 1866 se tornou bibliotecário da Sociedade Filarmônica de Viena. Escreveu muito sobre Mozart e Haydn, notavelmente a biografia clássica do segundo (que ele não viveu para completar).

Reinthaler, Karl Martin (1822-96), regente e compositor alemão que chegou à música pelo estudo da teologia. A partir de 1858 foi o encarregado pela música na Catedral de Bremen, onde foi o responsável pela montagem da estréia de *Ein deutsches Requiem* de Brahms.

Reményi, Eduard (1830-98), originalmente chamado Hoffmann, era um violinista húngaro que estudou em Viena como colega de Joachim e participou da revolução de 1848. Encontrou-se com Brahms em 1850 e a sua interpretação da música cigana húngara provocou nele uma profunda impressão. Em 1853 eles formaram um duo de violino e piano e a sua excursão pela Alemanha os levou a Weimar, onde Reményi caiu sob o fascínio de Liszt e os seus caminhos se separaram. Durante o resto da sua carreira, Reményi excursionou amplamente pela Europa e Estados Unidos. Morreu em San Francisco.

Richter, Hans (1843-1916), regente nascido na Hungria que se tornou um reputado wagneriano e em 1876 regeu o primeiro ciclo *Ring*. Foi também um importante intérprete de Brahms e Bruckner. De 1880 a 1898 foi regente da Hofoper de Viena e se tornou conhecido na Inglaterra regendo a Orquestra Hallé em 1899-1911 e, a partir de 1885, os Festivais Trienais de Birmingham.

Rietz, Julius (1812-77), regente e compositor alemão, aluno de Zelter e Bernhard Romberg. Sucedeu a Mendelssohn como regente de ópera em Düsseldorf e, durante o período 1847-60, regeu os concertos do Gewandhaus em Leipzig (inclusive a desastrosa apresentação inicial do Concerto para piano n. 1 de Brahms). As suas obras compreendem duas sinfonias e quatro óperas.

Rosenhain, Jacob (1813-94), pianista e compositor alemão, protegido de Schumann e que passou a maior parte da carreira em Paris. Compôs três sinfonias, três óperas, um concerto para piano e muita música de câmara. Ele e a esposa eram grandes amigos da família Schumann e Brahms os conheceu bem durante os verões da década de 1860 em Lichtenthal.

Rubinstein, Anton (1829-94), prolífico compositor e pianista russo de origem alemã e polonesa. Discípulo de Liszt, esteve em atividade em muitos centros musicais, inclusive Viena, onde regeu os concertos da Gesellschaft der Musikfreunde imediatamente antes de Brahms assumir esse cargo, porém a partir de 1858 ficou mais envolvido com a música em São Petersburgo, cujo Conservatório criou em 1862. Suas obras compreendem muitas óperas e oratórios dramáticos, seis sinfonias, cinco concertos para piano, dez quartetos de cordas e muitas outras obras. Brahms gostava dele como pessoa, mas não se impressionava com as suas composições.

Scholz, Bernhard (1835-1916), regente e compositor alemão, regente do teatro da corte em Hanover, onde ficou amigo de Joachim. Junto com Brahms, Joachim e Grimm foi o único outro signatário do malfadado "Manifesto" de 1860. Mais tarde trabalhou em Berlim e Breslau, tornando-se posteriormente diretor do Conservatório de Frankfurt.

Schumann, Clara (1819-96), em solteira Wieck, foi a principal pianista do século XIX e compositora de mérito. Educada em Leipzig como menina prodígio por seu pai tirânico Friedrich Wieck, ela deu o seu primeiro concerto público com a idade de nove anos e mais tarde excursionou amplamente. Apesar da veemente oposição de Wieck, em 1840 ela se casou com Robert Schumann, tornando-se sua auxiliar artística e intérprete ideal bem como mãe da sua grande família. Em seguida à tentativa de suicídio de Schumann em 1854, foi intensamente atraída pelo jovem Brahms, mas optou por uma retomada da carreira profissional embora ele continuasse a ser o homem mais importante de sua vida após a morte de Schumann. Muitas das obras para piano e de câmara de Brahms foram compostas com Clara em mente. Durante a década de 1850 Brahms ajudou a cuidar dos seus sete filhos sobreviventes e mais tarde a aconselhou sobre o bem-estar deles. Brahms gostava particularmente de *Julie* (1845-72), a quem dedicou as Variações *Schumann* para piano a quatro mãos op. 23, e de *Felix* (1854-79), tendo musicado três dos seus poemas como Lieder.

Siebold, Agathe von (1835-1909), filha de um professor universitário de Göttingen e amiga de Julius e Philippine Grimm, amigos de Brahms. No verão de 1858 Brahms ficou atraído por ela, mas não foi capaz de se comprometer com o casamento e, após uma dolorosa separação em janeiro de 1859, nunca se viram novamente. Na velhice, ela romanceou o episódio, sob o título *Erinnerungen.*

Simrock, Fritz August (1837-1901) era o sócio minoritário na firma de publicações musicais de N. Simrock, em Bonn, quando conheceu Brahms em 1860 e começou a adquirir as suas obras para publicação. Em 1870 se tornou diretor da firma e planejou a sua reinstalação em Berlim, tornando-se o principal editor de Brahms. Era também um grande amigo e se tornou o seu principal conselheiro em finanças, encarregando-se do investimento do seu capital (nem sempre com êxito).

Spies, Hermine (1857-93), contralto alemã especializada em Lieder e aluna de Stockhausen. Sua primeira apresentação profissional foi em 1882, em Wiesbaden, quando muito atraiu Brahms, e muitas das suas últimas canções foram compostas com ela em mente.

Spitta, Julius August Philipp (1841-94), musicólogo alemão que estudou em Göttingen, em 1875 se tornou professor de história da música na Universidade de Berlim e, em 1882, diretor da Hochschule für Musik. Correspondeu-se muito com Brahms sobre o tema da música antiga, particularmente Bach — sobre quem escreveu um clássico estudo crítico-biográfico em dois volumes — e Schütz, cujas obras completas organizou. Também organizou as obras completas de Buxtehude e, com Adler e Chrysander, dirigiu o trimestral *Vierteljahrsschrift für Musikwissenschaft*.

Stockhausen, Julius (1826-1906), barítono alemão, nascido em Paris, que dividia as suas atividades entre a ópera francesa e a canção alemã. Conheceu Brahms na década de 1850 e se tornou o primeiro e mais importante intérprete dos seus Lieder, como as Romanças *Magelona*. De 1862 a 1869 foi regente dos concertos da Filarmônica de Hamburgo (cargo que Brahms cobiçara) e posteriormente lecionou em Stuttgart, Berlim e Frankfurt.

Tausig, Karl (1841-71), pianista e compositor polonês de origem boêmia e protegido de Liszt em Weimar. Em 1862 se instalou em Viena, onde ele e Brahms travaram uma calorosa amizade apesar das propensões de Tausig no sentido da escola "Neo-alemã". Fizeram juntos a primeira apresentação da Sonata para dois pianos de Brahms, que compôs Variações sobre um Tema de Paganini com Tausig em mente. Em 1865 ele se instalou em Berlim, onde abriu uma escola de interpretação avançada de piano.

Volkmann, Friedrich Robert (1815-83), compositor alemão originário da Saxônia que estudou em Leipzig e esteve em atividade em Praga e Budapeste antes de se instalar em Viena em 1854. Em 1878 retornou a Budapeste como professor de composição na Academia de Música Nacional local. Talentoso compositor de música de câmara, para piano e orquestra, parte dela em estilo "húngaro", era admirado por Brahms, que executou algumas das suas obras.

Wasielewski, Joseph Wilhelm von (1822-96), violinista, regente e crítico de origem associada germano-polonesa. Estudou com Mendelssohn e em 1853 acolheu Brahms em Bonn, persuadindo-o de que devia travar conhecimento com Schumann. Seus livros compreendem a primeira biografia de Schumann (que desagradou tanto a Clara quanto a Brahms) e diversos estudos de instrumentos e de música instrumental.

Widmann, Joseph Victor (1842-1911), poeta, dramaturgo e crítico suíço de origem alemã que viveu em Berna. Em 1874 Brahms e ele se encontraram em Zurique e logo se tornaram amigos constantes. Widmann, cujas memórias contêm muitas recordações do compositor, se achava entre os escritores com que ele discutiu possíveis colaborações em óperas e foi um dos mais freqüentes companheiros de Brahms em suas férias na Itália, na última parte de sua vida.

Anexo 4

Bibliografia selecionada

As obras a respeito de Brahms são inevitavelmente muito numerosas e ainda se expandem. Esta Bibliografia se limita às indispensáveis obras clássicas além daquelas que auxiliaram à feitura deste livro. Foi compilada tomando em consideração os leitores de língua inglesa, mas é claro que o inglês é apenas a segunda língua dos estudos sobre Brahms: a primeira é o alemão e, até certo ponto, esta seleção reflete este fato.

CATÁLOGOS E BIBLIOGRAFIAS TEMÁTICOS

Braunstein, Joseph, (org.), *Thematic catalog of the collected works of Brahms*, Nova York, 1956. Edição ampliada e tradução da quinta edição (1910) do catálogo Simrock das obras de Brahms, publicado inicialmente em 1887 e gradualmente aumentado.

Hofmann, Kurt, *Die Bibliothek von Johannes Brahms, Bücher-und Musikalienverzeichnis*, Hamburgo, 1974.

Kross, Siegfried, *Brahms-Bibliographie*, Tutzing, 1983.

McCorkle, Donald & Margit L., *Brahms Thematisch-Bibliographisches Werkverzeichnis*, Munique, 1984.

CORRESPONDÊNCIA

Dezesseis volumes de cartas de Brahms endereçadas a e recebidas de diversos correspondentes foram publicados pela Deutsches Brahms-Gesellschaft na série *Johannes Brahms Briefwechsel* (Berlim, 1906-22), como segue:

V. 1 e 2 com Heinrich e Elisabet von Herzogenberg (org. Max Kalbeck); versão inglesa: *Johannes Brahms: the Herzogenberg correspondence*, Londres, 1909;

V. 3 com Reinthaler, Dietrich, Bruch, Reinecke, Bernhard Scholz e outros (org. Wilhelm Altmann);

V. 4 com J. O. Grimm (org. Richard Barth);

V. 5 e 6 com Joachim (org. Andreas Moser);

V. 7 com Levi, Gernsheim e as famílias Hecht e Fellinger (org. Leopold Schmidt);

V. 8 para Widmann, Schübring e outros (org. Max Kalbeck);

V. 9 a 12 para Simrock (org. Max Kalbeck);

V. 13 com Engelmann (org. Julius Röntgen);

V. 14 com editores, exceto Simrock (org. Wilhelm Altmann);

V. 15 com Wüllner (org. Ernst Wolff);

V. 16 com Spitta e Dessoff (org. Carl Krebs).

Outras importantes compilações de correspondência são:

Billroth und Brahms im Briefwechsel, org. Otto Gottlieb-Billroth, Berlim, 1935; versão inglesa: *Johannes Brahms and Theodor Billroth: letters from a musical friendship*, trad. e org. Hans Barkan, Norman, Oklahoma, 1957.

Briefe der Freundschaft Johannes Brahms Klaus Groth, org. Volquart Pauls, Heide, 1956.
Clara Schumann Johannes Brahms Briefe aus den Jahren 1853-1896, org. Berthold Litzmann, Leipzig, 1927; versão inglesa resumida: *Letters of Clara Schumann and Johannes Brahms 1853-1896*, 2 v., Londres, 1927.
Johannes Brahms an Julius Spengel. Unveröffentliche Briefe aus den Jahren 1882-97, org. Annemarie Spengel, Hamburgo, 1959.
Johannes Brahms in seiner Familie. Der Briefwechsel, org. Kurt Stephenson, Hamburgo, 1973.
Johannes Brahms und Fritz Simrock. Weg einer Freudschaft. Briefe des Verlegers and den Komponisten, org. Kurt Stephenson, Hamburgo, 1961.
Johannes Brahms and Julius Allgeyer. Eine Künstlerfreundschaft in Briefen, org. Alfred Orel, Tutzing, 1964.
Johannes Brahms un Mathilde Wesendonck. Ein Briefwechsel, org. Erich H. Müller von Asow, Viena, 1943.
Johannes Brahms an Max Klinger, Leipzig, 1924.
Letters from and to Joseph Joachim, sel. e trad. Nora Bickley, Londres, 1914.

Além disso, os seguintes artigos contêm aditamentos importantes à correspondência:

Einstein, Albert, "Briefe von Brahms an Ernest Frank". *Zeitschrift für Musikwissenschaft*, IV, 1921-22.
Geiringer, Karl, "Johannes Brahms im Briefwechsel mit Eusebius Mandyczewski", *Zeitschrift für Musikwissenschaft*, XV, 1932-33.
_____, "Brahms and Wagner. With unpublished letters", *Musical Quarterly*. XXII, 1936.
Holde, Arthur, "Suppressed passages in the Brahms-Joachim correspondence published for the first time", *Musical Quarterly*, XLV, 1959.

Novos dados biográficos e de correspondência têm surgido desde 1975 numa série de volumes lançados pela Brahms-Gesellschaft de Hamburgo sob o título *Brahms-Studien*.

ESTUDOS GERAIS

Bruyr, José, *Brahms*, Paris, 1965.
Culshaw, John, *Brahms: an outline of his life and music*, Londres, 1948.
Dale, Kathleen, *Brahms: a concertgoer's companion*, Londres, 1970.
Fuller-Maitland, J. A. *Brahms*, Londres, 1911.
Gál, Hans, *Johannes Brahms, his work and personality*, Londres, 1963.
Geiringer, Karl, *Brahms: his life and work*, versão orig. Viena, 1934-35; 2ª ed. ing. Londres, 1948.
Grasberger, Franz, *Das Kleine Brahms-Buch*, Salzburgo, 1973.
Musgrave, Michael (org.), *Brahms 2: biographical, documentary and analytical studies*, Cambridge, 1987.
Neunzig, Hans A., *Johannes Brahms. Der Komponist des deutschen Bürgertums*, Viena/Munique, 1976.
_____, *Johannes Brahms, mit Selbstzeugnissen und Bilddokumenten*, Reinbek, 1973.
Pascall, Robert (org.), *Brahms: documentary and analytical studies*, Cambridge, 1983.
Rostand, Claude, *Brahms*, Paris, 1954-55; 2ª ed. 1978.
Schmidt, Christian Martin, *Johannes Brahms und seine Zeit*, Regensburg, 1983.

BIOGRAFIA E REMINISCÊNCIAS

Dietrich, Albert, *Erinnerungen an Johannes Brahms*, Leipzig, 1898.
Drinker, Sophie, *Brahms and his women's choruses*, Merion, Pa., 1952.

Erb, Lawrence, *Brahms*, Londres, 1905; ed. rev. 1934.
Henschel, George, *Personal recollections of Johannes Brahms*, Boston, 1907; várias ed. subseqüentes.
Heuberger, Richard, *Erinnerungen an Johannes Brahms. Tagebuchnotizen aus den Jahren 1875 bis 1897*, org. Kurt Hofmann, Tutzing, 1976.
Hofmann, R. & K., *Johannes Brahms: Zeittafel zu Leben und Werk*, Tutzing, 1983.
Jenner, Gustav, *Johannes Brahms als Mensch, Lehrer und Künstler*, Marburg, 1905.
Kalbeck, Max, *Johannes Brahms*, Berlim, 1904-14, 4 v.
May, Florence, *The life of Johannes Brahms*, Londres, 1905; 2ª ed. 1948.
Michelmann, Emil, *Agathe von Siebold. Johannes Brahms' Jugendliebe*, Göttingen, 1930.
Pulver, Jeffrey, *Brahms*, Londres, 1926.
Reich, Nancy B., *Clara Schumann: the artist and the woman*, Londres, 1985.
Schauffler, Robert H., *The unknown Brahms, his life, character and works*, Nova York, 1933.
Schumann, Eugenie, *Erinnerungen*. Stuttgart, 1925; ed. ing. *Memoirs of Eugenie Schumann*, Londres, 1927.
Smyth, Ethel, *Impressions that remained*, Londres, 1919, 2 v.
Specht, Richard, *Johannes Brahms. Leben und Werk eines deutschen Meisters*, Hellerau, 1928; trad. ing. *Johannes Brahms*, Londres, 1930.
Stanford, Sir Charles V., *Brahms*, Nova York, 1912; ed. ing. Londres, 1927.
Widmann, J.V., *Erinnerungen an Johannes Brahms*, Zurique, 1980. n. ed.

A MÚSICA

Drinker, Henry S., *The chamber music of Johannes Brahms*, Filadélfia, 1932.
Dalhaus, Carl, *Between Romanticism and Modernism: four studies in the music of the later nineteenth century*, trad. Mary Whittall, Berkeley/Londres, 1980.
Dunsby, Jonathan, *Structural ambiguity in Brahms: analytical approaches to four works*, Ann Arbor, 1981.
Evans, Edwin, *Historical, descriptive and analytical account of the entire works of Johannes Brahms*, Londres, 1912-35, 4 v.
Floros, Constantin, *Brahms und Bruckner: Studien zur musikalischen Exegetik*, Wiesbaden, 1980.
Friedländler, Max, *Brahms' Lieder. Einführung in seine Gesänge für eine und zwei Stimmen*, Berlim/Leipzig, 1922; trad. ing. Oxford, 1928.
Fritsch, Walter M., *Brahms and the principle of developing variation*, Berkeley, Calif., 1984.
Hancock, Virginia, *Brahms's choral compositions and his library of early music*, Ann Arbor, 1983.
Harrison, Julius, *Brahms and his four symphonies*, Londres, 1939.
Horton, John, *Brahms orchestral music*, Londres, 1968.
Jacobson, Bernard, *The music of Johannes Brahms*, Londres, 1977.
Keys, Ivor, *Brahms chamber music*, Londres, 1974.
Kraus, Detlef, *Johannes Brahms — composer for the piano*, Wilhelmshaven, 1988.
Kross, Siegfried, *Die Chorwerke von Johannes Brahms*, Berlim-Halensee, 1958; 2ª ed. Tutzing, 1963.
Krümmacher, Friedhelm & Steinbeck, Wolfram (org.) *Brahms-Analysen*, Kassel, 1984.
Mason, Daniel Gregory, *The chamber music of Brahms*, Nova York, 1933; 2ª ed. Ann Arbor, 1950.
Matthews, Denis, *Brahms piano music*, Londres, 1978.
Morik, Werner, *Johannes Brahms und sein Verhältnis zum deutschen Volkslied*, Tutzing, 1965.

Murdoch, William, *Brahms: with an analytical study of the complete pianoforte works*, Londres, 1933.
Musgrave, Michael, *The music of Brahms*, Londres, 1985.
Sams, Eric, *Brahms songs*, Londres, 1972.
Tovey, Donald F., *Essays in musical analysis*, Londres, 1933-39, 6 v.
_____, Brahms's chamber music, in: *Essays and lectures on music*, Oxford, 1949.
Zaunschirm, Franz, *Der frühe und der später Brahms*, Hamburgo, 1988.

ARTIGOS

Adler, Guido, "Johannes Brahms: his achievement, his personality and his position", *Musical Quarterly* XIX, 1933.
Behrmann, Martin, "Die A-cappella Kompositionen von Johannes Brahms und das Problem des Romantischen", *Musica* 43, 1989.
Boyd, Malcolm, "Brahms and the *Four Serious Songs*", *Musical Times*, jul. 1967.
Boyer, Thomas, "Brahms as Count Peter of Provence: a psychosexual interpretation of the *Magelone* poetry", *Musical Quarterly* LXVI, 1980.
Bozarth, George S., "Brahms's duets for soprano alto, op. 61: a study in chronology and compositional process", *Studia Musicologica* 25, 1983.
_____, "Brahms's Lieder inventory of 1959-60 and other documents of his life and work", *Fontis Artis Musicae* 30, 1983.
Clapham, John, "Dvorák's relations with Brahms and Hanslick", *Musical Quarterly* LVII, 1971.
Deutsch, Otto Erich, "The first editions of Brahms", *Music Review*, maio e ago. 1940, 2 pt.
Fiske, Roger, "Brahms and Scotland", *Musical Times*, dez. 1968.
Forte, Allen, "Motivic design and structural levels in the first movement of Brahms's String Quartet in C minor", *Musical Quarterly* LXIX, 1983.
_____, "Motive and rhythmic contour in Brahms's Alto Rapsody", *Journal of Music Theory* 22, 1983.
Frisch, Walter, "Brahms, developing variation, and the Schoenberg critical tradition", *19th Century Music* V, 1981-82.
Garlington, Aubrey S., "*Harzreise als Herzreise*: Brahms's Alto Rhapsody", *Musical Quarterly* LXIX, 1983.
Geiringer, Karl, "Brahms as reader and collector", *Musical Quarterly* XIX, 1933.
_____, "Brahms as a musicologist", *Musical Quarterly* LXIX, 1983.
Hancock, Virginia, "Brahms's performances of early choral music", *19th Century Music* VIII, 1984.
Helms, Siegmund, "Johannes Brahms und Johann Sebastian Bach", *Bach-Jahrbuch* 57, 1971.
Hiebert, Elfrieda, "The Janus figure of Brahms: a future built upon the past", *Journal of the American Liszt Society* 16, 1984.
Hill, William G., "Brahms' opus 51: a diptych", *Music Review* 13, 1952.
Hollander, Hans, "Die Terzformel also musikalisches Bauelement bei Brahms", *Neue Zeitschrift für Musik* 133, 1972.
Klenz, William, "Brahms, op. 38: piracy, pillage, plagiarism or parody?", *Music Review* 34, 1973.
Kross, Siegfried, "Johannes Kreisler's certificate of apprenticeship", *19th Century Music* IV, 1982.
_____, "The choral music of Johannes Brahms", *American Choral Review* 25, 1983.

Küchler, Stephan, "Das Klaviertrio in H-Dur, op. 8 von Johannes Brahms. Ein Vergleich der beiden Fassungen", *in Professor Rudolf Stephan zum 3. April 1985 von seinen Schülern*, Berlim, 1985.

Lesznai, Lajos, "Auf den Spuren einer ungarischen Intonation in den Werken von Johannes Brahms", *Musik und Gesellschaft* 21, 1971.

Mason, Colin, "Brahms's piano sonatas", *Music Review* 5, 1944.

Musgrave, Michael, "Historical influences in the growth of Brahms's Requiem", *Music & Letters* 53, jan. 1972.

______, "Frei aber Froh: a reconsideration", *19th Century Music* IV, 1980.

______, "Brahms's First Symphony: thematic coherence and its secret origin", *Music Analysis* 2, 1983.

Neighbour, Oliver, "Brahms and Schumann: two opus nines and beyond", *19th Century Music* VII, 1984.

Newman, Sidney, "The slow movement of Brahms's First Symphony", *Music Review* 29, 1948.

Pascall, Robert, "Some special uses of sonata form by Brahms", *Soundings* 4, 1974.

______, "Ruminations on Brahms's chamber music", *Musical Times*, ago. 1975.

______, "Brahms's First Symphony slow movement: the initial performing version", *Musical Times*, out. 1981.

Pisk, Paul A., "Dreams of death and life: a study of two songs by Johannes Brahms,", *in Festival Essays for Pauline Alderman: a musicological tribute*, Provo, Utah, 1976.

Redlich, Hans, "Bruckner and Brahms Quintets in F", *Music & Letters* 36, 1955.

Rosen, Charles, "Influence: plagiarism and inspiration", *19th Century Music* IV, 1981.

Sams, Eric, "Brahms and his Clara themes", *Musical Times*, maio 1971.

Schachter, Carls, "The first movement of Brahms's Second Symphony: the first theme and its consequences", *Music Analysis* 2, 1983.

Schoenberg, Arnold, "Brahms the progressive", *in Style and idea*, Nova York, 1950; 2ª ed. Londres, 1975.

Schwarz, Boris, "Joseph Joachim and the genesis of Brahms's Violin Concert", *Musical Quarterly* LXIX, 1983.

Truscott, Harold, "Brahms and sonata style", *Music Review* 25, 1964.

Walker, Alan, "Brahms and serialism", *Musical Opinion* 81, 1958.

Webster, James, "Schubert's sonata form and Brahms's first maturity", *19th Century Music* II, 1978-79; *III*, 1979-80.

______, "The C sharp minor version of Brahms's op. 60", *Musical Times*, fev. 1980.

Anexo 5

Quem compôs o Trio em lá maior?

Em 1924 Ernst Bücken, professor de música na Universidade de Colônia, recebeu uma coleção de manuscritos que pertenciam a um Dr. Erich Preiger, de Bonn. Estava entre estes a partitura de um Trio com piano em lá maior, cuja página de rosto se extraviara e que não trazia nenhuma assinatura do compositor ou outra indicação. A caligrafia não era de Brahms, mas, argumentando exclusivamente a partir de dados estilísticos que aquilo era um manuscrito de copista de uma antiga composição de Brahms, Bücken providenciou para a obra ser executada no Festival de Música de Câmara Renano, em 1925, e depois colaborou com Karl Hasse no preparo da edição, lançada por Breitkopf & Härtel em 1938. (Uma reimpressão foi publicada em 1982.) Desde a morte de Bücken o autógrafo não foi localizado. Segundo o relato editorial de Hasse, no fim da coda do primeiro movimento outra pessoa esboçara a alteração de um compasso para dois: não era a mão de Brahms, mas tampouco a alteração é, de qualquer modo, uma melhoria do sentido musical.

O Trio se tornou desde então a Cinderela da cultura brahmsiana. Embora os argumentos de Bücken sejam cautelosamente aceitos pelos estudiosos da Europa continental e a atribuição a Brahms tenha trazido à obra algumas gravações comerciais ao longo dos anos, ela vem sendo tratada com escasso interesse pela maior parte dos críticos — que se salvam rejeitando-a como um Brahms "inferior", uma vez que Brahms claramente não tivera interesse em publicá-la. Os autores de língua inglesa têm sido mais céticos: Ivor Keys, em *Brahms chamber music* (Londres, 1974), descarta-a em uma nota de rodapé como uma obra que "pode seguramente ser considerada espúria". Musgrave não a discute, exceto para designá-la entre as "Obras Duvidosas" em seu catálogo, mas o epíteto "(Espúria)" permanece contra ela no Índice. Bozarth (op. cit., p. 76), cautelosamente, e com justiça, opina que é necessário "um estudo analítico de corpo inteiro" da peça, em relação às características estilísticas da música de Brahms nos começos da década de 1860, para se determinar corretamente sua autenticidade.

Embora eu não tenha empreendido tal estudo, e embora eu não tenha nenhuma explicação quanto ao motivo pelo qual a obra deve ter sido silenciosamente abandonada por seu compositor, estou preparado para aceitar que o Trio em lá maior é de Brahms. Quase não dispondo de evidência intrínseca, Bücken seguramente estava certo em confiar nos seus ouvidos. É muito bem composto e soa sem dúvida como Brahms, ainda que com aqueles ecos de Beethoven, Schubert, Mendelssohn e Schumann que, em proporções diferentes e diversos graus, podem ser encontrados em quase todas as suas obras iniciais. Os movimentos internos são os mais obviamente característicos, especialmente o scherzo e o trio, belo exemplo de uma forma em que ele estabelecera sua maneira individual desde o início. O movimento lento se compara favoravelmente com o do Trio op. 8 em sua versão de 1854 e tem um sabor analogamente schubertiano. Os movimentos externos imprimem, com sua estrutura fluente, um uso confiante do esquema contrapontístico, inclusive cânone e aumentação (esta com efeito temático notável no finale), uma rica escrita dos acordes para piano, que lembra as obras iniciais para o teclado, a inclinação para ritmos cruzados em dois contra três e outros traços típicos. O tema de abertura do primeiro movimento (pelo menos para os meus ouvidos) prenuncia de diversos modos o do Quinteto com piano e o do Quinteto de cordas em fá maior. Para os criptógrafos musicais, o segundo ramo do tema de abertura do finale apresenta uma versão do "motivo de Clara" (particularmente nítida no violino, compassos 9 e 10). E o finale ainda contém uma melodia em estilo abertamente "húngaro".

A maior parte dos autores que aceitaram a autenticidade do Trio defenderam uma data muito antiga, ou o período de Hamburgo antes de 1853, ou (como pensava Bücken) o da estada de Brahms em Bonn e Mehlen, pouco antes de seu primeiro encontro com Schumann. Brahms voltou a Bonn várias vezes na década de 1850. De igual modo, o fato de o manuscrito provir de Bonn não significa inevitavelmente que foi composto lá. A própria cópia parece ter sido feita na década de 1860. No texto principal deste livro situei a obra, experimentalmente, dois ou três anos depois de 1853. Comparado com o op. 8, composto no começo de 1854, o Trio em lá maior é de forma muito mais inteiriça e pode, plausivelmente, ser visto como uma reação inicial aos excessos estruturais e emotivos mais bravios do op. 8. Como o op. 8, ele apresenta um componente cromaticamente contrapontístico "bachiano", mas este é elaborado no finale (no tema que citei como Ex. 15), em vez de interromper o primeiro movimento, que neste caso é uma forma sonata concisa e, se faz diferença, atenuada. Além disso, os toques schumannianos, freqüentemente encontrados nas obras de Brahms antes do fim de 1853, estão consideravelmente mais assimilados do que no op. 8.

O problema da datação, como o da autenticidade, tem de continuar aberto, naturalmente, por não existir qualquer indício de evidência documental. Quanto à qualidade da música, esta certamente carece de um tanto da melodiosidade suntuosa e do alto romantismo do op. 8, mas a obra é claramente, e talvez conscientemente, de orientação diversa: podemos comparar com esta a união, de uns poucos anos mais tarde, do feroz Quarteto com piano em sol menor com o seu mais equilibrado e apolíneo companheiro em lá maior. Certamente, em longa convivência, descobri no Trio em lá maior uma partitura de muitas sutilezas, que compensa o estudo e repetidas audições.

Permanece o fato de que, seja quem for que a tenha composto, a qualidade da música é uniformemente alta. Embora não fique na primeira linha dos trios do século XIX, ele tem um legítimo direito de ser incluído na segunda. E, se dispensamos a atribuição a Brahms, somos obrigados a demonstrar a existência de um mestre menor de música de câmara, sob outros aspectos inteiramente desconhecido e que compôs de maneira intimamente parecida com a dele. Em que é mais fácil acreditar? Posso registrar, como conclusão, que como um incorrigível adepto desse jogo de salão que implica forçar os amigos de audição musical a "adivinhar o compositor", muitas vezes submeti à prova uma gravação do Trio em lá maior e ainda estou para encontrar alguém que, dentro de trinta segundos e como primeira opção, não tenha confiantemente identificado a peça como de Brahms.

Notas

CAPÍTULO 1 (pp. 15-31)

1. Aqui citado segundo Ernst Bloch, *Essays on the philosophy of music*, trad. Peter Palmer (Cambridge, 1985), p. 30.
2. O edifício (mais freqüentemente conhecido por sua numeração posterior de Speckstrasse nº 60) foi destruído por um bombardeio em 1943.
3. Florence May, *The life of Johannes Brahms*, 2. ed. (Londres, 1948), p. 55.
4. Também Fritz teve uma carreira musical e se tornou professor de piano em Caracas e Hamburgo, onde nos últimos anos era conhecido como "o Brahms errado".
5. Para mais detalhes, ver p. 63.
6. Os sintomas eram certamente compatíveis com a esquizofrenia, mas o mais recente estudo detalhado do caso, *Schumann: music and madness* de Peter F. Ostwald (Londres, 1985), encontrou muito pouca evidência consistente para um diagnóstico amplo, preferindo "um sério distúrbio afetivo", agravado por muitas outras, mas separadas, condições.
7. Que ele em seguida incorporou à sua própria Sonata para violino nº 3.
8. As traduções inglesas costumam transpor este nome como "Jove", para conciliar com a forma latina Minerva, mas Schumann, curiosamente misturando mitologias, emprega o epíteto grego de Zeus, que significa "o filho de Cronos".
9. Aparentemente como uma substituta da Sonata para violino. Senff pretendera publicar esta mas parece que Liszt (que gostava da obra) tomou-a emprestado dele para executá-la com Reményi que, caracteristicamente, caiu fora com ela em viagem pela Inglaterra. Uma carta recentemente descoberta de Brahms para Clara Schumann (ver o ensaio de George Bozarth em *Brahms 2*, org. Michael Musgrave, Cambridge, 1987, pp. 84-5) sugere, contudo, que ela não ficou perdida: Liszt se encarregou de reaver o manuscrito e provavelmente o restituiu a Brahms em 1855. Não foi, portanto, o destino mas o compositor quem assegurou seu desaparecimento mais tarde: ele provavelmente a destruiu, embora em 1872 Dietrich visse uma parte do solo, não mencionada posteriormente, entre os papéis de Wasielewski, amigo de Brahms em Bonn.
10. Esta citação e a anterior são de *Letters from and to Joseph Joachim*, selecionadas e traduzidas por Nora Bickley (Londres, 1914), respectivamente p. 40 e 49.

CAPÍTULO 2 (pp. 32-44)

1. O fato de que pensadores posteriores e menores distorceram o pensamento de Herder em um estridente nacionalismo alemão não diminui sua humanidade original. Na sua opinião, "a missão alemã não é conquistar, mas ser uma nação de pensadores e educadores". Cf. Isaiah Berlin, *Vico and Herder* (Londres, 1976), p. 161.
2. As obras de Bach para o teclado foram sempre admiradas, mas o resto de sua produção tinha caído na obscuridade.
3. Mendelssohn, o mais clássico dentre os compositores românticos, conheceu Goethe; e sua tia Dorothea tinha se casado com Friedrich Schlegel após um caso celebrado por este no seu influente e autobiográfico romance *Lucinde*, de estilo romântico.

4. Charles Rosen, *The classical style* (Londres, 1971), pp. 453-4.
5. A subseqüente discussão de Hoffmann é parcialmente devedora para com o estudo de Gerhard Allroggen no *New Grove*. A edição inglesa de David Charlton dos Escritos musicais de E.T.A. Hoffmann (Cambridge, 1989) saiu tarde demais para ajudar na redação deste capítulo.
6. Traduzido por Martin Cooper em duas preleções radiofônicas da BBC, transmitidas em junho e dezembro de 1951.
7. A bibliografia básica é toda recente e principalmente a realização de Eric Sams: ver seus ensaios "The Schumann ciphers", "A Schumann primer?" e "Brahms and his Clara themes" (*The Musical Times*, maio de 1966, nov. de 1970 e maio de 1971 respectivamente). Embora nem todos os seus argumentos tenham encontrado a mesma aceitação, o princípio geral da utilização por Schumann e Brahms de tais cifras musicais não é hoje seriamente contestado.
8. Reinhard Kapp, *Studien zum Spätwerk Robert Schumanns* (Tutzing, 1984), especialmente p. 142 e seg. Ver também sua introdução e análise na edição de Goldmann/Schott da Sinfonia *Renana* (Mogúncia, 1891).
9. Para dar mais um exemplo: Brahms certamente se inteirou da música do compositor de Düsseldorf Norbert Burgmüller, que viveu pouco (1810-36) e foi um romântico prematuro cuja morte Schumann considerou tragédia só menor do que a de Schubert. Brahms escreveu a Clara, com admiração e já em agosto de 1854, sobre a Rapsódia para piano de Burgmüller. No meio da década de 1860 a Sinfonia n. 1 dó menor (inacabada) e a Sinfonia n. 2 em ré maior de Burgmüller foram publicadas postumamente: Hans Vogt, escrevendo no número de *Musica* de mar.-abr. de 1989, chama a atenção para esclarecedores paralelos entre essas obras e as duas primeiras sinfonias de Brahms, não limitados ao fato de que são nos mesmos tons.

CAPÍTULO 3 (pp. 45-62)

1. *Letters from and to Joseph Joachim*, p. 60. O artista e gravador francês Jacques Callot (1592-1635), célebre tanto pelo realismo natural quanto pela característica de fantasia simbólica extremamente minuciosa, era muito admirado por E.T.A. Hoffmann, cujo primeiro livro de contos, inclusive "Kreisleriana", se intitula *Fantasiestücke in Callots Manier* e, por sua vez, influenciou as *Fantasiestücke* de Schumann.
2. Ibid. p. 91-2.
3. Ver Artur Holde, "Suppressed passages in Brahms-Joachim correspondence published for the first time." *Musical Quarterly*, v. XLV, n. 3, 1959, p. 314.
4. A prova está em cartas entre eles atualmente em poder de Kurt Hofmann. Ver Nancy B. Reich, *Clara Schumann, the artist and the woman* (Londres, 1985), p. 209.
5. *Letters from and to Joseph Joachim*, p. 180.
6. Ibid. p. 191.

CAPÍTULO 4 (pp. 63-116)

1. No começo da década de 1850 Brahms fez uma transcrição para solo de piano de sua famosa marcha Húngara, que tocou para Wasielewski. Ela permaneceu inédita, embora o manuscrito (não mais verdadeiramente completo) esteja conservado na Robert-Schumann-Haus, em Zwickau.
2. A única obra de Alkan que Brahms certamente possuía, e aparentemente de uma fase inicial, é a tocata alarmantemente difícil que forma o terceiro dos *Trois Grandes Études*

pour les mains séparées et reúnis do compositor francês (publicados em Praga em 1838). Sua cópia, hoje na coleção da Gesellschaft der Musikfreunde, em Viena, mostra sinais de uso freqüente e está coberta de dedilhados marcados a lápis. Ele parece nunca tê-la executado em público e talvez a visse principalmente como um estudo de prática, mas dificilmente pode ter ficado alheio a sua qualidade musical — a obra é uma das primeiras realizações importantes e características de Alkan — e ele, naturalmente, pode ter tido oportunidades para o exame de outras. (Sua grande amiga dos últimos anos, Elisabet von Herzogenberg, era filha de Bodo Albrecht von Stockhausen, que estudara tanto com Alkan como com Chopin em Paris, e Brahms consultou cópias de Chopin do pai dela, com dedilhados que ela acreditava serem de Alkan, quando ele esteve assistindo Breitkopf & Härtel na revisão da Edição de Chopin feita por estes em 1877.)

3. O Trio em lá maior (ver p. 93) podia ser um deles, embora eu não pense assim.
4. Eric Sams considera este tema — que certamente soa vocal em sua inspiração — uma "mensagem" a Clara Schumann expressa na forma de um resumo de frases proeminentes da ópera *Genoveva* de Schumann, cujo enredo de triângulo amoroso podia ter tido ressonâncias familiares.
5. Quatorze anos mais tarde ele compôs uma variação adicional e separada sobre o mesmo tema, como um presente para a irmã de Clara, Marie Wieck.
6. Ver Oliver Neighbour, "Brahms and Schumann: two opus nines and beyond", *19th Century Music*, v. VII n. 3, abr. 1984.
7. Ver a carta de Brahms a Joachim em 12 de setembro de 1854: "Minhas Variações tiveram dois novos acréscimos, num dos quais *Clara fala!*" (*Letters from and to Joseph Joachim*, p. 77). Além disso, o baixo do tema dela — não citado por Brahms mas muito usado no op. 5 de Schumann — se assemelha intimamente ao tema de *Albumblatt* em que as Variações de Brahms se baseiam e que é, em si, uma versão de um dos mais comuns "motivos de Clara" que Schumann utilizou em muitas obras. Brahms parece estar desenvolvendo, de maneira muito schumanniana, o simbolismo musical privado, e dirigido a Clara, de Schumann — para sugerir que o op. 5 e o op. 99 de Schumann, o op. 20 de Clara e agora o seu próprio op. 9 formam uma seqüência cujo fio condutor é a própria Clara.
8. Jim Samson, *The music of Chopin* (Londres, 1985), p. 175.
9. A conclusão desta peça está de fato desaparecida, mas foi reconstituída por Robert Pascall com base na reutilização, por Brahms, do material do Quinteto de cordas em fá, op. 88.
10. Este é o nome que Grimm lhe deu. As referências de Brahms são meramente a uma Missa (*Messe*) em dó maior. O fato de tantas das suas partes se desviarem dessa tonalidade lhe causou certa intranqüilidade — e realmente, da música que sobrevive, só o "Dona nobis pacem" é em dó.
11. Um toque de mistério cerca este Trio, que sobrevive apenas em um manuscrito de copista e não foi descoberto até 1924. Muitos autores ingleses têm preferido vê-lo como espúrio ou, na melhor das hipóteses, como uma obra muito do início. Como ficará evidente a partir da discussão acima, considero-o genuíno, posterior em data ao Trio em si maior, e de importância suficiente para merecer atenção por seus próprios méritos. Mas em vez de me envolver aqui em controvérsia, limitei meus argumentos para essa opinião ao Anexo 5, "Quem compôs o Trio em lá maior?" (p. 418).
12. O colossal primeiro movimento do Concerto para piano de Alkan (sem orquestra) de seus Etudes op. 39 é ainda mais extenso — e, embora publicado em 1857, bem pode ter sido concebido em torno da mesma época em que Brahms começou a trabalhar no seu.
13. Brahms reviu a obra em 1860, muito pouco depois de sua primeira execução (em cuja forma foi sua primeira composição a ser publicada por Simrock), mas não sabemos até onde a revisão se estendeu: por certo uma revisão posterior, de 1875, foi principalmen-

te preocupada com a dinâmica. Diversos autores têm especulado que Brahms dispensou os violinos seguindo o exemplo de Méhul em sua ópera ossiânica *Uthal* (1806). Brahms certamente admirava essa obra. Não é certo que a conhecesse no final da década de 1850, mas em vista dos coros op. 18 (ver abaixo) parece inteiramente provável.

14. Brahms originalmente pretendera usar também cordas baixas, mas as descartou para que a peça pudesse ser tocada ao ar livre.
15. Não é a tradução de Edmund von Harold, que Schubert musicou em 1815 para a canção *Das Mädchen von Inistore* (D281).
16. Em *The music of Brahms* (Londres, 1985), p. 74, Michael Musgrave aponta semelhanças com o toque de trompa e os floreios de piano na abertura da Introdução e Allegro de Schumann (ele se refere ao *Concertstück* op. 92, não ao op. 134), mas Brahms, ao contrário de Schumann, realmente deriva seus floreios de harpa (por diminuição) do seu tema de trompa.
17. Virginia Hancock (*Brahms's choral compositions and his library of early music*, Ann Harbor, 1983, p. 16) apóia a data geralmente aceita de 1863 (provavelmente com aperfeiçoamento posterior), salientando que a anotação manuscrita de Brahms no texto apresenta uma referência, a respeito da melodia coral, à *Das katholische deutsche Kirchenlied* de Meister, coletânea só publicada em 1862. A datação concorrente, de 1860, baseada numa carta em que Clara Schumann acusa o recebimento de um moteto, deve, portanto, ser abandonada, e esse moteto passa a ser uma obra desconhecida, "perdida". Todavia, *O Heiland* complementa tão proveitosamente o par do op. 29 que continua sendo de interesse comentá-lo em seu contexto.
18. Quanto a *Schaffe in mir*, Virginia Hancock sugere que Brahms pode também ter estudado um arranjo do mesmo texto pelo compositor do século XVII Andreas Hammerschmidt (ibid., p. 118).

CAPÍTULO 5 (pp. 117-133)

1. O antigo substituto do mata-borrão. Brahms efetivamente possuía uma caixinha em que conservava a areia dos manuscritos de Schubert.
2. Não é. Para uma explicação habilidosa desse engano, ver Musgrave, op. cit., 84.
3. Versão autorizada: "Porque Deus amou ao mundo de tal maneira que deu o seu Filho unigênito, para que todo o que nele crê não pereça, mas tenha a vida eterna."
4. O movimento para solo de soprano ainda não existia, mas Amalie Joachim cantou "Eu sei que o meu Redentor vive", do *Messias* de Haendel, como parte da apresentação.
5. Que marcou a última aparição pública do ilustre compositor Cipriani Potter (1791-1871), amigo de Beethoven, que com a idade de oitenta anos fez uma das partes do acompanhamento de piano a quatro mãos com vivo entusiasmo.
6. Numa carta citada mais extensamente no livro de Christopher Fifield, *Max Bruch: his life and works* (Londres, 1988), pp. 86-7.
7. Apenas alguns meses antes o seu irmão mais velho, o amável, excêntrico e errático Ludwig Schumann fora afinal declarado incuravelmente insano (um resultado de uma enfermidade na espinha) e, com a idade de vinte e dois anos, foi internado num asilo mental em Colditz. Ali ele sobreviveu a Clara e a Brahms.
8. May, op. cit., pp. 9-10.

CAPÍTULO 6 (pp. 134-145)

1. Citado por Florence May, op. cit., p. 264.

2. Como, naturalmente, não fez nenhum dos integrantes dessa geração de folcloristas. Poucas das suas "canções folclóricas" se originavam de fato do campesinato. Uma proporção maior do que eles selecionavam de velhos manuscritos livros de canções polifônicas eram canções urbanas ou domésticas, muitas vezes compostas por profissionais (como os relativamente "cultos" Minnesingers). Com base nisso, às vezes se tem afirmado que a Alemanha não possui uma verdadeira música folclórica — um exagero, é desnecessário dizer, e de qualquer forma irrelevante para o fato de que Brahms acreditava que as melodias representavam uma genuína cultura musical do povo.

CAPÍTULO 7 (pp. 146-208)

1. Brahms de fato fez uma versão para solo de piano dessas Variações a pedido de Clara Schumann. A maioria dos autores modernos parece considerar o seu arranjo ineficiente, mas ele se tornou um grande favorito de Brahms e a sua execução dessa versão para Florence May se tornou uma das recordações artísticas mais prezadas por ela.
2. O útil termo de Lionel Pike para a coexistência entre uma tonalidade e os seus relativos maior ou menor: ver "The tonal structure of Brian's *Gothic* Simphony." *Tempo*, n. 138 (set. 1981), pp. 33 segs.
3. A obra foi publicada como para trompa ou violoncelo. Brahms considerava a substituição pelo violoncelo uma alternativa muito insatisfatória, porém mais tarde ficou consideravelmente mais entusiasmado com a utilização de uma viola na ausência da trompa e em 1884 foi publicada uma nova parte de viola. Entretanto, as execuções com qualquer das substituições são prodigiosamente raras, ao passo que o Trio se tornou um dos esteios do repertório de trompa não-orquestral.
4. Esta música "triste e distante", um dos mais profundos movimentos lentos de Brahms, parece ter sido o ponto de partida para o Trio com Trompa de György Ligeti, que tem o subtítulo "Hommage à Brahms", embora não utilize nenhuma citação direta.
5. Posteriormente Brahms publicou o próprio tema em 1893, no décimo quarto Volume (Suplementar) da Edição Completa das obras de Schumann — mas não as cinco variações sobre ele que Schumann conseguira terminar em fevereiro de 1854.
6. Comparar a ornamentação de bravura da variação 23 feita na variação 24 com as variações 21 e 22 de *Le Festin d'Esope* de Alkan (publicado em 1857), que essa passagem curiosamente recorda.
7. Na realidade, uma forma um pouco diferente do Livro 2, variação 11, aparece como o vigésimo nono exercício em cinqüenta e uma *Übungen* — estudos de problemas técnicos, reunidos durante um longo período apenas para estudo e treino — que Brahms publicou em 1893.
8. Em geral todas são cantadas por um barítono se executadas como um ciclo. Eventualmente um contralto interpretará as n. 11 e 13, que são atribuídas a personagens femininas.
9. Kalbeck afirma que a penúltima canção, em que Peter se dirige à sua terra natal, cita uma marcha hamburguesa popular que o pai de Brahms tocava feqüentemente.
10. Michael Musgrave (op. cit., pp. 77-8) também assinalou o débito para com esse Schubert pouco conhecido da cantata *Lazarus*, que Brahms leu em manuscrito no ano em que compôs a maior parte de *Rinaldo*.
11. Um quarto grupo pode ter sido considerado. Uma carta de Clara Schumann, do início da década de 1860, pergunta como ele está progredindo numa planejada série de "*Deutsche Tänze*".
12. Com toda a certeza havia outras. Eugenie Schumann relata que em Baden ele tocava para as crianças Schumann "melodias húngaras maravilhosas e melancólicas que

tenho procurado em vão entre suas obras publicadas; talvez ele nunca as tenha registrado por escrito".

13. Brahms sem dúvida ficou muito magoado em 1873 quando se resolveu que o *Requiem* não seria executado em um Festival Schumann comemorativo em Bonn, e se queixou a Joachim, de quem fora a decisão, que "se você tivesse *simplesmente* considerado o assunto, teria reconhecido como uma obra como o *Requiem* dizia respeito completa e inevitavelmente a Schumann (...)" (*Letters from and to Joseph Joachim*, p. 403).
14. Em sua autobiografia *Geschehenes, Gesehenes* (Leipzig, 1922), p. 302. A letra do coral ("Aquele que toda a sua vontade a Deus submete") provavelmente não é destituída de significado para o espírito global do *Requiem* de Brahms.
15. Musgrave (op. cit., p. 84) diz "sexto", um exemplo dos freqüentes enganos sem importância e erros de impressão que prejudicam seu indispensável estudo.
16. Transcrito do excerto em Bloch, op. cit., pp. 240-1.
17. A única gravação comercial que conheço (DG, com regência de Sinopoli) infelizmente é uma caricatura.
18. Brahms os escreveu a pedido da atriz Olga Precheisen, para uma representação de *Hamlet* em Praga, em 1873. Eles são drasticamente pequenos e simples, mas não incompletos como às vezes se declarou. Brahms deliberada e competentemente aplica seus métodos de arranjo de canções folclóricas da maneira mais concisa, assegurando o sentido subjacente de perturbação mental por meio de divisão irregular em compassos (n. 1) e términos desordenadamente abruptos (n. 4).
19. Groth era mais célebre pela sua poesia em dialeto da Alemanha do Norte, mas Brahms se recusou a musicar qualquer poema desses porque — ele declarou — a considerava "demasiadamente pessoal" para a música. O dialeto, naturalmente, era o seu próprio; seu pai o falou durante toda a sua vida.
20. Esse arranjo de *Nachklang* substitui um anterior feito separadamente por volta de 1866 (quando se denominou *Regenlied*). Publicada após a morte de Brahms, essa versão original quase não tem pontos de contato com a do op. 59.
21. J. A. Fuller-Maitland, *Brahms* (Londres, 1911), p. 193.
22. Musgrave, op. cit., p. 117. Alguns autores ainda supõem que o movimento lento, um andante em mi maior, pertencia à antiga obra em dó sustenido menor, mas isso contradiz o testemunho da própria lista de obras de Brahms. O destaque dado ao violoncelo é característico da sua música de câmara de todos os períodos, não só dos seus anos iniciais.

CAPÍTULO 8 (pp. 209-221)

1. *Pages from an unwritten diary* (Londres, 1914), p. 173.
2. Ferruccio Busoni, "Chiacchierata d'un musicista", artigo publicado no jornal *L'Indipendente* de Trieste, em 25 de outubro de 1885; republicado no número Busoni (Suplemento bimestral, ano IV n. 23, dez. 1966) do periódico da Universidade de Roma *Musica Università*, p. 7. Agradeço a Ronald Stevenson por ter chamado a minha atenção para esse artigo e por ter providenciado a tradução do italiano de Busoni.
3. Julius Röntgen, o compositor germano-holandês, era integrante do círculo de Leipzig e grande amigo de Brahms e de Grieg. Sua mãe era outra apreciadora de música, afamada por suas habilidades culinárias.
4. Ethel Smyth, *Impressions that remained*, v. 1 (Londres, 1919), pp. 263-4.
5. Outros temas que, em diferentes épocas, Brahms considerou para tratamento operístico foram *Die Laute Geheimnis* (um libreto que seu amigo Allgeyer extraiu de uma comédia

de Calderón) e *Demetrius*, de Schiller, sobre o qual posteriormente Joachim compôs uma scena dramática. Ele também discutiu possíveis libretos com o poeta Paul Heyse.

6. Tradução de Florence May das pp. 58-9 de *Johannes Brahms in Erinnerungen*, de Widmann.
7. Brahms teve apenas um aluno regular: Gustav Jenner, um alemão do norte originário de Kiel e que lhe foi encaminhado por Marxsen, o antigo professor de Brahms. No caso de Wolf, pode-se argumentar em defesa de Brahms que o jovem compositor o abordou com o tipo de deferência exagerada que Brahms abominava. Um que experimentou de forma ainda mais intensa o ceticismo de Brahms foi Hans Rott, amigo e colega de Mahler, que em setembro de 1880 tentou aliciar o apoio de Brahms tocando para ele a sua Sinfonia em mi maior recentemente completada — só para sofrer um típico mau acolhimento. O episódio obviamente pesou muito sobre o rapaz, pois quando Rott enlouqueceu no mês seguinte durante uma viagem de trem, ele afirmava que "Brahms enchera o trem de dinamite". Passou os últimos quatro anos de sua vida num manicômio, morrendo de tuberculose aos vinte e seis anos. Sua sinfonia não foi tocada até 1989, quando a execução demonstrou que era uma irregular mais inequívoca obra de gênio, com surpreendentes prefigurações do estilo sinfônico maduro de Mahler. Estivesse ou não a par do destino de Rott, após 1880 Brahms de fato parece ter tratado os jovens suplicantes de forma muito menos sumária.
8. Em contraste, quando Simrock (a quem confiara o investimento da maior parte de sua fortuna) confessou, com medo e tremendo, que perdera uma grande parte dela em especulação na bolsa de valores, Brahms ficou absolutamente imperturbável e se recusou a considerar que Simrock restituísse o prejuízo. Ele nunca confundiu dinheiro com moral.
9. Holde, op. cit., pp. 319-20.

CAPÍTULO 9 (pp. 222-263)

1. "Brahms's First Symphony: thematic coherence and its secret origin", *Music Analysis* 2: 2, p. 117 segs.
2. Brahms comentou com Henschel que "ele considerava [este movimento] a coisa mais amorosa e afetiva que ele já tinha composto".
3. *Johannes Brahms: the Herzogenberg correspondence*, org. Max Kalbeck, trad. Hannah Bryant (Londres, 1909), pp. 27-8).
4. Estou em dívida para com Reinhold Brinkmann por trazer à minha apreciação esta carta ainda inédita.
5. Brahms dedicou a obra a Spitta, biógrafo de Bach, mas não gostou de ser sondado sobre se nisso havia a intenção de uma homenagem a Bach. Na verdade, ele quase retirou a dedicatória, aparentemente devido a divergências com Spitta sobre as funções e o conteúdo da música sacra.
6. Brahms estava nitidamente familiarizado com o notável arranjo do mesmo texto publicado em 1824 como op. 1 n. 1 de Carl Loewe e, como Loewe, fez das agoniadas exclamações de "Ó" que terminam cada estrofe um traço característico de sua canção.
7. *Johannes Brahms: the Herzogenberger correspondence*, p. 108.
8. Ele tinha acabado de reger a estréia da obra em Viena, a 14 de janeiro de 1879.
9. O processo pode ser pormenorizadamente examinado na correspondência entre Brahms e Joachim e na bonita fac-símile de toda a partitura manuscrita de Brahms, com suas multicoloridas demãos de emendas sucessivas, publicada pela Biblioteca do Congresso, Washington DC, para assinalar o centenário da obra em 1979.

10. Michael Musgrave (*The music of Brahms*, pp. 210-11) aventou uma conexão paralela com o finale "alla polacca" do Concerto para violino de Schumann. Mas como tanto Joachim quanto Brahms consideravam essa obra (injustamente, creio eu) um espécime imerecido do último período de seu tão caro benfeitor, e por conseqüência permitiram que permanecesse inédito e não-executado, acho esta uma influência improvável.
11. Ibid., pp. 218-19.
12. Em geral denominada "Sonata para violino n. 1", embora se acredite que três ou quatro outras foram esboçadas e suprimidas nos anos que a separam da primeira (e da mesma forma descartada) Sonata em lá menor de 1853.
13. *Johannes Brahms: the Herzogenberg correspondence*, p. 106.
14. Tanto Geiringer quanto Musgrave encontram verdadeiras semelhanças musicais entre os arranjos de Brahms e de Goetz, o que suscita a possibilidade de que Brahms possa ter pretendido uma dupla homenagem.
15. Essa passagem, cujo movimento tonal descreve um arco de terças maiores ligadas por sextas aumentadas, despertou a admiração de Anton Webern, que a utilizou em suas conferências de 1933, "O caminho da nova música", como evidência fundamental de que Brahms antecipara os desenvolvimentos da Segunda Escola de Viena: "as cadências que se acham aqui são espantosas", declarou Webern, "e assim é que a direção de suas harmonias realmente admiráveis já a leva para longe da tonalidade! (...) O caminho cromático começou" — o caminho (ele quis dizer) de Schoenberg, Berg e Webern.

CAPÍTULO 10 (pp. 264-271)

1. Ele se encontrou com o jovem Richard Strauss, que Bülow nomeara seu substituto, em Meiningen em 1885, numa apresentação da juvenil Sinfonia em fá menor de Strauss. "Muito bonita (*ganz hübsch*), rapaz", comentou Brahms, "mas excessivamente cheia de irrelevâncias temáticas. Não tem sentido amontoar temas que são apenas contrastados ritmicamente numa única tríade." (Na realidade Strauss nunca seguiu o conselho, mas ao longo dos anos aprendeu a transformar essa fraqueza em vantagem.)
2. Em 1896 Brahms reviu esse testamento, deixando tudo para a Gesellschaft, que deveria também administrar um legado para seu meio irmão Fritz Schnack. Mas como ele fez as revisões no manuscrito da carta original e se esqueceu de assinar o documento legal redigido para ele sobre essa base por Richard Fellinger, alegou-se que Brahms morrera intestado e o testamento foi contestado por nada menos do que vinte e dois parentes distantes, alguns deles nos Estados Unidos e que na maioria nunca haviam tido qualquer contato com ele. O litígio se prolongou até 1915: no final, a fortuna de Brahms foi de fato dividida entre os parentes, mas a biblioteca e a maior parte do patrimônio musical e a correspondência foram adquiridas pela Gesellschaft, onde ainda se acham preservadas.
3. *Letters from and to Joseph Joachim*, p. 453.

CAPÍTULO 11 (pp. 272-340)

1. J. Barrie Jones, "Beethoven and Schumann: some literary and musical allusions", *Music Review*, v. 49 n. 2 (maio 1989), p. 119.
2. Brahms instrui que a exposição (como a das Sinfonias n. 1 e 2) deve ser repetida, embora até anos relativamente recentes as repetições de todas as três sinfonias fossem habitualmente omitidas nas execuções e gravações. Seu reaparecimento, em nossos dias, parece mais devido a um movimento geral pela "inteireza" da execução do que a qualquer convicção da necessidade das próprias repetições. Mas as repetições de

Brahms não são de modo algum irrefletidas imitações da convenção clássica, como é, com um pouco mais, a famosa repetição do primeiro movimento da Sinfonia n. 6 de Mahler. E há bastante evidência — vejam-se, por exemplo, a Abertura Trágica e o Trio com piano em dó menor — de que ele sempre avaliou cuidadosamente a necessidade de uma repetição, sobrelevando a natureza de cada movimento como um todo.

3. Ochs, op. cit., pp. 299-300. A história é habitualmente atribuída à biografia de Brahms de Richard Specht (1928; tradução inglesa em 1930), mas a autobiografia de Ochs (1922) é a fonte de primeira mão. Toda a partitura manuscrita da Cantata 150 de Bach que Brahms possuía sobrevive, agora incompleta e mutilada, na coleção da Vienna Stadt- und Landesbibliothek. Virginia Hancock (op.cit., pp. 68-9), em sua descrição dessa cópia, afirma erroneamente que Brahms não fez anotações na Chacona. As páginas que sobrevivem são, na verdade, tão rigorosamente anotadas e emendadas quanto o restante da partitura, que comprova por toda parte o estudo minucioso.
4. A passacale e a chacona são formas intimamente relacionadas, envolvendo ambas uma corrente contínua de variações sobre uma "base" estritamente repetida. A distinção geralmente aceita é a de que na chacona a base é sempre limitada ao baixo, enquanto na passacale ela pode aparecer em outras partes da tessitura.
5. A Sonata para órgão n. 8 de Josef Rheinberger (na mesma tonalidade da sinfonia de Brahms) foi publicada em 1882 e tem por finale uma passacale sobre um tema original. Brahms era bem familiarizado com Rheinberger e provavelmente estudou a obra. É mesmo concebível que, enquanto em 1880 ele só havia falado de "um movimento sinfônico" [*Sinfoniesatz*], o exemplo de Rheinberger o ajudou a decidir a posição do movimento em um esquema sinfônico.
6. Brahms possuía os rascunhos de Beethoven para a *Hammerklavier*. Examinei mais pormenorizadamente as relações entre as duas obras em uma conferência proferida na Open University em Cardiff em 1986 e cujo conteúdo fará parte de uma projetada monografia sobre esta Sinfonia. Aventei também a possibilidade de que, como a primeira obra importante que Brahms concebeu após a morte, no fim de 1882, de seu amigo Gustav Nottebohm, a n. 4 possa ser, em um dos seus muitos planos de significação, uma homenagem simbólica ao grande musicólogo, pesquisador dos cadernos de esboços de Beethoven, perito em música antiga e compositor de uma série de variações sobre um tema de Bach.
7. Pode não ser sem motivo que o primeiro movimento da Cantata 150 de Bach também produza uma notável cadeia de terças descendentes, com as palavras "Lass mich nicht zu Schanden werden" ("Nunca me deixe ser condenado").
8. Em seu comentário à edição de Schott-Goldmann da Sinfonia (Mogúncia, 1980), p. 237, Christian Martin Schmidt vê plausivelmente o Ex. 53g como derivado da ária *Gottes Engel weichen nie* ("Os anjos de Deus não vacilam nunca, eles me rodeiam"), da Cantata n. 149 de Bach — finalmente publicada pela Bach-Gesellschaft, junto com a n. 150 em 1884, e imediatamente adquirida por Brahms (que então pôs de lado sua cópia manuscrita da última).
9. Winterfeld, *Johannes Gabrieli und sein Zeitalter*, pp. 87-8. Virginia Hancock (op. cit., p. 97) chamou a atenção para a passagem adjacente (mas não para esta sentença) no contexto da predileção geral de Brahms pelo modo frígio, sem referência direta à Quarta Sinfonia.
10. Musgrave (op. cit., p. 226) vê relação entre isso e a Chacona para violino em ré menor de Bach. Deve-se notar que o penúltimo acorde da harmonização caracteriza um fá natural "frígio" na linha do baixo, criando uma cadência napolitana no mi final.
11. Não totalmente verdadeiro: ele estava compondo seu Terceiro Concerto para violino, utilizando um tema de Bettina von Arnim e dedicado à filha dela, Gisela, grande amiga dele na década de 1850.

12. O Concerto de 1850, de Schumann, continuou não-tocado. Os de Volkmann e de C.A.F. Eckert (1820-79) tiveram sucessos apenas modestos, embora Brahms admirasse o primeiro e Clara tivesse louvado o último para ele.
13. Curiosamente, o rumor predominante, em 1887, era de que Brahms estava compondo uma ópera — e quando o landgrave de Hesse perguntou a Brahms se isso era verdade, ele respondeu: "Estou compondo os entreatos". No entanto, também descrevera a Quarta Sinfonia para Bülow como "uns poucos entreatos".
14. O cânone para seis partes de vozes femininas *Einförmig ist der Liebe Gram*, discutido no começo deste livro. Entre os cânones publicados como op. 113, pode datar de um ano mais tarde mais ou menos.
15. Herzogenberg achou-o "norueguês" e deduziu que Brahms podia ter tomado por exemplo a Sonata para violino op. 8 de Grieg.
16. Citado a partir de Karl Geiringer, *Brahms: his life and work* (2. ed., Londres, 1948, pp. 364-5.)
17. Podia ter sido uma boa coisa, se ele a fizesse, mas a nova versão partilha o antigo número de opus e a Sonata para violino n. 3 se tornou o op. 108.
18. "Brahms no Parque Prater?", sugeriu Kalbeck em um ensaio: satisfazendo-o, o compositor disse: "Você acertou! E todas as garotas lindas por lá, hem?"
19. Em *Der Fall Wagner* (1888). Nietzsche tentara, sem êxito, interessar Brahms pelas suas composições e, depois que Brahms recusou a dedicatória da cantata *Hymnus an das Leben* de Nietzsche, ele desistiu da idéia de que Brahms poderia ser um antídoto adequado à sua afeição juvenil por Wagner. Em vez disso, ele passou a enaltecer a música "neomozartiana" do seu amigo e editor Heinrich Köselitz, que compunha sob o nome de Peter Gast. (Com base nas suas poucas obras publicadas, o melhor que se pode dizer de Köselitz é que ele não era inteiramente destituído de talento.) Brahms conservou um respeito cauteloso pelos escritos do filósofo — talvez devido ao entusiasmo do seu amigo J. V. Widmann — embora sempre cuidadoso em afirmar, com uma frase do jovem Beethoven, "Talvez o reverso possa ser verdadeiro". Ver D. Thatcher, "Nietzsche and Brahms: a forgotten relationship", in *Music & Letters*, v. 54 (1973) pp. 261-80.
20. Não como originalmente publicado. A revisão de Brahms para a forma atual só foi editada em 1926.
21. Groth enviou o poema como uma homenagem no qüinquagésimo segundo aniversário de Brahms, remetendo simultaneamente uma cópia para Hermine Spies. Brahms compôs a canção num só dia e também a enviou a Hermine: ela recebeu o poema e o arranjo na mesma entrega de correspondência.
22. Eric Sams, *Brahms songs* (Londres, 1972), pp. 63-4.
23. O título original era *Notturno* e a peça era um presente para Elisabet von Herzogenberg, que criticara a sua canção *Willst du, dass ich geh?* (op. 71 n. 4), alegando que o texto era de uma espécie que só poderia ser tratada "em estilo de *Volkslied*" (que Brahms nesse caso evitara). Em meiga zombaria, ele lhe enviou um autógrafo especialmente copiado de *Notturno* (que manifestamente não é "Volkslied" apesar do seu texto pseudofolclórico — e além disso se apropria de um tema do marido dela), em que o arranjo do poema de Daumer sobre o rapaz e a namorada é seguido por um espaço em branco e as palavras: "Pare, Johannes, meu filho, o que é isso? Essas coisas só devem ser tratadas em estilo *Volkslied*; você esqueceu *novamente...*"
24. Musgrave (op. cit., pp. 258-9) o comparou à abertura das Variações para piano, op. 27, de Webern.
25. Vale a pena referir a encantadora descrição de William Murdoch — em seu *Brahms* (Londres, 1933) — como "esse cavalo de batalha de ambiciosas colegiais".
26. As cinqüenta e uma *Übungen*, ou exercícios técnicos, foram publicadas depois do op. 119, mas tinham sido compiladas ao longo de muitos anos.

27. As clarinetas de Mühlfeld, feitas de buxo por Georg Ottensteiner, ainda estão conservadas em Meiningen e um artigo recente de Nicholas Shackelton e Keith Puddy ("Mühlfeld's clarinets" *The Clarinet*, maio/junho 1989, pp. 33-6) comenta o seu tom muito cálido e sua proximidade do moderno diapasão de concerto. (Quando pela primeira vez Brahms tocou as Sonatas com Mühlfeld para Clara Schumann, o piano dela teve de ser reafinado pelo diapasão de Mühlfeld.)
28. Devemos observar que Brahms aprovou (como nas três outras obras discutidas neste item) a substituição da clarineta por uma viola se fosse necessário. Embora muito raramente seguida, essa substituição prejudica menos o caráter do Quinteto do que se poderia esperar, ao passo que no Trio ela é extremamente insatisfatória. O caso mais complexo das Sonatas é discutido na p. 328.
29. Joachim compusera alguma música de câmara importante para viola, mas nenhuma sonata.
30. Brahms não a dedicou à memória de Clara, mas ao artista Max Klinger, cujas águas-fortes "Brahms-phantasie" lhe tinham dado grande prazer.
31. Talvez não a primeira: as tercinas do allegro rodopiam em sétimas diminuídas criadas por rápidas cadeias de terças.
32. Possivelmente porque Herzogenberg homenageou a esposa em sua cantata *Totenfeier*. Talvez não seja sem significação que em 1895 ele publicou (e enviou a Brahms) uma série de *Elegischer Gesänge* sobre textos de Eichendorff.
33. É difícil parafrasear a argumentação de Kalbeck (ela ocupa as pp. 445-54 do quarto volume da sua biografia de Brahms, incluindo exemplos musicais dos esboços) e talvez seja excessivamente hipotética. Mas é evidente que o esboço orquestral não é simplesmente o "rascunho de uma orquestração" do op. 121 a que Geiringer e outros autores aludem de passagem.
34. Ele de fato encomendou uma cópia final dos primeiros sete, o que teria sido um primeiro passo para uma edição impressa. Numa carta a Herzogenberg ele aludiu à obra como "menos conciliadora" do que os *Ernste Gesänge*, "mas não para publicação". É possível que um ou dois sejam anteriores a 1896; o n. 1, sobretudo, recorda o estilo dos Motetos do op. 29.

CAPÍTULO 12 (pp. 341-355)

1. A extensão exata e a adequação do treinamento de Marxsen têm sido muito debatidas e as dúvidas a respeito do assunto foram avivadas pela destruição por Brahms, após a morte do seu professor, de quase toda a correspondência Brahms-Marxsen. Por mais que Marxsen possa ter sido pedante, a amplitude de sua cultura musical merece ser salientada e seus vínculos com o círculo de Schubert em Viena devem ter sido significativos para Brahms. Parece sensato dar o devido valor à estima sugerida pela dedicatória a Marxsen do Concerto para piano n. 2.
2. Tem-se afirmado às vezes que as últimas obras de Schubert foram a influência mais significativa sobre esses aspectos de seu pensamento tonal — Tovey até sustentou que "a influência de Schubert é muito maior do que as influências associadas de Bach e Beethoven" — e sem dúvida o caso é que Brahms foi o primeiro grande compositor a reconhecer e assimilar a importância de Schubert como herdeiro e transformador da tradição clássica. Entretanto, é com certeza imprudente atribuir relevo predominante a qualquer figura isolada, quando Brahms estava tão inteiramente impregnado de todas elas. Na maioria, as características anteriormente mencionadas podem ser encontradas em Beethoven, embora menos concatenadas simultaneamente, ao passo que a inspiração fundamental para o uso de uma distante região napolitana no movimento lento de

uma sonata bem pode ter sido o precedente ressonante da grande Sonata para piano em mi bemol de Haydn (Hoboken n. 52), com o seu segundo movimento em mi maior.

3. Expressão de Willi Reich, título de sua biografia crítica *Schönberg oder Der konservativ Revolutionär* (Zurique, 1968), já se converteu em uso geral. Em meu volume sobre Schoenberg para a série "Mestres da Música" (1976), propus que seria mais preciso considerar Schoenberg "um conservador revolucionário". Ao menos como trocadilho.
4. "Nunca vi pescoço e ombros mais belos, tão maravilhosamente brancos eles eram (...)": Ethel Smyth a respeito de Elisabet von Herzogenberg.
5. Sams, op. cit., p. 6.
6. E isso embora ele fosse um correspondente infatigável e muitas vezes encantador. "Gosto apaixonadamente de ler cartas de pessoas sábias, boas e queridas", ele escreveu em 1878 ao regente Otto Dessoff. "(...) Tenho até uma paixão secreta por escrever cartas, mas é de fato muito secreta e se evapora completamente diante do bloco de notas. Nunca na minha vida escrevi uma carta com facilidade ou à vontade." (Citado no livro de Geiringer: *Brahms: his life and work*. 2. ed. Londres, 1948. p. 362.)
7. É esse silêncio de toda a vida, mesmo nas circunstâncias mais exaltadas, que torna inacreditável a descrição de Brahms feita por Arthur M. Abell no seu curioso livro *Talks with great composers* (Nova York, 1955). Abell, um violinista germano-americano, viveu na Europa de 1890 a 1918 e certamente travou conhecimento com Brahms. Alguns autores aceitaram sem apreensão o seu testemunho de que Brahms manifestava interesse, do ponto de vista rítmico, pela música de *negro minstrels*. [Grupo de cantores e comediantes caracterizados de negros que apresentavam canções de origem negra. (N. dos T.)] Escrita mais de cinqüenta anos após o acontecimento (supostamente por insistência de Brahms), a maior parte do livro pretende registrar uma longa conversa com Brahms e Joachim em Viena, no outono de 1896, a respeito das fontes psíquicas e religiosas da inspiração musical. Embora Abell sem dúvida fosse sincero e embora se possa imaginar que algumas das observações possam ter sido feitas por Brahms, o tom geral é tão absoluta e incaracteristicamente excessivo e insincero, até evangélico, favorece tão convenientemente as convicções espiritualistas de Abell, e é tão exatamente reproduzido em outras "conversas" com Puccini, Bruch, Grieg e outros, que é difícil aceitá-lo a sério. Abell afirmava que estava trabalhando com base em um registro textual em alemão, feito por um estenógrafo da embaixada americana em Viena: mas não tenho conhecimento de que tal documento tenha surgido desde que seu livro foi publicado.
8. Ver o comentário de Wilhelm Furtwängler rabiscado em seu caderno de anotações de 1940: "Já ocorreu a alguém que os grandes artistas 'terrenos' do Século XIX, que Brahms, de fato Wagner e Verdi, foram os *únicos* que conseguiram verdadeiramente inserir conteúdo religioso na música?" (*Notebooks 1924-1954*. Trad. Shaun Whiteside. Londres, 1989. p. 122.)
9. Schauffler, *The unknown Brahms* (Nova York, 1933), pp. 224-6. Friedländer é também a fonte de uma história de curioso patos. Certa vez ele estava jantando com Brahms e alguns amigos num café muito reles que foi invadido por algumas prostitutas com os seus amigos: uma das moças cumprimentou Brahms familiarmente e lhe pediu que tocasse algo para eles dançarem. Para surpresa dos seus amigos, Brahms foi até o piano vertical abandonado e tocou enquanto os casais dançavam. Para perplexidade deles, era música de dança num estilo desconhecido e curiosamente antiquado. Mais tarde, Brahms contou a Friedländer que esse tinha sido o seu repertório de todas as noites na *Animierkneipe*. Ele não o tocara por mais de quarenta anos e desejara ver se ainda conseguia recordá-lo.
10. Smyth, op. cit., p. 264.
11. Citado de *Samuel Langford: music criticisms*. Org. Neville Cardus. (Oxford, 1929), p. 120.

CAPÍTULO 13 (pp. 356-369)

1. Ele fizera parte da comissão que, em 1881, rejeitara a cantata de Mahler *Das klagende Lied* como uma concorrente ao Prêmio Beethoven da Gesellschaft der Musikfreunde. Segundo Kalbeck (IV, p. 454), mostraram-lhe a Sinfonia *Ressurreição* (n. 2) em manuscrito, mas não se conservou a sua opinião a respeito.
2. Richard Specht, *Johannes Brahms* (Hellerau, 1928), p. 382.
3. John Foulds, *Music to-day: its heritage from the past, and legacy to the future* (Londres, 1934), p. 17.
4. John Foulds, "Does the public like good music?", artigo em *Music Masterpieces*, org. Percy Pitt (Londres, 1925), p. 67. Deve ser observado que na fonte anteriormente citada (posterior, porém, além do que talvez menos exata), Foulds atribui esse último comentário mais a Brodsky do que a Brahms.
5. Sobre este aspecto da Fantasia de Vaughan Williams, ver Lionel Pike, "Tallis — Vaughan Williams — Howells", *in Tempo*, 149 (1984), pp. 2-13.
6. A característica escrita para piano de Brahms exerceu, naturalmente, um continuado fascínio sobre sucessivas gerações de pianistas e compositores. Até um compositor aparentemente tão distante da tradição austro-alemã como Percy Grainger reconheceu a influência de Brahms, citando por exemplo o arranjo da canção folclórica de 1894 *Du mein einzig Licht* como um modelo direto da sua *Sussex Mummer's Christmas Carol*. Grainger gravou uma execução soberba da Sonata para piano em fá menor de Brahms e pouco antes de morrer fez versões "simplificadas" e "menos simplificadas" de parte das Variações *Paganini*.
7. A expressão parece ser usada apenas nos países de língua inglesa. É uma questão a se discutir já ter havido uma "Primeira Escola Vienense", embora a expressão empregada na Áustria e na Alemanha, "Wiener Schule" ou "Neue Wiener Schule", parece ter surgido por analogia com o grupo de compositores sinfônicos muito antigos que trabalhavam em Viena na metade do século XVIII, como Monn, Vanhal e Wagenseil. Não há nenhuma conexão com a grande trindade clássica: Mozart e Beethoven não foram discípulos de Haydn no sentido em que Berg e Webern o foram de Schoenberg.
8. Arnold Schoenberg, "New music, outmoded music, style and idea", versão em língua inglesa 1946) de uma conferência feita em Praga, em 1933; citado aqui a partir da 2ª ed. de *Style and idea* (Londres, 1975), pp. 120-21.
9. Hanns Eisler, *Materialen zu einer Dialektik der Musik* (Leipzig, 1973), p. 206.
10. Foi originalmente escrita como uma conferência no centenário de nascimento de Brahms transmitida na Rádio de Frankfurt em fevereiro de 1933, e reformulada em inglês, em 1947, para o qüinquagésimo aniversário de sua morte. Atualmente, está disponível na 2ª ed. de *Style and idea* (Londres, 1975), pp. 398-441.
11. "My evolution", artigo em inglês datado de 1949; citado da 2ª edição de *Style and idea* (Londres, 1975), p. 80.
12. Furtwängler, op.cit., p. 212.

ANEXO 2 (pp. 384-402)

1. Esta obra em dois movimentos é mencionada na correspondência com Joachim e com Schumann no final de 1853. Schumann sugeriu que ela devia ser publicada como o op. 1 de Brahms. É possível, mas de maneira nenhuma certo, que este fosse o Trio que Brahms executou em 1851, com o pseudônimo de "Karl Würth".
2. Brahms afirmou ter composto e destruído "20 quartetos de cordas" antes da publicação desta obra.

3. Brahms compôs pelo menos duas outras sonatas para violino e piano, perdidas, entre esta obra e a antiga Sonata em lá menor.
4. Louise Japha afirmou que tal obra foi tocada por Brahms para ela, quando ele estava com onze anos. É claro que ele pode tê-la improvisado.
5. Pelo menos duas outras sonatas antecederam os opp. 1 e 2. No manuscrito, a primeira é designada *Vierte Sonate*.
6. Sabe-se que o volume II, também perdido, incluía as Variações "Schumann" op. 9 e possivelmente a Sarabanda n. 1.
7. A Gavota n. 2 agora está incompleta. A edição inclui uma conclusão de Robert Pascall, por analogia com o Quinteto de cordas op. 88.
8. Possivelmente uma pilhéria musical.
9. Nenhuma instrumentação é especificada para este cânone. A edição (de Robert Pascall) oferece uma realização possível como peça para piano.
10. Mostrada a Clara Schumann em outubro de 1892; projetada, presumivelmente, para os opp. 118-19.
11. Havia muitos mais. Alguns ainda podem subsistir em mãos de particulares.
12. A cadência para o Concerto para piano em dó menor de Beethoven, publicada em 1927 nas *Sämtliche Werke* de Brahms, é na verdade de Moscheles.
13. A autenticidade de outra cadência para este Concerto (pub. em 1980, org. por Paul Badura-Skoda) é extremamente duvidosa.
14. Brahms fazia, rotineiramente, arranjos para dois pianos, para piano a quatro mãos e para solo de piano das suas obras orquestrais e de câmara maiores. Esses não foram relacionados aqui.
15. Sabe-se que Brahms esboçou um arranjo do Salmo 22 para barítono, coro e orquestra em 1870, presumivelmente projetado como um movimento adicional do *Triumphlied.*
16. Estas apareceram em diversos números da "University of Pennsylvania Choral Series" e, como todas as coleções subseqüentes para vozes femininas, relacionadas aqui na ordem de publicação, provêm dos livros de partes ainda existentes do Frauenchor de Hamburgo.
17. O n. 26 deste grupo é *Wenn ich ein Vöglein war*, incluído neste catálogo como uma composição original. Também aparece como n. 27 em 27 *Volkslied-bearbeitungen* para coro feminino (pub. em 1970, org. por Helms), que não contém nenhum arranjo que já nao tivesse sido representado nas coleções publicadas anteriormente, embora às vezes os títulos sejam diferentes.
18. Em todas as edições o poema é erroneamente atribuído a Joseph Wenzig.
19. Essas todas são canções em diálogo e a n. 5 inclui uma passagem opcional que pode ser cantada em dueto.

Posfácio à edição brasileira
Modernidade da emoção e da atitude estética de Brahms

A questão da pertinência — ou da "justiça" — do juízo crítico é de indiscutível complexidade. Em parte, suas dificuldades sempre foram inerentes à imprecisão ou às variações dos próprios critérios de avaliação da obra de arte, em que a objetividade procurada — desde os primórdios gregos e de intenção normativa — é ora mais, ora menos (conforme as tendências e forças predominantes) crivada de irreprimíveis, e talvez inevitáveis, impulsos subjetivos. Obviamente, o contexto de qualquer das modalidades do romantismo (até mesmo o alemão e, na música, com momentos tão diversos como o de Beethoven e Schubert, de Schumann e Brahms, de Liszt e Wagner...) se presta a abrigar o maior influxo possível dessa subjetividade. Um excelente clima para consagrações — e execrações — apressadas, louvores fervorosos e ataques furibundos. MacDonald arrola muitos exemplos, desses dois extremos e dos mal-entendidos decorrentes. Mas em outros contextos a crítica — literária, teatral, musical, cinematográfica, de arte e o que mais se faça — não padece menos de interferências perturbadoras, às vezes até muito mais graves que as de fundo subjetivo. Nos nossos dias, por exemplo, a preeminência de um ou outro autor parece fortemente determinada, aos olhos da crítica e do público, pelo tráfico de influências, pela promoção nos veículos de massa, pelo interesse comercial que tenham nele seus editores, suas gravadoras etc. e tal. A qualidade, a originalidade ou o significado maior não contam. E, assim como um Simrock, um Jorge Zahar é exceção.

Mas essa preeminência (como preferimos denominá-la) se corrige com o tempo. O que *fica*, de verdade, é o talento e o trabalho persistente, ainda que levem décadas e décadas, ou mesmo séculos, para serem reconhecidos. E ainda que, com freqüência, se reconheçam "por etapas", como no caso de Bach e, até certo ponto, de todos os grandes artistas. É impressionante como até estes, no dia-a-dia, se enganam redondamente na avaliação do valor dos outros. O próprio Brahms, que não menos que Valéry poderia dizer serenamente *O rigueur, tu m'es un signe*, com toda a solidez de sua dotação intelectual e artística, se encheu de admiração por compositores insignificantes, que o tempo varreu implacavelmente. O desfile de autores e obras ao longo do percurso de Brahms, nas quase quinhentas páginas deste livro, ensina muito a esse respeito. É difícil "acertar a mão" para sempre e ocupar um lugar histórico indispensável gerando arte que, ao mesmo tempo, e em síntese, continue as conquistas do passado, desenvolva-as no presente, projete-se no futuro e adquira, com isso, não a bazófia da imortalidade — que é coisa de mausoléus — mas a validade perene, a comunicação profunda com dimensões humanas vigentes em todos os contextos.

A extraordinária riqueza do movimento romântico em toda a Europa, do final do século XVIII ao final do XIX, se manifestou em fases e tendências bem diferenciadas, expostas e discutidas brilhantemente por MacDonald no capítulo 2, o primeiro plano romântico. Todas as classificações — de movimentos, escolas e congêneres — são evidentemente imprecisas, de utilidade quase exclusivamente heurística, mas o que hoje denominamos *lato sensu* romantismo tem, entre outros, um denominador comum fundamental, e sobretudo na música: justamente a expressão subjetiva, a afirmação de emoções, idéias, fantasias individuais. A conhecida frase de Beethoven, de que "a música é uma revelação mais alta do que a ciência e a filosofia", caracteriza uma das propostas mais ambiciosas desse projeto romântico. Se é bem verdade que já podemos ver — i. e., ouvir — um tanto ou muito disso em tantas obras de Bach ou da escola veneziana, de Mozart e de um ou outro Haydn, não se tem como duvidar de que esse traço não apenas existe como é um dos predominantes em artistas tão diferentes como Mendelssohn e César Franck, Berlioz e Liszt, Beethoven, Schubert, Schumann, Brahms, e Wagner, Bruckner, ou Chopin, Tchaikovski. Mas varia muito, em todos estes, o teor, a consistência ou a intensidade de tal compromisso consigo mesmo. Passa necessariamente por aí, pelo como e pelo quanto cada um *se* expressa no que compõe, sua distinção estilística e autoral. Inclusive porque há em torno desse fator um leque de outros bastante significativos, especialmente na relação que mantêm com esse componente primordial. Basicamente, no universo das preocupações românticas, são o domínio e o uso das formas e técnicas musicais preexistentes, como o acréscimo, a invenção de novas, o interesse pelas tradições históricas e/ou nacionais, assim como pela cultura popular, e o envolvimento com outras artes, particularmente a literatura.

Pois é exatamente na maneira pela qual interage com essas variáveis, nas reações extremamente peculiares e inventivas com que se mobiliza e trabalha com isso tudo que o gênio de Brahms se engrandece e nos assombra mais e mais. Em toda a sua jornada produtiva, de mais ou menos 1854 a 1896, o movimento romântico, em diversos lances, já tinha adquirido seus estereótipos, muitos compositores os refletiam em suas vidas e obras, e um dos mais destacados é o da imagem "heróica", que se faz e difunde à medida que sua matriz — e verdade — beethoveniana dá lugar a idealizações de comportamento voltadas para o prestígio social e que talvez alcancem o ápice em Liszt (ou, curiosamente, na explicitação em poema sinfônico — *Uma vida de herói* (1899) — do wagneriano Richard Strauss). Brahms, enquanto isso — como antes o inefável Schubert, como Franck e, em grande parte, Schumann —, não aceita nem esta nem nenhuma das outras faces já equívocas do romantismo: mergulha fundo nas fontes populares e nos "antigos" — i. e., nos renascentistas, maneiristas e barrocos, mais do que nos clássicos —, rejeita o paralelismo literário da "música de programa", se dedica entranhadamente à pesquisa e ao *aprofundamento* da criação musical e, nada "megalômano" ou idealizador, em termos emocionais vive em pleno século XIX o perfil taciturno e intrinsecamente torturado dos anti-heróis do nosso tempo.

E é esse anti-herói, o amante irrealizado de Clara Schumann — e do submundo portuário de Hamburgo —, que se sublima e sobreleva em suas sínteses maiores. Raramente de maneira "sentimental", como Chopin ou Tchaikovski, mas com uma angústia orgânica e espasmódica que já não é emoção romântica, transcende todo o "sentimento do mundo" de sua época e antecipa a dor *existencial*, é pré-moderno na expressão mesma de seus conteúdos — e, conseqüentemente, nas novas disposições harmônicas de sua forma. Seu predomínio de graves (*pendant* de uma irredutível gravidade psicológica), sua valorização do claro-escuro (ou da sombra e ouro rembrandtianos), sua interioridade tão material e mesmo seu intimismo musical eram verdadeiramente o avesso da aparatosa — e super-"heróica" — ópera de Wagner, e são, pelo que hoje se conclui e se comprova, manifestações de uma arte não apenas mais séria, como mais moderna. Ela se acha em toda a sua atitude, em seu despojamento cético, seu desespero domado em que cintila um primeiro clarão de Kierkegaard, sua vocação para a máxima densidade, para a inovação sobre alicerces profundos: observam-se com freqüência inflexões de expressionismo em muitas dessas marcas decisivas de suas obras mais importantes, de modo que não é de admirar que, como MacDonald mostra no capítulo 13, Uma Música do Futuro, seja Brahms a pedra fundamental da "Segunda Escola de Viena". Os testemunhos de Schoenberg e de Webern não deixam dúvida a respeito.

A partir daí, quando se percebe de uma vez por todas o quanto era obtusa e superficial a noção de um Brahms "conservador", oposto à suposta novidade da escola "Neo-alemã", quando se sabe que um Webern aponta em Brahms o início da própria ruptura com o sistema tonal, entende-se melhor por que a linguagem do mestre permanece tão atual, por que se afina tanto com a explosiva solidão das grandes cidades, com o conflito, a desesperação, a tensão, o absurdo do homem moderno. É Brahms, sim, o que mais chega, e o que chega mais inteiro, a esse núcleo convulso da "personalidade neurótica do nosso tempo", que se encontra com Kafka, com Rouault, Soutine, Kokoschka e se junta aos que atingem o mais fundo das platéias de hoje — e sempre. (Os tradutores se orgulham de trazer para os leitores e ouvintes de língua portuguesa os ensinamentos e esclarecimentos deste livro, e agradecem a Edino Krieger a valiosa colaboração nas expressões de teoria e técnica musical.)

MAURO GAMA

Índice Onomástico